ESTADO E PROPRIEDADE

ESTUDOS EM HOMENAGEM À PROFESSORA MARIA COELI SIMÕES PIRES

MARIA TEREZA FONSECA DIAS
MARIA ELISA BRAZ BARBOSA
MILA BATISTA LEITE CORRÊA DA COSTA
CAIO BARROS CORDEIRO

Coordenadores

Prefácio
Antonio Augusto Junho Anastasia

ESTADO E PROPRIEDADE

ESTUDOS EM HOMENAGEM À PROFESSORA
MARIA COELI SIMÕES PIRES

Belo Horizonte

EDITORA Fórum

2015

© 2015 Editora Fórum Ltda.

É proibida a reprodução total ou parcial desta obra, por qualquer meio eletrônico, inclusive por processos xerográficos, sem autorização expressa do Editor.

Conselho Editorial

Adilson Abreu Dallari	Flávio Henrique Unes Pereira
Alécia Paolucci Nogueira Bicalho	Floriano de Azevedo Marques Neto
Alexandre Coutinho Pagliarini	Gustavo Justino de Oliveira
André Ramos Tavares	Inês Virgínia Prado Soares
Carlos Ayres Britto	Jorge Ulisses Jacoby Fernandes
Carlos Mário da Silva Velloso	Juarez Freitas
Cármen Lúcia Antunes Rocha	Luciano Ferraz
Cesar Augusto Guimarães Pereira	Lúcio Delfino
Clovis Beznos	Marcia Carla Pereira Ribeiro
Cristiana Fortini	Márcio Cammarosano
Dinorá Adelaide Musetti Grotti	Marcos Ehrhardt Jr.
Diogo de Figueiredo Moreira Neto	Maria Sylvia Zanella Di Pietro
Egon Bockmann Moreira	Ney José de Freitas
Emerson Gabardo	Oswaldo Othon de Pontes Saraiva Filho
Fabrício Motta	Paulo Modesto
Fernando Rossi	Romeu Felipe Bacellar Filho
	Sérgio Guerra

Luís Cláudio Rodrigues Ferreira
Presidente e Editor

Coordenação editorial: Leonardo Eustáquio Siqueira Araújo

Av. Afonso Pena, 2770 – 16º andar – Funcionários – CEP 30130-007
Belo Horizonte – Minas Gerais – Tel.: (31) 2121.4900 / 2121.4949
www.editoraforum.com.br – editoraforum@editoraforum.com.br

D541e   Dias, Maria Tereza Fonseca.
           Estado e propriedade: estudos em homenagem à professora Maria Coeli Simões Pires. / Coordenação: Maria Tereza Fonseca Dias; Maria Elisa Braz Barbosa; Mila Batista Leite Corrêa da Costa; Caio Barros Cordeiro. Prefácio de Antonio Augusto Junho Anastasia. – 1. ed. – Belo Horizonte: Fórum, 2015.

           453p.
           ISBN 978-85-450-0071-6

           1. Direito Administrativo. 2. Direito Urbanístico. 3. Direito Constitucional. 4. Administração Pública. 5. Teoria do Direito.
           I. Título. II. Dias, Maria Tereza Fonseca. III. Barbosa, Maria Elisa Braz. IV. Costa, Mila Batista Leite Corrêa da. V. Cordeiro, Caio Barros. VI. Anastasia, Antonio Augusto Junho.

                                  CDD: 342.06
                                  CDU: 342.9

Informação bibliográfica deste livro, conforme a NBR 6023:2002 da Associação Brasileira de Normas Técnicas (ABNT):

DIAS, Maria Tereza Fonseca *et al* (Coord.). *Estado e propriedade*: estudos em homenagem à professora Maria Coeli Simões Pires. Belo Horizonte: Fórum, 2015. 453p.

Todos sabemos que a tensão constitutiva do Direito reside no balanço frágil entre tradição e revolução. Com isso quero dizer que, conquanto doutrina e jurisprudência ensaiem novos movimentos em direção à atualização do instituto [a propriedade], muitas dificuldades persistem. De há muito, a ciência, o Direito e suas escolas críticas arremetem-se contra o dogmatismo. As investidas não se podem confundir, contudo, com anarquia e vulgarização, mas devem ser como o sino que dobra para anunciar a passagem do tempo.

(Maria Coeli Simões Pires)

SUMÁRIO

PREFÁCIO

Antonio Augusto Junho Anastasia..15

APRESENTAÇÃO

**Maria Tereza Fonseca Dias, Maria Elisa Braz Barbosa,
Mila Batista Leite Corrêa da Costa, Caio Barros Cordeiro** 17

PARTE 1

PROPRIEDADE E ESTADO

O DIREITO REGULATÓRIO DA PROPRIEDADE PRIVADA

SERGIO DE ANDRÉA FERREIRA..21

1   A regulação como segmento do poder normativo estatal..................................21
2   O direito de propriedade: institucionalização e regulação................................27
2.1   Conceito e objeto..27
2.2   Conteúdo e exercício do direito de propriedade 28
2.3   Os direitos limitativos e restritivos da propriedade..30
2.4   A regulação do exercício do direito de propriedade..31
        Referências..33

A IRRETROATIVIDADE DO DIREITO E O REGIME JURÍDICO DA PROPRIEDADE

MISABEL DE ABREU MACHADO DERZI, THOMAS DA ROSA DE BUSTAMANTE 35

1   A irretroatividade das leis..35
2   A irretroatividade dos atos do Poder Executivo e do Poder Judiciário.............43
3   A irretroatividade e o desenvolvimento do Direito: a justiça distributiva 50
        Referências..54

A CRÔNICA DA PROPRIEDADE E DE SUA FUNÇÃO SOCIAL

MÔNICA SETTE LOPES..57

1   O lugar da narrativa 57
2   A paisagem do direito e a crônica do cotidiano..58
3   A crônica da casa viva e da casa assassinada 64
        Referências..66

FUNÇÃO SOCIAL DOS BENS DOMINICAIS

GUSTAVO GOMES MACHADO 69

1	Introdução	69
2	Os bens dominicais: conceito e posição no ordenamento jurídico brasileiro	69
3	Bases jurídicas da formação dos bens dominicais no Brasil	71
4	Os bens dominicais e sua função social na Constituição de 1988	76
5	Considerações finais	78
	Referências	79

DIREITO DE REUNIÃO E DEMOCRACIA

ROBERTO SORBILLI FILHO 81

1	Notas preliminares	81
2	O direito de reunião e o Supremo Tribunal Federal	82
2.1	ADI nº 1.964 (DF): decreto autônomo do Distrito Federal	83
2.2	ADPF nº 187: "marcha da maconha"	85
3	As normas, os fatos e a democracia	87
4	Considerações finais	89
	Referências	89

REGULARIZAÇÃO FUNDIÁRIA, SANEAMENTO BÁSICO E O VASO DE DUCHAMP

LIANA PORTILHO MATTOS 91

1	A cena	91
2	O enredo	92
2.1	Evolução normativa pós-Constituição de 1988: Estatuto da Cidade, Lei de Diretrizes Nacionais do Saneamento Básico, Lei do Programa Minha Casa, Minha Vida	93
2.2	Regularização fundiária abrange melhorias de infraestrutura básica e titulação jurídica	100
2.3	Requisitos previstos na Lei das Diretrizes Nacionais do Saneamento Básico e os Programas Sociais do Estado de Minas Gerais na área	101
3	O epílogo	103
	Referências	104

PARTE 2
PATRIMÔNIO E BENS PÚBLICOS

PATRIMÔNIO CULTURAL E MEIO AMBIENTE: DIREITO A UM PASSADO E DIREITO AO FUTURO

EDIMUR FERREIRA DE FARIA 107

1	Introdução	107
2	Direito de propriedade	108
2.1	Conceito	108
2.2	Origem e evolução	108
2.3	Função social da propriedade no Direito Brasileiro	110
2.3.1	Direito Constitucional	110

2.3.2	Legislação infraconstitucional	112
3	Patrimônio cultural e meio ambiente	113
3.1	Decreto-Lei nº 25, de 30 de novembro de 1937	114
3.2	Código Florestal Federal, Lei nº 12.651, de 25 de maio de 2012	117
3.3	Lei nº 9.605, de 12 de fevereiro de 1998	118
3.4	Meios de efetivação do patrimônio cultural e das Áreas de Preservação Permanente e de Reserva Legal	118
3.4.1	Patrimônio cultural: meios de proteção e a jurisprudência	119
3.4.2	Preservação ambiental e jurisprudência	125
4	Conclusões	127
	Referências	128

MEMÓRIA E PATRIMÔNIO CULTURAL NO MOSAICO DA URBE: DIMENSÕES DO DIREITO, DO ESQUERDO E NARRATIVAS DO ESTADO PÓS-MODERNO

MILA BATISTA LEITE CORRÊA DA COSTA, CHARLES ALEXANDRE SIMÕES PIRES 129

	Casarões Antigos	129
1	Introdução	130
2	Patrimônio cultural, Estado e contornos da memória: esboços narrativos e contextuais	131
3	Estado, sociedade e cultura: dialogia e complexidade no pano de fundo pós-moderno	136
4	Direito, patrimonialização e cultura no mosaico da urbe	139
5	Considerações finais	144
	Referências	145

A ATUAÇÃO EM REDE DO ESTADO E DA SOCIEDADE NA PROTEÇÃO AO PATRIMÔNIO PÚBLICO

DANIELA MELLO COELHO HAIKAL, HELOISA HELENA NASCIMENTO ROCHA, LUCIANA MORAES RASO SARDINHA PINTO 149

1	Da compreensão do significado do patrimônio público	149
2	Da relação entre o Estado e a Sociedade no contexto democrático	152
3	Gestão pública em rede: desafios e perspectivas	155
4	Conclusão	161
	Referências	162

OS BENS PÚBLICOS SOB O PRISMA DO INSTITUTO JURÍDICO DA AFETAÇÃO: BREVE ANÁLISE

PLÍNIO SALGADO, MARIA ELISA BRAZ BARBOSA 165

1	Considerações iniciais	165
2	A identificação dos bens públicos sob o prisma da afetação	166
3	O instituto da afetação: conceito, efeitos e natureza jurídica	170
4	Considerações finais	178
	Referências	179

USO DOS ESPAÇOS PÚBLICOS COMUNS PELAS REDES DE SERVIÇO PÚBLICO
CARLOS ARI SUNDFELD 181

1	Direito de acesso das redes aos espaços públicos comuns	181
2	Os espaços públicos comuns e seu uso privativo	184
3	Elementos condicionantes do direito de acesso	187
4	Regime jurídico do uso privativo do espaço público comum pelas redes de serviços públicos	188
5	A permissão especial de uso do domínio público para redes de serviço público	191
6	Servidão como meio de acesso ao domínio público pelas redes de serviço público?	193
	Referências	198

A PROTEÇÃO DO PATRIMÔNIO PÚBLICO ESTRANGEIRO PELA LEI ANTICORRUPÇÃO E A LEGÍSTICA
FABIANA DE MENEZES SOARES, CARINA ANGÉLICA BRITO REYDER 201

1	Introdução	201
2	A lei anticorrupção no ordenamento jurídico brasileiro	202
3	Os mecanismos de *compliance*	204
4	Legística ou ciência da legislação	206
5	Críticas à Lei nº 12.846, de 2013	211
6	Conclusão	214
	Referências	215

REFLEXÕES SOBRE A UTILIZAÇÃO DE BENS PÚBLICOS PELOS PARTICULARES: UMA RELEITURA DOS CONCEITOS DA DOUTRINA
CRISTIANA FORTINI, MARIA FERNANDA PIRES 217

1	Introdução	217
2	Utilização de bens *públicos* por particulares	220
3	Análise crítica	221
4	Conclusão	225
	Referências	225

A IDENTIFICAÇÃO DOS BENS REVERSÍVEIS: DO ATO AO PROCESSO ADMINISTRATIVO
BRUNA R. COLOMBAROLLI, FLÁVIO HENRIQUE UNES PEREIRA, MARILDA DE PAULA SILVEIRA 227

1	Justificativa do tema	227
2	A reversão	228
3	Bens reversíveis: natureza, titularidade e regime jurídico	229
4	A definição dos bens reversíveis	231
5	O processo administrativo na identificação dos bens reversíveis	233
6	Conclusão	236
	Referências	236

REGIME JURÍDICO APLICÁVEL AOS CONDOMÍNIOS DE QUE O ESTADO É PARTE

DANIEL CABALEIRO SALDANHA, DANILO ANTONIO DE SOUZA CASTRO............239

1	Introdução	239
2	O regime jurídico de direito privado e os atos da administração: caso especial dos condomínios	240
3	Conclusões	246
	Referências	247

BENS PÚBLICOS E CONTROLE EXTERNO: A ATUAÇÃO DOS TRIBUNAIS DE CONTAS

CRISTINA ANDRADE MELO, EDGARD AUDOMAR MARX NETO...............................249

1	Controle externo da administração pública e o papel dos Tribunais de Contas	251
2	Controle externo e patrimônio público	253
3	Controle externo e bens públicos	256
4	Conclusão	258
	Referências	258

LICITAÇÕES E CONTRATOS DECORRENTES DA TRANSIÇÃO PATRIMONIAL E GERENCIAL DA REDE DE ILUMINAÇÃO PÚBLICA DETERMINADA PELA ANEEL: BREVE ESTUDO SOBRE A NECESSIDADE DE ORIENTAÇÃO PEDAGÓGICA AOS MUNICÍPIOS PELOS TRIBUNAIS DE CONTAS

ÉLIDA GRAZIANE PINTO...261

1	Introdução	261
2	Transição patrimonial e gerencial da infraestrutura de iluminação pública: breves apontamentos e possibilidades de assunção pelos municípios	263
3	Alertas automáticos da LRF: olhar preventivo e concomitante para melhor controlar a execução orçamentária	271
4	À guisa de conclusão: natureza pedagógica do controle e mitigação de riscos na transição	278
	Referências	279

PARTE 3

DOMÍNIO E INSTRUMENTOS DE INTERFERÊNCIA DO ESTADO NA PROPRIEDADE PRIVADA

DOMÍNIO PÚBLICO EMINENTE E DOMÍNIO PÚBLICO PATRIMONIAL: COMPREENDENDO O DIREITO DE PROPRIEDADE DO ESTADO

MÔNICA ARAGÃO MARTINIANO FERREIRA E COSTA, ANA CAROLINA WANDERLEY TEIXEIRA..283

1	O Estado: aspectos gerais	283
2	Domínio público eminente	285
3	Domínio público patrimonial	286
4	Sínteses conclusivas	287
	Referências	287

A FUNÇÃO SOCIAL, ECONÔMICA E DE EQUILÍBRIO ECOLÓGICO DA
PROPRIEDADE E O INSTITUTO DA DESAPROPRIAÇÃO
JUAREZ FREITAS..289
1   Introdução..289
2   Reconceituando a desapropriação 290
3   Conclusões...299
      Referências...300

A LEI GERAL DE DESAPROPRIAÇÃO EM FACE DA CONSTITUIÇÃO DE 1988
FLORIVALDO DUTRA DE ARAÚJO 301
1   Introdução..301
2   A LGD e seu contexto jurídico-político 302
3   O direito de propriedade e o poder expropriatório no Direito Constitucional Brasileiro 303
3.1   Panorama das Constituições pretéritas 303
3.2   A temática na Constituição de 1988...304
4   A LGD em face da Constituição de 1988..305
4.1   Desapropriação em âmbito administrativo 305
4.2   Desapropriação em âmbito judicial 312
5   Conclusão..317
      Referências...318

DECLARAÇÃO DE INTERESSE PÚBLICO INSTITUÍDA PELO ESTATUTO
DOS MUSEUS: NOVA MODALIDADE DE INTERVENÇÃO DO ESTADO NA
PROPRIEDADE OU *BIS IN IDEM*?
JÚLIO CÉSAR DOS SANTOS ESTEVES,
JEAN ALESSANDRO SERRA CYRINO NOGUEIRA, CAIO BARROS CORDEIRO 321
1   Introdução..322
2   O regime constitucional de proteção do patrimônio cultural.............322
3   O Estatuto dos Museus (Lei Federal nº 11.904/09), o IBRAM e a regulamentação pelo Decreto Federal nº 8.124/13..325
3.1   O Estatuto dos Museus 325
3.2   O Instituto Brasileiro de Museus (IBRAM)..327
3.3   A regulamentação pelo Decreto nº 8.124/13 328
4   Intervenção do Estado na propriedade: contornos teóricos e limites.........330
5   Direito de preferência e declaração de interesse público: nova modalidade de intervenção do estado na propriedade ou *bis in idem*?.....................334
6   Conclusão..337
      Referências...338

PARTE 4

REGIME JURÍDICO DA PROPRIEDADE URBANA E RURAL

ESTATUTO DA CIDADE MAIS DE 10 ANOS DEPOIS: RAZÃO DE DESCRENÇA
OU RAZÃO DE OTIMISMO?
EDÉSIO FERNANDES..343
1   Introdução..343

2	A descrença no Estatuto da Cidade	347
3	A crítica é legítima?	349
4	Conclusão	353
	Referências	354

DIREITO FUNDAMENTAL À MORADIA E LEGITIMAÇÃO DE POSSE EM TERRENOS PÚBLICOS: IMPRESSÕES SOBRE A LEI FEDERAL Nº 11.977/09

LUCIANO FERRAZ 355

1	Introdução	355
2	Fundamentos	355
2.1	Direito fundamental à moradia e o Município	355
2.2	Regularização fundiária na Lei Federal nº 11.977/09	356
3	Conclusão	359
	Referência	359

OCUPAÇÕES URBANAS E DIREITO À CIDADE: EXCERTOS DA CARTOGRAFIA SOCIOJURÍDICA DA COMUNIDADE DANDARA, EM BELO HORIZONTE

MARIA TEREZA FONSECA DIAS, JULIANO DOS SANTOS CALIXTO, LARISSA PIRCHINER DE OLIVEIRA VIEIRA, PEDRO DE AGUIAR MARQUES, FÚLVIO ALVARENGA SAMPAIO, JULIA DINARDI ALVES PINTO, TAYS NATALIA GOMES, STÉFANE RABELO PEREIRA DA COSTA 361

1	Introdução	362
2	Ocupações urbanas	364
3	Cartografia social e cartografia sociojurídica	367
4	A Comunidade Dandara	369
4.1	Surgimento, implantação e consolidação: linha do tempo	369
4.2	Os processos judiciais e as questões jurídicas referentes à Comunidade Dandara	374
4.3	O Direito à cidade: o "Muro das transformações" e a "Árvore dos sonhos" na Comunidade Dandara	378
5	Conclusão	380
	Referências	381

ANEXO A – Roteiro semiestruturado das entrevistas 384

A TERRA E AS CONDIÇÕES DE MISERABILIDADE E DE EXCLUSÃO DAS CIDADES E NO CAMPO: A REGULARIZAÇÃO FUNDIÁRIA SERIA UMA ALTERNATIVA?

MIRACY BARBOSA DE SOUSA GUSTIN, VIVIAN BARROS MARTINS 385

1	Introdução	385
2	O acesso à terra no Brasil: situando o problema	386
3	Notas sobre as políticas de regularização fundiária no Brasil	388
4	Considerações finais: elementos para reflexão	393
	Referências	396

A IDENTIFICAÇÃO DAS TERRAS DEVOLUTAS: PERSPECTIVA JURISPRUDENCIAL

JOSÉ EDGARD PENNA AMORIM PEREIRA 399

1	Introdução	399
2	Noção de terras devolutas	400
2.1	Evolução histórica	400
2.2	Titularidade	402
2.3	Conceituação	403
3	A identificação das terras devolutas	406
3.1	Evolução legislativa	406
3.2	O processo discriminatório administrativo	407
3.3	O processo discriminatório judicial	408
4	Os ônus da prova em juízo	409
4.1	A aparente pacificação jurisprudencial quanto à ação de usucapião	409
4.2	A jurisprudência vacilante quanto à ação discriminatória	410
5	Conclusão	417
	Referências	417

DEPOIMENTOS 419

OS TESOUROS DO IVITURUY
ADHEMAR FERREIRA MACIEL, ARMANDO FREIRE 421

MARIA COELI SIMÕES PIRES, UMA MULHER DO SEU TEMPO
CARLOS MÁRIO DA SILVA VELLOSO 423

JUSTA HOMENAGEM A UMA GRANDE MULHER
FERNANDO ARMANDO RIBEIRO 425

MARIA COELI: UMA VIDA DEDICADA À CAUSA PÚBLICA
JAQUELINE GROSSI 427

MARIA COELI SIMÕES PIRES
JOSÉ ANCHIETA DA SILVA 429

A HUMANIDADE DE MARIA COELI
JOSÉ FERNANDES FILHO 431

JOSÉ TARCIZIO DE ALMEIDA MELO 433

MÁRCIO IDALMO SANTOS MIRANDA 435

PATRIMÔNIO IMPONDERÁVEL
CHARLES ALEXANDRE SIMÕES RABELO PIRES, CHRISTIANO ALBERTO SIMÕES RABELO PIRES, CARLOS ALBERTO RABELO PIRES 437

COELI
JÚLIO CÉSAR DOS SANTOS ESTEVES 441

MARIA COELI SIMÕES PIRES: BIOGRAFIA 443

SOBRE OS AUTORES 447

PREFÁCIO

Alegrou-me em especial medida o convite dos organizadores desta obra para prefaciá-la. Cuida-se, com efeito, de uma esmerada coletânea de ensaios sobre temas da intimidade dogmática do Direito Público. Ao lado de grandes *scholars*, despontam jovens pesquisadores, produzindo ciência, fomentando o conhecimento e, sobretudo, empenhando seus melhores esforços para garantir o progresso do Estado — razão essencial da existência de nossa área de estudos. Cabendo a mim apresentar o volume, pesa sobre meus ombros a responsabilidade de alertar o leitor para o vulto da empreitada, arrostada com denodo e dedicação por seus organizadores.

É preciso, porém, fazer notar que a obra, para além de seus méritos científicos, constitui-se em homenagem à Professora Doutora Maria Coeli Simões Pires. Homenagem que, se de um lado, é devida, de outro, é absolutamente merecida. Senhora de conhecimentos enciclopédicos, arguta jurista e servidora dedicada, a Professora Maria Coeli é credora de homenagens ainda maiores.

Não convém declinar a data em que nos conhecemos. Basta ao leitor saber que, em pouquíssimo tempo, qualquer um com ela irá se encantar. Creio mesmo que sua inteligência opera a modo do canto Yara, seduzindo pela força de seus argumentos, pela trama das palavras e pela candura com que são expostas. A Professora Maria Coeli é responsável pela formação de inúmeros talentosos juristas. Certamente, contam-se nos dedos das mãos pessoas de nosso convívio que se entregam com tanta desprevenção e zelo ao magistério. Aqueles que a conhecem proximamente sabem de sua inclinação para o trabalho, como que a realizar a sentença de Jó *homo nascitur ad laborem et avis ad volatum*. Aliás, também para voar nasceu a Professora Coeli, como diz seu prenome. Voar com o pensamento, à semelhança da coruja de Minerva, alcançando recônditos inexplorados da inteligência humana.

Esta obra vem muito a calhar, pois coroa uma fase de superações pessoais da homenageada. O auspicioso projeto soube congregar, na seleção e organização dos textos, o rigor científico e um conjunto de conexões pessoais entre os autores e a homenageada. Filhos que somos da mesma *alma mater* e responsáveis, em alguma medida, por fazer prosperar as lições de nosso mestre em comum, Professor Paulo Neves de Carvalho, temos a certeza de que a missão que nos foi confiada vem sendo cumprida com esmero. Não apenas o estudioso do Direito Administrativo, mas também o estudante e os profissionais do foro encontrarão nesta obra valiosas lições e, sobretudo, matéria para vivos debates.

Andou bem a Editora Fórum, fazendo jus a seu renome que vem granjeando como casa editorial de prestígio que se dedica à boa doutrina e a sua tarefa de fazer circular ideias.

Antonio Augusto Junho Anastasia
Professor de Direito Administrativo da Universidade Federal de Minas Gerais.
Senador da República.

APRESENTAÇÃO

Pelas janelas destes serros, testemunho o romper da aurora.[1]

(Maria Coeli Simões Pires)

Compõem a obra que ora se apresenta trabalhos de acadêmicos, profissionais e agentes públicos que se debruçaram sobre o tema "Estado e propriedade", com vistas a agregar à produção acadêmica brasileira o produto que resultou de seus estudos em tributo à Professora Maria Coeli Simões Pires. Os autores são oriundos de instituições de ensino e pesquisa e de entidades responsáveis pela produção e aplicação do direito público e pelo controle da Administração Pública. Entre as instituições participantes, destacam-se a UFMG; UFV; PUC Minas; Faculdades Milton Campos; Universidade Fumec; Fundação João Pinheiro/Escola de Governo Paulo Neves de Carvalho e Faculdade Pitágoras. De outros Estados brasileiros e do Distrito Federal, registram-se a UFRS; UERJ; PUC-RS; FGV-SP; PUC-SP e IDP-DF. De Universidade estrangeira, destaca-se o trabalho proveniente da Universidade de Warwick, Inglaterra. Também integram a obra estudos oriundos da Assembleia Legislativa de Minas Gerais; Tribunal de Justiça de Minas Gerais; Tribunal de Contas de Minas Gerais; Governo do Estado de Minas Gerais; Controladoria-Geral do Município de Belo Horizonte; Ministério Público de Contas de São Paulo e Minas Gerais; Instituto Mineiro de Direito Administrativo; Instituto dos Advogados de Minas Gerais e Programas "Polos de Cidadania" e "Cidade e Alteridade" — ambos da UFMG.

A temática da obra, "Estado e propriedade", foi cuidadosamente pensada e escolhida pelos organizadores, porque intimamente ligada à história de vida acadêmica e profissional da Professora Maria Coeli Simões Pires. A indicação dos temas pelos autores participantes, desde o início da elaboração desta coletânea, no final do ano de 2013, revelou a diversidade dos assuntos e dos enfoques teóricos que se apresentam como desdobramentos da temática principal. Por essa razão, a obra aproxima-se — tanto quanto possível — do jeito de ser da Professora homenageada, tendo em vista sua forma plural e dinâmica de lidar com as questões jurídicas, notadamente, na construção das conexões da teoria e da *práxis*, na compreensão e na aplicação do direito.

Considerando a ampla liberdade de escolha dada aos autores — convidados a participar da coletânea por serem especialistas em direito público ou, mais precisamente, na temática "Estado e propriedade", e pelo fato de estarem, ou terem estado, vinculados, direta ou indiretamente, à homenageada —, a obra, em seu resultado final, abrangeu quatro núcleos temáticos: 1. Propriedade e Estado — que tratou, nomeadamente, da definição do regime jurídico da propriedade, a partir das discussões sobre sua função

---

[1] PIRES, Maria Coeli Simões. *Despejo*. Belo Horizonte: Mazza, 2000. p. 65.

social; da tributação e do mito da propriedade e do direito regulatório da propriedade privada; 2. Patrimônio e bens públicos — que enfrentou questões relacionadas aos bens públicos; ao instituto da afetação; à legitimação de posse; à proteção do patrimônio cultural e à defesa do patrimônio público e social e ao controle dos bens públicos; 3. Domínio e instrumentos de interferência do Estado na propriedade privada — como a desapropriação e o tombamento; 4. Regime jurídico da propriedade urbana e rural — com abordagens mais relacionadas ao Direito Urbanístico, como a regularização fundiária; as terras devolutas; a eficácia do Estatuto da Cidade e o problema social do exercício ao direito à cidade nas ocupações urbanas.

Somos gratos a todos aqueles que colaboraram para o êxito deste trabalho. Agradecemos à família da Professora pelo sensível texto produzido e pela disponibilização de fotos da cidade natal da homenageada — o Serro, cujo conjunto arquitetônico e urbanístico foi inscrito no Livro do Tombo em 8 de abril de 1938 —, que inspiraram a confecção da capa da obra. Rendemos loas aos autores participantes, que acolheram, animadamente, o convite enviado pela comissão organizadora para participação nesta obra. Nossa gratidão também se dirige à acolhida da Editora Fórum, comandada por seu presidente, Luís Cláudio Ferreira, e sua Vice-Presidente, Maria Amelia Corrêa de Mello, que se prontificaram a publicar o livro.

Na certeza de termos trabalhado com muito carinho e em perfeita sintonia, pautados pela especial singularidade da pessoa da nossa homenageada — que admiramos por sua coragem, inteligência, probidade, sensibilidade, responsabilidade e compromisso, além de tantos outros predicados —, externamos nosso contentamento por participar da história de vida da Professora Maria Coeli Simões Pires.

Belo Horizonte, abril de 2014.
Maria Tereza Fonseca Dias
Maria Elisa Braz Barbosa
Mila Batista Leite Corrêa da Costa
Caio Barros Cordeiro

PARTE 1

PROPRIEDADE E ESTADO

[...] a propriedade não pode mais ser uma situação de poder, por si só e abstratamente considerada e atrelada à ideia da relação sujeito e objeto, que caracteriza o direito real pleno. A determinação do conteúdo da propriedade deverá levar em conta os centros de interesses extraproprietários, como uma situação jurídica subjetiva típica e complexa. Propriedade — direito subjetivo cujo conteúdo se expressa na relação concreta que atrai as situações jurídicas constitucionalmente protegidas.

(Maria Coeli Simões Pires)

O DIREITO REGULATÓRIO DA PROPRIEDADE PRIVADA[1]

SERGIO DE ANDRÉA FERREIRA

1 A regulação como segmento do poder normativo estatal

A identificação do significado específico do termo *regulação*, no Direito brasileiro, encontra obstáculos provindos de diferentes causas, e que levam a um emprego diversificado, muitas vezes impreciso, do vocábulo; causas, dentre as quais se acham a própria origem etimológica latina e sua consequente cognação com *regra*, com *regulamentar*, com *regularizar*; além de serem homônimos, homófonos e homógrafos, o verbo e o adjetivo, *regular*.

Enquanto o verbo é oriundo do latim *regulare*, dirigir, dispor, ordenar; o *qualificativo* deriva do correspondente latino, *regularis, e*, relativo a cânone, regra de direito eclesiástico.

A origem comum é *regula, ae*, régua, tala, barra, de pedreiro ou carpinteiro, para aferir ou tornar reta uma superfície; e que, por sua vez, deriva do radical de *rego, is, rectum, regere*, dirigir, guiar, conduzir, governar.

O antepositivo *reg*, também presente em *rex, regis*, e na própria forma verbal *rectus, a, um*, evidencia sua vinculação com *dirigo, dirigere*, e, em consequência, com *directus*, direto, e, assim, com *direito*.

Desse modo, o significado mais amplo de *regular* é o de *dispor*, isto é, colocar em certa *ordem, ordenar*, estabelecer *normas procedimentais* e *comportamentais*; mas também o

---

[1] Dedico o presente trabalho à eminente Professora Maria Coeli Simões Pires, estimada colega, com quem muito aprendi, no fraternal e laborioso convívio, como coparticipantes da Comissão, designada pelo Ministro do Planejamento e Gestão, Paulo Bernardo, e que elaborou o Anteprojeto de Reorganização da Administração Pública Brasileira (2009-2010). Esse aprendizado se estende a seus sempre brilhantes escritos e às suas enriquecedoras palestras nos eventos de que, juntos, temos participado; fornecendo-me, tal como a seus alunos, leitores e ouvintes, um inestimável cabedal de conhecimentos; conhecimentos que ela possui, e nos transmite; e ao qual alia uma profícua atuação executiva.

de *decidir, administrar, dar destinação*, o que já tem um sentido não mais *normativo*, mas *individualizador*.

Enquanto as *regras jurídicas dispõem normativamente, as cláusulas avençadas* pelos titulares dos interesses *dispõem negocialmente*; as últimas, forma de *autorregulação*; e, as primeiras, de *heterorregulação*.

Nesta linha, a Constituição Federal Brasileira e as ementas legais empregam, em geral, a expressão *dispor*, no sentido normativo; como, por exemplo, quando a primeira atribui ao Congresso Nacional, com a sanção do Presidente da República, '*dispor* sobre todas as matérias de competência da União' (art. 48).

Outros termos são, porém, utilizados neste *sentido largo*.

Assim ocorre com *regular*: os *arts. 192* e *202 da* Carta Magna Nacional prescrevem que o sistema financeiro nacional e o regime de previdência privada serão regulados por lei complementar.

Também são empregados: *disciplinar* (*cf. art. 37, §3º, da* CF); *fixar* (*cf. art. 40, §12*); *definir* (*cf. art. 37, VII*); *estabelecer* (*cf. art. 37, IX*); e *regulamentar* (*cf. art. 5º, LXXI*).

Exemplo conspícuo do emprego de *regular*, no sentido amplo de *dispor normativamente*, encontra-se no *art. 1º* do Código Civil Brasileiro vigente: "Este Código regula os direitos e obrigações de ordem privada concernentes às pessoas, aos bens e às suas relações".

Mas a própria CF evidencia que *regular* pode ter um sentido normativo próprio; como ainda o significado de *atuação* ou de *concretização in casu*, e não abstrata, em tese, ao contemplar, no texto de seu *art. 174*, o papel de agente normativo, do Estado, em separado do de agente regulador da atividade econômica.

No conjunto das funções estatais, identifica-se, com efeito, parcela específica, rotulada como *regulação*.

A Constituição Federal trata de *regulação*, também em sentido estrito.

Em dois tópicos, contempla a figura de *órgão regulador*: no *art. 21, XI*, quando dispõe sobre os serviços de telecomunicações; e no *art. 177, §2º, III*, que estabelece que a lei fixará "a estrutura e atribuições do órgão regulador do monopólio da União", em tema de petróleo.

Por sua vez, o já citado *art. 174*, no Título, "Da Ordem Econômica", é explícito em preceituar que, "como agente normativo e regulador da atividade econômica, o Estado exercerá, na forma da lei, as funções de fiscalização, incentivo e planejamento, sendo este determinante para o setor público e indicativo para o setor privado".

Já agora, compõe-se, a regulação, de atos de execução do direito, podendo exemplificar-se com o controle do câmbio, mediante a venda, de dólares, pelo Banco Central.

No significado normativo estrito, *poder regulador* é segmento específico do poder regrante estatal, o qual, além do *poder constituinte*, engloba, ainda, o *legiferante* e o *regulamentar*.

Tratemos, neste passo, do sentido normativo estrito de *regulação*.

O sistema constitucional brasileiro estabelece a discriminação de competências das ordens federativas, para *legislar* sobre os vários direitos, poderes e faculdades, nos diferentes ramos jurídicos; isto é, para estabelecer o seu conteúdo, fixando os correspondentes lindes. Assim, no que tange aos *direitos patrimoniais*, a União é competente para dispor sobre os de *índole civil, comercial*, dentre outros; já sobre *direitos patrimoniais* de natureza *financeira* ou *tributária*, obedecidas as *normas gerais nacionais*, editadas pela União, os Estados Federados, o Distrito Federal e os Municípios também o são (CF, *arts. 24, I, 145 e 146, III*).

A unidade federativa competente para *legislar* sobre o direito estabelece os limites de conteúdo pertinentes, tendo em vista a necessidade de possibilitar a coexistência e o coexercício dos vários direitos, poderes e faculdades, iguais ou conexos (*v.g., os direitos dos proprietários dos vários prédios vizinhos; os do locador e os do locatário*).

Diferentes são as limitações de exercício de um direito, poder ou faculdade que decorrem da necessidade de salvaguardar interesses públicos e sociais, cuja tutela está a cargo das várias pessoas político-federativas (e não, necessariamente, da competente para estabelecer o estatuto básico do direito em questão); interesses como a *higiene*, a *segurança*, a *tranquilidade comunitária, a competição hígida nos mercados*.

Na medida em que o exercício dos poderes, direitos e faculdades interfere com tais interesses, a pessoa política competente, responsável pelo respectivo velamento, exercitando seu *poder normativo*, através da edição de normas legais e de atos administrativos gerais normativos, que são os atos regulatórios, *disciplina* o exercício desses direitos, poderes e faculdades, na proteção daqueles interesses.

Essa disciplina traduz-se em *limitações de Direito Público e Social*.

As limitações em tela dão sentido expresso à *regularidade* (daí, *regular e órgão regulador*) do exercício dos direitos, na defesa desses interesses. Quanto mais espontânea e autêntica for a sensibilidade da comunidade para com esses interesses, menor terá de ser o número de normas da espécie.

Mesmo quando emanam do mesmo legislador, porque competente em ambas as áreas — a da fixação do conteúdo e a da disciplina do exercício, em função de externalidades sociais —, distinguem-se, pelas razões expostas, as duas ordens de regras.

Realmente, bem diversa é a posição da União, quando legisla sobre Direito Civil (*art. 22, I, da* CF) e quando o faz sobre o exercício do direito de construir, através da normatização administrativa, em determinadas áreas.

Em suma, assim como o *Poder Público* não pode ser *absoluto*, tampouco pode sê-lo o exercício dos *direitos dos particulares*.

É certo, porém, que existem os *direitos absolutos*; absolutos, no sentido de que não comportam *limites* a seu conteúdo.

A *liberdade pessoal* (CF, *preâmbulo*) e *direito fundamental* (*art. 5º, caput*), não é juridicamente institucionalizável, nem quanto ao seu conteúdo, nem quanto ao seu exercício.

Diversamente, as *liberdades* que a Constituição Federal assegura, em seu *art. 5º*, como liberdades que são, não têm seu conteúdo passível de *institucionalização*; mas sim o tem seu exercício.

A própria CF, ao enumerar e assegurar essas liberdade, esboça limitações para sua exercitação (*art. 5º, XIII*).

Outra categoria jurídica é a dos *direitos fundamentais*, como o *direito de propriedade* (CF, *art. 5º, caput*, e *inciso XXII*), que são institucionalizáveis em seu conteúdo e limitáveis em seu exercício.

São estes *direitos* institutos jurídicos; desprovidos de conteúdo completo *a priori*, pois que o mesmo é dado pelo Direito.

Tem-se, *verbi gratia*, que o conteúdo mínimo da propriedade é o direito à substância.

O Poder Público competente para *legislar* sobre o direito, estabelecendo o seu estatuto jurídico, forma o respectivo conteúdo, dotando-o de poderes e faculdades e traçando-lhe: *(a)* os seus limites positivos, com a indicação de até onde pode ir o titular do direito; e *(b)* estabelecendo seus limites negativos, ao conferir, a terceiros, direitos de incursão, de ingerência, no direito que está sendo objeto da legislação.

Vê-se, com efeito, claramente, tal fenômeno, na disciplina do direito de propriedade, como *direito real*, como *domínio*. Sua configuração institucional decorre da noção de que, não sendo ele absoluto, diversamente do que já foi considerado, vigora o princípio de sua relatividade, necessária à própria coexistência e ao próprio coexercício dos direitos iguais ou conexos.[2]

Tais limites não são, todavia, suficientes, porque o exercício dos direitos não deve ir de encontro a interesses públicos e sociais.

Surgem, em consequência, as já referidas limitações ao exercício, limitações de Direito Público e Social, cujo objetivo é o de salvaguardar os mencionados interesses.

As limitações ao exercício dos direitos, poderes e faculdades, com base constitucional, são desenvolvidas pela legislação ordinária expedida pelo *Poder Público competente* para tutelar os mencionados interesses públicos e sociais.

Entra em cena, a seguir, o *administrador público*.

Primeiramente, para complementar e pormenorizar as regras legais limitativas.

O *legislar* — segundo o princípio da legalitariedade — compreende a edição do ato, formalmente legal; sendo que só este pode criar, modificar ou extinguir situações jurídicas objetivas, em tese, ou seja, poderes jurígenos e deveres.

No nível da normatização infralegal, temos o *regular* e o *regulamentar*.

No significado normativo, *regular* não é *regulamentar*, embora ambas sejam segmentos do *poder regrante estatal*, e tenham a mesma origem etimológica.

Regulamentar — mediante a expedição de decretos, portarias, resoluções e outras modalidades de formalização — é atividade-meio, é atuação instrumental da Administração Pública, e autovincula-a na execução das leis (CF, *arts. 84, IV, e 87, II*). E o mister executivo é próprio da AP, que, através dos regulamentos, ao invés de decidir em cada caso concreto, antecipa-se e dispõe, mediante regras jurídicas, sobre sua conduta, e daqueles que, nos procedimentos administrativos, com ela se relacionam. *Regulamentar* é, pois, uma fase do *executar*.

Quando estamos no campo da função materialmente administrativa, em que *regulamentar* é o primeiro passo do executar (*cf. arts. 84, IV, e 87, II*, da Constituição, que cuidam da *regulamentação* para a execução), o regulamento formaliza uma espécie de ato-regra, que não é um ato legislativo, mas sim um ato administrativo geral.

O ato administrativo *regulamentar*, por não ser ato legislativo, não cria novas situações jurídicas objetivas, *em tese*, mas cumpre certas funções, como as de interpretação, organização e especificação em relação à norma constitucional, legal e regulatória, regulamentadas; sempre com o objetivo de execução plena, dessas normas, pela Administração Pública.

---

[2] Ver o nosso FERREIRA, Sérgio de Andréa. *O direito de propriedade e as limitações e ingerências administrativas*. São Paulo: Revista dos Tribunais, 1982.

Seria impossível, com efeito, administrar, se o administrador só pudesse manifestar-se nos casos concretos. É preciso que ele possa também dispor, em tese, para o futuro.

Facilita-se, assim, a atuação do administrador e do cidadão, que têm, diante de si, não meros precedentes em casos semelhantes anteriores, mas uma regra jurídica. A incidência da norma regulamentada acarreta a da prescrição regulamentadora: é uma incidência derivada.

Já *regular*, enquanto, também, parcela do *poder regrante* da Administração Pública, corresponde à edição de normas jurídicas harmonizadoras de interesses, no seio da sociedade; disciplinadoras de espaços sociais, inclusive o mercado, a envolver os protagonistas que os compõem, os quais ficam sujeitos ao cumprimento dessas regras. É parcela da atividade-fim administrativa.

O sentido normativo da regulação brasileira, reitere-se, está claro já, na própria CF, que contempla a figura do *órgão regulador*, em seus *arts. 21, XI, e 127, §2º, III*. Por seu turno, a *Lei Complementar nº 109, de 29.05.2001*, que dispõe sobre o regime de previdência privada, e cujo *art. 5º* explicita que a normatização das atividades das entidades de previdência complementar, será realizada por órgão regulador.[3]

Questionada a figura da delegação legislativa (embora, para muitos doutrinadores, esteja ela embutida no regular), eis que, no sistema brasileiro, há leis delegadas (CF, *arts. 59, IV, e 68, e §§*), mas não regulamentos delegados; a doutrina tem tentado enquadrar os atos normativos de regulação na formatação do regulamento autônomo ou independente.

Ora, conforme já salientado, não se trata de *regulamentar*; e o regulamento autônomo tem lugar em duas hipóteses: *(a)* quando a CF impõe uma atividade executiva à AP e não há lei sobre a matéria; e *(b)* se a CF atribui à AP a "reserva administrativa", como o faz seu *art. 84, VI*, com a redação da *Emenda Constitucional nº 32/2001*, do que decorre que decreto do Presidente da República pode dispor sobre organização e funcionamento da Administração Federal.

A denotação da *regulação* está no fato de que ela tem, como destinatários, os particulares, adstritos ao cumprimento de suas regras.

Reitere-se que, em face do princípio da legalidade, esse poder há de ser precisamente normatizado, para que possa ser exercido pela Administração Pública.

E a *regulação* é necessária, porque, sob a égide da lei, material e formal, que traceja os contornos básicos das situações jurídicas jussociais, cabe a complementação do conteúdo das regras legais, de modo que os sujeitos, públicos e privados, possam atuar, no seu inter-relacionamento, nos espaços comunitários.

O *poder regulatório* da Pública Administração é manifestação do *poder normativo estatal, complementar* — não, *completivo* — ao legislativo, mas sempre subordinado à lei, na disciplina dos relacionamentos de Direito Social, como ocorre no Direito do Trabalho; devendo obediência aos princípios da reserva legal e da preferência legal (*v. CF, arts. 5º, II; e 49; e ADCT, art. 28, I*).

Nas limitações administrativas, objeto da regulação, o que prevalece é o balizamento, objetivando o respeito, no exercício do direito, pelo administrado, à

---

[3] Ver CUÉLLAR, Leila. *As agências reguladoras e seu poder normativo*. São Paulo: Dialética, 2001.

preservação de determinado interesse sob a provedoria pública; exercício, esse, que se deve desenvolver, com regularidade, sem abuso, sem ilicitudes, e, principalmente, sem desvios do comprometimento com a prevalência do interesse público ou social protegido.

Se o que há é a bitolação do exercício de um direito subjetivo, deve a limitação administrativa, como toda limitação, ser a menos gravosa possível, no balanceamento, em termos de ação ou inação, entre, de um lado, o próprio conteúdo do direito do proprietário e, de outro, o interesse público.

Do contrário, haverá não limitação de exercício, mas sim limite ou restrição de conteúdo.

Sublinhemos que as limitações hão de obedecer aos festejados princípios da razoabilidade e da proporcionalidade, básicos e tradicionais no setor do poder de polícia administrativa, pela necessária pertinência, que deve presidir essa parcela da função administrativa, com o fim almejado.

Ademais — e este é outro ponto básico —, embora previstas essas limitações genericamente, há de se dar espaço à sua adequação ao caso concreto.

Destarte, no sopesamento de interesses — e o Direito se concebe e se realiza neste permanente processo de composição, de harmonização de interesses —, entre, de um lado, o direito privado, subjetivo, constitucionalmente garantido, e, em princípio, de exercício pleno; e, de outro, o interesse público, traduzido em limitações, genericamente estabelecidas, há de se abrir, efetivamente, lugar para a aferição individualizada, no caso concreto.

Mas a regulação não se manifesta, apenas, conforme já referido, por intermédio de atos normativos; mas também, necessariamente, por atos de realização, de concretização do Direito.

Os primeiros, os normativos, estabelecem condições gerais de exercício do direito e disciplinam o modo de atuação das autoridades administrativas.

Os últimos, os de execução, concretizam situações jurídico-administrativas, quer permitindo a atividade privada (autorizações, permissões, licenças); quer determinando a conduta individual (ordens, exigências administrativas); ou, ainda, vedando alguma atividade (proibições).

Esses atos, mais os repressivos, aplicáveis no caso de ilicitude, de violação das regras e dos atos executivos de polícia, objetivam o atendimento legítimo, pelo administrado, do interesse público cuja preservação se procura. Esse tópico é relevante: o interesse público a ser atendido é específico e individualizado, e é condicionador da finalidade do ato administrativo (que, se praticado com outro fim, será inválido, por desvio de poder) e da atuação adequada do jurisdicionado, sob pena de sua antijuridicidade.

A regulação compreende o exercício do chamado poder de polícia administrativa, se estamos na área do Direito Público; e de formas de participação social do Estado, se no campo do Direito Social.

Historicamente, a primeira expressão no campo da *regulação* foi o poder de polícia administrativa, conceituado no art. 78 do Código Tributário Nacional (*Lei nº 5.172, de 25.10.1966, com a redação do Ato Complementar nº 31 de 28.12.1966*), que estatui:

> Considera-se *poder de polícia* a atividade da administração pública que, limitando ou disciplinando direito, interesse ou liberdade, *regula* prática de ato ou abstenção de fato, em

razão de interesse público concernente à segurança, à higiene, à ordem, aos costumes, à disciplina da produção e do mercado, ao exercício de atividades econômicas dependentes de concessão ou autorização do Poder Público, à tranquilidade pública ou ao respeito à propriedade e aos direitos individuais ou coletivos.

A definição legal abrange os sentidos normativo e operativo, de modo que se devem tomar, adequadamente, os termos *regula* e *disciplina*, empregados no preceito reproduzido.

Consoante o *art. 145, II*, da CF, dentre os tributos que podem ser instituídos pelas unidades político-federativas, estão as taxas, devidas "em razão do exercício do poder de polícia", quando esse já se traduz em atos concretos (licenciamento, autorizações, interdições, proibições).

O poder de polícia foi a primeira forma de atuação social da Administração Pública. Mas se tornou insuficiente, para abraçar toda a *regulação social* da atividade econômica; e, daí, dele se terem originado modernos ramos do Direito Social, nos quais estão presentes os atos regulatórios e, assim, as limitações administrativas.

É o caso do Direito Ambiental, do Direito Econômico, com assento no art. 174 da CF; igualmente no campo edilício, com o Direito Urbanístico, que incorporou alguns institutos, como o zoneamento, originalmente tidos como expressão do poder de polícia; mas ramo jurídico esse que se formou com o acréscimo de outras categorias jurídicas.

Aliás, esses novos segmentos jurídicos, o Econômico e o Urbanístico, estão nominalmente contemplados no *art. 24, I*, da CF, objeto da competência legislativa concorrente, entre União, Estados e Distrito Federal, a que se aglutina a competência municipal, nos termos do *art. 30, I, II e VIII*.

Ressalve-se, porém, que o poder de polícia continua existente e operante nesses campos; podendo-se, assim, falar, ainda, em *polícia econômica* (*p. ex.*, *controle da higiene de alimentos*), em *polícia edilícia* (*v.g.* no que diz respeito à segurança das edificações em termos de medidas em relação a incêndio).

2 O direito de propriedade: institucionalização e regulação

2.1 Conceito e objeto

O sentido social da Constituição de 1988 em nada abalou a identificação do direito de propriedade privada como direito básico inviolável; elencado, nesta qualidade, pelo *caput* do *art. 5º* da Carta Política Nacional, no mesmo patamar dos direitos à vida, à liberdade, à igualdade e à segurança.

Reitera o Texto Magno Nacional, na enumeração dos direitos e garantias fundamentais, constante do mencionado artigo, a garantia ao direito de propriedade — *nº XXII* —, clausulando-o com uma função social — *nº XXIII* —, ou seja, com um comprometimento finalístico de não violação e de atendimento comissivo ao bem comum, sem que, como é curial, tal comprometimento abale a garantia constitucionalmente assegurada ao direito.

Reforça, a CF, a garantia à propriedade, ao prescrever, no *inciso XXIV* do mesmo *art. 5º*, que sua perda em relação a determinando objeto e a restrição a seu conteúdo só se farão por desapropriação, mediante o devido processo legal, com sua substituição, no patrimônio do expropriando, por justa indenização.

Pode dizer-se, com tranquilidade, que, reproduzindo as garantias referentes à propriedade, na moldura tradicional do constitucionalismo brasileiro, a CF de 88 robusteceu esse direito, e, correlatamente, uma das manifestações dele e da liberdade, no campo patrimonial-econômico: a livre iniciativa tida como *fundamento* do Estado Brasileiro (*art. 1º, IV, in fine*).

As disposições sobre a ordem econômica bem patenteiam essa realidade, eis que o *art. 170* da CF explicita, como um dos fundamentos daquela, a *livre iniciativa*; e, como um de seus princípios, a *propriedade privada* (*nº I*); gravada, uma vez mais, por sua *função social* (*nº III*); sem quebra, contudo, reiteramos, da garantia de sua substância.

É fundamental grifar-se que, quando a CF assegura o direito de propriedade, o faz em sentido amplo, abrangendo os direitos sobre todos os bens patrimoniais, e não, apenas, os que sejam objeto de direitos reais. Direito de propriedade é, portanto, o direito de conteúdo econômico, o direito patrimonial.

Com efeito, a expressão direito de propriedade admite um sentido lato e um sentido estrito.

No primeiro, é como salientado, qualquer direito de conteúdo econômico, qualquer direito que tenha por objeto bens econômicos, isto é, com valor pecuniário.

O patrimônio, como universalidade (art. 91 do CC) abrange *direitos* que se referem a bens econômicos. Assim, direito de propriedade *lato sensu* é qualquer direito patrimonial.

Neste sentido, pode dizer-se que, ao invés de *um* direito de propriedade, existem "direitos de propriedade", reais e pessoais.

Stricto sensu, o direito de propriedade é o domínio, a propriedade real, o mais amplo dos direitos reais (*art. 1.228* do CC), e que engloba, em seu conteúdo, um feixe de direitos, poderes e faculdades, todos de índole patrimonial, e, portanto, todos, direitos de propriedade.

O direito de propriedade, real, é direito absoluto, isto é, *erga omnes*, e, assim, se inscreve no objeto de relação jurídica aberta, em cujo polo ativo está o *dominus*, e, no outro, o chamado sujeito passivo total (*n-1*), isto é, as *demais pessoas*, que têm o dever geral de abstenção, omissivo, de modo a ensejar que o proprietário exerça os direitos, poderes e faculdades, que compõem o domínio.

2.2 Conteúdo e exercício do direito de propriedade

A propriedade, como instituto jurídico, como direito institucionalizado, tem, na lei, a definição de seu conteúdo. No caso do domínio, a lei é que dá a configuração dos direitos, poderes e faculdades elementares, que o compõem.

No que tange ao conteúdo dos direitos patrimoniais, a União Federal é competente para dispor sobre os de índole civil, como é o caso do domínio: art. 22, I, da CF.

Assim, preceituar que o direito de usar e o de construir integram o conteúdo do domínio; ou se o último constitui direito autônomo, é matéria de Direito Civil, e, portanto, da competência legislativa federal privativa.

Nesta linha, é da exclusiva alçada federal a fixação do conteúdo de cada um desses direitos elementares da propriedade, com o estabelecimento do respectivo contorno, e de seus limites.

Outrossim, como direitos subjetivos que são, os direitos patrimoniais têm o seu conteúdo: encerram poderes, como o de *alienar*, no caso do domínio, o de *ceder*, no caso do direito obrigacional; e faculdades, que traduzem, faticamente (fato — *facto* e *faculdade* são cognatos, derivando ambos do mesmo étimo *fac*), a satisfação do interesse, a que, juridicamente, atende o direito subjetivo.

O conteúdo do direito, seu conteúdo positivo, marca a sua extensão máxima, define seu objeto, e compõe-se desses poderes e faculdades.

Por seu turno, os atos e fatos praticados pelo seu titular, de acordo com tal conteúdo, dentro dessa extensão, são o exercício do direito.

O exercício dá-se, portanto, através de fatos, quando se trata de faculdades, como no caso da realização de obras de restauração de um edifício, efetuadas, pelo proprietário, no imóvel de seu domínio; ou por atos jurídicos, quando se trata de poderes, como o de dispor, contido naquele.

Referindo-se ao direito dominial, os *arts. 1.196* e *1.204* do CC aludem a "poderes inerentes à propriedade"; assim como o *art. 524* do Código Civil de 1916 estabelecia que "a lei assegura ao proprietário o direito de usar, gozar e dispor de seus bens", e o *art. 525* estatuía que a plenitude da propriedade compreende a reunião, no direito do proprietário, de "todos os direitos elementares" da mesma; direitos, esses, repetimos, de cunho patrimonial, e, portanto, como expressão do direito de propriedade, constitucionalmente garantidos.

O *usus* (uso), em sua configuração máxima, o *fructus* (gozo) e o *abusus* (disposição) são elementos do conteúdo do direito de propriedade: *art. 1.228* do Código Civil, citado, segundo o qual é assegurado ao proprietário o direito de usar, gozar e dispor da coisa.

Tratemos da propriedade imobiliária urbana, que, destarte, tem, por objeto, bem imóvel, caracterizado pelo *art. 79* do Código Civil (*art. 43 do* CC de 1916), abrangendo "o solo e tudo quanto se lhe incorporar natural ou artificialmente".

Aduza-se o disposto no *art. 1.229*, pelo qual "a propriedade do solo abrange a do espaço aéreo e do subsolo correspondentes, em altura e profundidade úteis ao seu exercício".

Dentre os direitos elementares do domínio imobiliário está o direito de construir, com base no qual, segundo o *art. 1.299*, o proprietário "pode levantar em seu terreno as construções que lhe aprouver", respeitados "o direito dos vizinhos e os regulamentos administrativos".

Sublinhe-se que o construir enquadra-se, *lato sensu*, no usar, já que o fruir, o gozar a coisa, o *ius fruendi*, confere ao proprietário a pretensão aos frutos, rendimentos e produtos.

Expressiva, a propósito, a lição de Diogo de Figueiredo Moreira Neto, ao afirmar que, nos termos da legislação civil, com garantia pela CF, o que há é, mais do que um *direito de construir*, uma *liberdade de construir*, nos termos da prescrição do *art. 572* do Código Civil de 1916 e do *art. 1.299* do de 2002; e, que, como acentua o autor, declaram "que o proprietário pode levantar, em seu terreno, as construções que lhe aprouver: o ordenamento jurídico não faz mais que enfatizar uma liberdade — a de construir".[4]

---

[4] MOREIRA NETO, Diogo de Figueiredo. *Introdução ao Direito Ecológico e ao Direito Urbanístico*. Rio de Janeiro: Forense, 1975. p. 94.

No mesmo sentido, o clássico Hely Lopes Meirelles, que conclui, categoricamente, que "a liberdade de construir é a regra. As restrições e limitações ao direito de construir formam as exceções".[5]

2.3 Os direitos limitativos e restritivos da propriedade

O conteúdo positivo do direito, como assinalado, marca a sua extensão; define seus elementos integrantes; dá a configuração do direito em sua feição máxima, estabelecendo o mais longe possível a que, em tese, pode chegar seu titular.

Os atos e fatos praticados, por seu titular, de acordo com tal conteúdo, dentro dessa extensão, constituem o exercício do direito. É o limite positivo do direito.

No caso do domínio, seu titular, reitere-se, pode "usar, gozar e dispor" (*dominium est ius utendi, fruendi et abutendi*: art. 1.228 do CC). Possuir a coisa, utilizá-la, fruí-la, destruí-la, gravá-la, aliená-la, são poderes contidos, em princípio, no domínio. Há o poder de reaver a coisa de quem injustamente a possua, e o de evitar a ingerência de terceiro. Integram o conteúdo positivo do domínio, igualmente, direitos e pretensões a indenizações, a compensações, como no caso da desapropriação. O direito nuclear do domínio é o direito à substância, que faz com que ele se mantenha, mesmo se a coisa é inalienável, impenhorável.

O conteúdo negativo, ao contrário, marca até onde pode ter lugar a ingerência alheia — pública ou privada — no direito de cada um, ou aonde não pode ir o titular do direito; como, no exercício do poder de construir, do proprietário de terreno, que está submetido ao direito dos vizinhos e aos regramentos administrativos (*art. 1.299* do CC).

A lei, ao estabelecer limites negativos, pode impor ao proprietário um *facere* (o dever de conservação de prédio urbano, ou seja, a proibição de deixá-los em ruína); um *non facere* (não usar nocivamente a propriedade imobiliária em detrimento dos vizinhos); ou um *pati* (um suportar, um deixar fazer, como a passagem de cabos e tubulações).

Neste último caso, a lei limita o direito do titular, admitindo a ingerência de terceiros na esfera jurídica do primeiro. Fixam-se, nesta hipótese, direitos limitativos em favor daqueles, direitos que diminuem o conteúdo respectivo.

Dentre os direitos limitativos, outorgados a alguém, pela lei (emanada do legislador competente para disciplinar o *conteúdo* de um direito), em detrimento do direito de outrem, há os inteiramente formados, que já se exercitam faticamente, como o do *art. 69 do vetusto Código de Águas*; aqueles que se tenham de exercer através de exigência ao titular do direito limitado, como na hipótese do *art. 1.285 do CC*; e os que constituem direitos formativos ou potestativos, como os direitos à constituição de outros direitos, de que é exemplo o direito à constituição de *servidão* (cf. *arts. 117 a 138 do C. de Águas*).

O conteúdo e respectivos limites, da propriedade, são dados pela legislação, não havendo uma noção apriorística imutável dos mesmos. A norma jurídica é que forma o conteúdo, com os poderes e as faculdades. Estabelecendo os contornos do conteúdo, a lei dá os respectivos limites. Quando se opõe a propriedade, como o mais amplo direito sobre a coisa, aos direitos reais limitados, por exemplo, não se quer dizer que o primeiro seja ilimitado: os segundos é que estão circunscritos aos limites do primeiro.

---

[5] MEIRELLES, Hely Lopes. *Direito de construir*. São Paulo: Revista dos Tribunais. p. 14-15.

Com esses últimos relaciona-se a noção de restrições aos direitos, inclusive à propriedade, ao domínio, como uma forma de ingerência de terceiros, seja o Poder Público, seja o particular.

A restrição corresponde à suspensão ou à perda definitiva, de algum poder ou faculdade, componente do conteúdo do direito. O elemento perdido ou suspenso passa a ser elemento de outro direito que surge, o direito restritivo, em favor do terceiro. Esse direito se forma a partir de elemento que está dentro do conteúdo do direito restringido.

É interessante observar que o poder, do titular do direito de propriedade, de instituir restrições voluntárias ao mesmo (como constituir servidão no próprio imóvel) é algo que enriquece o seu conteúdo. Já o direito de terceiro à restrição corresponde a uma limitação ao direito restringido.

Os direitos restritivos estão submetidos ao princípio da coexistensividade, pelo qual nenhum deles tem, por conteúdo, qualquer poder ou faculdade que não estivesse contido no do direito restringido.

Outro princípio relativo às restrições é o da consolidação: extinta a restrição, os poderes e faculdades que a integravam voltam ao titular do direito até então restringido.

Consoante o *art. 525* do antigo *CC* é "plena a propriedade, quando todos os seus direitos elementares se acham reunidos no de proprietário; limitada, quando tem ônus real ou é resolúvel". Por direitos elementares deve entender-se o conjunto de direitos, poderes e faculdades inerentes ao domínio. Por outro lado, limitada à propriedade sempre é, já que como vimos seu conteúdo sempre tem limites. Mas a expressão limitada, no antigo citado, está pelo termo restringida, no que toca aos ônus reais.

Esses, os direitos reais limitados, são, por excelência, direitos restritivos e tornam restrito o domínio, pois que, impostos *in casu*, restringem o exercício de um ou de vários daqueles direitos elementares.

A configuração do conteúdo do direito real de propriedade, com seus poderes e faculdades, e respectivos limites positivos e negativos, e direitos limitativos em favor de terceiros, bem como as restrições impostas ao domínio, e os consequentes direitos restritivos, são, renove-se, matéria de Direito Civil, da competência privativa da União (CF, *art. 22, I*).

2.4 A regulação do exercício do direito de propriedade

Mas, ao lado dos limites de conteúdo e, portanto, dos direitos limitativos do conteúdo da propriedade, em favor de terceiros, e, dos direitos restritivos, restringentes destes em relação aos poderes e faculdades do domínio, com a criação de direitos restritivos, titularizados por terceiros, existe uma outra figura jurídica, e que é a das limitações, em tese (as restrições são *in casu*) do exercício dominial.

Essas limitações, que dizem respeito ao exercício dos elementos conteudísticos do direito de propriedade, são, exclusivamente, limitações ao exercício dos direitos (poderes e faculdades) elementares, que compõem o seu conteúdo, nada dele sendo retirado.

O balizamento desse exercício, como visto, tem um parâmetro genérico, comum a todos os direitos, e que é a *regularidade*, a traduzir sua licitude, pela legitimidade, moralidade, razoabilidade e proporcionalidade; sendo sua face patológica o abuso do direito: só não constitui ato ilícito o "exercício regular de um direito reconhecido" (Código Civil, *art. 188, I*).

No caso do domínio imobiliário, a União Federal, competente para *legislar* sobre este direito de caráter civil; ao dispor sobre o respectivo conteúdo, tem em mira possibilitar, repise-se, a coexistência dos vários direitos idênticos, ou conexos, titularizados por diferentes pessoas. Mas já estabelece, outrossim, limites, com o fim de viabilizar o coexercício desses mesmos direitos. São limitações institucionais do direito de propriedade.

Assim, no tocante ao uso, o CC, no *§2º do art. 1.228*, prescreve: "São defesos os atos que não trazem ao proprietário qualquer comodidade, ou utilidade, e sejam animados pela intenção de prejudicar outrem".

Outrossim, na proteção dos direitos de vizinhança, o CC cuida do *uso anormal da propriedade*, dispondo: *Art. 1.277*:

> O proprietário ou o possuidor de um prédio tem o direito de fazer cessar as interferências prejudiciais à segurança, ao sossego e à saúde dos que o habitam, provocadas pela *utilização* de propriedade vizinha. Parágrafo único. Proíbem-se as interferências considerando-se a natureza da *utilização*, a localização do prédio, atendidas as normas que distribuem as edificações em zonas, e os limites ordinários de tolerância dos moradores da vizinhança.

Quanto ao direito de construir, o Código Civil o faz, ressalvando, no já citado *art. 1.299*, os direitos dos vizinhos, sobre os quais dispõem os *arts. 1.277* e seguintes.

Mas, recordemos, uma vez mais, que, pelo *art. 1.299* do Código Civil, "o proprietário pode levantar em seu terreno as construções que lhe aprouver, salvo o direito dos vizinhos e os regulamentos administrativos", ou, mais exatamente, os atos regulatórios administrativos, na moldura antes tracejada.

Duas observações cabem, a propósito: *(a)* as regras limitativas em referência buscam coartar o abuso do direito, que é, em verdade, o abuso do exercício do direito, conforme salientado; e *(b)* o Direito Civil não pode deixar de reconhecer que, em sede de exercício, além dos limites institucionais que ele é que impõe, existem aquelas que emanam da regulação administrativa.

Essas limitações administrativas estão referidas no *art. 4º, V, c*, do Estatuto da Cidade (*Lei nº 10.257, de 10.07.2001*), como um dos instrumentos da política urbana.

Cumpre assinalar, neste passo, que o nosso Direito Constitucional, a partir da Constituição Federal de 1934, tem dado uma função social à propriedade, que traduz o sentido global do seu conteúdo e do seu exercício, e dos respectivos limites. Aquela Carta, em seu *art. 113, nº 17*, prescrevia que o direito de propriedade não poderia ser exercido contra o interesse social ou coletivo, na forma que a lei determinasse. O *art. 147* da CF de 1946 estatuía que o uso da propriedade seria condicionado ao bem-estar social. A de 67/69 (*art. 157, III*, da redação original: *art. 160, III*, pela Emenda Constitucional 1/69) erigia a função social da propriedade como princípio básico da ordem econômica e social, que, por seu turno, tinha *'por fim realizar a justiça social'*.

A Constituição de 1988, conforme já assinalado, é prenhe de referências à função social da propriedade: *arts. 5º, XXIII; 170, III, 182, §1º; e 186*.

A função social da propriedade dá a essa um comprometimento finalístico, que, a par de condicionar a atuação do proprietário, leva, especificamente, a que o titular do direito seja obrigado *a fazer*, a valer-se de seus poderes e faculdades, no sentido do bem comum.

A função social da propriedade corresponde a uma concepção ativa, comissiva do uso da propriedade.

O Direito Brasileiro sempre ostentou limitações comissivas, omissivas e passivas ao exercício da propriedade. Mas há uma grande distância, foi dado um gigantesco passo, entre, de um lado, as limitações em favor de vizinhos, como se vê no Código Civil, e aquelas em benefício dos interesses protegidos pelo poder de polícia administrativa e pelo direito urbanístico, e as obrigações de fazer, em favor da comunidade em geral, em nome do bem comum, do interesse social.

Assim, se há a propriedade, como direito real, direito absoluto, que se inscreve, em relação jurídica aberta, em cujo polo ativo está o *dominus* e, no outro, o chamado sujeito passivo total (*n-1*), isto é, as demais pessoas, que têm o dever geral de abstenção; com a função social da propriedade, passamos a ter o sujeito ativo total, cabendo ao proprietário obrigações comissivas, cujo cumprimento atende a interesses sociais.

Como se cuida de ramo do Direito Social, as normas de Direito Urbanístico "regulam o uso da propriedade urbana", com fins sociais (*parágrafo único do art. 1º do Estatuto da Cidade*), dando conteúdo pleno à função social da propriedade (*art. 2º*).

A propriedade imobiliária é tomada no contexto social da cidade, da *urbs*.

Os sujeitos de direito, no Direito Urbanístico, não são indivíduos privados; mas habitantes de uma cidade; ou que nela estão de passagem; são proprietários, possuidores, posseiros, invasores, moradores de comunidades, em espaços particulares ou públicos; estão, pois, agem, portanto, no universo citadino, no qual se estabelecem as relações jurídicas entre si e com o Poder Público.

Impossível omitir o papel fundamental deste, como agente do Direito Social, na proteção dos mais frágeis, e na ordenação, na *regulação* dos relacionamentos inter-humanos, e do exercício de direitos, no tocante ao espaço urbano.

Daí, a CF, em seus *arts. 21, IX e XX; e 30, VIII; e 182, §1º*; e o Estatuto da Cidade, no *art. 2º*, todos empregarem a dicção "ordenação do território urbano", "das funções sociais da cidade", envolvendo a *regulação* do uso da propriedade urbana, a englobar a edificação, a habitação, a circulação, o trabalho, o lazer, a higidez ambiental. Seu objeto é a adequada contextualização urbana.

Pelo Direito Urbanístico, o exercício de propriedade imobiliária urbana, no atendimento da condicionante da função social da propriedade, pode consistir, até mesmo, numa obrigação, tanto que o Poder Público municipal pode impor a edificação compulsória ao proprietário do solo urbano, na moldura do *art. 182, §4º*, e seu *inciso I*, da CF, de modo a atender a utilização para a qual está vocacionado o imóvel citadino.

Referências

CUÉLLAR, Leila. *As agências reguladoras e seu poder normativo*. São Paulo: Dialética, 2001.

FERREIRA, Sérgio de Andréa. *O direito de propriedade e as limitações e ingerências administrativas*. São Paulo: Revista dos Tribunais, 1982.

MEIRELLES, Hely Lopes. *Direito de construir*. São Paulo: Revista dos Tribunais. p. 14-15.

MOREIRA NETO, Diogo de Figueiredo. *Introdução ao Direito Ecológico e ao Direito Urbanístico*. Rio de Janeiro: Forense, 1975. p. 94.

Informação bibliográfica deste texto, conforme a NBR 6023:2002 da Associação Brasileira de Normas Técnicas (ABNT):

FERREIRA, Sergio de Andréa. O direito regulatório da propriedade privada. *In*: DIAS, Maria Tereza Fonseca *et al.* (Coord.). *Estado e propriedade*: estudos em homenagem à professora Maria Coeli Simões Pires. Belo Horizonte: Fórum, 2015. p. 21-34.

A IRRETROATIVIDADE DO DIREITO E O REGIME JURÍDICO DA PROPRIEDADE[1]

MISABEL DE ABREU MACHADO DERZI

THOMAS DA ROSA DE BUSTAMANTE

1 A irretroatividade das leis

O princípio da irretroatividade é decorrência normal, da natureza das leis, decorre da lógica das coisas, da razão e da moral e está na base do princípio da separação de poderes. É antigo e já conhecido do Direito romano. Como as decisões judiciais são operações internas ao sistema, elas se voltam prevalentemente para o passado, para o *input*, como lecionou Niklas Luhmann, onde se encontram as leis, os costumes e os precedentes. O futuro é incorporado nas decisões judiciais, sem dúvida, mas somente por meio dos filtros que o legislador já fez em suas escolhas.[2] (O operador do Direito colherá os conceitos determinados ou não, abstratos e gerais, mais ou menos tipificados, e os princípios mais ou menos vagos e imprecisos, todos postos nas leis, para deles extrair conceitos de concreção máxima, adequados aos casos concretos). Já o legislador, não obstante, trabalha na periferia do sistema, no presente, voltado prevalentemente para o futuro. Ele pesa, sim, o passado (a tradição, a moral vigente e os costumes, a Constituição que limita o seu domínio), mas as normas, que põe, devem pesar, muito mais ainda, as consequências de toda natureza (políticas, econômicas e sociais) até o fim. Ele está comprometido com o futuro, daí que enuncia, linguisticamente, as normas por meio de conceitos abstratos, mais ou menos determinados, mais ou menos tipificados e em princípios e cláusulas mais ou menos abertos. Tais questões são o suporte do princípio da separação de poderes.

---

[1] Em homenagem à Professora Maria Coeli Simões Pires.

[2] Sobre a proteção à confiança no pensamento de Luhmann, ver: DERZI, Misabel de Abreu Machado. *Modificações da jurisprudência no Direito Tributário*. São Paulo: Noeses, 2009.

A Dogmática nacional não se coloca, em regra, em discordância com o que se disse. Pontes de Miranda, ao realçar as características essenciais das leis, necessárias, destaca-lhes a generalidade, pois são infensas ao casuísmo e ao arbítrio, e, ainda, o transindividualismo desde a sua origem, por não resultarem da vontade de um só, rei ou homem que o represente. Mas logo lhes acrescenta os elementos dinâmicos, resultantes da evolução do Estado e do conceito de democracia: *(a)* o elemento democrático na sua formação; *(b)* o elemento de verdade, com que se procura, continuamente, o aperfeiçoamento paulatino, marchando para o oposto do que disse Hobbes: *autoritas, non veritas, facit legem*; *(c)* o elemento de segurança extrínseca negativa, já que a lei tem de ser feita de antemão aos fatos, antecedendo-os; *(d)* o elemento de segurança extrínseca positiva, pois a lei permanece vigente enquanto outra lei não a sub-roga ou lhe derroga algum ponto.[3]

Entre nós, o levantamento histórico mais sistematizado do princípio da irretroatividade das leis se encontra em Pontes de Miranda. Invocando as *Lex Falcidia* e outras leis romanas; o discurso de Cícero, que combatia a retroeficácia da lei, enquanto Quinto Múcio Cévola a defendia; a Constituição de Constantino, de 320; de Theodósio I, de 424, que repudiou claramente a retroatividade, considerando-a danosa e injusta; de Theodósio II e Valentiniano III, de 426, em que se expôs claramente que o princípio da irretroatividade aproveita mesmo para os fatos pendentes, exceção feita às cláusulas legais expressas; de Anastácio, de 508, inspirada na fórmula de Ulpiano e de Paulo sobre as *causae finitae*, Pontes de Miranda conclui, não obstante, que a não retroação tinha, naquele tempo até o Baixo Império, ainda, na maior parte das vezes, um caráter político, não jurídico, como assumirá nos tempos modernos. Ensina que, na legislação de Justiniano, há muitos, numerosos textos que excluem, expressamente, a aplicação das regras novas aos fatos pretéritos, donde o problema de não se saber qual a regra, qual a exceção: "ou o princípio era o da retroatividade e parecia mister a ressalva; ou a frequência das ressalvas tinha o fito de reafirmar o princípio de não terem força retroativa as leis; ou, ainda, se continuava com a concepção de Ulpiano e de Paulo, e obra útil se fazia com precisar-se a não incidência nos fatos passados". E conclui Pontes de Miranda: "Justiniano não admitia princípio superior, quer de retroatividade, quer de irretroatividade: na concepção da lei estaria o elemento susceptível de lhe marcar a extensão no tempo".[4]

Somente em Pontes de Miranda se encontra a explicação para a retroatividade autorizada no Direito canônico. Embora Gregório, o grande (598), e Gregório IX (1230) tenham reafirmado a não retroação como regra, "a noção de *ius divinum*, superior ao direito dos homens, impôs aos papas a retroatividade das regras jurídicas, que consistiam em revelação do direito (*divinum, naturale*)". É evidente que a identificação da origem divina do poder, em regimes totalitários, empreende a fusão das duas ideias e marca os retrocessos na evolução do princípio da irretroatividade. É sintomático que a Constituição de Alexandre III, diz Pontes de Miranda, nos dê excelente exemplo,

---

[3] Cf. PONTES DE MIRANDA. *Comentários à Constituição de 1967, com a Emenda nº 1, de 1969*. 2. ed. São Paulo: Revista dos Tribunais, 1974. t. V, arts. 153, §2º - 159, p. 7.

[4] Cf. Cf. PONTES DE MIRANDA. *Comentários à Constituição de 1967, com a Emenda nº 1, de 1969*. 2. ed. São Paulo: Revista dos Tribunais, 1974. t. V, arts. 153, §2º - 159, p. 13-14.

"o que se patenteia ao vivo nos casos em que, devendo ser retroativa a regra, o legislador pesava os inconvenientes e *misericorditer* tolerava".[5]

Nos livros dos feudos, a irretroatividade é princípio assente, mas, na Idade Média, a força dos costumes era decisiva, e os argumentos favoráveis à retroatividade também poderiam ser fartamente arrolados, em grande parte influenciados pelo Direito canônico, que atuou nos editos do século XVI: "com os efeitos assim para o futuro como para o passado, em se tratando de matéria de 'lei e mandamento de Deus', salvo onde a misericórdia recomendasse tolerância".[6]

O decreto francês de 1789, revolucionário, rompeu com o regime feudal e, consequentemente, extinguiu os direitos e deveres feudais, abolidos sem indenização, embora a Constituinte, quanto às leis de sucessão, tivesse evitado leis retroativas, permitindo a aplicação das leis antigas para as pessoas casadas. No Direito germânico, o costume, "no seu variar lentíssimo", não suscitou questões de retroatividade, o que adveio com a recepção do Direito romano. Como explica Pontes de Miranda,

> assiste-se à luta cruenta entre o direito costumeiro, múltiplo (Landrechte, Stadtrechte), e o direito imposto pelos príncipes e legistas, direito unitário. A balança pendia para a força; portanto, para a doutrina das *causae finitae* [...]. A evolução acentuava-se. A irretroatividade defende o povo; a retroatividade expõe-no à prepotência.[7]

Com o advento do liberalismo, o individualismo acentuou o critério subjetivo dos "direitos adquiridos", levantando-os contra o Estado, de modo que a Constituição dos Estados Unidos, de 1787, consagrou a proibição geral da retroação para as leis penais e proibiu aos Estados as leis *ex post facto* em relação às obrigações contratuais. A célebre Declaração dos Direitos do Homem, de 1789, art. 8º, consagrou o princípio da irretroatividade das leis penais: "nul ne peut être puni qu'en vertu d'une loi établie et promulguée antérieurement au délit et légalement appliquée". Ao apresentar o art. 2º do Código Civil francês, em 1803, Portalis o associará à confiança, em imagens de rara beleza:

> O ofício da lei é regrar o futuro; o passado não está mais sob o seu poder. Em toda parte onde a retroatividade das leis fosse admitida, não somente a segurança não existiria mais, como nem mesmo a sua sombra... O homem, que ocupa apenas um ponto no tempo como no espaço, seria um ser bem infeliz se ele não pudesse se acreditar em segurança mesmo em relação à sua vida passada; para essa porção de sua existência, já não carregou ele todo o peso de seu destino? O passado pode deixar mágoas, mas ele termina todas as incertezas... Longe de nós, a ideia dessas leis de duas faces que, tendo sem cessar um olho sobre o passado e o outro sobre o futuro, secariam *a fonte da confiança* e se converteriam em um princípio eterno de injustiça, de reversão e de desordem. Por que, dir-se-á, deixar impunes os abusos que ocorressem antes da lei, que se promulga, para reprimi-los?

---

[5] Cf. PONTES DE MIRANDA. *Comentários à Constituição de 1967, com a Emenda nº 1, de 1969.* 2. ed. São Paulo: Revista dos Tribunais, 1974. t. V, arts. 153, §2º - 159, p. 15.

[6] Cf. PONTES DE MIRANDA. *Comentários à Constituição de 1967, com a Emenda nº 1, de 1969.* 2. ed. São Paulo: Revista dos Tribunais, 1974. t. V, arts. 153, §2º - 159, p. 17.

[7] Cf. PONTES DE MIRANDA. *Comentários à Constituição de 1967, com a Emenda nº 1, de 1969.* 2. ed. São Paulo: Revista dos Tribunais, 1974. t. V, arts. 153, §2º - 159, p. 20.

Porque não é necessário que o remédio seja pior do que o mal... Não é necessário exigir que os homens sejam antes da lei o que eles apenas devam sê-lo por meio dela.[8]

Comenta Pontes de Miranda que o Código Civil francês, art. 2º, ("a lei não tem efeito retroativo; ela só dispõe para o futuro."); as Constituições dos Estados-membros nos EUA e a Federal; a Constituição do Império do Brasil, art. 179, 3º, ("é vedado aos Estados e à União prescrever leis retroativas") e a Constituição brasileira de 1891, art. 11, §3º, todas prescreviam o princípio da irretroatividade de forma objetiva e a rejeição à doutrina dos direitos adquiridos, já superada. Não obstante, sob a vigência da Constituição de 1891, adveio o Código Civil brasileiro, que a recuperou, adotando um misto de critérios objetivos e subjetivos. As Constituições brasileiras, que se seguiram, mantiveram os dados subjetivos, que o Código Civil já introduzira, desenvolvendo-se larga doutrina a respeito da dicotomia "direitos adquiridos/expectativas de direito".[9]

Pode-se dizer mesmo que o pensamento jurídico, de forma universal, há séculos, sempre condenou o efeito retroativo das normas jurídicas. Mas se assim o é, do ponto de vista da ética, da moral e da filosofia, nem sempre as ordens positivas o reconhecem com a mesma intensidade. A política legislativa é divergente. Enumeremos as principais discordâncias:

(a) ordens jurídicas em que a Constituição silencia e o Código Civil não contém regras decisivas de direito intertemporal. Assim na Alemanha, em que a Constituição consagra expressamente a proibição de retroação, restritivamente ao Direito Penal, e o Código Civil de 1896 não contém uma regra geral para a solução dos conflitos das leis no tempo. É comum a ideia de que "não se aceita, na doutrina alemã, que a lei deva ser irretroativa, como conceito genérico".[10]

Entretanto, na prática, a força de outros princípios, como o da segurança jurídica, do Estado de Direito, especialmente os da proteção da confiança e da boa-fé, reconstrói o princípio da irretroatividade, aplicando-o aos atos do Poder Legislativo, do Poder Executivo, e mesmo do Poder Judiciário. É notável o trabalho da Dogmática e da Jurisprudência, como já registramos, especialmente na Alemanha;

(b) outras ordens jurídicas, que representam a maioria, adotam o princípio da não retroação como regra, consignada em lei ordinária, com o sentido de política legislativa. "Mas, como o princípio não se dirige, com caráter obrigatório, ao legislador, fica este com a liberdade de votar leis retroativas, quando entender conveniente ao interesse público. É a doutrina em vigor, como na França, cujo Código Civil (art. 2º) prescreve que a lei só dispõe para o futuro e não tem efeito retroativo; da mesma forma o Código italiano de 1865 estatuía (art. 2º) e o de 1942 o determina (art. 11); o Código Civil espanhol (art. 3º) diz que a lei não tem efeito retroativo, salvo se o contrário dispuser o legislador; no mesmo sentido o Código Civil argentino (art. 3º), consignando que a lei não tem efeito retroativo nem pode alterar os direitos já adquiridos".[11] Não se perca de vista, não obstante, que essas

---

[8] Cf. PONTES DE MIRANDA. *Comentários à Constituição de 1967, com a Emenda nº 1, de 1969*. 2. ed. São Paulo: Revista dos Tribunais, 1974. t. V, arts. 153, §2º - 159, p. 26.

[9] Cf. PONTES DE MIRANDA. *Comentários à Constituição de 1967, com a Emenda nº 1, de 1969*. 2. ed. São Paulo: Revista dos Tribunais, 1974. t. V, arts. 153, §2º - 159, p. 46.

[10] Cf. PEREIRA, Caio Mário da Silva. *Instituições de Direito Civil*. 21. ed. Revisão Maria Celina Bodin de Moraes. Rio de Janeiro: Forense, 2005. v. I, p. 143.

[11] Cf. PEREIRA, Caio Mário da Silva. *Instituições de Direito Civil*. 21. ed. Revisão Maria Celina Bodin de Moraes. Rio de Janeiro, Forense, 2005. v. I, p. 143.

mesmas ordens jurídicas, como também ocorre com a Alemanha, consagram, de forma expressa em sua Constituição, a vedação da retroação no Direito Penal ou Sancionatório;

(c) finalmente, há sistemas jurídicos, nos quais o princípio da irretroatividade tem a natureza de norma constitucional expressa, válida para todos os ramos do Direito ou, pelo menos, para áreas extensas do Direito. Assim ocorre na Constituição dos EUA, dentro do Direito Penal e em relação às obrigações contratuais (art. I, seção 9,3, e seção 10, 1), no México (art. 14). No Brasil a natureza constitucional explícita do princípio é muito antiga, data da Constituição do Império. Depois ele foi igualmente repetido em nossas Constituições republicanas, exceção feita, como seria de se esperar, na Constituição de 1937. E mais, tem o princípio da irretroatividade uma amplitude inigualável, em relação a outros sistemas jurídicos, se atentarmos para os enunciados linguísticos dos textos escritos e expressos, já que inclusivos de todas as áreas especializadas do Direito. Assim o art. 11, al. 3, da Constituição de 1891; o art. 113, nº 3, da Constituição de 1934; o art. 141, §3º, da Constituição de 1946; o art. 153, §3º, da Constituição de 1967, com a Emenda nº 1, de 1969; e, finalmente, o art. 5º, XXXVI da Constituição de 1988.

Na verdade, a Constituição da República Federativa do Brasil, vigente, insere-se, em primeiro lugar, na força das garantias oferecidas, porque não se limita a consagrar o princípio da irretroatividade como direito e garantia fundamental para todos os ramos jurídicos (art. 5º, XXXVI), nem ainda apenas para o Direito Penal (art. 5º, XL). Repetiu o direito e garantia, dentro da Seção II, do Capítulo I, do Título VI, como limitação do poder de tributar, nos seguintes termos:

> Art.150. Sem prejuízo de outras garantias asseguradas ao contribuinte, é vedado à União, aos Estados, ao Distrito Federal e aos Municípios: [...] III) cobrar tributos: a) em relação a fatos geradores ocorridos antes do início da vigência da lei que os houver instituído ou aumentado;

Com isso, a Constituição vigente adotou uma fórmula genérica, que veda a retroação, mas inseriu-a, expressamente, dentro do rol dos direitos e garantias fundamentais, com alguns elementos subjetivos (dos direitos adquiridos, no art. 5º, XXXVI,) e ainda dentro do rol das limitações do poder de tributar (art. 5º, XL, art. 150, III, a), em franca expressão de um princípio e direito, que se resolvem na proteção do cidadão, em favor dele. Seria, então, uma completa reversão do sistema utilizar a garantia em favor do Estado, para desvantagem do contribuinte. Mais uma vez, fica aqui registrada a peculiaridade do princípio da irretroatividade no Direito Tributário, de abrangência e aplicação restrita ao contribuinte. Ao contrário, a Constituição da República autoriza, expressamente, que a lei tributária retroaja, para reduzir impostos ou extingui-los, por meio de remissões e de anistias. Eis o teor da norma:

> Art. 150, §6º Qualquer subsídio ou isenção, redução de base de cálculo, concessão de crédito presumido, *anistia ou remissão*, relativos a impostos, taxas ou contribuições, só poderá ser concedido mediante lei específica, federal, estadual ou municipal, que regule exclusivamente as matérias acima enumeradas ou o correspondente tributo ou contribuição, sem prejuízo do disposto no art.155,§2º, XII, "g".

Esse entendimento está consagrado na Súmula do Supremo Tribunal Federal, nº 654: "A garantia da irretroatividade da lei, prevista no art. 5º, XXXVI, da Constituição da República, não é invocável pela entidade estatal que a tenha editado".

As teorias, que se levantaram em torno da irretroatividade das leis, são muito numerosas, mas as mais importantes podem ser concentradas em dois grandes grupos, a saber:

(a) as teorias subjetivistas, que preferencialmente focalizam o problema em face dos direitos subjetivos individuais. Nomes exponenciais se destacam nesse campo, como o de Savigny, construtor da distinção entre os *direitos adquiridos* e as *expectativas de direito* e, ainda, por outro lado, das *faculdades jurídicas abstratas*. "Mas umas e outras, por exceção, podem ter efeito oposto, quando o legislador manifesta a intenção positiva e expressa de vontade nesse sentido".[12] E diferencia ainda o fenômeno da *aquisição* do direito do de sua *existência*. A essa visão, considerada insuficiente, Ferdinand Lassalle acresceu a seguinte sistematização:

> 1) nenhuma lei pode retroagir, se atinge um indivíduo através de seus atos de vontade; 2) toda lei pode retroagir se o atinge fora dos seus atos de vontade, isto é, nas qualidades que lhe são comuns com a humanidade inteira ou que ele obtém da sociedade ou, ainda se ela o atinge na medida em que modifica esta sociedade nas suas instituições orgânicas. E por quê? Porque o conceito de retroatividade importa uma violência sobre a liberdade e a responsabilidade do homem.[13]

As críticas de Pontes de Miranda contra tais teorias são duras. Se é verdade que retroagir é coagir a liberdade do homem e sua responsabilidade, em relação aos atos jurídicos que se formam por sua vontade, também não se pode negar que fatos jurídicos (como inundação ou morte, independentemente da vontade do sujeito) devem ser regidos, em suas consequências, pela lei em vigor, no momento de sua ocorrência. Assim o jurista refuta a tese de Ferdinand Lassalle: "a lei do momento em que um rio abandona o seu leito (álveo abandonado — Código Civil francês, art. 568, brasileiro, art. 544) é a que regula os direitos dos proprietários das margens e dos proprietários do terreno por onde as águas abriram novo leito";[14] em relação a Léon Duguit e Gaston Jèze, concluiu que nada de científico trouxeram à solução do problema; finalmente, Pontes de Miranda criticou em geral a teoria subjetivista, inclusive Gabba, por confundirem a teoria correspondente com "variantes mistas (não retroatividade e sobrevivência da lei antiga; respeito aos direitos adquiridos e não retroatividade)";[15]

(b) as teorias objetivistas assentam a regra básica, capital, fundamental de que a lei sempre dispõe para o futuro, não retroage. Paul Roubier distinguiu os efeitos imediatos e futuros dos efeitos retroativos, declarando como regra normal a vigência da lei de imediato e para o futuro (hoje + futuro se equiparam).[16] Nesse contexto, Pontes

---

[12] Cf. PEREIRA, Caio Mário da Silva. *Instituições de Direito Civil*. 21. ed. Revisão Maria Celina Bodin de Moraes. Rio de Janeiro: Forense, 2005. v. I, p. 147.

[13] Cf. PEREIRA, Caio Mário da Silva. *Instituições de Direito Civil*. 21. ed. Revisão Maria Celina Bodin de Moraes. Rio de Janeiro: Forense, 2005. v. I, p. 148.

[14] Cf. PONTES DE MIRANDA. *Comentários à Constituição de 1967, com a Emenda nº 1, de 1969*. 2. ed. São Paulo: Revista dos Tribunais, 1974. t. V, arts. 153, §2º - 159, p. 59.

[15] Cf. PONTES DE MIRANDA. *Comentários à Constituição de 1967, com a Emenda nº 1, de 1969*. 2. ed. São Paulo: Revista dos Tribunais, 1974. t. V, arts. 153, §2º - 159, p. 54.

[16] Cf. Um estudo mais aprofundado sobre as correntes subjetiva e objetiva da teoria da irretroatividade, com um exame cuidadoso da doutrina de Gabba e Paul Roubier, encontra-se na obra de MENDONÇA, Maria Luiza Pessoa de. *O princípio constitucional da irretroatividade da lei*. A irretroatividade da lei tributária. Belo Horizonte: Del Rey, 1996. 390 p.

de Miranda destaca a teoria de Friedrich Affolter, "o maior nome, até hoje, no direito intertemporal", que estabelece a regra capital, no Direito alemão, de que a lei nova não rege os fatos antigos, ocorridos antes de sua vigência, sendo assim usual que a lei antiga estenda seus efeitos, perdure, mesmo com a introdução de lei modificativa. Essa a regra capital, tão natural e comum, que "a inserção de cláusula a respeito se evidencia inútil e supérflua". Na teoria de Friedrich Affolter, o passado é resgatado para se manter a vigência da lei antiga em relação aos efeitos dos fatos passados, que perdurarem já na vigência da lei nova. Mas explica Pontes de Miranda que, segundo a mesma teoria, poderá existir uma regra especial (*Sonderrecht*) que limitará a sobrevivência da lei antiga quanto àqueles efeitos. A regra de exclusão poderá ser adotada pelo legislador, não presumida pelo juiz, hipótese em que se dará, de imediato, a incidência da lei nova, o que não é o normal.[17] Em relação às cláusulas de exclusão, que determinam a maior inserção da lei nova no passado, convém, mais uma vez, registrar a influência do religioso e político. "As cláusulas de exclusão não só derivam do influxo religioso ou ético nas legislações; também nascem de elaborações só políticas ou político-econômicas".[18]

Enfim, o princípio da irretroatividade veda que a lei nova invada o passado. Pontes de Miranda é claro:

> O efeito retroativo, que invade o passado, usurpa o domínio da lei que já incidiu, é efeito de hoje, riscando, cancelando, o efeito pretérito: o hoje contra o ontem, o voltar o tempo, a reversão na dimensão fisicamente irreversível. É preciso que algo que foi deixe de ser no próprio passado; portanto, que deixe de ter sido. O efeito hodierno, normal, é o hoje circunscrito ao hoje. Nada se risca, nada se apaga, nada se cancela do passado. O que foi continua a ser tido como tendo sido. Só se cogita do presente e da sua lei. Se FRIEDRICH AFFOLTER subsumiu o presente ao passado, sacrificando aquele à esse, PAUL ROUBIER libertou-o só em parte, porque não soube ir até as últimas consequências da libertação: ora o presente se opõe ao passado e, pois, aparece independente e livre; ora o presente deixa que o passado o invada.[19]

A crítica porém não nos parece correta, pois os fatos jurídicos assim o são em decorrência das consequências desencadeadas, razão pela qual o passado é que invade o presente, todas as vezes que o fato pretérito, portanto inteiramente ocorrido sob a vigência da lei velha, e por ela regido, desencadeou os seus efeitos duradouros já na vigência da lei nova. As teses de Friedrich Affolter e de Paul Roubier não são equivocadas, porque, efetivamente, se a lei nova se aplica de imediato (toda lei tem seu presente), é comum que o passado invada o período de sua vigência. E um fato é verdadeiro: a Constituição da República do Brasil, de 1988, veda a retroação da lei nova tanto em relação aos efeitos, direitos adquiridos, como ainda em relação aos atos jurídicos perfeitos e fatos jurídicos, ocorridos antes de sua vigência. Para nós, tais discussões têm poucas consequências à vista da Constituição brasileira, pois fatos jurídicos pretéritos e respectivos efeitos estão por ela protegidos contra a retroação de uma lei nova. Mas

---

[17] Cf. PONTES DE MIRANDA. *Comentários à Constituição de 1967, com a Emenda nº 1, de 1969*. 2. ed. São Paulo: Revista dos Tribunais, 1974. t. V, arts. 153, §2º - 159, p. 63.

[18] Cf. PONTES DE MIRANDA. *Comentários à Constituição de 1967, com a Emenda nº 1, de 1969*. 2. ed. São Paulo: Revista dos Tribunais, 1974. t. V, arts. 153, §2º - 159, p. 62.

[19] Cf. PONTES DE MIRANDA. *Comentários à Constituição de 1967, com a Emenda nº 1, de 1969*. 2. ed. São Paulo: Revista dos Tribunais, 1974. t. V, arts. 153, §2º - 159, p. 80.

se Affolter coloca, corretamente, a regra capital da não retroação, autorizando, mais ainda, que os efeitos dos fatos jurídicos pretéritos invadam a vigência da lei nova, o que configura o normal, o justo, a admissão generalizada das exceções — cláusulas de exclusão especiais — tudo a depender da vontade do legislador, configura um problema para a precisão e delimitação do princípio da irretroatividade. Nesse aspecto são profundas e corretas as reprovações, feitas à teoria, por Pontes de Miranda.

A Constituição de 1988 diz o que é da natureza das leis, elas não retroagem, pois o passado é o "agora" que não mais se dá. Mas o art. 5º, XXXVI, ainda deixa claro, à moda de Affolter, que os efeitos já desencadeados no passado, por meio do ato jurídico perfeito, os "direitos adquiridos" decorrentes dos fatos jurídicos em geral, e a eficácia proveniente da coisa julgada, que perduram, envolvem o presente e o futuro, atingindo o domínio da lei nova. O art. 150, III, a) mais objetivista, proclama que cada fato jurídico, como não poderia deixar de ser, é regido pela lei do tempo em que se deu. E isso envolve os fatos e os efeitos/consequências que lhes são inerentes.

E tudo o que se disse deriva da lógica, da razão e da justiça humana (não está na ordem do divino, razão pela qual a irretroatividade se impõe), ou seja, deduz-se do princípio da separação de poderes, visto sob a dimensão temporal. A extensão do princípio da irretroatividade das leis atinge todo o Direito, público e privado, sem exceção para as chamadas "cláusulas de exclusão", que alguns juristas denominam normas de ordem pública: a lei se aplica de imediato e para o futuro, não retroage, isso não é da sua natureza.

Algumas exceções podem ser pensadas:

(a) em questões de ordem pública, não se altera a regra. Inexiste questão de ordem pública, em si, permanentemente a induzir a retroação das leis. Mas podem ocorrer circunstâncias de tal gravidade como guerra, calamidade pública, comoção interna, que induzam questões de "ordem pública" de alta intensidade. Assim, excepcionalmente, em situações anormais, de grande risco e perigo público, que devam envolver, previamente, o estado de necessidade, a decretação do estado de sítio ou de emergência, etc., as invasões do passado pela lei nova podem ser autorizadas. Tais invasões do passado podem ferir contratos e direitos adquiridos ou atos já aperfeiçoados, nas moratórias e redução de débitos, etc., desde que, naquelas circunstâncias excepcionais, o Estado crie as mesmas exceções contra si mesmo, nos contratos de que participa, e ainda reduzindo os seus tributos ou grande parte deles;

(b) não se coloca a vedação, nas retroações benignas da lei, em todas as situações de favorecimento para as pessoas privadas, desde que expressamente autorizadas pelo legislador. A retroação benigna não se presume, exceto no Direito Penal. A retroação da lei mais favorável ao réu é obrigatória, inserida na Constituição da República, como direito e garantia fundamental, no art. 5º, XL, "a lei penal não retroagirá, salvo para beneficiar o réu". Mas no Direito Tributário, a retroação benéfica ao contribuinte, embora expressamente autorizada na Constituição, dependerá de disposição legislativa expressa e específica, conforme prescreve o art. 150, §6º.

Por fim, falsas exceções se levantam. Pontes de Miranda observa que não se pode confundir a não retroatividade da lei com a não retroatividade/retroatividade do ato jurídico. Assim, os atos jurídicos são regidos pela lei vigente, no momento em que são praticados, mas eles podem retroagir (não se trata de retroação legal), na hipótese do reconhecimento do filho natural, por ex., ou se a lei autorizativa da investigação da paternidade é posterior ao nascimento do filho, poderá ser proposta a ação de investigação, mas o que retroage, segundo Pontes de Miranda, não é a lei.[20] Admite não obstante, exceções relativas ao estado das pessoas, como na hipótese da abolição da escravatura. Discordamos desse último ponto de vista, para dizer que a questão não configura uma exceção, que a *misericórdia recomendasse*. Trata-se, a rigor, de absoluta inaplicabilidade do princípio da irretroatividade.

São muito distantes do Estado Democrático de Direito, ora vigente, os raciocínios e os valores do homem do séc. XIX, para que nós os transportemos, indevidamente, à Constituição vigente. Somente se o intérprete hodierno introjetar as normas constitucionais da época da escravidão, seus valores e considerações, poderá considerar que a abolição representou uma exceção aos "direitos adquiridos" dos senhores proprietários. O curioso é que tal procedimento é feito, contemporaneamente, tudo para demonstrar que a regra da irretroatividade é plena de exceções, mesmo na ordem constitucional brasileira. Nada mais impróprio. As Constituições da República não admitem atos atentatórios à liberdade. Em especial, a Constituição de 1988, que proclama a dignidade da pessoa humana, a liberdade e a igualdade como seus fundamentos e objetivos primaciais. E mais, o art. 5º, XLI, decreta: "a lei punirá qualquer discriminação atentatória dos direitos e liberdades fundamentais". Somente dentro desse contexto, poderá ser compreendido o princípio da irretroatividade das leis. Como a abolição da escravatura e outras conquistas libertárias poderiam configurar exceção ao princípio da irretroatividade das leis? Por acaso, qualquer pessoa teria "direito adquirido" sobre outra pessoa, sobre a vida e a dignidade de outro cidadão? Por acaso, o marido teria "direito adquirido" sobre a mulher, de tal modo que as normas novas, criadas depois do casamento, que concederam a ela a plena capacidade, que a autorizaram a trabalhar ou a exercer o comércio sem o consentimento do cônjuge varão, seriam exceção a esse direito "adquirido", uma consideração misericordiosa do legislador? Ou as normas, que libertam os filhos naturais, ilegítimos e adulterinos, ou ainda os adotivos, somente se poderiam aplicar às novas gerações, nascidas depois da vigência da lei nova, ou representariam rompimento com o "direito adquirido" de pais e irmãos? Nada mais inadequado do que supor uma exceção. A questão é de inaplicabilidade absoluta, por falta de suporte material da irretroatividade, pois o princípio da irretroatividade das leis não abrange, *ab initio*, as situações apontadas. Há uma incompatibilidade visceral entre o raciocínio que supõe a possibilidade de redução da dignidade humana e das liberdades com a Constituição da República.

2 A irretroatividade dos atos do Poder Executivo e do Poder Judiciário

Não conhecemos Constituição que consagre o princípio da irretroatividade em relação aos atos de todos os poderes: às leis, aos decretos regulamentares e demais atos do Poder Executivo e às modificações de decisões judiciais. Isso tem um sentido e está na raiz do princípio da separação dos poderes.

Para refletirmos sobre a posição dos poderes dentro do sistema jurídico, é necessário partirmos da premissa de que estamos em um Estado de Direito e que, em

---

[20] Cf. PONTES DE MIRANDA. *Comentários à Constituição de 1967, com a Emenda nº 1, de 1969*. 2. ed. São Paulo: Revista dos Tribunais, 1974. t. V, arts. 153, §2º - 159, p. 90.

decorrência, todos os poderes, por mais criativa que seja a função do legislador, ponto de fusão entre o político e o jurídico, encontram-se sob a regência do Direito e que a diferenciação da localização de cada um deles — se no centro ou na periferia do sistema — não esconde o fato de que ainda estamos falando de sistema. O tempo das leis é diferente do tempo da sentença. O princípio da irretroatividade das leis é considerado "natural", ínsito, algo que lhes é próprio. Como aprendemos com Niklas Luhmann, em especial na teoria da constituição, *como aquisição evolutiva*, o legislador trabalha na periferia do sistema, onde está mais perto dos demais sistemas, de modo poroso em relação ao ambiente, no presente, voltado prevalentemente para o futuro. Ele pesa, sim, o passado relativamente (a tradição, a moral vigente e os costumes, sobretudo a Constituição que limita o seu domínio), mas as normas, que põe, pesam, especialmente, o futuro, porque querem transformar a realidade e, assim, o legislador considera as consequências de toda natureza (políticas, econômicas, éticas e sociais) até o fim. Ele é o primeiro filtro do sistema, por meio do qual as melhores soluções, na formação das expectativas normativas para a solução de conflitos, são introjetadas para dentro do sistema. Essa uma das razões, pelo menos a mais evidente e importante, pela qual a paisagem externa ao sistema, vista de seu interior, muda sempre. Porque o interior também muda. Esse o furo, o "buraco" principal do real, por meio do qual o sistema pode ser consistente, porque não é completo, porque não é autorreferencial, de modo não renovável, porque ele contém mecanismos de ultrapassagem, que garantem a comunicação. O legislador está comprometido com o futuro, daí que enuncia, linguisticamente, para ser geral, universal e evolutivo, normas de conduta, como expectativas normativas, valendo-se de conceitos abstratos, mais ou menos determinados, mais ou menos tipificados e de princípios mais ou menos abertos e cláusulas gerais sempre abertas. Pouca compreensão, para abrangência e generalidade máximas. Tais questões são o suporte do princípio da separação de poderes. As expectativas normativas, criadas pelo legislador, são o futuro (embora o futuro seja também passado, mas não apenas), razão pela qual o princípio da irretroatividade é "natural" às leis. Tão lógico e necessário que, a juristas do porte de Savigny ou Affolter, pareceu desnecessário positivá-lo, expressamente, em texto constitucional ou legal.

Fenômeno diferente se passa com os demais poderes, chamados conjuntamente por Hans Kelsen, de executivos, ou seja, o Poder Executivo propriamente dito e o Poder Judiciário. No Estado de Direito, ao primeiro, ensinou Seabra Fagundes,[21] cabe executar a lei de ofício, ao segundo, mediante provocação. Não podem se localizar na linha fronteiriça do sistema jurídico, não podem ambos trabalhar porosamente, em relação ao ambiente, não podem filtrar primária e primeiramente os fatos puros, econômicos, políticos e sociais, como se dão no ambiente. Leem o ambiente externo pelos olhos do legislador, e, pois, de modo impermeável. Se assim não for, serão dispensáveis as tarefas do legislador. Essa a primeira diferenciação fundamental, que nos dita o princípio da separação de poderes. Do ponto de vista do tempo, tanto o Poder Executivo quanto o Poder Judiciário estão voltados para o passado, para o *input* do sistema, para o que pôs o legislador, atuando em estrita vinculação à lei, à Constituição, ao Direito. E o futuro? O futuro é olhado, sem dúvida, na forma de passado-futuro, ou seja, dentro daquilo

---

[21] Cf. FAGUNDES, Seabra. *O controle dos atos administrativos do Poder Judiciário*. 6. ed. São Paulo: Saraiva, 1984. p. 10-13.

que já filtrou o legislador. Do ponto de vista dos conceitos, em que se expressam as normas gerais (regulamentos) ou individuais (atos administrativos individuais ou sentenças), a determinação, a concreção serão necessariamente maiores do que aquelas constantes das leis. Os regulamentos serão dotados de maior compreensão, mas ainda conservarão a generalidade e a abstração normativas, próprias da generalidade. Os atos individuais terão, no entanto, compreensão máxima, porém nenhuma generalidade, mínima extensão. O princípio da irretroatividade, a rigor, não lhes diz respeito. Essa a razão mais profunda, que explica a ausência de consagração expressa do princípio em relação ao Poder Executivo e ao Poder Judiciário. Espera-se que tais Poderes Executivos, ambos, cumpram sua função constitucional, a de respeitar as leis, a de cumpri-las estritamente. E como as leis não retroagem, porque isso não é de sua natureza, das leis, não podem os Poderes Executivos, inclusive o Judiciário, retroagir.

Então, o sistema trabalha com a seguinte lógica: as normas regulamentares e os demais atos normativos do Poder Executivo somente podem viabilizar a execução das leis. Em decorrência, jamais retroagem, jamais determinam, validamente, a invasão do passado, já que a lei, à qual se vinculam, não poderá fazê-lo. É o que, coerentemente, determina o art. 99 do Código Tributário Nacional. Confira-se:

> Art. 99. O conteúdo e o alcance dos decretos restringem-se aos das leis em função das quais sejam expedidos, determinados com observância das regras de interpretação, estabelecidas nesta lei.

Nesse tema, estão envolvidos os seguintes princípios constitucionais, inerentes às Repúblicas Democráticas: o da separação de poderes, indelegabilidade de funções (art. 1º; art. 2º; art. 84, IV, da Constituição) e da legalidade (art. 5º II; art. 37; art. 150, I, também da Constituição da República de 1988), como esteio fundamental da democracia brasileira. O decreto regulamentar, no sistema jurídico pátrio, tanto à luz das Constituições anteriores como sob o pálio da Constituição de 1988, restringe-se a possibilitar a execução da lei, sua *fiel* execução.

> Art. 84. Compete privativamente ao Presidente da República:
> ....
> IV- sancionar, promulgar e fazer publicar as leis, bem como expedir decretos e regulamentos para sua fiel execução.

Os poderes, chamados executivos, porque devem aplicar a lei de ofício (Poder Executivo) ou mediante provocação (Poder Judiciário), estão voltados, prevalentemente, para o passado, para o *input* do sistema, para o que pôs o legislador. Então, como atuam em estrita vinculação à lei, a rigor, o princípio da irretroatividade não lhes diz respeito. Essa a razão mais profunda, que explica a ausência de consagração expressa do princípio em relação ao Poder Executivo e ao Poder Judiciário. Espera-se que tais poderes "executivos", ambos, *exerçam* sua função constitucional, a de respeitar as leis, a de cumpri-las estritamente. E como as leis não retroagem, porque isso não é de sua natureza, das leis, não podem os Poderes Executivos, inclusive o Judiciário, retroagir. O raciocínio lógico *derivado* será o de que os atos de tais poderes jamais retroajam, pois jamais determinam, validamente, a invasão do passado, já que a lei, à qual se vinculam, não poderá fazê-lo. Os princípios constitucionais, inerentes às Repúblicas Democráticas, da separação de poderes, indelegabilidade de funções e da legalidade asseguram-nos a correção de tais conclusões.

O tempo que o Poder Executivo contempla é, portanto, mesmo quando produz normas regulamentares, viabilizando a execução das leis, é o tempo passado, o *input* do sistema, no sentido tão somente de buscar as leis que fundam seus atos normativos. O tempo da lei está num "agora" que já se deu em relação ao "agora" em que se dá o regulamento. Até mesmo o futuro, será aquele já filtrado pela lei. Trata-se de passado-futuro. Não mais do que isso.

Fenômeno idêntico se passa com os atos individuais, proferidos pelo Poder Executivo, que são atos de aplicação aos casos concretos. Mais ou menos discricionários, mais ou menos vinculados (plenamente vinculados ou incorporando conceitos e princípios indeterminados), todos eles se vinculam à lei e ao espaço de liberdade (legítimo), que ela autorizou. Não resta dúvida, sob o aspecto temporal, que os atos administrativos individuais, no instante em que se dão, no "agora" em que são efetuados, também incorporam o passado, pois restritos às leis que lhes são prévias. Poder-se-ia dizer, a respeito dos atos administrativos individuais, o mesmo que Carnelutti disse a respeito das sentenças, ou seja, eles serão, por sua natureza, retroativos (pois o caso e a lei a que se reportam estão no passado), se relativos à cobrança de tributos, ou a contencioso administrativo.

Valores como democracia, ética, deveres de informação e de colaboração, que transformam as relações jurídicas, na contemporaneidade, não são um movimento isolado, sentido apenas no Direito privado. Também nas relações administrativas, mesmo naquelas tributárias, evidencia-se uma transformação em toda a parte. Do lado da Fazenda Pública, além dos direitos do credor, levantam-se deveres laterais, como de colaborar com o contribuinte para o cumprimento fiel e simplificado de seus deveres tributários, quer por meio de contínuos esclarecimentos, informações, simplificação das leis, procedimentalização dos atos de fiscalização — em que se deve primeiro ouvir o contribuinte, antes das autuações, enfim, dá-se, em toda parte, uma renovação do consentimento ao tributo. Não basta mais a representação legislativa tradicional, em que os representantes legais dos cidadãos, nos parlamentos, aprovam as leis. Quer-se a participação mais efetiva do contribuinte na execução da lei tributária. Nesse contexto, acostados aos direitos creditórios das Fazendas Públicas, erigem-se deveres, pelos quais serão responsáveis. Tais deveres laterais arrastam, consigo, a responsabilidade pelas informações fornecidas, pelas respostas às consultas formuladas, pela infringência na colaboração. Nesse contexto, têm plena aplicação os princípios de proteção da confiança e boa-fé em favor do contribuinte.

Em compensação, os deveres dos contribuintes, previstos em lei, "acessórios", porque logicamente decorrentes da prestação principal, ou "laterais", porque derivados do *status* de contribuinte do Estado ou, mesmo, de não contribuinte (o isento e o imune), desdobram-se em número, minudência e complexidade. Mas, *quer sejam acessórios, quer sejam "laterais"*, não podem ser presumidos, ou deduzidos implicitamente, são decorrentes de lei. Os erros, as ilicitudes cometidas pelos contribuintes, são punidos em leis. A legalidade das sanções é regra consagrada expressamente na ordem jurídica nacional, como sabemos.

Enfim, têm total e ampla aplicação, no Direito Administrativo e Tributário brasileiros, as conclusões a que chegam a dogmática e a jurisprudência alemãs e suíças. *O princípio da proteção da confiança e da boa-fé objetiva* são princípios e direitos fundamentais individuais, que somente o privado pode *reivindicar*, em contraposição à Administração Pública, ao Poder Legislativo e Poder Judiciário, quando os Poderes do Estado criam o fato gerador da confiança. Weber-Dürler e Josef Blanke sintetizam os argumentos dessa teoria e dessa prática dos tribunais, a saber:

(I) é notável a relação de dependência do cidadão em face do Estado, em seus atos de intervenção e de regulação, de modo que o ente estatal tem mais recursos, e muito mais abrangentes, para se prevenir de uma decepção. Nessas hipóteses, aplica-se a regra *"quanto mais, tanto mais"*. Segundo Blanke e também Muckel, para a estruturação da proteção da confiança, deve ser ainda considerada como determinante a fórmula "quanto mais, tanto mais" (je-desto-Formel), que O. Bachof desenvolveu no Seminário de Ensino sobre o Estado de Direito, de 1973, que diz o seguinte:

> quanto maior for a pressão da obrigatoriedade exercida pelo poder público, vinculando respectivamente o comportamento do indivíduo, e quanto mais o indivíduo ficar dependente de uma decisão do poder público, mais fortemente ele dependerá da possibilidade de poder confiar nessa decisão.

Na verdade, as lições repetidas e registradas nos tópicos anteriores apenas confirmam as afirmações de Niklas Luhmann, no sentido de que todo aquele que tem posição soberana em relação aos acontecimentos/eventos não tem confiança a proteger. O Estado é que tem domínio sobre os atos praticados por seus três poderes;

(II) se a proteção fosse considerada em favor do Estado, poderia ficar vulnerado o Estado de Direito, já que, apoiado na sua confiança, o Estado não poderia alcançar uma posição jurídica melhor frente ao cidadão do que, de qualquer modo, já resulta da lei, ou seja, no Direito público, direitos e deveres dos cidadãos decorrem diretamente da lei;

(III) os atos, ações e omissões do cidadão em face do Estado, abusivos ou fraudulentos, delituosos e de má-fé, todos já são previstos e sancionados nos termos da lei, mas é significativo, como explica Weber-Dürler, "que, nesse contexto, sempre se fala do abuso de direito do cidadão, e não da proteção da confiança do Estado".

(IV) são aplicáveis os princípios da proteção da confiança e da boa-fé objetiva, para favorecer uma pessoa jurídica de Direito público contra outra ou contra o Estado, em convênios e contratos. Casos como de reduções de subvenção, de transferências ainda que voluntárias, mas já prometidas, podem ensejar soluções baseadas na boa-fé objetiva ou na proteção da confiança, como no Direito privado.

Enfim, como os atos normativos regulamentares do Poder Executivo não retroagem, já que as leis em que se baseiam não podem retroagir, não seria necessário declarar expressamente na Constituição a inferência, que é lógica e razoável. Então, os vícios havidos nas regulamentações e outros atos normativos, prejudiciais aos cidadãos, quer configurem retroações ou outros, como a restrição de direitos e a criação de deveres, determinações *contra legem*, são eivados de ilegalidade, não têm qualquer validade, nem se consolidam no mundo do Direito para atingir a esfera jurídica das pessoas. Representam ilicitude, ilegalidade, podem e devem ser corrigidos de ofício. Tais retificações, benéficas aos contribuintes, podem e devem retroagir, para garantir a plena vigência das leis. Se recursos financeiros já foram recebidos, em pagamento, pela Fazenda Pública, o princípio moral e jurídico do enriquecimento sem causa dita-lhes a devolução. Esse não é o campo para a aplicação do princípio da irretroatividade, da proteção da confiança e da boa-fé. Caso o fosse, estar-se-ia protegendo o ato viciado, a má-fé ou a simples ignorância do Estado (que não pode ser alegada) contra o cidadão.

A questão se transforma, inteiramente, em face das modificações administrativas, que agravam os deveres do contribuinte ou lhe restringem direitos de qualquer espécie. *Não importa, aqui, se as normas revogadas, anteriores, eram irregulares, ou ilícitas.* Evidentemente, tais erros podem e devem ser retificados, mas as consequências de tais correções serão diferentes. Se a Administração tributária, com base na mesma lei, após ter publicado normas regulamentares, mais favoráveis ao contribuinte, altera seu entendimento, considerando o primeiro, viciado, ou mesmo sem ter havido vício, muda as normas, para aperfeiçoar a legislação, adotando outra interpretação, admissível dentro do espaço compreensivo da lei, então as circunstâncias fazem aflorar os princípios da irretroatividade, da proteção da confiança e da boa-fé objetiva, em plena força. Enfim tais princípios ressurgem, naqueles pontos em que as garantias se fragilizam, pois os atos modificativos representam um agravamento da situação do cidadão-contribuinte. Se ele confiou na legislação vigente e se comportou exatamente de acordo com ela, obedecendo aos comandos de seu credor, em razão dos atos indutores da confiança, praticados pelo próprio Poder Executivo, não seria ético que os contribuintes fossem punidos, retroativamente.

Será, exatamente nas mudanças das normas editadas, para onerar mais intensamente o contribuinte, o administrado, embora se tivessem mantido iguais as mesmas leis que as fundamentam, é que emergirão os princípios da irretroatividade (por analogia), da proteção da confiança e da boa-fé. Tais mudanças, quer configurem atos praticados pelo Poder Executivo, quer pelo Poder Judiciário, suscitam as situações de aplicação dos princípios da irretroatividade, da proteção da confiança e da boa-fé objetiva, se presentes os requisitos necessários. Em relação ao Poder Executivo, podemos sintetizar que tais situações configuram

    1. *as mudanças de normas regulamentares e outras complementares, agravadoras dos deveres dos contribuintes e restritivas do exercício de seus direitos, sem que tenha ocorrido, para isso, alteração prévia da lei em que se fundam;*

    2. *as mudanças de atos administrativos individuais, de concreção e aplicação das leis, nos lançamentos, autuações e cobranças de tributos, que onerem de forma mais intensa os contribuintes;*

    3. *as respostas às consultas, as informações fornecidas e as declarações feitas pela Administração tributária, capazes de guiar a conduta dos cidadãos contribuintes.*

Os tópicos anteriores analisam, embora superficialmente, os reais espaços deixados para a aplicação rica de tais princípios, pois o Código Tributário Nacional, em certos dispositivos como nos arts. 100 e 146, já dita regras próprias, segundo as quais é desnecessário perquirir sobre o cumprimento dos requisitos inerentes à proteção da confiança (o ato de confiança, a confirmação da confiança, o investimento feito, etc.), ou em que a *boa-fé é presumida pela mesma lei.*

Em relação, não obstante, às modificações jurisprudenciais, breves considerações faremos a seguir, atentando para a complexidade do tema.

As expressões, retroação e irretroatividade das decisões judiciais, aparecem continuamente nas decisões judiciais dos norte-americanos e, especialmente, dos alemães. Uma comparação analógica com o princípio da irretroatividade das leis foi implementada, especialmente pela Dogmática e pelo Tribunal Constitucional da Alemanha. Tudo isso vem, simultaneamente, fortalecido com a invocação da proteção da confiança e da boa-fé.

Valendo-nos das lições de Heiki Pohl e de outros juristas (Weber-Dürler), lembremos que o fator decisivo, para definir a jurisprudência, identificada como a *mesma* jurisprudência, será o fato de a pergunta geral (que se extrai de vários casos similares) obter a mesma resposta geral. Assim, uma jurisprudência consolidada ou estável, firmada pelo Supremo Tribunal Federal, será qualquer decisão, tomada em caráter definitivo pelo Plenário, que deu resposta geral a uma questão jurídica geral, verdadeira norma judicial, sendo irrelevante o número de decisões iguais, se única decisão ou se são repetidas, em série.

Como resultado, se a uma pergunta geral (que se estende a vários conflitos individuais) é encontrada uma nova resposta, diferente daquela dada pela jurisprudência anterior, teremos uma alteração, uma reviravolta jurisprudencial. Esse o conceito de modificação da jurisprudência. Não importa que denominemos essa resposta geral de regra judicial, norma concreta, diretriz ou *ratio decidendi.* Então, os precedentes consolidados de um Tribunal, chamados de normas judiciais, somente podem ser comparados às normas postas pelo legislador, porque são enunciados em conceitos também abstratos e gerais, embora muito mais concretos e determinados do que os das leis originais em que se baseiam. Mas, uma vez vinculantes para terceiros, que não são parte no processo, completam o ciclo de sua formação como *norma judicial*, verdadeira expectativa normativa para todos aqueles que compõem o mesmo grupo de casos.

Em favor da aplicação do princípio da irretroatividade às modificações jurisprudenciais, as lições de Tércio Sampaio Ferraz são decisivas:

> Nesses termos, pode-se entender que o princípio da irretroatividade das leis, na Constituição brasileira, exija um entendimento adequado, que vai além da noção de *lei* como mero enunciado. Lembre-se, a propósito, o argumento de KELSEN, segundo o qual a formulação correta da regra de direito não seria [...] 'se um sujeito cometeu um delito, um órgão dirigirá uma sanção contra o delinquente, mas sim *se o órgão competente determinou***,** na ordem devida, que um sujeito cometeu um delito, então um órgão dirigirá uma sanção contra esse sujeito' (cf. *Teoria geral do Direito e do Estado*, São Paulo, 1992, p. 140).
>
> Isso porque, numa visão kelseniana, o fato de a ordem jurídica (no caso brasileiro, em nível constitucional) garantir a irretroatividade das leis significa que, conforme esse preceito geral, está também em vigor uma norma geral que confere ao tribunal a competência de determinar, ele próprio, o conteúdo da norma geral que venha a aplicar, resultando da unidade desses dois preceitos, o sentido da irretroatividade.
>
> Sendo o ordenamento de um sistema dinâmico e as leis emendadas pelo Legislativo, via de regra, um comando geral que comporta mais de uma possibilidade interpretativa, é preciso entender que a irretroatividade das *leis* refere-se à lei *conforme uma de suas interpretações possíveis*. Essa interpretação adotada pode ser alterada e, com isso, a lei, em termos do seu sentido, se altera.
>
> Em nome do direito à segurança, que exige certeza e confiança, não se pode, pois, restringir o princípio da irretroatividade à lei como mero enunciado, devendo compreender a lei como sua inteligência em determinado momento. 'O Direito não está pronto, é

continuamente deduzido das fórmulas legislativas, judiciais e administrativas. (Revela-se)' (cf. ALIOMAR BALEEIRO. *Direito Tributário Brasileiro*, 11. ed., atualizada por MISABEL ABREU MACHADO DERZI, Rio de Janeiro, 1999, Nota, p. 653. A irretroatividade é, assim, do Direito e alcança, portanto, a irretroatividade da inteligência da lei aplicada a certo caso concreto.

E se o princípio vale para o Legislativo, com mais razão até há de valer, naqueles termos, para o Executivo e para o Judiciário, enquanto Poderes do Estado.[22]

Esses são os pressupostos essenciais, que podem viabilizar uma comparação com as normas extraídas das leis (do sistema em geral). Apesar dessa proximidade denunciada, ou seja, o Poder Judiciário por normas judiciais, comparáveis às normas legais, não podemos descurar de suas peculiaridades. Tais peculiaridades são extraídas das funções do Poder Judiciário, de sempre encontrar o Direito justo, no caso concreto. O Supremo Tribunal Federal, pelo fato de efetivamente criar normas judiciais, não pode trair a obrigação de implementar a Constituição, impedindo o acesso constante do cidadão à prestação jurisdicional. Então, as próprias súmulas devem ser formadas na razoabilidade dos casos médios ou frequentes, mas não devem impedir a aplicação da equidade, nem podem servir de desculpa à recusa de exame de um caso isolado, *sui generis*, que não se enquadre nos pressupostos sumulares. Consequentemente, a interpretação das normas judiciais — que não são leis — não é deduzida como a das leis. Ela não é deduzida livremente do texto, do contexto e dos valores e princípios do sistema jurídico. Ao contrário do que ocorre com as leis, a interpretação dos precedentes não pode ser "descolada" dos fundamentos e dos casos que os formaram. A jurisprudência, consolidada em norma judicial, não perde seu caráter de sentença e configura, como vimos, a diretriz, a *ratio decidendi,* a resposta idêntica que se dá à mesma questão geral comum — que pode unir os mesmos casos em um mesmo grupo — mas não pode se estender a outra casuística não examinada pelos Tribunais, não pode ser aplicada como solução para outras questões gerais, estranhas e não examinadas pelo Poder Judiciário. Essa perspectiva, que diferencia as normas judiciais, não poderemos perder de vista. É ela que justifica o uso cauteloso do princípio da irretroatividade das leis às modificações jurisprudenciais (e não uma equiparação, sem mais).

3 A irretroatividade e o desenvolvimento do Direito: a justiça distributiva

A irretroatividade, como direito fundamental, que interessa ao cidadão, não se limita à irretroatividade das leis. Como destacam os juristas alemães de longa data, no Estado de Direito, a irretroatividade obriga o Poder Legislativo, o Poder Executivo e o Poder Judiciário. O direito de propriedade pode, em regra, ser atingido por uma lei, ato administrativo ou judicial retroativos, disseminadores da insegurança. Por isso, uma análise correta da Constituição refere-se ao princípio da irretroatividade do direito e não apenas das leis.

Sem embargo, este caráter rígido do princípio da irretroatividade do direito, que inadmite exceções, com a única ressalva de a regra nova estar meramente corrigindo

---

[22] FERRAZ JÚNIOR, Tércio Sampaio *et al*. Irretroatividade e jurisprudência judicial. *In: Efeito ex nunc e as Decisões do STJ*. São Paulo: Manole, 2008. p. 10-11.

uma extrema injustiça do direito positivo, *não* implica a adoção de uma teoria jurídica politicamente conservadora ou uma interpretação da proteção constitucional ao direito adquirido e ao ato jurídico perfeito que impeça o desenvolvimento do direito e a busca da realização da justiça social pelo legislador ou mesmo pelo juiz, nas interpretações — dentro dos múltiplos sentidos possíveis cabíveis nos enunciados linguísticos das normas legais.

Esse tipo de abordagem é comum entre os que imaginam um fundamento metafísico ou jusnaturalista para certos direitos, e em particular para o *direito de propriedade*, que é defendido como dogma intangível e imune a qualquer ajustamento ou reinterpretação histórica, seja pelos cultores da ciência jurídica, seja pelos agentes criadores da legislação, ou ainda pelos órgãos jurisdicionais legitimados para a aplicação do direito.

Nesse sentido, a título de exemplo, Robert Nozick adota uma interpretação libertária do direito de propriedade, que é apresentado como uma liberdade natural e imanente, anterior à própria socialização e à criação do direito positivo. Essa leitura radicalmente liberal do direito de propriedade parece entendê-lo como um axioma insusceptível de sofrer qualquer regulamentação ou interferência por leis tributárias destinadas a promover a justiça distributiva ou a denominada "função social da propriedade".

Nozick sustenta, em sua obra mais conhecida, que "a tributação dos ganhos com o trabalho é semelhante à imposição de *trabalhos forçados*".[23] A tributação sobre a renda, principalmente se realizada para fins de financiamento do Estado e de serviços públicos universalmente assegurados, ou ainda para fins de justiça distributiva, é descrita como ilegítima por configurar uma apropriação indevida não apenas dos bens materiais, mas da própria *liberdade* do sujeito passivo da relação jurídica tributária.

Em seus próprios termos:

> O núcleo central da noção de um direito de propriedade sobre X [...] é o direito de determinar o que deve ser feito com X; o direito de escolher qual conjunto limitado de opções relativas a X deve ser realizado ou buscado. [...]
> Pouco importa se realizado por meio de tributos sobre a renda ou sobre uma renda acima de determinado montante, ou por meio de incidências sobre os lucros, ou pela existência de uma grande 'poupança social' em que não está claro o que vem de onde e o que vai (ser distribuído) para qual lugar: os princípios-padrão de justiça distributiva envolvem a apropriação da ação de outras pessoas. Apossar-se dos resultados do trabalho de alguém é equivalente a apossar-se de horas suas e obrigá-lo a levar adiante várias atividades. Se alguém lhe força a realizar um certo trabalho, ou um trabalho não remunerado, por um certo período de tempo, eles decidem o que você vai fazer e quais propósitos o seu trabalho deve buscar, independentemente de sua decisão. Esse processo por meio do qual eles retiram essa decisão de você os torna em parte proprietários de você; isso lhes dá um direito de propriedade sobre você. Isso se dá da mesma forma como se tem controle parcial e poder de decisão, por direito, sobre um animal ou um objeto em relação ao qual se tem um direito de propriedade.[24]

---

[23] NOZICK, Robert. *Anarchy, State and Utopia*. Oxford: Blackwell, 1974. p. 170.
[24] NOZICK, Robert. *Anarchy, State and Utopia*. Oxford: Blackwell, 1974. p. 171-172.

Esse tipo de discurso neoliberal parece enquadrar o direito de propriedade sob uma espécie de manto metafísico, imunizando-o contra qualquer ingerência legislativa e tornando ilegítimas quaisquer políticas de distribuição de rendas pelo Estado.

Há uma clara confusão entre propriedade e liberdade, como se qualquer interferência na propriedade ou qualquer política de redistribuição de renda ou justiça distributiva fosse análoga à escravidão, sendo vítimas justamente os cidadãos mais ricos e algozes os cidadãos mais pobres, que se beneficiam injustamente da liberdade expropriada dos primeiros.

Não é nesse sentido, obviamente, que entendemos que a dignidade humana e as liberdades fundamentais estão imunes à incidência da legislação. Não é também nesse sentido que afirmarmos, nos exemplos anteriores (sobre a legislação que aboliu a escravidão, ou criou igualdade de direitos entre filhos legítimos e ilegítimos, ou entre filhos naturais e adotivos), que a irretroatividade de leis não impede a aplicação imediata dos enunciados legislativos que meramente ponham fim a uma grave violação da dignidade humana e das liberdades fundamentais do indivíduo.

O princípio da proteção ao direito adquirido não pode ser levado ao extremo de se justificar, por exemplo, uma imunização do direito de propriedade ou o direito de utilizá-la contra a função social estabelecida pelo direito. Como explica com lucidez a Professora Maria Coeli Simões Pires, o princípio da proteção ao direito adquirido "não reside em alguma condição ou legitimidade *a priori*, e sim nas particularidades que informam o caso concreto e que selecionam, no universo de todas as normas *prima facie* aplicáveis, aquela que assegure a adequação da solução".[25]

Aliás, o próprio direito de propriedade deve ser entendido como uma "criação jurídica", ou seja, como um instituto criado e viabilizado pela Constituição e pela ordem jurídica, cuja titularidade está condicionada à observação de certas regras e não prescinde da observância dos princípios de justiça distributiva previstos no próprio direito positivo. Como explicam os professores Liam Murphy e Thomas Nagel,

> A propriedade privada é uma convenção jurídica, definida em parte pelo sistema tributário; portanto, o sistema tributário não pode ser avaliado ao se olhar para o seu impacto sobre a propriedade privada, concebida como algo que possui existência e validade independente. Tributos devem ser avaliados como parte de um amplo sistema de direitos de propriedade que eles ajudam a criar. A justiça ou a injustiça da tributação somente pode significar a justiça ou a injustiça no sistema de direitos e prerrogativas de propriedade que resultam de um dado regime tributário.[26]

Nesse sentido, como explica de maneira percuciente o professor Gilmar Ferreira Mendes, com um olhar voltado especificamente para a realidade jurídico-constitucional brasileira, a garantia do direito de propriedade não significa, em especial, a garantia a um determinado regime de propriedade, e nem muito menos um direito adquirido à manutenção de um dado regime tributário, ou uma dada concepção acerca do que

---

[25] PIRES, Maria Coeli Simões. *Direito adquirido e ordem pública*: segurança jurídica e transformação democrática. Belo Horizonte: Del Rey, 2005. p. 710.

[26] MURPHY, Liam; NAGEL, Thomas. *The Myth of Ownership*: Taxes and Justice. Oxford: Oxford University Press, 2002. p. 8.

seja a *função social da propriedade*, ou ainda uma dada regulamentação específica desse direito. Como explica o ilustre Ministro do Supremo Tribunal Federal:

> A garantia constitucional da propriedade assegura uma proteção das posições privadas já configuradas, bem como dos direitos a serem eventualmente constituídos. [...]
> Inexiste, todavia, um conceito constitucional fixo, estático de propriedade, afigurando-se, fundamentalmente, legítimas não só as novas definições de conteúdo como a fixação de limites destinados a garantir a sua função social. É que, embora não aberto, o conceito constitucional de propriedade há de ser necessariamente dinâmico.
> Nesse passo, deve-se reconhecer que a garantia constitucional da propriedade está submetida a um processo de *relativização*, sendo interpretada, fundamentalmente, de acordo com parâmetros fixados pela legislação ordinária. As disposições legais relativas ao conteúdo têm, portanto, inconfundível *caráter constitutivo*.[27]

Essa dependência que o conteúdo do direito de propriedade detém em relação ao legislador não é, todavia, isenta de limites, na medida em que o processo de concretização legislativa do direito de propriedade é realizado segundo uma principiologia constitucional que define tanto os parâmetros para a determinação da função social da propriedade como também uma série de princípios decorrentes das ideias fundamentais de *liberdade* e *igualdade* contidas no texto da Constituição. Seriam inconstitucionais as normas legais ou judiciais que, de forma direta ou indireta, expropriassem ou confiscassem a propriedade. A Constituição da República, mesmo nas hipóteses de desapropriação por interesse público ou proteção da função social, garante a justa indenização. O direito à herança e a vedação do confisco no direito tributário são limites, mas entre a prática da justiça distributiva e o confisco há espaço considerável para a quantificação da incidência tributária, norteada a sua densificação pela razoabilidade e pela proporcionalidade, como lembra o Ministro Gilmar Mendes.

Nesse ponto, o direito tributário possui um papel especialmente relevante para a determinação dessa função social e para a própria realização da justiça social em uma dada comunidade. Cabe ao direito tributário, como explica o professor Ronald Dworkin, desenhar um sistema distributivo que garanta a um só tempo os dois aspectos que ele considera fundamentais para a dignidade humana: o princípio de que "toda vida humana possui um tipo especial de valor objetivo", é dizer, um valor intrínseco e que merece *igual proteção*; e o princípio da denominada "responsabilidade pessoal", é dizer, de que "cada pessoa possui uma responsabilidade especial para realizar o sucesso de sua própria vida", buscando assim um projeto de vida que considera valioso.[28]

Ainda que se possam considerar esses princípios demasiado abstratos para fundamentar uma determinada concepção de justiça tributária ou um conjunto de princípios e diretrizes a serem buscadas pelo sistema tributário, uma visão enviesada como a de Robert Nozick parece extremamente inadequada porque desconsidera o primeiro elemento da noção de dignidade, que é exatamente a necessidade de *igual*

---

[27] MENDES, Gilmar Ferreira. Os direitos fundamentais e suas limitações: breves reflexões. *In*: MENDES, Gilmar Ferreira; COELHO, Inocêncio Martires; BRANCO, Paulo Gustavo Gonet. *Hermenêutica constitucional e direitos fundamentais*. Brasília: IDP, 2000. p. 217-218.

[28] DWORKIN, Ronald. *Is Democracy Possible Here?* Principles for a New Political Debate. Princeton: Princeton University Press, 2006. p. 9-10.

consideração para com todos os indivíduos que integram a comunidade política, inclusive os que não detêm parcelas relevantes de propriedade e necessitam de serviços públicos prestados pelo Estado para a manutenção de um padrão mínimo de dignidade e proteção à sua saúde, acesso à educação e às iguais oportunidades de desenvolvimento de suas plenas potencialidades.

Por outro lado, um sistema socialista que distribua a riqueza de maneira absolutamente igual e impeça por completo a aquisição de propriedade privada violaria o segundo princípio, pois encontraria dificuldades para permitir que cada indivíduo pudesse ter controle sobre sua própria vida, e com isso ter responsabilidade sobre suas escolhas e sobre os eventuais êxitos e fracassos dessas escolhas pessoais.

A propriedade privada se encontra, portanto, imersa em um contexto político onde os seus contornos vão sendo definidos com base em convenções jurídicas, as quais são densificadas no processo legislativo democrático e interpretadas pelas Cortes Constitucionais em discursos de aplicação de tal princípio a casos concretos.

A irretroatividade da lei não implica, portanto, o direito de manutenção de um dado regime de propriedade e uma ideologia conservadora que impede a determinação de novas formas de aquisição, uso e transmissão do direito de propriedade, bem como políticas de redistribuição da renda por via da tributação.

Nesse sentido, para retomarmos o exemplo anterior, a mudança na lei para equalizar filhos legítimos e ilegítimos não constitui violação à garantia constitucional da propriedade porque esta não é um conceito *a priori* e intangível, protegido contra qualquer regulamentação das suas formas de aquisição e transmissão.

Essa relativização do direito de propriedade, na medida em que sua proteção fica condicionada à regulamentação do legislador, vale com especial relevância para o direito tributário, por meio do qual se pode conformar o direito de propriedade não somente por meio da progressividade em razão do descumprimento da função social da propriedade (art. 182, §4º, da Constituição Federal), mas também por meio de quaisquer novos tributos, dentre os permitidos pelo Sistema Constitucional Tributário, que venham a incidir sobre aquela porção de propriedade.

Direito adquirido ou ato jurídico perfeito haverá, no entanto, quando a lei pretender alcançar situações já consolidadas no passado, desconstituindo legítimas expectativas e desconsiderando as legítimas expectativas do contribuinte.[29]

Referências

DERZI, Misabel de Abreu Machado. *Modificações da jurisprudência no Direito Tributário*. São Paulo: Noeses, 2009.

DWORKIN, Ronald. *Is Democracy Possible Here?* Principles for a New Political Debate. Princeton: Princeton University Press, 2006.

FAGUNDES, Seabra. *O controle dos atos administrativos do Poder Judiciário*. 6. ed. São Paulo: Saraiva, 1984.

FERRAZ JÚNIOR, Tércio Sampaio *et al*. Irretroatividade e jurisprudência judicial. *In: Efeito ex nunc e as decisões do STJ*. São Paulo: Manole, 2008.

---

[29] Sobre o tema específico, que inclui também a proteção das legítimas expectativas no âmbito do direito tributário, já tivemos oportunidade de escrever detidamente. Cf. DERZI, Misabel de Abreu Machado. *Modificações da jurisprudência no Direito Tributário*. São Paulo: Noeses, 2009.

MENDES, Gilmar Ferreira. Os direitos fundamentais e suas limitações: breves reflexões. *In*. MENDES, Gilmar Ferreira; COELHO, Inocêncio Martires; BRANCO, Paulo Gustavo Gonet. *Hermenêutica constitucional e direitos fundamentais*. Brasília: IDP, 2000. p. 217-218.

MENDONÇA, Maria Luiza Pessoa de. *O princípio constitucional da irretroatividade da lei.* A irretroatividade da lei tributária. Belo Horizonte: Del Rey, 1996.

MURPHY, Liam; NAGEL, Thomas. *The Myth of Ownership*: Taxes and Justice. Oxford: Oxford University Press, 2002.

NOZICK, Robert. *Anarchy, State and Utopia*. Oxford: Blackwell, 1974.

PEREIRA, Caio Mário da Silva. *Instituições de Direito Civil*. 21. ed. Revisão Maria Celina Bodin de Moraes. Rio de Janeiro: Forense, 2005. v. I.

PIRES, Maria Coeli Simões. *Direito adquirido e ordem pública*: segurança jurídica e transformação democrática. Belo Horizonte: Del Rey, 2005.

PONTES DE MIRANDA. *Comentários à Constituição de 1967, com a Emenda nº 1, de 1969*. 2. ed. São Paulo: Revista dos Tribunais, 1974. t. V, arts. 153, §2º - 159.

Informação bibliográfica deste texto, conforme a NBR 6023:2002 da Associação Brasileira de Normas Técnicas (ABNT):

DERZI, Misabel de Abreu Machado; BUSTAMANTE, Thomas da Rosa de. A irretroatividade do Direito e o regime jurídico da propriedade. *In*: DIAS, Maria Tereza Fonseca *et al*. (Coord.). *Estado e propriedade*: estudos em homenagem à professora Maria Coeli Simões Pires. Belo Horizonte: Fórum, 2015. p. 33-55.

A CRÔNICA DA PROPRIEDADE E DE SUA FUNÇÃO SOCIAL

MÔNICA SETTE LOPES

Naturalmente não me é fácil desenterrar essas figuras, pois elas se acham visceralmente presas ao que eu próprio fui, às minhas emoções daquele tempo. E apesar disto, o que se passou é tão vivo ainda que parece recente: os cenários se erguem com facilidade e a casa reponta perfeita do sono que desde então a circunda.[1]

1 O lugar da narrativa

O objetivo deste pequeno texto[2] é falar da propriedade a partir do valor que se atribui a ela (que se associa a ela) e que entrecorta o vínculo (jurídico) entre proprietário e os poderes que a ele são atribuídos em relação a um bem: a sua função social. Não se pretende tomar o caminho central da teoria do direito, expondo o que seja propriedade, expondo o que seja função social, mas trafegar no quase aleatório de quem observa a vida distraidamente, porque os institutos jurídicos não se realizam no absoluto do mundo idealizado. Eles se concretam na contingência e as relações (jurídicas) se armam numa trama que circula entre vida e morte das pessoas e das coisas, que perecem à sua maneira. Há, assim, um relato temporalizado que é devido quando se cuida do conhecimento do direito. Não é um relato sobre a lei e suas palavras. Não é um relato sobre como a lei envolve mais proteção. Não é um relato que se vangloria de lei, regra, princípio, sanção. Ainda que possa carregar todos esses lados, porque eles integram

---

[1] CARDOSO, Lúcio. *Crônica da casa assassinada*. 12. ed. Rio de Janeiro: Civilização Brasileira, 2009. p. 151.

[2] No subtexto, constância nele, está o desejo de homenagear a Professora Maria Coeli Simões Pires, que me ensinou a escrever na língua do direito, numa sala quase sem janelas, no subsolo do prédio em que leis são feitas em Minas Gerais, onde se respirava no desejo de fazer tudo do melhor modo possível.

a analogia essencial na interpretação e aplicação do direito, é o relato de contar os casos do muito vivido do acontecimento, no imprevisto dele, no tempo misturado dele. Na crônica miúda, na mistura das vozes, o cotidiano dá-se ao observador e, se ela reporta um instituto jurídico como a propriedade, vai escavando a história no mundo enquanto colhe e arranja o seu valor que escapa ao um e vai buscar a inserção no todos, de múltiplos matizes do grupo e da sociedade. Na crônica, em que cada um olha de um lugar, ainda quando deixa escapar o mesmo do conceito, da forma, da estrutura, a experiência vital preserva-se no recorte do tempo do cronista, como foco dirigido de observação rotineira do conflito em ato, do rearranjo dos interesses em prospecção. Ele pode dizer do direito no presente contínuo e, assim, pode talvez mostrar que, neste caso, a função social é construção diluída, fazer de muitos fatores, obra perpétua sem ato perfeito (no jurídico ou fora dele).

E, para tomar a direção mais evasiva ainda, para penetrar o emaranhado total da impossibilidade, vai-se adotar, em alguma medida, como linha diretora da escrita, o guia na crônica especial, que é romance de muitos personagens, todos narradores: *A crônica da casa assassinada*, de Lúcio Cardoso. Não há literalidade ou vínculos seguros na escolha. Não se buscará a correlação forçada com o teor material da substância da narrativa. Não interessa o enredo como encadeamento de fatos. Interessa o que nele há de formal. Interessa o método e como ele opera na revelação do que ocorreu com o personagem vivo que é a casa e a história que ela vive junto com os seus numa família e numa cidade. E talvez a improbabilidade de contar desse modo sobre o direito e seus conceitos seja o fundamento do ritmo que se quer dar a esse curto repositório de dúvidas.

Fazer a crônica da propriedade e de sua função social, base para a intelecção de aspectos relevantes da dimensão jurídica, é desenovelar o sentido de várias vozes a contar a história humana em perspectiva nos muitos lados, riscos, feridas que vão se formando ou se consolidando ou sendo extirpados na medida em que as relações humanas se estimam com as coisas. Falar da função social da propriedade é necessariamente tecer a trama de muitas histórias inconclusas. É no surpreendente delas que o direito acontece. É nele que faz perguntas que podem ser expostas pelo observador que as toma como suas e as (re)faz insistentemente e com todas as inflexões. As imagináveis e, por vezes, as inimagináveis.

2 A paisagem do direito e a crônica do cotidiano

Na retrospectiva da teoria do direito, no plano dos retornos que ela constantemente se propõe ao passado, gira-se em alguma medida em torno da redução e da simplificação do feito e do pensado, com a perda das nuances que permitiriam, na intenção de alguma relatividade, a compreensão dos percursos pelos quais caminhou a compreensão dos fenômenos jurídicos especialmente no que concerne à evolução das bases de proteção-valoração. A crônica da teoria vai reduzindo a sua complexidade na medida em que a reconta para o futuro.

Não é incomum que se restrinja um instituto, um autor, um período, um feixe de interesse jurídico (um ramo do direito, para usar a terminologia clássica) a uma frase que passa a ser repetida simplificando a complexidade originária de tal modo que ela se deixa alimpar de qualquer sentido. Ricardo Marcelo Fonseca fala dessas opções que levam a uma pasteurização do passado pelo discurso linear:

[...] o efeito básico do discurso harmônico e linear é ser excludente, e ele é excludente exatamente porque é harmônico e linear. Com isso o passado real e efetivo acaba sendo praticamente todo ele encoberto e velado, todo ela ainda por vir à tona, já que o discurso historiográfico fez uma opção por uma determinada linha de explicação e excluiu toda uma infinidade de outras.[3]

A crônica do pensamento feito teoria tem a demonstrar uma paisagem da epistemologia do direito a exigir olhos abertos e resgates que vão sendo deixados ao esquecimento. Ela deve estar alerta para recuperar as infinidades excluídas todo o tempo.

Na busca das raízes da ideia de função social, pode-se partir da colocação de *António Hespanha*, pondo em xeque a expressão *fonte do direito*, afirmando, para uma teoria realista do direito, que o alcance na sua cotidianidade,

[...] teria mais sentido falar num "depósito" ou "repositório" de normas jurídicas comunitariamente reconhecidas, não provindas de alguma nascente escondida e obscura, mas estabilizadas na consciência da comunidade. Neste caso, as normas não teriam tanto que ser objeto de uma hermenêutica que conduzisse aos seus sentidos primitivos, "naturais", ocultos, mas de uma observação empírica quanto à sua efectiva vigência no tecido social.[4]

A função social desponta no tecido social, como inserção no direito, ao longo do século XIX. Quando se afirma que o pensamento jurídico naquele século é individualista, está-se cortando na raiz a expressão do processo historicamente diferido de construção da coletivização do direito que perpasse o mesmo século. Está-se embrenhando no discurso linear. No século XIX não se forma o individualismo. Ao contrário, nele se espraiam os movimentos que trazem para o direito a publicização, na dialética entre direitos (subjetivos públicos) e deveres recíprocos, e o sentido do direito do grupo (em que se destaca o direito do trabalho). Essa não é uma formulação aleatória: o século do individualismo é o século do direito coletivo. E também da inserção da ideia de finalidade, que deve ser compreendida como antecedência da noção de função social que substitui a razão como fundamento natural do direito, na perspectiva de importantes pensadores do direito, como é Duguit,[5] o qual, segundo Badenes Gasset, "[...] com manifesta aversão à metafísica e rendendo tributo aos fatos, substitui a ideia de direito, como poder da vontade, pela ideia de Direito, como função social".[6]

Reler Duguit hoje, não pela voz dos que falam dele, mas diretamente, no imediato do seu texto, é sempre como abrir as janelas de um cômodo escuro. É como desvendar mistérios e perceber, lá trás, no escondido de um tempo que não é mais nosso, uma fala límpida em torno da relatividade do direito, da fluidez de seu movimento de descobrir novas fontes de tutela. Ele começa um capítulo intitulado *A função social da propriedade*[7] dizendo da dificuldade que tinham os juristas de seu tempo em entender que a *propriedade* pudesse continuar guardando o seu sentido jurídico, com a inoculação da

---

[3] FONSECA, Ricardo Marcelo. *Introdução teórica à história do direito*. Curitiba: Juruá, 2011. p. 155.

[4] HESPANHA, Antonio Manuel. *O caleidoscópio do direito*. O direito e a justiça nos dias e no mundo de hoje. Coimbra: Almedina, 2007. p. 440.

[5] Cf., entre outros, pela análise novidadeira ao tempo, DUGUIT, Leon. *Las transformaciones del derecho público y privado*. Trad. Adolfo G. Posada y Ramón Jaén. Buenos Aires: Heliasta, 1975.

[6] BADENES GASSET, Ramon. *Metodología del derecho*. Barcelona: Bosch, 1959. p. 182.

[7] BADENES GASSET, Ramon. *Metodología del derecho*. Barcelona: Bosch, 1959. p. 235-247.

ideia de função social. A propriedade, como instituição, deveria se transformar também, porque essa era a necessidade daquele momento.[8] E a transformação era profunda:

> A partir daí, a propriedade se socializa. Isto não significa que chegue a ser coletiva no sentido das doutrinas coletivistas. Mas significa duas coisas: primeiramente que a propriedade individual deixa de ser um direito do indivíduo para converter-se em uma função social; e em segundo lugar que os casos de afetação de riqueza à coletividade, que juridicamente devem ser protegidas, são cada dia mais numerosos.[9]

Na antecipação de Duguit, ele deixa de ser o sujeito absoluto das relações jurídicas que envolvem a sua situação de proprietário. Ele passa a ser sujeito de deveres e de direitos de outra ordem numa coordenação de interesses intercalados que não são apenas dele, mas são da sociedade e se relacionam aos serviços que cabe a administração prestar e às necessidades que são de todos.[10]

Transpondo o fio para o passado, anteriormente a ele, há também Jhering, que destampou para o uso do direito a concepção de teleologia, fundante, como acentua Larenz, da ideia de função social:

> [...] não há-de esquecer-se o significativo contributo de Jhering para a evolução da ciência do Direito — evolução que, no seu ulterior, nunca mais dele pôde abstrair — e que se traduz no reconhecimento de que toda a proposição jurídica tem necessariamente de ser vista também na sua *função social*: ela aspira a conformar a existência social e, por conseguinte, ordena-se, pelo seu próprio sentido, a um pensamento teleológico.[11]

Na inscrição da ideia de função social, no que tange à propriedade, ele definiu a inutilidade, já ao tempo, da versão individualista, ressaltando, talvez, e sempre, que há um enredo a compor:

> Não é, por conseguinte, exato, dizer que a propriedade, segundo sua concepção, supõe o poder absoluto de dispor sobre a coisa. Nunca a sociedade tolerou uma propriedade tão ilimitada: seu conceito não pode conter nada que esteja em oposição à sociedade. Esta compreensão absoluta da propriedade, é o último eco da viciosa teoria do direito natural que isola o indivíduo de rodos os elementos sociais em meio aos quais se move. [...] A oposição de um só [do proprietário] seria obstáculo para a construção de uma estrada, de uma ferrovia, para o estabelecimento de fortificações, obras das quais depende o bem estar de milhares de homens, a prosperidade da cidade, a segurança do Estado. Bastaria dizer: esta casa é minha, esta terra, este gado, estes cavalos me pertencem e a sociedade deveria olhar, impotente os destroços dos incêndios, os desastre das inundações, os avanços das epidemias, e quando sobrevier a guerra, a falta de cavalos, deveriam os homens arrastar os canhões.[12]

---

[8] BADENES GASSET, Ramon. *Metodología del derecho*. Barcelona: Bosch, 1959. p. 235.

[9] BADENES GASSET, Ramon. *Metodología del derecho*. Barcelona: Bosch, 1959. p. 236.

[10] O autor faz uma referência ao caráter então novidadeiro das leis sobre passagem de fios de eletricidade e de telefonia sobre os terrenos. DUGUIT, Leon. *Las transformaciones del derecho público y privado*. Trad. Adolfo G. Posada y Ramón Jaén. Buenos Aires: Heliasta, 1975. p. 244.

[11] LARENZ, 1989, p. 56. Cf., ainda, VIEHWEG, Theodor. Dogmática jurídica y cetética jurídica. *In:* VIEHWEG, 1997, p. 141-149 e HESPANHA, António Manuel. *Cultura jurídica europeia*: síntese de um milênio. Florianópolis: Fundação Boiteux, 2005. p. 408-409.

[12] JHERING, Rudolf. *El fin del derecho*. Buenos Aires: Heliasta, 1978. p. 251-252.

O texto continua no mesmo ritmo, a incentivar o finalismo como um dado correlato da procura da função social. O caminho exige, porém, a imersão nos elementos fáticos a fixar o sentido de cada situação. E, para isso, é preciso perguntar constantemente como a função social se revela e como o seu sentido pode ser satisfeito pelas políticas públicas, pelos atos administrativos, pela lei e pela decisão judicial. É preciso ir ao caso e debulhá-lo em suas várias partes, sem medo de não poder remontar ao acerto da segurança e da acomodação.

Esse Rudolf Jhering, que cravou no pensamento do século XIX a pesquisa da finalidade, tem um livro feito apenas de perguntas. O título já é indicativo do que se desenvolve no conteúdo. *O direito da vida cotidiana*. Lá estão questões que rotineiramente se apresentam como conflitos. O autor não apresenta as respostas. Cada parágrafo termina com uma interrogação:

> A lavadeira, contratada para lavar durante todo o dia, traz consigo parte de sua própria roupa, que lava secretamente. Como deve ser descrito, segundo o Direito Romano, este modo de atuar?[13]

Uma teorização que proponha apenas perguntas é, de fato, insuficiente. Mas há nela um sinal para a resposta, que se volta para uma imagem da norma em ação, problematizada no ilimitado das possibilidades de conflito. São as perguntas que fazem a história dos conflitos sob o signo da complexidade e são elas que justificam a resposta pelo recorte da crônica, do relato situado no tempo. Nas relações de propriedade, não se trata apenas da materialidade do domínio ou da posse. É na memória das relações e muitas vezes dos afetos e dos desafetos que se instala o conflito que pode dizer respeito à vizinhança, à sucessão, ao uso ou abuso do direito de ter. E tudo sempre corre à moda de um romance, com trama escavada nas malhas do direito.

Em *A crônica da casa assassinada*, há mistérios que cortam o enredo. Eles se escondem na casa, centro do interesse de todos, ainda que apenas pela curiosidade da vida dos outros, como acontece com os narradores que não vivem no seio da família ou a ela diretamente se agregam. O médico, o farmacêutico, o padre são elo da casa com a cidade. A trama vai do íntimo do sentimento dos personagens uns com os outros, até o descortino da origem de cada um e das razões ou das permissões para o relacionamento de uns com os outros.

Minha reação de leitora foi a de querer acabar logo. Estranha confissão que faz crônica da intérprete. Curiosa para saber o desfecho, indo algumas vezes buscar um vislumbre nas últimas páginas antes de lá chegar no correr do enredo, a sensação de ver os vários pontos de vista, no agudo das disputas, na sem solução delas, foi aquela que se sente sempre no meio da tensão do conflito: o desejo de escapar dali, a sensação de não conseguir ir mais adiante a concertar divergências, um certo asco da humanidade no aviltamento dos vínculos, no leviano da criação dos embates.

Mas era preciso terminar o livro, assim como é preciso enfrentar tensão, conflito, embate quando se trabalha com o direito em qualquer de suas vertentes. Especialmente quando se pesquisa o direito para expor-lhe as mazelas, que são de mesma índole daquelas que se espalham na trama do romance, humanas na essência.

---

[13] JHERING, Rudolf. *El fin del derecho*. Buenos Aires: Heliasta, 1978. p. 70.

Falar da função social da propriedade, sob esse ângulo de vicissitudes, não é apenas enaltecer a evolução das formas de regulação do direito.[14] Não é ressaltar o ganho que representa a situação da propriedade para além do interesse residual do proprietário. Será no mais das vezes procurar entender as muitas *casas assassinadas* que se expõem, com seus dramas e dificuldades, e lutar para compor uma narrativa coerente da diversidade que caracteriza as relações sociais.

A posição daquele que pretende analisar isso, com a marca da técnica jurídica, pode ser equiparada à do cronista que, em alguma medida, não suporta mais o dever de narrar os espectros da realidade que lhe chegam. É assim que se sente o jurista que reclama do ofício de observar a realidade que ele não entende, não alcança, que ele não pode conter. É assim o professor que fica mudo de tantos novelos a desmanchar. O juiz que não quer ver o conflito impensável que vem no próximo processo. O advogado que sabe que o toque do telefone não lhe trará alegrias.

Falar, com a voz empostada, que a Constituição (art. 170, inciso III) prevê que a propriedade tem função social é dizer muito pouco, quase nada. Porque cabe enfrentar o ser de cada relação entre a propriedade de alguém, a sua função social, na minúcia do acontecimento. Da limpeza do lote cheio de mato à disputa judicial em torno da justa indenização pelo imóvel desapropriado, que deve ser prévia. O passeio da casa a recompor a resposta ao bem sem destinação adequada. Necessidade pública, utilidade pública ou interesse social são padrões normativos móveis que só fazem sentido com a narrativa das circunstâncias que os justificam. Os que têm no direito o seu ofício sabem que nem sempre é singelo o enquadramento na situação fática. Sabem que o processo administrativo e o processo judicial têm um ritmo temporal que lhes é próprio e que se voltam para a tradição que nem sempre os impulsiona para a solução. E é neste ponto que a dificuldade traz o cansaço normal de quem deve necessariamente enfrentar a contingência para conhecer.

Neste sentido, quando o cronista revela sobre sua condição de leitor sob um prisma quase melancólico, ele se irmana na trama de qualquer das crônicas do cotidiano do direito projetado na realidade como questão posta a ser resolvida. Obrigado a ler, obrigado a observar, obrigado a estar a par dos acontecimentos, o cronista reconhece que ele preferiria não saber, não ler, não se inteirar das circunstâncias. Porque a vida não lhe apresenta uma paisagem agradável de ser observada. E ele resolve tudo em uma confissão:

> Portanto, não ler o jornal não é uma opção para o cronista, mas confesso: às vezes dá vontade de desistir. Nada a ver com o noticiário político. Não sei se ele algum dia foi muito diferente: mudança há decerto no grau de liberdade de imprensa para noticiar as tramoias e os desmandos. É outra notícia que evito ler a todo custo, porque se leio, e às vezes basta ler o título, ela me corrói o dia como se fosse ácido existencial [...].
>
> A notícia que evito ler me comunica [...] a banalização da crueldade, consumada ou não. Não dá alto de página, não repercute nas redes sociais, mas me perturba terrivelmente. É o vislumbre de algo para o qual prefiro não olhar.[15]

---

[14] Cf. COSTA, José Rubens. *A propriedade*: esse obscuro objeto do direito. Tese, Faculdade de Direito da UFMG, 1984.

[15] DAPIEVE, Arthur. Ácido: unidade de vítimas especiais. *O Globo*. Segundo Caderno, sexta-feira, 06 jul. 2012, p. 8.

No exemplo do cronista está o menino deixado atrás da roda do caminhão estacionado, a criança que arranca os dois olhos de uma gatinha, o homossexual morto e atirado no Rio Paraíba.

Alguém que resolvesse observar-contar sobre a propriedade e sua função social teria que se embrenhar por muitas histórias que talvez preferisse não ver. Nada há de idílico na ideia matriz de função social da propriedade, porque ela está sempre por fazer na sombra do exercício das atribuições administrativas primárias (a função de polícia e a função regulamentar, entre elas), na concretização do legislativo, na solução judicial do dissenso.

Há história a circular e há conflitos a emendar, no trânsito entre privado e público, que só podem ser compreendidos no emaranhado das relações com vistas à proteção de interesses que não obedecem a uma organização destacada, mas pontuam convergências de ciclos de regulação, para retomar, com Paulo Emílio Ribeiro de Vilhena, um transe que percorre relações jurídicas superpostas, justapostas, apostas, conexas:

> Insiste-se: unitariamente considerada, a relação jurídica é incolor. Somente a reunião, o cruzamento ou a superposição de *relações jurídicas* é que revelarão um princípio organizado de tutela de interesses, uma situação jurídica, um instituto jurídico (conceito que tem tonalidade fosca e quase sempre difusa), uma posição jurídica firmada segundo um princípio jurídico.[16]

A compreensão da função social da propriedade exige a indagação sobre o *para que serve a propriedade*, não apenas no âmbito do interesse individual, como no estabelecimento de relações de maior amplitude, que começam no grupo e percorrem o âmbito do interesse difuso, em que a despersonalização procura antever o interesse que se assentará no futuro. As relações jurídicas de direito público caminham, então, no asseguramento da situação jurídica individualizada do proprietário e de tudo o que esta relação primária significa como projeção para o interesse público, em que se conectam necessidades ligadas ao meio ambiente, ao patrimônio cultural, à qualidade de vida na cidade, à acessibilidade, à segurança urbana sob todos os aspectos. Para cada um desses valores há um emaranhado de faticidade a exigir ponderação ou acertamento cobrindo o fluxo de mais e novas relações jurídicas que interceptam a originária conduzindo à necessidade de uma narrativa exauriente que permita a visibilidade do direito acontecendo.

José Calvo fala do valor da narração para o conhecimento do precedente. Pode-se expandir o argumento para a instituição do direito e de seus princípios-preceitos em geral, chegando à ideia de função social:

> A potencialidade do relato consistirá na capacidade de ser constantemente reciclado como uma reflexão internarrativa sobre a narrativa dentro da narrativa em que se instala e de onde também o relato intercalado injeta as chaves de sua adequada recepção.[17]

---

[16] VILHENA, Paulo Emílio Ribeiro de. *Direito público e direito privado*: sob o prisma das relações jurídicas. 2. ed. Belo Horizonte: Del Rey, 1996. p. 64.

[17] CALVO, José. *Derecho y narración*: materiales para una teoría y crítica narrativística del Derecho. Barcelona: Ariel, 1996. p. 17.

A consequência, segundo o autor, seria uma sobreposição de narrativas que poderia, pelo espraiamento do conhecimento das contingências, levar a maior coerência, fator especialmente relevante quando se sabe da vivência do direito administrativo no seio da complexidade.

3 A crônica da casa viva e da casa assassinada

Na subida da rua, no cruzamento movimentado, há uma casa verde, de molduras brancas, onde funciona um escritório da família de advogados. No fundo do quintal, cheio de árvores, mora um cachorro que ama seu dono. A casa, tombada pelo município, é preservada com um valor reconhecido, internalizado. A casa que foi um dia continua sendo na nova situação de propriedade destinada a também manter guardada a memória da cidade, a fazer que aquela esquina seja para sempre como antes. Quem passa por ela e conhece a cidade sabe de quem a habitou antes e reconhece nos novos donos o valor da assimilação do sentido de proteção do valor do tempo na cidade.

Na casa que quase caiu, desgastada pelo tempo, há hoje uma escola infantil do município. Da rua, é possível ver as crianças bem pequenas a brincar. A menina com a fantasia de bailarina. A outra vestida de princesa. Os meninos correndo em disparada.

Em ambos os casos, no mapa da cidade, o que é de alguém ganha sentido como parte de todos. Cada um desses pontos da cidade é um espaço em que a propriedade se transforma pelo seu uso social. Não é simples. Não é fácil. Em cada um desses pontos, há uma história a contar e há uma descrição detalhada a fazer sobre como o direito atinge seu ápice na luta contra as tensões. Há o mapa do direito que se desenha na historicidade.

Na primeira página da edição lida de *Crônica da casa assassinada*, há uma *planta da chácara dos Meneses*. A legenda já indica o bem, propriedade de uma família, a sua situação como elo entre as pessoas. Um imóvel como elo de ligação dos indivíduos que, em condomínio, têm dele o domínio e o usufruto. Um imóvel como elo de ligação da família com a cidade. As pessoas são personagens. A família é personagem. A casa é personagem, ela própria que os aprisiona nos elos de propriedade e expande a sua situação no mundo. Os Meneses vivem a casa, que está lá onde está a história da vida de cada um.

Na parte da frente, a marca da porteira e as vias que, a partir do regato, levam a Vila Velha. O canteiro de violetas. A clareira. O pasto. A serra. A fazenda antiga. A casa com seus cômodos, cada um a reter a expressão da vida de alguém, que o ocupa e que mora nele com sua história. Em cada cômodo, deu-se um acontecimento que faz enredo. Ver o imóvel na distribuição das peças ajuda a entender a história, porque a trama não se arma na linearidade da cronologia, um dia após o outro. As cenas se sucedem a partir do relato, que vem na perspectiva de cada um dos personagens. Mais próximos ou mais distantes do cenário central, todos têm algo a contar sobre a lembrança dos incidentes que marcaram a vida do casarão.

Não há um único modelo de expressão. Na variedade dos métodos de comunicar, formam-se os retalhos da história, os cômodos da história que são visitados pelo desejo de saber, puxando o leitor para dentro do texto e, na dureza explícita do relato, expulsando-o no envolvimento da história. Querer e não querer saber. A intimidade com os fatos está nas cartas, nos diários, nos relatos-depoimentos, nas confissões explícitas, na narração.

Essa narrativa de vários ângulos, essa narrativa da memória expande-se no texto na visão das várias primeiras pessoas, o eu como diretiva, o fato como destinação. Entender o acontecido, entender quem é cada um, mesmo que pelo desvio, só é possível quando se agregam as várias posições situando-se o seu emissor e avaliando os seus vínculos com a situação.

Do romance, de várias vozes, toma-se fundamentalmente a metáfora da narrativa plúrima em busca do conhecimento, das narrativas sobrepostas, contrapondo-se na carpintaria de uma verdade que não é dita frontalmente, mas resultado do relato interpretado, ao sabor dos revezes e das incompletudes, "[...] como um homem, experimentando seu duro ofício de viver e de continuar através das pequenas mortes sucedidas ao embate dos fatos".[18]

Na desordem aparente da narrativa repousa a mensagem central em torno da necessidade da crônica da complexidade do fenômeno jurídico no que concerne à implantação dinâmica da ideia de função social da propriedade em todas as vertentes possíveis, que não exigem apenas o conhecimento dos sentidos do jurídico, mas o aprofundamento no enfrentamento de uma narrativa de caso que abarque a complexidade com a dimensão dada por Le Goff:

> É exatamente porque ela toma parte na desordem, no inesperado, no ajustamento constante, que o pensamento da complexidade é um pensamento do não-fechamento (non-clôture) ou do des-fechamento (dé-clôture). Ela tem horror das totalidades fechadas, sob o ferrolho da segurança. Nós tocamos aqui num das maiores mudanças na abordagem do direito, a saber o abandono progressivo de sua gramática autossuficiente, por um discurso jurídico no qual se acabe por compreender que antes de ser uma técnica, ele é uma linguagem da sociedade sobre si mesma. E por ser assim em todas as suas harmonias, esse discurso pressupõe a convergência da asserção pela mobilização de outros saberes além do jurídico por meio de um modo interdisciplinar e polifônico.[19]

É preciso contar e deixar que se ouça a polifonia interdisciplinar que faz vivência dos institutos jurídicos e que vai conformando harmonias e desarmonias pelas quais eles vão se compondo. A complexidade dos processos de assimilação do direito aqui se revela em histórias que estão nos processos (administrativos e judiciais), mas que podem se deslocar para uma base de relato oral e mesmo escrito que escapa às formas do fenômeno jurídico, mas que é preciso conhecer, na vocação interdisciplinar do direito que se aplica à vida. Enfrentar o relato que nem sempre queremos assimilar é o caminho mais curto para uma epistemologia mais abrangente da dinâmica jurídica.

O fim desse arremedo de texto a incentivar a crônica da realidade que cerca a vivência da propriedade pode, talvez, no exercício da polifonia, terminar com o tom de outra *casa assassinada*, aquela que fala a voz da rua que não se ouve. No desejo da canção, o compositor pede licença para contar e abre-se para o saber de um ponto de vista inaudito e recupera a lembrança de quem não lembra e de quem quer esquecer:

---

[18] CARDOSO, Lúcio. *Crônica da casa assassinada*. 12. ed. Rio de Janeiro: Civilização Brasileira, 2009. p. 236.
[19] LE GOFF, Jacques. Introduction. *In:* DOAT; LE GOFF; PÉDROT, 2007, p. 12.

Si o senhor não "tá" lembrado
Dá licença de "contá"
Que aqui onde agora está
Esse "edifício arto"
Era uma casa véia
Um palacete assombradado
Foi aqui seu moço
Que eu, Mato Grosso e o Joca
Construímo nossa maloca
Mais, um dia
Nóis nem pode se alembrá
Veio os homi c'as ferramentas
O dono mandô derrubá
Peguemo todas nossas coisas
E fumos pro meio da rua
Aperciá a demolição
Que tristeza que nóis sentia
Cada táuba que caía
Duía no coração.[20]

Nos cenários da propriedade e de sua função social, há muita paisagem que escapa à apreciação, há muitas dores que não são conhecidas, há muitas casas assassinadas, como há muitas malocas demolidas. Para cada circunstância, há relatos que são devidos, há versões que devem ser enunciadas para além da repetição enaltecedora da obviedade que há na evolução do direito ultrapassada a ideia da propriedade como coisa do indivíduo. Também aqui cabe a crônica infinita na sua miudeza do cotidiano em que o direito vai se perfazendo na sua atávica incompletude.

Referências

BADENES GASSET, Ramon. *Metodología del derecho*. Barcelona: Bosch, 1959.

CALVO, José. *Derecho y narración*: materiales para una teoría y crítica narrativística del Derecho. Barcelona: Ariel, 1996.

CARDOSO, Lúcio. *Crônica da casa assassinada*. 12. ed. Rio de Janeiro: Civilização Brasileira, 2009.

COSTA, José Rubens. *A propriedade*: esse obscuro objeto do direito. Tese, Faculdade de Direito da UFMG, 1984.

DOAT, Mathieu; LE GOFF, Jacques; PÉDROT, Philippe. *Droit et complexité*: pour une nouvelle intelligence du droit vivant. Rennes: Presses Universitaires de Rennes, 2007.

DUGUIT, Leon. *Las transformaciones del derecho público y privado*. Trad. Adolfo G. Posada y Ramón Jaén. Buenos Aires: Heliasta, 1975.

FONSECA, Ricardo Marcelo. *Introdução teórica à história do direito*. Curitiba: Juruá, 2011.

---

[20] Saudosa maloca, de Adoniran Barbosa, na interpretação de Elis Regina, disponível em: <http://www.youtube.com/watch?v=502EJK-0oo4#aid=P925gCKt64I>, acesso em: 1º fev. 2014, ou do próprio autor: <http://www.youtube.com/watch?v=801MQjNJvrg>, acesso em: 1º fev. 2014.

HESPANHA, António Manuel. *Cultura jurídica europeia*: síntese de um milênio. Florianópolis: Fundação Boiteux, 2005.

HESPANHA, Antonio Manuel. *O caleidoscópio do direito*. O direito e a justiça nos dias e no mundo de hoje. Coimbra: Almedina, 2007.

JHERING, Rudolf von. *El derecho de la vida cotidiana*. Trad. Emilio Valiño. Valencia: Tirant lo Blanch, 1993.

JHERING, Rudolf. *El fin del derecho*. Buenos Aires: Heliasta, 1978.

LARENZ, Karl. *Metodologia da ciência do direito*. 2. ed. Trad. José Lamego. Lisboa: Calouste Gulbenkian, 1989.

VIEHWEG, Theodor. *Tópica y filosofía del derecho*. Barcelona: Gedisa, 1997.

VILHENA, Paulo Emílio Ribeiro de. *Direito público e direito privado*: sob o prisma das relações jurídicas. 2. ed. Belo Horizonte: Del Rey, 1996.

Informação bibliográfica deste texto, conforme a NBR 6023:2002 da Associação Brasileira de Normas Técnicas (ABNT):

LOPES, Mônica Sette. A crônica da propriedade e de sua função social. *In*: DIAS, Maria Tereza Fonseca *et al.* (Coord.). *Estado e propriedade*: estudos em homenagem à professora Maria Coeli Simões Pires. Belo Horizonte: Fórum, 2015. p. 57-67.

FUNÇÃO SOCIAL DOS BENS DOMINICAIS[1]

GUSTAVO GOMES MACHADO

1 Introdução

No presente estudo, tecemos breves considerações sobre o tema dos bens dominicais, cotejando sua evolução histórica com as atuais complexidades decorrentes do princípio da função social da propriedade, que não coaduna com a disponibilidade do patrimônio público.

Demonstramos que os modelos coloniais e imperiais de distribuição de terras são a fonte originária dos bens imobiliários no Brasil, sejam eles públicos ou privados. Além disso, discutimos a formação dos bens dominicais, sobretudo das terras devolutas, principais espécies desse gênero de bem público. Nesse percurso, mostramos a correlação dos modelos históricos de colonização com os atuais conflitos fundiários urbanos e rurais pelo acesso à terra e à moradia.

A seguir, discutimos o traçado que levou ao atual regime constitucional dos bens dominicais, que determina a afetação dos bens disponíveis da Administração Pública a funções sociais, ambientais e econômicas.

2 Os bens dominicais: conceito e posição no ordenamento jurídico brasileiro

Segundo o Código de Civil de 2002, em seu art. 98, "são públicos os bens do domínio nacional pertencentes às pessoas jurídicas de direito público interno; todos os outros são particulares, seja qual for a pessoa a que pertencerem". Quanto à classificação

---

[1] Permito-me agradecer à comissão de organizadores deste livro, especialmente em nome da amiga Maria Elisa Braz Barbosa, o honroso convite para participar dessa tão merecida homenagem à professora Maria Coeli Simões Pires. Tive o privilégio de atuar na Administração Pública sob a condução firme, zelosa e responsável da professora, sendo eu muito grato por ensinamentos diários da insigne mestre, uma das pioneiras a introduzir o direito urbanístico em Minas Gerais.

dos bens, consagrou-se como o critério mais relevante o que leva em conta a afetação dos bens. Tal critério, inclusive, é adotado pelo Código Civil de 2002, que estatui três categorias para os bens públicos, conforme se apura do art. 99 do Código:

> Art. 99. São bens públicos:
> I - os de uso comum do povo, tais como rios, mares, estradas, ruas e praças;
> II - os de uso especial, tais como edifícios ou terrenos destinados a serviço ou estabelecimento da administração federal, estadual, territorial ou municipal, inclusive os de suas autarquias;
> III - os dominicais, que constituem o patrimônio das pessoas jurídicas de direito público, como objeto de direito pessoal, ou real, de cada uma dessas entidades.

Os bens dominicais são definidos pelo Código Civil no parágrafo único do mesmo art. 99: "não dispondo a lei em contrário, consideram-se dominicais os bens pertencentes às pessoas jurídicas de direito público a que se tenha dado estrutura de direito privado". Nota-se que a legislação, ao definir os bens dominicais, adota critério diverso da afetação. A lei civil associou os bens públicos à sua "estrutura de direito privado", tornando irrelevante o critério da destinação do bem, como sustenta Maria Sylvia Zanella Di Pietro.[2] Apesar de desafetados a uma função específica, outra importante característica dos bens dominicais é sua qualidade de ativo patrimonial público, destinados a conferir renda para o erário. São exemplos de bens dominicais as terras devolutas, os terrenos da marinha e os imóveis não utilizados pela Administração. Entretanto, como acrescenta Maria Sylvia Zanella Di Pietro,[3] os bens dominicais não são mero patrimônio estatal, destinados a conferir rendas à administração, pois podem também se destinar ao interesse geral.

Devido à sua natureza patrimonial, já foi alvo de controvérsia a possibilidade dos bens dominicais serem objeto de usucapião, bem como serem utilizados para o pagamento de dívidas públicas, ainda que contra a intenção da Administração. A discussão tem relevância prática, pois, se essas hipóteses fossem entendidas como viáveis, os bens dominicais poderiam ser alvo de usucapião, penhora, e outras formas de alienação involuntária do bem público, por meio de medidas judiciais.

A ambiguidade histórica dos bens dominicais no Brasil, sobretudo das terras devolutas, fez com que ao longo do século XX houvesse divergência na doutrina e na jurisprudência quanto à possibilidade de aquisição da propriedade pública abandonada por meio da usucapião. Maria Sylvia Zanella Di Pietro,[4] traçando a evolução do tema da usucapião de bens públicos, informa que depois de larga divergência doutrinária e jurisprudencial, apenas com o Decreto nº 22.785/1933 veio a proibição expressa da usucapião de bens públicos. Entretanto, salienta, houve exceções, como a prevista nas Constituições de 1934, 1937 e 1946, que previam a chamada usucapião *pro labore*, cujo objetivo era assegurar o direito de propriedade àquele que cultivasse a terra com o próprio trabalho e o de sua família. A Constituição de 1967 proibiu tal modalidade de usucapião de bem público, porém permitiu que lei federal legitimasse a posse e

---

[2] DI PIETRO, Maria Sylvia Zanella. *Direito Administrativo*. 23. ed. São Paulo: Atlas, 2010. p. 671.
[3] DI PIETRO, Maria Sylvia Zanella. *Direito Administrativo*. 23. ed. São Paulo: Atlas, 2010. p. 679.
[4] DI PIETRO, Maria Sylvia Zanella. *Direito Administrativo*. 23. ed. São Paulo: Atlas, 2010. p. 680.

a preferência para aquisição, até dez hectares, de terras públicas por aqueles que as tornassem produtivas com seu trabalho e o de sua família.

Se no passado houve acalorada discussão sobre o tema, hoje prevalece o entendimento de que os bens dominicais estão regidos pelo regime jurídico civil, porém com derrogações impostas por normas constitucionais específicas. Assim, todos os bens públicos, inclusive os dominicais, são imprescritíveis, segundo a Constituição de 1988.

3 Bases jurídicas da formação dos bens dominicais no Brasil

A propriedade pública remonta ao descobrimento do Brasil. Com a chegada dos portugueses, o direito eurocêntrico legitimou a incorporação das terras brasileiras pelo Reino de Portugal a título de *res nullius* (terra de ninguém), como aquisição originária. O Tratado de Tordesilhas, de 1494, coordenado pela Igreja Católica e assinado pelos Reis de Portugal e Espanha, estabeleceu no plano internacional-europeu que seriam de propriedade de Portugal as terras já descobertas e as a descobrir situadas a leste, até 370 léguas das ilhas de Cabo Verde, enquanto as terras situadas a oeste dessa marca pertenceriam ao Reino da Espanha.

Por sua vez, o colonizador português enfrentou o problema da "condição jurídica dos gentios", os habitantes originais dessas terras, designados índios pelos lusitanos. Resgatando manuscrito seminal encontrado na Torre dos Tombos, em Portugal, o jurista Ibsen Casas Noronha[5] expõe a doutrina jurídica sobre a qual se baseou a colonização lusitana no Brasil. Extraímos da análise de Casas Noronha que os portugueses, associando argumentos religiosos, filosóficos e jurídicos, construíram uma doutrina de justificação para o domínio das terras, para as guerras de ocupação e para a escravização dos indígenas. Nessa mesma linha, a cultura jurídica portuguesa também sustentou a escravização dos seres humanos traficados da África.

De modo a agilizar a colonização do Brasil, era interesse da Coroa Portuguesa despertar o interesse da iniciativa privada em participar da empresa colonizadora. Assim, Portugal buscou implementar o sistema administrativo das Capitanias Hereditárias, a partir de 1532, substituído em 1549 pelo regime dos Governos-gerais. Para embasar juridicamente a colonização e a distribuição das terras aos particulares, Portugal implementou no Brasil uma legislação editada em 1375, a Lei de Sesmarias, regime jurídico que suscitou muitos problemas, conforme enfatiza Rui Cirne Lima,[6] em seu clássico "Pequena história territorial do Brasil".

Era uma legislação medieval e elitista, base do feudalismo tardio português. Mas, apesar disso, trazia preceitos ligados à prevalência do interesse público-estatal sobre o privado, assim como um esboço do princípio da função social da propriedade.[7] Deveras, a Lei de Sesmarias preconizava o direito de o Estado expropriar a propriedade

---

[5] CASAS NORONHA, Ibsen José. *Aspectos do Direito no Brasil quinhentista*. Coimbra: Almedina, 2005.

[6] LIMA, Ruy Cirne. *Pequena história territorial do Brasil*. Sesmarias e terras devolutas. 4. ed. São Paulo, 1990.

[7] Importa salientar que a doutrina da função social da propriedade, com essa nomenclatura, é mais recente, tendo surgido quando a Igreja Católica, preocupada com os abusos do sistema capitalista, lançou essa doutrina no século XIX. Entretanto, a noção de que a propriedade privada seria um direito exclusivo do dono, não importando em expectativas de direitos coletivos, já era rechaçada pela vetusta Lei de Sesmarias, no fim da Idade Média.

imobiliária caso a terra não fosse aproveitada. Disso resulta que o direito de propriedade privada lusitano era relativo, e não absoluto.

A sesmaria representava um instituto jurídico português que regulava a povoação do território e a distribuição de terras destinadas à produção, e era influenciado pelo instituto românico da enfiteuse. Em Portugal, o titular da sesmaria recebia do Estado-proprietário toda a gama de direitos reais sobre a coisa, só que, ao invés da eterna obrigação de pagar a pensão ao senhorio estatal (típica da enfiteuse), incumbia ao receptor da terra garantir o seu cultivo. No Brasil, todavia, foram feitas adaptações, entre elas a de que além da obrigação da posse proveitosa, era exigido o pagamento de dízimo a uma ordem de cavalaria de origens medievais, a Ordem de Cristo, entidade ligada ao Estado Português que, segundo Ibsen Casas Noronha,[8] teve papel fundamental na condução inicial da colonização do Brasil. Cabia ao rei português administrar esses recursos. Para José Edgar Amorim Pereira,[9] disposições específicas estabelecidas para as sesmarias brasileiras buscavam atenuar excessos da lei medieval lusitana, mas também reforçaram a diretriz para a formação de latifúndios no Brasil.

As primeiras sesmarias foram distribuídas a partir de 1532. Em regra, receberam essas sesmarias nobres com boas relações com o monarca, inaugurando assim um sistema de distribuição de terras pautado por relações pessoais e por favoritismos. Importa notar que os senhores de terras, em uma verdadeira adoção de elementos do feudalismo no Brasil, tinham autoridade para exercer poderes da administração pública sobre todas as coisas e pessoas sob suas terras.

A vastidão dos territórios concedidos e a impossibilidade da colonização se dar por poucos titulares das concessões de terras fez disseminar o costume do arrendamento de terras, em troca de contraprestações. Saliente-se que o arrendamento de terras era ilícito em face à Lei de 1375, mas contava com a anuência das autoridades coloniais, que permitiam o procedimento, ora informalmente, ora por meio de atos administrativos, tais como alvarás e cartas régias, importando na criação de uma legislação especial para as sesmarias brasileiras. Aos poucos, um verdadeiro direito assentado em costumes passou a regular as posses de terras. Muitas posses de terras se deram de maneira informal, na forma de esbulho. O posseiro, ou seja, o possuidor irregular de terras, tornou-se um personagem comum no Brasil-Colônia.

Além desses problemas, o insucesso de muitas empreitadas colonizadoras ocorreu devido às várias dificuldades encontradas, tais como as guerras contra os indígenas, as fugas de escravos e a formação de quilombos, o gigantismo das glebas, a falta de recursos e a distância da metrópole. Com isso, tornou-se comum o abandono de terras por sesmeiros. Tal fenômeno fez difundir as expropriações de terras pelo Estado Português, nos moldes previstos pela Lei de Sesmarias. Das expropriações, surgiram as terras devolutas, conceito que designa o patrimônio imobiliário público formado pelas terras retomadas pelo Estado-colonizador devido ao seu não aproveitamento econômico. As terras devolutas são, ainda hoje, a base principal do patrimônio dominical brasileiro.

A força da Lei de Sesmarias, que se manteve vigente ao longo de várias conso-lidações legislativas portuguesas (manuelinas, filipinas etc.) no decorrer de todo o

---

[8] CASAS NORONHA, Ibsen José. *Aspectos do Direito no Brasil Quinhentista*. Coimbra: Almedina, 2005.

[9] PEREIRA, José Edgar Penna Amorim. *Perfis constitucionais das terras devolutas*. Belo Horizonte: Del Rey, 2003. p. 21-22.

período colonial, em convívio ambíguo com a colonização por meio de posseiros informais são o traço mais marcante da história da formação do patrimônio imobiliário público e privado no Brasil.

Às vésperas da independência do Brasil, em 17 de julho de 1822, resolução de Dom Pedro I suspendeu a concessão de sesmarias, e a Constituição de 1824, ao contrário da Lei de 1375, garantiu o direito de propriedade em sua plenitude. O fim do regime das sesmarias consagrou a importância dos grandes proprietários de terras, sejam eles sesmeiros ou posseiros, pois estes últimos tiveram suas posses legitimadas pela carta política imperial.

Com a suspensão da Lei de Sesmarias, e a ausência de legislação nova sobre o sistema fundiário, José Edgar Penna Amorim Pereira[10] aponta que o Estado Imperial brasileiro simplesmente optou pelo "regime da ocupação" como método de distribuição de terras. Tal modelo "regulatório" anárquico incentivou a ilicitude das invasões, as ocupações de terras e as grilagens,[11] sobretudo em terras devolutas. Entretanto, como salienta o mesmo autor, este modelo tinha mecanismos que dificultavam as posses de terras por aqueles desprovidos de boas condições econômicas. O governo brasileiro exigia nas legitimações de posses, por exemplo, a propriedade de escravos para explorar as terras.

Em que pese a revogação da Lei de Sesmarias, o que facilitou os esbulhos de terras, não houve grandes mudanças na estrutura social e econômica do Brasil com a proclamação da independência. Tanto que a manutenção de grande parte da população brasileira na condição de patrimônio de uma minoria, o regime da escravidão, manteve-se no país. No entanto, pressões internacionais[12] pelo fim da escravidão influenciaram o Brasil a aprovar pequenas reformas legislativas que limitaram, paulatinamente, o regime escravocrata.

O possível fim da escravidão e seu impacto na questão fundiária, segundo José Edgar Penna Amorim,[13] foram objeto de debate no Conselho de Estado, pela primeira vez, em 1942, sob o pressuposto de que o declínio da mão de obra escrava impunha a necessidade de se criar um contingente farto e disponível de trabalhadores, porquanto o acesso à terra pelos ex-escravos deveria ser impedido. Assim, em 4 de setembro de 1850, foi proibido o tráfico de africanos para o Brasil pela Lei nº 581, chamada de Lei Eusébio de Queiroz. Logo em seguida, no dia 20 de setembro de 1850, foi aprovada a Lei nº 601, que dispõe sobre as terras devolutas.

A Lei nº 601 proibiu as aquisições de terras por outro título que não seja o de compra e tornou crime as ocupações de terras. Nesse sentido, os modelos de aquisição de terras implantados pelo colonizador português foram banidos, e, sem dúvida, a aquisição de terras no Brasil tornou-se mais complexa. Assim, a Lei de 1850, ao estabelecer que os bens públicos fundiários são inapropriáveis por outro meio diferente da aquisição onerosa, alcançou o objetivo de impedir a distribuição de terras desocupadas aos

---

[10] PEREIRA, Edgar Penna Amorim. *Perfis constitucionais das terras devolutas*. Belo Horizonte: Del Rey, 2003.

[11] O termo "grilagem" se popularizou para designar a ocupação ilícita de terras no Brasil mediante a falsificação de documentos e registros de propriedade dos imóveis invadidos, mediante o uso de substâncias presentes em grilos no processo de envelhecimento artificial dos títulos fraudulentos.

[12] No ano de 1845, o parlamento inglês aprovou a chamada Lei Bill Aberden, ato unilateral britânico que autorizava sua Marinha a apreender qualquer navio envolvido no tráfico negreiro em qualquer parte do mundo.

[13] PEREIRA, Edgar Penna Amorim. *Perfis constitucionais das terras devolutas*. Belo Horizonte: Del Rey, 2003.

egressos da escravidão, já que a maior parte destes não tinham patrimônio no momento da abolição da escravatura, em 1888. Logo, a Lei de Terras sofreu críticas, sendo considerada por muitos como a fonte originária de problemas estruturais, tais como a concentração de terras agrícolas e a falta de acesso ao direito à moradia nas cidades.

Por outro lado, a lei criou o instituto da "legitimação da posse", de modo a regularizar as ocupações ilícitas de terras ocorridas até então. Maria Sylvia Zanella Di Pietro sustenta que, embora trate de legitimação da posse, tal instituto, em verdade, representa uma forma de transferência de domínio: "por esse instituto, transforma-se uma situação de fato — a posse — em situação de direito — o domínio",[14] conclui a professora. Dessa forma, a Lei de Terras revalidou as sesmarias, ou outras concessões de terras governamentais. Ainda hoje vigente, a lei definiu o conceito de terras devolutas:

> Art. 3º São terras devolutas:
>
> §1º As que não se acharem aplicadas a algum uso publico nacional, provincial, ou municipal.
>
> §2º As que não se acharem no dominio particular por qualquer titulo legitimo, nem forem havidas por sesmarias e outras concessões do Governo Geral ou Provincial, não incursas em commisso por falta do cumprimento das condições de medição, confirmação e cultura.
>
> §3º As que não se acharem dadas por sesmarias, ou outras concessões do Governo, que, apezar de incursas em commisso, forem revalidadas por esta Lei.
>
> §4º As que não se acharem occupadas por posses, que, apezar de não se fundarem em titulo legal, forem legitimadas por esta Lei (texto original).

Com a proclamação da República, em 1889, e a edição da Constituição de 1891, houve a descentralização da política fundiária. Nesse sentido, a Constituição republicana transferiu para os Estados-membros a titularidade sobre as terras devolutas:

> Art. 64 - Pertencem aos Estados as minas e terras devolutas situadas nos seus respectivos territórios, cabendo à União somente a porção do território que for indispensável para a defesa das fronteiras, fortificações, construções militares e estradas de ferro federais (texto original).

Ao incorporar a propriedade das terras devolutas, os Estados passaram a enfrentar os problemas herdados do sistema sesmarial, e cada qual adotou políticas de legitimação de posses e de colonização. Nesse período, foram desenvolvidos diversos projetos de colonização em parceria com a iniciativa privada, como no caso da implementação de estradas de ferro, com a atração de mão de obra estrangeira.

A Lei de Terras de 1850 já incentivava a colonização por estrangeiros. Entretanto, ao contrário de países como os Estados Unidos, onde foi largamente facilitada a aquisição de terras por imigrantes pobres, no Brasil, somente estrangeiros com recursos poderiam adquirir propriedades. Ademais, a política de colonização por estrangeiros, reforçada após o fim da escravidão, em 1888, apresentava traços de preconceito racial. O Decreto nº 528, de 1890, estabelece a liberdade de entrada de estrangeiros no país, "exceptuados os indígenas da Ásia, ou da África" que somente mediante autorização do Congresso

---

[14] DI PIETRO, Maria Sylvia Zanella. *Direito Administrativo*. 23. ed. São Paulo: Atlas, 2010. p. 686.

Nacional" poderiam ser admitidos no Brasil. O Decreto-lei nº 7.967, de 1945, também é explícito em relação ao sectarismo étnico, pois prevê em seu art. 2º que "atender-se-á, na admissão dos imigrantes, à necessidade de preservar e desenvolver, na composição étnica da população, as características mais convenientes da sua ascendência europeia".

Ao longo do século XX recrudesceu a diretriz do Estado arrecadar suas terras. Na década de 1930, foi proibida a possibilidade das terras devolutas serem usucapidas. Nas décadas seguintes, o Estado legislou no sentido de estabelecer regras rígidas para o Estado conceder o uso de bens públicos por particulares. Também buscou arrecadar o grande estoque "desconhecido" de terras devolutas, por meio de novas leis de discriminação dessas terras. A primeira legislação federal que buscou esse objetivo desde a Lei de Terras de 1850 foi o Decreto-lei nº 9.760/1946. Posteriormente, a Lei nº 3.081/1956 tratou do processo discriminatório judicial e, por fim, a matéria foi disciplinada pela Lei nº 6.383/1976.

Apesar disso, a custódia deficiente dos bens dominicais pela Administração manteve frequentes as ocupações irregulares de terras públicas, seja por grandes latifundiários em áreas remotas, como nas últimas fronteiras agrícolas, seja pela massa da população pobre desprovida de terra e moradia, que migrou para as cidades, resultando na formação das favelas, símbolo máximo da acelerada urbanização brasileira. Como se sabe, o termo favela, consagrado na língua falada no Brasil, designa um conjunto de habitações improvisadas ou informais, muitas vezes situadas em terrenos fora do comércio ou inalienáveis, tais como áreas impróprias para edificações ou terrenos públicos dominicais.[15]

Tentou-se, com o Estatuto da Terra (Lei nº 4.504/1964), a implementação concreta do princípio da função social da propriedade. Segundo art. 2º da lei:

> Art. 2º É assegurada a todos a oportunidade de acesso à propriedade da terra, condicionada pela sua função social, na forma prevista nesta Lei.
> §1º A propriedade da terra desempenha integralmente a sua função social quando, simultaneamente:
> a) favorece o bem-estar dos proprietários e dos trabalhadores que nela labutam, assim como de suas famílias;
> b) mantém níveis satisfatórios de produtividade;
> c) assegura a conservação dos recursos naturais;
> d) observa as disposições legais que regulam as justas relações de trabalho entre os que a possuem e a cultivem.

O inovador Estatuto da Terra, elaborado mais de cem anos após a Lei nº 601/1850, busca democratizar o acesso à terra. Traça regras para a reforma agrária e reconhece às populações indígenas o direito à posse das terras que ocupam ou que lhes sejam atribuídas de acordo com a legislação especial.

---

[15] O uso do termo "favela" para designar os aglomerados habitacionais das cidades brasileiras tem origem ligada ao maior conflito de terras da história do Brasil, a Guerra de Canudos, que resultou na morte de cerca de 20.000 pessoas, logo após o fim da escravidão (1897). Havia em Canudos um morro conhecido como "morro da favela", em alusão à grande presença de uma planta típica da caatinga conhecida como favela. Anos mais tarde, o surgimento de habitações precárias nos morros do Rio de Janeiro e sua comparação com as construções de Canudos fizeram popularizar a designação *favela* para esses complexos populacionais precários.

4 Os bens dominicais e sua função social na Constituição de 1988

Preliminarmente, em relação às terras devolutas, a Constituição de 1988 manteve a diretriz de 1891 de titularizar predominantemente os Estados-membros. Assim, no regime constitucional de 1988 as terras devolutas, enquanto bens dominicais, em regra, integram o patrimônio dos Estados (art. 26, IV), pertencendo à União as terras devolutas indispensáveis à defesa das fronteiras, das fortificações e construções militares, das vias federais de comunicação e à preservação ambiental (art. 20, II).

Do exame da Constituição Federal apura-se que as terras desocupadas, inclusive as devolutas, são inalienáveis e indisponíveis, e os direitos sobre elas, imprescritíveis. Segundo a Constituição, não há terras devolutas pertencentes aos municípios, porém, não existe óbice para que os Estados promovam a doação de um bem para um município.

Os Estados continuam a enfrentar os históricos problemas fundiários, seja legitimando posses que atendam sua função social, seja combatendo as grilagens de terras devolutas.[16] Sobre esse último aspecto, o Conselho Nacional de Justiça, que tem atribuições relativas ao funcionamento dos cartórios em todo o país, tem atuado firmemente contra as ocupações irregulares de terras devolutas, cancelando matrículas de imóveis fraudulentas.

A Constituição Federal de 1988, programática que é, buscou a solução dos passivos históricos do problema fundiário brasileiro, seja induzindo a democratização do acesso à terra, seja beneficiando os descendentes das minorias que foram prejudicadas pelo processo de colonização que se deu no Brasil.

O constituinte originário estava atento à realidade fática que o cercava. A combinação de um forte crescimento populacional, sobretudo nas áreas metropolitanas, com uma política fundiária historicamente restritiva, que privou a maioria dos brasileiros da moradia digna e do acesso à terra, resultou em severos conflitos fundiários, pautados por problemas tais como a favelização das metrópoles, o déficit habitacional, o êxodo rural e a violência. Como sustenta José Afonso da Silva,

> Todos sabem que a favelização do Brasil decorreu da ocupação caótica, irracional e ilegal do solo urbano, que gerou aquilo que Ermínia Maricato chama de cidade oculta, disfarçada e dissimulada, quando manifestações de violência criminal evidenciam o que as camadas dominantes insistiram em esconder: a desastrosa construção socioecológica, a gigantesca concentração de miséria que resultou de um processo histórico de ocupação excludente e segregadora do solo urbano. Foi, de fato, o loteamento ilegal, combinado com a autoconstrução parcelada da moradia durante vários anos, a principal alternativa de habitação para a população migrante se instalar nas principais cidades brasileiras.[17]

Diante disso, a Constituição estatui normas especiais objetivando democratizar o acesso à terra e à moradia nas áreas urbanas e rurais. O projeto da redistribuição das terras no país tem seu cume na Constituição de 1988, com a previsão de novas modalidades de desapropriação de propriedades inadimplentes com sua função social,

---

[16] Segundo estudo de 1999, do Ministério de Política Fundiária e do Desenvolvimento Agrário, estima-se em mais de 100 milhões de hectares a área grilada no Brasil (BRASIL. Ministério de Política Fundiária e do Desenvolvimento Agrário. *Branco da grilagem*. Brasília, 1999. p. 14).

[17] SILVA, José Afonso da. Complexo do Alemão. *Folha de S.Paulo*. São Paulo, 13 dez. 2010. Disponível em: <http://www1.folha.uol.com.br/fsp/opiniao/fz1312201007.htm>. Acesso em: 07 mar. 2014.

assim como a proteção da posse de bens públicos utilizados para a moradia urbana. Além disso, quanto aos bens públicos, a Constituição determinou que a destinação dos bens dominicais, na forma das terras devolutas, seja compatibilizada com a política agrícola e com o plano nacional de reforma agrária (art. 188).

A Constituição, atenta ao problema do déficit habitacional nas cidades, buscou cuidar da função social de bens públicos localizados nas áreas urbanas. Como se sabe, boa parte das favelas brasileiras localiza-se em áreas públicas dominicais. Mesmo mantendo a impossibilidade da usucapião de terras públicas, a Constituição deu proteção à posse de terrenos usados para fins de moradia. Posteriormente, o Estatuto da Cidade (Lei nº 10.257/2001) estatui inovadores dispositivos a dar exequibilidade à função social da cidade e da propriedade. Di Pietro sustenta que

> com relação aos bens dominicais, a função social impõe ao poder público o dever de garantir a sua utilização por forma que atenda às exigências fundamentais de ordenação da cidade expressas no plano diretor, dentro dos objetivos que a Constituição estabelece para a política de desenvolvimento urbano.[18]

Assim, o plano diretor pode destinar áreas públicas, por exemplo, para projetos habitacionais. Além disso, em que pese a proibição da usucapião de terras públicas, a Medida Provisória nº 2.220/2001, regulamentando o §1º do art. 183 da Constituição da República, criou a concessão especial de uso para fins de moradia, destinada à regularização de posses de áreas públicas em caráter excepcionalíssimo. O art. 1º dessa norma estatui:

> Art. 1º Aquele que, até 30 de junho de 2001, possuiu como seu, por cinco anos, ininterruptamente e sem oposição, até duzentos e cinquenta metros quadrados de imóvel público situado em área urbana, utilizando-o para sua moradia ou de sua família, tem o direito à concessão de uso especial para fins de moradia em relação ao bem objeto da posse, desde que não seja proprietário ou concessionário, a qualquer título, de outro imóvel urbano ou rural.

Assim, com fulcro no direito à moradia, o instituto da concessão especial de uso para fins de moradia, regulamentado pela Medida Provisória nº 2.220/2001, possibilita a regularização fundiária em favelas situadas em terrenos públicos. Deveras, ao definir como um direito essa regularização, a norma determina que tal concessão não é uma decisão discricionária da Administração Pública se a posse mansa e pacífica do bem público tiver ocorrido até 30 de junho de 2001.

Além disso, as etnias indígena e africana, historicamente marginalizadas no processo de distribuição de propriedades no Brasil, foram contempladas com preceitos afirmativos do seu direito de acesso à terra. No caso dos indígenas, a Constituição determinou o reconhecimento de seus direitos originários sobre as terras que tradicionalmente ocupam (art. 231). A Carta de 1988 tornou nulos e extintos os atos que tenham por objeto a ocupação, o domínio e a posse das terras indígenas, ou a exploração

---

[18] DI PIETRO, Maria Sylvia Zanella. Função Social da Propriedade Pública. *Revista Eletrônica de Direito do Estado*, Salvador, Instituto de Direito Público da Bahia, n. 6, abr.-jun. 2006. Disponível em: <www.direitodoestado.com.br>. Acesso em: 08 mar. 2014.

das riquezas naturais do solo, dos rios e dos lagos nelas existentes. Ressalvou, no entanto a existência de relevante interesse público da União na ocupação, segundo o que dispuser lei complementar. Importa notar que, com essa orientação constitucional, boa parte do estoque de terras anteriormente consideradas devolutas foi "transformado" em bens de uso especial dos indígenas.

Caso emblemático julgado pelo Supremo Tribunal Federal, de grande repercussão midiática, foi a decisão pela manutenção da demarcação contínua da terra indígena Raposa Serra do Sol, em Roraima, na Petição nº 3.388. Na decisão, o STF definiu que são nulas as titulações conferidas pelo Instituto Nacional de Colonização e Reforma Agrária (INCRA) a particulares na terra indígena Raposa Serra do Sol.

O julgamento firmou entendimento paradigmático que exclui as terras indígenas do rol dos bens dominicais, reafirmando que tais terras são bens públicos de uso especial conferidos a esses povos tradicionais pelo regime constitucional.

A Constituição cuidou ainda da proteção das terras ocupadas pelas populações quilombolas, conforme o art. 68 do Ato das Disposições Constitucionais Transitórias, ao determinar que "aos remanescentes das comunidades dos quilombos que estejam ocupando suas terras é reconhecida a propriedade definitiva, devendo o Estado emitir-lhes os títulos respectivos". Com essa determinação, a Constituição buscou reparações históricas em favor de descendentes dos escravos refugiados em quilombos.

O Decreto nº 4.887/2003 regulamentou o procedimento para identificação, reconhecimento, delimitação, demarcação e titulação das terras ocupadas por remanescentes das comunidades dos quilombos de que trata o art. 68 do Ato das Disposições Constitucionais Transitórias. O decreto estatui que "consideram-se remanescentes das comunidades dos quilombos os grupos étnico-raciais, segundo critérios de autoatribuição, com trajetória histórica própria, dotados de relações territoriais específicas, com presunção de ancestralidade negra relacionada com a resistência à opressão histórica sofrida".

Por fim, destacamos que a proteção ambiental também foi abordada pela carta política de 1988, que, no art. 225, §5º, determina que as terras devolutas necessárias à proteção dos ecossistemas naturais são indisponíveis. A destinação de terras devolutas à criação de áreas de proteção ambiental importa em sua afetação, tornando-as bens de uso comum do povo ou bens de uso especial, conforme o tipo de unidade de conservação adotado, nos termos da Lei nº 9.985/2000, que institui o Sistema Nacional de Unidades de Conservação da Natureza.

5 Considerações finais

A ambiguidade entre o patrimônio público e privado caracterizou a formação da propriedade pública dominical no Brasil. A Lei de Sesmarias, apesar de medieval e propensa a favorecer a desigualdade na distribuição da terra, trouxe implícito o princípio da função social da propriedade. O fracasso de inúmeros projetos de colonização foi a base da formação dos bens dominicais no Brasil, pois dessas iniciativas malsucedidas foi formado o patrimônio das terras devolutas, propriedades concedidas a colonizadores que, no entanto, foram retomadas pelo Estado em face do não cumprimento de sua função social.

O modelo consuetudinário e até caótico de ocupação de terras no Brasil gerou inúmeros problemas sociais, ao dificultar o acesso às terras pela maior parte da população. Diante da privação da propriedade por famílias egressas da escravidão e indígenas, afirmou-se com vigor a favelização das cidades e a concentração fundiária no campo.

É na Constituição de 1988 que a função social dos bens dominicais ganha seu maior relevo. Historicamente, a própria noção de função social desses bens dominicais era limitada, pois os parâmetros de avaliação do atendimento a esse princípio eram basicamente econômicos. Atualmente, somaram-se a esse princípio valores sociais e ambientais, bem como ações afirmativas de legitimação de posses indígenas e quilombolas. No caso do direito à moradia, o instituto da concessão especial de uso para fins de moradia possibilita a regularização fundiária em favelas situadas em terrenos públicos dominicais.

Por fim, importa ponderar que a função social da propriedade pública não coaduna com o abandono do patrimônio pela Administração. A efetivação plena e a consequente busca da afetação dos bens dominicais a uma função de interesse público resultarão, futuramente, em significativa redução do patrimônio público disponível, em benefício de toda a coletividade.

Referências

ARAÚJO, Bárbara Almeida de. *A posse dos bens públicos*. Rio de Janeiro: Forense, 2010.

BRASIL. Ministério de Política Fundiária e do Desenvolvimento Agrário. *Branco da grilagem*. Brasília, 1999.

CRETELLA JÚNIOR, José. *Bens públicos*. 2. ed. aum. e atual. São Paulo: Livraria Editora Universitária de Direito, 1975.

DI PIETRO, Maria Sylvia Zanella. *Direito Administrativo*. 23. ed. São Paulo: Atlas, 2010.

DI PIETRO, Maria Sylvia Zanella. Função social da propriedade pública. *Revista Eletrônica de Direito do Estado*, Salvador, Instituto de Direito Público da Bahia, n. 6, abr./jun. 2006. Disponível em: <www.direitodoestado.com.br>. Acesso em: 08 mar. 2014.

LIMA, Ruy Cirne. *Pequena história territorial do Brasil*. Sesmarias e terras devolutas. 4. ed. São Paulo, 1990.

PEREIRA, José Edgar Penna Amorim. *Perfis constitucionais das terras devolutas*. Belo Horizonte: Del Rey, 2003.

SILVA, José Afonso da. Complexo do Alemão. *Folha de S.Paulo*. São Paulo, 13 dez. 2010. Disponível em: <http://www1.folha.uol.com.br/fsp/opiniao/fz1312201007.htm>. Acesso em: 07 mar. 2014.

Informação bibliográfica deste texto, conforme a NBR 6023:2002 da Associação Brasileira de Normas Técnicas (ABNT):

MACHADO, Gustavo Gomes. Função social dos bens dominicais. *In*: DIAS, Maria Tereza Fonseca *et al.* (Coord.). *Estado e propriedade*: estudos em homenagem à professora Maria Coeli Simões Pires. Belo Horizonte: Fórum, 2015. p. 69-79.

DIREITO DE REUNIÃO E DEMOCRACIA

ROBERTO SORBILLI FILHO

1 Notas preliminares

À véspera da Copa das Confederações, no primeiro semestre de 2013, populares de diversas regiões do País saíram às ruas para protestar. Conforme divulgado pela imprensa, as manifestações teriam se iniciado em São Paulo, devido ao aumento nas tarifas de transporte público, e ganharam força em muitos Estados, tendo ainda como mote a insatisfação com a Copa do Mundo de 2014, a precariedade da saúde pública, o descaso dos órgãos estatais com a educação e assim por diante. Parecia não haver limites para a pauta de reivindicações, que se avolumava com assuntos variados, a ponto da situação, em certa medida, fugir ao controle das autoridades públicas.

Os manifestantes, que se replicavam velozmente, contavam com as redes sociais como poderoso instrumento de convocação. Hoje é bem mais fácil promover uma aglomeração humana, ainda mais quando acompanhada de farta cobertura dos veículos de comunicação. A mídia acaba servindo como fator de estímulo, sobretudo para aqueles que querem ver o seu rosto estampado na capa de um jornal ou na tela da "TV".

Essas recentes aglomerações humanas, mais esparsas nesse início de 2014, têm apresentado dinâmica similar. Os manifestantes ocupam as ruas, avenidas e rodovias e, ao final, pequenos grupos de baderneiros quebram lojas, agências bancárias, veículos de passeio ou viaturas da polícia. Claro que ninguém tem o direito de quebrar a propriedade alheia (esse é um efeito indigesto das manifestações, a ser repreendido na esfera penal). Claro, também, que existem argumentos consistentes para se indignar contra o Poder Público e contra o poder privado. Esse não é um país de justiça, com níveis toleráveis de desigualdade social.

Mas é preciso considerar, por outro lado, que a rua, a avenida ou a rodovia são bens de uso comum do povo, equipamentos que devem servir a todos indistintamente. Há que se pensar em todos quando se usa a via pública. Quando se olha para o espaço público, há que se pensar no doente que tenta chegar ao hospital numa ambulância barulhenta. É intolerável que grevistas de uma obra pública tenham bloqueado parcialmente o trânsito da cidade de Belo Horizonte bem em frente a um hospital. É intolerável que guardas municipais, responsáveis pela segurança pública, interrompam o trânsito da principal avenida da Capital Mineira, comprometendo o comércio e amedrontando os transeuntes. Aliás, há que se pensar não só nos enfermos ou nos lojistas, mas na mãe que busca o seu filho pequeno na escola, nos diversos compromissos profissionais agendados, nos medicamentos e gêneros alimentícios que precisam chegar ao consumidor, na vítima de um assalto a mão armada, praticado por motoqueiros entrincheirados na confusão do trânsito. Há, pois, que se pensar no bem-estar da população, na poluição sonora e visual, na locomoção nas grandes cidades, onde um trabalhador viaja em pé, cansado, dentro de um ônibus lotado, na dolorosa espera de chegar em casa. Enfim, há que se pensar no outro quando se reivindica algo para si mesmo.

Diz-se que nenhum direito é absoluto.[1] Esse é um discurso recorrente no universo jurídico contemporâneo, e que supera, ou pretende superar, a perspectiva juspolítica do paradigma liberal de Estado.[2] No entanto, parece que, quando alguém reivindica algo para si mesmo, o seu direito se torna absoluto. O pensamento jurídico se traduz em palavras e, muitas vezes, as palavras são mesmo só palavras. As pessoas dizem uma coisa e fazem outra, incoerências de quem talvez separe, rigidamente, ainda que de modo inconsciente, o real do imaginário, o mundo da vida do mundo das normas, incoerências de quem se deixa levar por dogmas de conveniência, verdades que servem apenas para alimentar o discurso. E essas ambivalências humanas, que se afiguram (quase) naturais, evocam importantes dilemas para a Ciência do Direito, para a prática dos tribunais e, como não seria diferente, essas ambivalências hão de influir nas reflexões acerca do direito de reunião.

Com efeito, fica a questão: principalmente nas grandes cidades, com seus problemas sistêmicos de circulação, sujeira, espaço físico, barulho etc., qual deve ser a extensão ou o limite do direito de reunião à vista do conjunto de direitos e garantias fundamentais previstos na ordem constitucional brasileira? Refletir sobre tal questão, sob a ótica jurídico-administrativa, é o propósito desse trabalho, que pretende examiná-la, especialmente, em face de alguns posicionamentos do Supremo Tribunal Federal.

2 O direito de reunião e o Supremo Tribunal Federal

Pelo menos por quatro vezes o Supremo Tribunal Federal se pronunciou a respeito do direito de reunião. A primeira manifestação de que se tem notícia data do início do século XX, um *habeas corpus* que teve Ruy Barbosa como um dos seus pacientes (HC nº 4.781/BA, Rel. Min. Edmundo Lins, 1919). O notável jurista buscou, com êxito, garantir o direito de reunião e de livre manifestação do pensamento em comícios e encontros realizados em prol da sua candidatura à Presidência da República.

---

[1] É o que expressa, por exemplo, o Ministro Ricardo Lewandowski, relator da ADI nº 1.964, adiante comentada, e cuja temática trata do direito de reunião.

[2] Segundo Di Giorgio, o século XX "foi caracterizado como a era dos direitos. O século anterior realizara os pressupostos iluministas do direito igual, contribuíra para a superação dos privilégios, bem como reconhecera a liberdade dos indivíduos mediante a prática do contrato, a constitucionalização do acesso universal ao direito e à livre circulação da propriedade. Neste século foram afirmadas as individualidades, o que levou à necessidade de se reconhecerem, como já dizia *Max Weber*, elementos materiais na racionalidade formal do direito" (DI GIORGIO, Rafaele. Estado e direito no fim do século. Tradução de Juliana Neuenschwander Magalhães. *Cadernos da Escola do Legislativo*, Belo Horizonte, n. 2(4), jul./dez. 1995).

Quase cem anos depois, no início dos anos de 1980, o Congresso Nacional apreciava uma emenda à Constituição que visava modificar o sistema de aposentadoria dos trabalhadores do setor de ensino. Diversos profissionais da educação foram a Brasília para pressionar os parlamentares a votarem a favor de tal emenda. No dia da votação, a Presidência do Congresso vedou o acesso às dependências do Salão Verde, sob a alegação de que a segurança dos parlamentares estava ameaçada. Levado o caso ao STF, decidiu-se, à unanimidade, que o ato impugnado teria sido praticado por autoridade competente, no exercício do poder de polícia, com o fim de assegurar o bom funcionamento do Legislativo (MS nº 20.258-DF, Rel. Min. Moreira Alves, j. 29.04.1981).

Em 1999, o Supremo examina, em ação direita de inconstitucionalidade, um decreto autônomo do Distrito Federal, que regulava o direito de reunião em determinadas áreas de Brasília. Mais recentemente, em 2011, a questão vem novamente à baila, por ocasião da "marcha da maconha". Essas últimas duas decisões serão a seguir mencionadas com mais detalhamento.

2.1 ADI nº 1.964 (DF): decreto autônomo do Distrito Federal

Na Ação Direta de Inconstitucionalidade nº 1.969-4 (DF), que teve como relator o Ministro Ricardo Lewandowski e como autores o Partido dos Trabalhadores (PT), a Confederação Nacional dos Trabalhadores na Agricultura (CONTAG), a Confederação Nacional dos Trabalhadores em Educação (CNTE) e a Central Única dos Trabalhadores (CUT), pediu-se a declaração de inconstitucionalidade do Decreto Distrital nº 20.089, de 15 de março de 1999, que "vedava a realização de qualquer manifestação pública, exceto as de caráter cívico-militar, religioso e cultural, na Praça dos Três Poderes, na Esplanada dos Ministérios e na Praça do Buriti".

O Advogado-Geral da União, baseado em critério pouco objetivo, entendeu que as restrições trazidas pelo referido decreto "só seriam plausíveis se tivessem sido postas para tutelar bem jurídico de igual relevância". Para ele, "reuniões realizadas na Praça dos Três Poderes, na Esplanada dos Ministérios, na Praça dos Buritis e nas vias adjacentes, mesmo que sonorizadas, não afetam direitos fundamentais de outrem".

De fato não é simples mensurar, objetivamente, a relevância de um bem jurídico. Mais complexo ainda é fixar uma ordem de importância para os bens jurídicos, sobretudo à falta de disposição jurídica clara e consistente. A ausência de comandos normativos que facilitem, minimamente, a vida do intérprete e aplicador do Direito, se por um lado confere mobilidade e abertura[3] ao sistema jurídico, por outro pode transformar os entendimentos jurídicos basicamente numa questão de opinião.

O Procurador-Geral da República, também favorável à procedência da ADI em referência, acrescentou que "a norma que veda o uso de carros, aparelhos e objetos sonoros em manifestações populares nos locais mencionados não pode ser considerada restrição razoável ao direito de reunião, pois reduz o exercício desse direito a ponto de efetivamente frustrar seu propósito".

---

[3] Acerca dos conceitos de mobilidade e abertura do sistema jurídico, com ênfase nos processos hermenêuticos, ver CANARIS, Claus-Wilhen. *Pensamento sistemático e conceito de sistema na ciência do direito*. Tradução de Antônio Menezes Cordeiro. Lisboa: Fundação Calouste Goulbenkian, 1996.

Em linha semelhante à da Advocacia da União, observa-se que o Ministério Público federal se apegou à vaga e hoje prestigiada noção de razoabilidade, uma escolha inevitável quando se examina matéria jurídica cujos contornos foram traçados genericamente e apenas no âmbito constitucional.

O relator da matéria, Ministro Lewandowski, enalteceu o direito de reunião: "a liberdade de reunião e de associação para fins lícitos constitui uma das mais importantes conquistas da civilização, enquanto fundamento das modernas democracias políticas, encontrando expressão, no plano jurídico, a partir do século XVIII, no bojo das lutas empreendidas pela humanidade contra o absolutismo monárquico [...]".

Favorável à procedência do pedido, o relator, no entanto, mencionou o art. 21 do Pacto Internacional dos Direitos Civis e Políticos, adotado pela Assembleia Geral das Nações Unidas em 1966, e ratificado pelo Brasil em 12 de dezembro de 1991:

> O direito de reunião pacífica será reconhecido. *O exercício desse direito estará sujeito apenas às restrições previstas em lei e que se façam necessárias, em uma sociedade democrática, no interesse da segurança nacional, da segurança ou da ordem pública, ou para proteger a saúde ou a moral pública ou direitos e as liberdades das demais pessoas* (grifos nossos).

O Congresso Nacional aprovou o citado Pacto Internacional dos Direitos Civis e Políticos por meio do Decreto Legislativo 226, de 12 de dezembro de 1991. A Carta de Adesão foi depositada na Secretaria-Geral da ONU em 24 de janeiro de 1992 e entrou em vigor no dia 24 de abril de 1992. Do seu conteúdo, extrai-se a conclusão de que o direito de reunião pode ser restringido por lei, como forma de proteção a outros direitos fundamentais.

No sistema brasileiro, as limitações explícitas ao direito de reunião se restringem à Constituição: a reunião deve ser pacífica e sem armas e não pode frustrar outra anteriormente convocada para o mesmo local; o grupo manifestante deve dar prévio aviso à autoridade competente. A assinatura do referido pacto abre espaço para a regulação infraconstitucional dessa matéria, que comporta restrições como qualquer outra matéria jurídica. Não é por outra razão que o relator da ADI nº 1.964 conclui: "a liberdade de reunião não é um direito absoluto. Nenhum direito, aliás, o é. Até mesmo os direitos havidos como fundamentais encontram limites explícitos e implícitos no texto das constituições". E acrescenta:

> O Decreto impugnado veda a realização de manifestações públicas com a utilização de carros, aparelhos e objetos sonoros na Praça dos Três Poderes, Esplanada dos Ministérios, Praça do Buriti e vias adjacentes. Ora, certo que uma manifestação sonora nas imediações de um hospital afetaria a tranquilidade necessária a esse tipo de ambiente, podendo, até mesmo, causar prejuízos irreparáveis aos pacientes. Ter-se-ia, nesse caso, uma hipótese de colisão entre direitos fundamentais, na qual o direito dos pacientes à recuperação da saúde certamente prevaleceria sobre o direito de reunião com tais características. Numa situação como essa, a restrição ao uso de carros, aparelhos e objetos sonoros mostrar-se-ia perfeitamente razoável.

A imposição de limites ao direito de reunião, para além do plano constitucional e com o fito de compatibilizá-lo com outros direitos fundamentais, encontra adequada sustentação jurídica, não só por força do que dispõe o art. 21 do Pacto Internacional dos Direitos Civis e Políticos (de que o Brasil é signatário), mas, sobretudo, porque nenhum direito, no atual estágio de evolução do sistema jurídico-ocidental, é absoluto.

Cabe, no entanto, lembrar a advertência formulada pelo Ministro Gilmar Mendes nos autos da ADI em comento. A imposição de limite ao direito de reunião, como de resto a qualquer direito fundamental, precisa se dar "no contexto de uma relação meio-fim (Zweck-Mittel Zusammenhang), devendo ser pronunciada a inconstitucionalidade que contenha limitações inadequadas, desnecessárias ou desproporcionais (não razoáveis)".

O que é inadequado, desnecessário ou desproporcional é algo a ser definido. E essa definição deve se dar, inicialmente, no território da política, ao menos em regimes de democracia representativa. Não se pode descartar a importância dos parlamentos na resolução dos problemas sociais.

A disciplina em lei da liberdade de reunião, de outra parte, não impede a posterior discussão da decisão política na esfera do Judiciário, respeitados os limites formais e materiais da Constituição, assim como não impede a revisão do conteúdo da lei na esfera do próprio Poder Legislativo. Parece óbvio o que se acaba de dizer, mas a ressalva é necessária diante das circunstâncias atuais. O quadro político-institucional dominante revela o forte poderio do Judiciário e a grande descrença da sociedade com a política.[4]

2.2 ADPF nº 187: "marcha da maconha"

Em 2011, na Arguição de Descumprimento de Preceito Fundamental nº 187, também do Distrito Federal, e que teve como relator o Ministro Celso de Mello, postulou-se que fosse dado ao art. 287 do Código Penal interpretação conforme a Constituição, de forma a excluir qualquer exegese que levasse à criminalização da defesa da legalização das drogas (ou de qualquer substância entorpecente específica), incluídas as manifestações em eventos públicos.

Nas palavras do relator, cujo voto é dos mais extensos, "a liberdade de reunião traduz meio vocacionado ao exercício do direito à livre expressão das ideias, configurando, por isso mesmo, um precioso instrumento de concretização da liberdade de manifestação do pensamento, nela incluído o insuprimível direito de protestar. Impõe-se, desse modo, ao Estado, em uma sociedade estruturada sob a égide de um regime democrático, o dever de respeitar a liberdade de reunião (de que são manifestações expressivas o comício, o desfile, a procissão e a passeata), que constitui prerrogativa essencial dos cidadãos, normalmente temida pelos regimes despóticos ou ditatoriais que não hesitam em golpeá-la, para asfixiar, desde logo, o direito de protesto, de crítica e de discordância daqueles que se opõem à prática autoritária do poder".

No entendimento de Celso de Mello, a decisão da Corte Suprema no citado *habeas corpus* de Ruy Barbosa, ao lado da referida ADI nº 1.969/DF, "bem refletem, *ainda que as separe* um espaço de tempo *de quase* um século, o mesmo compromisso desta Suprema Corte com a preservação da integridade das liberdades fundamentais que amparam as pessoas contra o arbítrio do Estado". Para ele,

---

[4] Acerca dessa visão pessimista do parlamento, afirma Sartori (talvez, com algum exagero) que "em todas as democracias, o processo legislativo é completamente opaco. A despeito de todas as declarações sobre transparência, as negociações que modelam a criação das leis permanecem ocultas na sombra. É verdade que elas podem ser denunciadas pelos discursos de alguns indivíduos, mas as vozes individuais se perdem facilmente, submersas no coro do debate parlamentar" (SARTORI, Giovanni. *Engenharia constitucional*: como mudam as constituições. Brasília: Ed. UnB, 1996).

O desrespeito ao direito de reunião, *por parte* do Estado e de seus agentes, traduz, *na concreção desse gesto de arbítrio*, inquestionável transgressão *às demais* liberdades cujo exercício *possa supor*, para realizar-se, a incolumidade do direito de reunião, *tal como sucede* quando autoridades públicas impedem que os cidadãos manifestem, *pacificamente, sem armas, em passeatas, marchas* ou *encontros* realizados em espaços públicos, as suas ideias e a sua pessoal visão de mundo, para, *desse modo*, propor soluções, expressar o seu pensamento, exercer o direito de petição e, *mediante atos de proselitismo*, conquistar novos adeptos e seguidores para a causa que defendem. A praça pública, *desse modo*, desde que respeitado o direito de reunião, passa a ser o espaço, *por excelência*, do debate, da persuasão racional, do discurso argumentativo, da transmissão de idéias, da veiculação de opiniões, *enfim*, a praça ocupada pelo povo converte-se *naquele espaço mágico* em que as liberdades fluem sem *indevidas* restrições governamentais.

O texto eloquente do relator parece não divisar limites para o direito de reunião. No entanto, tais limites surgem quando ele passa a se referir à estrutura constitucional da liberdade de reunião:

A estrutura constitucional da liberdade de reunião autoriza que nela se identifiquem, pelo menos, 5 (cinco) elementos que lhe compõem o perfil jurídico:
a) elemento pessoal: pluralidade de participantes (possuem legitimação ativa ao exercício do direito de reunião os brasileiros e os estrangeiros aqui residentes);
b) elemento temporal: a reunião é necessariamente transitória, sendo, portanto, descontínua e não permanente, podendo efetuar-se de dia ou de noite;
c) elemento intencional: a reunião tem um sentido teleológico, finalisticamente orientado. Objetiva um fim, que é comum aos que dela participam;
d) elemento espacial: o direito de reunião se projeta sobre uma área territorialmente delimitada. A reunião, conforme o lugar em que se realiza, pode ser pública (vias, ruas e logradouros públicos) ou interna (residências particulares, *v.g.*);
e) elemento formal: a reunião pressupõe organização e direção, embora precárias.

Por fim, o Ministro acresce: "qualquer que seja a finalidade que motive o encontro ou agrupamento de pessoas, não importando se poucas ou muitas, mostra-se essencial que a reunião, para merecer a proteção constitucional, seja pacífica, vale dizer, que se realize 'sem armas', sem violência ou incitação ao ódio ou à discriminação...".

As manifestações públicas, essenciais à boa democracia, garantidas explicitamente na Constituição, devem ser pacíficas, transitórias e minimamente organizadas. Precisam, também, objetivar um fim, que só pode ser lícito. Acima de tudo, as manifestações públicas devem ocorrer com respeito aos demais direitos e garantias fundamentais previstos na ordem constitucional brasileira. Palavras importantes, embora vagas. Palavras à espera de outras palavras. A lei (e não o decreto) é o caminho para orientar, com um mínimo de segurança, o comportamento das grandes massas e dos agentes de segurança pública nas reuniões de rua.

Enquanto isso não acontece, fica a indagação: numa sociedade nada igualitária, que apresenta baixos níveis de educação formal e grande diversidade cultural, como esperar, dos mais variados grupos e subgrupos de manifestantes, um mesmo e razoável entendimento acerca dos limites constitucionais (genéricos) que cercam a liberdade de reunião?

3 As normas, os fatos e a democracia

Dois mundos em um só, confinados no mesmo espaço, a dividir fronteiras nem sempre sutis. Essa parece ser a consistência do universo jurídico, dividido entre o mundo da norma e o mundo do fato (e suas muitas versões).[5] Embora nos tempos de hoje, sobretudo em círculos intelectuais mais progressistas,[6] haja certa confiança na aptidão do pensamento jurídico para apaziguar esses dois mundos em conflito, soluções mágicas não se afiguram possíveis. Especialmente em países que tardiamente vêm experimentando a modernidade,[7] e que não raro têm a lei como instrumento a serviço do poder político e econômico, entre o mundo do ser e o mundo do dever ser, parece erguer-se um muro extenso e robusto, apesar dos avanços registrados pela ciência jurídica nas últimas décadas, com a proteção dos direitos das minorias e as frequentes preocupações com o meio ambiente e a salvaguarda dos direitos à saúde e à educação. Há momentos em que esses dois mundos do direito se distanciam, debatem-se a ponto de se tornarem forças antagônicas, que causam perplexidade e dúvida: de que modo estabelecer o convívio harmônico entre as prerrogativas da autoridade pública e os direitos de proteção à pessoa humana? Como assegurar a consistente participação cidadã nos processos públicos de decisão, sem prejuízo do célere atendimento das necessidades humanas? É possível garantir o adequado atendimento das demandas sociais, sem que se opere a substituição da Política pelo Direito?

Não é fácil compatibilizar a liberdade de manifestação nas vias públicas com a proteção à segurança das pessoas, a liberdade de ir e vir, a preservação de um ambiente urbano saudável. Não é fácil compatibilizar os interesses de diversas pessoas que muitas vezes estão dispostas somente a defender os seus próprios interesses. O direito de reunião é apenas um entre tantos direitos. O respeito a todos os direitos é o que se

---

[5] Em *Demian*, o escritor Hermman Hesse narra os conflitos de um jovem que não sabe por onde seguir, se pelo caminho linear do mundo oficial, ditado por uma cultura patriarcal e cristã, ou se pelas tortuosas trilhas do mundo real, em que não existem padrões de conduta certeiros, apenas possibilidades de o homem buscar, nele próprio, uma compreensão de si mesmo. Essa dualidade de mundos, o pretexto para HESSE debater graves dilemas do ser humano, reflete, em alguma medida, a dúbia consistência do mundo jurídico, o mundo oficial das fórmulas políticas e abstratas, com suas majestáticas generalizações, e o mundo da vida, que cada ser humano é uma obra "singularíssima" e "essencial", o mundo real. "Demian" é o romance de estreia de Hermman Hesse, escritor alemão, naturalizado suíço, que viria a receber o Prêmio Nobel de literatura na década de 1940.

[6] Sobre as insuficiências do formalismo científico, do dogma do conhecimento apriorístico, especialmente no campo do Direito, pronuncia-se Cordeiro: "o formalismo assenta numa gnoseologia pouco consentânea com os dados actuais da antropologia e da própria teoria do conhecimento. Na realidade, o conhecimento a priori tem sempre, subjacentes, quadros mentais comunicados do exterior e, como tal, mutáveis, falíveis e sujeitos à crítica" (1996, p. XVI). Mais adiante, em referência às perspectivas metodológicas da atualidade, especialmente ao pensamento ontológico que, com raízes em Hegel, vai de Heidegger a Gadamer, assevera: "a hermenêutica adopta, a esta luz, o papel de motor do processo jurídico: ela é pressuposta, sempre, por qualquer discussão. A linguagem assume, assim, um papel constituinte mais profundo. A apreensão hermenêutica da realidade — para o caso, da realidade jurídica — só é possível porque o sujeito cognoscente conhece de antemão a linguagem em jogo e o alcance da instrumentação nela usado. Há, pois, todo um conjunto de pré-estruturas do saber, a que se poderá chamar o pré-entendimento das matérias. Esta perspectiva, em si simples, põe em crise todos os modelos formais de discurso jurídico; não há, apenas, um entendimento da matéria: esta é o entendimento, confundindo-se com a linguagem que o suporta" (1996, p. LIII-LIV). CORDEIRO, Antônio Menezes. Prefácio. *In*: CANARIS, Claus-Wilhen. *Pensamento sistemático e conceito de sistema na ciência do direito*. Lisboa: Fundação Calouste Goulbenkian, 1996.

[7] A respeito da importância que têm, para a teoria jurídica e para a prática dos tribunais, os aspectos de ordem socioeconômica e cultural, colhidos no corpo de um determinado meio social, é válido conferir STRECK, Lênio Luiz. *Verdade e consenso*. Porto Alegre: Lumen Juris, 2006.

deve esperar no âmbito de uma verdadeira democracia jurídica. O povo livre na rua, atropelando o próprio povo, isso não é sinal de democracia.

Por mais difícil que seja encontrar uma fórmula adequada, passou da hora de se regular o direito de reunião para além do plano constitucional. Mas parece que falta coragem para assumir a medida impopular. Coragem para correr o risco de um excesso, de um erro. Coragem para assumir o erro.

Claro que a norma nunca será o bastante. É deveras complexo transpor o mundo das límpidas formulações teóricas para descer ao obscuro terreno da vida. Todavia, é necessário enfrentar a dificuldade. É necessário correr atrás do tempo, que sempre seguirá à frente na construção do passado. A norma costuma cuidar do que já é, do que já está posto. O problema é que, às vezes, a experiência deixada pelo tempo conta pouco na construção das soluções da vida. Vive-se hoje um tempo diferente e é preciso reconhecer isso. O País tem bons níveis de empregabilidade e as classes menos favorecidas já podem comprar uma televisão ou um carro popular, podem viajar de avião. Mas a violência cresce, o calor cresce, o trânsito cresce e a cidade se paralisa. Dados da Organização das Nações Unidas mostram que a população mundial deve chegar a quase 10 bilhões de pessoas em 2030, sendo válido lembrar que no País mais de 80% da população vive em grandes cidades e regiões metropolitanas.[8]

Será que deixar as pessoas ocuparem (quase) livremente os espaços públicos das grandes cidades é agir de maneira democrática? Será que exigir uma postura (quase) passiva dos órgãos de segurança pública nessas reuniões de rua é agir democraticamente? Para viver dentro de uma razoável ordem social, sobretudo em áreas urbanas com alta densidade demográfica, no mínimo a hora e o local das reuniões devem ser disciplinados, com a prudência de se evitar a velada proibição do direito.

É preciso, pois, regular o direito para que o direito exista. O excesso de liberdade acaba com a liberdade. O excesso de democracia pode ser tão nocivo quanto a falta de democracia. O excesso traz a falsa impressão de que algo existe, e talvez não exista nada, a não ser a desordem de um Estado que pouco funciona.

Que se perdoe o possível exagero desse ponto de vista. Uma lei reguladora do direito de reunião também será a soma de pontos de vistas, com os seus possíveis exageros. Mas essa lei, que se afigura de competência dos entes locais,[9] talvez seja um importante ponto de partida, e provavelmente só mesmo um importante ponto de partida, que, no entanto, poderá avançar e se aperfeiçoar na seara da jurisprudência, poderá até mesmo voltar ao Legislativo para novos aperfeiçoamentos e, nesse processo, poderá contar com a participação organizada, ou não, dos populares e com o acompanhamento desinteressado, ou não, da imprensa.

---

[8] FERNANDES, Edésio. *Direito urbanístico e política urbana no Brasil*. Belo Horizonte: Del Rey, 2001. p. 11-14.

[9] À vista do que dispõe a Constituição da República, a competência legislativa para regular o direito de reunião, sob o prisma da legislação administrativa de regulação urbana, parece ser municipal, por se tratar de assunto, ao que se pensa, de predominante interesse local (art. 30, inciso I, CR/88), a exemplo da fixação do horário de funcionamento do comércio, já sumulada pelo STF. No máximo, há que se admitir a competência da União para a fixação de normas gerais, em face do disposto no inciso I do art. 24 da Constituição.

4 Considerações finais

De tudo o que se viu, é possível concluir que os excessos cometidos por populares nas recentes manifestações de rua por todo o País, bem como a frequência com que ocorreram tais manifestações em meados de 2013, chamam a atenção para a necessidade de regulação do direito de reunião, não obstante os limites já existentes no plano constitucional. Tal providência torna-se ainda mais urgente com a proximidade da Copa do Mundo de 2014 e dos Jogos Olímpicos de 2016.

Não há dúvida de que as manifestações públicas são essenciais à saúde dos regimes democráticos. Além disso, encontram guarida na Constituição brasileira. No entanto, precisam ocorrer de modo pacífico. Elas também devem ser transitórias e razoavelmente organizadas. Precisam objetivar um fim lícito para se justificarem e não podem ocorrer senão com respeito aos demais direitos e garantias fundamentais previstos na ordem constitucional brasileira.

A regulação infraconstitucional da liberdade de reunião, providência que se afigura necessária no contexto brasileiro atual, ampara-se na ideia de que nenhum direito é absoluto. Ademais, cabe lembrar que o País é signatário de pacto internacional que permite, com clareza, a adoção de medida legal para disciplinar o direito de reunião.

As conclusões ora expostas, é bom dizer, são apenas o reflexo de um ponto de vista. E a lei que porventura venha a ser editada igualmente será o reflexo de alguns pontos de vista. Ela não há de colocar uma pá de cal sobre o assunto. A lei é uma obra aberta. Mesmo que deva ser cumprida, ela deve ser interpretada. Mesmo que esteja em vigor, ela pode ser reapreciada, seja no Judiciário, seja no próprio Legislativo. Concepções juspolíticas de determinado momento sustentam entendimentos que, em geral, não deixam de ser precários e episódicos. E essas limitações do pensamento humano (e científico) não retiram a validade do esforço de convencimento. Quem decide pensar e opinar sobre os fenômenos da história e da cultura, ao menos, credencia-se a colaborar na compreensão e no aperfeiçoamento das estruturas que os homens engendram para tornar possível a convivência humana.

Referências

BRASIL. Supremo Tribunal Federal. Ação Direta de Inconstitucionalidade nº 1.969-4. Relator Ministro Ricardo Lewandowski.

BRASIL. Supremo Tribunal Federal. Arguição de Descumprimento de Preceito Fundamental nº 187. Relator Ministro Celso de Mello.

CANARIS, Claus-Wilhen. *Pensamento sistemático e conceito de sistema na ciência do direito*. Tradução de Antônio Menezes Cordeiro. Lisboa: Fundação Calouste Goulbenkian, 1996.

CORDEIRO, Antônio Menezes. Prefácio. *In*: CANARIS, Claus-Wilhen. *Pensamento sistemático e conceito de sistema na ciência do direito*. Lisboa: Fundação Calouste Goulbenkian, 1996.

DI GIORGIO, Rafaele. Estado e direito no fim do século. Tradução de Juliana Neuenschwander Magalhães. *Cadernos da Escola do Legislativo*, Belo Horizonte, n. 2(4), jul./dez. 1995.

FERNANDES, Edésio. *Direito urbanístico e política urbana no Brasil*. Belo Horizonte: Del Rey, 2001.

SARTORI, Giovanni. *Engenharia constitucional*: como mudam as constituições. Brasília: Ed. UnB, 1996.

STRECK, Lênio Luiz. *Verdade e consenso*. Porto Alegre: Lumen Juris, 2006.

Informação bibliográfica deste texto, conforme a NBR 6023:2002 da Associação Brasileira de Normas Técnicas (ABNT):

SORBILLI FILHO, Roberto. Direito de reunião e democracia. *In*: DIAS, Maria Tereza Fonseca *et al.* (Coord.). *Estado e propriedade*: estudos em homenagem à professora Maria Coeli Simões Pires. Belo Horizonte: Fórum, 2015. p. 81-90.

REGULARIZAÇÃO FUNDIÁRIA, SANEAMENTO BÁSICO E O VASO DE DUCHAMP[1]

LIANA PORTILHO MATTOS

1 A cena

As diferenças e as proximidades entre os institutos da posse e da propriedade há séculos desafiam a argúcia e a destreza de juristas e cidadãos comuns, e de uns tempos para cá põem em pauta a (in)eficácia de direitos humanos fundamentais, especialmente o de morar e o de viver dignamente. Na verdade, talvez tenha sido sempre assim: a posse e a propriedade, no eixo central do universo humano existencial — tal qual a Terra vista por Ptolomeu —, a transformarem as demais necessidades humanas em satélites orbitais, menores.

Fato é que o Direito avança a passos de formiga rumo a uma adequada compreensão desse fenômeno da ocupação do espaço para moradia e em direção à realização de alguma Justiça. Leis têm sido criadas no Brasil, especialmente após o advento do Estatuto da Cidade (Lei nº 10.257/2001), numa tentativa de se romper com a teoria patrimonial "de Ptolomeu", em direção a uma atualização que atenda à *ciência juspolítica da realidade cotidiana* ou em outras palavras — e sem glosa — que caiba dentro dos fatos que crescentemente clamam por normas que lhes garantam efetivamente direitos.

Neste trabalho, tratarei de um caso concreto que recebeu parecer da Advocacia-Geral do Estado num processo administrativo do âmbito do Governo de Minas Gerais. Na ocasião, tive a oportunidade de analisar uma dúvida fundada na interpretação das normas que regem a aplicação de recursos em obras de saneamento básico em programas de regularização fundiária no norte do Estado.[2] Estavam postos em aparente conflito interesses jurídicos divergentes: de um lado, a necessidade de se implementar programa social de saneamento básico visando à construção de módulos sanitários para famílias

---

[1] Dedico este estudo à Professora Maria Coeli Simões Pires, com minha gratidão pelas lições recebidas.

[2] O documento mencionado é o Parecer AGE nº 15.246, de 2 de maio de 2013. Os nomes dos órgãos consulentes e as instituições financiadoras envolvidas não serão aqui mencionados, em virtude de se tratar de transação financeira eventualmente protegível por sigilo.

de baixa renda; de outro, exigências normativas que obstavam a implementação do programa social por fatos geradores de sua própria necessidade — a inexistência de regularidade jurídica dos imóveis a serem contemplados pelo programa.

Em linhas gerais, a antinomia posta estava bem delineada e os direitos fundamentais em jogo classicamente confrontados: segurança jurídica X direito à moradia; direito à saúde — saneamento básico X moradia. O imbróglio posto se explicará adiante.

2 O enredo

Os órgãos consulentes levaram ao exame da Advocacia-Geral do Estado de Minas Gerais diversas questões, mas que na verdade cingiam-se a uma só dúvida: a comprovação da regularização fundiária das áreas (entendida como regularização *jurídica* e *dominial*) objeto de investimentos públicos na área do saneamento básico, ocupadas por famílias de baixa renda, é uma exigência *sine qua non* à execução das ações propostas nos programas sociais do Estado de Minas Gerais?

Importa esclarecer que a Secretaria de Estado consulente havia firmado contrato de financiamento com bancos públicos para a consecução de investimentos em projetos e processos na área de saneamento básico,[3] especialmente na região do norte de Minas Gerais. Os órgãos e as entidades estaduais responsáveis pela execução dos recursos contraídos pelo Estado de Minas Gerais para os programas tinham competências regulamentares de "atender as regiões Norte e Nordeste do Estado com os serviços de abastecimento de água tratada, coleta e tratamento de esgotos sanitários e construção de módulos sanitários e de serviços domésticos em todas as casas desprovidas dessas instalações".[4]   Na esteira dessas suas atribuições, o escopo principal dos investimentos a serem executados pelos órgãos e entidades estaduais consulentes eram ações de saneamento básico destinadas a melhorar a qualidade de vida da população beneficiada, com destaque para a "construção de módulos sanitários — banheiros — nas casas das famílias de baixa renda", sob a justificativa expressada na ocasião, de que tais ações contribuiriam sobremaneira para "evitar a proliferação de doenças, notadamente às de veiculação hídrica e ao lixo, preservando o cidadão e o meio ambiente, garantindo saúde às famílias. Para a maioria dos beneficiários, o uso do banheiro é uma novidade que gera mudança radical em seus hábitos e costumes".[5] Os órgãos consulentes registraram, ainda, na consulta formulada, que todos os investimentos e ações seriam executados "após a realização de regular processo licitatório, nos termos da Lei nº 8.666/93, com a construção de módulos sanitários em residências carentes, previamente selecionadas, com a colaboração do Poder Público Municipal [...]".[6]

No entanto, por exigência constante do Manual de Operações de Crédito e dos próprios órgãos financeiros repassadores dos recursos envolvidos nas ações, apresentou-se dúvida acerca da modalidade e da forma de apresentação de "documento de propriedade/posse do terreno (autenticado)", a ser beneficiado pelos programas em questão.

---

[3] Tratava-se dos seguintes projetos: Projeto Estratégico Saneamento de Minas; Projeto Estratégico Vida no Vale; Processo Estratégico Saneamento Básico – COPASA.

[4] Cf. Lei nº 16.698/2007.

[5] Dados constantes da consulta que embasou o Parecer comentado.

[6] *Idem.*

É que segundo informado na consulta, em muitos domicílios a serem abrangidos pelo Programa, "não era possível, a curto prazo, a obtenção da documentação junto aos beneficiários", muito embora (segundo informações dos municípios envolvidos) sejam "possuidores de boa-fé, apesar de ainda não possuírem a documentação regular (Título de Domínio do Imóvel)" pois, como se esclarece, é de praxe em propriedades de baixa renda no Estado, a ocupação do terreno de forma irregular, com a construção de moradias, numa mesma área, muitas vezes com pessoas da mesma família (de pai para filho); que tais problemas acabam comprometendo questões ligadas ao próprio saneamento básico; e que, finalmente:

> O caso em questão, se analisado sob o ponto de vista estritamente legal, levaria a uma solução inadequada: deixar de fornecer ao munícipe carente ações pontuais de saneamento básico, que visam melhorar suas condições de vida e saúde, direitos que são constitucionalmente garantidos ao cidadão.[7]

Cientes da dificuldade em relação à apresentação dos documentos, tanto os órgãos financiadores dos Programas quanto os consulentes colocaram em discussão questão sobre a "legalidade da apresentação de outros documentos aptos a resguardar a aplicação dos recursos com segurança jurídica", formulando, objetivamente, as seguintes indagações:

> Diante do exposto e, principalmente, da impossibilidade de apresentação, em muitos casos, do documento regular de propriedade devidamente registrado, indaga-se:
> a) É possível, nos casos de atendimento a famílias carentes, através da construção de módulos sanitários, a apresentação de outros documentos que visem identificar o beneficiário/possuidor (Declaração Pública de Posse, documento emitido pela Administração Municipal etc.), respeitando-se os termos dos Contratos de Financiamento celebrados pelo Estado?
> b) É possível, no caso da implantação de poços artesianos, estações de tratamento de água, estações de tratamento de esgoto e outros equipamentos fundamentais ao Saneamento Básico, a apresentação de documentos que comprovem que o processo de regularização das áreas está em andamento, seja ele via desapropriação administrativa ou judicial ou, em se tratando de terras devolutas, certidão do cartório que comprove tal situação?

2.1 Evolução normativa pós-Constituição de 1988: Estatuto da Cidade, Lei de Diretrizes Nacionais do Saneamento Básico, Lei do Programa Minha Casa, Minha Vida

O assunto examinado não era novo na Advocacia-Geral do Estado, que por algumas outras vezes o havia enfrentado, seja diante de questões de aplicação concreta do art. 4º do Decreto Estadual nº 43.635/2003,[8] seja diante de questão mais complexa e

---

[7] *Idem.*

[8] O Decreto Estadual nº 43.635/2003 foi revogado pelo Decreto nº 46.319, de 26.9.2013, que entrou em vigor a partir de 1.8.2014, após intensos e extensos estudos por parte dos órgãos governamentais competentes. As diversas exigências antes previstas acerca da comprovação de posse e de propriedade de bens, a receberem investimentos do Poder Público estadual, foram substituídas pelo art. 24 do novo decreto, que prevê: "A proposta do plano

abrangente, envolvendo a aplicação de recursos pelo Estado de Minas Gerais nos casos de situações de (ir)regularidade fundiária.[9] Nessas oportunidades, foi destacada a importância de se contemplar os novos instrumentos jurídicos de regularização fundiária previstos no ordenamento jurídico brasileiro, no rol das possibilidades de situações de regularidade fundiária e, sobretudo, que se considerasse, nos casos de interesse social e de relevantes questões de saúde (sanitárias), o eixo interpretativo norteador dos princípios constitucionais fundamentais da dignidade da pessoa humana e dos direitos sociais à saúde e à moradia dignas, inclusive em consonância com a concepção jurídica vigente contemporaneamente, da força normativa da Constituição, mas também por força de outras leis federais que trataram do assunto posteriormente a 2003.

No que toca ao tema da ocupação para fins de moradia no Brasil, assistimos a constantes mudanças não somente legislativas, como também jurisprudenciais e doutrinárias, no plano da interpretação dos conceitos jurídicos de *posse* e de *propriedade*. Tais conceitos, tradicionalmente interpretados sob a ótica exclusiva da legislação civilista, vêm sofrendo profundas *ressemantizações* na dogmática jurídica, sobretudo no sentido de se criarem mecanismos e instrumentos para dar dignidade e efetividade social concreta à situação possessória, especialmente diante da constatação irreversível da dimensão exorbitante da irregularidade fundiária no Brasil.

É que as regras contidas no art. 4º do Decreto nº 43.635/2003 denotavam, grosso modo, o entendimento da posse como situação de exceção, como se vê, *in verbis,* com destaque para o *caput:*

> Art. 4º O convênio que tiver por objeto a execução de obras e benfeitorias deverá ser acompanhado de certidão de registro de imóvel, do cartório competente, *que comprove a sua **propriedade**.*
>
> §1º Poderão ser apresentados alternativamente à certidão de registro de imóvel, por interesse público e social, os seguintes documentos:
>
> I - Comprovação de posse através de escritura pública de doação, compra e venda, concessão de direito real de uso pelo período mínimo de 10 (dez) anos, desapropriação mediante acordo extrajudicial, lavrada em Cartório, com cláusula de imissão imediata na posse;
>
> II - Comprovação de ocupação regular do imóvel:
>
> a) em área desapropriada por Estado, por Município ou pela União, com sentença transitada em julgado no processo de desapropriação:
>
> 1. quando o processo de desapropriação não estiver concluído, será permitida a comprovação do exercício pleno dos poderes inerentes à propriedade do imóvel via Termo de Imissão Provisória de Posse ou alvará do juízo da vara onde o processo estiver tramitando, admitindo-se, ainda, caso esses documentos não hajam sido emitidos, a apresentação de cópia da publicação, na imprensa oficial, do decreto de desapropriação e do Registro Geral de Imóveis/RGI do imóvel, acompanhado do acordo extrajudicial firmado com o expropriado;
>
> b) em área devoluta, autorizada ao ente municipal por meio de decreto do governador do Estado ou documento formal do poder executivo federal:

---

de trabalho para a celebração de convênio de saída que tiver por objeto a execução de reforma ou obra também deverá ser acompanhada de certidão de ônus reais do imóvel emitida nos últimos doze meses ou de documento que comprove a situação possessória do convenente".

[9] *Ex vi,* o Parecer AGE nº 15.081/2011.

1. quando se tratar de terra devoluta do Estado de Minas Gerais será aceito como comprovante, caso o Decreto ainda não tenha sido assinado pelo Governador, cópia do extrato do Convênio celebrado entre a prefeitura e o Instituto de Terras do Estado de Minas Gerais – ITER;

c) recebido em doação:

1. termo de doação, ou instrumento equivalente, da União, do Estado, do Município, já aprovado em lei, conforme o caso, e, se necessária, inclusive quando o processo de registro de titularidade do imóvel ainda se encontrar em trâmite; e

2. promessa formal de doação irretratável e irrevogável, registrado em cartório de pessoa física ou jurídica, inclusive quando o processo de registro de titularidade do imóvel ainda se encontrar em trâmite;

d) pertencente a outro ente público que não o proponente, desde que a intervenção esteja autorizada pelo proprietário;

e) tombado pelo Instituto do Patrimônio Histórico e Artístico Nacional – IPHAN, ou Instituto Estadual do Patrimônio Histórico e Artístico – IEPHA desde que haja aquiescência do Instituto;

III - contrato ou compromisso irretratável de constituição de direito real sobre o imóvel na forma de cessão de uso, permissão de uso, comodato, concessão de uso, concessão de uso especial pelo período mínimo de 10 (dez) anos; ou

IV - comprovação de ocupação da área:

a) por comunidade remanescente de quilombos, certificada nos termos do §4º do art. 3º do Decreto Federal nº 4.887, de 20 de novembro de 2003, pelo seguinte documento:

1. ato administrativo que reconheça os limites da área ocupada pela comunidade remanescente de quilombo, expedido pelo órgão do ente federativo responsável pela sua titulação; ou

2. declaração de órgão, de quaisquer dos entes federativos, responsável pelo ordenamento territorial ou realização fundiária, de que a área objeto onde será executada a obra e/ou reforma é ocupada por comunidade remanescente de quilombo, caso não tenha sido expedido o ato de que trata a alínea anterior;

b) por comunidade indígena, mediante documento expedido pela Fundação Nacional do Índio – FUNAI.

§2º Os documentos que tratam os incisos I e III deverão vir acompanhados do registro do imóvel emitido nos últimos 12 (doze) meses.

§3º A apresentação dos documentos constantes no inciso I, no item 1 da alínea "a" e nos itens 1 e 2 da alínea "c" do inciso II deverá vir acompanhado de Declaração do Prefeito Municipal ou do Titular da entidade para a qual tenha sido transferido recurso mediante convênio, na qual se comprometerá a regularizar a documentação do imóvel.

§4º Durante o período de execução da obra e/ou reforma, o órgão ou a entidade concedente é responsável pelo exame da regularidade da documentação de que trata o §3º.

§5º O recurso deverá ser devolvido, corrigido monetariamente, caso não se comprove a regularização da documentação do imóvel até o final da vigência do Convênio, sob pena de incorrer as sanções legais cabíveis (artigo 4º com redação dada pelos Decretos nº 44.339, de 29 de março de 2010, e 45.390, de 8 de junho de 2010).

Além da posse e a sua comprovação configurarem quase exceções, o §3º do art. 4º do Decreto nº 43.635/2003 deixava entrever ainda que, segundo o espírito da norma, os documentos comprobatórios de posse ali previstos seriam irregulares, como se interpreta da cumulativa exigência prevista no citado parágrafo:

§3º A apresentação dos documentos constantes no inciso I, no item 1 da alínea "a" e nos itens 1 e 2 da alínea "c" do inciso II deverá vir acompanhado de Declaração do Prefeito Municipal ou do Titular da entidade para a qual tenha sido transferido recurso mediante convênio, na qual se comprometerá a regularizar a documentação do imóvel.

Portanto, restava claro que o art. 4º do Decreto nº 43.635/2003 dispunha de maneira confusa e retalhada acerca das possibilidades previstas no ordenamento jurídico nacional de se comprovar a regularidade das situações fundiárias, que tanto pode se dar pela via *proprietária* (certidão de registro do imóvel) quanto pela via *possessória* (certidões de regular ocupação possessória, mediante diversos instrumentos jurídicos: cessão de uso, concessão de uso especial para fins de moradia, concessão de direito real de uso, comodato, legitimação da posse, entre outros).[10]

Lembrando o ensinamento de José de Oliveira Ascensão,[11] o jurista Francisco Eduardo Loureiro cita que se considera que o direito das coisas esteja em crise, em razão do declínio de um sistema de normas que se assentava na preponderância da propriedade imóvel e, afinal, assevera:

> O Código Civil de 2002, na seara do direito das coisas, tem a difícil tarefa de fazer valer normas operativas, que dêem concretude à função social da propriedade e dos demais direitos reais. A efetiva mudança não é de regras pontuais, como a criação do novo direito real de superfície ou a eliminação do antigo direito real de enfiteuse, mas de mentalidade, sobretudo a de encarar o principal direito real — o de propriedade — como um mero centro de interesses, ao qual podem ser opostos outros centros de interesses não-proprietários, sem que haja necessariamente a supremacia do primeiro.[12]

Nesse sentido, os princípios fundamentais trazidos pela Constituição de 1988 impuseram toda uma revisão hermenêutica de tradicionais conceitos jurídicos antes tidos como restritos à esfera civilista, como são exemplos os princípios da função social da propriedade (art. 5º, XXIII, da CF) e da posse, que impõem um uso conforme ao interesse público e social mais amplo. Tal entendimento, por certo, irradia efeitos nas situações concretas e na necessidade de se pensar — e prever — mecanismos e instrumentos jurídicos para a promoção de programas de regularização fundiária, entre outros.

Sabe-se que, com a crescente *despatrimonialização* do direito civil e a absorção dos valores constitucionais pela legislação civil, a pessoa humana concretamente considerada é que passa a ser o centro do ordenamento jurídico. Com isso, a proteção à dignidade humana também passa a ser o valor e o objetivo preponderante, em última análise, da norma jurídica, o que acaba por potencializar ações concretas destinadas à diminuição da pobreza, em resgate da cidadania plena e em afirmação de outros direitos sociais.

A par de estabelecer o direito à saúde como direito fundamental social (art. 6º, *caput*), a Constituição de 1988 inseriu-o, ainda, no conceito de "dignidade humana", princípio basilar da República, previsto no inciso III do artigo 1º da Constituição Federal,

---

[10] Ver nota 8 de rodapé.

[11] Cf. *A tipicidade dos direitos reais*. Lisboa: Petrony, 1968. p. 13.

[12] Cf. PELUSO, Cezar (Coord.). *Código Civil comentado*: doutrina e jurisprudência. 3. ed. Barueri: Manole, 2009. p. 1.097.

pois não há de se falar em dignidade se não houver condições mínimas de garantia da saúde do indivíduo. Assim, a saúde não somente é elemento indispensável à dignidade humana quanto à própria *vida* — tutelada no *caput* do artigo 5º da Constituição, que preconiza a inviolabilidade do direito à vida, o mais fundamental dos direitos.

Vale destacar também o que diz o art. 196, da Constituição, ao relacionar diretamente a proteção do direito à saúde com a garantia de medidas sociais voltadas para a redução de riscos de doença (como é o caso das políticas na área do saneamento básico para famílias de baixa renda):

> A saúde é direito de todos e dever do Estado, garantido mediante políticas sociais e econômicas que visem à redução do risco de doença e de outros agravos e ao acesso universal igualitário às ações e serviços para sua promoção, proteção e recuperação.

Como deixa explícito o dispositivo constitucional transcrito, o direito à saúde é *dever* do Estado, regido pelos princípios da *universalidade* (acesso universal) e da *isonomia* (acesso igualitário), aliás, como reiteradas vezes preconizou o Supremo Tribunal Federal em diversos julgados, como o que se transcreve a seguir:

> O direito a saúde é prerrogativa constitucional indisponível, garantido mediante a implementação de políticas públicas, impondo ao Estado a obrigação de criar condições objetivas que possibilitem o efetivo acesso a tal serviço.[13]

No âmbito da competência comum dos entes federados, o artigo 23, em seu inciso II, prevê a iniciativa de cuidados para com a saúde e assistência pública, sendo, portanto, dever da União, Estados, Distrito Federal e Municípios zelarem pela saúde da população, valendo ressaltar, ainda, o que dispõe o inciso IX do referido artigo:

> Art. 23. É competência comum da União, dos Estados, do Distrito Federal e dos Municípios:
> [...]
> IX - promover programas de construção de moradias e a melhoria das condições habitacionais e de saneamento básico;

Na esteira desses preceitos constitucionais, a Lei nº 11.445/07 veio dispor sobre as *diretrizes nacionais do saneamento básico*, donde vale destacar as normas contidas em seu art. 2º, que contém os *princípios fundamentais* das políticas de saneamento, entre os quais destaco (em itálico):

> *Art. 2º Os serviços públicos de saneamento básico serão prestados com base nos seguintes princípios fundamentais:*
> *I - universalização do acesso;*
> *II - integralidade, compreendida como o conjunto de todas as atividades e componentes de cada um dos diversos serviços de saneamento básico, propiciando à população o acesso na conformidade de suas necessidades e maximizando a eficácia das ações e resultados;*

---

[13] Cf.: AI nº 734.487-AgR, Rel. Min. Ellen Gracie, julgamento em 03.08.2010, Segunda Turma, *DJE*, 20 ago 2010). *Vide*: RE nº 436.996-AgR, Rel. Min. Celso de Mello, julgamento em 22.11.2005, Segunda Turma, *DJ*, 03 fev. 2006; RE nº 271.286-AgR, Rel. Min. Celso de Mello, julgamento em 12.09.2000, Segunda Turma, *DJ*, 24 nov. 2000.

III - abastecimento de água, esgotamento sanitário, limpeza urbana e manejo dos resíduos sólidos realizados de formas adequadas à saúde pública e à proteção do meio ambiente;
IV - disponibilidade, em todas as áreas urbanas, de serviços de drenagem e de manejo das águas pluviais adequados à saúde pública e à segurança da vida e do patrimônio público e privado;
V - adoção de métodos, técnicas e processos que considerem as peculiaridades locais e regionais;
VI - *articulação com as políticas de desenvolvimento urbano e regional, de habitação, de combate à pobreza e de sua erradicação, de proteção ambiental, de promoção da saúde e outras de relevante interesse social voltadas para a melhoria da qualidade de vida, para as quais o saneamento básico seja fator determinante* (grifo nosso).

De fato, consoante dispõe o inciso VI do art. 2º da Lei nº 11.445/2007, não há dúvida de que o saneamento básico é fator determinante para o pleno desenvolvimento e êxito de qualquer política de desenvolvimento urbano e regional, de combate à pobreza e de sua erradicação, de promoção da saúde e de qualquer outra política de "relevante interesse social voltada para a melhoria da qualidade de vida".

A palavra-chave, portanto, é *articulação* entre as políticas sociais voltadas para a melhoria da qualidade de vida humana e da saúde.

Nesse sentido, ao "regulamentar" o princípio da função social da propriedade previsto no art. 5º, XXIII da Constituição, a Lei nº 10.257/2001 — o Estatuto da Cidade — também tratou da regularização fundiária de uma maneira juridicamente contemporânea, harmonizada com os princípios fundamentais constitucionais, pelo que se pode afirmar, em grossa síntese, que o Estatuto da Cidade consolidou quatro marcos jurídicos no ordenamento brasileiro: a noção de função social da propriedade, a gestão democrática da cidade, os instrumentos jurídico-urbanísticos para a gestão do solo urbano e, sobretudo — é o que nos interessa aqui —, o direito de permanência dos ocupantes de terras para fins de moradia em assentamentos irregulares, assegurando-lhes novos mecanismos de tutela para seus direitos possessórios.

A natureza de fundamentabilidade do próprio *direito à cidade* é correlata do *desenvolvimento urbano ordenado e ecologicamente equilibrado* (previsto no *caput* do art. 182 da Constituição), que, por sua vez, guarda correspondência com a afirmação do princípio da *função social da propriedade* como condição para a concretização da *dignidade da pessoa humana,* valendo citar como restam compreendidos esses direitos a teor do inciso I do art. 2º do Estatuto da Cidade: "direito à terra urbana, à moradia, *ao saneamento ambiental,* à infraestrutura urbana, ao transporte e aos serviços públicos, ao trabalho e ao lazer, para as presentes e futuras gerações" (grifo nosso).

Também o mesmo art. 2º do Estatuto da Cidade prevê o imperativo da *regularização fundiária* entre as diretrizes gerais da política urbana:

Art. 2º A política urbana tem por objetivo ordenar o pleno desenvolvimento das funções sociais da cidade e da propriedade urbana, mediante as seguintes diretrizes gerais:
[...]
XIV – regularização fundiária e urbanização de áreas ocupadas por população de baixa renda mediante o estabelecimento de normas especiais de urbanização, uso e ocupação do solo e edificação, consideradas a situação socioeconômica da população e as normas ambientais;
[...].

Neste ponto, torna-se fundamental esclarecer em que consiste essa ideia de *regularização fundiária* que, afinal, como no caso concreto em exame, tem ganhado nuances de dificuldade, de entrave, mesmo, à plena consecução de programas sociais voltados para o saneamento básico.

A despeito de dispor sobre o *Programa Minha Casa, Minha Vida – PMCMV, a Lei nº 11.977, de 7 de julho de 2009*, afigura-se como uma verdadeira *norma geral de regularização fundiária* ao estabelecer não somente novos instrumentos jurídicos para regularização fundiária, como também o que se entende por tal política, vale dizer, o seu *conceito jurídico*, como se vê do seu art. 46:

> conjunto de medidas jurídicas, urbanísticas, ambientais e sociais que visam à regularização de assentamentos irregulares e à titulação de seus ocupantes, de modo a garantir o direito social à moradia, o pleno desenvolvimento das funções sociais da propriedade urbana e o direito ao meio ambiente ecologicamente equilibrado.

Resta claro, portanto, que a regularização jurídica não pode ser vista como impeditivo às intervenções sociais e urbanísticas, nem tampouco pode colocar-se como obstáculo à garantia do direito à moradia digna, que pressupõe o saneamento básico.

As políticas e os instrumentos de regularização fundiária nascem como um imperativo ético e jurídico do princípio da dignidade da pessoa humana e devem compreender duas dimensões para que de fato a moradia seja digna:

a) a *dimensão da urbanização efetiva*, com melhoria das condições de vida da moradia, com *implantação ou expansão de infraestrutura sanitária*, elétrica, hidráulica, pavimentação e alargamento de ruas, construções de áreas de lazer etc.;

b) de outro, a *dimensão da titulação jurídica dos lotes*, visando promover a segurança da posse dos moradores, de modo que possam usufruir plenamente os direitos de moradia sem o risco da remoção involuntária.

Essas duas dimensões devem andar juntas, e não ser interpretadas equivocadamente de maneira a se tornarem excludentes.

Nesse sentido, vale ainda destacar o que preceitua o parágrafo único do art. 55 da Lei nº 11.977/2009 (PMCMV), que vai bem ao encontro desse raciocínio ao descolar a dimensão da regularização estritamente jurídica da dimensão da regularização urbanística, ou seja da implementação de medidas de melhoria das condições básicas de vida independentemente da regularidade jurídica das ocupações:

> Art. 55. Na regularização fundiária de interesse social, caberá ao poder público, diretamente ou por meio de seus concessionários ou permissionários de serviços públicos, a implantação do sistema viário e da infraestrutura básica, previstos no §6º do art. 2º da Lei nº 6.766, de 19 de dezembro de 1979, ainda que promovida pelos legitimados previstos nos incisos I e II do art. 50.
>
> Parágrafo único. A realização de obras de implantação de infraestrutura básica e de equipamentos comunitários pelo poder público, bem como sua manutenção, pode ser realizada mesmo antes de concluída a regularização jurídica das situações dominiais dos imóveis.

2.2 Regularização fundiária abrange melhorias de infraestrutura básica e titulação jurídica

É importante esclarecer que os documentos que acompanharam a consulta do caso concreto indicavam que, nas ações e programas a serem desenvolvidos sob a tutela hierárquica da Secretaria consulente, a irregularidade fundiária era mais regra que exceção.

No mesmo passo, exigir-se a conclusão — dos sempre complexos, dispendiosos e morosos — dos respectivos processos de regularização fundiária para, em sequência, fazer-se o aporte de recursos para melhoria das situações de habitabilidade e saúde nos terrenos é o mesmo que continuar condenando parcela significativa da população beneficiária à privação do direito fundamental à saúde, no mínimo, pois é sabido haver uma relação direta entre o acesso ao saneamento básico e o Índice de Desenvolvimento Humano – IDH, nas diversas regiões do Estado de Minas Gerais, com nítido decréscimo para as áreas do norte e nordeste, justamente aquelas que seriam atendidas pelos programas sociais em discussão. Além disso, os indicadores epidemiológicos oriundos da Secretaria de Estado de Saúde, que também embasavam a consulta, demonstravam a curva ascendente das taxas de mortalidade infantil nas áreas carentes de saneamento básico no Estado.

Sendo certo que o saneamento básico é uma das dimensões da regularização fundiária (repita-se, que não se cinge à regularização da *titulação* jurídica), por justiça e equidade os módulos sanitários não poderiam deixar de ser fornecidos às famílias de baixa renda das regiões abrangidas pelos programas sociais referidos pela única razão de não se enquadrarem no seleto contingente de moradias tituladas no país. Fere os princípios elementares da isonomia, da razoabilidade e da proporcionalidade imaginar, num raciocínio absurdo, que uma pessoa humana necessite ostentar um titulo regular de propriedade para ter direito a condições mínimas de saúde e vida digna (um banheiro em casa, no caso).

Lado outro, por se tratar de alocação de recursos públicos, há que se considerar como razoável o entendimento de que, na ausência do título de propriedade, a posse deverá ser justa, mansa e pacífica, a teor do que dispõem os arts. 1.196 e seguintes do Código Civil, em consonância com o princípio da função social da posse, sem dúvida chave de acesso ao chamado "mínimo existencial" para a vida humana digna.

Vale registrar que a dúvida colocada na consulta em exame vem repercutindo também no plano federal, em situações semelhantes envolvendo a execução de programas sociais — com dispêndio de recursos públicos — pela União, especialmente quando o beneficiário de tais programas não detém título regular de ocupação fundiária.

Como exemplo, cite-se uma discussão recente envolvendo o Programa Luz para Todos do Governo Federal, em que o Ministério Público Federal tem defendido enfaticamente a tese de que a regularização fundiária de uma área não pode ser obstáculo à implementação de um direito fundamental, seja de moradia digna ou de saúde, por implicar discriminação e afronta ao princípio da isonomia.

Em Ação Civil Pública proposta pela Procuradoria da República no Estado do Amazonas (distribuída por dependência ao Processo nº 12686-42.2012.4.01.3200), embora considerado o interesse das comunidades na regularização fundiária, asseverou-se que esta não poderia "ser imposta por meio do impedimento ao acesso a serviços públicos essenciais".

No caso em litígio, o Exército Brasileiro reivindicava a titularidade das terras ocupadas pelas famílias que seriam abrangidas pelo Programa Luz para Todos e condicionava a aquiescência à implantação do programa mediante a assinatura de um contrato de Concessão de Direito Real de Uso pelos ocupantes, visando, assim, à regularização jurídica da área.

Embora essa e outras ações semelhantes não tenham chegado a um termo final nos Tribunais, certo é que todas elas vão ao encontro do entendimento manifestado aqui, qual seja, o de que o princípio da isonomia resta violado caso se imponha uma exigência a curto prazo inalcançável para os indivíduos fazerem jus aos benefícios de um programa social voltado para o saneamento básico, pelo que vale relembrar a lição de Celso Antônio Bandeira de Mello:

> [...] o princípio da isonomia preceitua que sejam tratadas igualmente as situações iguais e desigualmente as desiguais. Donde não há como desequiparar pessoas e situações quando nelas não se encontram fatores desiguais.[14]

Nesse sentido, e voltando-se à questão das exigências então previstas no art. 4º do Decreto nº 43.635/2003, impõe-se uma interpretação conforme a Constituição, com vistas à concretização dos direitos fundamentais sociais de saúde e moradia digna, mediante os programas sociais de saneamento básicos previstos pela Consulente, com afastamento das regras que restrinjam a eficácia de tais direitos — *ex vi*, a comprovação prévia da regularidade fundiária titulada.

De acordo com a interpretação conforme a Constituição, mesmo nos casos em que os recursos envolvidos nos programas sociais em exame sejam aplicados na modalidade de execução direta, sem convênios de saída (ou seja, afastadas as exigências do art. 4º do Decreto nº 43.635/03), ainda assim há que se privilegiar a concretização dos direitos fundamentais de saúde e de moradia digna, com saneamento básico, em detrimento da prévia regularidade jurídica da área beneficiária.

2.3 Requisitos previstos na Lei das Diretrizes Nacionais do Saneamento Básico e os Programas Sociais do Estado de Minas Gerais na área

Importa destacar que não há previsão de qualquer requisito relacionado à regularidade jurídica da área beneficiária por programas de saneamento básico na Lei das Diretrizes Nacionais do Saneamento Básico, a Lei nº 11.445/2007. Do mesmo modo, também não encontramos nenhuma exigência semelhante nos programas sociais estaduais em questão, quais sejam, o "Saneamento Básico Mais Saúde para Todos" (regulamentado pelo Decreto nº 45.864, de 29 de dezembro de 2011) e o "Vida no Vale".

A propósito, interessante registrar que o escopo desses programas encontra-se nitidamente alinhado com os princípios fundamentais previstos na Lei de Diretrizes Nacionais do Saneamento Básico, aqui examinados.[15]

---

[14] Cf.: *Conteúdo jurídico do princípio da igualdade*. 3. ed., 16. tir. São Paulo: Malheiros, 2008. p. 35.

[15] Definição de modelo institucional e dos mecanismos de gestão e financiamento do projeto Vida no Vale,

Além disso, a justificativa dos programas sociais tratados — especialmente o "Vida no Vale" — é clara em explicitar que o déficit de acesso ao saneamento nas regiões do Jequitinhonha/Mucuri, do Norte e do Noroeste de Minas é grande, sendo a situação do esgotamento sanitário ainda mais dramática porque, "além das desigualdades regionais, a grande maioria dos municípios do Estado possui taxas de atendimento inferiores a 60%", pelo que a ausência de equipamentos sociais nas regiões mais pobres do Estado acentua o círculo vicioso de baixo desenvolvimento e condições de vida, tornando-se imprescindível avançar na universalização do saneamento básico no Estado, buscando reduzir as desigualdades e melhorar a saúde da população.

Assim, exigir-se regular comprovação fundiária de área sujeita a benefício advindo de programa social de saneamento básico é ir além do que o marco regulatório nacional que disciplina a matéria estabelece, pelo que vale relembrar a elementar regra de hermenêutica segundo a qual "onde o legislador não distingue, não cabe ao intérprete fazê-lo" (*Ubi Lex non distinguit nec nos distinguere debemus*), ainda mais quando em jogo a restrição da eficácia de direitos fundamentais.

Na lição de Carlos Maximiliano, em sua obra "Hermenêutica e Aplicação do Direito", que bem se aplica ao caso em exame,

> Quando o texto dispõe de modo amplo, sem limitações evidentes, é dever do intérprete aplicá-lo a todos os casos particulares que se possam enquadrar na hipótese geral prevista explicitamente; não tente distinguir entre as circunstâncias da questão e as outras, cumpra a norma tal qual é, sem acrescentar condições novas, nem dispensar nenhuma das expressas.[16]

Finalmente, seja considerando-se que o art. 4º do Decreto nº 43.635/2003 incide sobre algumas das ações previstas nos programas sociais, seja considerando-se seu afastamento, em virtude de execução direta de recursos, seja considerando-se, ainda, que a Lei das Diretrizes Nacionais do Saneamento Básico não traz qualquer regra atinente à necessidade da prévia regularização fundiária para que uma área receba benefícios de programas sociais de saneamento, fato é que deveria se adotar, no caso, uma interpretação conforme a Constituição, o que impõe, no dizer de Gustavo Binenbojm,

> a ligação direta da Administração aos princípios constitucionais, vistos estes como núcleos de condensação de valores. A nova principiologia constitucional, que tem exercido influência decisiva sobre outros ramos do direito, passa também a ocupar posição central

---

alinhados ao marco regulatório da Lei Federal nº 11.445/07.
Implantação de novo modelo de prestação de serviço de saneamento que considere:
- A universalização plena dos serviços de abastecimento de água e esgotamento sanitário para 1,3 milhão de pessoas na região de piores indicadores sociais e de saúde;
- A responsabilidade do poder público em viabilizar recursos em regiões onde a receita tarifária não financia os custos de investimento;
- Estrutura tarifária flexível que garanta o direito a água, a cobertura dos custos operacionais e a capacidade de pagamento da população;
- A transparência e o controle social na implantação e gestão do modelo;
- A preservação do valor de mercado e dos recursos humanos da empresa estadual de saneamento;
- A eficiência organizacional e a inovação tecnológica;
- Complementariedades com ações de saúde preventiva, irrigação, resíduos sólidos, habitação e eficientização energética.

[16] Cf.: *Hermenêutica e aplicação do direito*. 5. ed. 1951.

na constituição de um direito administrativo democrático e comprometido com a realização dos direitos do homem [...].[17]

E é o mesmo autor, na sua mesma paradigmática obra, que complementa dissipando outras dúvidas:

> Talvez o mais importante aspecto dessa constitucionalização do direito administrativo A ideia de juridicidade administrativa, elaborada a partir da interpretação dos princípios e regras constitucionais, passa, destarte, a englobar o campo da legalidade administrativa, como um de seus princípios internos, mas não mais altaneiro e soberano como outrora. Isso significa que a atividade administrativa continua a realizar-se, via de regra, (i) segundo a lei, quando esta for constitucional (atividade *secundum legem*), (ii) *mas pode encontrar fundamento direto na Constituição, independente ou para além da lei (atividade praeter legem)*, ou, eventualmente, (iii) legitimar-se perante o direito, ainda que contra a lei, porém com fulcro numa ponderação da legalidade com outros princípios constitucionais (atividade *contra legem*, mas com fundamento numa otimizada aplicação da Constituição).
>
> Toda a sistematização dos poderes e deveres da Administração Pública passa a ser traçada a partir dos lineamentos constitucionais pertinentes, com especial ênfase no sistema de direitos fundamentais e nas normas estruturantes do regime democrático, à vista de sua posição axiológica central e fundante no contexto do Estado democrático de direito. A filtragem constitucional do direito administrativo ocorrerá, assim, pela superação do dogma da onipotência da lei administrativa e sua substituição por referências diretas a princípios expressa ou implicitamente consagrados no ordenamento constitucional. Em tempos de deslegalização e proliferação de autoridades administrativas, sobreleva a importância dos princípios e regras constitucionais na densificação do ambiente decisório do administrador e amenização dos riscos próprios da normatização burocrática.[18]

3 O epílogo

Nenhum doutrinador nem julgador minimamente preparado é capaz de olvidar que o saneamento básico é um direito fundamental correlato ao direito à saúde e, como tal, deve ser concretizado sem discriminação de qualquer espécie, em consonância com os princípios da isonomia, proporcionalidade e razoabilidade. Até aqui, parece quase simples o raciocínio jurídico formatado. No entanto, quando a discussão avança para o "obscuro objeto do desejo"[19] que secularmente tem sido simbolizado pelo direito de propriedade, o raciocínio jurídico caminha de forma menos direta e não é tão óbvio que a regularização fundiária não se restringe à *regularidade dominial*, mas, ao contrário, compreende também a dimensão da *regularidade urbanística* — na qual se inclui qualquer melhoria essencial para a vida em condições dignas de habitabilidade, *ex vi* da construção de módulos sanitários e outras ações de saneamento básico.

Em outras palavras, a regularização fundiária, no sentido dominial, de área beneficiária de programa social não pode ser exigida como condição prévia, de

---

[17] In: *Uma teoria do direito administrativo* – Direitos fundamentais, democracia e constitucionalização. 2. ed. Rio de Janeiro: Renovar, 2008. p. 36-38.

[18] *Ibidem*.

[19] Ou "obscuro objeto do direito", na instigante paródia sobre o filme de Luís Buñuel formulada pelo Prof. José Rubens Costa no título da tese de seu doutoramento junto à FDUFMG.

comprovação da titularidade fundiária, para o acesso a serviços públicos essenciais para famílias de baixa renda, posto que exorbita as próprias diretrizes nacionais do saneamento básico previstas na Lei nº 11.445/2007. Entender diferentemente disso, com a vênia sempre devida às opiniões contrárias, é quase o mesmo que se exigir o ovo antes de criada a galinha, o eterno retorno do paradoxo do óbvio. E, no entanto, ainda há entendimentos nessa linha. Parece que também no Direito — e já que o assunto é saneamento... — urge surgirem *exposições* ou rupturas paradigmáticas, como aquela com que Marcel Duchamp chocou o mundo ao expor o seu célebre vaso sanitário no meio do salão. Nessas plagas, talvez impediriam Duchamp, não tanto pela natureza do objeto exposto, mas mais pela provável dificuldade que ele teria em comprovar a posse ou a propriedade do meio metro quadrado a servir de base para a sua exposição.

Referências

BANDEIRA DE MELLO, Celso Antônio. *Conteúdo jurídico do princípio da igualdade.* 3. ed., 16. tir. São Paulo: Malheiros, 2008.

BINENBOJM, Gustavo. *Uma teoria do direito administrativo* – Direitos fundamentais, democracia e constitucionalização. 2. ed. Rio de Janeiro: Renovar, 2008.

MATTOS, Liana Portilho. *Nova ordem jurídico-urbanística:* função social da propriedade na prática dos tribunais. Rio de Janeiro: Lumen Juris, 2006.

MAXIMILIANO, Carlos. *Hermenêutica e aplicação do direito.* 5. ed. 1951.

PELUSO, Cezar (Coord.). *Código Civil comentado:* doutrina e jurisprudência. 3. ed. Barueri: Manole, 2009.

Informação bibliográfica deste texto, conforme a NBR 6023:2002 da Associação Brasileira de Normas Técnicas (ABNT):

MATTOS, Liana Portilho. Regularização fundiária, saneamento básico e o vaso de Duchamp. *In*: DIAS, Maria Tereza Fonseca *et al.* (Coord.). *Estado e propriedade*: estudos em homenagem à professora Maria Coeli Simões Pires. Belo Horizonte: Fórum, 2015. p. 91-104.

PARTE 2

PATRIMÔNIO E BENS PÚBLICOS

Um cem dobro de relações se estabelece a partir da propriedade no plano civil, urbanístico, ambiental, agrário, econômico, empresarial, administrativo, do patrimônio cultural, com uma potencialidade conflitual cada vez mais desafiadora e que colocam ao centro das discussões o instituto da propriedade e sua ressignificação em face das múltiplas disciplinas sobre ele incidentes.

(Maria Coeli Simões Pires)

PATRIMÔNIO CULTURAL E MEIO AMBIENTE: DIREITO A UM PASSADO E DIREITO AO FUTURO

EDIMUR FERREIRA DE FARIA

1 Introdução

O patrimônio cultural e o meio ambiente disputam espaço na doutrina e na jurisprudência. Uma corrente majoritária entende, com bons argumentos, que o patrimônio cultural é parte integrante do meio ambiente. Outra minoritária crescente defende a ideia segundo a qual o patrimônio cultural compõe ramo do Direito do Patrimônio Cultural em formação, distinto do Direito Ambiental.

Tomando-se o meio ambiente pelo prisma do conceito amplo, não se poderá negar que o patrimônio cultural está contido no meio ambiente, considerando que todos os seres vivos e os objetos inanimados existentes no Globo Terrestre fazem parte do meio ambiente, dada a sua completude. Ele compreende tudo que se encontra no solo, no subsolo, na água e no espaço aéreo. Entretanto, no campo do Direito todos os elementos componentes do meio ambiente são, por grupo ou categoria, destinatários de leis específicas que os protegem com finalidades distintas.

Nos casos dos bens jurídicos objeto deste estudo, verifica-se que as regras jurídicas constitucionais e infraconstitucionais disciplinadoras do meio ambiente e do patrimônio cultural são distintas e têm finalidades igualmente distintas. As leis relativas ao patrimônio cultural têm por escopo a proteção da cultura nas suas mais variadas formas de manifestação, com vistas a dar às gerações futuras a oportunidade de conhecerem a cultura do passado. Já as denominadas leis ambientais têm por finalidade preservar o meio ambiente de modo a garantir as vidas nele existentes. Elas não se preocupam com a cultura. Elas estabelecem meios para se garantir às gerações vindouras direito ao futuro.

Pretende-se comprovar essa afirmação compulsando a legislação relativa aos dois objetos de investigação. Para corroborar serão visitadas, ainda, as jurisprudências dos tribunais pátrios sobre os temas em foco.

A hipótese proposta é a de que o patrimônio cultural é juridicamente distinto do meio ambiente. É o que se pretende provar.

2 Direito de propriedade

2.1 Conceito

O direito de propriedade consiste, contemporaneamente, na garantia constitucional atribuída à sociedade segundo as regras e as condições estabelecidas no ordenamento jurídico de determinado Estado-Nação. O conteúdo desse direito varia de Estado para Estado, no tempo e no espaço, compreendendo bens imóveis, bens móveis e bens fungíveis e consumíveis, nos termos do Código Civil Brasileiro de 2002, Livro II, art. 79 e seguintes. Em síntese, os bens sob o aspecto jurídico são todos aqueles passíveis de apropriação econômica.

Na antiguidade propriedade e direito de propriedade não apresentavam nítida distinção. Os romanos ao tentarem definir propriedade acabavam por definir ou conceituar o conteúdo do direito de propriedade.

O Direito Romano antigo desenvolveu a ideia de *dominum* derivado de *dominus,* termo que exprime o domínio de uma pessoa sobre determinada coisa, entendimento que vigora até os dias atuais, sobretudo nos países que tiveram por língua *mater* o latim. Naquela fase do Direito Romano quem exercia o domínio sobre determinada coisa revestia-se do direito de usar, gozar e abusar da coisa — *jus utendi, fruendi et abutendi.* Hodiernamente, a última faculdade relativa à propriedade, qual seja, a de abusar, foi banida do ordenamento jurídico, como se verá no tópico seguinte.

2.2 Origem e evolução

No início da civilização, a humanidade não conhecia a propriedade individual e, consequentemente, não conhecia o direito de propriedade. As pessoas viviam em comunidade universal. Os bens pertenciam a todos. Cada um usava a coisa de acordo coma as suas necessidades. Se a coisa não se consumisse com o uso, outras pessoas poderiam usá-la assim que fosse liberada. Entre essas coisas incluíam a terra e tudo o que nela existisse que tivesse alguma utilidade.

Entretanto, as populações que integravam os insipientes grupos sociais (tribo, clã, família, entre outros) cresceram em número de pessoas, desenvolveram-se intelectual e culturalmente e também, em consequência, conheceram o lado econômico de suas atividades na medida do progresso. Nessa fase inicia-se o procedimento de divisão de terras e de outros bens entre as pessoas, segundo critérios estabelecidos pelos já poderosos, emergentes daquela comunhão universal. Nasceu assim o princípio ou a ideia da propriedade individual.

Em oposição ao entendimento da comunhão universal negativa, filósofos defendiam entendimento no sentido de que "a propriedade é inerente ao homem, desde os tempos primitivos. Assim, os bens que determinado indivíduo de suposta comunidade, para se satisfazer, a ele se integraria, ou passaria a pertencer-lhe, de modo que os outros não mais poderiam a eles ter acesso".[1]

---

[1] FARIA, Edimur Ferreira de. *Tombamento no direito brasileiro.* 1986. Dissertação (Mestrado em Direito) – Universidade Federal de Minas Gerais, Faculdade de Direito, Programa de Pós-graduação em Direito, Belo Horizonte, p. 6.

Esse entendimento é perfeitamente defensável. Suponha-se que determinada pessoa retire bens pertencentes à comunidade para confeccionar as suas vestes, prontas, passarão a pertencer-lhe, fato que impede as outras pessoas a utilizarem tais vestes, por serem objetos pessoais. Veja-se que o direito de propriedade, ainda que incipiente, já existia antes de ser reconhecido juridicamente.

Cunha Gonçalves, entre outros, discordou da ideia da comunhão negativa dos tempos primitivos. Ele sustentou que a comunhão, como entendida naquela fase da história, era contrária aos interesses humanos e não alcançaria os bens de primeira necessidade indispensáveis à subsistência e também pelo fato de que as riquezas foram surgindo ao longo de milhares de anos em decorrência da invenção ou criação individual gerando bens e necessidades inexistentes na natureza.[2]

Das atividades primitivas, a agricultura foi a que mais contribuiu para o reconhecimento do direito de propriedade individual. Enquanto o homem primitivo vivia da caça ou da pesca não se preocupava com a terra como propriedade. A constante e crescente atividade da caça e da pesca contribuiu para o escasseamento das duas espécies de animais, silvestres e aquáticos. Esse fato despertou as comunidades para a atividade agrícola, passando, então, a dedicar-se à agricultura de subsistência. A partir daí nasceu o sentimento de propriedade e de defesa da gleba cultivada.

Os nativos das Américas, quando descobertos pelos brancos, desconheciam a propriedade da terra, tanto na forma individual como na coletiva.

O direito de propriedade nos primórdios de sua instituição era absoluto. O titular do direito sobre determinada coisa fazia dela o que lhe aprouvesse sem se preocupar com os outros, conforme dito no item anterior.

Esse direito de propriedade absoluto mostrou-se incompatível com a noção de coletividade. O indivíduo, homem e outras espécies de animais não vivem isoladamente. Ao contrário, vivem em comunidade coletiva. Essa convivência coletiva limita o exercício dos direitos individuais. Isso porque os interesses coletivos ou sociais se sobrepõem aos direitos individuais. Esse reconhecimento levou o legislador a rever, paulatinamente, o conteúdo do direito de propriedade, compatibilizando-o com os interesses coletivos.

Contemporaneamente, mesmo os estados mais liberais adotam legislações que impõem restrições ao direito de propriedade.

A evolução do direito de propriedade sofreu revés no século XX com a instituição da União das Repúblicas Socialistas Soviéticas e com a construção do chamado muro de Berlim, que dividiu a capital alemã em duas partes, uma oriental, comunista, e a outra ocidental, capitalista.

Esses eventos dividiram o mundo em dois distintos e opostos blocos: o capitalista e o socialista. O primeiro continuou defendendo a propriedade privada individual e, às vezes, coletiva. O segundo, socialista e parte comunista, suprimiu a propriedade privada. O Estado assumiu a condição de proprietário da terra e dos meios de produção.

Entretanto, o bloco socialista não conseguiu satisfazer os desejos e as necessidades das populações integrantes de cada país-membro como idealizado e prometido pelas lideranças e os dirigentes socialistas. Esse déficit social levou parte das populações do bloco a se rebelar contra o regime, ideologicamente viável, mas na prática incapaz de tornar realidade o que foi idealizado.

---

[2] GONÇALVES, Luiz da Cunha. *Tratado de Direito Civil*. Coimbra: Coimbra Ed., 1936. v. 11, p. 150.

Na Rússia, por exemplo, a produção, principalmente a agrícola, caiu muito, a ponto de levar a economia do país ao caos. Esse desequilíbrio econômico contribuiu para a adoção de medidas amenizadoras da rigidez do sistema de produção, permitindo ao cidadão russo o direito de ter gleba de terra para morar, produzir para o sustento de sua família e para vender livremente o que sobrasse da produção. Com a adoção dessa política, somente parte da terra continuou sedo cultivada coletivamente e a produção controlada pelo Estado. As medias, todavia, não foram suficientes para restabelecer a economia russa. Além disso, a situação se agravou com o surgimento da "Guerra Fria" entre os dois blocos, capitalista e socialista. Aliás, essa guerra trouxe consequências econômicas e políticas para todo o mundo.

Essas situações contribuíram para a queda do muro de Berlim em novembro de 1981 e para a dissolução da União das Repúblicas Socialistas Soviéticas (URSS), em setembro de 1991. Esses fatos políticos históricos puseram fim à "Guerra Fria".

Hoje, toda a Alemanha adota o regime capitalista e os países integrantes da antiga URSS desenvolvem políticas que congregam princípios do capitalismo e do socialismo, com ênfase para o capitalismo. E uma das novidades é o restabelecimento do direito de propriedade da terra e dos meios de produção, condicionados à função social que a propriedade deve cumprir.

2.3 Função social da propriedade no Direito Brasileiro

Em virtude do objeto deste trabalho, não se examinará com a profundidade, que o assunto demanda. Cuidar-se-á apenas da evolução da matéria no direito positivo brasileiro consubstanciado nas Constituições e nas leis infraconstitucionais.

2.3.1 Direito Constitucional

A Constituição de 1824, art. 179, inciso 22 garante o direito de propriedade na sua plenitude, podendo o Estado, no interesse público, comprovada a necessidade, ocupar e usar a propriedade do cidadão, mediante prévia indenização do valor. A lei estabelecerá os casos em que se dará essa única exceção e estabelecerá as regras para se determinar a indenização.

A Constituição de 1891, art. 72, §17, prescrevia: "o direito de propriedade mantémse em toda sua plenitude, salvo desapropriação por necessidade ou utilidade pública, mediante indenização previa".[3]

A constituição de 1934, no art. 113, §17, garantia o direito de propriedade com a condição de não ser exercido contra o interesse social ou coletivo. O mesmo dispositivo previa a possibilidade de desapropriação por necessidade ou utilidade pública, mediante indenização prévia, nos termos da lei, e o direto de uso da propriedade particular, pelo Poder Público, nos casos de perigo iminente, reservado ao proprietário o direito de indenização ulterior.

---

[3] Constituição de 1891.

Constituição de 1937 – art. 122, §14. Garantia o direito de propriedade, ressalvados os casos de desapropriação por necessidade ou utilidade pública, precedida de indenização. O dispositivo estabelece, ainda, que o conteúdo da propriedade e os seus limites serão estabelecidos em lei.

Constituição de 1946 – art. 141, §16. Garantia o direito de propriedade, condicionado à desapropriação por necessidade, utilidade pública ou interesse social, e, ainda, o uso pelo Poder Público, nos casos de perigo iminente, se o exigir o interesse público. Nesse caso, haverá indenização *a posteriori*. Nos casos de desapropriação, a indenização será justa, prévia e em dinheiro.

O art. 147 da Constituição em foco acrescenta: "O uso da propriedade está condicionado ao bem-estar social. A lei poderá, com observância no art. 141, §16, promover justa distribuição da propriedade, com igual oportunidade para todos".[4]

Essa Constituição, como se vê, inovou consideravelmente na matéria relativa à propriedade se comparada com as anteriores: cuidou da desapropriação por interesse social; indenização prévia, justa e em dinheiro; a propriedade condiciona-se ao bem-estar social; e prevê, por último, a possibilidade de se fazer reforma agrária ao dispor que a lei poderá promover a justa distribuição da propriedade dando-se igual oportunidade para todos. O Estatuto da Terra, Lei nº 4.504, de 30 de novembro de 1964, que dispôs, pela primeira vez, sobre reforma agrária, teve por alicerce os arts. 141, §16, e 147, da Constituição de 1946.

Constituição de 1967, com a Emenda constitucional nº 1, de 1969 – art. 150, §22. Garantia o direito de propriedade nas condições previstas na Constituição de 1946, acrescentando que, nos casos de desapropriação de terras rurais para fins de reforma agrária, a indenização pode ser paga em títulos especiais da dívida pública, com cláusula de exata correção monetária, resgatáveis no prazo máximo de vinte anos, em parcelas anuais sucessivas. Ao titular era assegurado o direito de, em qualquer tempo, pagar até cinquenta por cento do valor do imposto territorial rural e pagamento de terras públicas, art. 157, §1º. Esse artigo trata da ordem econômica e social. Um dos princípios nele arrolados consta o da função social da propriedade, inciso III.

O ponto de destaque da Constituição de 1967 emendada, nesse particular, consiste na inovação quanto ao meio de pagamento de indenização nas desapropriações para fins de reforma agrária. Deixa de ser em dinheiro, como previa a Constituição anterior, para ser efetivado por meio de títulos públicos especiais (título da dívida agrária) resgatáveis em até vinte anos.

Constituição de 1988. Essa Constituição trata da propriedade e da função social da propriedade em diversos artigos, como segue:

- Art. 5º, incisos XXII e XXIII. O primeiro garante o direito de propriedade e o segundo prescreve que a propriedade atenderá a sua função social.
- Art. 170 abre o Capítulo I, "dos princípios gerais da atividade econômica", contido no Título VII, que disciplina a ordem econômica e financeira. O primeiro princípio de que trata o artigo é o da soberania nacional, o segundo é o da função social da propriedade, além de outros seis princípios que não serão mencionados por desnecessário em virtude do enfoque deste subitem.

---

4 Constituição de 1946.

- Art. 182, §2º, trata da função social da propriedade urbana nos seguintes termos: "A propriedade urbana cumpre a sua função social quando atende às exigências fundamentais da ordenação da cidade expressas no plano diretor", obrigatório nas cidades com população a partir de vinte mil habitantes.
- Art. 184 confere competência à União para desapropriar imóvel rural que não esteja cumprindo a sua função social, mediante o pagamento de indenização em títulos da dívida agrária, com cláusula de correção monetária, resgatáveis em até vinte anos, ressalvadas as benfeitorias úteis e necessárias que serão pagas em dinheiro. O art. 185 estabelece as exigências que a propriedade rural deve atender para que seja reconhecida a condição de que esteja cumprindo a função social.

2.3.2 Legislação infraconstitucional

Lei nº 10.257, de 10 de julho de 2001. Esta lei, denominada Estatuto da Cidade, regulamenta os arts. 182 e 183 da Constituição da República de 1988, que tratam da política urbanística em todo o território nacional. O art. 39 da lei em referência estatui que a propriedade urbana cumpre a sua função social quando atende às condições previstas no plano diretor.

A inobservância das regras previstas nos arts. 182 e 183 da Constituição da República e de dispositivos da lei em foco, por parte do proprietário urbano, gera para o Município a competência para impor sanções ao titular do domínio desde que tenha Plano Diretor e outras leis urbanísticas em conformidade com as normas gerais editadas pela União. A título de exemplos citam-se: a) o parcelamento e edificação compulsórios de terrenos vagos existentes no espaço urbano alcançado pelo plano diretor; b) não sendo cumprida essa obrigação no prazo da lei, o Município pode adotar a cobrança de IPTU progressivo no tempo, chegando a 15% do valor do imóvel no prazo de cinco anos; c) se, mesmo com essa medida, o proprietário do imóvel persistir na inércia, o Município poderá valer-se da medida radical que é a desapropriação, mediante indenização em títulos da dívida pública (cujo lançamento depende de prévia autorização do Senado Federal), resgatáveis em dez anos. Nesse caso, ao terreno será dada a destinação social em conformidade com a sua função social prevista no plano diretor.

Lei nº 8.629, de 25 de fevereiro de 1993. Esta Lei regulamenta os dispositivos constitucionais que dispõem sobre reforma agrária. O seu art. 9º trata da função social da propriedade rural. Para que o imóvel cumpra a sua função social, terá de atender, simultaneamente, aos seguintes requisitos: "aproveitamento racional e adequado; utilização adequada dos recursos naturais disponíveis e preservação do meio ambiente; observância das disposições que regulam as relações de trabalho; exploração que reforça o bem-estar dos proprietários e dos trabalhadores".

O descumprimento de qualquer desses itens e das condições dispostas no art. 6º da mesma lei torna a propriedade passível de desapropriação para fins de reforma agrária.

Lei nº 10.406, de 10 de janeiro de 2002, Código Civil Brasileiro. A propriedade e o direito a ela evoluíram em relação ao Código de 1916. O art. 1.228 do Código Civil de 2002 inaugura o Título III do Livro III. O §1º desse artigo estabelece as condições a que se submete o direito de propriedade nos seguintes termos:

§1º O direito de propriedade deve ser exercido em consonância com as suas finalidades econômicas e sociais e de modo que sejam preservados, de conformidade com o estabelecido em lei especial, a flora, a fauna, as belezas naturais, o equilíbrio ecológico e o patrimônio histórico e artístico, bem com evitada a poluição do ar e das águas.[5]

O §3º do mesmo artigo cuida das hipóteses de desapropriação, necessidade ou utilidade pública ou interesse social. O dispositivo prevê também a requisição da propriedade nos casos de perigo público iminente.

Os dispositivos em referência não se referiram expressamente à função social da propriedade. Entretanto, a sua interpretação, conforme a Constituição, conduz ao entendimento de que o novel Código Civil reconheceu ou acolheu a função social da propriedade tal como fartamente expressa na Constituição da República.

Como se pode inferir desse breve relato sobre a evolução do direito de propriedade, não é só a propriedade imobiliária que deverá atender a sua função social, mas também a propriedade mobiliária e a atividade econômica em geral. As empresas, por exemplo, atenderão a função social de acordo com as suas atividades.

Assim, pode-se concluir que o exercício do direito de propriedade condiciona-se aos interesses coletivos ou sociais. Por isso, o ordenamento jurídico prevê os meios adequados de restrição à propriedade e de intervenção no domínio econômico. Os instrumentos mais comuns de restrição à propriedade são: limitação administrativa; ocupação temporária; servidão administrativa; tombamento; requisição civil e militar; e, por fim, a desapropriação.

Neste trabalho, o foco é o tombamento. Mas os demais instrumentos podem ser invocados oportunamente, se necessário.

3 Patrimônio cultural e meio ambiente

Patrimônio cultural e o meio ambiente constituem tema, no mínimo, polêmico. Parte da doutrina especializada vem entendendo que o patrimônio cultural, considerando, principalmente a evolução legislativa pátria, passou a incorporar o meio ambiente. Será que essa corrente liderada por autores renomados e reconhecidos nacional e internacionalmente não estaria, em parte, equivocada? O Direito do Patrimônio Cultural não pertence a outro ramo distinto do Direito do Meio Ambiente ou Direito Ambiental que ainda está em formação? A finalidade da preservação do patrimônio cultural não é distinta da finalidade da preservação do meio ambiente? Não se desconhece que o meio ambiente no sentido lato compreende todas as coisas vivas e não vivas existentes na terra, inclusive o homem, única espécie de animal inteligente, mas que em relação ao meio ambiente e à natureza, em especial, tem demonstrado não ser inteligente.

A despeito do esforço do Estado criando leis de proteção ambiental e fiscalizando a sua aplicação, e de entidades da sociedade civil defensoras do meio ambiente, o homem ainda é o maior predador da natureza. Entretanto, apesar dessa abrangência do meio ambiente, o patrimônio cultural é dotado de legislação própria distinta da legislação do meio ambiente. As perguntas anteriores serão respondidas no curso deste trabalho.

---

[5] Lei nº 10.406, de 10 de janeiro de 2002 – Código Civil Brasileiro de 2002.

Maria Coeli Simões Pires, renomada e reconhecida estudiosa do patrimônio cultural, assim se manifesta:

> Na mesma vertente, pode-se afirmar, mais enfaticamente, que o patrimônio cultural há de ser tratado indissociadamente do natural, uma vez que são ambos expressões do patrimônio ambiental, em consonância com a tendência mais recente do Direito contemporâneo, que numa visão alargada, apreende o fenômeno ambiental em sua globalidade. A proteção ambiental, no Brasil, tem sido paulatinamente consolidada, desde a adesão às proclamações da Convenção da ONU, de 1973, realizada em Estocolmo [...].[6]

A autora arrola, na sequência, a legislação pertinente, inclusive a Constituição da República de 1988. Assevera que o Decreto-Lei nº 25, de 30 de novembro de 1937, que organiza a proteção do patrimônio histórico e artístico nacional, vem recebendo interferência de leis internas e de convenções internacionais, notadamente a de Estocolmo. A autora conclui o parágrafo assim: "A despeito da autonomia de tratamento no texto constitucional e de seu marco legal específico, mais recentemente tem perseguido, com mais determinação, o caminho da integração com a política de meio ambiente natural".[7]

Carlos Magno de Souza Paiva, Professor da Universidade Federal de Ouro Preto, em sua tese de doutoramento, na condição de aluno do Programa de Pós-graduação da Pontifícia Universidade Católica de Minas Gerais, defendeu a existência do Direito do Patrimônio Cultural distinto do Direito Ambiental.

Não se fará considerações sobre o trabalho, por se tratar de uma tese ainda na dependência de defesa perante banca composta de pelo menos cinco professores. Deve-se, portanto, aguardar o julgamento. Entretanto, o ordenamento jurídico pátrio sobre patrimônio cultural e sobre meio ambiente oferece elementos que ensejam oportunidade para reflexões. Serão examinados, no que for necessário, considerando o recorte deste Capítulo, a Constituição da República, o Decreto-Lei nº 25/37, o Código Florestal federal e a Lei nº 9.605, de 12.02.1998, que dispõe sobre sanções penais e administrativas em virtude de conduta lesiva ao meio ambiente.

3.1 Decreto-Lei nº 25, de 30 de novembro de 1937

O Decreto-Lei nº 25/37, embora defasado em virtude da evolução cultural, econômica e legislativa ocorrida depois de sua edição, define no art. 1º, com clareza, o que constitui o patrimônio histórico e artístico nacional: são os bens moveis e imóveis existentes no território brasileiro, cuja preservação seja de interesse público, pela sua vinculação a fatos memoráveis da História do Brasil ou pelo seu excepcional valor arqueológico, etnográfico, bibliográfico ou artístico. Equiparam-se a esses os monumentos naturais, os sítios e paisagens que devem ser protegidos e conservados pela feição notável em virtude da conformação pela natureza ou pela ação do homem.

---

6 PIRES, Maria Coeli Simões. Direito urbanístico, meio ambiente e patrimônio cultural. *In*: DIAS, Maria Tereza Fonseca; PAIVA, Carlos Magno de Souza (Coord.). *Direito e proteção do patrimônio cultural imóvel*. Belo Horizonte: Fórum, 2010. p. 140.

7 PIRES, Maria Coeli Simões. Direito urbanístico, meio ambiente e patrimônio cultural. *In*: DIAS, Maria Tereza Fonseca; PAIVA, Carlos Magno de Souza (Coord.). *Direito e proteção do patrimônio cultural imóvel*. Belo Horizonte: Fórum, 2010. p. 141.

Os bens que se enquadram nessa moldura estão sujeitos ao tombamento, para que sejam preservados, depois de examinados e avaliados por comissão ou conselho, cujos membros são pessoas com reconhecido conhecimento nas áreas de história, arquitetura, arqueologia, paleontologia, etnografia, entre outras.

Os bens que se enquadram nas condições da lei somente se incorporam ao patrimônio cultural depois de tombados e registrados no competente livro do tombo. Antes, mesmo que o bem revele manifestação cultural, será de pleno uso, gozo e fruição pelo seu titular, podendo ser modificado, alterado e até demolido. Por isso, é que se deve entender que o ato ou procedimento de tombamento é constitutivo, visto que, somente depois de tombado, o bem incorporará o patrimônio cultural, passando a se sujeitar às restrições estatais nos termos da lei de regência.

Essas restrições geram para quem detém o domínio do bem, direitos e deveres. Entre os deveres está o de conservar o bem às suas expensas, sob a orientação da entidade ou órgão encarregado do tombamento. Inclui-se entre os direitos do proprietário do bem tombado conservado ou restaurado pelo Poder Público, se provar que não tem condições financeiras para custear as respectivas despesas.

Como visto, os bens passíveis de tombamento são os mencionados no *caput* do art. 1º do Decreto-Lei nº 25/37. São bens móveis ou imóveis, cuja existência dependeu da participação ou ação do homem. Equiparam a esses bens para efeito de tombamento "os monumentos naturais, bem como os sítios e paisagens que importe conservar e proteger pela feição notável com que tenham sido dotados pela natureza ou agenciados pela indústria humana", §2º do citado artigo.

Veja-se que não são os bens naturais em geral que podem se submeter ao tombamento, mas somente aqueles que devem ser conservados e protegidos em virtude de sua feição notável em decorrência de conformação pela natureza ou pela ação do homem. Não se trata, portanto, de proteção ambiental. O que se quer proteger, conforme prescreve a lei, é o bem dotado de singular beleza natural, como, a título de exemplos, citam-se o Pão de Açúcar, no Rio de Janeiro, e a Serra do Curral, em Belo Horizonte.

A preservação da natureza na defesa do meio ambiente não se faz por meio do tombamento. Outros são os procedimentos adotados para preservar a natureza, previstos, principalmente, nos Códigos Florestais federal e estatuais.

A essa conclusão chega-se baseado no DL nº 25/37, já comentado, e nos arts. 23, III e VII, 24, VI e VII, 216 e 225, todos da Constituição da República de 1988, conforme interpretação seguinte:

O art. 23, *caput* dispõe sobre a competência comum da União, dos Estados, do Distrito Federal e dos Municípios: III – "proteger os documentos, as obras e outros bens de valor histórico, artístico e cultural, os monumentos, as paisagens naturais e os sítios arqueológicos"; VII – "preservar as florestas, a fauna e a flora".

Veja-se que o inciso III dispõe apenas sobre a proteção dos bens culturais, entre eles, compreendem as paisagens naturais e os sítios arqueológicos. Já o inciso VII cuida da obrigação de todos os entes da federação de preservar as florestas, a fauna e a flora. A ação no primeiro caso é proteger e no segundo é preservar. São, portanto, assuntos distintos disciplinados em dispositivos diversos.

O art. 24, *caput*, trata da competência da União, dos Estados e do Distrito Federal para legislarem concorrentemente sobre dezesseis matérias, entre elas destacam-se as previstas nos incisos VI e VII. De acordo com o primeiro, na ordem citada, combinado com o *caput*, compete à União, aos Estados e ao Distrito Federal legislar sobre "florestas, caça, pesca, fauna, conservação da natureza, defesa do solo e dos recursos naturais, proteção do meio ambiente e controle da poluição." O inciso VII prescreve a competência dos citados entes federados para legislar sobre "proteção ao patrimônio histórico, cultural, artístico, turístico e paisagístico". Como se vê, um trata do meio ambiente e o outro do patrimônio cultural, respectivamente. Por conseguinte, o patrimônio cultural é distinto do meio ambiente. Assim, o patrimônio cultural não é espécie do gênero meio ambiente.

O art. 216 dispõe sobre os bens que integram o patrimônio cultural brasileiro, nos seguintes termos:

> Art. 216. Constituem patrimônio cultural brasileiro os bens de natureza material e imaterial, tomados individualmente ou em conjunto, portadores de referência à identidade, à ação, à memória dos diferentes grupos formadores da sociedade brasileira, nos quais se incluem:
> I – as formas de expressão;
> II – os modos de criar, fazer e viver,
> III – as criações científicas, artísticas e tecnológicas;
> IV – as obras, objetos, documentos, edificações e demais espaços destinados às manifestações artístico-culturais;
> V – os conjuntos urbanos e sítios de valor histórico, paisagístico, artístico, arqueológico, paleontológico, ecológico e científico.[8]

O art. 225 cuida da base jurídica e política da proteção do meio ambiente. O *caput* do artigo está assim redigido: "todos têm direito ao meio ambiente ecologicamente equilibrado, bem de uso comum do povo e essencial à sadia qualidade de vida, impondo-se ao Poder Público e à coletividade o dever de defendê-lo e preservá-lo para as presentes e futuras gerações".

Os dois dispositivos constitucionais transcritos, a exemplos dos dispositivos anteriores, não deixam dúvida quanto ao patrimônio cultural e ao meio ambiente no que tange à independência entre ambos. O art. 216 amplia a abrangência ou amplia os bens que integram o patrimônio cultural brasileiro, mas não se refere, em nenhum dos incisos, ao meio ambiente na sua concepção legislativa e doutrinária.

Existem bens naturais, como já dito antes, que, pela a sua beleza ou pela sua importância para realização de pesquisas, devem ser tombados e, com esse procedimento, passam a pertencer ao patrimônio cultural.

Veja-se o que diz José Afonso da Silva sobre monumentos naturais, e exemplos dos que devem ser protegidos e integrados ao patrimônio cultural:

> Monumentos naturais são elementos notáveis do relevo do solo devido à ação de agentes naturais e que forma um todo por eles próprios. Com essas características podemos destacar, por exemplo, o Pão de Açúcar e o Dedo de Deus, no Rio de janeiro; o Pico da Bandeira e o Pico do Itabirito (hoje, praticamente destruído pela mineração) e a Gruta de Maquiné, em Minas Gerais; o Pico do Jacaré e a Caverna do Diabo, em São Paulo; a Chapada Diamantina, na Bahia; as Cataratas do Iguaçu, no Paraná.[9]

---

[8] Constituição da República de 1988.

[9] SILVA, José Afonso. *Ordenamento constitucional da cultura*. São Paulo: Malheiros, 2001. p. 123.

Os citados monumentos naturais e tantos outros protegidos estão contemplados nos arts. 23, III, 24, VII, e 216 da Constituição da República, que especificam os bens susceptíveis de incorporação ao patrimônio cultural brasileiro. Esses bens são preservados e conservados não necessariamente por serem naturais, mas pela importância para a pesquisa, para o turismo e para a contemplação. A preservação ambiental, indispensável na contemporaneidade, reveste-se de outros fundamentos e se sustenta em outro objetivo e finalidade, é o que se tentará explicar no subitem seguinte.

3.2 Código Florestal Federal, Lei nº 12.651, de 25 de maio de 2012

A Lei nº 12.651/2012 estabelece normas gerais sobre a proteção da vegetação, Áreas de Preservação Permanente e Áreas de Reserva Legal. Além de outras medidas que visam à preservação ambiental em sintonia com a atividade agropecuária no plano do desenvolvimento sustentável, art. 1º e parágrafo único.

Os seis incisos do artigo em referência dispõem sobre os princípios que norteiam as políticas destinadas à conservação ambiental e ao desenvolvimento econômico, principalmente o agropecuário. Para se ter melhor noção sobre o tema, transcrevem-se dois princípios contidos no art. 1º da lei em comento, como segue:

> II – reafirmação da importância da função estratégica da atividade agropecuária e do papel das florestas e demais formas de vegetação nativa na sustentabilidade, no crescimento econômico, na melhoria da qualidade de vida da população brasileira e na presença do País nos mercados nacional e internacional de alimentos e bioenergia;
> III – ação governamental da prática e uso sustentável das florestas, consagrando o compromisso do País com a compatibilização entre o uso produtivo da terra e a preservação da água, do solo e da vegetação.[10]

Extrai-se dos textos transcritos, sem esforço, que a finalidade fundamental da lei em referência é o desenvolvimento sustentável propugnando o equilíbrio e compatibilização da atividade agropecuária e a preservação das florestas, fauna, flora, solo, ar e cursos da água em geral. Constitui medida acautelatória com vistas ao equilíbrio ecológico a preservação da natureza e de todas as espécies de vidas componentes do ecossistema. Nessa perspectiva é que se projeta para o presente e o futuro a instituição das Áreas de Preservação Permanente e das Áreas de Reserva Legal adequadamente delineadas no novel Código Florestal federal.

Área de Preservação Permanente (APP) consiste em área destinada à conservação ambiental, coberta ou não por vegetação nativa, com a finalidade de preservar os recursos hídricos, a estabilidade geológica, proteger o solo, a fauna, entre outros, e assegurar o bem-estar das populações humanas.

Outro meio de proteção, previsto na lei, é a denominada Área de Reserva Legal. Trata-se de área situada no interior de propriedade rural que tem por função assegurar o uso econômico de modo sustentável dos recursos naturais do imóvel, auxiliar a

---

[10] Lei nº 12.651, de 25 de maio de 2012. Dispõe sobre a proteção da vegetação nativa; altera as Leis nºs 6.938, de 31 de agosto de 1981, 9.393, de 19 de dezembro de 1996, e 11.428, de 22 de dezembro de 2006; revoga as Leis nºs 4.771, de 15 de setembro de 1965, e 7.754, de 14 de abril de 1989, e a Medida Provisória nº 2.166-67, de 24 de agosto de 2001; e dá outras providências.

conservação e a reabilitação dos processos ecológicos e promover a conservação da biodiversidade, compreendendo o abrigo e a proteção da fauna silvestre e da flora nativa.

Nos termos do art. 12 da lei em comento, toda propriedade rural deve manter área com cobertura nativa, a título de Reserva Legal, que varia de 20% a 80% da área do terreno, de acordo com a sua situação geográfica. A Reserva Legal deve ser conservada com cobertura de vegetação nativa pelo proprietário do imóvel, pelo possuidor ou ocupante a qualquer título, pessoa natural ou pessoa jurídica privada ou pública, art. 17.

As áreas de preservação permanente têm por finalidade assegurar o exercício do direito fundamental ao "meio ambiente ecologicamente equilibrado" garantido pela Constituição de 1988 nos termos do art. 225.

Veja-se que as restrições a que se submetem os imóveis rurais por força da lei florestal, principalmente nas modalidades de Área de Preservação Permanente e de Reserva Legal, decorrem diretamente de lei que se concretiza independentemente de ato administrativo e que têm por finalidade a preservação e conservação do meio ambiente, sem qualquer vinculação com o patrimônio cultural.

3.3 Lei nº 9.605, de 12 de fevereiro de 1998

As sanções administrativas e penais em decorrência de atividades e condutas lesivas ao meio ambiente estão disciplinadas na Lei nº 9.605/98. O Capítulo V da lei em referência trata dos crimes contra o meio ambiente, disciplinados nos arts. 29 a 69.

A Seção I do Capítulo dispõe sobre os crimes contra a fauna. A Seção II trata dos crimes contra a flora. A Seção III tem por ementa: "Da poluição e outros crimes ambientais". A Seção IV trata "dos crimes contra o ordenamento urbano e o patrimônio cultural". Por fim, a Seção V tipifica os crimes contra a administração ambiental.

Como vê, essa lei específica sobre crimes praticados contra o meio ambiente reservou uma seção para cuidar dos crimes contra o ordenamento urbano e o patrimônio cultural.

Parece que essa Seção IV do Capítulo V da lei em foco destoa do restante da lei, considerando que o ordenamento urbano e o patrimônio cultural são regulados e disciplinados por leis específicas distintas da legislação ambiental. Entretanto, os dispositivos estão em vigor e é bom que estejam, considerando tratar-se de mais uma norma penal na defesa do ordenamento urbano e do patrimônio cultural. Assim, esse fato, embora isolado, favorece a corrente que entende ser o patrimônio cultural integrante do meio ambiente. Mas é insuficiente, tendo em vista toda legislação sobre os temas em foco.

3.4 Meios de efetivação do patrimônio cultural e das Áreas de Preservação Permanente e de Reserva Legal

Os procedimentos jurídicos formais por meio dos quais se identificam os bens que passam a integrar o patrimônio cultural e as Áreas de Preservação Permanente e as Áreas de Reserva Legal são distintos, como se pode verificar a seguir.

3.4.1 Patrimônio cultural: meios de proteção e a jurisprudência

O §1º do art. 216 da Constituição da República, como visto antes, prevê que o Poder Público, com a colaboração da comunidade, cuidará da conservação e proteção do patrimônio cultural brasileiro. Os meios utilizados para a proteção dos bens culturais são: "inventários, registros, vigilância, tombamento e desapropriação, e outras formas de acautelamento e preservação".

O procedimento mais adotado tem sido o tombamento, normalmente efetivado por meio de ato administrativo, é a regra. Entretanto, pode ser concretizado por meio de lei e das Constituições da República e dos Estados-membros, e pelas leis orgânicas dos Municípios. Ainda, é possível o tombamento por decisão judicial, em casos excepcionais.

São exemplos de tombamentos feitos por lei ou Constituição: os documentos e os sítios detentores de reminiscência dos antigos quilombos, art. 216, §4º, da Constituição da República; diversos picos e serras situados no território do Estado de Minas Gerais, art. 84, do ADCT da Constituição do Estado. A Lei Orgânica do Município de Belo Horizonte tombou a Serra do Curral e diversos outros bens conforme prescreve o seu art. 224.

Entretanto, o Tribunal de Justiça do Estado de Minas Gerais, em decisão proferida na ADI nº 40.647-0, em face do citado art. 224, o declarou inconstitucional por entender que os Municípios não são revestidos de competência para legislar sobre tombamento. Extrai-se o seguinte tópico do voto condutor, do Relator Desembargador Hugo Bengtson:

> Pelo que resta claro dos dispositivos constitucionais acima citados e transcritos, ao contrário do que sustentam os promovidos, a competência legislativa, na espécie, é a penas da União e dos Estados, resta aos Municípios exclusivamente a adoção de medidas administrativas visando à proteção do patrimônio histórico, cultural, artístico, turístico, e paisagístico, o fazendo, porém, é bom repisar, com suporte na legislação federa e estadual vigente, nos dias de atuais o Decreto-lei n. 25/37 e a Lei n. 8.828/85, respectivamente (notas taquigráficas).[11]

A decisão parece ser equivocada. Os Municípios não estão impedidos de legislar sobre tombamento, nos limites das leis federais e das estaduais, art. 30, I e II, da Constituição da República. Ainda que prevaleça o entendimento no sentido de que os Municípios não se revestem de competência para legislar sobre tombamento, no caso em tela, o Município de Belo Horizonte não legislou. O art. 224 impugnado não contém norma geral, mas norma de efeito concreto cuja natureza é de ato administrativo. O tombamento da Serra do Curral foi, portanto, constitucional e legal. Não contrariou nenhuma das duas leis citadas no trecho do voto transcrito.

O tombamento por meio de ato administrativo exige mais procedimento formal, como já foi noticiado alhures. Esses atos, embora decorrentes de decisão colegiada de órgão ou entidade encarregada de realizar o tombamento, não se excluem da apreciação do Poder Judiciário, por força do disposto no art. 5º, inciso XXXV, da Constituição da República.

O questionamento ao Judiciário pode ocorrer durante o processo de tombamento ou depois do ato perfeito, consumado e publicado.

---

[11] Tribunal de Justiça do Estado de Minas Gerais. ADI nº 40.647-0. Trecho do voto do Relator, Desembargador Hugo Bengtson.

A primeira ação judicial contra tombamento que se tem notícia data de 1938, ano seguinte ao da publicação do Decreto-Lei nº 25/37. Trata-se do tombamento de um prédio particular situado na Praça 15 de Novembro, na cidade do Rio de Janeiro, promovido pelo então Serviço do Patrimônio Artístico e Histórico Nacional (SPHAN), hoje IPHAN. O serviço transformou-se em instituto.

O proprietário do imóvel, inconformado, ingressou em juízo postulando o desfazimento do tombamento, apoiado em duas teses, a da inconstitucionalidade do Decreto-Lei nº 25/37 e a do vício do ato de tombamento. A inconstitucionalidade foi arguida ao fundamento de que o decreto-lei em questão contrariava a Constituição Federal, visto que ela garantia o direito de propriedade. A alegação da ilegalidade do ato sustentava-se no argumento de que o prédio não preenchia as condições previstas na lei. Não era histórico e nem artístico, sustentou.

O juiz do primeiro grau julgou a ação improcedente, por entender que o ato hostilizado não continha os vícios alegados.

A ação, por meio de recurso próprio, chegou ao Supremo Tribunal Federal. Naquela Corte, a alegação de inconstitucionalidade foi julgada pelo Pleno, e a Primeira Turma julgou a questão relativa à alegação de que o ato padecia de vício, pelo fato do ato contrariar a lei.

As duas decisões mantiveram a sentença do primeiro grau. A matéria suscitou acirrado debate jurídico no Supremo Tribunal Federal (STF). Os Ministros dividiram-se em duas linhas de posicionamentos sobre o tema, sustentados no direito de propriedade e na função social da propriedade sob o enfoque do tombamento, em debate pela primeira vez naquela Corte. A primeira linha de raciocínio, contrária ao tombamento, sustentou a intangibilidade do direito de propriedade, por meio do tombamento a não ser mediante prévia desapropriação e o pagamento de justa indenização, defendida pelos ministros Laudo de Camargo e Otávio Kelly. A outra corrente favorável ao tombamento abrigava os ministros Castro Nunes, Orozimbo Nonato e Aníbal Freire. Esses defenderam a desnecessidade de desapropriação, alicerçados no princípio da função social da propriedade.

Castro Nunes sustentou que, em decorrência da evolução do direito de propriedade, a liberdade do legislador é vasta; daí, as limitações urbanísticas, o controle da produção e dos preços, autorização para se instalar ou fechar indústria, instituir servidão administrativa, controle do domínio do solo pelo Estado, entre outras medidas. Do seu voto extrai-se o seguinte texto:

> A conservação dos monumentos históricos visa um interesse de educação e de cultura. A proibição de os mutilar, destruir ou desfigurar está implícita nessa preservação. A obrigação de conservar que daí resulta para o proprietário, se traduz no dever de colaborar na realização desse interesse público.[12]

Na mesma linha foi o posicionamento do Ministro Orozimbo Nonato manifestado em seu voto afirmando que, na vigência da Constituição Federal de 1937, competia ao legislador infraconstitucional editar leis, dispondo quanto ao conteúdo e aos limites do direito de propriedade. E foi sob a égide dessa constituição que se editou o Decreto-lei

---

[12] Ministro Castro Nunes – Voto. *RDA*, v. 2, fasc. I, p. 107.

nº 25/37. Por essa razão, as limitações dele decorrente, impostas aos proprietários de imóveis ou de outros bens destinados ao Patrimônio Cultural, não contrariam a Constituição, pois esta delegou ao legislador poderes para, sem restrições, instituir limitações ao direito individual.[13]

O Ministro Laudo de Camargo, representando a dissidência, sustentou, em síntese, que a segunda parte do art. 6º, do Decreto-lei nº 25/37, ao disciplinar o tombamento compulsório de bens pertencentes ao domínio privado, é inconstitucional, a não ser nos casos em que o proprietário anui à conduta do ente responsável pelo tombamento. Caso não haja essa concordância, o tombamento seria compulsório, o que é impossível, sob pena de ferir o preceito constitucional garantidor do direito de propriedade.

Na mesma linha é o posicionamento do Ministro Otávio Kelly, que em seu voto asseverou que o Estado como administrador do patrimônio nacional tem o dever de cuidar da defesa do patrimônio cultural. Mas, o direito da coletividade não pode prejudicar o direito individual. A sociedade, se necessitar de um bem particular, terá de pagar ao proprietário o valor do mesmo, em virtude da garantia constitucional do direito de propriedade. O Ministro concluiu julgando inconstitucional o art. 17 do Decreto-Lei nº 25/37.[14]

A conclusão do Pleno foi:

> [...] Por isso mesmo que a coisa não sai do domínio do particular, não se desloca para o domínio do Estado, este não está obrigado a desapropriá-lo para realizar o fim que tem em vista.
>
> O Estado só toma a si o ônus de conservação, e a tanto equivale a obrigação de desapropriar, quando não seja possível conservar a coisa, deixando-a em mãos do proprietário, e tal é a hipótese prevista na lei n. 25, de 30/11/37. Não está, porem, impedido de o fazer em outras hipóteses, se assim o entender em cada caso, já então, por aplicação da lei geral sobre desapropriação, e, não por aplicação daquela lei especial.[15]

Outro caso recente de tombamento, dessa vez na cidade de São Paulo, segundo notícia do STF divulgada em 15 de maio de 2012. Trata-se de desapropriação de casarão da Av. Paulista, residência de Joaquim Franco de Melo, promovido pelo Estado de São Paulo, por meio da Secretaria de Estado da Cultura em 1992. Inconformado, o proprietário ingressou na Justiça do Primeiro Grau do Tribunal de Justiça de São Paulo, com ação de desapropriação indireta, visando à transferência do imóvel para o Estado, mediante pagamento de preço justo. Em síntese, o postulante alegou que o tombamento impediu que o bem em questão fosse destinado a projeto imobiliário de grande porte.

O juiz monocrático julgou a ação procedente ao argumento de que o tombamento "aniquilou o valor econômico do bem". O Estado apelou para o TJ-SP, essa Corte confirmou a decisão do primeiro grau, argumentando que o fato de o casarão estar situado no centro econômico e financeiro de São Paulo "é fator relevante para a fixação da indenização", não só pela limitação ao direito de propriedade, mas, principalmente, pela impossibilidade de se dar ao imóvel a destinação natural naquele espaço. O Estado

---

[13] Ministro Orozimbo Nonato – Voto. *RDA*, v. 2, fasc. I.

[14] Ministro Laudo de Camargo e Ministro Otávio Kelly – Voto. *RDA*, v. 2, fasc. I.

[15] STF. *Revista de Direito Administrativo*, v. 2, fasc. I, p. 100.

tentou reverter a situação no STF, por meio do Recurso Extraordinário nº 361.127. O Relator do RE, Ministro Joaquim Barbosa, em decisão monocrática, negou seguimento ao Recurso Especial. Contra essa decisão, o Estado aviou Agravo Regimental para que a matéria fosse apreciada pela Segunda Turma, alegando a existência de fato novo. Transcreve-se a seguir, a aparte final da notícia em questão:

> No julgamento, o ministro Joaquim Barbosa observou que se trata de disputa judicial antiga entre proprietários de imóveis na Avenida Paulista e o Estado de SP. Ele afastou a alegação de fato novo, ressaltando que o suposto acordo não atinge ou modifica o direito dos autores à indenização pelo tombamento. "Não é qualquer tombamento que dá origem ao dever de indenizar", afirmou. "É preciso demonstrar que o proprietário sofre um dano especial, peculiar, no direito de propriedade".
>
> *Era de ouro*
>
> No agravo julgado hoje, o ministro Joaquim Barbosa ressaltou que se tratava de um dos únicos imóveis remanescentes da época de ouro do café na Avenida Paulista. "É nítida a especialidade do interesse atingido pelo tombamento", afirmou. A decisão do TJ-SP, a seu ver, demonstrou de maneira satisfatória o prejuízo aos proprietários. "Não se trata pura e simplesmente de minúscula restrição ao direito de propriedade, mas de restrição praticamente absoluta", registrou o TJ, assinalando que o tombamento do imóvel, cujo terreno poderia ser usado para a construção de "moderníssimos edifícios" como a maioria dos demais casarões da Paulista, inviabilizou seu uso e gozo pelos proprietários.
>
> *Precedentes*
>
> Para esclarecer a questão, o ministro lembrou duas decisões sobre o tema. Numa delas (RE 121140), o STF deu provimento a agravo do Município do Rio de Janeiro num caso envolvendo proprietário de um imóvel residencial no bairro do Cosme Velho, sujeito a regras específicas de uso devido à necessidade de preservação do conjunto arquitetônico do bairro. Naquela ocasião, prevaleceu o entendimento de que o decreto municipal que transformou o bairro em área de proteção não violou o direito de propriedade nem extrapolou a competência legislativa do município. "Se toda uma rua ou bairro é alvo de tombamento, fica o proprietário de um dos imóveis muito difícil para alegar o prejuízo necessário para a configuração da desapropriação indireta", assinalou o ministro Joaquim Barbosa.
>
> Outro caso envolveu a desapropriação da Casa Modernista, projetada e construída na década de 1920 pelo arquiteto Gregori Warchavchick (AI 127174), no qual se concedeu a desapropriação indireta. O relator daquela decisão, ministro Celso de Mello, lembrou hoje na sessão da Segunda Turma que o tombamento é um instrumento constitucional (artigo 216, parágrafo 1º) à disposição do Poder Público para proteção, amparo e preservação do patrimônio cultural brasileiro. Quando, porém, ele resulta no esvaziamento do conteúdo patrimonial, é necessário que o Poder Público indenize seu proprietário. "Com o tombamento da Casa Modernista, os herdeiros do arquiteto ficaram impossibilitados de usá-la, daí a indenização", assinalou. A Casa hoje é a sede do Museu da Cidade de São Paulo.[16]

Como visto, os três graus de jurisdição julgaram no mesmo sentido, reconhecendo, na situação fática, o dever do Estado de São Paulo de desapropriar o imóvel em razão de sua localização, Av. Paulista, centro econômico e financeiro, onde se constroem edifícios luxuosos e de elevado valor econômico. Não é sempre que se reconhece o direito à

---

[16] Disponível em: <www.stf.jus.br/portal/cans/verNoticiaDetalhe.asp?idConteudo=207464>.

indenização em virtude de tombamento. É a regra. Entretanto, a desapropriação pode tornar-se obrigatória em situação em que o proprietário do bem consegue demonstrar o efetivo dano decorrente do tombamento. É como sustentou o ministro Joaquim Barbosa em seu voto condutor, quando se trata de tombamento de prédios de uma rua toda ou de um bairro ou de uma cidade, é quase impossível o proprietário de um dos imóveis comprovar prejuízo, se todos estão tombados. Mas, nos casos em que o imóvel esteja incrustado entre edifícios de alto luxo e de muitos andares, a desapropriação pode vir a ser necessária. Ressaltando mais uma vez, que a regra é a não desapropriação e nem indenização. São ônus do proprietário em decorrência da função social da propriedade. Se o Estado tivesse de desapropriar todos os bens que se enquadram na hipótese de tombamento, inviabilizaria a proteção do patrimônio cultural.

Outro caso que se examina na jurisprudência é relativo à limitação a que se sujeitam proprietários de imóveis situados em cidade tombada ou declarada patrimônio da humanidade, refere-se à cidade-sede do Distrito Federal, Brasília, capital do país.

O Superior Tribunal de Justiça (STJ) no julgamento do REsp. nº 761756 DF 2005/0101530-7 decidiu pela impossibilidade de se instalar gradil em torno dos edifícios situados no Plano Piloto, conforme ementa do acórdão:

> ADMINISTRATIVO. TOMBAMENTO. INSTALAÇÃO DE GRADES DE PROTEÇÃO EM EDIFÍCIO RESIDENCIAL DO PLANO PILOTO DE BRASÍLIA. VIOLAÇÃO À NORMA DE TOMBAMENTO. 1. É fato notório que o tombamento da Capital da República não atingiu apenas os prédios públicos, ou o seu arruamento, ou qualquer outra parte isoladamente considerada. Tombada foi a cidade em seu conjunto, com o seu singular conceito urbanístico e paisagístico, que expressa e forma a própria identidade da Capital. 2. Assim, está também protegido por tombamento o conceito urbanístico dos prédios residenciais, com a uniformidade de suas áreas livres, que propiciam um modo especial de circulação de pessoas e de modelo de convívio. O gradeamento desses prédios comprometerá severamente esse conceito, importando ofensa ao art. 17 do DL 35/1937. Precedente: REsp. 840.918, 2ª Turma, Min. Herman Benjamin. 3. Recursos Especiais providos.[17]

O tombamento de conjunto de imóveis urbanos, rua, bairro ou cidade independe de individualizar os imóveis compreendidos no espaço geográfico alcançado pelo ato de tombamento. Nesse sentido decidiu o Superior Tribunal de Justiça no julgamento do Recurso Especial nº 1.098.640 – MG (2008/0225528-9).

Trata-se do tombamento da cidade de Tiradentes em Minas Gerais pelo Instituto do Patrimônio Histórico e Artístico Nacional (IPHAN). A proprietária de uma das casas daquela cidade, Valnice Aparecida Barbosa, questionou em juízo o alcance do tombamento ao seu imóvel ao argumento de que ele não fora individualmente tombado. Não tendo logrado êxito em grau inferior, Valnice manejou o RE nº 1.098.640 – MG perante o STF, figurando na condição de Recorrido o IPHAN. A matéria foi relatada pelo Ministro Humberto Martins.

---

[17] STJ - REsp: 761756 DF 2005/0101530-7, Relator: Ministro Teori Albino Zavascki, Data de Julgamento: 15.12.2009, T1 – Primeira Turma, Data de Publicação: *Dje*, 02 fev. 2010. Superior Tribunal de Justiça. Disponível em: <http://stj.jusbrasil.com.br/jurisprudencia/8597118/recurso-especial-resp-761756-df-2005-0101530-7>. Acesso em: 21 mar. 2014.

Em síntese, o Acórdão do STJ foi no sentido de que o tombamento geral, caso da cidade de Tiradentes, é possível e que a individualização dos imóveis é desnecessária, conforme item 1 da ementa:

> 1. Não é necessário que o tombamento geral, como no caso da cidade de Tiradentes, tenha procedimento para individualizar o bem (art. 1º do Decreto-Lei n. 25/37). As restrições do art. 17 do mesmo diploma legal se aplicam a todos os que tenham imóvel na área tombada. Precedente.[18]

A decisão é irretocável. A pretensão da Recorrente não encontra amparo na lei que regula o tombamento e nem na Constituição da República, que, no art. 216, *caput*, assenta que bens que constituem patrimônio cultural podem ser tombados individualmente ou em conjunto. Logo, se o tombamento for em conjunto, é evidente que não se deve cogitar de individualização de bens alcançados pelo respectivo ato de tombamento. Para finalizar este tópico, traz-se à colação, a título de exemplo, uma decisão judicial com a finalidade de comprovar que, em determinadas situações, o Judiciário pode decretar tombamento.

Há possibilidade de o Judiciário, provocado, decretar tombamento de bem imóvel dotado de valor cultural artístico ou histórico que esteja sofrendo deterioração em virtude da ação do tempo e da omissão da Administração Pública. Nesse sentido é a decisão do Tribunal de Justiça do Rio Grande do Sul, a seguir:

> EMBARGOS INFRINGENTES. MUNICÍPIO DE CERRITO. IGREJA QUEIMADA. VALOR HISTÓRICO E CULTURAL DE IMÓVEL. TOMBAMENTO PELO PODER JUDICIÁRIO. A intervenção do Poder Judiciário para decretação do tombamento de imóvel particular de interesse histórico, artístico e cultural deve ser admitida apenas em casos excepcionais, nos quais haja evidente receio de sua deterioração decorrente da omissão da Administração Pública em proceder execução das medidas administrativas necessárias à preservação do bem. Caso concreto em que o imóvel discutido está passando por reformas para sua manutenção em razão do desgaste do tempo, sem no entanto afetar as suas características históricas essenciais. Improcedência dos pedidos formulados na ação civil pública para decretação do tombamento com a interrupção das reformas na denominada Igreja Queimada. Restabelecimento dos comandos da sentença de improcedência da demanda. EMBARGOS INFRINGENTES PROVIDOS.[19]

Trata-se de espécie de ativismo judiciário nos casos de omissão da Administração Pública quanto ao seu dever de adotar as medidas necessárias à proteção do patrimônio cultural em conformidade com a Constituição da República e com o Decreto-lei nº 25/37. A conduta do Judiciário, nessas situações, não configura hipótese de interferência de um poder sobre outro. Isso porque os direitos garantidos pela Constituição, principalmente os fundamentais, precisam ser efetivados. Havendo omissão do Legislativo e/ou da Administração quanto à efetivação desses direitos, cabe ao Judiciário, se provocado, determinar a efetivação, é que fez o TJRS na decisão em comento.

---

[18] Disponível em: <https://groups.google.com/forum/#!msg/jusuepb2006/IeQP7kFAKoc/6zK5gk2Ko_oJ>. Acesso em: 20 mar. 2014.

[19] Embargos Infringentes nº 70023476856, Segundo Grupo de Câmaras Cíveis, Tribunal de Justiça do RS, Relator: Paulo de Tarso Vieira Sanseverino, Julgado em 11.07.2008.

3.4.2 Preservação ambiental e jurisprudência

Verificadas algumas hipóteses de controle do tombamento pele Judiciário, ter-se-ão, a seguir, decisões judiciais selecionadas, sobre reserva ambiental.

A doutrina pátria discute a natureza jurídica das Áreas de Preservação Permanente e das Áreas de Reserva Legal. Para uns autores, trata-se de espécie de tombamento, para outros, configura hipótese de desapropriação indireta, para outros, seria servidão administrativa, e finalmente uma corrente entende tratar-se de limitação administrativa. Esta última foi acolhida pela jurisprudência predominante, como segue:

Algumas decisões do Superior Tribunal de Justiça:

PROCESSUAL CIVIL E ADMINISTRATIVO. AÇÃO DE INDENIZAÇÃO. DECRETO ESTADUAL 10.251/77. CRIAÇÃO DO PARQUE ESTADUAL DA SERRA DO MAR. ESVAZIAMENTO DO CONTEÚDO ECONÔMICO DA PROPRIEDADE. INDENIZAÇÃO INDEVIDA. LIMITAÇÕES ADMINISTRATIVAS DE CARÁTER GERAL. MATÉRIA PACIFICADA NO ÂMBITO DA PRIMEIRA SEÇÃO. DISSÍDIO NÃO CONFIGURADO. AUSÊNCIA DE INDICAÇÃO DE DISPOSITIVO DE LEI FEDERAL SOBRE O QUAL RECAI A DIVERGÊNCIA. 1. O acórdão de origem seguiu a jurisprudência consolidada nesta Corte no sentido de que, para que fique caracterizada a desapropriação indireta, exige-se que o Estado assuma a posse efetiva de determinando bem, destinando-o à utilização pública, o que não ocorreu na hipótese dos autos, visto que a posse dos autores permaneceu íntegra, mesmo após a edição do Decreto Estadual 10.251/77, que criou o Parque Estadual da Serra do Mar. [...].[20]

AgRg no AREsp 177692 / MG 2012/0099584-0

LEGISLAÇÃO AMBIENTAL. RESTRIÇÃO DE USO. 1. A restrição de uso decorrente da legislação ambiental é simples limitação administrativa, e não se confunde com o desapossamento típico da desapropriação indireta. Precedentes do STJ.[21]

AgRg no Ag 1220762 RJ 2009/0114595-4

Ministro MAURO CAMPBELL MARQUES

Julgamento: 17/08/2010

Órgão Julgador: T2 - SEGUNDA TURMA

Publicação: DJe 20/09/2010

Ementa

ADMINISTRATIVO. DESAPROPRIAÇÃO. INDENIZAÇÃO. ÁREA DE PRESERVAÇÃO PERMANENTE. ESVAZIAMENTO DO CONTEÚDO ECONÔMICO DA PROPRIEDADE. LIMITAÇÕES ADMINISTRATIVAS ESPECÍFICAS MAIS AMPLAS QUE AS DE CARÁTER GERAL. MATÉRIA PACIFICADA NO ÂMBITO DA PRIMEIRA SEÇÃO. DECISÃO MONOCRÁTICA FUNDAMENTADA EM JURISPRUDÊNCIA DO STJ. AGRAVO REGIMENTAL NÃO PROVIDO.

1. Esta Corte Superior entende que é indevida qualquer indenização em favor dos proprietários dos terrenos em área de preservação permanente, salvo se comprovada limitação administrativa mais extensa que as já existentes., 2. In casu, o Tribunal a quo fixou expressamente que foram os decretos municipais os atos que realmente esvaziaram o conteúdo econômico da propriedade. Portanto, comprovada limitação administrativa mais extensa que as já existentes, cabe a indenização em favor dos proprietários dos terrenos

---

[20] STJ - AgRg no Ag: 1348854 SP 2010/0155191-7, Relator: Ministro Mauro Campbell Marques, Data de Julgamento: 06.03.2012, T2 – Segunda Turma, Data de Publicação: *DJe*, 09.03.2012). Disponível em: <www.jusbrasil.com.br/tópicos/353264/criação-do-parque-estadual-da-sera-do-mar>.

[21] AgRg no AREsp nº 177692/MG 2012/0099584-0.

em área de preservação permanente. 3. A decisão monocrática ora agravada baseou-se em jurisprudência do STJ, razão pela qual não merece reforma. 4. Agravo regimental não provido.[22]

STJ REsp nº 1233257 PR 2011/0020176-7 – Área de Preservação Permanente decorrente do Código Florestal de 1965 é limitação administrativa de natureza genérica, não gera, portanto, direito a indenização.

As decisões do Superior Tribunal de Justiça trazidas à colação comprovam o que já se afirmou. As Áreas de Preservação Permanente não configuram hipótese de desapropriação indireta. A sua natureza é de limitação administrativa, espécie de restrição à propriedade que não gera direito a indenização em favor dos proprietários de terras submetidas a esse gravame, exceto se a limitação administrativa for mais extensa que a já existente. Por exemplo, imposta por lei municipal que extrapola a normativa do Código Florestal.

O entendimento do Tribunal Regional Federal da 4ª Região é na mesma linha do STJ. Veja-se:

TRF - APELAÇÃO CIVEL AC 7007 PR 0000470-95.2009.404.7007 (TRF-4)
Data de publicação: 26/05/2010
Ementa: ADMINISTRATIVO. LIMITAÇÃO AO DIREITO DE PROPRIEDADE. IMPOS-SIBILIDADE DE SUPRESSÃO DA MATA CILIAR EM ÁREA DE PRESERVAÇÃO PERMANENTE. INDENIZAÇÃO. DESCABIMENTO [...].[23]

O Supremo Tribunal Federal tem o mesmo entendimento. Não reconhece direito de indenização nos casos de APP e de ARL, por também considerá-las espécie de limitação administrativa. A indenização somente é cabível na hipótese de área de preservação permanente que vier a ser desapropriada por necessidade pública. É o que se extrai da decisão seguinte:

Ag. Reg. No Agravo de Instrumento 677.647-2 Amapá.
Relator: Min. Eros Grau
Decisão: Trata-se de agravo de instrumento contra decisão que negou seguimento a recurso extraordinário interposto com fundamento no artigo 102, III, 'a', da Constituição Federal. 2. O agravo não merece provimento. O acórdão recorrido está em consonância com a orientação pacífica deste Tribunal, no sentido de que são indenizáveis as áreas de preservação permanente desapropriadas pelo poder público, como se pode inferir da leitura do acórdão lavrado no RE n. 134.297, Relator o Ministro Celso de Mello DJ de 22.9.95.[24]

Veja-se nesse caso que o Supremo Tribunal Federal reconhece o dever de indenizar, mas nos casos de desapropriação de área de preservação.

---

[22] Disponível em: <http://www.jusbrasil.com.br/jurisprudencia/busca?q=%C3%81rea+de+Preserva%C3%A7%C3%A3o+Permanente>.

[23] TRF – Apelação Cível AC nº 7007 PR 0000470-95.2009.404.7007 (TRF-4).

[24] Ag. Reg. No Agravo de Instrumento nº 677.647-2 Amapá.

Ressalte-se que tramitam no STF diversos recursos aviados por proprietários de terrenos rurais sobre os quais se instituíram reservas permanentes e que posteriormente foram desapropriadas por necessidade pública. Os recorrentes pleiteiam indenização relativamente à mata preservada que cobre as terras desapropriadas. O entendimento do Poder Público desapropriante é o de que nas desapropriações de propriedades rurais que contêm áreas de preservação permanente, indeniza-se apenas a terra. As matas, não. No AI 657093 SP, cuja relatora é a ministra Cármen Lúcia, discute-se essa matéria. Entretanto, os autos foram sobrestados pelo fato de estarem conexos com os autos do AI nº 489.204 que cuidam do mesmo assunto.

Reiteradas decisões do Superior Tribunal de Justiça são no sentido de que as matas contidas nas Áreas de Preservação Permanente e nas Áreas de Reserva Legal, cujas terras foram desapropriadas por interesse público, não são indenizáveis pelo fato de, em razão da limitação administrativa, serem desprovidas de conteúdo econômico, pois são imunes de corte.

O proprietário rural, cuja propriedade contém área de preservação permanente, poderá suprimir vegetação mediante prévia licença do órgão competente, nos limites e condições estabelecias em lei. O desmatamento ou qualquer outra agressão ao meio ambiente sem a competente licença gera para o proprietário do imóvel o dever de pagar multa ou indenização e ainda o de recompor a cobertura florística da área degradada. A jurisprudência pátria é farta nesse sentido. É o que se visualiza na decisão do TRF da 4ª Região à guisa de exemplo:

Cabeça da ementa:

> Administrativo. Ação Civil Pública. Dano ambiental. Edificação de conjunto hoteleiro em Área de Preservação Permanente. Supressão de mata atlântica. Destruição de rochas. Demolição da Obra e recomposição ambiental da área degrada. 4ª Turma, julgamento: 18.02.2008.[25]

As decisões são unânimes no sentido de que a instituição de Áreas de Preservação Permanente e de Áreas de Reserva Legal em propriedades privadas não gera direito a indenização, pois essas modalidades de restrição enquadram-se na categoria de limitação administrativa e não de desapropriação indireta, como querem os proprietários. Da indenização se cogita tão somente nos casos de desapropriação de área de preservação, mesmo assim, segundo entendimento ainda em vigor, não se computa, para efeito de apuração do valor da indenização, a cobertura florística.

Agora, aquele que desmata área de preservação permanente ou de reserva legal ou causa outros tipos de degradação se sujeita a pagar indenização ao Poder Público e a recuperar a área degradada e até mesmo a sanção penal, se a lesão for tipificada crime ambiental.

4 Conclusões

1 A hipótese se confirmou. O patrimônio cultural é distinto do meio ambiente. A ação em relação ao primeiro é proteger e em relação ao segundo é preservar. A

---

[25] Disponível em: <http://trf-4.jusbrasil.com.br/jurisprudencia/1273352/apelacao-civel-ac-118760>.

proteção do patrimônio cultural tem por finalidade precípua manter os bens nas suas condições originais para que sejam contemplados pelas atuais e futuras gerações. Já a conservação do meio ambiente tem por finalidade garantir qualidade de vida no planeta, compreendendo floresta, fauna, flora, solo, recursos hídricos, encostas, nascentes e o ar, com vistas a garantir às gerações vindouras direito ao futuro. Essas conclusões extraem-se da legislação sobre o patrimônio cultural e a que trata da criação das Áreas de Preservação Permanente e das Áreas de Reserva Legal. Como se demonstrou, as duas categorias de legislações tratam diversamente as matérias nelas tratadas. De todas as leis e os artigos constitucionais investigados, somente a lei que trata dos crimes ambientais é que fez referência ao patrimônio cultural, ao dispor sobre crimes contra ele. Esse fato, entretanto, parece ser insuficiente para se sustentar que o patrimônio cultural é parte integrante do meio ambiente, não tendo, por isso, vida própria.

2 O Judiciário, principalmente o Superior Tribunal de Justiça e o Supremo Tribunal Federal, é ardoroso defensor do patrimônio cultural e do meio ambiente. As suas decisões, na quase totalidade, são protetoras desses dois bens jurídicos disciplinados no ordenamento jurídico pátrio, em desfavor dos seus titulares. Não reconhece a desapropriação e indenização nos casos de tombamento, a não ser nos casos em que a medida protetiva suprime o direito de propriedade. Nos casos das Áreas de Preservação Permanente e das Áreas de Reserva Legal, não considera tratar-se de desapropriação indireta, mas limitação administrativa, decorrente de lei geral. Por esse motivo, não gera direito a indenização.

3 Nos casos de desapropriação de área preservada, o Superior Tribunal de Justiça tem entendimento pacificado no sentido de que se indeniza somente a terra, considerando que a mata em razão da sua característica jurídica, não pode ser extraída. Por isso, não se reveste de valor econômico. Portanto, fora do mercado. Diversos recursos questionando essa posição do STJ estão no Supremo Tribunal Federal aguardando julgamento.

Referências

FARIA, Edimur Ferreira de. *Tombamento no direito brasileiro*. 1986. Dissertação (Mestrado em Direito) – Universidade Federal de Minas Gerais, Faculdade de Direito, Programa de Pós-graduação em Direito, Belo Horizonte, 1986.

GONÇALVES, Luiz da Cunha. *Tratado de Direito Civil*. Coimbra: Coimbra Ed., 1936. v. 11.

PIRES, Maria Coeli Simões. Direito urbanístico, meio ambiente e patrimônio cultural. *In*: DIAS, Maria Tereza Fonseca; PAIVA, Carlos Magno de Souza (Coord.). *Direito e proteção do patrimônio cultural imóvel*. Belo Horizonte: Fórum, 2010.

SILVA, José Afonso. *Ordenamento constitucional da cultura*. São Paulo: Malheiros, 2001.

Informação bibliográfica deste texto, conforme a NBR 6023:2002 da Associação Brasileira de Normas Técnicas (ABNT):

FARIA, Edimur Ferreira de. Patrimônio cultural e meio ambiente: direito a um passado e direito ao futuro. *In*: DIAS, Maria Tereza Fonseca *et al.* (Coord.). *Estado e propriedade*: estudos em homenagem à professora Maria Coeli Simões Pires. Belo Horizonte: Fórum, 2015. p. 107-128.

MEMÓRIA E PATRIMÔNIO CULTURAL NO MOSAICO DA URBE: DIMENSÕES DO DIREITO, DO ESQUERDO E NARRATIVAS DO ESTADO PÓS-MODERNO[1]

MILA BATISTA LEITE CORRÊA DA COSTA
CHARLES ALEXANDRE SIMÕES RABELO PIRES

Casarões Antigos

Eles continuam lá
Todos no mesmo lugar
Eternamente quedos
nas ruas e becos
do Ivituruy,
do Arraial do Ribeirão das Minas
de Santo Antônio
do bom Retiro,
do Serro Frio,
do Arraial das Lavras Velhas,
da vila do Príncipe,
do Serro Só,
Uns corcundas empoeirados
alquebrados, quase escorados às bengalas,
pedem socorro
quem sabe ao céu
quem sabe ao morro?!...
[...]

Quase todas [as casas] de rosto colado
segredam saudades
em suspiros dobrados
da cavalgada pelo antigo Largo da Carreira
da dança dos mascarados
do boi de balaio
das brincadeiras dos cavalinhos de jacá
das visitas das pastorinhas
bonitas figurantes de tantos natais.

Andam encardidas.
Por certo, de velhas...
que fumaça já não há.
Os fogões de lenha
andam frios
sem brasa,
sem fogo,
e nem suspiram mais.

(Maria Coeli Simões Pires)[2]

---

[1] O presente artigo é registro de uma singela homenagem à nossa querida Maria Coeli Simões Pires, brilhante professora, doutrinadora e pesquisadora que, com delicadeza, sensibilidade e esmero, dedicou-se ao estudo do patrimônio cultural brasileiro. Por seu especial contributo ao Direito Administrativo e à construção de um saber transdisciplinar que desafia o "Direito" e o "Esquerdo", densificado pela postura sempre comprometida com a ciência jurídica e com a práxis da Administração Pública, ofertamos palavras em correnteza, agradecimento sincero ao nosso fragmento infinito do "céu". Maria Coeli transborda em janelas que ultrapassam o depois, labaredeando reflexões entremeadas de buliçosos vendavais. Em memória silenciosa, trilha, com perfeição, seu tracejo, amarrada à raiz de nossos Serros, preenchida de lampejos de inquietação e ressignificada pelo desejo de vir a ser. Encantadora, poética e extasiante: essa é nossa homenageada, mulher que domina as notas das palavras, rompe as peias e, na fala indecifrável do vento, vai sempre mais longe, em bálsamo vivo de harmoniosa simetria.

[2] PIRES, Maria Coeli Simões. *Serro Serro*. Belo Horizonte: Mazza Edições, 1989. p. 12-14.

1 Introdução[3]

Bagagem do Lucas pra Cidade

[...]

Quem aprendeu a fazer

remendo com a velha Alice

fiando no dedo a linha de algodão,

redobrando todas as pontinhas dos puídos

cosendo fio a fio em cerzidos?

[...]

(Maria Coeli Simões Pires)[4]

Herança ou patrimônio cultural pode ser definido como tudo o que é valorizado, transmitido e perpetuado entregerações, de modo a provê-las de um relativo senso de continuidade, tornando-se fator constitutivo de identidade[5] e de diversidade cultural local.[6]

Há uma tendência doutrinária a atribuir caráter autoritário e ortodoxo às práticas vertidas para a reflexão e a preservação do patrimônio, ao fundamento de que seriam marcadas por baixa participação democrática. Contudo, em função da significativa ampliação da tutela jurídica[7] dos bens culturais — incorporando dimensões e pressupostos da imaterialidade —, constata-se uma evolução no tratamento da cultura pelas políticas patrimoniais recentes e pelo arcabouço normativo estruturado na seara da salvaguarda do patrimônio cultural e da garantia de exercício de direitos culturais. Espaços institucionalizados se abriram para a interlocução com a sociedade civil e para o amadurecimento da pauta relativa à proteção ao patrimônio, foram concebidos e consolidados, referenciando um novo momento de reflexão no campo da cultura.

A cultura — neste recorte, com especial ênfase no patrimônio cultural — é um campo de correlação de forças que demanda análise contextual e plasticidade na aplicação dos instrumentos jurídicos pensados para lidar com o manejo dos bens culturais e sua relação com a dinâmica da propriedade. A cidade, contexto onde se insere

---

[3] Artigo adaptado do projeto de tese de doutoramento intitulado "Cultura, Patrimônio e Memória: Narrativas e Dimensões do Cotidiano, do Tempo e do Direito", apresentado ao Programa de Pós-graduação da Faculdade de Direito da Universidade Federal de Minas Gerais.

[4] PIRES, Maria Coeli Simões. *Serro Serro*. Belo Horizonte: Mazza Edições, 1989. p. 61.

[5] A identidade será tomada, segundo Castells, como o processo de construção de significados com base em um atributo cultural ou, ainda, um conjunto de atributos culturais inter-relacionados, o(s) qual(ais) prevalece(m) sobre outras fontes de significado. CASTELLS, Manuel. *O poder da identidade*. São Paulo: Paz e Terra, 1999. v. 2.

[6] DEACON, Harriet *et al. The Subtle Power of Intangible Heritage*. Cape Town: HSRC Press, 2004.

[7] O presente trabalho adotará o termo "tutela" significando proteção e arcabouço jurídico, não desconsiderando, nessa linha, o denso debate da doutrina acerca do sentido cerceador que o conceito carrega quanto ao tratamento da relação Estado/sociedade.

o patrimônio cultural físico e se projeta a dimensão do simbólico, caracteriza-se como *locus* de interação e moldagem comportamental e discursiva, e permite, portanto, graus de acumulação de visões parcializadas de aprendizado para formulação individual e coletiva das práticas culturais, constituindo-se em campo de composição de forças argumentativas e simbólicas de atores em interlocução cotidiana.

A política cultural e a regulação normativa referente à cultura que se pretendam inclusivas e democráticas devem pautar-se pela construção de pactos, sustentados em premissas que traduzam a diversidade e a pluralidade que marcam a formulação de um espaço coletivo arregimentado sobre individualidades, compreensões múltiplas relativas ao conceito de "bem comum" e ressignificações dos usos dos espaços públicos e privados que se inserem no cenário caleidoscópico da urbe.

O patrimônio cultural — material, mas, especialmente, o imaterial — ancora-se no cotidiano do homem ordinário, de personagens disseminadas, "caminhantes inumeráveis"[8] e, nessa linha, faz-se fundamental compreender em que medida o Direito e a gestão pública do patrimônio, no âmbito da cultura, atuam em lógica conservadora convencional positivista, marcada por traços arraigados de gestão não democrática da propriedade e dos bens patrimoniais, ou incorporam as rupturas necessárias à formulação ressignificada de regramentos e de políticas abertas às nuanças do senso comum e às possibilidades de diálogo democrático entre sociedade civil e Estado.

Os processos culturais são produzidos, especialmente, na articulação das diferenças e dos conflitos temporalizados em dado espaço. Os conceitos de culturas nacionais homogêneas e a transmissão consensual de tradições históricas como base do comparativismo cultural estão em profunda redefinição.

E, nessa linha, o conceito de herança cultural torna-se, na pós-modernidade, aberto, aglutinador de categorias tradicionais e não tradicionais — contemporaneamente reconhecidas — de herança, mesclando bens de "pedra e cal" e dimensões imateriais da cultura cotidiana, escancaradas no modo singelo de fazer remendo da "velha Alice", "fiando no dedo a linha de algodão, redobrando todas as pontinhas dos puídos, cosendo, fio a fio, em cerzidos", o mosaico da diversidade cultural.

2 Patrimônio cultural, Estado e contornos da memória: esboços narrativos e contextuais

> *Figurações do Rosário*
>
> *Junho inteiro tem cantoria e dança na rua;*
> *um rito meio choroso,*
> *ranço de primitivas crenças,*
> *de costumes perdidos das raças,*
> *combinação das tradições africanas,*

---

8 CERTEAU, Michel de. *A invenção do cotidiano*. Artes de fazer. 12. ed. Petrópolis: Vozes, 1994.

do paganismo dos mouros e

da fé do catolicismo.

[...]

Nas casas do rei e da rainha

o entra-e-sai constante

da gente de cor, da gente desbotada,

a alegria do congado e da marujada,

a pinga ardendo goela abaixo,

doces de cidrão, cidra ralada,

figo, limão, laranja-da-terra, doce de leite,

confeitos de amendoim, cravo, canela, erva-doce

e a alegria que vira noites e noites.

Enquanto dura o reinado do povo

que não reina.

(Maria Coeli Simões Pires)[9]

A trajetória de patrimonialização da cultura — provocando incursões significativas no direito de propriedade — reflete, com fidelidade, o esforço de resgate e de preservação pautado pela busca de significação da composição das identidades na contemporaneidade. Durante o século XX, houve a prevalência de valorização de bens culturais materiais, especialmente, na Europa, definidos como ícones de civilização, permanência e modernidade, tendência que sofreu profunda transformação em virtude do processo globalizatório,[10] de certa forma ameaçador de manifestações culturais locais, mas impulsionador do amadurecimento de um enfoque político pós-colonial na democracia e na diversidade cultural.[11]

As razões por esse novo fascínio pela história são diversas. Uma delas, contudo, tem sido referência obrigatória de todos aqueles que se debruçaram sobre o fenômeno: a velocidade das mudanças que tais sociedades vêm experimentando nos últimos tempos, acompanhada da globalização, e seu impacto sobre a constituição da identidade, tanto individual quanto coletiva.[12]

---

[9] PIRES, Maria Coeli Simões. *Serro Serro*. Belo Horizonte: Mazza Edições, 1989. p. 106-108.

[10] No escopo deste artigo, a globalização será definida, acorde o conceito de Hall, como o complexo de processos e forças de alteração que ocorrem em escala global, interconectando comunidades e organizações e deslocando as identidades culturais. HALL, Stuart. *A identidade cultural na pós-modernidade*. Rio de Janeiro: DP&A, 2000.

[11] DEACON, Harriet *et al*. *The Subtle Power of Intangible Heritage*. Cape Town: HSRC Press, 2004.

[12] FREIRE, Doia; PEREIRA, Lígia Leite. História oral e turismo cultural. *In*: MURTA, Stela Maris; ALBANO, Cecília (Org.). *Interpretar o patrimônio*: um exercício do olhar. Belo Horizonte: Ed. UFMG, 2005. p. 121.

Na esfera de análise internacional, países em desenvolvimento nos continentes africano e asiático, em especial, os recém-descolonizados, cujo patrimônio cultural é composto, predominantemente, por bens de natureza imaterial, não apenas alcançaram espaços institucionalizados em organismos internacionais, mas contribuíram, de forma definitiva e paradigmática, para a ampliação do conceito de patrimônio cultural e para a obsolescência da consolidada dicotomia "ocidente civilizado" — associado ao patrimônio material — e "não ocidente primitivo", marcado pela prevalência de bens culturais imateriais — caracterizados, como conceitua a Organização das Nações Unidas para a Educação, a Ciência e a Cultura (UNESCO), por práticas, representações, expressões ou conhecimento associado que comunidades, grupos e, em casos específicos, indivíduos, reconhecem como parte de sua herança cultural.[13]

As políticas culturais, no âmbito nacional, robustecidas pela ressignificação do conceito de patrimônio na ordem internacional, tornaram-se essenciais no estabelecimento de prioridades e de diretrizes para a promoção e a proteção das formas culturais locais. A política cultural possui o condão de institucionalizar práticas formadoras ou mantenedoras de uma identidade nacional ou regional, desempenhando o Estado, nessa perspectiva, papel decisivo para o desenho e a conformação da memória coletiva, por eleger os elementos culturais representativos de dada comunidade.

Nessa perspectiva, ao influxo da proeminência da atuação estatal, merece realce a relação nação/soberania, consolidada a partir do discurso político da Revolução Francesa, por vincular o conceito de "Nação" ao Estado, tornando-a uma construção de grupos sociais determinados e objeto de uma política de identidade que recairia sobre três componentes: o sentimento e a consciência nacionais e a identidade social.[14]

O conceito de nação é forjado, nesse diapasão, via políticas culturais de identidade ou por intermédio de discursos retórico-nacionalistas de grupos determinados, tornando-se objeto de apropriação pautada pela construção de identidades e de memórias unas e homogêneas e pelo manejo de um elemento subjetivo: a narrativa, reconhecida como sistema de significação e de representação cultural.[15]

A nação, concebida como uma "comunidade imaginada", nos termos de Benedict Anderson,[16] constrói-se, portanto, à medida que vai sendo narrada, formatada, discursivamente, pelo veio da apropriação de culturas ou de tradições como produtos de ações humanas histórica e socioculturalmente situadas,[17] ganhando a definição de:

---

[13] A herança intangível é transmitida oralmente ou por gestos, ao longo das gerações, sendo modificada em períodos determinados mediante processo de recriação coletiva. *Vide Convention for the Safeguarding of Intangible Cultural Heritage*, concebida, em 2003, pela Conferência Geral da Unesco (*United Nations Educational, Scientific and Cultural Organization*).

[14] LASMAR, Jorge M. O fluxo de arte e as relações internacionais: narrativa, circulação e identidade. *Revista Fronteira*, Belo Horizonte, v. 1, n. 1, p. 83-102, nov. 2001, p. 89.

[15] "No contexto dos discursos sobre o patrimônio cultural, a apropriação é entendida como uma resposta necessária à fragmentação e à transitoriedade dos objetos e valores. Apropriar-se é sinônimo de preservação e definição de uma identidade, o que significa dizer, no plano das narrativas nacionais, que uma nação torna-se o que ela é na medida em que se apropria do seu patrimônio. [...] Um esforço no sentido de restabelecer ou defender a continuidade e a integridade do que define a identidade e a memória nacional; um esforço no sentido de transcender a inautenticidade e garantir a 'autenticidade' ao restaurar e defender um evanescente sentimento de ser [...]. As práticas de apropriação, restauração e preservação desses objetos são estruturalmente articuladas por um desejo permanente e insaciável pela autenticidade, uma autenticidade que é o efeito da sua própria perda" (GONÇALVES, J. R. S. *A retórica da perda*. Rio de Janeiro: Ed. UFRJ, 1996. p. 24).

[16] ANDERSON, Benedict. *Comunidades imaginadas*. São Paulo: Companhia das Letras, 2008.

[17] Processo definido como "objetificação cultural". GONÇALVES, J. R. S. *A retórica da perda*. Rio de Janeiro: Ed. UFRJ, 1996.

território cultural disputado, onde o povo tem de ser pensado em um tempo duplo, as pessoas são "objetos" históricos de uma pedagogia nacionalista, atribuindo ao discurso uma autoridade que se baseia no pré-estabelecido ou a origem histórica construída ou no evento. As pessoas são também os sujeitos de um processo de significação que deve obliterar qualquer presença anterior ou originária do povo-nação para demonstrar o prodigioso princípio ativo do povo como aquele processo contínuo através do qual a vida nacional é redimida e significada como um processo repetitivo e reprodutivo.[18]

A narrativa histórica transforma o real em objeto de desejo,[19] na medida em que apresenta a realidade a partir de "um todo coerente e distante, inibindo a dimensão caótica e arbitrária do real",[20] e trata a nação — bem assim seu passado e cultura —, nessa perspectiva, como entidade dotada de coerência e continuidade. São narrativas contadas e recontadas, indefinidamente, na tentativa de forjar sua legitimidade por meio da repetibilidade ao longo do processo de construção da identidade nacional.

A forma narrativa é diferenciada pelo uso de um "enredo" por meio do qual os aconte-cimentos são rigorosamente interconectados em uma estrutura sequencial, com um começo, um meio e um fim. O enredo torna possível a apresentação dos eventos históricos como um todo coerente e interconectado [...] de acontecimentos [imersos em] uma estrutura ficcional que os reapresenta como se possuíssem em si mesmos atributos de coerência e objetividade.[21]

Nessa linha, portanto, ao Estado é atribuído o papel primordial de narrador e artesão da memória e da identidade, mediante criação e veiculação de uma imagem unívoca e composição de uma narrativa que tende a focalizar as preferências e os interesses nacionais gerados a partir da construção imaginada do "eu" e do "outro", de forma que as inter-relações entre os atores e a estrutura manifestam-se para sustentar uma identidade dicotômica, reflexo de uma lógica colonial arraigada.

O período colonial representou, por meio do pacto colonial e da exportação do modelo cultural do nacional (ou seja, mediante controle dos fluxos e trocas culturais por parte dos Impérios) para além da Velha Europa, a sua consagração e difusão em escala mundial. As potências coloniais perceberam que era necessária a criação de um código cognitivo em suas colônias que criasse um verdadeiro estatuto étnico e cultural de aceitação da subordinação e inferioridade em relação à metrópole. Os fluxos culturais do período colonial estabeleceram-se como instrumentos de dominação hegemônica dos Estados co-loniais [...] e como um canal por meio do qual a hegemonia metropolitana se legitimaria e organizaria, criando consenso, estabilidade e harmonia dentro do sistema de diferenciação social imposto pela metrópole.[22]

---

[18] BHABHA, Homi. *O local da cultura*. Belo Horizonte: Ed. UFMG, 2003. p. 206-207.

[19] GONÇALVES, J. R. S. *A retórica da perda*. Rio de Janeiro: Ed. UFRJ, 1996. p. 17.

[20] GONÇALVES, J. R. S. *A retórica da perda*. Rio de Janeiro: Ed. UFRJ, 1996. p. 17.

[21] GONÇALVES, J. R. S. *A retórica da perda*. Rio de Janeiro: Ed. UFRJ, 1996. p. 16.

[22] LASMAR, Jorge M. O fluxo de arte e as relações internacionais: narrativa, circulação e identidade. *Revista Fronteira*, Belo Horizonte, v. 1, n. 1, p. 83-102, nov. 2001, p. 93.

A partir da segunda metade do século XX — com maior propriedade, após a década de 1970 —, contudo, algumas transformações estruturais surgem como veio de questionamento do sistema westfaliano,[23] propiciando o fortalecimento de novos canais e vias de inter-relações e de comunicação que possibilitam a troca, entre grupos sociais domésticos, de experiências e narrativas diferentes daquelas formuladas pelo Estado, alterando o referencial de identidade antes legitimado. "A narrativa circula por vias não estatais, fugindo ao controle e territorialidade do Estado; a pedagogia nacional abre, cada vez mais, espaço para as várias narrativas transnacionais".[24]

A esse redesenho soma-se o processo de articulação social da diferença, no âmago das moldagens relacionais internas aos Estados nacionais, por meio de uma negociação paulatina e complexa em busca da atribuição de autoridade aos hibridismos culturais que, segundo Homi Bhabha, emergem em momentos de transformação histórica, manifestando-se a partir da periferia do poder e mesclando identificações antes fixas e preestabelecidas em polaridades primordiais.[25]

Essa "pós-modernidade" é inovadora, portanto, no sentido de que ultrapassa as narrativas de subjetividades originárias, anelando ater-se a processos produzidos na articulação das diferenças culturais.

> Se me refiro à pós-modernidade, para mim, o que está em causa não é uma definição exata, mas, sim, um conceito que designa tendências dominantes do pós-guerra, como a dissolução de estruturas e contextos de vida tradicionais, assim como os processos de individualização que a acompanham, e que por sua vez estão interligados com fortes tendências de pluralização e também com uma multiplicidade de formas multiculturais.[26]

Nessa linha, "os limites epistemológicos das ideias etnocêntricas"[27] tornam-se, também, "as fronteiras enunciativas de uma gama de outras vozes dissonantes — mulheres, colonizados, grupos minoritários".[28] O multiculturalismo, portanto, ganha robustez e coloca em voga o conceito de nação e de comunidade preestabelecidos, de modo a propiciar a incorporação de realidades ressignificadas e das "figurações" de tantos "rosários", permitindo o reconhecimento do "reinado do povo que não reina".

---

[23] O tratado de Westphalia de 1648 determinou o término da Guerra dos Trinta Anos, instituindo princípios hoje essenciais para as Relações Internacionais e para o Direito Internacional. "O tratado representou a superação do modelo feudal, a separação do poder espiritual e temporal, a ascensão das cidades e da burguesia, a criação de um Estado centralizado com um ordenamento jurídico-administrativo, moeda e forças armadas unificadas, além de simbolizar a cristalização de conceitos e princípios como os de soberania nacional, igualdade formal dos Estados, autonomia, independência entre as políticas interna e externa, o nascimento do Direito Internacional moderno, e o equilíbrio de poder" (LASMAR, Jorge M. O fluxo de arte e as relações internacionais: narrativa, circulação e identidade. *Revista Fronteira*, Belo Horizonte, v. 1, n. 1, p. 83-102, nov. 2001, p. 91).

[24] LASMAR, Jorge M. O fluxo de arte e as relações internacionais: narrativa, circulação e identidade. *Revista Fronteira*, Belo Horizonte, v. 1, n. 1, p. 83-102, nov. 2001, p. 97.

[25] BHABHA, Homi. *O local da cultura*. Belo Horizonte: Ed. UFMG, 2003.

[26] SCHOLZ, Roswitha. *A nova crítica social e o problema das diferenças*: disparidades económicas, racismo e individualização pós-moderna. 2005. Disponível em: <http://obeco.planetaclix.pt/roswitha-scholz3.htm>. Acesso em: 20 out. 2013, p. 12.

[27] BHABHA, Homi. *O local da cultura*. Belo Horizonte: Ed. UFMG, 2003. p. 24.

[28] BHABHA, Homi. *O local da cultura*. Belo Horizonte: Ed. UFMG, 2003. p. 24.

3 Estado, sociedade e cultura: dialogia e complexidade no pano de fundo pós-moderno

Sem Rodeios

[...]

Aprende-se com a gente:

que os filhos é Deus que dá

e Ele mesmo que cria;

a fazer tintura com lama de brejo;

a armar presépio com papel,

grude de goma, carvão moído e peneirado,

feito com brasa escolhida na boca do fogão de lenha,

com malacacheta, areia,

musgo da bica do engenho

e bichinho de barro de olaria.

[...]

Aprende-se com os chás de lá:

que folha de chuchu regula pressão alta;

flor de mamão combate indigestão;

[...]

gengibre melhora o timbre da voz;

café forte afasta sono;

gotas de homeopatia da vozinha

fazem os outros milagres.

(Maria Coeli Simões Pires)[29]

No contexto pós-moderno, nasce, no bojo da construção da preservação do patrimônio e da consolidação de políticas culturais e de respectivos espaços de normatização, um *locus* de negociação onde se torna possível articular elementos, *a priori*, antagônicos, ultrapassando as bases de articulação preconcebidas e concebendo um espaço de tradução híbrido, um entrelugar que desconstrói as polaridades negativas "eu" e "outro".[30]

---

[29] PIRES, Maria Coeli Simões. *Balaio de taquara*. Belo Horizonte: Mazza Edições, 1988. p. 25-27.

[30] BHABHA, Homi. *O local da cultura*. Belo Horizonte: Ed. UFMG, 2003.

Os conceitos de cultura nacional homogênea e de transmissão consensual de tradições históricas como bases do comparativismo cultural sofrem profunda redefinição. É o momento de trânsito em que espaço e tempo se cruzam no intuito de produzir figuras complexas de diferença e identidade, passado e presente, exigindo do Direito e da gestão pública plasticidade, efetividade e capacidade reflexiva.

É nesse espaço/tempo de enunciação, a partir das novas articulações de poder nascidas com o fim do colonialismo e acentuadas com o forte intercâmbio internacional promovido pela mundialização das tendências culturais — que robusteceram, por seu turno, as manifestações culturais locais, ameaçadas de homogeneização —, que surge a ampliação do conceito de patrimônio cultural e consolida-se um *locus* de expressão das tentativas pós-modernas de preservação que passam a abarcar, também, e, especialmente, as formas imateriais da cultura,[31] imprimindo modificações estruturais no processo de construção das narrativas nacionais e de acervos de capital simbólico.

A transformação da concepção de patrimônio histórico em patrimônio cultural referencia a ruptura com uma visão histórica reducionista — respaldada pela historiografia oficial que converte em patrimônio apenas bens de origem elitista, religiosa, bélica ou estatal — e incorpora as dimensões testemunhais do cotidiano[32] e as manifestações culturais simbólicas.

O alargamento do conceito de patrimônio e o reconhecimento de sua imaterialidade são fragmentos de relevo que compõem o movimento que ocorre na interseção entre a história moderna europeia e as histórias contramodernas coloniais, como conceitua Walter Mignolo, fazendo emergir outros *loci* de enunciação[33] relevantes para o redesenho da moldagem preservacionista.

A recente incorporação do referencial imaterial à gestão pública do patrimônio reflete a ascensão de um novo Direito, arregimentador de temáticas e de desafios emergentes na contemporaneidade, revelando a necessidade crucial de se analisar o comportamento do ordenamento jurídico e do processo de elaboração de políticas públicas culturais, investigando a trajetória histórica e o tratamento dado à mediação entre o desejo de preservação da tradição cultural e a mudança social brusca trazida pela dinâmica da pós-modernidade.

No contexto brasileiro, é possível identificar a relevante composição de práticas de gestão voltadas para a salvaguarda e para a consolidação legislativa na seara cultural, em especial, no escopo de proteção do patrimônio. A Constituição da República de 1988, na seção referente à cultura, define o papel do Estado, em relação à garantia de exercício dos direitos culturais, e conceitua o patrimônio nacional:

---

[31] É um tipo de bem cultural que passa a ter sua significância reconhecida, especialmente, a partir do processo de descolonização ocorrido na segunda metade do século XX, por ser característico de povos cujo *modus vivendi* deriva de um sistema pautado pela comunitarização, mesmo que no passado.

[32] O patrimônio imaterial manifesta-se em cinco domínios: tradições orais, expressões e língua; artes de interpretação; práticas sociais, rituais e eventos festivos; conhecimento e práticas acerca da natureza e do universo; e artesanato tradicional. *Vide Convention for the Safeguarding of Intangible Cultural Heritage*, concebida, em 2003, pela Conferência Geral da Unesco (*United Nations Educational, Scientific and Cultural Organization*).

[33] MIGNOLO, Walter. La razón postcolonial: herencias coloniales y teorías postcoloniales. *In: Gragoatá*. Niterói: EDUFF, 1996.

Art. 215. O Estado garantirá a todos o pleno exercício dos direitos culturais e acesso às fontes da cultura nacional, e apoiará e incentivará a valorização e a difusão das manifestações culturais.

§1º - O Estado protegerá as manifestações das culturas populares, indígenas e afro-brasileiras, e das de outros grupos participantes do processo civilizatório nacional.

§2º - A lei disporá sobre a fixação de datas comemorativas de alta significação para os diferentes segmentos étnicos nacionais.

§3º A lei estabelecerá o Plano Nacional de Cultura, de duração plurianual, visando ao desenvolvimento cultural do País e à integração das ações do poder público que conduzem à: (Incluído pela Emenda Constitucional nº 48, de 2005)

I defesa e valorização do patrimônio cultural brasileiro; (Incluído pela Emenda Constitucional nº 48, de 2005)

II produção, promoção e difusão de bens culturais; (Incluído pela Emenda Constitucional nº 48, de 2005)

III formação de pessoal qualificado para a gestão da cultura em suas múltiplas dimensões; (Incluído pela Emenda Constitucional nº 48, de 2005)

IV democratização do acesso aos bens de cultura; (Incluído pela Emenda Constitucional nº 48, de 2005)

V valorização da diversidade étnica e regional. (Incluído pela Emenda Constitucional nº 48, de 2005) (grifo nosso).

Artigo 216 – *Constituem patrimônio cultural brasileiro os bens de natureza material e imaterial*, tomados individualmente ou em conjunto, portadores de referência à identidade, à ação, à memória dos diferentes grupos formadores da sociedade brasileira, nos quais se incluem:

I – as formas de expressão;

II – os modos de criar, fazer e viver;

III – as criações científicas, artísticas e tecnológicas;

IV – as obras, objetos, documentos, edificações e demais espaços destinados às manifestações artístico-culturais;

V – os conjuntos urbanos e sítios de valor histórico, paisagístico, artístico, arqueológico, paleontológico, ecológico e científico (grifo nosso).[34]

A doutrina do constitucionalismo cultural reconhece, nessa linha, a obrigatoriedade de consolidação, pelo Estado, de um arcabouço normativo que assegure a toda pessoa "a satisfação real e efetiva de suas necessidades no âmbito da cultura, da ciência, do meio ambiente e também da criação e fruição do patrimônio histórico e artístico".[35]

Para além, os arts. 215 e 216 do texto constitucional,[36] reconhecendo o princípio da diversidade cultural, consignam uma concepção abrangente de patrimônio, incluindo obras arquitetônicas, urbanísticas e artísticas e manifestações, em sentido antropológico, de naturezaintangível[37] relacionadas à cultura: percepções de mundo,

---

[34] BRASIL. Constituição (1988). Constituição da República Federativa do Brasil. *Diário Oficial da União*, Brasília, 05 out. 1988.

[35] PAIVA, Carlos M. de Souza. *O regime jurídico do bem cultural edificado no Brasil*. Ouro Preto: Ed. UFOP, 2010. p. 26.

[36] A Constituição brasileira de 1967, em seu artigo 172, parágrafo único, não fazia menção ao patrimônio imaterial ou a qualquer manifestação cultural de caráter intangível, evidenciando a transformação paradigmática consolidada pela Constituição da República de 1988. Art. 172 – O amparo à cultura é dever do Estado. Parágrafo único – ficam sob a proteção especial do Poder Público os documentos, as obras e os locais de valor histórico ou artístico, os monumentos e as paisagens naturais notáveis, bem como as jazidas arqueológicas.

[37] Termo utilizado pela *Convention for the Safeguarding of Intangible Cultural Heritage*, UNESCO, 2003.

memórias, "relações sociais e simbólicas, saberes e práticas; experiências diferenciadas nos grupos humanos, chaves das identidades sociais afirmadas ao longo do secular processo de globalização".[38]

Por sustentar referências a valores do senso identitário e de permanência de uma comunidade, a proteção do patrimônio cultural é um direito constitucionalmente assegurado de extremo relevo — possuidor do mesmo *status* jurídico do direito à propriedade — devido à sua clara dimensão social. Seu tratamento merece reflexão e olhar cuidadoso, em especial quando analisado em costura com a gestão do espaço urbano, pano de fundo compartilhado onde acontecem a interação e as relações sociopolíticas, econômicas, culturais e simbólicas, "cadinho de trocas, de reações"[39] e, sobretudo, onde, "sem rodeios", "aprende-se com a gente" e "com os chás de lá" as "gotas de homeopatia" que fazem "os outros milagres".[40]

4 Direito, patrimonialização e cultura no mosaico da urbe

Praça João Pinheiro

Cá de cima vejo a praça

rolando ao pé da escada.

Vai e vem cheia de gente

de bonde ou solitária

a céu aberto de lua cheia

risos e falas em borbotões

[...]

É domingo de um novo tempo

---

[38] VIANNA, Letícia. Pluralidade cultural e identidade nacional: um relato de experiências recentes de políticas no Brasil. *In*: GUSMÃO, Rita; TEIXEIRA João G. L. C; GARCIA, Marcus V. C. *Patrimônio Imaterial, Performance Cultural e (re)tradicionalização*. Brasília: ICS-UNB, 2004. p. 52.

[39] PIRES, Maria Coeli Simões; COSTA, Mila Batista Leite Corrêa da. The City as a Mosaic: Law, Otherness and Dialetic Perspective. *In*: *XXVI WORLD CONGRESS OF PHILOSOPHY OF LAW AND SOCIAL PHILOSOPHY* – 26th IVR World Congress. Human Rights, Rule of Law and the Contemporary Social Challenges in Complex Societies. Belo Horizonte: Fórum, 2013.

[40] A legislação brasileira — em âmbito federal, o Decreto nº 3.551, de 04 de agosto de 200, que instituiu o Registro de Bens Culturais de Natureza Imaterial, criou o Programa Nacional do Patrimônio Imaterial (PNPI) e consolidou o Inventário Nacional de Referências Culturais (INCR), e, na esfera estadual, o Decreto nº 42.505, de 15 de abril de 2002, que estabeleceu as formas de Registros de Bens Culturais de Natureza Imaterial ou Intangível que constituem patrimônio cultural de Minas Gerais — reconhece o ofício das "raizeiras" e o saber referente ao manejo e ao uso de plantas medicinais como patrimônio cultural, inseridos na categoria "conhecimentos e modos de fazer enraizados no cotidiano das comunidades". Nesse mesmo viés conceitual, o "Modo de Fazer Queijo Artesanal da Região do Serro" foi registrado como patrimônio cultural imaterial de Minas Gerais e do Brasil, respectivamente, pelo Instituto Estadual do Patrimônio Histórico e Artístico (IEPHA), em 2002, e pelo Instituto do Patrimônio Histórico e Artístico Nacional (IPHAN), em 2008, tendo o último alargado a tutela para abranger, também, as regiões das serras da Canastra e do Salitre. *Vide* PIRES, Maria Coeli Simões. *Memória e arte do queijo do Serro:* o saber sobre a mesa. Belo Horizonte: Ed. UFMG, 2013.

> *por certo não pode ser igual.*
>
> *O bom é que a praça continua*
>
> *indo e vindo ao pé da escadaria.*
>
> *E não vai mais dividida em duas alas*
>
> *sectárias*
>
> *paralelas.*
>
> *Vai monolítica.*
>
> *A praça de uma gente só.*

(Maria Coeli Simões Pires)[41]

O esboço teórico-metodológico de construção das memórias e das identidades no contexto pós-moderno enseja, como já salientado, um novo escopo de pactuação que ressignifica a estruturação do Estado e do Direito[42] e autoriza a articulação de elementos estruturantes, *a priori*, antagônicos, conformando um entrelugar que corrompe dicotomias negativas como eu/outro, civilizado/primitivo e público/privado.

Figuras complexas são produzidas em novas moldagens de reconhecimento das diferenças, densificando conceitos e temporalidades, demandando das formulações jurídicas capacidade reflexiva para a consolidação de uma hermenêutica da patrimonialização da cultura metodologicamente inclusiva e democrática. Faz-se urgente:

> [...] uma estratégia e um arcabouço jurídicos alternativos: uma concepção da privacidade que expresse a singularidade das subjetividades sociais (não a propriedade privada) e uma concepção do público baseada no comum (não o controle de Estado) [...]. As concepções jurídicas tradicionais do privado e do público são evidentemente insuficientes para esta finalidade.[43]

Um dos desafios apresentados à construção de legitimidade e de efetividade no bojo dos processos de preservação do patrimônio cultural é a adoção de um olhar de alteridade que contemple o amálgama de direitos subjetivos que tangenciam a processualidade preservacionista e sua inserção no espaço urbano. São identificáveis

---

[41] PIRES, Maria Coeli Simões. *Serro Serro*. Belo Horizonte: Mazza Edições, 1989. p. 36-38.

[42] "O contexto democrático é marcado pela consolidação de novos alicerces de relação Estado-sociedade e de conformação de um Direito novo, orientado para a substituição da premissa de estabilidade jurídica — entendida como aplicação de regramentos fechados, central na estruturação da concepção clássica do Direito — pela noção de adequabilidade, decorrência de profundas transformações da sociedade hipercomplexa e da incapacidade do Direito para responder, por si só, 'às demandas do pluralismo de regulação, fundamentação e compreensão da realidade social em toda a sua densidade, extensão e profundidade [...]'" (PIRES, Maria Coeli Simões; COSTA, Mila Batista Leite Corrêa da. Sustentabilidade, licitação e pós-modernidade: pluridimensionalidade e releituras necessárias. *In*: BICALHO, Alécia Paolucci Nogueira; DIAS, Maria Tereza Fonseca (Org.). *Contratações públicas*: estudos em homenagem ao Professor Carlos Pinto Coelho Motta. Belo Horizonte: Fórum, 2013. p. 343).

[43] HARDT, M.; NEGRI, A. *Multidão*. Rio de Janeiro: Record, 2005, p. 265.

níveis distintos de interesses que carecem de esteios de dialogia e de reinvenção sob a ótica das dimensões que constituem a ordem jurídico-urbanística.[44]

> [...] numa esfera mais restrita, o [interesse] decorrente de direito individual do administrado em relação ao bem, oponível à Administração; num plano intermediário, o interesse coletivo de preservação representado por grupos definidos; e, num campo mais abrangente, o interesse difuso de grupos teoricamente indetermináveis.[45]

Uma leitura constitucionalmente adequada da base normativa de gestão urbana e da salvaguarda do patrimônio necessita "respaldar soluções que dialoguem com a propriedade privada de função social, com a função social da cidade"[46] em todas as nuanças do sistema citadino e das políticas públicas.

A política patrimonial e a gestão normativa dos bens culturais têm de absorver "os significados da cultura e do patrimônio imersos no arranjo argumentativo dos grupos e na própria legitimidade da ordem institucional legal, em termos habermasianos,[47] para atender a critérios democráticos",[48] com vistas à concessão de validade e controle social à preservação do patrimônio cultural no cenário da cidade.

> A cidade, como produção do homem, materializa a cultura, expressa na forma de apropriação do espaço urbano, no traçado de suas vias, na construção de seus padrões tipológicos e estéticos, na formação de seus marcos referenciais, e configurada pelas suas variadas representações de integração ou de segregação espacial, sob a pressuposta lógica de sua funcionalidade e hierarquia, e pelas formas de relação com a natureza. Ainda mais, a cultura revela-se nitidamente na trama das tantas cidades que se erguem, harmônica ou conflituosamente, a partir de uma ou mais centralidades que projetam a unidade da urbe na sua composição plural, ou que impõem sucessivas exclusões de núcleos urbanos, desenhando a cidade marginal.[49]

O espaço urbano sedia a universalização do exercício da cidadania e necessita ser observado e avaliado pelo veio da pluralidade e da diversidade cultural que compõem o mosaico da urbe, sempre permeável às transformações em processo, à interlocução dos atores sociais e às múltiplas variáveis que se desenham pela dialética dos olhares sobre a cidade.[50]

---

[44] Edésio Fernandes propõe a análise de quatro dimensões da ordem jurídico-urbanística. *Vide* FERNANDES, Edésio. Direito e gestão na cidade democrática no Brasil. *In*: BRANDÃO, Carlos Antônio Leite (Org.). *As cidades da cidade*. Belo Horizonte: Ed. UFMG, 2006.

[45] PIRES, Maria Coeli Simões. *Da proteção ao patrimônio cultural*: o tombamento como principal instituto. Belo Horizonte: Del Rey, 1994. p. 162.

[46] PIRES, Maria Coeli Simões; COSTA, Mila Batista Leite Corrêa da. Função social do espaço urbano: uso do solo e construção de sustentabilidades. *Interesse Público*, Belo Horizonte, ano 14, n. 74, p. 253, jul./ago. 2012.

[47] HABERMAS, Jürgen. *Teoría de la acción comunicativa*. Madrid: Taurus, 1987.

[48] PIRES, Maria Coeli Simões; COSTA, Mila Batista Leite Corrêa da; CARDOSO, José Luiz F. O princípio constitucional do devido processo e a proteção do patrimônio cultural: ressignificando o instituto do tombamento. *Revista de Direitos e Garantias Fundamentais (Faculdade de Direito de Vitória)*, Vitória, p. 17, 2013.

[49] PIRES, Maria Coeli Simões. Direito urbanístico, meio ambiente e patrimônio cultural. *In*: DIAS, Maria Tereza Fonseca; PAIVA, Carlos Magno de Souza (Coord.). *Direito e proteção do patrimônio cultural imóvel*. Belo Horizonte: Fórum, 2010. p. 151.

[50] PIRES, Maria Coeli Simões; COSTA, Mila Batista Leite Corrêa da. The City as a Mosaic: Law, Otherness and Dialetic Perspective. *In*: *XXVI WORLD CONGRESS OF PHILOSOPHY OF LAW AND SOCIAL PHILOSOPHY*

Há que se propiciar a assimilação das redes de significado e das diferenças inerentes à complexidade da urbe, mediante a adoção de uma metodologia autorreflexiva e dialógica[51] capaz de traduzir, com fidelidade, a realidade — objeto da normatização jurídica —, que ultrapassa a formação narrativa homogênea de nação e de identidade cultural, construída verticalmente e conservadora na origem.

> A cidade simbólica é exatamente a que inspira o esforço do Direito Urbanístico como núcleo da regulação da preservação do patrimônio urbano de valor cultural — a cidade como expressão poética de suas formas; a supracidade edificada na memória de seus viventes; a cidade intuída ou revelada por seus marcos referenciais e pela interpretação de sua linguagem; a cidade das utopias representadas por múltiplos ícones.[52]

A cultura é um "campo" configurado como o *locus* ocupado pelos atores na dinâmica dos encaminhamentos simbólicos, a partir de recortes da realidade cultural, onde o *habitus* influencia a interpretação dos consectários culturais. Nesse viés, desempenha o Direito e a gestão estatal, com seus sistemas normativo-administrativos, na pós-modernidade, papel fundamental na dinâmica de assimilação das heterogeneidades e das diferenças inerentes à dinâmica histórica e cultural.[53]

A salvaguarda do patrimônio cultural é, marcadamente, um objeto que atravessa o próprio tempo e desafia o ordenamento jurídico-normativo a gerir o passado, no presente, para o futuro.

> A valorização e a extensão da noção de patrimônio, incluindo-se a preservação de sítios históricos e naturais, a multiplicação de museus e de exposições de natureza histórica, nada mais são que *manifestações da gestão pública do passado*. Os "lugares de memória" também se multiplicam: "Museus, arquivos, cemitérios e coleções, festas, aniversários, tratados, processos verbais, monumentos, santuários, associações, são os marcos testemunhais de uma outra era, das ilusões da eternidade". (grifo nosso)[54]

O passado, impregnado no patrimônio cultural preservado, é repetido como signo fiel da memória histórica para a significação do presente — realçando-se que "nenhuma cultura é jamais unitária em si mesma, nem simplesmente dualista na relação do Eu com o Outro".[55]

Nessa linha, no escopo da cultura e dos fragmentos selecionados para a eternização do vivido, a malha jurídica — e estatal — apresenta-se como "discurso performativo,

---

- 26th IVR World Congress. Human Rights, Rule of Law and the Contemporary Social Challenges in Complex Societies. Belo Horizonte: Fórum, 2013.

[51] PIRES, Maria Coeli Simões; COSTA, Mila Batista Leite Corrêa da. The City as a Mosaic: Law, Otherness and Dialetic Perspective. *In*: *XXVI WORLD CONGRESS OF PHILOSOPHY OF LAW AND SOCIAL PHILOSOPHY* – 26th IVR World Congress. Human Rights, Rule of Law and the Contemporary Social Challenges in Complex Societies. Belo Horizonte: Fórum, 2013.

[52] PIRES, Maria Coeli Simões. Direito urbanístico, meio ambiente e patrimônio cultural. *In*: DIAS, Maria Tereza Fonseca; PAIVA, Carlos Magno de Souza (Coord.). *Direito e proteção do patrimônio cultural imóvel*. Belo Horizonte: Fórum, 2010. p. 140.

[53] BOURDIEU, Pierre. *Questões de sociologia*. Rio de Janeiro: Marco Zero, 1983.

[54] MURTA, Stela Maris; ALBANO, Cecília (Org.). *Interpretar o patrimônio*: um exercício do olhar. Belo Horizonte: Ed. UFMG, 2005. p. 122.

[55] BHABHA, Homi. *O local da cultura*. Belo Horizonte: Ed. UFMG, 2003. p. 65.

um tecido de ficções operatórias que redizem o sentido e o valor da vida em sociedade",[56] de modo a "atar o laço social e oferecer aos indivíduos as marcas necessárias para sua identidade e sua autonomia".[57]

A interação dialética entre tempo e Direito permite a interveniência do arcabouço jurídico no processo de significação do tempo, *pari passu* à influência da temporalidade na força instituinte do próprio Direito. Na seara da preservação do patrimônio cultural, resta evidenciado que a construção da narrativa artificial de nação, mediante seleção autoritária da amostragem patrimonial tecnicamente representativa da identidade cultural nacional, destemporaliza: "o pensamento determinista [...] gera a representação de um tempo homogêneo e uniforme, pleno e contínuo",[58] que não traduz as dimensões da realidade.

Os riscos de destemporalizações no campo da cultura são reais: a nostalgia da eternidade, segundo François Ost, engendra ideologias totalitárias.[59] A reflexão sobre o patrimônio, alinhada ao tracejo dos quatro pontos cardeais propostos pelo autor — memória, perda, promessa e questionamento —, caminha entremeada de categorias normativas e temporais: "cada uma delas traduz, a seu modo, uma dimensão da temporalização normativa que buscamos, cada uma exprime uma faceta da instituição jurídica de um tempo portador de sentido".[60]

O Direito, como ciência, "dá o espetáculo de uma paisagem em recomposição permanente",[61] costurado na toada do tempo– que remanesce "efêmero, inexorável, pregnante e veloz..."[62] —, mas moldado pela possibilidade de reinventar-se e de imbuir-se de um olhar sobre a urbe "mediado por um amor desmedido pelo infinito absurdo da realidade".[63]

Os novos *loci* de sentido, entrelugares de pactuação entre o Estado, o Direito, a sociedade civil e os consectários de manifestações culturais pulsantes, tornam-se de extremo relevo para a releitura de instrumentos e de institutos jurídicos tradicionais e para o reconhecimento inclusivo do multiculturalismo e da diversidade cultural — "uma reflexão teórica e pragmática sobre o patrimônio cultural tomado como processo social, por isso mesmo vivo, dinâmico, em contraposição a sua visão como representação simbólica estática".[64]

A praça — e seus espaços públicos e privados de articulação das diferenças — "continua indo e vindo ao pé da escadaria. E não vai mais dividida em duas alas sectárias, paralelas. Vai monolítica. A praça de uma gente só", ressignificada no bojo de sua própria alteridade.

---

[56] OST, François. *O tempo do direito.* Trad. Élcio Fernandes. Bauru: Edusc, 2005. p. 13.

[57] OST, François. *O tempo do direito.* Trad. Élcio Fernandes. Bauru: Edusc, 2005. p. 13.

[58] OST, François. *O tempo do direito.* Trad. Élcio Fernandes. Bauru: Edusc, 2005. p. 16.

[59] OST, François. *O tempo do direito.* Trad. Élcio Fernandes. Bauru: Edusc, 2005.

[60] OST, François. *O tempo do direito.* Trad. Élcio Fernandes. Bauru: Edusc, 2005. p. 18.

[61] OST, François. *O tempo do direito.* Trad. Élcio Fernandes. Bauru: Edusc, 2005. p. 310.

[62] PIRES, Maria Coeli Simões. *Despejo.* Belo Horizonte: Mazza Edições, 2000. p. 89.

[63] BRUM, Eliane. *O olho da rua:* uma repórter em busca da literatura da vida real. São Paulo: Ed. Globo, 2009. p. 13.

[64] PIRES, Maria Coeli Simões. Proteção do patrimônio cultural: da monumentalidade aos bens imateriais. *In:* FERNANDES, Edésio; ALFONSIN, Betânia (Coord.). *Revisitando o instituto do tombamento.* Belo Horizonte: Fórum, 2010. p. 78.

5 Considerações finais

Casa Velha

Casa de muitos anos
já quase caindo no chão.
Dentro dela bate forte um coração
mas ninguém tem compaixão.
Pobre casa cansada de tanta chuva,
sol e solidão.

(Charles Alexandre Simões Pires, aos 12 anos)[65]

A trajetória e as práticas afetas à preservação do patrimônio cultural, embora tradicionalmente classificadas como ortodoxas, positivistas e marcadas por baixa densidade democrática, têm apresentado um importante lastro evolutivo doutrinário e conceitual no cerne das políticas públicas culturais recentes e do arcabouço normativo consolidado na seara da salvaguarda do patrimônio e da garantia de exercício de direitos culturais.

O tratamento dispensado à cultura e ao patrimônio cultural possui raízes no pacto colonial e em concepções teóricas ortodoxas, influenciando, sobremaneira, a forma como o Direito e a Administração Pública concebem seus arranjos regulatórios e administrativos.

As transformações paradigmáticas ocorridas no plano internacional, em especial, o processo de descolonização e o robustecimento do movimento pós-moderno globalizatório, e, no âmbito nacional, a redemocratização jurídico-política, impactaram o *modus operandi* anteriormente delineado para concepção de normas e de políticas públicas voltadas para a cultura e para a proteção patrimonial.

A cultura, como campo de correlação de forças, em especial, simbólicas, pressupõe plasticidade da indumentária jurídica para o tratamento dos bens culturais, *in casu*, do patrimônio. À luz da doutrina do constitucionalismo cultural, ressai a obrigatoriedade de consolidação, pelo Estado, de um arcabouço de normas e de políticas públicas que assegure a satisfação real das necessidades da sociedade no escopo da cultura e da criação e fruição do patrimônio histórico e artístico.

Para além, uma leitura constitucionalmente adequada da base normativa de gestão urbana e da preservação do patrimônio faz-se necessária para propiciar

---

[65] PIRES, Charles Alexandre Simões. Casa Velha. *In*: PIRES, Maria Coeli Simões. *Serro Serro*. Belo Horizonte: Mazza Edições, 1989. p. 26.

a construção de soluções que dialoguem com a propriedade privada socialmente embasada e com a função social da cidade, em todas as nuanças do sistema citadino e das políticas públicas, gestando mecanismos jurídicos alternativos que expressem a singularidade das subjetividades sociais e a coletivização do espaço público baseada na esfera conceitual do que é efetivamente comum às gentes que compõem a urbe.

Nessa linha, a regulação normativa e a formulação de políticas públicas culturais devem traduzir a diversidade na percepção da propriedade e a expressão da vida social, construídas na articulação das diferenças e na pluralidade cultural que permeia o espaço urbano. O cenário é a cidade, contexto onde se insere o patrimônio cultural físico e simbólico, pano de fundo compartilhado, palco da interação e das relações sociopolíticas, econômicas, culturais e simbólicas e do acesso universalizado a direitos.

A salvaguarda do patrimônio cultural permanece lastreada na coexistência, em movimento tensional, de uma lógica convencional positivista do Direito e do Estado — pautada por fórmulas tradicionais arraigadas de formulação, aplicação e interpretação do ordenamento jurídico no campo da cultura — e de rupturas voltadas para uma concepção sustentada na possibilidade de diálogo democrático entre sociedade civil e Estado, com vistas ao reconhecimento das manifestações multiculturais e à catalisação do potencial de resposta às demandas culturais plurais.

O Direito e a Administração Pública necessitam refletir, com fidelidade, em sua estruturação e operacionalização, o multiculturalismo e a dimensão caótica e arbitrária do real, inerente ao espaço urbano pós-moderno, e responder às novas demandas culturais plurais que borbulham mescladas à engrenagem cotidiana das cidades, pano de fundo do casario antigo — "casa de muitos anos, já quase caindo no chão" —, e da perpetuação de tantas expressões culturais "tombadas em nossa memória":[66] que vivifiquem os livros do tombo e de registro e atenuem "tanta chuva, sol e solidão".

Referências

ANDERSON, Benedict. *Comunidades imaginadas.* São Paulo: Companhia das Letras, 2008.

BHABHA, Homi. *O local na cultura.* Belo Horizonte: Ed. UFMG, 2003.

BOURDIEU, Pierre. *O poder simbólico.* 7. ed. Rio de Janeiro: Bertrand Brasil, 2001.

BOURDIEU, Pierre. *Questões de sociologia.* Rio de Janeiro: Marco Zero, 1983.

BRASIL. Constituição (1988). Constituição da República Federativa do Brasil. *Diário Oficial da União,* Brasília, 05 out. 1988.

BRASIL. Decreto nº 3.551, de 4 de agosto de 2000. Institui o Registro de Bens Culturais de Natureza Imaterial que constituem patrimônio cultural brasileiro, cria o Programa Nacional do Patrimônio Imaterial e dá outras providências. *Diário Oficial da União,* Brasília, 05 ago. 2000.

BRUM, Eliane. *O olho da rua:* uma repórter em busca da literatura da vida real. São Paulo: Ed. Globo, 2009.

CASTELLS, Manuel. *O poder da identidade.* São Paulo: Paz e Terra, 1999. v. 2.

CERTEAU, Michel de. *A invenção do cotidiano.* Artes de fazer. 12. ed. Petrópolis: Vozes, 1994.

---

[66] A expressão original de Maria Coeli Simões Pires foi modificada, retirada do poema "Traçado das Ruas do Serro Velho": "Pois, se acaso for dezembro, lá tem presépio tombado na minha memória" (PIRES, Maria Coeli Simões. *Serro Serro.* Belo Horizonte: Mazza Edições, 1989. p. 11).

CHEVALLIER, Jacques. *O Estado pós-moderno*. Tradução Marçal Justen Filho. Belo Horizonte: Fórum.

COSTA, Mila Batista Leite Corrêa da. A preservação da herança cultural intangível: a contribuição das Nações Unidas. *Guia de Estudos*, Belo Horizonte, p. 198-211, set. 2004.

DEACON, Harriet *et al*. *The Subtle Power of Intangible Heritage*. Cape Town: HSRC Press, 2004.

FERNANDES, Edésio. Direito e gestão na cidade democrática no Brasil. *In*: BRANDÃO, Carlos Antônio Leite (Org.). *As cidades da cidade*. Belo Horizonte: Ed. UFMG, 2006.

FREIRE, Doia; PEREIRA, Lígia Leite. História oral e turismo cultural. *In*: MURTA, Stela Maris; ALBANO, Cecília (Org.). *Interpretar o patrimônio*: um exercício do olhar. Belo Horizonte: Ed. UFMG, 2005.

GONÇALVES, J. R. S. *A retórica da perda*. Rio de Janeiro: Ed. UFRJ, 1996.

GUSTIN, Miracy Barbosa de Sousa; DIAS, Maria Tereza Fonseca. *(Re)pensando a pesquisa jurídica*: teoria e prática. 3. ed. Belo Horizonte: Del Rey, 2010.

HABERMAS, Jürgen. *Teoría de la acción comunicativa*. Madrid: Taurus, 1987.

HALL, Stuart. *A identidade cultural na pós-modernidade*. Rio de Janeiro: DP&A, 2000.

HARDT, M.; NEGRI, A. *Multidão*. Rio de Janeiro: Record, 2005.

LASMAR, Jorge M. O fluxo de arte e as relações internacionais: narrativa, circulação e identidade. *Revista Fronteira*, Belo Horizonte, v. 1, n. 1, p. 83-102, nov. 2001.

LONDRES, Cecília. Patrimônio e performance: uma relação interessante. *In*: GUSMÃO, Rita; TEIXEIRA, João G. L. C; GARCIA, Marcus V. C. *Patrimônio imaterial, performance cultural e (re)tradicionalização*. Brasília: ICS-UNB, 2004. p. 19-30.

MIGNOLO, Walter. La razón postcolonial: herencias coloniales y teorías postcoloniales. *In: Gragoatá*. Niterói: EDUFF, 1996.

MINAS GERAIS. Decreto nº 42.505, de 15 de abril de 2002. Institui as formas de Registros de Bens Culturais de Natureza Imaterial ou Intangível que constituem patrimônio cultural de Minas Gerais. *Diário Oficial de Minas Gerais*, Belo Horizonte, 16 abr. 2002.

OST, François. *O tempo do direito*. Tradução Élcio Fernandes. Bauru: Edusc, 2005.

PAIVA, Carlos M. de Souza. *O regime jurídico do bem cultural edificado no Brasil*. Ouro Preto: Ed. UFOP, 2010.

PIRES, Charles Alexandre Simões. Casa Velha. *In*: PIRES, Maria Coeli Simões. *Serro Serro*. Belo Horizonte: Mazza Edições, 1989.

PIRES, Maria Coeli Simões. *Balaio de taquara*. Belo Horizonte: Mazza Edições, 1988.

PIRES, Maria Coeli Simões. *Da proteção ao patrimônio cultural*: o tombamento como principal instituto. Belo Horizonte: Del Rey, 1994.

PIRES, Maria Coeli Simões. *Despejo*. Belo Horizonte: Mazza Edições, 2000.

PIRES, Maria Coeli Simões. Direito urbanístico, meio ambiente e patrimônio cultural. *In*: DIAS, Maria Tereza Fonseca; PAIVA, Carlos Magno de Souza (Coord.). *Direito e proteção do patrimônio cultural imóvel*. Belo Horizonte: Fórum, 2010.

PIRES, Maria Coeli Simões. *Memória e arte do queijo do Serro*: o saber sobre a mesa. Belo Horizonte: Ed. UFMG, 2013.

PIRES, Maria Coeli Simões. Proteção do patrimônio cultural: da monumentalidade aos bens imateriais. *In*: FERNANDES, Edésio; ALFONSIN, Betânia (Coord.). *Revisitando o instituto do tombamento*. Belo Horizonte: Fórum, 2010.

PIRES, Maria Coeli Simões. *Serro Serro*. Belo Horizonte: Mazza Edições, 1989.

PIRES, Maria Coeli Simões; COSTA, Mila Batista Leite Corrêa da. Função social do espaço urbano: uso do solo e construção de sustentabilidades. *Interesse Público*, Belo Horizonte, ano 14, n. 74, jul./ago. 2012.

PIRES, Maria Coeli Simões; COSTA, Mila Batista Leite Corrêa da. Sustentabilidade, licitação e pós-modernidade: pluridimensionalidade e releituras necessárias. *In*: BICALHO, Alécia Paolucci Nogueira; DIAS, Maria Tereza Fonseca (Org.). *Contratações públicas:* estudos em homenagem ao Professor Carlos Pinto Coelho Motta. Belo Horizonte: Fórum, 2013. p. 341-356.

PIRES, Maria Coeli Simões; COSTA, Mila Batista Leite Corrêa da. The City as a Mosaic: Law, Otherness and Dialetic Perspective. *In*: *XXVI WORLD CONGRESS OF PHILOSOPHY OF LAW AND SOCIAL PHILOSOPHY* – 26th IVR World Congress. Human Rights, Rule of Law and the Contemporary Social Challenges in Complex Societies. Belo Horizonte: Fórum, 2013.

PIRES, Maria Coeli Simões; COSTA, Mila Batista Leite Corrêa da; CARDOSO, José Luiz F. O Princípio constitucional do devido processo e a proteção do patrimônio cultural: ressignificando o instituto do tombamento. *Revista de Direitos e Garantias Fundamentais (Faculdade de Direito de Vitória)*, Vitória, 2013.

SCHOLZ, Roswitha. *A nova crítica social e o problema das diferenças:* disparidades económicas, racismo e individualização pós-moderna. 2005. Disponível em: <http://obeco.planetaclix.pt/roswitha-scholz3.htm>. Acesso em: 20 out. 2013.

VIANNA, Letícia. Pluralidade cultural e identidade nacional: um relato de experiências recentes de políticas no Brasil. *In*: GUSMÃO, Rita; TEIXEIRA, João G. L. C; GARCIA, Marcus V. C. *Patrimônio imaterial, performance cultural e (re)tradicionalização*. Brasília: ICS-UNB, 2004.

Informação bibliográfica deste texto, conforme a NBR 6023:2002 da Associação Brasileira de Normas Técnicas (ABNT):

COSTA, Mila Batista Leite Corrêa da; PIRES, Charles Alexandre Simões. Memória e patrimônio cultural no mosaico da urbe: dimensões do direito, do esquerdo e narrativas do Estado **pós-moderno**. *In*: DIAS, Maria Tereza Fonseca *et al.* (Coord.). *Estado e propriedade*: estudos em homenagem à professora Maria Coeli Simões Pires. Belo Horizonte: Fórum, 2015. p. 129-147.

A ATUAÇÃO EM REDE DO ESTADO E DA SOCIEDADE NA PROTEÇÃO AO PATRIMÔNIO PÚBLICO

DANIELA MELLO COELHO HAIKAL

HELOISA HELENA NASCIMENTO ROCHA

LUCIANA MORAES RASO SARDINHA PINTO

A legitimidade é conceito fundamental na reformulação do Direito Administrativo, porque dá autenticidade ao exercício do poder e compatibiliza consistentemente os direitos individuais, os interesses gerais e a justiça social.

(Paulo Neves de Carvalho)

1 Da compreensão do significado do patrimônio público

A noção de patrimônio está intrinsecamente relacionada à ideia de propriedade, um dos direitos fundantes do constitucionalismo moderno, juntamente com a liberdade e a igualdade.

Outrora absoluto e excessivamente protegido da interferência do Estado, o direito à propriedade abandona sua matiz individualista e socializa-se[1] a partir do momento em que passa a ser concebido em consonância com o interesse público.

O princípio da função social da propriedade, premissa básica do exercício desse direito, integra a própria condição de proprietário.[2] Nos dizeres de Bernardo Fernandes

---

[1] FERNANDES, Bernardo Gonçalves. *Curso de Direito Constitucional*. 2. ed. Rio de Janeiro: Lumen Juris, 2010. p. 289.

[2] CARVALHO, Kildare Gonçalves. *In*: FERNANDES, Bernardo Gonçalves. *Curso de Direito Constitucional*. 2. ed. Rio de Janeiro: Lumen Juris, 2010.

Gonçalves, a propriedade é um *poder-dever* voltado para o atendimento do interesse privado do seu titular e, também, do interesse da coletividade, de caráter público. Não se trata de princípio limitador desse direito, mas constitutivo do conceito de propriedade, isto é, "não poderá ser juridicamente considerado proprietário aquele que não der ao bem uma destinação compatível e harmoniosa com o interesse público".[3]

Ainda assim, não se pode olvidar que um traço característico da propriedade privada é o seu caráter exclusivo, que impõe um dever universal de abstenção.[4]

Os bens públicos, de outro lado, são, essencialmente, aqueles cujos benefícios tenham "fortes qualidades de caráter público", a saber, a não rivalidade no consumo e a não exclusão, uma vez que todos podem deles usufruir enquanto propriedade comum de um povo e conforme a extensão de sua proteção à humanidade (gerações atuais e futuras).[5]

Na perspectiva do art. 98 do Código Civil Brasileiro, os bens públicos são aqueles do domínio nacional pertencentes às pessoas jurídicas de direito público interno. Nesta categoria enquadram-se, nos termos do art. 99, os bens de uso comum do povo, como rios, mares, estradas, ruas e praças; os de uso especial, como edifícios ou terrenos destinados a serviço ou estabelecimento da administração federal, estadual, territorial ou municipal, inclusive os de suas autarquias; e os dominicais, que constituem o patrimônio das pessoas jurídicas de direito público, como objeto de direito pessoal, ou real, de cada uma dessas entidades.

A Lei nº 4.717, de 1965, que regula a ação popular, conceitua patrimônio público como os bens e direitos de valor econômico, artístico, estético, histórico ou turístico.

A Constituição de 1988, no inciso LXXIII do art. 5º, estabelece que qualquer cidadão é parte legítima para propor ação popular que vise à anulação de ato lesivo ao patrimônio público ou de entidade de que o Estado participe, à moralidade administrativa, ao meio ambiente e ao patrimônio histórico e cultural, ficando o autor, salvo comprovada má-fé, isento de custas judiciais e do ônus da sucumbência.

Neste estudo, a abordagem conferida ao termo *patrimônio público* perpassa pelos aspectos financeiro e econômico, cultural e ambiental.

Tomado na primeira acepção, o patrimônio público refere-se a bens, valores e dinheiros da administração pública, conforme disposto no inciso II do artigo 71 da Constituição, que estabelece a competência do Tribunal de Contas para fiscalizar o erário.[6] Encontra a expressão máxima de sua proteção no §5º do art. 37 da Constituição, que estabelece como regra geral a prescritibilidade para ilícitos praticados por qualquer agente, servidor ou não, que causem prejuízos ao erário, ressalvadas as respectivas ações de ressarcimento.

---

[3] FERNANDES, Bernardo Gonçalves. *Curso de Direito Constitucional*. 2. ed. Rio de Janeiro: Lumen Juris, 2010. p. 289.

[4] FLORES FILHO, Edgar Gastón Jacobs. Direito e Cultura: um novo regime jurídico para os bens culturais imóveis em centros históricos. *In*: DIAS, Maria Tereza Fonseca; PAIVA, Carlos Magno de Souza. *Direito e proteção do patrimônio cultural imóvel*. Belo Horizonte: Fórum, 2010.

[5] GRUNBERG, Isabelle; KAUL, Inge; STERN, Marc A. Definindo bens públicos globais. *In*: *Bens públicos globais*: cooperação internacional no século XXI. Rio de Janeiro: Record, 2012. p. 41-42.

[6] Segundo entendimento do Ministro Carlos Ayres Britto, no voto proferido no RE nº 576.155 DF. *In*: MOTTA, Reuder Cavalcante. *Tutela do patrimônio público e da moralidade administrativa*: interpretação e aplicação. Belo Horizonte: Fórum, 2012. p. 69.

Sob o enfoque cultural, o patrimônio público é constituído por bens de natureza material e imaterial, tomados individualmente ou em conjunto, portadores de referência à identidade, à ação e à memória dos diferentes grupos formadores da sociedade brasileira. Estão contempladas as formas de expressão, os modos de criar, fazer e viver, as criações científicas, artísticas e tecnológicas, as obras, objetos, documentos, edificações e demais espaços destinados às manifestações artístico-culturais e os conjuntos urbanos e sítios de valor histórico, paisagístico, artístico, arqueológico, paleontológico, ecológico e científico.[7] Sua proteção está assentada na premissa básica de que o patrimônio cultural possui valor intrínseco acima e além dos benefícios econômicos que possam dele advir.[8] Segundo Maria Coeli Simões Pires, a "pressão da racionalidade mercadológica, que impõe a potencialização econômica dos bens culturais, traz como consequência a sua precarização, quando não grave elitização".[9]

O patrimônio público ambiental refere-se ao meio ambiente formado pelo solo, água, ar atmosférico, energia, fauna e flora. Segundo o art. 225 da Constituição da República, todos têm direito ao meio ambiente ecologicamente equilibrado, bem de uso comum do povo e essencial à sadia qualidade de vida, impondo-se ao Poder Público e à coletividade o dever de defendê-lo e preservá-lo para a geração presente e a futura.

Alguns autores defendem que o Texto Constitucional apartou os patrimônios social e ambiental do patrimônio público financeiro e econômico, conferindo-lhes autonomia. Além do mencionado inciso LXXIII do art. 5º, o artigo 23 estabelece como competência comum da União, dos estados e dos municípios conservar o patrimônio público e proteger o patrimônio social e o meio ambiente. O inciso III do artigo 129 dispõe que compete ao Ministério Público promover o inquérito civil e a ação civil pública para a proteção do patrimônio público e social, do meio ambiente e de outros interesses difusos e coletivos.

Para Bernardo Gonçalves Fernandes, ao dispor sobre a ação popular, a Constituição da República ampliou o conceito de patrimônio público, que passa a englobar tanto o patrimônio público material como o patrimônio imaterial, em toda a sua dimensão, seja cultural, histórica, ambiental ou moral.[10]

Compartilhamos o entendimento de Fernandes de que a Constituição amplia o conceito de patrimônio público para além do aspecto financeiro, em que pesem as especificidades dos instrumentos para sua proteção e gestão.

A própria atuação do Tribunal de Contas, outrora compreendido como principal órgão de controle do patrimônio público econômico e financeiro, é indicativo da abrangência do conceito. Assim, a fiscalização contábil, financeira, orçamentária, operacional e patrimonial dos órgãos e das entidades da administração pública direta e indireta deve aferir não somente a legalidade e a economicidade, mas também a legitimidade da gestão dos recursos públicos.

---

[7] Artigo 216 da Constituição da República de 1988.

[8] SERAGELDIN, Ismail. O patrimônio cultural como um bem público: análise econômica aplicada a cidades históricas *In*: *Bens públicos globais*: cooperação internacional no século XXI. Rio de Janeiro: Record, 2012.

[9] PIRES, Maria Coeli Simões. Direito urbanístico, meio ambiente e patrimônio cultural. *In*: DIAS, Maria Tereza Fonseca; PAIVA, Carlos Magno de Souza. *Direito e proteção do patrimônio cultural imóvel*. Belo Horizonte: Fórum, 2010. p. 154.

[10] FERNANDES, Bernardo Gonçalves. *Curso de Direito Constitucional*. 2. ed. Rio de Janeiro: Lumen Juris, 2010. p. 408-409.

Cita-se como exemplo a fiscalização dos procedimentos licitatórios. As licitações sempre tiveram por objetivo assegurar a isonomia entre os licitantes e a seleção da proposta mais vantajosa para a administração, o que, geralmente, compreendia a proposta de menor preço.[11] Ora, tal intepretação reducionista não pode mais subsistir a partir do momento em que outros aspectos devem ser considerados para a avaliação da qualidade dos serviços ofertados, merecendo destaque, atualmente, a garantia da sustentabilidade.[12]

Ademais, segundo o Ministro Marcos Vinícius Vilaça, do Tribunal de Contas da União, com apoio no princípio da indisponibilidade do interesse público, o gestor não está autorizado a recusar propostas mais vantajosas à Administração. Entretanto, a vantajosidade não pode ser aferida em todos os casos apenas com base no preço, apesar de ser este, obviamente, o seu indicativo mais preciso.[13]

Também as auditorias operacionais[14] contribuem para a ampliação das dimensões fiscalizadas para além do controle formal da gestão financeira. Assim, a avaliação das condições de acessibilidade das pessoas com deficiência nos órgãos e entidades da administração pública, a prevenção aos incêndios florestais e seu controle, as ações de enfrentamento à violência doméstica e familiar contra as mulheres, a assistência jurídica gratuita, o saneamento básico e as políticas de saúde e educação são exemplos de auditorias realizadas com a finalidade de contribuir para o aprimoramento da gestão pública, sem abandonar as ações fiscalizatórias com foco na otimização do uso do dinheiro público.

Portanto, nem sempre é possível estabelecer clara distinção entre os valores econômicos, culturais, artísticos ou históricos. Tais aspectos se entrelaçam e devem ser compreendidos sob a ótica da garantia dos direitos fundamentais.

É certo afirmar que, enquanto propriedade de todos, é traço essencial do patrimônio público a necessária participação social em sua gestão, seja no processo de formulação e implementação de políticas públicas, seja no processo decisório da alocação de recursos públicos, seja, ainda, no controle das contas públicas.

2 Da relação entre o Estado e a Sociedade no contexto democrático

A Constituição da República de 1988 representa verdadeiro marco da garantia da participação social na construção da vontade e da opinião públicas.

Desde seu preâmbulo, estabelece como finalidade do Estado assegurar o exercício dos direitos fundamentais, a igualdade e a justiça como "valores supremos de uma sociedade fraterna, pluralista e sem preconceitos".

---

[11] COSTA, Carlos Eduardo Lustosa. As licitações sustentáveis na ótica do controle externo. Disponível em: <http://portal2.tcu.gov.br/portal/pls/portal/docs/2435919.PDF>. Acesso em: fev. 2014.

[12] COSTA, Carlos Eduardo Lustosa. As licitações sustentáveis na ótica do controle externo. Disponível em: <http://portal2.tcu.gov.br/portal/pls/portal/docs/2435919.PDF>. Acesso em: fev. 2014.

[13] BRASIL. Tribunal de Contas da União. Acórdão nº 256/2005 – Plenário. Relator: Ministro Marcos Vinícius Vilaça. Sessão Plenária de 16.03.2005.

[14] Segundo o *Manual de Auditoria Operacional* do TCU, a auditoria operacional é o exame independente e objetivo da economicidade, eficiência, eficácia e efetividade de organizações, programas e atividades governamentais, com a finalidade de promover o aperfeiçoamento da gestão pública. Disponível em: <www.tcu.gov.br>. Acesso em: mar. 2014.

Em seu art. 1º, a Carta Cidadã dispõe que a República Federativa do Brasil constitui-se em Estado Democrático de Direito e tem como fundamentos a soberania, a cidadania, a dignidade da pessoa humana, os valores sociais do trabalho e da livre iniciativa e o pluralismo político, proclamando que "todo o poder emana do povo, que o exerce por meio de representantes eleitos ou diretamente, nos termos desta Constituição".

Segundo Friedrich Müller, a palavra *democracia* não deriva apenas etimologicamente de "povo". É o governo do povo a justificativa do próprio Estado Democrático. Isto é, sobre ele repousa a legitimidade das ações exercidas em seu nome.

Paradoxalmente, alerta o autor, o primeiro componente de "democracia" é objeto de pouca reflexão. A problematização do que vem a ser, concretamente, o "povo" implica trazer à luz significados que habitam, adormecidos, por detrás de nossas práticas sociais.

O primeiro deles parte da premissa de que, diante da impossibilidade fática do autogoverno, é preciso criar mecanismos de participação direta ou indireta (eleições, referendos, iniciativa popular) que garantam o fluxo de opiniões e interesses e possibilitem a determinação normativa do tipo de convívio de um povo pelo próprio povo. Neste contexto, o povo ativo compreende os cidadãos do respectivo país, no usufruto de seus direitos políticos.

Outra concepção fundamenta-se no fato de que, se todo o poder emana do povo, "o estado não é *e.g.* o seu sujeito, o seu proprietário; ele é o seu âmbito material de responsabilidade e atribuição".[15] O povo representaria uma instância global de atribuição de legitimidade democrática, perante a qual o Estado deve, permanentemente, justificar suas ações.

O povo pode também representar um ícone, sacralizado e mitificado, criado como entidade homogênea e abstrata, cuja função é legitimar e justificar, ainda que de forma precária, as decisões tomadas por sua obra e graça. A iconização "impede, conforme se deseja, de dar um nome às cisões sociais reais, de vivê-las [*austragen*] e consequentemente trabalhá-las. A simples fórmula do 'poder constituinte do povo' já espelha ilusoriamente o uno".[16]

Essas concepções trazem consigo algumas limitações: o povo enquanto instância de atribuição restringe-se aos titulares da nacionalidade; o povo ativo, aos que estejam no gozo dos direitos políticos; o povo ícone, enquanto entidade homogênea cuja função é legitimar tão somente o exercício do poder, não se refere, na prática, a ninguém.

A exclusão, seja social, cultural ou econômica, torna-se inimiga de uma concepção verdadeiramente democrática de povo, pois faz com que parte da população esteja fisicamente no território, mas não seja destinatária das ações civilizatórias do Estado, ainda que participe precariamente da concepção de povo ativo, ou seja, titular de direitos políticos.

A problematização do que seja o povo, conclui Müller, deve caminhar para além das técnicas da representação ou do plebiscito, do esquema de "em cima/embaixo", da estrutura dos textos de normas. Povo constitui-se dos destinatários das ações civilizatórias do Estado, a totalidade dos efetivamente atingidos pelo direito vigente e

---

[15] MÜLLER, Friedrich. *Quem é o povo?* A questão fundamental da democracia. São Paulo: Max Limonad, 2000. p. 62.
[16] MÜLLER, Friedrich. *Quem é o povo?* A questão fundamental da democracia. São Paulo: Max Limonad, 2000. p. 72-73.

pelas decisões do poder do Estado, sem exclusão. Toda a população de determinado território deve ser considerada, pois todos devem ser destinatários da ação do Estado e titulares dos direitos fundamentais. Povo "é um fluxo comunicativo que envolve, de forma permanente, o diálogo com as gerações passadas e a responsabilidade para com as futuras".[17]

Mas esse fluxo comunicativo não é capaz de suprir por si só o déficit de integração social das sociedades modernas. Existe, de fato, um poder social que carece de otimização por meios institucionalizados, respaldado no direito e na política. Quanto mais complexa a sociedade, mais a integração social depende de meios institucionalizados capazes de suprir o déficit de integração social.

É necessário repensar o exercício da política no mundo contemporâneo, em que "o presente está marcado por uma dramática determinação: a natureza transacional e policêntrica da atual ordem mundial pôs em xeque os fundamentos do Estado e da política".[18]

Por meio do Estado de Direito, os procedimentos discursivos da formação da vontade e da opinião públicas são institucionalizados, canalizando o poder comunicativo — fraco, mas fundamental — para a legitimidade do direito e da política.

A soberania popular é direcionada para as formas de comunicação destituídas de sujeito, constituídas em arenas, por meio das quais é possível identificar e problematizar questões e demandas e comunicá-las à esfera pública política, responsável por concretizá-las e implementá-las, a partir de decisões que se vinculem coletivamente. Essas esferas públicas mobilizadas participam, ao lado das formas institucionalizadas, da formação da opinião pública e da vontade.

Antes de serem obstáculos à democracia, o antagonismo, os conflitos e a tensão entre a diferença e a igualdade são inerentes à sociedade democrática,[19] uma vez que "um processo democrático saudável exige um choque vibrante de posições políticas e um conflito aberto de interesses".[20]

Em uma sociedade cada vez mais complexa e multifacetada, o Estado assume papel central na difícil tarefa de articular e coordenar os diversos interesses, por vezes contraditórios, e os múltiplos atores que participam do processo decisório.

A partir do momento em que a diferenciação social torna-se característica necessária das formações sociais modernas, a finalidade última das revoluções, outrora direcionadas para a reestruturação do Estado, passa a ser, no contexto do pluralismo democrático, a redefinição das relações entre Estado e Sociedade, na ótica desta última.[21]

---

[17] CARVALHO NETTO, Menelick; PAIXÃO, Cristiano. Entre permanência e mudança: reflexões sobre o conceito de constituição. Disponível em: <http://www.tex.pro.br/home/artigos/168-artigos-fev-2013/4801-a-adequada-tecnica-processual-e-duracao-razoavel-do-processo-no-sistema-ingles-e-brasileiro-7421>. Acesso em: mar. 2014.

[18] NOGUEIRA, Marco Aurélio. *As possibilidades da política*: as ideias para a reforma democrática do Estado. São Paulo: Paz e Terra, 1998. p. 245.

[19] "Em vez de deplorarmos esta tensão, deveríamos estar gratos por ela e encará-la como algo a ser defendido e não eliminado. De facto, é esta tensão, que também se apresenta como uma tensão entre a nossa identidade como indivíduos e como cidadãos e entre os princípios da liberdade e da igualdade, que constitui a melhor garantia de que o projecto da democracia moderna está vivo e enformado pelo pluralismo. O desejo de a dissolver só poderia conduzir à eliminação do político e a à destruição da democracia" (MOUFFE, Chantal. *O regresso do político*. Lisboa: Gradiva, 1996. p. 178).

[20] MOUFFE, Chantal. *O regresso do político*. Lisboa: Gradiva, 1996. p. 17.

[21] AVRITZER, Leonardo. *Sociedade civil e democratização*. Belo Horizonte: Del Rey, 1994. p. 25.

O formato e a dinâmica institucional assumem particular relevância, pois vão determinar os canais possibilitadores do fluxo comunicativo. Qualquer proposta de modernização do aparato administrativo deve necessariamente partir de uma discussão acerca da relação entre o Estado e a Sociedade. É preciso "criar arranjos institucionais que organizem a participação nas diferentes esferas governamentais e que sejam dinâmicas o suficiente para absorver as tendências cambiantes inerentes à democracia".[22]

Para Boaventura de Sousa Santos, a luta democrática passa a ser a luta pela democratização dessas tarefas de coordenação. O Estado, como "novíssimo movimento social", é um ente articulador que não detém o monopólio da governação, mas sim o da articulação no interior da nova organização política. A rígida materialidade institucional do Estado está sujeita, em tempos de constantes mudanças, a vibrações que a desestruturam, de modo que o papel do Estado-articulador ainda está por inventar.[23]

O Estado deve tornar-se campo de experimentação, permitindo a coexistência e a competição democrática de diversas soluções institucionais em igualdade de oportunidades e sujeitas ao monitoramento constante e à avaliação comparada de seu desempenho por parte dos cidadãos. "Não é, pois, difícil prever que as lutas democráticas dos próximos anos sejam fundamentalmente lutas por desenhos institucionais alternativos".[24]

Nesse sentido, encontra-se em nítido processo de construção e experimentação a implementação da moderna conformação dos instrumentos de colaboração entre os participantes das esferas pública e privada, mediante a formação da denominada "gestão em rede".

3 Gestão pública em rede: desafios e perspectivas

Apesar de a estrutura organizacional da administração pública fundar-se, basicamente, na especialização temática, é cada vez mais frequente a criação de modelos de ação que buscam garantir a intersetorialidade e o envolvimento dos diversos atores no processo de tomada de decisões, o que favorece a formação de redes como alternativa viável para a implementação das políticas públicas.

A propósito da nova configuração da atuação em rede entre o Estado e a sociedade, tem-se que valores como confiança, negociação, coordenação e equilíbrio entre controle e liberdade passam a reger os arranjos concebidos nas relações coletivas, em substituição aos valores tradicionais, construídos a partir da visão isolada e unilateral do Estado, que se fundamentam na hierarquia, na subordinação, na legalidade restrita e no isolamento da tomada de decisões por parte dos órgãos públicos.

A inovação nos processos de gestão das atividades de interesse público e o compartilhamento de informações têm viabilizado o incremento dos vínculos de parceria entre o público e o privado, seja mediante o fortalecimento das relações já existentes no campo dos contratos, convênios e demais ajustes, que já vigoram no âmbito do nosso ordenamento jurídico, seja mediante a instituição de novos vínculos, os quais

---

[22] PAES DE PAULA, Ana Paula. *Por uma nova gestão pública*. Rio de Janeiro: Ed. FGV, 2005. p. 171.

[23] SOUSA SANTOS, Boaventura. *A gramática do tempo*: para uma nova cultura política. São Paulo: Cortez, 2006.

[24] SOUSA SANTOS, Boaventura. *A gramática do tempo*: para uma nova cultura política. São Paulo: Cortez, 2006. p. 375.

são concebidos a partir de programas e projetos destinados a assegurar a consecução temática de políticas públicas focadas na obtenção de resultados que melhor atendam às demandas sociais, permitindo a alocação de recursos públicos para áreas mais sensíveis, previamente eleitas como merecedoras de maior amparo.

Percebe-se, portanto, que na moderna concepção de gestão pública o primado do planejamento é essencial ao modelo e a agenda governamental passa, necessariamente, pela reinvenção e, em alguns casos, pela extinção das práticas e procedimentos arcaicos. Isso porque se conclui que a visão fragmentada dos processos de planejamento e execução envolvendo o Estado, o mercado e a sociedade civil perde espaço nas relações policêntricas, em que todos os atores assumem conjuntamente tarefas e responsabilidades, em busca de melhores resultados na implantação de projetos de interesse coletivo.

Para o alcance dos objetivos, entende-se que dois pilares são basilares na consolidação do novo arranjo no campo da gestão pública: o federalismo compartilhado e o construtivismo social. É fundamental conceber que os elos de confluência entre os atores passam pela atuação conjunta dos entes federados no exercício de suas competências legislativas e administrativas comuns atinentes à prestação de serviços públicos, bem como pelos movimentos de articulação da moderna arquitetura que envolve o público e o privado, este último abrangendo o mercado e a sociedade sem fins lucrativos. Verifica-se, assim, que o pluralismo se revela no ambiente endógeno das esferas públicas e no cenário exógeno das relações com o particular.

Caio Marini e Humberto Martins, ao desenvolverem as premissas do governo matricial, buscam demonstrar, a partir da apresentação de estruturas em redes, que a nova concepção de gestão visa sobrepor à estrutura governamental predominante mecanicista as estruturas em rede com feições orgânicas voltadas para resultados.

Para os autores,

> [...] a nova Administração para o desenvolvimento se baseia em um conceito de desenvolvimento aberto, num contexto marcado pela globalização, integração e interdependência. Busca tratar de forma integrada a dimensão do desenvolvimento econômico (estabilidade e crescimento), do desenvolvimento social (o incremento sustentável de bem-estar geral em termos de desenvolvimento humano) e da sustentabilidade ambiental. Também atribui papel central ao Estado, mas numa linha de um Estado-rede, um elemento concertador, ativador e direcionador das capacidades do mercado e da sociedade civil na direção do desenvolvimento. Fica patente a consideração do aparato estatal não apenas como estrutura, mas como um ator que atua em conjunto com outros atores [...] Trata-se do Estado incrustado na sociedade não apenas no sentido de que reproduz suas demandas, mas também no sentido de que promove ações conjuntas (parcerias e alianças no provimento de serviços de relevância social e mesmo empreendimentos) e constitui uma inteligência estratégica que se manifesta na interlocução e na participação na gestão das políticas públicas. O desenvolvimento requer um estado eficaz que encoraje e complemente o mercado e a sociedade civil, como parceiro, catalista e facilitador.[25]

---

[25] MARINI, Caio; MARTINS, Humberto. Um governo matricial: estruturas em rede para geração de resultados de desenvolvimento. Disponível em: <http://conscienciafiscal.mt.gov.br/arquivos/A_8bbc987afebbbba069e69ed8fc edb290govmatricial.pdf>. Acesso em: fev. 2014.

A concepção de rede envolve o compartilhamento da autoridade, despindo-se o Estado de seu poder de soberano, para, cotidianamente, articular-se com outros agentes na tomada de decisões, configurando-se a rede como um emaranhado de nós de distintas dimensões, frequentemente, assimétricas. As redes formadas pelo conjunto de relações titularizadas por diversos atores que compartilham interesses comuns assumem a natureza não hierarquizada e interdependente e são fundamentais para a obtenção de resultados de desenvolvimento.

Para Sônia Maria Fleury Teixeira, a nova gestão das redes de políticas revela a ruptura da concepção tradicional de Estado como representante exclusivo do planejamento e da condução da ação pública, mediante sua substituição por movimentos de coordenação oriundos da ordem social, com seus múltiplos atores.

Afirma a autora que

> [...] a criação e manutenção da estrutura de redes impõe desafios administrativos fundamentais, vinculados aos processos de negociação e geração de consenso, estabelecimento de regras de atuação, distribuição de recursos e interação, construção de mecanismos e processos coletivos de decisão, estabelecimento de prioridades e acompanhamento. Em outras palavras, os processos de decisão, planejamento e avaliação ganham novos contornos e requerem outra abordagem, quando se trata de estruturas gerenciais policêntricas.[26]

Stephen Goldsmith e William D. Eggers, na obra "Governar em rede: o novo formato do setor público", registram que tal modelo representa a confluência de quatro tendências que estão alterando o formato do setor público no contexto mundial, a saber:

> 1. o aumento do uso de empresas privadas e entidades sem fins lucrativos para realizar o trabalho do governo; 2. esforços para unir governos horizontalmente e verticalmente para alinhar processos a partir da perspectiva do cliente-cidadão; 3. revoluções tecnológicas que reduzem drasticamente os custos de trabalhar em parceria; e 4. maior demanda, por parte dos cidadãos, por mais escolhas nos serviços públicos.[27]

Os autores relatam inúmeros casos de modelos de prestação de serviços por terceiros para além daqueles tradicionalmente formatados já vivenciados na área da informática e da coleta de lixo, atingindo nos Estados Unidos da América, nos Países Baixos e no Reino Unido setores inovadores, a exemplo do constatado em dezenas de autoridades educacionais contratadas pelo setor privado não apenas para construir e modernizar suas escolas, mas também para operá-las, tornando grande negócio a prestação de serviços educacionais e a administração de escolas, com o aumento em 70% em 2001 nos EUA do número de empresas privadas com fins lucrativos que administram escolas públicas.

Relatos também são notados na prestação de serviços ambientais e na gestão de recursos diversos, sendo significativo o aumento da participação de organizações sociais sem fins lucrativos que assumiram o papel de migrar cidadãos da condição de

---

[26] TEIXEIRA, Sonia Maria Fleury. O desafio da gestão das redes de políticas. Disponível em: <http://unpan1.un.org/intradoc/groups/public/documents/CLAD/clad0043204.pdf>. Acesso em: fev. 2014.

[27] GOLDSMITH, Stephen; EGGERS, William D. *Governar em rede*: o novo formato do setor público. Brasília; São Paulo: ENAP/Unesp, 2011. p. 41.

assistência social para a atividade laboral. Outra tendência é constatada na assistência social infantil, com a transferência para a rede de prestadores de serviços, com e sem fins lucrativos, dos serviços de guarda de menores e de adoção de crianças.

Diante desse cenário, o contingente de servidores públicos no governo federal norte-americano diminuiu significativamente e o gasto com os contratados ultrapassou em US$ 100 bilhões anuais os salários dos servidores, segundo dados divulgados pelo *Budget of the United States Government* relativo ao ano fiscal de 2005.

Na esteira das mudanças vivenciadas no ambiente das relações entre o público e o privado, cabe destacar o Plano Mineiro de Desenvolvimento Integrado, consoante disposto na Lei Estadual nº 20.008, de 4 de janeiro de 2012, que estabeleceu as diretrizes para a atuação do setor público em Minas Gerais no período de 2011-2030, com foco na integração entre os diversos níveis de governo e a sociedade.

Para a consecução dos objetivos definidos no referido plano, caberá ao Poder Executivo adotar o modelo de gestão transversal de desenvolvimento, orientado para a colaboração institucional e intersetorialidade nos âmbitos governamental e extragovernamental, para a transparência administrativa e participação social, para a qualidade do gasto, para a eficiência e o compartilhamento da gestão e para a melhoria dos indicadores institucionais, administrativos, econômicos, sociais e humanos, com ênfase nas prioridades estratégicas do governo, regionais ou setoriais, segundo preconizado no art. 3º da mencionada lei.

Quatro eixos da gestão pública em rede foram, então, estabelecidos.[28] No primeiro, almeja-se melhorar a compreensão da realidade em que os administrados estão inseridos. O amplo leque de atores, com necessidades e anseios diversos, auxilia o governo a compreender melhor a realidade dessa diversidade da sociedade, proporcionando melhor diagnóstico e tornando possível a compreensão mais sistêmica dos problemas a serem enfrentados, valendo-se de olhares, percepções e informações diversas.

O segundo eixo concentra-se na formulação das ações, com vistas a mobilizar os conhecimentos produzidos pelas entidades da sociedade e obter melhor visão das diversas temáticas que impactam a qualidade de vida da população, a partir da integração em rede das áreas e dos parceiros relacionados ao problema enfrentado.

O terceiro eixo é voltado para a execução das ações. A união dos esforços em rede permite a racionalização dos procedimentos e o compartilhamento das informações concernentes à operacionalização, ensejando maior efetividade das ações e evitando o desperdício de recursos e o setorialismo.

O quarto eixo volta-se para o monitoramento e a avaliação das ações realizadas em parceria com a sociedade civil, permitindo melhor compreensão dos resultados obtidos e a pronta correção de equívocos constados.

A nova articulação institucional realiza-se a partir da construção de Redes de Desenvolvimento Integrado,[29] previstas em lei, as quais não representam estruturas

---

[28] Disponível em: <http://www.planejamento.mg.gov.br/images/documentos/pmdi/pmdi_2011_2030.pdf>. Acesso em: fev. 2014.

[29] Foram definidas as seguintes Redes: Atenção em Saúde; Cidades; Ciência, Tecnologia e Inovação; Defesa e Segurança; Desenvolvimento Econômico Sustentável; Desenvolvimento Rural; Desenvolvimento Social e Proteção; Educação e Desenvolvimento Humano; Governo Integrado, Eficiente e Eficaz; Identidade Mineira; Infraestrutura.

institucionais formais, mas formas de organização e conjunção de esforços em torno de grandes escolhas e prioridades.[30]

No que se refere à proteção do patrimônio público cultural, a Constituição estabelece que o Poder Público, com a colaboração da comunidade, promoverá e protegerá o patrimônio cultural brasileiro, por meio de inventários, registros, vigilância, tombamento e desapropriação, além de outras formas de acautelamento e preservação.

Maria Coeli Simões Pires explica que a Carta Magna traça a moldura qualitativa da política pública de cultura, estabelecendo de forma expressa a dimensão social do direito aos bens da cultura. Para a autora, a noção de cultura e de preservação é flexibilizada, alargando a abrangência do patrimônio cultural, "para abrigar as manifestações imaterializadas que testemunham culturas, mentalidades e vínculos". No contexto do Estado Democrático de Direito, a gestão do patrimônio cultural requer a definição dos papéis do Estado, da sociedade, do cidadão e da iniciativa privada, a partir do momento em que não mais se justifica a imposição de uma cultura à sociedade.[31]

Tendo por objetivo promover o desenvolvimento humano, social e econômico, com pleno exercício dos direitos culturais, foi instituído, por meio da Emenda Constitucional nº 71, de 2012, o Sistema Nacional de Cultura, organizado em regime de colaboração, de forma descentralizada e participativa, o qual institui o processo de gestão e promoção conjunta de políticas públicas de cultura, democráticas e permanentes, pactuadas entre os entes da Federação e a sociedade. Dentre os princípios estruturantes do Sistema, destacam-se, quanto à gestão: a cooperação entre os entes federados, os agentes públicos e os agentes privados atuantes na área cultural; a democratização dos processos decisórios com participação e controle social; e a descentralização articulada e pactuada da gestão, dos recursos e das ações.

Conforme se depreende das discussões que precedem a sua criação, o Sistema Nacional de Cultura surgiu como uma proposta de articulação entre Estado, mercado e sociedade para a formação da política nacional de cultura, em que a sociedade assume o papel central, sob as bases da gestão democrática.[32]O objetivo principal é possibilitar a criação de uma grande rede de articulação entre os sistemas municipais, estaduais e federal, entidades e movimentos da sociedade civil, além de sistemas setoriais (museus, arquivos, entre outros).[33]

Em 2009, diversos órgãos e entidades públicos celebraram o *Protocolo de Intenções*, para articulação de apoio a ações de fiscalização e para a formação de rede de controle da gestão pública.[34]

O objeto do referido instrumento é, conforme previsto em sua cláusula primeira, a articulação de esforços, a formação de parcerias estratégicas e a definição de diretrizes

---

[30] Disponível em: <http://www.planejamento.mg.gov.br/planejamento-e-orcamento/plano-mineiro-de-desenvolvimento-integrado>. Acesso em: mar. 2014.

[31] PIRES, Maria Coeli Simões. Política pública de cultura. Algumas condicionantes ideológicas, jurídicas e administrativas e alternativas metodológicas. *Revista de Informação Legislativa*, Brasília, ano 33, n. 129, jan./mar. 1996.

[32] ANDRADE, Jackeline Amantino; SILVA, Ana Beatriz Nunes. Política cultural apropriada pela sociedade: o sistema nacional de cultura como rede interorganizacional. Disponível em: <http://www.anpad.org.br/diversos/trabalhos/EnEO/eneo_2006/2006_ENEO332.pdf>. Acesso em: fev. 2014.

[33] Oficinas do Sistema Nacional de Cultura/Organização: Lia Calabre. Brasília: Ministério da Cultura, 2006. Disponível em: <http://www2.cultura.gov.br/upload/Projeto_Oficinas_Miolo_1156970790.pdf>.

[34] Disponível em: <http://www.rededecontrole.gov.br/portal/pls/portal/docs/2027358.PDF>. Acesso em: fev. 2014.

em comum, por meio do estabelecimento de compromissos e de ações conjuntos, com o objetivo de viabilizar o apoio às ações de fiscalização, no âmbito de cada partícipe, e a cooperação conjunta para estruturação e o funcionamento de rede de relacionamento entre os órgãos e entidades públicos voltada para a fiscalização e o controle da gestão pública.

O documento deu origem a diversos acordos celebrados nos Estados com idêntica finalidade, de modo que coexistem a rede federal e as redes estaduais de controle da gestão pública.

A formação da rede e a abertura para uma atuação articulada e integrada apontam para uma salutar mobilização desses órgãos e entidades no sentido de uma atuação conjunta em prol do fortalecimento do controle da gestão pública.

O primeiro desafio é consolidar a compreensão de pertencimento a uma rede de órgãos e entidades que depende da solidariedade e cooperação mútuas para a criação de valor público. O segundo desafio é ampliar a rede para além dos órgãos governamentais, com o envolvimento de atores sociais nas ações de fiscalização do patrimônio público.

A princípio, a tecnicidade dos aspectos econômicos e financeiros faz com que a participação social dependa, em grande parte, da transparência governamental e da criação de canais institucionais de comunicação.

Um exemplo de ação voltada para a construção de uma rede de controle com a participação efetiva da sociedade na fiscalização da gestão pública é o Plano Anual de Fiscalização Social (Projeto PAFSocial), do Tribunal de Contas do Estado do Paraná, alicerçado na formação de uma rede de controle composta por órgãos governamentais, não governamentais e segmentos representativos da sociedade.

A iniciativa tem por objetivo iniciar um movimento nacional em direção à aplicação do conceito de auditoria social adotado em países da América Central, por meio do qual se oportuniza aos cidadãos, comunidades e beneficiários da ação pública participar no controle social.

Dentre os objetivos do Projeto, destacam-se: tecer a ampla rede de controle, reunindo universidades, conselhos municipais, conselho estadual, entidades de classes e observatórios sociais, para participarem do controle do gasto público; direcionar as ações de fiscalização do Tribunal de Contas, utilizando como base, dentre outros, o mapeamento regional de prioridades realizado pela sociedade; disponibilizar aos entes representativos da sociedade metodologias direcionadas à avaliação da gestão municipal; atuar na formatação e divulgação dos dados relativos ao gasto público, de forma a torná-los mais inteligíveis e acessíveis ao cidadão; e capacitar o cidadão para o exercício efetivo do controle social do gasto público de sua municipalidade.[35]

Na primeira etapa, foram realizadas auditorias operacionais nas áreas de educação, saúde, meio ambiente e gestão, com a participação de sete universidades e trezentos e cinquenta alunos e professores, sob a supervisão metodológica do Tribunal de Contas do Estado do Paraná. Além do envolvimento do corpo acadêmico e da transferência de metodologias, destaca-se como resultado alcançado a interação dos alunos e professores com as administrações públicas locais e a adesão de observatórios sociais e dos conselhos municipais nas ações de controle.

---

[35] Disponível em: <http://www1.tce.pr.gov.br/multimidia/2011/10/pdf/00237964.pdf>.

O segundo Projeto teve por objetivo aplicar os conceitos de auditoria social para verificar, com a participação das universidades públicas estaduais paranaenses, o cumprimento da Lei de Acesso à Informação quanto ao conteúdo mínimo obrigatório, por meio da avaliação qualitativa da informação disponibilizada, como navegabilidade, amigabilidade, clareza e facilidade de acesso.

Uma terceira frente é direcionada aos estudantes do ensino médio (PAF Social Júnior). Em parceria com Ministério Público Estadual e outras instituições, busca-se disseminar a auditoria social, de modo a contribuir para o amadurecimento da consciência sociopolítica e a apresentação dos conceitos de controle social.

4 Conclusão

A participação [Estado, entidades, cidadão] é fundamental para que se observe, de fato, a consolidação do estado democrático. Trata-se de direito constitucionalmente posto e legitimado, porquanto é expressamente previsto na Constituição da República de 1988. Com base na diretriz constitucional assecuratória do modelo pluralista, o Estado tem promovido a institucionalização de diversos instrumentos destinados a viabilizar a participação social e o controle.

Esse instrumental só terá o sucesso desejado se houver a quebra de paradigma tanto dos operadores do Estado quanto dos próprios cidadãos. Isso porque, conforme exposto, os cidadãos precisam abandonar a lógica burocrática do isolamento, segundo a qual cada um atua "dentro da caixa", e romper a postura de passividade, com o propósito de alcançar a atuação estatal, em estreita sintonia com a sociedade. A seu turno, caberá ao setor público substituir a lógica moderna do "cada um por si" pela lógica pós-moderna de que "juntos faremos".[36]

De outro lado, caberá à sociedade civil promover o desenvolvimento do espírito comunitário, de coesão social e de pertencimento.

Dessa forma, para que a participação popular traduza, de fato, os anseios sociais e para que não seja tomada por alguns grupos de interesse, é necessário que haja instituições fortes, eficientes e transparentes capazes de representar as diversas parcelas do grupo social. Assim, para que a participação seja efetiva, é preciso que haja meios reais de influência na gestão pública.

A dinâmica combativa dos diversos interesses e atores que integram a sociedade não se desenvolve no vazio, mas no âmbito da comunidade, que Ronald Dworkin denomina "Comunidade de princípios", em que todos os membros se reconheçam como livres e iguais.[37]

Nesse sentido, a proteção do patrimônio público é, a um só tempo, um dever compartilhado por todos, e um direito fundamental a ser garantido por meio de práticas democráticas que levem a sério a sociedade cada vez mais complexa e plural, mas que encontra no respeito mútuo e na busca permanente pela inclusão o seu fundamento.

---

[36] BRUGUÉ, Quim; OLIVERAS, Ramon Canal; SÁNCHEZ, Palmira Payà. ¿Inteligencia administrativa para abordar problemas malditos? El caso de las comisiones interdepartamentales. Disponível em: <www.aecpa.es/uploads/files/modules/congress/10/papers/87.doc>. Acesso em: jun. 2012.

[37] DWORKIN, Ronald. O império do direito. São Paulo: Martins Fontes, 1999.

Referências

ANDRADE, Jackeline Amantino; SILVA, Ana Beatriz Nunes. Política cultural apropriada pela sociedade: o sistema nacional de cultura como rede interorganizacional. Disponível em: <http://www.anpad.org.br/diversos/trabalhos/EnEO/eneo_2006/2006_ENEO332.pdf>. Acesso em: fev. 2014.

AVRITZER, Leonardo. *Sociedade civil e democratização*. Belo Horizonte: Del Rey, 1994.

BRASIL. Ministério da Cultura. *Oficinas do Sistema Nacional de Cultura*. Organização: Lia Calabre, 2006. Disponível em: <http://www2.cultura.gov.br/upload/Projeto_Oficinas_Miolo_1156970790.pdf>.

BRUGUÉ, Quim. *Modernizar la administración desde la izquierda*: burocracia, nueva gestión pública y administración deliberativa. Disponível em:<www.clad.org/portal/publicaciones-del-clad/revista-clad-reforma- democracia/articulos/ 029-junio-2004/0048900>. Acesso em: jun. 2012.

BRUGUÉ, Quim; OLIVERAS, Ramon Canal; SÁNCHEZ, Palmira Payà. ¿Inteligencia administrativa para abordar problemas malditos? El caso de las comisiones interdepartamentales. Disponível em: <www.aecpa.es/uploads/files/modules/congress/10/papers/87.doc>. Acesso em: jun. 2012.

CARVALHO NETTO, Menelick; PAIXÃO, Cristiano. *Entre permanência e mudança*: reflexões sobre o conceito de constituição. Disponível em: <http://www.tex.pro.br/home/artigos/168-artigos-fev-2013/4801-a-adequada-tecnica-processual-e-duracao-razoavel-do-processo-no-sistema-ingles-e-brasileiro-7421>. Acesso em: mar. 2014.

COSTA, Carlos Eduardo Lustosa. *As licitações sustentáveis na ótica do controle externo*. Disponível em: <http://portal2.tcu.gov.br/portal/pls/portal/docs/2435919.PDF>. Acesso em: fev. 2014.

DWORKIN, Ronald. *O império do direito*. São Paulo: Martins Fontes, 1999.

FERNANDES, Bernardo Gonçalves. *Curso de Direito Constitucional*. 2. ed. Rio de Janeiro: Lumen Juris, 2010.

FLORES FILHO, Edgar Gastón Jacobs. Direito e cultura: um novo regime jurídico para os bens culturais imóveis em centros históricos. *In*: DIAS, Maria Tereza Fonseca; PAIVA, Carlos Magno de Souza. *Direito e proteção do patrimônio cultural imóvel*. Belo Horizonte: Fórum, 2010.

GOLDSMITH, Stephen; EGGERS, William D. *Governar em rede*: o novo formato do setor público. Brasíli; São Paulo: ENAP/Unesp, 2011.

GRUNBERG, Isabelle; KAUL, Inge; STERN, Marc A. Definindo Bens Públicos Globais. *In*: *Bens públicos globais*: cooperação internacional no século XXI. Rio de Janeiro: Record, 2012.

HABERMAS, Jürgen. *Direito e democracia*: entre facticidade e validade. Rio de Janeiro: Tempo Brasileiro, 1997. 2 v.

MARINI, Caio; MARTINS, Humberto. *Um governo matricial*: estruturas em rede para geração de resultados de desenvolvimento. Disponível em: <http://conscienciafiscal.mt.gov.br/arquivos/A_8bbc987afebbbba069e69ed8fcedb290govmatricial.pdf>. Acesso em: fev. 2014.

MINAS GERAIS. *Plano Mineiro de Desenvolvimento Integrado*. Disponível em <http://www.planejamento.mg.gov.br/images/documentos/pmdi/pmdi_2011_2030.pdf>. Acesso em: fev. 2014.

MOREIRA NETO, Diogo de Figueiredo. *Quatro paradigmas do direito administrativo pós-moderno*: legitimidade, finalidade, eficiência, resultados. Belo Horizonte: Fórum, 2008.

MOTTA, Reuder Cavalcante. *Tutela do patrimônio público e da moralidade administrativa*: interpretação e aplicação. Belo Horizonte: Fórum, 2012.

MOUFFE, Chantal. *O regresso do político*. Lisboa: Gradiva, 1996.

MÜLLER, Friedrich. *Quem é o povo?* A questão fundamental da democracia. São Paulo: Max Limonad, 2000.

NOGUEIRA, Marco Aurélio. *As possibilidades da política*: as ideias para a reforma democrática do Estado. São Paulo: Paz e Terra, 1998.

PAES DE PAULA, Ana Paula. *Por uma nova gestão pública*. Rio de Janeiro: Ed. FGV, 2005.

PIRES, Maria Coeli Simões. Direito urbanístico, meio ambiente e patrimônio cultural. *In*: DIAS, Maria Tereza Fonseca; PAIVA, Carlos Magno de Souza. *Direito e proteção do patrimônio cultural imóvel*. Belo Horizonte: Fórum, 2010.

PIRES, Maria Coeli Simões. Política pública de cultura: algumas condicionantes ideológicas, jurídicas e administrativas e alternativas metodológicas. *Revista de Informação Legislativa*, Brasília, ano 33, n. 129, jan./mar. 1996. Disponível em: <http://www2.senado.leg.br/bdsf/bitstream/handle/id/176392/000506409.pdf?sequence=1>. Acesso em: fev. 2014.

SERAGELDIN, Ismail. O patrimônio cultural como um bem público: análise econômica aplicada a cidades históricas. *In: Bens públicos globais:* cooperação internacional no século XXI. Rio de Janeiro: Record, 2012.

SOUSA SANTOS, Boaventura. *A gramática do tempo*: para uma nova cultura política. São Paulo: Cortez, 2006.

TEIXEIRA, Sonia Maria Fleury. *O desafio da gestão das redes de políticas*. Disponível em: <http://unpan1.un.org/intradoc/groups/public/documents/CLAD/clad0043204.pdf>. Acesso em: fev. 2014.

Informação bibliográfica deste texto, conforme a NBR 6023:2002 da Associação Brasileira de Normas Técnicas (ABNT):

HAIKAL, Daniela Mello Coelho; ROCHA, Heloisa Helena Nascimento; PINTO, Luciana Moraes Raso Sardinha. A atuação em rede do Estado e da sociedade na proteção ao patrimônio público. *In*: DIAS, Maria Tereza Fonseca *et al.* (Coord.). *Estado e propriedade*: estudos em homenagem à professora Maria Coeli Simões Pires. Belo Horizonte: Fórum, 2015. p. 149-163.

OS BENS PÚBLICOS SOB O PRISMA DO INSTITUTO JURÍDICO DA AFETAÇÃO: BREVE ANÁLISE

PLÍNIO SALGADO

MARIA ELISA BRAZ BARBOSA

1 Considerações iniciais

Este estudo — elaborado em homenagem à ilustre Professora Doutora Maria Coeli Simões Pires, cuja exemplar trajetória acadêmica e institucional tem sido, com frequência, vinculada à temática da propriedade pública — tem o escopo de analisar os bens públicos, sob o prisma do instituto jurídico da afetação.

São públicos aqueles bens pertencentes a pessoas jurídicas de direito público interno e que servem de meios ao atendimento imediato e mediato do interesse público. Embora, em certos aspectos, haja semelhança entre os regimes aplicados aos bens públicos e aos bens particulares, o regime da dominialidade pública não se equivale ao regime da propriedade privada. Sobre os bens públicos incidem com predominância preceitos de direito administrativo que compõem o regime de direito público. Normas especiais, diferentes das que regem os bens privados, incidem sobre os bens públicos.[1] Assim sendo, "os bens públicos têm titulares, mas os direitos e deveres daí resultantes, exercidos pela Administração, não decorrem do direito de propriedade no sentido tradicional", na lição de Odete Medauar, que se refere, nesse sentido, a um "vínculo específico" que permite e que impõe a necessidade de assegurar-se a continuidade da destinação do bem, "contra quaisquer inferências".[2]

Como é pela afetação que se atribui destinação específica aos bens públicos e, eventualmente, privados, segue-se, a partir das lições de Miguel Reale, que o problema da destinação ou afetação do bem público — não apenas à vista de "um complexo de circunstância de fato", mas "à luz das mutações operadas em sua utilização, por força

---

[1] MEDAUAR, Odete. *Direito Administrativo Moderno*. 13. ed. rev. e atual. São Paulo: Revista dos Tribunais, 2009. p. 244.

[2] MEDAUAR, Odete. *Direito Administrativo Moderno*. 13. ed. rev. e atual. São Paulo: Revista dos Tribunais, 2009. p. 244.

de leis, decretos ou através da própria atividade administrativa"[3] — reveste-se de grande relevância jurídica. E como, em geral, as mutações operadas na utilização do bem ocorrem, sobretudo, no campo da sua aquisição, da sua alienação e da sua gestão, este trabalho, sob o aspecto do regime jurídico, faz referência a esses tópicos com ênfase na afetação. De tal modo, este trabalho apresenta conceitos doutrinários pertinentes ao tema e busca refletir sobre os efeitos tanto da afetação quanto da desafetação sobre o regime jurídico dos bens públicos notadamente no que concerne à inalienabilidade, à impenhorabilidade e à imprescritibilidade.

No que concerne à *alienação* de bem público, este estudo trata da necessidade de desafetação e da necessidade de autorização legislativa, mas também menciona aspectos relacionados à alienação de bens públicos de uso especial ou de uso comum sem necessidade de prévia desafetação. O texto alude à afetação primária e secundária e faz breve reflexão acerca de algumas particularidades que cercam a gestão dos bens públicos nesse sentido. No tocante à *aquisição* dos bens, analisa criticamente aspectos relativos à desapropriação no que concerne à afetação. Refere-se, por fim, aos bens do domínio privado utilizados em atividade de interesse geral, também sob o prisma da afetação.

Essas são, em síntese, as questões centrais tratadas neste trabalho.

2 A identificação dos bens públicos sob o prisma da afetação

O art. 41 do Código Civil Brasileiro — CCB[4] — determina que as pessoas jurídicas de direito público interno correspondem aos quatro entes da Federação, além das autarquias e das associações públicas, previstas estas últimas na Lei nº 11.107, de 06 de abril de 2005, que dispõe sobre normas gerais de contratação de consórcios públicos.[5] No art. 98, o CCB dispõe que "são públicos os bens do domínio nacional pertencentes às pessoas jurídicas de direito público interno; todos os outros são particulares, seja qual for a pessoa a que pertencerem".

O critério da titularidade encontra-se, há muito, presente na legislação brasileira, conforme se lê, tanto no art. 66 da Lei nº 3.071, de 1º de janeiro de 1916, que instituiu o Código Civil de 1916,[6] quanto no art. 98 do CCB atual. O Código em vigor aperfeiçoou a redação do art. 66, porquanto, ampliando o rol das entidades, determina que são públicos todos os bens pertencentes à União, ao Estado, ao Distrito Federal, aos Municípios e aos demais entes que possuem personalidade jurídica de direito público.

O Código Civil de 1916 determina que são públicos os bens do domínio nacional pertencentes à União, aos Estados e aos Municípios. Todavia, a despeito da redação ultrapassada, ainda na vigência desse ato normativo, a doutrina e a jurisprudência já adotavam o entendimento de que os titulares de bens públicos seriam todas as pessoas

---

[3] REALE, Miguel. *Direito Administrativo*. Forense: Rio de Janeiro, 1969. p. 230.

[4] BRASIL. Lei nº 10.406, de 10 de janeiro de 2002, que institui o Código Civil. Disponível em: <www.planalto.gov.br/ccivil_03/leis/2002/l10406.htm>. Acesso em: 24 nov. 2013.

[5] BRASIL. Lei nº 11.107, de 06 de abril de 2005, que dispõe sobre normas gerais de contratação de consórcios públicos. Disponível em: <www.planalto.gov.br/ccivil_03/_ato2004-2006/2005/lei/l11107.htm>. Acesso em: 24 nov. 2013.

[6] BRASIL. Lei nº 3.071, de 1º de janeiro de 1916, que instituiu o Código Civil de 1916. Disponível em: <http://www.planalto.gov.br/ccivil_03/leis/l3071.htm>. Acesso em: 18 jan. 2014.

de direito público interno, incluindo, nesse universo, o Distrito Federal, as autarquias e as fundações autárquicas.

Adotando, portanto, o critério da titularidade, o CCB dispõe que os bens públicos são aqueles pertencentes às pessoas jurídicas de direito público interno para, depois, decompô-los nas subcategorias que se relacionam à afetação. Assim, pela legislação civil atual, a destinação a que os bens encontram-se afetados determina a classificação tripartite, como expressa o CCB, em seu artigo 99:

> I - os de uso comum do povo, tais como rios, mares, estradas, ruas e praças;
>
> II - os de uso especial, tais como edifícios ou terrenos destinados a serviço ou estabelecimento da administração federal, estadual, territorial ou municipal, inclusive os de suas autarquias;
>
> III - os dominicais, que constituem o patrimônio das pessoas jurídicas de direito público, como objeto de direito pessoal, ou real, de cada uma dessas entidades.

Nos termos do CCB, os bens públicos — como os rios, as praias, os logradouros e as rodovias — são aqueles afetados ao uso comum do povo.[7] Característico dessa modalidade de bem é a utilização geral e o pleno direito ao uso comum que, em regra, independe do consentimento da Administração.

As ruas, as praças e as áreas verdes que integram o domínio público urbano são afetadas ao uso comum do povo, nos termos do art. 99, inc. I, do CCB c/c o art. 22 da Lei nº 6.766, de 19 de dezembro de 1977, que dispõe sobre o parcelamento do solo urbano.[8] As praias oceânicas, também, são bens de uso comum do povo por determinação do art. 10 da Lei nº 7.661, de 16 de maio de 1988, que institui o Plano Nacional de Gerenciamento Costeiro.[9] A despeito desses comandos normativos, torna-se cada vez mais habitual o fechamento de praças, ruas e praias para uso exclusivo de moradores limítrofes ou, no caso das praias, para uso e gozo de hóspedes de grandes empreendimentos hoteleiros.

De todo modo, as leis referidas dão conta de refutar a afirmação de que há afetação de caráter natural do bem a alguma finalidade de interesse coletivo. De fato, com a ilustração anterior, demonstra-se que, mesmo os bens como mares, praias, ruas, que sustentam atributos que os remetem à condição de bens públicos de uso comum do povo, enquadram-se nessa categoria por expressa disposição legal. Em resumo, nenhum bem possui *afetação natural* inerente à sua própria essência, pois todos eles dependem de uma "caracterização material ou formal que lhe confira afetação".[10]

---

[7] BRASIL. Constituição da República. De acordo com o art. 225, "todos têm direito ao meio ambiente ecologicamente equilibrado, bem de uso comum do povo e essencial à sadia qualidade de vida, impondo-se ao poder público e à coletividade o dever de defendê-lo e preservá-lo para as presentes e futuras gerações".

[8] BRASIL. Lei nº 6.766, de 19 de dezembro de 1977, que dispõe sobre o parcelamento do solo urbano e dá outras providências. Segundo o art. 22 desta lei, a partir da "data de registro do loteamento, passam a integrar o domínio do Município as vias e praças, os espaços livres e as áreas destinadas a edifícios públicos e outros equipamentos urbanos, constantes do projeto e do memorial descritivo". Disponível em: <http://www.planalto.gov.br/ccivil_03/leis/l6766.htm>. Acesso em: 05 dez. 2013.

[9] BRASIL. Lei nº 7.661, de 16 de maio de 1988, que institui o Plano Nacional de Gerenciamento Costeiro e dá outras providências. O art. 10 desta lei dispõe que "as praias são bens públicos de uso comum do povo, sendo assegurado, sempre, livre e franco acesso a elas e ao mar, em qualquer direção e sentido, ressalvados os trechos considerados de interesse de segurança nacional ou incluídos em áreas protegidas por legislação específica." Disponível em: <http://www.planalto.gov.br/ccivil_03/leis/l6766.htm>. Acesso em: 13 dez. 2013.

[10] MARQUES NETO, Floriano de Azevedo. *Bens públicos*: função social e exploração econômica: o regime jurídico das utilidades públicas; prefácio de Maria Sylvia Zanella Di Pietro e apresentação de Odete Medauar. Belo Horizonte: Fórum, 2009. p. 127.

Os bens de uso especial, por seu turno, são aqueles afetados à execução de serviços, tais como os terrenos e edifícios públicos, destinados precipuamente ao exercício das atividades estatais. Em princípio, os beneficiários diretos de tais bens são os usuários de serviços e os agentes públicos que laboram nas atividades correspondentes. A destinação preponderante dos bens de uso especial não é comum a todos. No entanto, desde que outros usos sejam compatíveis com sua finalidade precípua, é possível, por meio de atos de gestão, afetar parte dessa tipologia de bem à utilização de todos, como pode ocorrer, *v.g.*, com biblioteca de uma universidade pública.

Os dominicais são aqueles bens desprovidos de afetação específica, pois não se destinam ao uso comum do povo nem se constituem em suporte físico necessário ao cumprimento das atividades públicas. A identificação do bem como dominical faz-se de modo excludente porque todos os bens das pessoas jurídicas de direito público interno que não sejam qualificáveis como de uso do povo do povo nem de uso especial são considerados dominicais. A categoria dos bens dominicais abrange aqueles bens públicos explorados economicamente por particulares e que, além disso, são "desvinculados do desempenho de função governativa ou de prestação de serviço público".[11]

Em suma, pelo CCB, há três grandes categorias de bens públicos, ou seja, há duas classes de bens afetados ao uso específico e uma terceira desprovida de afetação a uma finalidade específica, ou seja, sem destinação a uso comum ou a uso especial.

No tocante à classificação dos bens públicos, pontos de vista relativamente diversos são adotados pelos doutrinadores brasileiros. Para Odete Medauar, por exemplo, a distinção prevista no CCB leva em conta a quem o bem se destina ou leva em consideração quem do bem se utiliza de modo mais imediato.[12] Já Thiago Marrara defende que o critério de distinção das espécies encontra-se na afetação a determinado uso e não no uso em si e nem no tipo de beneficiário.[13] Marrara defende, no particular, que as quadras esportivas de uma "escola pública que, nos finais de semana sejam utilizadas como lazer por qualquer do povo, não deixa de ser um bem de uso especial, por mais que, nesses momentos, assemelhe-se a um bem de uso comum".[14] Floriano Marques de Azevedo Neto argumenta — em ampliação às reflexões desses administrativistas — que o critério da lei civil para a identificação dos bens é insuficiente, pelo fato de haver, para além do que pressupõe a tradicional classificação, muitos aspectos envolvidos nos usos de um bem público. Nessa perspectiva, o autor afirma que "os usos para os quais os bens podem estar afetados não pressupõem exclusividade ou necessária prejudicialidade".[15]Assim sendo, embora a lei civil disponha que há três classes de bens, não existem "categorias estanques e bem apartada de bens, de modo que houvesse, de um lado, os bens de uso comum e de outro os bens de uso especial, como se a afetação tornasse automaticamente aquele bem interditado a qualquer outro uso ou destinação".[16]

---

[11] JUSTEN FILHO, Marçal. *Curso de direito administrativo*. 8. ed. rev. ampl. Belo Horizonte: Fórum, 2001. p. 1057.

[12] MEDAUAR, Odete. *Direito administrativo moderno*. 13. ed. São Paulo: Revista dos Tribunais, 2009. p. 247.

[13] MARRARA, Thiago. *Bens públicos, domínio urbano, infraestrutura*. Belo Horizonte: Fórum, 2007. p. 40.

[14] MARRARA, Thiago. *Bens públicos, domínio urbano, infraestrutura*. Belo Horizonte: Fórum, 2007. p. 61.

[15] MARQUES NETO, Floriano de Azevedo. *Bens públicos*: função social e exploração econômica: o regime jurídico das utilidades públicas; prefácio de Maria Sylvia Zanella Di Pietro e apresentação de Odete Medauar. Belo Horizonte: Fórum, 2009. p. 200.

[16] MARQUES NETO, Floriano de Azevedo. *Bens públicos*: função social e exploração econômica: o regime jurídico das utilidades públicas; prefácio de Maria Sylvia Zanella Di Pietro e apresentação de Odete Medauar. Belo

Um bem adequado, *a priori*, para destinação de uso comum, por suas características naturais, como rios e praias, ou pela intervenção do homem, como ruas, praças e rodovias, por exemplo, pode ser também afetado a outros usos, empregado em outras atividades diferentes daquela correspondente ao uso afetado originalmente.

Floriano Marques de Azevedo Neto exemplifica:

> A estrada, edificada originalmente com vistas ao uso comum de circulação de pessoas em veículos automotores, pode se prestar também a instalações de transmissão de energia elétrica. A praça destinada ao lazer da população pode se prestar ao treinamento de cães por seus adestradores, e a calçada servente ao trânsito de pedestres pode ser afetada à instalação de uma banca de jornal.[17]

Ocorre que a afetação não implica reserva do bem, exclusivamente, ao uso afetado, pois "além do uso objeto da afetação principal", pode, de fato, "recair sobre o bem outra destinação permanente e concreta".[18] Há, então, possibilidades de afetações concomitantes incidindo sobre o mesmo bem, ou seja, consagração de duas ou mais afetações de caráter permanente a um uso de interesse público. Trata-se do fenômeno da afetação secundária.[19]

Consoante Thiago Marrara, embora, pelo critério da afetação, os bens de uso comum do povo tipifiquem-se "por uma sujeição precípua ao uso indistinto de todos", eles assumem, mais que todos, "um potencial de uso múltiplo", porquanto seu uso fático é plural:

> Servem ao povo, aos entes prestadores de serviço ou de atividade econômica e, mesmo, ao Estado propriamente dito na geração de receitas ou na consecução de fins específicos (ou seja, como meios para a implementação de políticas públicas). Destinam-se aos usos comuns ordinários, extraordinários e, inclusive, a usos privativos, desde que compatíveis com sua afetação.[20]

Ainda no tocante à afetação secundária, é plausível assegurar com apoio em Thiago Marrara que

> Em termos práticos, os bens de uso comum do povo poderiam exercer funções de bem de uso especial e de bens dominicais, uma vez que seu uso múltiplo é inerente à sua

---

Horizonte: Fórum, 2009. p. 201.

[17] MARQUES NETO, Floriano de Azevedo. *Bens públicos*: função social e exploração econômica: o regime jurídico das utilidades públicas; prefácio de Maria Sylvia Zanella Di Pietro e apresentação de Odete Medauar. Belo Horizonte: Fórum, 2009. p. 201.

[18] MARQUES NETO, Floriano de Azevedo. *Bens públicos*: função social e exploração econômica: o regime jurídico das utilidades públicas; prefácio de Maria Sylvia Zanella Di Pietro e apresentação de Odete Medauar. Belo Horizonte: Fórum, 2009. p. 324.

[19] MARQUES NETO, Floriano de Azevedo. *Bens públicos: função social e exploração econômica*: o regime jurídico das utilidades públicas; prefácio de Maria Sylvia Zanella Di Pietro e apresentação de Odete Medauar. Belo Horizonte: Fórum, 2009. p. 325. Para Floriano de Azevedo Marques Neto, não haverá afetação secundária quando, embora o bem afetado se preste a outro uso, este uso seja meramente tolerado, sem importar numa segunda consagração de caráter permanente a um uso de interesse público. Nesse aspecto, a título de exemplificação, pode-se dizer que as ruas, bens originalmente afetados ao uso indistinto de todos, podem ser interditadas, ocasionalmente, ao uso de veículos por ocasião de manifestações populares.

[20] MARRARA, Thiago. *Bens públicos, domínio urbano, infraestrutura*. Belo Horizonte: Fórum, 2007. p. 60.

destinação. Ressalte-se apenas que deverão servir com primazia ao cidadão comum, ao povo, ou melhor, ao conjunto de pessoas físicas impessoalmente consideradas. Sendo assim, em caso de disputa, não se poderia privilegiar juridicamente um uso que beneficiasse interesse particular, privado ou estatal, em detrimento de interesses públicos primários.[21]

Uma rua, bem afetado originalmente pela legislação referida como de uso comum do povo, pode vir a ser, de forma secundária, afetada por outra legislação na condição de bem público de acesso restrito e condicional. Ilustrativo desse uso múltiplo é o que ocorre com logradouros da cidade de São Paulo que integram o *Programa Ruas de Lazer*, instituído pela Lei nº 12.264, de 11 de dezembro 1996, que dispõe sobre a implantação de áreas de lazer no perímetro urbano.[22] Nos termos do Decreto nº 38.872, que regulamenta essa lei, durante os dias de funcionamento, não será permitido o trânsito de veículos, exceto daqueles pertencentes aos moradores dos lotes lindeiros à área delimitada. No trecho da via pública escolhida — nos domingos e feriados — somente terão acesso livre e irrestrito os moradores que demonstrarem o preenchimento de condições necessárias à implantação do mencionado programa.

Essa legislação paulistana ilustra as reflexões que se seguem de autoria de Floriano de Azevedo Marques Neto. Para o autor, "a isonomia no uso comum deve se dar de modo independente de qualquer característica de titulação subjetiva específica do usuário." Não obstante, em face de afetação secundária incidindo em relação ao bem de uso comum, "a isonomia no uso deve ser vista estritamente em relação ao uso afetado, não impedindo que num bem de uso comum existam outros usos possíveis (de características comuns ou especiais) que não sejam fruíveis de modo uniforme por todos os indivíduos." Segundo o autor, "[...] malgrado o uso comum objeto da afetação primacial do bem obrigue o traço da impessoalidade, o uso extraordinário [...] não será franqueado a todos os administrados, mas tal direito de uso será de titularidade apenas daqueles que estejam numa situação particular [...]".[23]

3 O instituto da afetação: conceito, efeitos e natureza jurídica

Como a noção de bem público encontra-se inteiramente vinculada à noção de afetação, o enfoque a esse instituto é essencial em toda e qualquer análise jurídica dos bens públicos.

Alguns administrativistas brasileiros discutiram a afetação apresentando seus conceitos. Para Floriano Marques de Azevedo Neto, que concebe o instituto como requisito essencial dos bens, "o instituto da afetação é central para o tratamento jurídico dos bens", já que atribui ao bem público sua "consagração ao cumprimento de uma função de satisfação das necessidades gerais da sociedade".[24]

---

[21] MARRARA, Thiago. *Bens públicos, domínio urbano, infraestrutura*. Belo Horizonte: Fórum, 2007. p. 60.

[22] BRASIL Lei nº 12.264, de 11 de dezembro de 1996. Disponível em: <http://www.leispaulistanas.com.br/sites/default/files/RuasDeLazer/DECRETO%2038872.PDF>. Acesso em: 28 out. 2013.

[23] MARQUES NETO, Floriano de Azevedo. *Bens públicos*: função social e exploração econômica: o regime jurídico das utilidades públicas; prefácio de Maria Sylvia Zanella Di Pietro e apresentação de Odete Medauar. Belo Horizonte: Fórum, 2009. p. 204.

[24] MARQUES NETO, Floriano de Azevedo. *Bens públicos*: função social e exploração econômica: o regime jurídico das utilidades públicas; prefácio de Maria Sylvia Zanella Di Pietro e apresentação de Odete Medauar. Belo Horizonte: Fórum, 2009. p. 121.

O autor, em suma, assevera que:

> [...] a afetação do bem importa na sua destinação, formal ou material, a um uso de interesse geral e pode recair normalmente sobre os bens do domínio público (bens cuja propriedade é de titularidade de pessoa jurídica de direito público interno) ou de bens de domínio privado, quando esses forem essenciais e imprescindíveis à execução de um serviço público ou atividade administrativa.[25]

Em sentido semelhante, Diogo de Figueiredo Moreira Neto entende por afetação "a destinação fática ou jurídica de um bem a uma utilização pública — o que o erige ou a um bem público de uso comum ou a bem de uso especial". De acordo com o autor, "os bens particulares, os dominicais e as coisas de ninguém apropriáveis" são aqueles que podem ser afetados. O autor considera *desafetação* como "a redução, ou extinção, fática ou jurídica, da utilização de interesse público de um determinado bem".[26]

Marçal Justen Filho adota conceito mais restritivo ao afirmar que "a afetação é a subordinação de um bem público a regime jurídico diferenciado, em vista à destinação [do bem] à satisfação das necessidades coletivas e estatais, do que deriva, inclusive, sua inalienabilidade".[27]

A necessidade de resguardar os bens e garantir a sua afetação à consecução dos interesses da coletividade acarreta para a Administração prerrogativas e ônus que consubstanciam o regime jurídico.[28] Dito regime consolida o princípio da indisponibilidade dos bens públicos que os torna impenhoráveis, imprescritíveis e, em princípio, inalienáveis. Ele tem o escopo de limitar as faculdades de disposição e de uso dos bens públicos, assegurando a continuidade da prestação dos serviços e das demais atividades que os tenham como suporte, salvaguardando-os contra inconvenientes e inadequadas interferências e garantindo que eles sejam utilizados, direta ou indiretamente, na persecução do interesse coletivo.

A imprescritibilidade, instituto jurídico que visa à proteção dos bens em face do instituto da usucapião, é expressamente prevista no ordenamento jurídico brasileiro. A Constituição veda a usucapião de bens públicos urbanos (art. 183, §3º) e situados em zona rural (art. 191, parágrafo único). Nos termos desses dispositivos, "os imóveis públicos não serão adquiridos por usucapião". De acordo com o art. 102 do CCB, os bens públicos não estão sujeitos a usucapião. Afirmar que um bem é imprescritível significa dizer da impossibilidade da aquisição de seu domínio por via da usucapião, ou seja, a imprescritibilidade significa que os bens públicos não estão sujeitos à prescrição aquisitiva.

Houve, durante certo tempo, intensa inclinação doutrinária e jurisprudencial para se admitir a prescritibilidade daqueles bens que não estivessem afetados a uso específico, seguindo, nesse particular, "a linha de entendimento existente em países que apartam

---

[25] MARQUES NETO, Floriano de Azevedo. *Bens públicos*: função social e exploração econômica: o regime jurídico das utilidades públicas; prefácio de Maria Sylvia Zanella Di Pietro e apresentação de Odete Medauar. Belo Horizonte: Fórum, 2009. p. 127.

[26] MOREIRA NETO, Diogo de Figueiredo. *Curso de direito administrativo*. 10. ed. Rio de Janeiro: Forense, 1994. p. 246.

[27] JUSTEN FILHO, Marçal. *Curso de direito administrativo*. 8. ed. rev. ampl. Belo Horizonte: Fórum, 2001. p. 1.053.

[28] Nesse sentido, MEDAUAR, Odete. *Direito administrativo moderno*. 13. ed. São Paulo: Revista dos Tribunais, 2009. p. 249-250.

o domínio público do domínio patrimonial do Estado".[29] A imprescritibilidade, traço identificador do regime jurídico dos bens públicos, relaciona-se, dessa forma, ao instituto da afetação. É que, nesse sentido, na hipótese de o bem não estar afetado à satisfação dos interesses da coletividade, houve, tanto na doutrina quanto na jurisprudência, quem houvesse defendido que tal bem poderia ser usucapido. Não obstante, a tese preponderante, no direito brasileiro, é a de que, mesmo desafetados, e abandonados pelo poder público e sem cumprir função social, os bens não públicos podem ser usucapidos.

A imprescritibilidade, segundo explicação de Floriano de Azevedo Marques Neto, não decorre nem da inalienabilidade nem tampouco da extracomercialidade — que não são absolutas — mas da interdição pelo direito brasileiro da perda de um bem em virtude da incúria ou da omissão do poder público.[30]

O autor afirma:

> Com efeito, uma coisa é a decisão de alienar um bem, sopesando ser interessante dele dispor, para fazer renda ou para permitir que ele cumpra sua função social no domínio de um particular (como ocorre, *verbi gratia*, com as moradias populares ou com os títulos para reforma agrária). Outra bem distinta é ser o patrimônio público desfalcado (pois a usucapião é a perda da propriedade sem qualquer reposição patrimonial ou a possibilidade de clausular o domínio) por conta da incúria e ineficiência do administrador na gestão dos bens públicos.[31]

Nesse sentido, é, também, o entendimento de Odete Medauar, segundo a qual a finalidade da imprescritibilidade consiste na "preservação dos bens públicos, protegendo-os até contra a negligência da própria Administração".[32]

Já a cláusula da inalienabilidade inibe a alienação — doação, permuta, venda — de bens públicos de uso comum e os de uso especial, enquanto conservarem essa qualificação, conforme dispõe o art. 100 do CCB.

Nos termos da jurisprudência do Superior Tribunal de Justiça (STJ),

> [...] somente é possível a transferência de domínio de bens imóveis pertencentes ao Poder Público quando se tratar de bens dominicais. Tanto os bens de uso especial — como se classificam os bens mencionados — quanto os de uso comum do povo são inalienáveis enquanto conservarem essa destinação (AgRg nº 1.157, Primeira Seção. Rel. Min. Denise Arruda. Julg. 21.10.2007. DJ, 26 de nov. 2007).

A inalienabilidade é, pois, uma limitação que grava o bem. Limitação ao poder de dispor do bem, entendida essa disposição como a transferência de domínio do bem por qualquer negócio jurídico em direito admitido.

---

[29] MARQUES NETO, Floriano de Azevedo. *Bens públicos*: função social e exploração econômica: o regime jurídico das utilidades públicas; prefácio de Maria Sylvia Zanella Di Pietro e apresentação de Odete Medauar. Belo Horizonte: Fórum, 2009. p. 303.

[30] MARQUES NETO, Floriano de Azevedo. *Bens públicos*: função social e exploração econômica: o regime jurídico das utilidades públicas; prefácio de Maria Sylvia Zanella Di Pietro e apresentação de Odete Medauar. Belo Horizonte: Fórum, 2009. p. 303.

[31] MARQUES NETO, Floriano de Azevedo. *Bens públicos*: função social e exploração econômica: o regime jurídico das utilidades públicas; prefácio de Maria Sylvia Zanella Di Pietro e apresentação de Odete Medauar. Belo Horizonte: Fórum, 2009. p. 304.

[32] MEDAUAR, Odete. *Direito administrativo moderno*. 13. ed. São Paulo: Revista dos Tribunais, 2009. p. 250.

Se o legislador pode criar a inalienabilidade, pode também suprimi-la mediante o instituto jurídico da desafetação que consiste, em suma, no desligamento do bem da estrutura institucional e organizacional do Estado. Nessa condição, o bem continua a ser público, deixa, porém, de ser afetado ao "cumprimento das funções próprias do Estado",[33] tornando-se passível de alienação. Em regra, mediante a desafetação, incluem-se bens públicos de uso comum do povo ou bens de uso especial na categoria de bens dominicais, de modo a possibilitar a sua alienação. Bens públicos afetados ao uso comum ou ao uso especial podem ser alienados se — desafetados — são transferidos para a categoria de bens dominicais.

Em conformidade com o CCB, os bens dominicais podem ser alienados, desde que observadas as exigências da lei. Assim, a desafetação somente se fará necessária em se tratando de bem destinado — ou efetivamente afetado — ao uso especial ou comum.

Com apoio nas lições de Floriano de Azevedo Marques Neto, afirma-se que os bens públicos estão sujeitos a um regime de alienabilidade controlada e não a um regime de inalienabilidade.[34]

De fato, para que ocorra a alienação de um bem público, são necessários alguns requisitos formais. A *desafetação*, na hipótese de se tratar de bem, formal ou materialmente, consagrado à finalidade pública; a *autorização legislativa*, caso inexista autorização genérica; o processo *licitatório* para a escolha do adquirente; a *avaliação econômica* para fins de averiguação da economicidade do negócio jurídico.

As regras gerais atinentes à alienação de bens imóveis encontram-se na Lei nº 8.666, de 21 de junho de 1993,[35] segundo a qual as alienações dos bens imóveis pressupõem, como já se afirmou, além da desafetação, a autorização legislativa para os bens de titularidade de pessoas de direito público, a avaliação prévia e o procedimento licitatório.[36]

Marçal Justen Filho, ao discorrer acerca da *afetação do bem e a restrição à sua alienação*, defende que a exigência de autorização legislativa para alienação de bens imóveis não encontra seu fundamento na Lei nº 8.666, de 1993, mas é derivada do regime jurídico dos bens públicos cujo instituto fundamental consiste na afetação.[37]

Pode se afirmar que, no direito positivo brasileiro, a necessidade de desafetação prévia à alienação é decorrente do disposto no art. 17 da Lei nº 8.666, o qual determina que a alienação somente possa ocorrer em face de interesse público "devidamente justificado". A Administração perpetra, por ato infralegal, a desafetação ao declarar expressamente a necessidade de alienar o bem, mediante qualquer modalidade admitida em direito.

---

[33] JUSTEN FILHO, Marçal. *Curso de direito administrativo*. 8. ed. rev. ampl. Belo Horizonte: Fórum, 2001. p. 1.056.

[34] MARQUES NETO, Floriano de Azevedo. *Bens públicos*: função social e exploração econômica: o regime jurídico das utilidades públicas; prefácio de Maria Sylvia Zanella Di Pietro e apresentação de Odete Medauar. Belo Horizonte: Fórum, 2009. p. 305.

[35] Lei nº 8.666, de 21 de junho de 1993, que regulamenta o art. 37, inciso XXI, da Constituição Federal, institui normas para licitações e contratos da Administração Pública e dá outras providências. Disponível em: <http://www.planalto.gov.br/ccivil_03/leis/l8666cons.htm>.

[36] JUSTEN FILHO, Marçal. *Comentários à Lei de Licitações e Contratos Administrativos*. 14. ed. São Paulo: Dialética, 2010. p. 233.

[37] JUSTEN FILHO, Marçal. *Comentários à Lei de Licitações e Contratos Administrativos*. 14. ed. São Paulo: Dialética, 2010. p. 233.

Ainda segundo Marçal Justen Filho,

> Os bens imóveis somente poderão ser alienados quando não estiverem afetados à satisfação de necessidades coletivas. A desafetação depende usualmente de ato legislativo, tal como previsto no art. 100 do Código Civil ("Os bens públicos de uso comum do povo e os de uso especial são inalienáveis, enquanto conservarem a sua qualificação, na forma que a lei determinar"). Daí segue que a alienação de bens dominicais não depende de autorização legislativa prévia, a não ser que diversamente esteja previsto na legislação própria de seu titular.[38]

Nesse aspecto, é esclarecedora a lição de Hely Lopes Meirelles:

> Uma praça ou um edifício público não pode ser alienado enquanto tiver essa destinação, mas qualquer deles poderá ser vendido, doado ou permutado desde o momento em que seja, por lei, desafetado da destinação originária e transpassado para a categoria de bem dominial, isto é, do patrimônio disponível da Administração.[39]

Para o autor, "o que a lei civil quer dizer é o que os bens públicos são inalienáveis enquanto destinados ao uso comum do povo ou a fins administrativos especiais, isto é, enquanto tiverem afetação pública, ou seja, destinação pública específica". Segundo o autor, qualquer bem público pode ser alienado, desde que a Administração procure satisfazer certas condições necessárias à sua transferência para o domínio privado ou mesmo para outra entidade pública.[40]

Não há, na doutrina, unanimidade acerca da exigência de autorização legislativa para alienação de bens dominicais. Segundo Celso Antônio, *verbi gratia*, os bens públicos necessitam de autorização legislativa para serem alienados, sendo que dita autorização "deve ser normalmente explícita, embora se deva admitir que haja casos em que aparece implicitamente conferida".[41]

O dissenso ocorre porque — não obstante o art. 17 da Lei nº 8.666 determinar a necessidade de lei prévia à alienação de bens imóveis — o §1º do art. 188 da Constituição da República prevê autorização do Congresso Nacional apenas para alienação ou concessão de terras públicas com área superior a 2.500 hectares, donde se pode inferir que o texto constitucional dispensa a autorização legislativa para alienação de terras com área inferior a 2.500 hectares, e que regra infraconstitucional não pode ampliar essa exigência.[42]

No tocante à necessidade de desafetação ou de autorização legislativa para alienação dos bens públicos para outra entidade pública tem-se como ilustrativa a Lei nº 11.107, que dispõe sobre normas gerais de contratação de consórcios públicos. Ocorre que, no âmbito dos consórcios, o protocolo de intenções e o contrato de consórcio devem

---

[38] JUSTEN FILHO, Marçal. *Comentários à Lei de Licitações e Contratos Administrativos.* 14. ed. São Paulo: Dialética, 2010. p. 233.

[39] MEIRELLES, Hely Lopes. *Direito Administrativo Brasileiro.* 3. ed. São Paulo: Revista dos Tribunais, 1975. p. 479-480.

[40] MEIRELLES, Hely Lopes. *Direito Administrativo Brasileiro.* 3. ed. São Paulo: Revista dos Tribunais, 1975. p. 479-480.

[41] BANDEIRA DE MELLO, Celso Antônio. *Curso de direito administrativo.* 18. ed. São Paulo: Malheiros, 2004. p. 848.

[42] MARQUES NETO, Floriano de Azevedo. *Bens públicos:* função social e exploração econômica: o regime jurídico das utilidades públicas; prefácio de Maria Sylvia Zanella Di Pietro e apresentação de Odete Medauar. Belo Horizonte: Fórum, 2009. p. 306.

prever eventuais transferências de uso ou de domínio de bens às entidades consorciais. Para dizer de modo mais preciso, de acordo com a Lei nº 11.107, de 2005, a transferência de bens ou de uso de bens ao consórcio pelo ente federativo consorciado deverá estar prevista no contrato de consórcio, que se consolida pela ratificação, mediante lei, do protocolo de intenções. É possível interpretar que a exigência de lei para a transferência de bens para o consórcio decorre da circunstância de que os bens públicos necessitam de autorização legislativa para serem alienados, na lição, *e.g.*, de Celso Antônio como nos moldes já referidos.

Aqui, breve comentário torna-se necessário. É que, conforme se vem afirmando, os bens públicos de uso especial e de uso comum, para serem alienados, necessitam ser desafetados, ou seja, precisam passar para a categoria de bens dominicais. Maria Sylvia Zanella Di Pietro, todavia, ensina que, por meio de institutos publicísticos, pode haver alienação de bens públicos sem prévia desafetação. A autora argumenta, em contexto em que discorre sobre inalienabilidade, que as coisas públicas estão fora do comércio jurídico privado, mas não são alijadas do comércio de direito público. Isso significa que, nos moldes publicísticos, os bens públicos de uso comum e de uso especial podem ser objetos de contrato administrativo.[43]

A autora anota:

> Considerando agora a situação das coisas públicas à luz das normas de direito público, vemos que podem ser objeto de direito de propriedade por parte das pessoas coletivas (propriedade pública) e transferidas entre elas (transferência de domínio ou mutações dominiais); e admitem a criação de reais administrativos e de direito administrativo de natureza obrigacional em benefício de particulares (concessões) transmissíveis de uns a outros na forma da lei.[44]

Portanto, a indisponibilidade dos bens públicos deve ser interpretada como inalienabilidade, nos moldes privados, pois os bens públicos podem ser cedidos ou alienados aos consórcios, na forma da lei, sem necessidade de prévia desafetação. Em síntese, os bens de uso comum e de uso especial podem ser objeto de alienação por parte de uma entidade federativa para o consórcio, segundo as normas de direito público, sem necessidade de prévia desafetação, ou seja, sem a declaração de perda de sua destinação pública.

Ensina, ainda, Maria Sylvia Zanella Di Pietro que a cessão, ato de outorga de uso de bem público, é instituto jurídico de direito público e espécie do gênero "concessão de uso", que, por sua vez, consiste em contrato administrativo.[45] A cessão pode ter como objeto qualquer modalidade de bem, para que este seja administrado ou gerido conforme sua destinação original pelo ente consorciado e, registra-se com destaque, não haverá necessidade de desafetação se o bem for utilizado com a mesma destinação.

Já no que tange à aquisição de bens em sua relação com a afetação, Floriano de Azevedo Marques Neto argumenta que o bem adquirido pela Administração é incorporado ao patrimônio público com previsão de afetação à finalidade de interesse

---

[43] DI PIETRO, Maria Sylvia Zanella. *Direito administrativo*. São Paulo: Atlas, 2003. p. 554-555.
[44] DI PIETRO, Maria Sylvia Zanella. *Direito administrativo*. São Paulo: Atlas, 2003. p. 554-555.
[45] DI PIETRO, Maria Sylvia Zanella. *Direito administrativo*. São Paulo: Atlas, 2003. p. 572.

da coletividade.[46] A interpretação é condizente com os dizeres do CCB, uma vez que esse Código, ao dispor, no inciso II do art. 99, que bens especiais são "edifícios ou terrenos *destinados* a serviço ou estabelecimento da administração", parece, como defende Thiago Marrara, estender a aplicação do princípio da indisponibilidade dos bens de uso especial até mesmo aos bens *destinados*, mas ainda não utilizados efetivamente para a prestação de serviços públicos ou pela coletividade.[47]

A impenhorabilidade faz com que os bens em tela não possam figurar na condição de objeto de garantias reais. Com essa afirmação, firma-se o entendimento de que a impenhorabilidade consiste na impossibilidade de incidir execução forçada ou penhora, em relação aos bens públicos, com base no disposto no art. 100 e parágrafos da Constituição, no inciso I do art. 649 e no inciso II do art. 730, ambos do Código de Processo Civil.[48]

Thiago Marrara explica que dessa regra decorre dupla vedação: "a de oferecer os bens do domínio público como garantia de execução em juízo (impenhorabilidade estrita); e a de sujeitá-los a garantias reais, como hipoteca ou penhor".[49] Ao discorrer acerca da impossibilidade de penhora, arrematação, adjudicação e de oferecimento de bens do domínio público como garantia real, o autor argumenta que o fundamento para a vedação da penhora radica-se no reconhecimento de que falta competência aos membros do Poder Judiciário para alterar a destinação dos bens.

Thiago Marrara considera, assim, que:

> Esse argumento é bastante interessante, pois, de fato, para que o Judiciário pudesse penhorar bens de uso comum e de uso especial teria que se arrogar ao papel da autoridade administrativa competente para desafetar os bens. Haveria uma extrapolação das funções judiciais em detrimento da harmonia entre os poderes estatais — o que seria contrário ao art. 2º da Constituição brasileira.[50]

A impossibilidade de oneração dos bens de uso comum ou especial dimana obrigatoriamente da combinação do disposto no art. 1.420[51] c/c o art. 100,[52] ambos do CCB. Ressalta-se, assim, a justaposição do instituto da afetação com a impenhorabilidade, traço do regime jurídico dos bens públicos agora em referência.

Com apoio nas lições de Floriano Marques de Azevedo Neto, afirma-se:

> [...] temos que os bens que, por estarem qualificados ao cumprimento de uma função pública (art. 100), não podem ser, nessas condições, alienados e tampouco poderão, por

---

[46] MARQUES NETO, Floriano de Azevedo. *Bens públicos*: função social e exploração econômica: o regime jurídico das utilidades públicas; prefácio de Maria Sylvia Zanella Di Pietro e apresentação de Odete Medauar. Belo Horizonte: Fórum, 2009. p. 250.

[47] MARRARA, Thiago. *Bens públicos, domínio urbano, infraestrutura*. Belo Horizonte: Fórum, 2007. p. 62.

[48] BRASIL. Lei nº 5.869, de 11.01.1973, que institui o Código de Processo Civil. Disponível em: <http://www.planalto.gov.br/ccivil_03/leis/l5869compilada.htm>. Acesso em: 18 jan. 2014.

[49] MARRARA, Thiago. *Bens públicos, domínio urbano, infraestrutura*. Belo Horizonte: Fórum, 2007. p. 119.

[50] MARRARA, Thiago. *Bens públicos, domínio urbano, infraestrutura*. Belo Horizonte: Fórum, 2007. p. 120.

[51] Art. 1.420. "Só aquele que pode alienar poderá empenhar, hipotecar ou dar em anticrese; só os bens que não se podem alienar poderão ser dados em penhor, anticrese ou hipoteca".

[52] Art. 100. "Os bens de uso comum do povo e os de uso especial são inalienáveis, enquanto conservarem a sua qualificação, na forma que a lei determinar".

conseguinte, à luz apenas da lei civil, ser dados em garantia. Isso envolve, a nosso ver, também os bens do domínio privado, que, por estarem afetados (bens públicos em sentido funcional).[53]

Não somente as três garantias reais típicas do direito civil, ou seja, penhor, hipoteca e anticrese, mas quaisquer outras que impactem ou, de qualquer modo, vulnerem o instituto jurídico da afetação dos bens públicos estão vedadas pelo ordenamento jurídico. Ressalta-se que os bens dominicais são também impenhoráveis até mesmo o procedimento de execução contra a Fazenda Pública previsto no art. 100 da Constituição.[54]

Importa, ainda, tecer breves comentários acerca da natureza jurídica da afetação. Nesse sentido, entende-se que a afetação pode suceder tanto de um fato jurídico quanto de um ato jurídico, administrativo ou legal. Na hipótese de a afetação advir de um fato jurídico, está-se diante de uma afetação fática ou material, e quando ela surge a partir de um ato jurídico, pode-se afiançar que se está diante de uma afetação formal. Argumenta-se que se o bem estiver sendo utilizado para o uso comum do povo ou mesmo para o uso especial da Administração Pública, ele será considerado afetado, mesmo em face da ausência de um ato formal que lhe seja correspondente.[55]

Não é excessivo, contudo, alertar que nem sempre a afetação puramente material ou fática se configura como bastante para caracterizar o bem como público. Nesse aspecto, Marçal Justen Filho oferece, a título de ilustração, o art. 35 do Decreto-Lei nº 3.365, de 1941, dispositivo que estabelece que "os bens expropriados, uma vez incorporados à Fazenda Pública, não podem ser objeto de reivindicação, ainda que fundada em nulidade do processo de desapropriação" e que "qualquer ação, julgada procedente, resolver-se-á em perdas e danos".

Lembra o autor que esse dispositivo legal tem merecido interpretação no sentido da concretização automática da transferência do domínio do bem para o Estado, "mediante qualquer ato de força". Nessa situação, "seria vedado ao particular pleitear a restituição da posse ou reivindicar o domínio do bem indevidamente ocupado pelo Estado".[56]

Todavia, segundo Marçal Justen Filho, "a interpretação nesses moldes é flagrantemente inconstitucional", porquanto vulnera tanto o princípio da legalidade quanto o da proteção à propriedade privada. Com a instituição da democracia republicana, a partir da Constituição de 1988, "tornou-se inadmissível essa solução". Em outros termos, somente em outro contexto jurídico-constitucional "a afetação material ou fática se configura como bastante para produzir a incidência do regime de direito público". De tal modo, "se a Administração Pública pretender promover afetação

---

[53] MARQUES NETO, Floriano de Azevedo. *Bens públicos*: função social e exploração econômica: o regime jurídico das utilidades públicas; prefácio de Maria Sylvia Zanella Di Pietro e apresentação de Odete Medauar. Belo Horizonte: Fórum, 2009. p. 299.

[54] Apesar de tal vedação, o CCB trata, nos arts. 1.502 a 1505, da hipoteca das vias férreas, previsão que colide com o princípio da continuidade dos serviços públicos e com o procedimento de execução contra a Fazenda Pública previsto no art. 100 da Constituição.

[55] Nesse sentido, ver JUSTEN FILHO, Marçal. *Curso de direito administrativo*. 8. ed. rev. ampl. Belo Horizonte: Fórum, 2001.

[56] JUSTEN FILHO, Marçal. *Curso de direito administrativo*. 8. ed. rev. ampl. Belo Horizonte: Fórum, 2001. p. 1.054.

puramente fática — ou seja, apropriar-se de bem alheio sem observância das regras jurídicas próprias —, estará incorrendo em atuação civil, administrativa e penalmente ilícita". Se o poder público promover afetação puramente fática, apropriando-se "de bem alheio sem observância das regras jurídicas próprias —, estará incorrendo em atuação civil, administrativa e penalmente ilícita". A solução constitucionalmente adequada consiste em "restituir-se o bem ao particular, com as necessárias perdas e danos, e punir o agente responsável pela conduta indevida".[57]

Entende-se, não obstante, que, na prática, nem sempre a solução proposta pelo administrativista é passível de ser efetivada. É o que pode ocorrer, por exemplo, com terreno desapropriado irregularmente e já afetado ao interesse público com a construção de uma hidroelétrica que deixou os terrenos submersos. Nessa hipótese, não há viabilidade de "restituir-se o bem ao particular, com as necessárias perdas e danos". Resta, nessa situação, a punição ao agente responsável pela conduta indevida, e a ação, julgada procedente, será resolvida mediante perdas e danos.

Por fim, registra-se que a destinação regular do bem particular à atividade pública pode se traduzir em restrição às prerrogativas inerentes ao domínio. A servidão administrativa, por exemplo, envolve a afetação de um bem privado a uma finalidade de interesse público ou, mais precisamente, à prestação de serviço público. Nessa condição, ocorre a instituição de direito real sobre o bem, ocorrendo subtração parcial do direito de propriedade como efeito da afetação, podendo, conforme a hipótese de incidência, advir indenização ao proprietário.

4 Considerações finais

Este trabalho se propôs a investigar, principalmente, aspectos da disciplina dos bens públicos no Brasil, com foco no instituto jurídico da afetação. A partir da pesquisa teórica, o trabalho se permite fazer as considerações que se seguem.

a) A legislação civil brasileira identifica os bens públicos segundo o critério de titularidade, distinguindo-os, dessa forma, dos bens das pessoas jurídicas de direito privado e de pessoas naturais. Em seguida, adotando o critério da destinação — tripartindo-os à luz da afetação jurídica a determinado uso — consolida, na legislação pátria, as subcategorias de bens públicos de uso comum do povo, bens de uso especial e bens dominicais.

b) A utilização de um bem público será sempre, de forma direta ou de forma indireta, realizada pelos cidadãos. Há, não obstante, distinções relacionadas ao tipo de uso afetado, de maneira que o uso comum refere-se a uma utilização geral e incondicionada, e o uso especial pressupõe o preenchimento de certas condições, aptas a habilitar o administrado ao uso.

c) Pode haver, todavia, afetações concomitantes em relação a um bem público. No caso do uso comum do povo, pode haver uma legitimação geral decorrente da própria afetação do bem, aliada a um uso controlado que pressupõe o preenchimento de certas condições pelo administrado, hipótese que qualifica a afetação secundária.

---

[57] JUSTEN FILHO, Marçal. *Curso de direito administrativo*. 8. ed. rev. ampl. Belo Horizonte: Fórum, 2001. p. 1.055.

d) Dizer que um bem — seja ele de titularidade pública ou privada — é afetado ou que ele integra o domínio público equivale a afirmar que essa circunstância o faz submeter-se, em maior ou menor grau, ao regime jurídico aplicável aos bens públicos.

e) Não há afetação natural decorrente da essência do bem e, dessa forma, existe necessidade de caracterização material ou formal que confira aos bens a afetação a um interesse coletivo.

f) A gestão de um bem público não se cinge à atuação que se esforça por garantir a serviência dos bens aos usos afetados, mas, ao contrário, deve buscar potencializar, racionalizar e ampliar os usos, sem prejuízo da necessidade de garantia da utilização do bem sempre com vistas ao atendimento dos interesses maiores da coletividade.

Referências

BANDEIRA DE MELLO, Celso Antônio. *Curso de direito administrativo*. 18. ed. São Paulo: Malheiros, 2004.

BRASIL. Constituição da República. Disponível em <http://www.planalto.gov.br/ccivil_03/constituicao/constituicao.htm>. Acesso em: 18 jan. 2014.

BRASIL. Lei nº 10.406, de 10 de janeiro de 2002, que institui o Código Civil. *In*: <www.planalto.gov.br/ccivil_03/leis/2002/l10406.htm>. Acesso em: 24 nov. 2013.

BRASIL. Lei nº 11.107, de 06 de abril de 2005, que dispõe sobre normas gerais de contratação de consórcios públicos. Disponível em: <www.planalto.gov.br/ccivil_03/_ato2004-2006/2005/lei/l11107.htm>. Acesso em: 24 nov. 2013.

BRASIL. Lei nº 12.264, de 11 de dezembro 1996. Disponível em: <http://www.leispaulistanas.com.br/sites/default/files/RuasDeLazer/DECRETO%2038872.PDF>. Acesso em: 28 out. 2013.

BRASIL. Lei nº 3.071, de 1º de janeiro de 1916. Disponível em: <http://www.planalto.gov.br/ccivil_03/leis/l3071.htm>. Acesso em: 18 jan. 2014.

BRASIL. Lei nº 5.869, de 11.01.1973, que institui o Código de Processo Civil.

BRASIL. Lei nº 6.766, de 19 de dezembro de 1977, que dispõe sobre o parcelamento do solo urbano e dá outras providências. Disponível em: <http://www.planalto.gov.br/ccivil_03/leis/l6766.htm>. Acesso em: 05 dez. 2013.

BRASIL. Lei nº 7.661, de 16 de maio de 1988, que institui o Plano Nacional de Gerenciamento Costeiro e dá outras providências. Disponível em: <http://www.planalto.gov.br/ccivil_03/leis/l6766.htm>. Acesso em: 13 dez. 2013.

DI PIETRO, Maria Sylvia Zanella. *Direito administrativo*. São Paulo: Atlas, 2003.

JUSTEN FILHO, Marçal. *Curso de direito administrativo*. 8. ed. rev. ampl. Belo Horizonte: Fórum, 2001.

MARQUES NETO, Floriano de Azevedo. *Bens públicos*: função social e exploração econômica: o regime jurídico das utilidades públicas; prefácio de Maria Sylvia Zanella de Pietro e apresentação de Odete Medauar. Belo Horizonte: Fórum, 2009.

MARRARA, Thiago. *Bens públicos, domínio urbano, infraestrutura*. Belo Horizonte: Fórum, 2007.

MEDAUAR, Odete. *Direito Administrativo moderno*. 13. ed. rev. e atual. São Paulo: Revista dos Tribunais, 2009.

MEIRELLES, Hely Lopes. *Direito Administrativo brasileiro*. 3. ed. São Paulo: Revista dos Tribunais, 1975.

MOREIRA NETO, Diogo de Figueiredo. *Curso de direito administrativo*. 10. ed. Rio de Janeiro: Forense, 1994.

REALE, Miguel. *Direito Administrativo*. Forense: Rio de Janeiro, 1969.

Informação bibliográfica deste texto, conforme a NBR 6023:2002 da Associação Brasileira de Normas Técnicas (ABNT):

SALGADO, Plínio; BARBOSA, Maria Elisa Braz. Os bens públicos sob o prisma do instituto jurídico da afetação: breve análise. *In*: DIAS, Maria Tereza Fonseca *et al*. (Coord.). *Estado e propriedade*: estudos em homenagem à professora Maria Coeli Simões Pires. Belo Horizonte: Fórum, 2015. p. 165-180.

USO DOS ESPAÇOS PÚBLICOS COMUNS PELAS REDES DE SERVIÇO PÚBLICO[1]

CARLOS ARI SUNDFELD

1 Direito de acesso das redes aos espaços públicos comuns[2]

Os espaços públicos comuns municipais incluem as áreas de circulação que, tendo sido historicamente afetadas ao uso comum, jamais passaram ao domínio privado, as quais são municipais pela cláusula do interesse local (Constituição Federal – CF, art. 30); as áreas públicas resultantes de obras feitas pelo Município e por ele afetadas ao uso comum, as quais são municipais em virtude do título aquisitivo; as vias, praças e espaços livres dos loteamentos regulares, as quais são municipais a partir de seu registro no Cartório imobiliário, por força de lei;[3] as vias, praças e espaços livres dos loteamentos de fato, a partir da consumação do arruamento e urbanização, as quais são municipais por analogia;[4] as estradas que não transponham os limites territoriais do Município, que são municipais também pela cláusula do interesse local.[5] Mas a propriedade municipal não se circunscreve à superfície dessas áreas, pois, segundo a regra do art.1.229 do Código Civil,

> a propriedade do solo abrange a do espaço aéreo e subsolo correspondentes, em altura e profundidade úteis ao seu exercício, não podendo o proprietário opor-se a atividades que sejam realizadas, por terceiros, a uma altura ou profundidade que não tenha ele interesse legítimo em impedi-las.

---

[1] Em homenagem à professora Maria Coeli Simões Pires.

[2] Retomo, parcialmente, neste texto o estudo "O Município e as Redes de Serviço Público", em: MARTINS, Ives Gandra da Silva; GODOY, Mayr (Coord.). *Tratado de Direito Municipal*. São Paulo: Quartier Latin. v. 2, p. 843-925.

[3] Lei Federal nº 6.766, de 1979, art. 22. Anteriormente, a matéria estava disciplinada pelo Decreto-Lei nº 58, de 1937, art. 3º.

[4] Superior Tribunal de Justiça (STJ), 4ª Turma, Rec. Esp. nº 27.602-4-SP, rel. Athos Carneiro, j. 14.6.1993, v.u. Supremo Tribunal Federal (STF), 2ª Turma, RE nº 84.327/SP, rel. Min. Cordeiro Guerra, j. 28.9.1976, v.u.

[5] GRAU, Eros. Bens públicos: convênio: dívida da Fazenda. *Revista de Direito Público*, v. 19, n. 79, p.103-114, jul./set. 1986, p. 108.

Convém não exagerar, como muitas vezes acontece, a visão patrimonialista com relação aos bens públicos. A Municipalidade não pode, com base em considerações de índole exclusivamente patrimonial — como a faculdade de decidir autonomamente o destino de sua "propriedade" — distrair o domínio viário do cumprimento de sua função social, aí incluída a passagem das redes em geral. O fato de o domínio viário ser entendido como "pertencente" ao Município não significa que se vincule apenas aos interesses locais. Ele deve também servir a interesses mais gerais, como os variados serviços de interesse público, cujos contornos não necessariamente estão na esfera de competência local. É preciso reconhecer que o poder municipal no tocante à utilização das vias públicas é limitado.

Os conceitos de serviço público e de domínio público sempre caminharam em paralelo. A *publicatio* das atividades (os serviços públicos) importou, também, na publicização dos bens a elas necessários (bens públicos aplicados aos serviços públicos). Assim, serviço público e propriedade privada eram vistos como realidades incompatíveis. A reforma desses serviços, com a desestatização de sua prestação e a desregulação dos mercados, importou também o abandono de alguns dos elementos do chamado *regime do serviço público*. Nesse específico sentido, assistiu-se de fato a uma *privatização*, ao menos parcial, desse regime.

Um exemplo disso tem-se no fato de a legislação não se preocupar mais, como no passado, com a titularidade da infraestrutura necessária à prestação de serviços (como o de telecomunicações). Antes, a propriedade estatal dos meios era tida como indispensável à própria existência e continuidade dos serviços, o que explica, p.ex., a reversão, em favor do Estado, ao fim da concessão, dos bens empregados no serviço. Mas, na atualidade, a técnica jurídica para garantia do suporte material dos serviços é outra: a infraestrutura pode, sem maiores problemas, ser de titularidade privada, pode inclusive ser objeto do comércio privado, mas os poderes do proprietário veem-se atingidos por condicionamentos indispensáveis à garantia do cumprimento de sua função social. Surgem então, para o proprietário dessa infraestrutura, deveres em relação aos novos prestadores — como os de dar passagem, de compartilhar o uso, de contratar, de dar conexão, etc., tudo no sentido de assegurar o acesso aos meios materiais necessários à prestação dos serviços. Como correlatos desses deveres, aparecem, então, em favor de terceiros, autênticos direitos subjetivos: de exigir o compartilhamento de infraestrutura, a interconexão, a passagem, etc.

Era inevitável que essa tendência de revisão do regime da propriedade privada — para fazer com que os bens sobre os quais tal direito incide cumpram a função social de servir à prestação de serviços — acabasse por atingir também os bens de titularidade estatal. A liberalização dos setores de serviço público foi feita com a atribuição, aos agentes privados, de direitos subjetivos de atuação (ex.: direito de ingresso no mercado). Mas, em muitos casos, a infraestrutura indispensável à prestação dos serviços continua — e continuará — sendo de titularidade estatal. Como falar em direito à livre atuação se a empresa não tiver, também, o livre acesso aos bens estatais sem os quais sua atuação é impossível? É natural, então, que a liberdade de iniciativa econômica venha acompanhada, nesses casos, da atribuição de direitos subjetivos sobre o patrimônio estatal (ex.: direito de passagem ou de interconexão).

Aqui, convém notar, bate-se em um poderoso dogma do passado: o de que não deveriam existir, em favor de particulares, direitos subjetivos de acesso ao domínio público, pois isso faria prevalecer o interesse privado sobre o público. É justamente esse dogma que se tem de rever. A introdução de mecanismos de mercado no setor de serviços públicos, que continua sendo um setor vital, protegido e privilegiado pelo Direito, importou em que certos interesses de agentes privados (ex.: o interesse de implantar um novo empreendimento) merecesse qualificação legal equivalente à de "interesse público", impondo-se, inclusive, sobre o próprio interesse do Estado enquanto proprietário de infraestruturas.

As concepções teóricas relativas aos bens públicos ainda estão muito vinculadas ao passado, e a um direito positivo que mudou. Mas os poderes estatais sobre seu próprio patrimônio já não são mais os mesmos. Por isso, tais concepções precisam ser reavaliadas.

É o que se tem de fazer, ao cuidar de um dos mais sérios desafios da liberalização dos serviços públicos: o de viabilizar o direito de passagem das novas redes pelo domínio público. Ao fazê-lo, está-se desvendando o novo regime jurídico das infraestruturas de domínio público, reconhecendo existir a tendência de a regulação do direito de acesso ser objeto de maior atenção; de reduzir-se a discricionariedade administrativa na definição dos usos do domínio público; de abandonar-se a ideia de que não poderiam existir direitos subjetivos à utilização dos bens desse domínio; e de reconhecer que o preço público cobrado pelo uso desses bens é um verdadeiro "preço de acesso ao mercado", exigindo sua determinação a partir de critérios proporcionais, transparentes e objetivos.[6]

Na formulação clássica da teoria do serviço público, sempre se reconheceu aos concessionários o direito de uso do domínio público para a passagem de suas redes.[7] Entre nós, disposições nesse sentido podiam ser encontradas, p.ex., no Código de Águas aprovado pelo Decreto nº 24.463, de 1934, (art. 151, "a": "Para executar os trabalhos definidos no contrato, bem como para explorar a concessão, o concessionário terá, além das regalias e favores constantes das leis fiscais e especiais, os seguintes direitos: a) utilizar os terrenos de domínio público e estabelecer as servidões nos mesmos e através de estradas, caminhos e vias públicas, com sujeição aos regulamentos administrativos").

No campo das telecomunicações, ainda que a legislação federal que vigorou durante 35 anos (Lei nº 4.117, de 1962) não contivesse qualquer previsão específica a respeito, as empresas prestadoras não tiveram problemas em ver reconhecido seu direito de passagem pelo domínio público, pois este sempre foi entendido como implícito. Quanto à situação das telecomunicações na atualidade, a nosso ver, extrai-se das coordenadas do sistema normativo de referência a afirmação, em favor dos prestadores de serviços de interesse coletivo, do direito à ocupação do domínio público, salvo quando existir alternativa mais conveniente para implantação da rede. É forçoso reconhecer que a Lei Geral de Telecomunicações (LGT) (Lei nº 9.472, de 1997) não contém uma disposição expressa nesse sentido; mas ela está implícita no sistema legal.

A vinculação entre os espaços públicos comuns e as redes de serviços de tele-comunicações, abastecimento de água, coleta de esgotos, coleta de águas pluviais,

---

[6] SANFIEL, Andrés M. González. *Un nuevo régimen para las infraestructuras de dominio público*. Madri: Montecorvo, 2000. p. 333.

[7] COTRIM NETO, A. B. Da utilização privada dos bens públicos de uso comum. *Revista de Direito Administrativo*, Rio de Janeiro, v. 90, p. 474, out./dez. 1967.

distribuição de energia elétrica e de gás canalizado, ficou reconhecida pela Lei nº 6.766, de 1979, que as classificou como *equipamentos urbanos* (art. 5º, parágrafo único).[8]

Há um dado de fato do qual deriva o regime jurídico: a circunstância de que os espaços públicos comuns são os locais por excelência para a passagem das redes. Vias públicas são ligações contínuas e capilarizadas ao máximo, exatamente como as redes de serviços públicos. Há, portanto, uma correspondência automática entre umas e outras, que faz das primeiras a localização natural das segundas. Esse elemento fático exclui a possibilidade de existir, no atual quadro normativo, um poder discricionário para os entes titulares do domínio público permitirem ou não a passagem das redes de serviços públicos.

O Município não tem um poder de livre determinação do uso dos espaços públicos comuns, não podendo negar o acesso a ele pelas redes de serviços — salvo, claro, por razões determinadas pela regulação urbanística — estando constrangido, portanto, a permitir a passagem dos prestadores que o solicitarem.

2 Os espaços públicos comuns e seu uso privativo

Resulta do art. 99 do atual Código Civil (equivalente ao art. 66 do Código Civil de 1916) a classificação dos bens públicos em bens *de uso comum do povo* (incluindo o domínio viário, as praças, os rios e mares), de *uso especial* (empregados em serviço ou estabelecimento público) e *dominicais* (os restantes bens do patrimônio administrativo). Mas a insuficiência dessa enumeração vem sendo apontada com frequência pelos aplicadores, que advertem para a necessidade de ela não ser tomada como absoluta. Daí a formulação de classificações doutrinárias para abarcar um universo mais amplo.

Um exemplo é a arguta proposta de Raimundo Nonato Fernandes que, partindo de uma divisão inicial em bens de uso privado e bens de uso público, indica as seguintes categorias entre estes últimos:

> a) bens de *uso público privativo*: os aplicados ao funcionamento de repartições e serviços administrativos (Código Civil, art. 66, II); b) bens de *uso público comum*: os enumerados no art. 66, I, do Código Civil e outros com função idêntica (lagos, lagoas, praias, etc.), porque a enumeração do Código não é taxativa; c) bens de *uso especial ou misto*: os que reúnem os dois usos anteriores e mais a ocupação particular (cemitérios, mercados, etc).[9]

Esta última categoria é justificada pelo autor com a constatação de que, em certos bens (cemitérios, mercados, estações ferroviárias e rodoviárias, aeroportos, etc.),

> coexistem, simultaneamente, como formas de utilização normal da coisa, o uso comum do povo, o uso privativo do poder público (repartições e serviços administrativos aí instalados) e o uso exclusivo de particulares (nos cemitérios, os jazigos perpétuos; nos demais, os boxes, lojas, bancas de jornais e outros pequenos estabelecimentos mercantis).[10]

---

[8] Lei nº 6.766, de 1979.

[9] FERNANDES, Raimundo Nonato. Da concessão de uso de bens públicos, *Revista de Direito Administrativo*, Rio de Janeiro, v. 118, p. 1-2, out./dez. 1974.

[10] FERNANDES, Raimundo Nonato. Da concessão de uso de bens públicos. *Revista de Direito Administrativo*, Rio de Janeiro, v. 118, p. 1-2, out./dez. 1974.

O domínio viário constitui, hoje em dia, um perfeito exemplo de bem de uso misto, no sentido que Raimundo Nonato Fernandes atribui a essa expressão. Deveras, nele convivem com naturalidade o uso público comum (como a circulação de veículos e pedestres pela superfície), o uso público privativo (como a ocupação do espaço aéreo por semáforos suspensos) e o uso privativo particular (como a instalação de rede de telecomunicações no subsolo). Não é correto, portanto, pensar nesses bens como se fossem simples "bens de uso comum", destinados a esse uso de modo exclusivo, ou quase.

Convencionou-se dizer que bens como as ruas e praças — isto é, aqueles rotulados pelo Código Civil como "de uso comum do povo" — podem ser objeto de utilizações de natureza diversa: o *uso comum* e o *uso especial*. O uso comum é feito "indistintamente por quaisquer sujeitos, em concorrência igualitária e harmoniosa com os demais, de acordo com o destino do bem e condições que não lhe causem uma sobrecarga invulgar",[11] sendo que tal utilização "prescinde de qualquer ato administrativo que o faculte ou do dever de comunicar previamente à autoridade a intenção de utilizá-los".[12] Já o uso especial dos bens de uso comum do povo ocorre nas

> hipóteses em que alguém necessite ou pretenda deles fazer usos especiais, ou seja, que se afastem das características dantes apontadas, por implicarem *sobrecarga* do bem, *transtorno ou impedimento para a concorrente e igualitária utilização de terceiros* ou ainda por demandarem até mesmo o desfrute de uma *exclusividade* no uso sobre parte do bem.[13]

A categoria *uso especial* é, como se vê, ampla, envolvendo situações bastante distintas entre si, as quais foram agrupadas pela doutrina em função de um traço que as aparta das situações de *uso comum*: enquanto este (o uso comum) pode ser feito independentemente de qualquer manifestação específica da Administração, o uso especial necessita ser consentido. Isso normalmente é feito por meio de atos (autorização ou permissão de uso de bem público) ou de contratos administrativos (concessão de uso ou concessão de direito real de uso de bem público), podendo-se também discutir a viabilidade de emprego de contratos privados (comodato, locação, enfiteuse)[14] ou mesmo da servidão.

Dentro do gênero *uso especial* de bem público insere-se uma espécie, o *uso privativo*, que se peculiariza por seu caráter de exclusividade, isto é, por não ser feito em concorrência com a coletividade, que fica excluída da utilização da parcela da coisa afetada a esse uso.[15] O uso privativo confere ao beneficiado a posse ou detença do bem,

---

[11] BANDEIRA DE MELLO, Celso Antônio. *Curso de direito administrativo*. 12. ed. São Paulo: Malheiros, 2000. p. 739.

[12] BANDEIRA DE MELLO, Celso Antônio. *Curso de direito administrativo*. 12. ed. São Paulo: Malheiros, 2000. p. 739.

[13] BANDEIRA DE MELLO, Celso Antônio. *Curso de direito administrativo*. 12. ed. São Paulo: Malheiros, 2000. p. 740.

[14] Quanto à formação de contratos privados em relação a bens públicos, a visão geral ainda é muito restritiva, escorada na ideia de que importaria em disposição de poderes irrenunciáveis pela Administração. A 1ª Turma do Superior Tribunal de Justiça, em votação dividida, reafirmou essa tese: "[...] As normas de direito privado não podem disciplinar a cessão de uso de bem público, ainda que este esteja sob a administração de empresa pública, porquanto, tendo em vista o interesse e as conveniências da Administração, a União pode, a qualquer tempo e unilateralmente, reaver o seu imóvel, tornando sem efeito qualquer contrato entre o cessionário e o cedente" (Rec. Esp. nº 55.275, rel. Demócrito Reinaldo, j. 15.5.95, por maioria de votos; no mesmo sentido, 1ª Turma, Rec. Esp. nº 55.565/ES, rel. Milton Luiz Pereira, j. 1.6.95, por maioria de votos).

[15] DI PIETRO, Maria Sylvia Zanella. *Uso privativo de bem público por particular*. São Paulo: Revista dos Tribunais, 1983. p. 19; FERNANDES, Raimundo Nonato. Da concessão de uso de bens públicos. *Revista de Direito Administrativo*, Rio de Janeiro, v. 118, p. 2, out./dez. 1974.

no que se distingue do uso comum, que é feito por mera "atuação ou contemplação", sem que o usuário se transforme em possuidor ou detentor.[16] O uso privativo pode ter como sujeitos ativos tanto os Poderes Públicos (*uso público privativo*) como os particulares (*uso privativo particular*).

Embora o domínio viário esteja vocacionado para a utilização coletiva (comum), isso não impede que, em relação a ele, de modo corriqueiro e natural, sejam constituídos direitos de uso especial privativo. A utilização coletiva normalmente não envolve a totalidade do bem, viabilizando-se a reserva de partes para utilização em caráter de exclusividade. Apesar de os estudiosos referirem com mais frequência aos casos de uso especial de partes da *superfície* da via pública (instalação de bancas de jornal nas calçadas, p.ex.), o certo é que o *subsolo oculto* é a parcela do domínio viário em que imperam os usos especiais privativos, e isso pela razão óbvia de que aí não se pode realizar nenhum uso comum. Também o *espaço aéreo* das vias públicas, na altura a partir da qual não está mais vinculado à própria utilização da superfície, serve com naturalidade para usos especiais privativos, sendo o caso mais marcante o da passagem de cabos de eletricidade e telecomunicações.

A literatura, quando trata do uso especial privativo de bens públicos de uso comum, geralmente afirma seu caráter secundário[17] e excepcional.[18] Sustenta também a impossibilidade de existir, em favor de particulares, o direito subjetivo de exigir do Poder Público a instituição desse uso.[19] Diz-se, ademais, que os instrumentos adequados para outorga do uso são os que, conferindo ao Estado a faculdade de extinção do vínculo, deixam o particular em situação de instabilidade, absoluta ou relativa.[20]

Deve-se, todavia, perceber que essas formulações, embora costumem se apresentar como de aplicabilidade geral, foram concebidas em um período histórico em que os casos de usos especiais privativos em favor de particulares envolviam apenas a superfície das vias públicas e se destinavam a atividades de relevância coletiva menos marcadas (instalação de bares nas calçadas, p.ex.). Por isso, a teoria acabou vinculada a essas situações específicas, em relação às quais ela efetivamente faz sentido. Mas a verdade é que, além de não se tratar de uma teoria propriamente geral, ela não vale contra os preceitos do direito positivo.

Para compreender adequadamente o regime jurídico da utilização das vias públicas, convém, inicialmente, destacar que, no tocante à sua utilização, a superfície, o subsolo e o espaço aéreo são partes distintas e destacadas, cada uma com suas funções próprias. Não faz sentido enfocar o subsolo e o espaço aéreo como secundários em relação à superfície. Essa visão é arcaica, herança de uma época em que o homem,

---

[16] FERREIRA, Sérgio de Andréa. Alguns aspectos da permissão de uso de bem público. *Revista de Direito Administrativo*, Rio de Janeiro, v. 216, p. 35, abr./jun. 1999.

[17] O raciocínio habitual é o seguinte: se o bem é de uso comum, sua função normal é servir à utilização coletiva por todo o povo, devendo ser vistos como secundários e anormais quaisquer outros usos.

[18] DI PIETRO, Maria Sylvia Zanella. *Servidão administrativa*. São Paulo: Revista dos Tribunais, 1978. p. 25.

[19] MEIRELLES, Hely Lopes. *Direito administrativo brasileiro*. 21. ed. São Paulo: Malheiros, 1996. p. 440; DI PIETRO, Maria Sylvia Zanella. *Servidão administrativa*. São Paulo: Revista dos Tribunais, 1978. p. 30; FERREIRA, Sérgio de Andréa. Alguns aspectos da permissão de uso de bem público. *Revista de Direito Administrativo*, Rio de Janeiro, v. 216, p. 37, abr./jun. 1999.

[20] DI PIETRO, Maria Sylvia Zanella. *Uso privativo de bem público por particular*. São Paulo: Revista dos Tribunais, 1983. p. 25; BANDEIRA DE MELLO, Celso Antônio. *Curso de direito administrativo*. 12. ed. São Paulo: Malheiros, 2000. p. 742.

sem recursos tecnológicos para ir muito além da superfície, tomava-a como o centro do mundo. Nesse contexto, o que importava era o solo, em relação ao qual o subsolo e o espaço aéreo se apresentavam como meros apêndices. Mas a evolução tecnológica mudou isso radicalmente, ao criar, para o subsolo e o espaço aéreo, usos não só totalmente autônomos, como de grande relevância.

Essa singela constatação nos obriga a afastar o preconceito segundo o qual o uso privativo do subsolo para instalação, p. ex., de redes de telecomunicações ou energia deveria ser autorizado em caráter de excepcionalidade, com base em juízo discricionário, gerando situação precária, tudo isso para proteger a destinação principal do bem, que seria a circulação. Ora, servir à circulação de pessoas poderia ser, quando muito, a função principal da superfície do domínio viário. As funções do subsolo são outras e independentes, podendo-se até dizer que, em relação a ele, a instalação de redes é que se afigura como a utilização principal.

Demais disso, é preciso também afastar a ideia de que a circulação seria a função principal do domínio viário, razão pela qual quaisquer outros usos da superfície das vias públicas deveria ser considerado como secundário, com a consequência de sujeitarem-se a regime jurídico fraco, de total subordinação. Mais uma vez, está-se diante de visão ultrapassada, vinda de época anterior ao surgimento das grandes redes de serviços de interesse coletivo, como telecomunicações, transportes e eletricidade. Atualmente, a superfície das vias públicas serve tanto à circulação como à instalação da infraestrutura desses serviços (são exemplos os telefones públicos e postes nas calçadas), sendo ambos os usos igualmente relevantes. Não há qualquer fundamento normativo para afirmar que a passagem de redes é secundária ou menos significativa do que a circulação de pedestres. Portanto, o regime jurídico da utilização do domínio viário pelas redes não pode ser baseado no *vetor da subordinação*, mas sim no da *convivência*.

Em suma, o domínio viário é bem de uso misto, comportando os usos *comum*, *público privativo* e *privativo particular*, os quais podem e devem conviver.

A ideia de que ninguém poderia ter direito subjetivo ao uso privativo particular de parcela do domínio viário ("bem de uso comum"), porque isso sujeitaria o bem público ao interesse privado, é, portanto, distorcida, exagerada e ultrapassada. *Distorcida*, por ignorar que esses bens não são uma unidade, mas um complexo, com partes autônomas que podem servir a finalidades próprias. *Exagerada*, porque a fruição direta das vias públicas pela população não é seu único uso de interesse coletivo, já que a instalação de redes de serviços responde a interesses da mesma natureza. Por fim, é *ultrapassada*, por estar baseada no pressuposto de que a outorga de direitos subjetivos a particulares responderia sempre a razões de interesse estritamente individual, o que não corresponde mais ao direito positivo, que reconhece e protege a função social da empresa.

3 Elementos condicionantes do direito de acesso

Os prestadores de serviços de interesse público têm, em princípio, o direito de passagem pelos espaços públicos comuns. Há, porém, elementos condicionantes.

O primeiro é que não se configurará esse direito caso se apresente, para a instalação da rede, uma alternativa que seja a um só tempo viável para o prestador e menos onerosa para a cidade. Ninguém desconhece que a construção de redes na via pública provoca transtornos, prejudicando o tráfego, perturbando o sossego, interferindo na paisagem; ademais, que absorve a capacidade de um bem finito, que tem funções quase infinitas a desempenhar. No entanto, a coletividade suporta esses ônus e incômodos porque quer os benefícios dos serviços públicos. O pressuposto para a outorga, aos prestadores, do direito de exigir a passagem pelo domínio público, é o de que, sem isso, a implantação do serviço não seria possível. Assim, nas hipóteses em que esse pressuposto não se verificar, o direito de ocupação do domínio público não existirá. Portanto, o Município tem o poder de impor que o prestador, antes de ter acesso ao domínio público viário, busque o compartilhamento de infraestrutura de outros serviços, se mais viável.

Mas, para que se ponha o óbice no acesso automático ao domínio público é preciso que o prestador tenha, no compartilhamento de infraestrutura alheia, uma opção atual e efetiva. A possibilidade de compartilhamento de uma infraestrutura futura não é uma alternativa válida, porque o direito de o prestador construir sua rede é atual, não podendo ser condicionado à conclusão de investimentos e empreendimentos de terceiros. Por óbvio, se existe infraestrutura de outro prestador, mas ela não tem capacidade disponível para abrigar a nova rede, o compartilhamento não é uma alternativa efetiva, abrindo-se, então, o direito de acesso ao domínio público. Além disso, se o compartilhamento é materialmente possível, mas economicamente inviável, também não se tem aí uma alternativa válida para o prestador.

O segundo elemento condicionante da afirmação de um direito de passagem pelo domínio público em favor do prestador é a necessidade de observância da regulação urbanística. Embora, como vimos até aqui, o mero *status* de "proprietário" não confira ao Poder Público municipal o poder de decidir pela destinação ou não do domínio público viário para a passagem de redes de telecomunicações — pois sua "liberdade" de determinar o destino desses bens está condicionada pelo dever de dar essa passagem — isso não significa que, no exercício de sua competência para a regulação urbanística, não possa ele eventualmente impedir a instalação da rede em certos locais, hipótese em que, por óbvio, não se poderá falar em direito de usar o domínio público. Assim, p.ex., se objetivos paisagísticos (autênticos) determinaram a proibição, pela lei local, de instalação de cabos aéreos nas vias públicas, e a imposição de sua passagem subterrânea, o prestador não poderá argumentar com o direito de acesso ao domínio público aéreo para furtar-se. Se, em outra hipótese, a Municipalidade estabeleceu um sofisticado planejamento da utilização do domínio viário, de modo a evitar a oneração excessiva da cidade, e, em virtude disso, o prestador se vir obrigado a construir uma rede por espaços que preferiria evitar por razões de custos, isso também não significa que seu direito de acesso ao domínio público tenha sido violado. Estar-se-á diante do fenômeno de submissão à regulação urbanística, que existe inclusive quando o particular utiliza o seu próprio domínio.

4 Regime jurídico do uso privativo do espaço público comum pelas redes de serviços públicos

E qual é a natureza da relação jurídica entre a pessoa pública titular do bem e o prestador do serviço que o utilizará para a construção de sua rede? Eros Grau ensina que "há, na ocupação do subsolo dos bens de uso comum de que se cuida, um *direito restritivo* em benefício do prestador de serviço público, *direito restritivo* este que a ele possibilita, instrumentando sua atuação, o pleno cumprimento do *dever-poder*, que o vincula, de prestar o serviço".[21] Assim, trata-se de um direito, em favor do prestador, de usar o domínio público, com o correlato dever, para o Município, de suportar esse uso. Esse direito restritivo importa em condicionamento da propriedade pública, que fica gravada com uma *sujeição*, que a restringe.

A existência de direitos restritivos plenos sobre a propriedade pública, e, muito especialmente, sobre bens de uso comum do povo (como o domínio viário), sempre foi vista com reserva. Ela parecia chocar-se com a regra da *inalienabilidade dos bens públicos*, concretização de um princípio mais geral do direito administrativo, o da *indisponibilidade dos interesses públicos*. Por isso, foram sendo criadas — pela jurisprudência, doutrina e legislação — figuras que, em sua época, se tornaram símbolos do direito administrativo, representando uma espécie de compromisso entre a inalienabilidade dos bens e interesses públicos, por um lado, e a proteção de interesses privados, por outro. Trata-se da *concessão, permissão e autorização* de uso de bens públicos, instrumentos para outorga administrativa do direito de uso privativo de bem público. Sua convivência com a ideia de inalienabilidade seria, segundo a formulação clássica, garantida pelo caráter discricionário de sua expedição (ninguém teria direito subjetivo de exigi-la) e pela instabilidade do direito conferido ao particular (a Administração teria o poder de, a qualquer tempo, dar por finda a relação, por revogação do ato ou rescisão do contrato).

As primeiras versões dessa construção clássica vieram marcadas pela visão autoritária que, à época, se tinha da competência discricionária. Tornou-se habitual, então, a ideia segundo a qual os poderes da Administração relativamente às concessões, permissões e autorizações seriam quase absolutos e incondicionados. Pouco a pouco, porém, a casuística foi mostrando a necessidade de existirem limites ao menos quanto aos poderes de extinção do vínculo, para evitar a arbitrariedade pura e simples.

A obra de Hely Lopes Meirelles, p.ex., foi escrita nessa ambiência. Tratando, inicialmente, do acesso do particular ao domínio, o autor adota a velha tônica da amplíssima discrição administrativa: "Ninguém tem direito natural a uso especial de bem público, mas qualquer indivíduo ou empresa pode obtê-lo mediante contrato ou ato unilateral da Administração, na forma autorizada por lei ou regulamento ou simplesmente consentida pela autoridade competente".[22] Mas, ao tratar das relações já constituídas, Hely já matiza o poder discricionário:

> Uma vez titulado regularmente o uso especial, o particular passa a ter um direito subjetivo público ao seu exercício, oponível a terceiros e à própria Administração, nas condições estabelecidas ou convencionadas. A estabilidade ou precariedade desse uso assim como a retomada do bem público, com ou sem indenização ao particular, dependerão do título atributivo que o legitimar.[23]

---

[21] GRAU, Eros. Concessionária de serviço público – Bens públicos – Direito de uso. *Revista de Direito Administrativo*, Rio de Janeiro, v. 218, p. 350, out./dez. 1999.

[22] MEIRELLES, Hely Lopes. *Direito administrativo brasileiro*. 21. ed. São Paulo: Malheiros, 1996. p. 440.

[23] Tomamos a citação de uma edição recente da obra, mas lembramos que ela foi escrita no início dos anos 1960. MEIRELLES, Hely Lopes. *Direito administrativo brasileiro*. 21. ed., atualizada por Eurico de Andrade Azevedo, Délcio Balestero Aleixo e José Emmanuel Burle Filho. São Paulo: Malheiros, 1996. p. 440.

Maria Sylvia Zanella Di Pietro, mais recentemente, ao escrever monografia sobre o assunto, preocupou-se em apontar a existência de casos de vinculação mesmo na instituição de usos privativos de bem público.[24]

O uso do domínio público viário para instalação de redes de telecomunicações, p.ex., é uso não só "normal" como "necessário" do subsolo, da superfície e do espaço aéreo das vias públicas, e nesse sentido é previsto pelo Direito (LGT, art. 74). Todos os prestadores de serviços de telecomunicações de interesse coletivo têm o mesmo direito subjetivo de acesso à infraestrutura para assentamento de suas redes (LGT, art. 73). Não pode haver, portanto, poder discricionário para a Administração municipal no tocante à outorga ou não do direito de uso.

Quanto à estabilidade do direito do prestador, são pertinentes as observações de Di Pietro:

> se o uso for de interesse público relevante, a sua revogação só poderá ocorrer, motivadamente, em razão de outro interesse público que àquele se sobreponha. [...] De modo que a Administração, ao outorgar o uso privativo, o faz atenta ao interesse público; enquanto este perdurar, pela compatibilidade da ocupação com o destino principal a que o bem está afetado, não há porque revogá-lo, ainda que outorgada precariamente.[25]

No contexto atual, a permanência das redes, enquanto instrumentos indispensáveis para a prestação desse serviço de inegável interesse geral, não fica sujeita à discrição do Poder Público municipal.[26] Embora outros usos do domínio público possam ser também relevantes, não se põe a hipótese de excluírem os serviços públicos. A *convivência* é o princípio orientador. Isso significa que eventuais remanejamentos ou desvios da rede poderão ser exigidos da prestadora, quando indispensáveis para permitir a convivência com outras necessidades. Mas o próprio direito à ocupação do domínio não pode ser colocado em questão. Nesse sentido, o regime evidentemente não pode ser o da precariedade e temporariedade, mas sim o da estabilidade e permanência.[27]

---

[24] DI PIETRO, Maria Sylvia Zanella. *Uso privativo de bem público por particular*. São Paulo: Revista dos Tribunais, 1983. p. 21-22.

[25] DI PIETRO, Maria Sylvia Zanella. *Uso privativo de bem público por particular*. São Paulo: Revista dos Tribunais, 1983. p. 27-28.

[26] O caráter de *permanência* associado às redes de serviços públicos instaladas em espaços de uso comum não é estranho à jurisprudência, registrando-se decisão do Tribunal de Alçada do Paraná que, justamente por reconhecer esse caráter, julgou indevida a cobrança, pelo Município de Londrina, de "taxa de licença por ocupação do solo" sobre postes de energia, pois, segundo a lei local, o fato gerador era a "instalação provisória" sobre a via pública (Reexame necessário e Apelação Cível nº 48.438-8 – Londrina, Acórdão nº 3750, Segunda Câmara Cível, v.u., j. 30.09.1992).

[27] Nada há de chocante nessa afirmação, pois, embora possa ser verdade que a maior parte das concessões de uso de bem público são temporárias, as concessões perpétuas são conhecidas e aceitas. V, p.ex., FERNANDES, Raimundo Nonato. Da concessão de uso de bens públicos. *Revista de Direito Administrativo*, Rio de Janeiro, v. 118, p. 7, out./dez. 1974, que exemplifica com os casos das concessões de sepultura e de minas. Zelmo Denari também sustenta esse ponto de vista: DENARI, Zelmo. A utilização privativa dos bens públicos. *Cadernos de Direito Tributário e Finanças Públicas – Revista dos Tribunais*, São Paulo, v. 8, p. 234, jul.-set. 1994.

5 A permissão especial de uso do domínio público para redes de serviço público

E qual é o instrumento adequado para instaurar a relação jurídica entre o Poder Público municipal e o prestador, tendo por objeto o uso de espaço público comum para instalação de rede?

Por razões lógicas, a forma para estabelecimento dessa relação há de ser compatível com as características fundamentais do regime envolvido, especialmente a existência de direitos subjetivos, tanto à instituição como à permanência do uso privativo. O problema é que essas características são incompatíveis com ao menos um traço de cada um dos instrumentos típicos para constituição do uso privativo de bem público, *em sua feição mais tradicional*.

As clássicas *concessão de uso* e *concessão de direito real de uso*, que são os mecanismos que, por sua própria tipologia, garantem a necessária estabilidade da relação, dependem do beneplácito do Poder Legislativo em cada caso. Isso por exigência de nosso direito positivo, que vê nessas concessões certo conteúdo de disposição, de alienação. Mas tal, por certo, não é compatível com a afirmação, também decorrente da legislação, em favor das prestadoras de serviços públicos, de um direito subjetivo à constituição do uso.

De outro lado, as *autorizações* e *permissões* de uso, em sua forma tradicional, além de entendidas como discricionárias em sua expedição, dão nascimento a relações precárias, revogáveis a critério da Administração. O que, como vimos, é contrário às características envolvidas no uso para instalação das redes.

Os conceitos gerais incorporados pela tradição[28] são inservíveis no caso do uso do domínio público para instalação de redes de serviços de interesse coletivo. Mas convém não dar a esses conceitos gerais mais valor do que têm. São descrições doutrinárias que de modo algum vinculam o direito positivo, o qual evidentemente é livre para construir suas próprias formas. Não há qualquer *numerus clausus* no tocante aos instrumentos de outorga de uso privativo de bem público.

De modo que se pode perfeitamente reconhecer a existência de um mecanismo específico para o caso, com feições próprias: *a permissão especial de uso do domínio público para redes de serviço público*. A adoção do termo "permissão" não envolve qualquer compromisso com as velhas ideias de precariedade e discricionariedade, sendo apenas o reconhecimento de que ele é o mais invocado na prática, embora com sentidos e regime jurídico muito variados.[29] De resto, a terminologia não tem maior relevância, pois o que interessa são as características jurídicas intrínsecas ao instrumento.

---

[28] MEIRELLES, Hely Lopes. *Direito administrativo brasileiro*. 21. ed. São Paulo: Malheiros, 1996. p. 441-445.

[29] Carlos M. Greco e Guillermo A. Muñoz, em seu *La precariedad en los permisos, autorizaciones, licencias y concesiones* (p. 11 e ss.) estudam com profundidade as origens e a evolução da ideia de precariedade no direito, em especial no direito administrativo, destacando a "permissão de uso especial de bem público" e a formulação que, a seu respeito, foi cunhada inicialmente por Otto Mayer e, depois, pela doutrina francesa, a partir da distinção entre a permissão e a concessão. Interessante, pela coincidência para com o direito brasileiro, é a constatação dos autores de que, hoje, essa marcada distinção entre a concessão e a permissão de uso só existe para a doutrina, sendo frequentemente desprezada pelo direito positivo. Segundo eles, já não existe mais, como se dizia no passado, relação necessária entre precariedade e permissão. GRECO, Carlos M.; MUÑOZ, Guillermo A. *La precariedad en los permisos, autorizaciones, licencias y concesiones*. Buenos Aires: Depalma, 1992. p. 129.

A permissão especial de uso do domínio público para redes de serviços públicos tem as seguintes características:[30] a) é de *utilidade pública*, pois sua obtenção e manutenção não estão vinculados a uma mera necessidade individual do concessionário, mas sim ao interesse coletivo da atividade que ele desempenha; b) é *acessória* da outorga para prestação do serviço, devendo o bem ser obrigatoriamente utilizado nesse serviço, não podendo ser desviado para outras finalidades; c) é *obrigatória*, pois sua outorga não é mera faculdade do concedente, mas um dever imposto pelo sistema setorial; d) *independe de autorização legislativa específica*, pois sua outorga é obrigatória, em função do sistema setorial, não decorrendo de ato de vontade do Poder Público Municipal; e) *independe de licitação*, sendo expedida de acordo com o pedido do interessado e com os espaços disponíveis na ocasião;[31] f) é um *ato negocial* (ou, dependendo da legislação local, até mesmo *contratual*), pois sua expedição depende de provocação e interesse do prestador, não decorrendo de iniciativa do concedente; g) é *permanente e estável*, tendo sua duração vinculada à necessidade do serviço, mantendo-se, portanto, enquanto vigorar a outorga para prestação do serviço; h) *sujeita-se à alteração unilateral pelo concedente*, naquilo que for estritamente necessário para a convivência harmoniosa da permissão de uso do domínio público com outros usos de utilidade pública (ex.: alteração do traçado da rede em função da passagem do Metrô); i) é *transmissível* como acessório da outorga do serviço e da rede correspondente (a concessão não é feita *intuitu personae*, mas no interesse da rede e do serviço); j) pode ser *gratuita ou remunerada*, à opção do permitente.

É certo que, na vida concreta, os instrumentos foram adotando rótulos de ocasião (cessão, autorização, permissão, concessão, "termo", pouco importa), mas isso jamais teve relevância substancial, razão até da relativa informalidade com que o assunto acabou sendo tratado. A denominação que se atribua a certo vínculo é sem importância, pois não afeta o conteúdo que ele deve ter, em decorrência do regime legal.

Por isso, também não tem maior significado o fato de, na atualidade, alguma Municipalidade preferir o nome *autorização de uso* de bem público para designar o ato que viabiliza o acesso de empresa de serviço público ao espaço público necessário à instalação de sua rede. Nem por ser apelidada assim sua outorga ficará dependente de vontades discricionárias, nem por isso a Prefeitura terá o poder de negar o acesso em nome de alguma política própria, hostil às redes. A sujeição do domínio municipal à passagem das redes é fruto do regime setorial, e ele não pode ser afastado pela vontade das autoridades locais. Ademais, o fato de se haver firmado um termo com o rótulo de autorização de uso de modo algum dará poder para a revogação unilateral injustificada, pois ela se chocaria com o direito, que se garante às redes, de permanente acesso ao domínio público.

Em suma, seja qual for o apelido do instrumento celebrado, seu conteúdo e regime serão necessariamente os daquela que denominei como permissão especial de uso do domínio público para a instalação de redes de serviços públicos.[32]

---

[30] Na elaboração do rol de características da permissão especial de uso do domínio público para telecomunicações, valemo-nos das lições de Raimundo Nonato Fernandes sobre a tipologia das concessões de uso, na qual se distinguem as seguintes: concessões de exploração ou de simples uso; autônoma ou acessória; temporária ou perpétua; remunerada ou gratuita; de utilidade pública ou de utilidade privada, e facultativa ou obrigatória. FERNANDES, Raimundo Nonato. Da concessão de uso de bens públicos. *Revista de Direito Administrativo*, Rio de Janeiro, v. 118, out./dez. 1974, p. 7.

[31] Sobre o tema, aprofundar em SUNDFELD, Carlos Ari; CÂMARA, Jacintho de Arruda. Reforma das telecomunicações: o problema da implantação das novas redes. *Interesse Público*, Porto Alegre, n. 2, p. 43-48, 1999.

[32] Quanto aos deveres do permissionário na permissão especial de uso do domínio público para telecomunicações, vale a síntese de Raimundo Nonato Fernandes: "No tocante às suas obrigações, incumbem-lhe, geralmente,

6 Servidão como meio de acesso ao domínio público pelas redes de serviço público?

A implantação da infraestrutura de certos serviços ou obras públicas supõe o uso muito intensivo dos terrenos em que será feita (ex.: usinas de geração de energia). Para esses casos, a ideia de basear a ocupação dos espaços em uma posição de *propriedade* sempre pareceu a mais natural.

Nessa linha, para fazer a implantação o empreendedor deve adquirir os imóveis necessários, tornando-se seu proprietário. Dois instrumentos servem, em tese, para essas aquisições: a contratação ou a desapropriação. Na experiência concreta, a fórmula da contratação livre mostrou-se de pouca aplicação, pela incapacidade de superar as resistências dos proprietários não interessados na alienação de seus bens ou as pretensões de preços abusivos de venda. A desapropriação firmou-se, então, como mecanismo preferencial.

Mas há serviços cuja infraestrutura não tem a mesma necessidade de uso concentrado do espaço, tornando-se possíveis soluções de convivência. A mais conhecida é a *utilização apenas parcial de terreno de particulares*, sem impedir utilizações paralelas, como a edificação ou o cultivo agrícola. São os casos do uso somente de faixas do espaço aéreo (ex: passagem de cabos suspensos), do subsolo (ex.: passagem de condutos subterrâneos) ou do solo (ex.: assentamento de torres). Para conferir estabilidade a soluções de convivência dessa espécie, tornou-se habitual a constituição de servidão administrativa,[33] mecanismo inspirado na servidão clássica (privada). Na experiência internacional, a implantação das redes de transmissão de energia elétrica foi feita com amplo emprego desse mecanismo.[34]

A lógica do regime jurídico aplicável é a de que a instalação da infraestrutura do serviço implica o comprometimento, embora parcial, da função normal do bem. A implantação de redes de transmissão de energia em propriedades rurais privadas, p.ex., não corresponde à vocação específica desses imóveis. Pela ótica do proprietário, o que ocorre é um *desvio* na destinação; daí a ideia de *dano*.

As características da servidão administrativa, marcantes nesse contexto, podem ser sintetizadas em três expressões: *compulsoriedade, indenização e direito real*. A instituição da servidão independe de consenso (embora não o despreze, sendo possível a instituição amigável), aspecto em que se aproxima da desapropriação. Os impasses entre os envolvidos, seja quanto à instituição em si, seja quanto à contrapartida devida

---

as seguintes: a) submeter à aprovação do poder concedente os projetos de obras e instalações que pretenda construir no imóvel, permitir-lhe a fiscalização e, terminadas as obras, remover todos os materiais remanescentes; b) utilizar a coisa tão-só para o fim estabelecido no título da concessão e, quando esta tiver utilidade pública, dar-lhe uma utilização contínua e regular, evitando interrupções e deficiências prejudiciais aos usuários; c) suportar, sem indenização, os ônus e prejuízos resultantes de trabalhos executados pela Administração no interesse da via pública, salvo quando daí resulte subversão do equilíbrio financeiro do contrato; d) pagar a prestação pecuniária que haja sido fixada, a qual tem, geralmente, o caráter de preço público; e) permitir à autoridade concedente o exercício da política da coisa pública concedida." FERNANDES, Raimundo Nonato. Da concessão de uso de bens públicos. *Revista de Direito Administrativo*, Rio de Janeiro, v. 118, p. 9, out./dez. 1974.

[33] Quanto à absorção, pelo direito administrativo brasileiro, do instituto da servidão, consultem-se os trabalhos, já clássicos DALLARI, Adilson Abreu. Servidões administrativas. *Revista de Direito Público*, São Paulo, v. 59-69, p. 90 e ss.; e DI PIETRO, Maria Sylvia Zanella. *Servidão administrativa*. São Paulo: Revista dos Tribunais, 1978. p. 111 e ss.

[34] A respeito, ver a extensa monografia de MALJAR, Daniel Edgardo. *Restricciones y servidumbres administrativas*. El electroducto. Buenos Aires: Ad-Hoc, 2000. p. 440-461.

ao proprietário, encontram deslinde por meio de processo judicial: a servidão é imposta pela sentença — cabível a antecipação de tutela, o que atende às necessidades imediatas do empreendedor — e o valor é arbitrado judicialmente e pago ao final. Não há presença de mecanismos de contratação, tudo se resolvendo na compulsoriedade. A contrapartida para o proprietário é a indenização, envolvendo a compensação pela perda (parcial) de valor da propriedade, além de outros prejuízos eventuais.

A lógica não é, portanto, a de remuneração pelo uso da propriedade — que, se houvesse, conduziria à consideração de outros aspectos, inclusive o benefício econômico propiciado ao titular da servidão. A impertinência da ideia de remuneração pelo uso está em que, considerada a vocação do bem, o que a servidão propicia não é exatamente um uso, mas um *desvio no uso*. Não há, portanto, uma utilização a remunerar, mas um dano a recompor.[35] Por fim, essa servidão confere um direito de natureza real, que onera em definitivo o imóvel, mantendo-se à margem, seja das vicissitudes da relação de propriedade, seja das flutuações quanto às destinações paralelas do bem sobre o qual incide. Esse aspecto tem importância: como o uso dado à parte (aquela que é objeto da servidão) não é ínsito à vocação do todo (o terreno), um direito de índole meramente obrigacional poderia ser fraco para assegurar sua permanência.

Mas a utilização parcial de solo, subsolo ou espaço aéreo de terrenos particulares não esgota o leque de soluções de convivência que podem viabilizar a instalação de redes de serviços. Há outras soluções, muito mais importantes na atualidade: de um lado, o uso de área disponível em vias públicas (do espaço aéreo para a passagem de cabos, do próprio solo para o lançamento de postes, do subsolo ou de espaços nas obras de arte para instalação de dutos) ou em outros espaços de uso comum (como o fundo do mar para o lançamento de cabos); de outro lado, o aproveitamento de capacidade ociosa em estruturas de suporte de redes de serviços em geral, públicos ou não (de telecomunicações; de transmissão ou distribuição de energia; de transportes coletivos; de petróleo ou gás, etc.) ou em instalações públicas de natureza diversa (obras públicas ou outras construções para prestação de serviços públicos).

Um elemento crucial caracteriza esse conjunto de situações. É que, em relação à vocação de todos esses bens, a instalação de redes de serviços não constitui um desvio, mas uma utilização normal. Quer dizer: a convivência, nos mesmos espaços ou infra-estruturas, de vários usos — usos de naturezas diversas ou usos por sujeitos diversos — corresponde à exploração mais adequada das próprias potencialidades desses bens. Trata-se, então, de fazê-los cumprir integralmente sua função, não de distraí-los, sequer parcialmente, de seu destino específico. A diferença em relação àqueles casos em que se tradicionalmente se recorreu à servidão administrativa é, assim, profunda.

Em coerência com isso, os instrumentos para criar os vínculos jurídicos que permitirão o uso do bem para a instalação da rede devem ser os do tráfico jurídico contemporâneo normal: contratos privados, contratos administrativos, atos administrativos,

---

[35] Essa é a orientação que parece emanar da jurisprudência do Supremo Tribunal Federal, para quem, na servidão para passagem de linha de transmissão de eletricidade, "devem ser indenizados os prejuízos sofridos pelos proprietários, causados pelo uso público e pelas restrições estabelecidas ao uso da propriedade, não, porém o domínio, que continua com os proprietários" (RE nº 97.188, 2ª Turma, julgamento de 1981). Quanto aos critérios que foram construídos pela jurisprudência brasileira para calcular a indenização dos prejuízos resultantes da servidão administrativa, consulte-se José Carlos de Moraes Salles. SALLES, José Carlos de Moraes. *A desapropriação à luz da doutrina e da jurisprudência*. 4. ed. São Paulo: Revista dos Tribunais, 2000. p. 87.

dependendo do caso. Não se cogita, em princípio, de medidas intervencionistas com características como as da servidão. O uso deve ter contrapartida econômica: uma remuneração. Não se trata de indenizar, de recompor danos, mas de pagar o preço do benefício recebido. A instituição de direitos reais não se mostra essencial: os vínculos obrigacionais são suficientes.

Apesar disso, alguns autores vêm sustentando que a servidão administrativa seria aplicável no tocante ao acesso aos espaços públicos comuns para instalação das redes de serviços.

Zelmo Denari defende a ideia de que a servidão administrativa seria o único veículo apto para a instituição do uso privativo do domínio público com as características necessárias a essas redes. Isso porque apenas ela viabilizaria o uso em caráter de permanência, indispensável ao caso. Segundo ele, "a utilização das vias públicas pelas concessionárias — tratando-se de serviços telefônicos, de distribuição de água ou esgoto, inclusive de fornecimento de energia elétrica — é diferente daquela outra exercitada pelos particulares, porque envolve a ocupação permanente".[36] Em virtude disso, "o único instituto jurídico capaz de explicar essa situação jurídica subjetiva relacionada com a utilização privativa do solo urbano é a servidão administrativa".[37]

Adilson Dallari, embora também defendendo a servidão, atribui-lhe um papel mais restrito: o de veículo para imposição judicial do uso privativo em favor das redes, em caso de recusa da entidade pública titular dos bens ou de desacordo quanto às suas condições, inclusive econômicas.[38] Para ele, a outorga do direito de uso na via administrativa não é feita por servidão, mas pelos atos ou contratos administrativos tradicionais (autorização, permissão ou concessão de uso).

Em abono de sua tese, ambos os autores invocam as disposições contidas na legislação específica (Código de Águas e Lei Geral de Telecomunicações), que preveem a possibilidade de instituir-se a servidão.

Antes de discutir esses pontos de vista, é fundamental uma ponderação terminológica. Enquanto a *servidão do direito civil* é um instituto com contornos e aplicabilidade bem definidos, no campo do direito administrativo as coisas são mais complicadas. A expressão *servidão administrativa* é usada com sentidos e finalidades muito variados.

Tem-se, em primeiro lugar, a *servidão administrativa expropriatória*, que institui em favor do serviço público um direito real de uso parcial da propriedade alheia, a qual sofre um sacrifício parcial, com a contrapartida da indenização. Sua base legislativa encontra-se no art. 40 da Lei de Desapropriações (Decreto-Lei nº 3.365, de 1941). O exemplo mais importante desse tipo de servidão é a que viabiliza a passagem de redes elétricas sobre imóveis privados.

---

[36] DENARI, Zelmo. A utilização privativa dos bens públicos. *Cadernos de Direito Tributário e Finanças Públicas – Revista dos Tribunais*, São Paulo, v. 8, p. 238, jul.-set. 1994.

[37] DENARI, Zelmo. A utilização privativa dos bens públicos. *Cadernos de Direito Tributário e Finanças Públicas – Revista dos Tribunais*, São Paulo, v. 8, p. 238, jul.-set. 1994.

[38] O ponto de vista foi manifestado em parecer: "a empresa privada concessionária pode compelir o proprietário do bem público a possibilitar o seu uso, pela forma prevista na legislação brasileira exatamente para isso, qual seja, a servidão administrativa". Como fundamento dessa afirmação, invocou os dispositivos legais que, genericamente, preveem a possibilidade de instituição de servidão administrativa em favor do serviço público, isto é, o art. 29, IX, da Lei de Concessões nº 8.987/95), o art. 10 da Lei de Concessões de Energia Elétrica nº 9.074/95, com a redação da Lei 9.648/98), e o art. 100 da Lei Geral de Telecomunicações nº 9.472/97). Todavia, o parecer não discutiu especificamente os argumentos contrários ao cabimento de servidão sobre o domínio viário.

Mas, afora essa aplicação mais técnica — por mais próxima da ideia clássica de servidão — a expressão servidão administrativa vem sendo usada para designar diferentes casos de condicionamentos administrativos da propriedade, cujo regime jurídico nada tem a ver com o da servidão administrativa expropriatória. Por facilidade, chamamo-la de *servidão administrativa condicionamento*. Os casos vão desde a *servidão de aeroporto*, que é uma limitação genérica à construção urbana em torno dos aeródromos até a *servidão sobre terrenos marginais aos rios*, que obriga o proprietário a suportar o trânsito de agentes públicos na faixa de 10m. ao lado dos rios navegáveis. Todavia, aqui não se tem sacrifício da propriedade, sequer parcial, mas sua genérica disciplina pela lei ou em virtude de lei. É inaplicável o art. 40 da Lei de Desapropriações. Não há indenização.

A meu ver, quando apontam a servidão como instrumento de acesso das redes ao domínio público, Denari e Dallari estão se referindo a servidões diferentes. O raciocínio de Dallari trata da servidão expropriatória, que é imposta judicialmente após declaração de utilidade pública e dá direito à indenização. Já Denari aparentemente menciona a servidão condicionamento, chegando a afirmar textualmente o descabimento de indenização.

Na discussão quanto às *servidões administrativas expropriatórias*, um primeiro problema a considerar é o relativo à sua aplicabilidade sobre o domínio público. Ela é rechaçada por muitos com o argumento de que seria contrária ao princípio da inalienabilidade dos bens públicos.[39] Mas, tendo sido aceita, no Brasil, a expropriação de bens públicos, inclusive os de uso especial e de uso comum do povo,[40] não seria o princípio da inalienabilidade um óbice à servidão, mesmo porque ela é uma espécie de expropriação parcial.[41]

Mas isso não é o bastante para responder a dúvida: é pertinente a instituição de servidão administrativa expropriatória para garantir aos prestadores de serviços públicos o direito de usar o domínio público para instalação de suas redes? A resposta nos parece negativa. E isso por dois fundamentos concorrentes.

A servidão administrativa expropriatória é instrumento de intervenção destinado a impor um desvio naquele uso que, pela ótica do proprietário, é o normal para o bem. Ora, a instalação de redes de serviços públicos no domínio viário não corresponde a qualquer desvio, nem é juridicamente contrária aos interesses da entidade pública que o titulariza. Entre as funções que, de Direito, são próprias do subsolo, do espaço aéreo — e

---

[39] Em decisão por maioria datada de 1983, o Tribunal de Justiça de São Paulo decidiu que "a servidão administrativa é ônus real de uso imposto pela Administração à propriedade particular. Uma de suas características é, portanto, sua incidência sobre bens particulares, não se admitindo que possa onerar bem público" (Ap. nº 1.049-0, em RT 593/122). Eros Grau, embora acreditando que "os bens do domínio público e do patrimônio disponível não tolerem o gravame das servidões", admite que sobre eles incidam "efeitos da restrição decorrente da passagem, pelo seu subsolo, de dutos de maior ou menor porte, necessários ao transporte e à distribuição de gás canalizado". GRAU, Eros. Concessionária de serviço público – Bens públicos – Direito de uso. *Revista de Direito Administrativo*, Rio de Janeiro, v. 218, p. 350, out./dez. 1999. Tendo em vista o objeto limitado do parecer em que sustentou esse ponto de vista, o autor não esclareceu quais seriam as diferenças entre uma servidão e a restrição que mencionou.

[40] Reporto-me à resenha doutrinária e jurisprudencial de PEREIRA, Carlos Fernando Potyguara. *A desapropriação de bens públicos à luz da doutrina e da jurisprudência*. Rio de Janeiro: Lumem Juris, 1999. p. 96 e ss. Ver também SALLES, José Carlos de Moraes. *A desapropriação à luz da doutrina e da jurisprudência*. 4. ed. São Paulo: Revista dos Tribunais, 2000. p. 135 e ss.

[41] Quanto a essa afirmação, ver nosso *Direito administrativo ordenador* (SUNDFELD, Carlos Ari. *Direito administrativo ordenador*. São Paulo: Malheiros, 1993. p. 95 e ss.).

mesmo da superfície — das vias públicas, insere-se a de acolher essas redes. Portanto, quando a Municipalidade se vê obrigada a dar passagem a uma rede pelo subsolo ela não está sofrendo qualquer sacrifício, mesmo parcial, de seu direito de propriedade. Está, isso sim, sendo constrangida a fazer com que seus bens cumpram a função social que lhes é inerente. A servidão administrativa expropriatória é, por essência, veículo de imposição de um sacrifício de direito. Daí sua impertinência ao caso.

Há outro aspecto a ponderar. A Lei de Desapropriações (Decreto-Lei nº 3.365, de 1941) regula também a instituição de servidão administrativa expropriatória (art. 40).[42] Pois seu art. 2º, §1º, estabelece que "a desapropriação do espaço aéreo ou do subsolo só se tornará necessária, quando de sua utilização resultar prejuízo patrimonial do proprietário do solo".[43] Dessa forma, a instituição de servidão expropriatória relativa ao subsolo e ao espaço aéreo do domínio público só seria necessária se sua utilização pelas redes causasse *prejuízo patrimonial* ao Poder Público proprietário do solo. Mas é logicamente impossível falar em prejuízo patrimonial se o domínio público, sendo inalienável — estando fora do comércio — não tem valor de troca. Não faz sentido calcular qual seria o valor de venda do terreno sobre o qual existe uma rua e, depois, imaginar qual a perda de valor que esse terreno sofreria se fosse vendido gravado com um direito de uso privativo em favor de terceiro. Ora, a rua não é vendável e, por isso, é absurdo cogitar de diferenças de valor de troca da rua gravada e da rua não gravada. Não há essa diferença porque não há troca possível.

Essa constatação é útil para, ao mesmo tempo, descartar a ideia de servidão administrativa expropriatória sobre o domínio viário (inclusive porque sua instituição é dispensada pelo citado art. 2º, §1º, da Lei de Desapropriações) e afastar a indenização como meio de remuneração do uso privativo para instalação de redes.

E quanto à *servidão administrativa condicionamento*? Seria adequado vê-la como o veículo da outorga do uso privativo do domínio para as redes de serviço público?

Em princípio, não há mal em afirmá-lo, desde que esteja perfeitamente clara a atipicidade dessa servidão,[44] que nada tem a ver com aquela a que se refere o art. 100 da Lei Geral de Telecomunicações, bem como a Lei de Concessões (art. 29, IX), a Lei de Concessões de Energia Elétrica (art. 10) e a Lei de Desapropriações (art. 40). A servidão administrativa condicionamento decorre, mediatamente, da lei e da outorga setorial, e, imediatamente, da solicitação do prestador (não dependendo, portanto, de qualquer

---

[42] Diz ele: "Art. 40. O expropriante poderá constituir servidões, mediante indenização na forma desta lei."

[43] Decreto-Lei nº 3.365, de 1941.

[44] Deveras, não se pode impedir o uso livre do termo "servidão" para designar outros direitos restritivos incidentes sobre as propriedades, ainda que eles não importem em desvios no uso do bem, tampouco em prejuízo patrimonial. Um caso julgado pelo STF nos fornece um exemplo interessante. A Municipalidade de Juiz de Fora, tendo constituído empresa de telecomunicações, editou lei declarando de utilidade pública e instituindo servidão sobre postes de serviços de energia e telecomunicações, para possibilitar que a nova empresa neles assentasse seus cabos, sem prejuízo dos existentes. As empresas titulares dos postes reagiram, entendendo inválida a servidão, por não observado o regime da Lei de Desapropriações, como exigido em seu art. 40. Mas o STF rejeitou o argumento e deu como boa a medida. Para tanto, levou em consideração que os postes, como bens de concessionários, estão sujeitos aos ônus e restrições decorrentes do interesse público; que, independentemente da lei que instituiu a citada servidão, a Prefeitura poderia ter determinado a fixação dos fios da nova empresa naqueles postes; que a medida não importou em desapropriação, mas foi declarada com o objetivo de impor um ônus à coisa; e, ainda, que "o fato de existir servidão constituída não importará em prejuízo" (2ª Turma, RE nº 68.126-MG, rel. Min. Adaucto Cardoso, v.u., j. 14.11.1969).

declaração de utilidade pública). Ela permite a cobrança de remuneração pelo uso (mas não de indenização, pois não há prejuízo a ressarcir).[45]

Vistas assim as coisas, essa servidão não é outra coisa senão a *permissão especial de uso do domínio público para redes de serviço público* que identificamos e estudamos no tópico anterior. Por isso, preferimos deixá-la de lado, pois o nome semelhante gera inconveniente confusão com a servidão administrativa expropriatória, além de ser pouco útil na compreensão do regime jurídico.

Referências

ÁLVARES, Walter T. *Curso de direito da energia*. Rio de Janeiro: Forense, 1978.

BANDEIRA DE MELLO, Celso Antônio. *Curso de direito administrativo*. 12. ed. São Paulo: Malheiros, 2000.

COTRIM NETO, A. B. Da utilização privada dos bens públicos de uso comum. *Revista de Direito Administrativo*, Rio de Janeiro, v. 90, p. 470-476, out./dez. 1967.

DALLARI, Adilson Abreu. Servidões administrativas. *Revista de Direito Público*, São Paulo, v. 59-69, p. 90.

DENARI, Zelmo. A utilização privativa dos bens públicos. *Cadernos de Direito Tributário e Finanças Públicas – Revista dos Tribunais*, São Paulo, v. 8, p. 230-239, jul.-set. 1994.

DI PIETRO, Maria Sylvia Zanella. *Servidão administrativa*. São Paulo: Revista dos Tribunais, 1978.

DI PIETRO, Maria Sylvia Zanella. *Uso privativo de bem público por particular*. São Paulo: Revista dos Tribunais, 1983.

FERNANDES, Raimundo Nonato. Da concessão de uso de bens públicos. *Revista de Direito Administrativo*, Rio de Janeiro, v. 118, p. 1-11, out./dez. 1974.

FERREIRA, Sérgio de Andréa. Alguns aspectos da permissão de uso de bem público. *Revista de Direito Administrativo*, Rio de Janeiro, v. 216, p. 25-37, abr./jun. 1999.

GRAU, Eros. Bens públicos: convênio: dívida da Fazenda. *Revista de Direito Público*, v. 19, n. 79, p. 103-114, jul./set. 1986.

GRAU, Eros. Concessionária de serviço público – Bens públicos – Direito de uso. *Revista de Direito Administrativo*, Rio de Janeiro, v. 218, p. 343-356, out./dez. 1999.

GRECO, Carlos M.; MUÑOZ, Guillermo A. *La precariedad en los permisos, autorizaciones, licencias y concessiones*. Buenos Aires: Depalma, 1992.

MALJAR, Daniel Edgardo. *Restricciones y servidumbres administrativas*. El electroducto. Buenos Aires: Ad-Hoc, 2000.

MEIRELLES, Hely Lopes. *Direito administrativo brasileiro*. 21. ed., atualizada por Eurico de Andrade Azevedo, Délcio Balestero Aleixo e José Emmanuel Burle Filho. São Paulo: Malheiros, 1996.

MENDES, Vicente de Paula. *A indenização na desapropriação* – Doutrina, legislação e jurisprudência. Belo Horizonte: Del Rey, 1993.

---

[45] O Código de Águas, de 1934, conferiu aos concessionários o direito de "utilizar os terrenos de domínio público e estabelecer as servidões nos mesmos e através de estradas, caminhos e vias públicas, com sujeição aos regulamentos administrativos" (art. 151, "a"). Essa servidão sobre o domínio público era uma clara servidão administrativa condicionamento, sendo de notar o silêncio legal quanto a qualquer indenização. Ela convivia, na mesma lei, com a servidão administrativa expropriatória, incidente sobre imóveis privados e indenizáveis (art. 120, §3º). Walter T. Álvares nos relata, a propósito, que, na prática brasileira, as servidões de passagem de redes elétricas eram implantadas sem indenização, quando incidentes sobre as vias públicas, e com indenização, quando sobre imóveis privados. ÁLVARES, Walter T. *Curso de direito da energia*. Rio de Janeiro: Forense, 1978. p. 451.

PEREIRA, Carlos Fernando Potyguara. *A desapropriação de bens públicos à luz da doutrina e da jurisprudência.* Rio de Janeiro: Lumem Juris, 1999.

SALLES, José Carlos de Moraes. *A desapropriação à luz da doutrina e da jurisprudência.* 4. ed. São Paulo: Revista dos Tribunais, 2000.

SANFIEL, Andrés M. González. *Un nuevo régimen para las infraestructuras de dominio público.* Madri: Montecorvo, 2000.

SUNDFELD, Carlos Ari. *Direito administrativo ordenador.* São Paulo: Malheiros, 1993.

SUNDFELD, Carlos Ari; CÂMARA, Jacintho de Arruda. Reforma das telecomunicações: o problema da implantação das novas redes. *Interesse Público*, Porto Alegre, n. 2, p. 30-49, 1999.

Informação bibliográfica deste texto, conforme a NBR 6023:2002 da Associação Brasileira de Normas Técnicas (ABNT):

SUNDFELD, Carlos Ari, Uso dos espaços públicos comuns pelas redes de serviço público. *In*: DIAS, Maria Tereza Fonseca *et al.* (Coord.). *Estado e propriedade*: estudos em homenagem à professora Maria Coeli Simões Pires. Belo Horizonte: Fórum, 2015. p. 181-199.

A PROTEÇÃO DO PATRIMÔNIO PÚBLICO ESTRANGEIRO PELA LEI ANTICORRUPÇÃO E A LEGÍSTICA

FABIANA DE MENEZES SOARES

CARINA ANGÉLICA BRITO REYDER

1 Introdução

Com sua recente entrada em vigor,[1] em 29 de janeiro de 2014, a Lei Anticorrupção tem modificado o comportamento de empresários e dirigentes do setor privado, preocupados em deixar a organização preparada para atuar em conformidade com a lei, evitando incorrer nos ilícitos nela previstos.

A Lei Federal nº 12.846, de 1º de agosto de 2013, inovou em muitos aspectos, mas os principais foram a introdução da responsabilidade objetiva às pessoas jurídicas[2] pela prática de atos contra a administração pública nacional ou estrangeira.

Portanto, configurada a prática lesiva à Administração, independentemente do nível hierárquico a que pertencer o funcionário envolvido, subsistirá a responsabilidade, seja qual for o modelo societário, o tamanho e a forma organizacional da pessoa jurídica, havendo solidariedade entre as controladoras, controladas, coligadas e consorciadas, e abrangidas as hipóteses de alteração contratual, transformação, incorporação, fusão ou cisão societária.

O presente artigo discorrerá sobre as novidades trazidas por este diploma legal, como meio de proteção ao patrimônio público, contextualizando o momento de

---

[1] Art. 8º da Lei Complementar nº 95, de 26 de fevereiro de 1998:
"§1º A contagem do prazo para entrada em vigor das leis que estabeleçam período de vacância far-se-á com a inclusão da data da publicação e do último dia do prazo, entrando em vigor no dia subsequente à sua consumação integral.".

[2] Art. 1º da Lei nº 12.846, de 1º de agosto de 2013:
"Parágrafo único. Aplica-se o disposto nesta Lei às sociedades empresárias e às sociedades simples, personificadas ou não, independentemente da forma de organização ou modelo societário adotado, bem como a quaisquer fundações, associações de entidades ou pessoas, ou sociedades estrangeiras, que tenham sede, filial ou representação no território brasileiro, constituídas de fato ou de direito, ainda que temporariamente.".

sua inserção no ordenamento jurídico brasileiro. Serão debatidos alguns dos novos mecanismos de eficácia legal previstos, como o *compliance* e os acordos de leniência, bem como serão tecidas algumas críticas sobre o modo de opercionalização da lei e algumas lacunas que precisam ser supridas. Por fim, serão apresentadas algumas recomendações da Legística, ou Ciência da Legislação, que nos dias atuais não podem deixar de ser consultadas quando se atua no campo da elaboração legislativa.

2 A lei anticorrupção no ordenamento jurídico brasileiro

Encontram-se sob o amparo da Lei Anticorrupção a Administração Pública nacional e estrangeira. Neste último caso, estão incluídos os agentes, os órgãos e entidades estatais e as representações diplomáticas de qualquer nível ou esfera de governo, bem como as pessoas jurídicas controladas direta ou indiretamente pelo Poder Público estrangeiro.

Ainda que os atos lesivos tenham sido praticados no exterior contra a administração pública estrangeira, as pessoas jurídicas nacionais responsáveis pelos ilícitos se submetem à lei, tendo em vista que o Brasil é signatário de acordos internacionais contra a corrupção.

Em 2000,[3] o Brasil ratificou a *Convenção sobre o Combate da Corrupção de Funcionários Públicos Estrangeiros em Transações Comerciais Internacionais*, Convenção da OCDE, que define que qualquer pessoa jurídica ou física que esteja cometendo atos de suborno de funcionário público estrangeiro no território de um Estado signatário da Convenção da OCDE estará sujeito às suas proibições anti-suborno, independentemente da cidadania.

A convenção determina que os Estados signatários criminalizem o oferecimento, a promessa ou a concessão de vantagem indevida, pecuniária ou de qualquer outra natureza, a funcionário público estrangeiro que, direta ou indiretamente, por meio de ação ou omissão no desempenho de suas funções públicas, realize ou dificulte transações na condução de negócios internacionais; e estabelece que os países signatários adotem medidas de responsabilização a pessoas jurídicas pela prática da corrupção.

Outra convenção internacional de que o Brasil é signatário é a *Convenção Interamericana contra a corrupção*, Convenção da OEA,[4] que tem como objetivo promover e fortalecer os mecanismos necessários para ajudar a prevenir, detectar e punir a corrupção no exercício das funções públicas, bem como os atos de corrupção especificamente vinculados ao seu exercício.

O Brasil assinou também a *Convenção das Nações Unidas Contra a Corrupçã.*[5] Dentre os compromissos assumidos, cada Estado Parte deve formular e aplicar, ou manter em vigor, políticas coordenadas e eficazes contra a corrupção que promovam a participação da sociedade e reflitam os princípios do Estado de Direito, a devida gestão dos assuntos e bens públicos, a integridade, a transparência e a obrigação de render contas. E no que se refere ao setor privado, cada Estado Parte deve adotar medidas para prevenir a corrupção e melhorar as normas contábeis e de auditoria, e prever sanções civis, administrativas ou

---

[3] Promulgada pelo Decreto nº 3.678, de 30 de novembro de 2000.

[4] Aprovada pelo Decreto Legislativo nº 152, de 25 de junho de 2002, e promulgada pelo Decreto nº 4.410, de 7 de outubro de 2002.

[5] Assinada em 9 de dezembro de 2003 e promulgada pelo Decreto nº 5.687, de 31 de janeiro de 2006.

penais eficazes. A convenção ambém dispõe sobre o suborno de funcionários públicos estrangeiros e de funcionários de organizações internacionais públicas.[6]

Portanto, de modo diverso do que alguns especialistas mais apressados afirmaram, a da Lei Anticorrupção não emergiu como resposta de Governo às manifestações populares que eclodiram em meados de 2013, mas a sua concretude simultânea a tais manifestos, apesar de também corresponder aos anseios sociais, resulta de um processo de intensificação das relações internacionais que têm promovido a cooperação entre países para que os esforços sejam adotados em conjunto.

Há mais de 10 anos a corrupção é tema central do debate internacional e o Brasil, ao se comprometer em atuar contra essa prática, tem o dever de implantar medidas que assegurem a efetivação dos compromissos assumidos, sendo avaliado pelos organismos inernacionais pelas políticas de combate à corrupção implementadas.

Em 2000,[7] foram introduzidos no Código Penal os crimes praticados por particular contra a administração pública estrangeira, por meio da tipificação da corrupção ativa e do tráfico de influência em transação comercial internacional, além da definição de funcionário público estrangeiro.

Em 2003, o Conselho da Transparência Pública e Combate à Corrupção, responsável por sugerir medidas para o aperfeiçoamento de métodos e sistemas de controle e incremento da transparência e estratégias de combate à corrupção e à impunidade, recebeu a composição de seus membros, estando dentre eles representantes de entidades da sociedade civil como OAB, Transparência Brasil e Associação Brasileira de Imprensa.

Em 2004, foi criado o Portal da Transparência pela Controladoria-Geral da União, com o objetivo de permitir a todo cidadão a consulta e o acompanhamento das contas públicas, sem a restrição do uso de senhas. Posteriormente, Estados e Municípios desenvolveram os seus respectivos portais.

Percebe-se que o fio condutor do combate à corrupção está direcionado a uma atuação coordenada em várias frentes e que privilegia não somente a punição dos envolvidos nos ilícitos, agentes públicos e particulares, mas igualmente promove a ampliação dos canais de participação social no acompanhamento e controle das contas públicas, além de incentivar o incremento à transparência.

O arcabouço jurídico brasileiro já se delineava com esse contorno de leis, podendo ser citadas (a) a Lei que dispõe sobre o crime de lavagem de dinheiro, Lei nº 9.613, de 1998; (b) a Lei da Ficha Limpa, Lei Complementar nº 135, de 2010; (c) a

---

[6] Artigo 16:
"1. Cada Estado Parte adotará as medidas legislativas e de outras índoles que sejam necessárias para qualificar como delito, quando cometido intencionalmente, a promessa, oferecimento ou a concessão, de forma direta ou indireta, a um funcionário público estrangeiro ou a um funcionário de organização internacional pública, de um benefício indevido que redunde em seu próprio proveito ou no de outra pessoa ou entidade com o fim de que tal funcionário atue ou se abstenha de atuar no exercício de suas funções oficiais para obter ou manter alguma transação comercial ou outro benefício indevido em relação com a realização de atividades comerciais internacionais.
2. Cada Estado Parte considerará a possibilidade de adotar medidas legislativas e de outras índoles que sejam necessárias para qualificar como delito, quando cometido intencionalmente, a solicitação ou aceitação por um funcionário público estrangeiro ou funcionário de organização internacional pública, de forma direta ou indireta, de um benefício indevido que redunde em proveito próprio ou no de outra pessoa ou entidade, com o fim de que tal funcionário atue ou se abstenha de atuar no exercício de suas funções oficiais.".

[7] Lei nº 10.467, de 11 de junho de 2002.

Lei de Acesso à Informação, Lei nº 12.527, de 2011; (d) a Lei de Responsabilidade Fiscal, Lei Complementar nº 101, de 2000; (e) a Lei de Improbidade Administrativa, Lei nº 8.429, de 1992, (f) a Lei nº 12.850, de 2013, que define organização criminosa, aplicável às infrações penais previstas em tratado ou convenção internacional; (g) a Lei Geral de Licitações e Contratos, Lei nº 8.666, de 1993; (h) a Lei nº 8.112, de 1990, que contém o regime jurídico dos servidore públicos civis da União; (i) e as disposições do Código Penal, que já tratava os atos de corrupção como crimes contra a Administração Pública, contra a Ordem Econômica e contra a Ordem Tributária.

A Lei Anticorrupção, portanto, vem aperfeiçoar o sistema do ordenamento jurídico brasileiro sobre a prática lesiva da corrupção com a responsabilidade objetiva das pessoas jurídicas e a proteção da administração pública estrangeira, agregando mecanismos de eficácia[8] aos já existentes, com a inclusão de novos comandos normativos a serem operacionalizados faticamente.

3 Os mecanismos de *compliance*

As sanções civis e administrativas previstas pela Lei Anticorrupção estabelecem multas que podem chegar ao valor de 60 milhões de reais ou 20% do faturamento bruto anual, considerado o exercício anterior ao da instauração do processo administrativo, o que não exclui a obrigação de reparação integral do dano causado.

Além disso, não está excluída a hipótese de responsabilização judicial, caso em que poderão ser solicitados a dissolução compulsória da pessoa jurídica; a suspensão ou interdição parcial de suas atividades; e o perdimento dos bens, direitos ou valores.

Sanções tão severas têm causado um desconforto ao setor privado que já se vê submetido aos rigores da lei, contudo, a sua aplicabilidade está condicionada a publicação de regulamentos dos entes federados, à exemplo de Tocantins, pioneiro na regulamentação da lei (Decreto nº 4.954, de 13 de dezembro de 2013), São Paulo (Decreto nº 60.106, de 29 de janeiro de 2014) e Paraná (Decreto nº 10.271, de 21 de fevereiro de 2014).

Para a definição da pena, serão considerados os esforços empreendidos pela pessoa jurídica para evitar o cometimento de ilícitos na organização. Ou seja, foi criada uma atenuante para o momento de aplicação da penalidade, caso a pessoa jurídica comprove que adotava mecanismos e procedimentos internos de integridade, auditoria e incentivo à denúncia de irregularidades.

---

[8] BARROSO, Luís Roberto. *Interpretação e aplicação da Constituição: fundamentos de uma dogmática constitucional transformadora*. 7. Ed. Ver. São Paulo: Saraiva, 2009, p. 253-255: "Classicamente, os atos jurídicos comportam análise científica em três planos distintos e inconfundíveis: o da existência, o da validade e o da eficácia. [...] a existência do ato jurídico está ligada à presença de seus elementos constitutivos (normalmente, agente, objeto e forma) e a validade decorre do preenchimento de determinados requisitos, de atributos ditados pela lei. A ausência de algum dos requisitos conduz à invalidade do ato [...]
A eficácia [...] se traduz na sua aptidão para a produção de efeitos, para a irradiação das consequências que lhe são próprias. [...] Diz respeito à aplicabilidade, exigibilidade ou executoriedade da norma. [...] Refere-se à aptidão, à idoneidade do ato para a produção de seus efeitos. Não se insere no seu âmbito constatar se tais efeitos realmente se produzem.
É nesse plano da realidade, esse quarto plano, situado fora da teoria convencional, que se vai encontrar a efetividade ou eficácia social da norma. Diz ele respeito, como assinala Miguel Reale, ao cumprimento efetivo do direito por parte de uma sociedade, ao "reconhecimento" (*Anerkennung*) do direito pela comunidade ou, mais particularizadamente, aos seus efeitos que uma regra suscita através do seu cumprimento. Cuida-se, aqui, da concretização do comando normativo, sua força operativa no mundo dos fatos".

Por força da responsabilidade objetiva e solidária que penaliza a organização independentemente do grau de autonomia administrativa que possua o funcionário envolvido, a lei acertou em considerar o comportamento das pessoas jurídicas que adotam políticas internas de difusão e incorporação de valores éticos no desenvolvimetno de suas atividades, bem como as que criam canais de comunicação para detectar e monitorar possíveis indícios de irregularidades, permitindo a imediata correção e suspensão das ações ilícitas.

Essa política de conformidade corporativa que terá caráter atenuante na aplicação das penalidades é prática conhecida no setor empresarial denominada de *compliance* e significa a adoção de um conjunto de medidas para fazer cumprir as leis, bem como evitar, detectar e tratar qualquer desvio de inconformidade possível. O termo *compliance* tem origem no verbo em inglês *to comply*, que significa agir de acordo com uma regra, uma instrução interna, um comando ou um pedido.

Importante informar que os parâmetros de avaliação dos mecanismos de *compliance* adotados pela pessoa jurídica serão estabelecidos por decreto federal, regulamento não publicado até a conclusão deste artigo.[9]

A adoção de políticas corporativas de gestão requer altos investimentos em consultorias para a elaboração de políticas internas, o desenvolvimento de metodologias e mecanismos corporativos de controle de irregularidades, e a aquisição de ferramentas que efetivem a sua implementação. Exige-se da alta direção a alocação de recursos para essa finalidade, o que em muitos casos significará a retirada de investimentos de outros itens do planejamento, na medida em que investir em *compliance* é mais válido do que arriscar a ter prejuízos maiores advindos de multas e outras sanções que podem significar perdas em cadeia.[10] Saem beneficiadas as organizações que já adotam modelos de gestão de governança corporativa.

As medidas de *compliance*, ao incentivarem o cumprimento às leis, contribuirão para o aumento da confiança[11] do cidadão nas instituições democráticas.

A Fundação Getúlio Vargas mede, desde 2012, de forma sistemática, a percepção dos brasileiros em relação ao respeito dos cidadãos às leis e às ordens de algumas autoridades, visando retratar a relação do indivíduo com o Estado de Direito. Trata-se do Índice de Percepção do Cumprimento da Lei (IPCLBrasil).

---

9   Artigo elaborado em 31 de março de 2014.

10   BANKS, Theodore L.; BANKS, Frederick Z. *Corporate Legal Compliance Handbook*. 2. ed. New York: Wolters Kluwer Law & Business, 2013. p. 1-3: "Although the focus of many compliance programs is on criminal laws, that focus is too limiting. A compliance program should apply to both criminal and civil law. It is important that employees of corporations understand the civil rules if they want their businesses to operate with efficiency and with the trust of customers and consumers.

     Companies often point to the expense of instituting compliance programs — the cost of developing training, the time lost in attending classes, the wasted energy performing audits or other verification activities. But it should be clear that the costs of noncompliance are much greater. Not only is a company risking possible fines or civil damages but the company that is found to have violated the law will find that it loses business and develops a tarnished reputation."

11   MOISÉS, José Álvaro. Cidadania, confiança e instituições democráticas. *Lua Nova Revista de Cultura e Política*, São Paulo, n. 65, p. 82-83, 2005: "Em linguagem comum, confiança designa segurança de procedimento ou crença em outros com quem interajo e convivo. Nas ciências sociais, o interesse pelo conceito está associado à preocupação com os processos informais através dos quais as pessoas enfrentam incertezas e imprevisibilidades decorrentes da crescente complexificação da vida que caracteriza o mundo globalizado, interdependente e crescentemente condicionado por avanços tecnológicos. Essa situação implica em conhecimento limitado sobre os processos de tomada de decisões coletivas e as ações de governos que afetam a vida das pessoas."

De acordo com a Fundação,[12] apesar de o índice não medir o grau de cumprimento da lei pela população, ele identifica se o cidadão acredita que as regras e as instituições do Estado de Direito são respeitadas por seus pares. A importância do índice vai além: ele se propõe a verificar as razões pelas quais o cidadão não cumpre as leis. Sendo mensurado semestralmente, o IPCLBrasil terá condição de demonstrar, ao longo dos anos, a trajetória do comportamento do cidadão brasileiro frente à sua credibilidade perante a legislação.

Essa mensuração da percepção do brasileiro sobre o respeito às leis e às autoridades traz uma fonte de informação rica para a análise das instituições democráticas, auxiliando na identificação das causas de seu baixo crédito por parte do cidadão.

De acordo com Moisés,

> a experiência dos cidadãos que influem sobre a confiança política estão associadas com a vivência de regras, normas e procedimentos que decorrem do princípio de igualdade de todos perante a lei. Mas elas também mostram que a avaliação dos cidadãos sobre as instituições depende do aprendizado propiciado a eles pelo funcionamento daquelas. Uma vez que sejam capazes de sinalizar, de modo inequívoco, o universalismo, a imparcialidade, a justeza e a probidade de seus procedimentos, assegurando que os interesses dos cidadãos são efetivamente levados em conta pelo sistema político, as instituições geram solidariedade e ganham a confiança dos cidadãos. Em sentido contrário, quando prevalece a ineficiência ou a indiferença institucional diante de demandas para fazer valer direitos assegurados por lei ou generalizam-se práticas de corrupção, de fraude ou de desrespeito ao interesse público, instala-se uma atmosfera de suspeição, de descrédito e de desesperança, comprometendo a aquiescência dos cidadãos à lei e às estruturas que regulam a vida social: floresce, então, a desconfiança e o distanciamento dos cidadãos da política e das instituições democráticas.[13]

A própria lei, pelo fato de sua essência se fundar na legitimidade, deveria atrair para si a responsabilidade de gerar confiança nos cidadãos sobre o seu cumprimento. Mas não é o que acontece e, por isso, os estudos sobre o tema têm se expandido de forma multidisciplinar, em diversos países. Uma área do conhecimento que se preocupa em estudar o momento de elaboração das leis, sabendo-se que desse planejamento é que poderão ser evitados os efeitos perversos da lei, é a chamada Legística, também denominada de Teoria ou Ciência da Legislação.

4 Legística ou ciência da legislação

A Legística ou Ciência da Legislação tem por objeto de estudo a lei, e congrega em sua natureza científica o viés da análise do discurso de justificação das normas jurídicas, a discussão acerca da legitimação das escolhas legislativas e a promoção da efetividade jurídica e social da lei, com o alcance dos fins por ela visados.

---

[12] Fundação Getúlio Vargas sobre o IPCLBrasil: levantamento estatístico de natureza qualitativa, realizado em oito unidades da federação brasileira. Disponível em: <http://direitogv.fgv.br/en/publicacoes/ipcl-brasil>.

[13] MOISÉS, José Álvaro. Cidadania, confiança e instituições democráticas. *Lua Nova Revista de Cultura e Política*, São Paulo, n. 65, p. 91-92, 2005.

O uso da expressão *Ciência da Legislação* se deve à obra *Gesetzgebungslehre*, de Peter Noll, publicada em 1973, a qual é considerada o marco inicial da Legística[14] e tem seu título traduzido como Ciência ou Doutrina da Legislação. O vocábulo Legística, contudo, tem se firmado em razão da sua tradução do francês *Légistique*, como na obra *Éléments de légistique formelle et matérielle*, de Charles Albert Morand.

O estudo de Legística perpassa por disciplinas como o Direito (na medida em que a lei é sua fonte e a positivação se traduz em norma jurídica), a Ciência Política, (o caráter político e de legitimidade predomina no processo de deliberação e aprovação legislativos), a Economia (a Análise Econômica do Direito disponibiliza estudos sobre a racionalidade na tomada de decisão, bem como metodologias de avaliação de impacto legislativo) e a Linguística (essencial à redação legislativa), dentre outras.

O surgimento da Teoria da Legislação se deu na década de 70,[15] quando se pôde observar um rápido progresso nessa área do conhecimento, tanto em nível científico com a profusão de estudos, revistas especializadas, seminários, quanto institucional, com a criação de centros de investigação e associações de especialistas, culminando na constituição de uma disciplina autônoma, a Teoria da Legislação, que tem por objeto o estudo da lei em todas as suas dimensões.

A preocupação com a qualidade dos textos normativos teve início em países de tradição anglo-saxônica, ou de *common Law*. É um paradoxo, pois justamente nesses países o costume ocupa o papel mais relevante na teoria das fontes, ao contrário dos países integrantes do sistema franco-germânico ou continental, ou de *civil Law*, nos quais se encontram ligados à lei os dois pilares do ordenamento jurídico: a certeza e a segurança do direito.[16]

Charles-Albert Morand[17] explica esse paradoxo, argumentando que o positivismo jurídico teria afastado os juristas de uma abordagem científica do processo de elaboração legislativa, interrompendo a continuidade de estudos sobre legislação que foram realizados durante o Iluminismo. De acordo com o autor, o fato de se ter conferido aos juristas um *status* de relevante importância, contribuiu para que os mesmos não se preocupassem com o aperfeiçoamento das leis.

Compreendida, então, como processo puramente político, a fase de elaboração de leis não recebeu o tratamento de estudos científicos até a primeira metade do séc. XX,

---

[14] SALINAS, Natasha Schmitt Caccia. *Avaliação Legislativa no Brasil*: um estudo de caso sobre as normas de controle das transferências voluntárias de recursos públicos para entidades do terceiro setor. Dissertação (Mestrado) – Faculdade de Direito, USP, São Paulo, 2008, p. 22.

[15] ALMEIDA, Marta Tavares de. A contribuição da legística para uma política de legislação: concepções, métodos e técnicas. *In*: CONGRESSO INTERNACIONAL DE LEGÍSTICA. Belo Horizonte: Assembleia Legislativa do Estado de Minas Gerais, 2007. p. 85: "A Teoria da Legislação é, portanto, uma ciência interdisciplinar que tem um objeto claro — o estudo de todo o circuito da produção das normas — e para a qual convergem vários métodos e diferentes conhecimentos científicos. Trata-se de uma 'ciência normativa', mas também de uma 'ciência de ação', que nos permite analisar o comportamento dos órgãos legiferantes e as características dos fatos legislativos e identificar instrumentos úteis para a prática legislativa. Essa compreensão do fenômeno legislativo na sua totalidade é uma primeira e inestimável contribuição da Teoria da Legislação para uma política legislativa."

[16] SOARES, Fabiana de Menezes. *Teoria da legislação*. Porto Alegre: Sergio Antonio Fabris, 2004. p. 117.

[17] SALINAS, Natasha Schmitt Caccia. *Avaliação Legislativa no Brasil*: um estudo de caso sobre as normas de controle das transferências voluntárias de recursos públicos para entidades do terceiro setor. Dissertação (Mestrado) – Faculdade de Direito, USP, São Paulo, 2008, p. 22-23: "no que diz respeito aos trabalhos sobre legislação realizados no final do século XVIII, MORAND destaca as obras de Montesquieu (De l'esprit des lois), J. Bentham (Nomography or the art of inditin Law) e G. Falangieri (La Scienza della Legislazione). In: MORAND, Charles-Albert (Org.). *Légistique Formelle et Matérielle*. Aix-Em-Provence: Presse Universitaires d'Aix-Marseile, 1999, p. 23-27."

como ocorreu com a interpretação e a aplicação legislativas. O início da mudança desse cenário tem origens na década de 1960, quando o foco do interesse científico voltou a se orientar para a legislação, tanto para a sua preparação, quanto para a aplicação e o seu impacto na sociedade."[18]

A doutrina[19] divide a Legística em espécies formal e material, sendo a primeira referente à técnica legislativa, que cuida dos aspectos formais da legislação, a forma dos atos, sua estrutura e sistemática; e a segunda, voltada ao conteúdo da legislação, sua concepção, aplicação e avaliação, com observância dos critérios de necessidade, utilidade e efetividade da norma.

A Legística material inova nos estudos de elaboração legislativa ao considerar a lei não mais como uma simples redação de norma jurídica, mas como resultado de debates políticos que visam solucionar uma problemática social ou institucional, de modo que desde a sua concepção estejam presentes estudos sistematizados que evidenciem a sua aplicabilidade e os seus impactos. Ela introduz a avaliação de impacto legislativo, tanto no planejamento da norma (*ex ante*), quanto posteriormente à sua entrada em vigor (*ex post*).

Como bem ensina Flückiger,[20] "a obrigação de vigilância legislativa se refere a "observar" a lei (Beobachtungspflicht) em sua execução e avaliar seus efeitos. Trata-se, mais precisamente, de examinar a lei em sua implementação, bem como os impactos causados por ela."

As avaliações de impacto legislativo têm sido adotadas na União Europeia e são resultado de estudos promovidos, especialmente desde que a OCDE (Organização para a Cooperação e o Desenvolvimento Econômico), em 2005, dentro do Programa Legislar Melhor da União Europeia, fez uma recomendação de melhoria na legislação, englobando

> o desenvolvimento e o reforço dos mecanismos de consulta; uma avaliação mais sistemática da análise dos impactos econômicos, sociais e ambientais das iniciativas legislativas, maior transparência no processo legislativo, desenvolvimento de programas de simplificação legislativa e melhoria da aplicação da legislação europeia. Em 2006 foi igualmente criado um grupo de peritos, para avaliar os esforços dos Estados membros relativamente à análise de impacto à simplificação.[21]

Portanto, desde 2005,[22] os países da União Europeia têm adotado as avaliações de impacto legislativo como parte do processo de decisão política, por meio da avaliação

---

[18] MADER, Luzius. Legística: qualidade da lei e desenvolvimento. In: CONGRESSO INTERNACIONAL DE LEGÍSTICA. Belo Horizonte: Assembleia Legislativa do Estado de Minas Gerais, 2009. p. 44.

[19] MADER, Luzius. Legística: qualidade da lei e desenvolvimento. *In*: CONGRESSO INTERNACIONAL DE LEGÍSTICA. Belo Horizonte: Assembleia Legislativa do Estado de Minas Gerais, 2007. p. 199.

[20] FLÜCKIGER, Alexandre. Obrigação jurisprudencial da avaliação legislativa: uma aplicação do Princípio da Precaução aos direitos fundamentais. *Revista Senatus*, Brasília, v. 7, n. 1, p. 14-15, jul. 2009.

[21] FRAGA, Ana; VARGAS, Ana. Da qualidade da legislação ou de como o legislador pode ser um fora da lei. *Caderno da Escola do Legislativo*, Belo Horizonte, v. 9, n. 14, p. 59-102, jan/dez. 2007, p. 65.

[22] VERSCHUUREN, Jonathan. *The Impact of Legislation*: a critical analysis of ex ante evaluation. Boston: Martinus Nijhoff Publishers, 2009. p. 4: There has been ample experience with various forms of ex ante evaluation of legislation in various countries, and at the EU level. At the EU level, however, the experiences are rather recent. Only since 2005, all proposals in the European Commission's Legislative and Work Programme are subjected to

ex ante, como verificação da eficácia da norma, e da avaliação *ex post*, constatando a sua efetividade.

Sobre o tema da Avaliação de Impacto Legislativo, um dos maiores estudiosos do assunto no Brasil é Fernando Meneguin, que assim a explica:

> Na avaliação privada, os fatores e produtos são valorizados a preços de mercado. No entanto, na análise econômica social, utilizam-se os preços sociais. Ao contrário dos preços de mercado, que representam os benefícios e custos de oportunidade para as empresas e indivíduos, os preços sociais refletem o custo de oportunidade para a economia como um todo. Quando as hipóteses subjacentes aos modelos de livre concorrência prevalecem, os dois preços são iguais. Na vida real, entretanto, essas hipóteses não são verificadas em diversas situações, por exemplo, quando há externalidades, presença de bens públicos ou assimetria de informações. Nesses casos, o custo social e o privado podem diferir substancialmente.
>
> Assim como a análise econômica social pretende clarear a escolha dos melhores projetos para a sociedade, a avaliação de impacto legislativo procura proporcionar aos legisladores uma forma de fazerem uma escolha eficiente economicamente. Isso significa que a legislação aprovada deve gerar uma situação em que os recursos são alocados de tal maneira que os ganhos advindos para todos os agentes econômicos envolvidos sejam maiores do que as perdas suscitadas pela nova norma.[23]

No Brasil, a Legística se encontra no centro dos atuais debates governamentais e acadêmicos e os esforços estão direcionados à realização de estudos para a promoção de sua plena implantação pelos órgãos do Legislativo, bem como pelo Executivo, no âmbito de sua função colegislativa.

O Estado de Minas Gerais foi pioneiro na introdução dos estudos de Legística, em face de sua iniciativa com a realização do Congresso Internacional de Legística realizado em 2007, na Assembleia Legislativa em parceria com o Observatório para a Qualidade da Lei da Faculdade de Direito da UFMG; evento que resultou na publicação do livro *Legística: qualidade da lei e desenvolvimento*.

Esse evento é reconhecido[24] como o responsável por introduzir no Brasil as discussões sobre Legística, e tem o mérito especial de ter sido realizado em conjunto com o Poder Público:

> A Assembleia Legislativa de Minas Gerais empreendeu, entre 10 e 13 de setembro de 2007, o Congresso Internacional de Legística, iniciativa inédita de apresentação dos especialistas mais consagrados da União Europeia, cujos países (Alemanha, Áustria, Suíça,

---

an impact assessment. The EU impact assessment is usually characterised as a comprehensive analysis of potential impacts of several policy options, based on accurate, objective and complete information, without prescribing a specific or common methodology. It takes an integrated approach towards environmental, economic and social impacts, and also a subsidiarity and proportionality test have been integrated into the instrument, as well as stakeholder consultation. The aim of an impact assessment is not only to make the legislative process more transparent and enhance the public support for new legislation but also to present to the legislature which trade-off s there are between various regulatory options without the pretensions of providing legislators with a decision criterion.

[23] MENEGUIN, Fernando Boarato. *Avaliação de impacto legislativo no Brasil*. Centro de Estudos da Consultoria do Senado. *Textos para Discussão*, 2010. p. 8-9. Disponível em: <http://www12.senado.gov.br/publicacoes/estudos-legislativos/tipos-de-estudos/textos-para-discussao/td-70-avaliacao-de-impacto-legislativo-no-brasil>.

[24] MELO, José Tarcízio de Almeida. *Direito Constitucional do Brasil*. Belo Horizonte: Del Rey, 2008. p. 726.

França e Itália) tornaram-se pioneiros, como o Canadá, na produção e sistematização de conhecimentos para a elaboração das leis.

No mesmo escopo de vanguarda, o Poder Executivo mineiro foi o primeiro ente federativo do país a instituir na estrutura formal da Administração Pública uma unidade específica sobre os estudos de Legística com a criação, em 2011, do Núcleo de Legística na Assessoria Técnico-Legislativa da Secretaria de Estado de Casa Civil e de Relações Institucionais.[25]

Outras importantes iniciativas governamentais podem ser citadas como a criação do Grupo de Pesquisa e Extensão em Legística da Câmara dos Deputados, órgão que realizou em 2011 o Ciclo de Debates sobre Qualidade Legislativa, quando a Professora Doutora Fabiana de Menezes Soares proferiu a palestra *Tendências de Legística*.

A Consultoria Legislativa do Senado Federal tem trabalhado com o propósito de difundir as avaliações legislativas, integrantes da Legística material, realizadas antes ou depois da implementação da lei, visando antecipar o seu impacto ou verificar a sua efetividade. Ressalte-se que o Senado Federal recentemente incluiu em seu regimento interno o procedimento de avaliação de políticas públicas, por meio da Resolução nº 44, de 2013, sendo este um caminho para a efetiva implementação da avaliação de impacto legislativo.

A Escola da Magistratura do Estado do Rio de Janeiro (EMERJ), em parceria com a Escola do Legislativo da Assembleia do Estado do Rio de Janeiro promoveu em junho de 2012 o Curso de *Legística – A arte de elaborar a lei*.

No âmbito municipal, a Câmara Municipal de Paracatu mantém em sua página na internet a publicação de artigo informativo em caráter permanente sobre Legística, e a Câmara de Vereadores de Belo Horizonte tem promovido ações para estudos de Legística, como o workshop realizado em 2010.

No âmbito acadêmico, o destaque tem sido dado ao Observatório para a Qualidade da Lei da Faculdade de Direito da UFMG, responsável por introduzir as discussões no Brasil e divulgar estudos por meio da publicação de obras científicas, disseminando o conhecimento sobre a temática de modo expressivo.

A Pontifícia Universidade Católica de São Paulo, especialmente por meio de sua pesquisadora Dra. Patrícia Rosset, tem publicado textos sobre Legística e participado de palestras como ocorrido no Congresso Internacional de Estudos Constitucionais realizado pelo Tribunal de Justiça do Ceará em 2009, e no 14º Encontro Nacional da Associação Brasileira das Escolas do Legislativo e de Contas (ABEL).

A PUCMinas ofereceu em 2010 dentro do Projeto de Extensão o Grupo de Estudos "Legística, Hermenêutica e Teoria da Argumentação", e o Centro Universitário de Brasília (UNICEUB) incluiu em seu programa de Mestrado em Filosofia Política o tema *Montesquieu e o nascimento da legística*.

Portanto, o momento requer estudos sobre essa nova área do saber, em favor da qualidade da lei. No que se refere à avaliação de impacto legislativo, as poucas experiências existentes ainda são realizações individualizadas e se concentram no âmbito das atividades regulatórias, inexistindo ainda um procedimento institucional

---

[25] Sob o comando da Profa. Maria Coeli Simões Pires, Secretária de Estado de Casa Civil e de Relações Institucionais.

de Governo que exija a adoção da avaliação de impacto legislativo como metodologia aplicável à Legística, que assegure o incremento à qualidade da legislação.

5 Críticas à Lei nº 12.846, de 2013

O conteúdo ético da Lei Anticorrupção, trazido pela responsabilização objetiva, deve ser enaltecido. Se até então o comportamento costumeiro do empresariado se limitava a demitir os funcionários envolvidos, dando continuidade regular aos seus negócios; agora esse modo de agir passa a sofrer uma reestruturação em decorrência da possibilidade de sanções que acarretam a redução patrimonial e a proibição de contratar com a Administração Pública, de modo passam a ser privilegiadas as atividades de cunho preventivo pela organização.

Já se discute sobre os limites do controle e da fiscalização do empregador sobre a vida do empregado e, nesse sentido, é válido comentar que no âmbito do acesso do empregador aos *emails* do empregado, apesar de não haver um entendimento uniformizado pela jurisprudência, a tendência[26] tem sido admitir esse monitoramento sobre *emails* institucionais, considerados ferramenta de trabalho de propriedade do empregador e disponibilizada para a consecução do serviço e, portanto, não submetidos à proteção à intimidade prevista pela Constituição. A inviolabilidade permanece no tocante aos *emails* particulares, mesmo que utilizados durante o horário de trabalho.

Medida essencial à eficácia da Lei Anticorrupção foi a criação do Cadastro Nacional de Empresas Punidas e, para que se configure em um efetivo instrumento de aplicabilidade da lei, é requerida a sua plena e tempestiva utilização.

Impõe-se o cuidado com a célere atualização das informações ali registradas, tanto no que se refere à inclusão do nome de pessoas jurídicas condenadas, possibilitando a imediata vedação à sua contratação com a Administração; quanto na retirada do nome das pessoas jurídicas que assim fizerem jus, com o término do prazo da sanção. Incorrer no equívoco de deixar o nome permanecer inscrito no cadastro por tempo superior ao devido equivale ao erro de fazer o registro de pessoas jurídicas idôneas. O Poder Executivo tem a responsabilidade de não ser o causador de ações judiciais desnecessárias.

O cadastro também deve ser fielmente consultado antes de se realizar o repasse de recursos ou a contratação de pessoa jurídica, de modo combinado com outros cadastros disponibilizados pela Administração, a fim de cumprir com a finalidade da lei.

A punição aplicada por um ente federativo deve servir de justificação para que outro ente deixe de contratar com a pessoa jurídica penalizada? Apesar de a lei não mencionar esse procedimento, essa questão tem sido discutida em razão da Lei Federal

---

[26] PROVA ILÍCITA. "E-MAIL" CORPORATIVO. JUSTA CAUSA. DIVULGAÇÃO DE MATERIAL PORNO-GRÁFICO. Os sacrossantos direitos do cidadão à privacidade e ao sigilo de correspondência, constitucionalmente assegurados, concernem à comunicação estritamente pessoal, ainda que virtual ("e-mail" particular). Assim, apenas o e-mail pessoal ou particular do empregado, socorrendo-se de provedor próprio, desfruta da proteção constitucional e legal de inviolabilidade. Solução diversa impõe-se em se tratando do chamado "e-mail" corporativo, instrumento de comunicação virtual mediante o qual o empregado louva-se de terminal de computador e de provedor da empresa, bem assim do próprio endereço eletrônico que lhe é disponibilizado igualmente pela empresa. Destina-se este a que nele trafeguem mensagens de cunho estritamente profissional. Em princípio, é de uso corporativo, salvo consentimento do empregador. Ostenta, pois, natureza jurídica equivalente à de uma ferramenta de trabalho proporcionada pelo empregador ao empregado para a consecução do serviço (TST. 1ª Turma. RR nº 00613-2000-013-10-00. Rel. Ministro João Oreste Dalazen. *DJ*, 10 jun. 2005).

nº 8.666, de 1993, a Lei de Licitações e Contratos Administrativos, que estabelece em seu art. 87[27] sanções por inexecução total ou parcial do contrato com o Poder Público. Enquanto o seu inciso III prevê a aplicação da sanção pela *Administração*, a sanção do inciso IV deve ser aplicada pela *Administração Pública*. A diferenciação dos conceitos "Administração" e "Administração Pública" é a raiz da controvérsia. O art. 6º define Administração Pública como a administração direta e indireta da União, dos Estados, do Distrito Federal e dos Municípios, abrangendo inclusive as entidades com personalidade jurídica de direito privado sob controle do poder público e das fundações por ele instituídas ou mantidas. Por outro lado, por Administração, está definido o órgão, entidade ou unidade administrativa pela qual a Administração Pública opera e atua concretamente. Por isso, há doutrinadores que entendem que a sanção prevista no inciso III apenas poderá ser imposta pelo próprio ente que teve o contrato violado.

Contudo, importante se ocupar do entendimento do Superior Tribunal de Justiça[28] que, ao avaliar a questão, apresenta uma interpretação que privilegia os princípios constitucionais e especialmente a finalidade da Lei de Licitações e Contratos que tem por objetivo impedir fraudes nos procedimentos licitatórios. Sendo assim, estão autorizados os governos a vedarem a participação de empresas que não cumpriram com suas obrigações junto a outros entes federados.

Seguindo a mesma linha interpretativa, o Tribunal de Contas da União[29] alterou recentemente seu entendimento e estendeu a aplicação da suspensão temporária de licitar e o impedimento de licitar a todos os órgãos e entes da Administração Pública.

É recomendável, portanto, que o Poder Público, ao aplicar a Lei Anticorrupção, considere os citados entendimentos do STJ e do TCU, tendo em vista que a interpretação restritiva torna a penalidade inócua, ao permitir que uma empresa corrupta possa ser novamente contratada, desde que por outro ente federado.

Outro aspecto questionável da lei se refere a não exigência de qualificação para o servidor que comporá a comissão responsável por apurar a responsabilidade das

---

[27] "Art. 87. Pela inexecução total ou parcial do contrato a Administração poderá, garantida a prévia defesa, aplicar ao contratado as seguintes sanções:
I - advertência;
II - multa, na forma prevista no instrumento convocatório ou contrato;
III - suspensão temporária de participação em licitação e impedimento de contratar com a Administração, por prazo não superior a 2 (dois) anos;
IV - declaração de inidoneidade para licitar ou contratar com a Administração Pública enquanto perdurarem os motivos determinantes da punição ou até que seja promovida a reabilitação perante a própria autoridade que aplicou a penalidade, que será concedida sempre que o contratado ressarcir a Administração pelos prejuízos resultantes e após decorrido o prazo da sanção aplicada com base no inciso anterior."

[28] Recurso Especial nº 174.274. Segunda Turma. Relator: Ministro Castro Moreira. Sessão: 22.11.2004:
1. A punição prevista no inciso III do artigo 87 da Lei nº 8.666/93 não produz efeitos somente em relação ao órgão ou ente federado que determinou a punição, mas a toda a Administração Pública, pois, caso contrário, permitir-se-ia que empresa suspensa contratasse novamente durante o período de suspensão, tirando desta a eficácia necessária. 2. Recurso especial provido (STJ, Segunda Turma, REsp nº 174274/SP. Rel. Min. Castro Meira, *DJ*, 22 nov. 2004). No julgamento ora transcrito, o mesmo raciocínio desenvolvido pode ser aplicado para a sanção prevista no inciso IV, do artigo 87, da Lei n. 8.666/93.

[29] Decisão nº 2.218/2011, Primeira Câmara, 19.04.2011:
"O entendimento do Tribunal a quo, no sentido de que a suspensão imposta por um órgão administrativo ou um ente federado não se estende aos demais, não se harmoniza com o objetivo da Lei nº 8.666/93, de tornar o processo licitatório transparente e evitar prejuízos e fraudes ao erário, inclusive impondo sanções àqueles que adotarem comportamento impróprio ao contrato firmado ou mesmo ao procedimento de escolha de propostas. Há, portanto, que se interpretar os dispositivos legais estendendo a força da punição a toda a Administração, e não restringindo as sanções aos órgãos ou entes que as aplicarem."

pessoas jurídicas sobre ilícitos que atualmente são transnacionais, ou seja, mesmo a empresa mantenedora de negócios apenas em um país, comumente leva seus bens para outra nação.

A lei requer do servidor apenas que este seja estável. Todavia, a corrupção tem por característica atos de difícil detecção e comprovação, por se tratar de irregularidades não aparentes.

Geralmente, obtém-se a prova após análises minuciosas de informações maquiadas, contidas em documentos contábeis e fiscais muitas vezes falsificados ou em relatórios de prestação de contas com dados deturpados, superficiais ou mesmo omitidos. O nível de sofisticação das atividades ligadas à corrupção chega a contar com programas informatizados que adulteram o conteúdo para que aparentemente a situação se mostre regular.

O servidor mediano, aquele que não tem qualificação para identificar fraudes, bem como não possui uma rotina de trabalho adstrita a essa persecução, muito dificilmente irá exercer o importante papel de aplicador da lei e, desse modo, sua eficácia se encontrará comprometida. Obviamente que caberá a cada ente federativo estabelecer as regras para si, contudo, a Lei Anticorrupção, ao não definir critérios mínimos de qualificação, revelou-se frágil nesse importante aspecto de vinculação direta à eficácia da lei. Até porque, é o trabalho da comissão que, por meio de relatórios conclusivos, irá demonstrar a eventual responsabilidade da pessoa jurídica, sugerindo ao instaurador do processo administrativo, de forma motivada, as sanções a serem aplicadas.

Preocupa, portanto, o fato de não ter sido previsto recurso para que a pessoa jurídica requeira revisão da decisão administrativa. A ausência dessa medida processual tende a estimular o ajuizamento de ações junto ao Poder Judiciário.

A lei também não estabeleceu procedimentos para a hipótese de a mesma fraude estar sendo investigada simultaneamente em diversos órgãos de um mesmo Poder, tendo em vista cada titular instaurar o seu processo administrativo próprio. Nesse caso, havendo múltiplos processos sobre o mesmo tipo de conduta ilícita da mesma pessoa jurídica, deve ser privilegiada a interação dos órgãos em favor da segurança jurídica, sem prejuízo da autonomia de cada um.

Outro item a ser ponderado se refere à real aptidão dos municípios para apurarem investigação dessa natureza, sabendo-se que grande parte deles se encontra em comprometedora situação estrutural, administrativa e financeira, contando com um deficiente quadro de pessoal e pouca capacidade de investimentos. Por outro lado, municípios menores também realizam importantes contratações de bens e serviços e recebem a instalação de empresas multinacionais na localidade, como mineradoras e empresas de transporte ferroviário. É válido lembrar que para os casos de ilícitos praticados contra a administração pública estrangeira, a AGU tem competência para apurar o processo e o julgamento.

Outra crítica a ser feita corresponde ao provável uso político da lei. Na medida em que se atribui ao titular do órgão a competência para instaurar o processo administrativo, será muito pouco provável que ele tenha interesse real em promover uma investigação séria sobre a sua própria gestão, podendo comprometê-lo diretamente. Em situação contrária, passa a ser desejável a instauração de um processo para investigar ilícitos de partido de oposição em gestão anterior. No âmbito do Poder Executivo federal, a CGU tem competência concorrente para instaurar os processos administrativos e para avocar os já instaurados, para exame de sua regularidade ou correção de seu andamento.

Os acordos de leniência estão previstos na Lei Anticorrupção e consistem na prerrogativa das autoridades máximas de cada órgão ou entidade celebrá-los com as pessoas jurídicas que efetivamente colaborarem com a investigação e o processo administrativo. Tal prática emprestada da Lei Antitruste incentiva o envolvido na infração a confessar o ilícito com a possibilidade de receber alguns benefícios em retribuição à colaboração. No âmbito do Poder Executivo federal, a competência para celebrar os acordos de leniência foi atribuída à Advocaia-Geral da Uunião.

As empresas que admitirem a prática ilícita e por iniciativa própria cooperarem com as investigações, cessando a sua participação nas atividades, poderão celebrar contratos de leniência, desde que a sua colaboração resulte na identificação dos demais envolvidos na infração e na obtenção célere de informações e documentos que comprovem o ilícito sob apuração.

O acordo de leniência não exime a pessoa jurídica da obrigação de reparar integralmente o dano causado à Administração, mas pode isentá-la das sanções de publicação extraordinária da decisão condenatória e da proibição de receber recursos públicos. Além disso, o valor da multa pode ser reduzido em até dois terços.

O benefício da não publicação extraordinária da decisão condenatória, no âmbito corporativo e de investimentos, é de extremo valor. A publicação de um fato negativo sobre determinada empresa pode gerar especulações quanto à sua saúde financeira e capacidade de cumprimento de suas obrigações junto aos credores, afetando diretamente no comportamento do mercado que pode reagir de modo que haja um "efeito dominó", desencadeando perdas sucessivas nos negócios. A imagem de uma instituição muitas vezes representa o seu maior patrimônio ou minimamente é a fonte de credibilidade para que os empreendimentos obtenham sucesso.

Apesar de o foco da Lei Anticorrupção ser a responsabilidade objetiva de pessoas jurídicas pela prática de atos contra a Administração Pública, incluída a estrangeira, os dirigentes e administradores não se encontram isentos de suas responsabilidades, porém, neste caso, eles respondem pelos atos ilícitos na medida de sua culpabilidade.

6 Conclusão

A introdução da Lei Anticorrupção no ordenamento jurídico brasileiro, ao estender a proteção ao patrimônio público estrangeiro, derrubando as barreiras dos limites territoriais onde sejam praticados os atos lesivos, eleva o país, em nível internacional, a um grau de comprometimento contra as práticas de corrupção, favorecendo o aumento da confiabilidade por parte dos investidores.

Fundamentalmente, espera-se que o comportamento das pessoas jurídicas que mantêm negócios com a Administração Pública seja modificado, com a introdução da responsabilidade objetiva e do mecanismo de *compliance*, o que poderá ser percebido após alguns anos de aplicação da lei.

Para tanto, o Poder Público deve se munir das condições necessárias para viabilizar a aplicação da lei e capacitar os seus agentes, divulgando os instrumentos trazidos pela nova legislação e qualificando os responsáveis pela sua operacionalização.

Contudo, há diversas lacunas no que se refere à realização do processo administrativo, conforme demonstrado, e nem todas poderão ser solucionadas por meio de decretos regulamentares. Nesse sentido, no momento de aplicação da lei, deverão ser consultadas legislações subsidiárias, a fim de se permitir de modo mais claro os papeis de integração com órgãos de fiscalização no processo, como o Tribunal de Contas e o Ministério Público, por exemplo.

A interação também deve ser promovida entre os Poderes, com vistas a se atingir a finalidade da lei. Sobre esse ponto, é válido mencionar que a manutenção dos vetos da Presidente da República sobre o projeto de lei que se converteu na Lei Federal nº 12.846, de 2013, demonstrou por parte do Legislativo a preocupação em se ter aprovado um texto legal em conformidade com a eficácia por ele pretendida, tendo em vista o comprometimento embutido nos dispositivos vedados.

Quando forem promovidas alterações na lei, estas deverão considerar as recomendações de Legística. Uma elaboração legislativa responsável é aquela que conhece dos possíveis impactos da legislação e, por isso, busca evitar seus efeitos perversos ou indesejados. De forma indireta, contribui para minimizar o grau de desconfiança dos cidadãos brasileiros em relação às instituições do nosso país,[30] bem como para "desafogar" o Judiciário de demandas que poderiam ser evitadas por uma legislação mais eficiente.

A Legística material, dessa forma, incentiva a continuidade da avaliação legislativa em conformidade com o dinamismo inerente ao ordenamento jurídico. Afinal, a concepção de uma norma positivada, como o resultado concreto do debate político com a sociedade, que reflete os valores e princípios dentro de determinado contexto histórico, significa compreender a produção legislativa em face dos destinatários da lei, a sociedade.

Referências

ALMEIDA, Marta Tavares de. A contribuição da legística para uma política de legislação: concepções, métodos e técnicas. *In*: CONGRESSO INTERNACIONAL DE LEGÍSTICA. Belo Horizonte: Assembleia Legislativa do Estado de Minas Gerais, 2007.

BANKS, Theodore L.; BANKS, Frederick Z. *Corporate Legal Compliance Handbook*. 2. ed. New York: Wolters Kluwer Law & Business, 2013.

BARROSO, Luís Roberto. *Interpretação e aplicação da Constituição*: fundamentos de uma dogmática constitucional transformadora. 7. ed. rev. São Paulo: Saraiva, 2009.

BRASIL. Lei Complementat nº 95, de 26 de fevereiro de 1998. Disponível em: <http://www.planalto.gov.br/ccivil_03/leis/lcp/lcp95.htm>. Acesso em: 20 mar. 2014.

BRASIL. Lei Federal nº 12.486, de 1º de agosto de 2013. Disponível em <http://www.planalto.gov.br/ccivil_03/_ato2011-2014/2013/lei/l12846.htm>. Acesso em: 20 mar. 2014.

CONVENÇÃO das Nações Unidas Contra a Corrupção.

CONVENÇÃO Interamericana contra a Corrupção.

CONVENÇÃO sobre o Combate da Corrupção de Funcionários Públicos Estrangeiros em Transações Comerciais Internacionais.

DALLARI, Dalmo de Abreu. *Elementos de Teoria Geral do Estado*. 22. ed. São Paulo: Saraiva, 2001.

FLÜCKIGER, Alexandre; DELLEY, Jean-Daniel. A elaboração racional do direito privado: da codificação à legística. *Caderno da Escola do Legislativo*, Belo Horizonte, v. 9, n. 14, p. 35-58, jan./dez. 2007.

---

[30] SOARES, Fabiana de Menezes. Legística: qualidade da lei e desenvolvimento. *In*: CONGRESSO INTERNACIONAL DE LEGÍSTICA. Belo Horizonte: Assembleia Legislativa do Estado de Minas Gerais, 2007. p. 57.

FLÜCKIGER, Alexandre; DELLEY, Jean-Daniel. Obrigação jurisprudencial da avaliação legislativa: uma aplicação do Princípio da Precaução aos direitos fundamentais. *Revista Senatus*, Brasília, v. 7, n. 1, jul. 2009.

FRAGA, Ana; VARGAS, Ana. Da qualidade da legislação ou de como o legislador pode ser um fora da lei. *Caderno da Escola do Legislativo*, Belo Horizonte, v. 9, n. 14, p. 59-102, jan./dez. 2007.

FUNDAÇÃO GETÚLIO VARGAS. *Sobre o IPCLBrasil:* levantamento estatístico de natureza qualitativa, realizado em oito unidades da federação brasileira. Disponível em: <http://direitogv.fgv.br/en/publicacoes/ipcl-brasil>.

MADER, Luzius. Legística: qualidade da lei e desenvolvimento. *In*: CONGRESSO INTERNACIONAL DE LEGÍSTICA. Belo Horizonte: Assembleia Legislativa do Estado de Minas Gerais, 2009.

MELO, José Tarcízio de Almeida. *Direito Constitucional do Brasil*. Belo Horizonte: Del Rey, 2008.

MENEGUIN, Fernando Boarato. Avaliação de impacto legislativo no Brasil. Centro de Estudos da Consultoria do Senado. *Textos para Discussão*, 2010. Disponível em: <http://www12.senado.gov.br/publicacoes/estudos-legislativos/tipos-de-estudos/textos-para-discussao/td-70-avaliacao-de-impacto-legislativo-no-brasil>. Acesso em: 20 mar. 2014.

MOISÉS, José Álvaro. Cidadania, confiança e instituições democráticas. *Lua Nova Revista de Cultura e Política*, São Paulo, n. 65, 2005.

SALINAS, Natasha Schmitt Caccia. *Avaliação Legislativa no Brasil*: um estudo de caso sobre as normas de controle das transferências voluntárias de recursos públicos para entidades do terceiro setor. Dissertação (Mestrado) – Faculdade de Direito, USP, São Paulo, 2008.

SANTIAGO, Gleice Cristiane; OLIVEIRA, Lucas Figueiredo de. Suspensão temporária do direito de licitar e declaração de inidoneidade para licitar com o Poder Público. *Revista do Tribunal de Contas do Estado de Minas Gerais*, ano XXIX, v. 80, n. 3, p. 241, jul./set. 2011.

SOARES, Fabiana de Menezes. *Teoria da legislação*. Porto Alegre: Sergio Antonio Fabris, 2004.

VERSCHUUREN, Jonathan. *The Impact of Legislation: a critical analysis of ex ante evaluation*. Boston: Martinus Nijhoff Publishers, 2009.

Informação bibliográfica deste texto, conforme a NBR 6023:2002 da Associação Brasileira de Normas Técnicas (ABNT):

SOARES, Fabiana de Menezes; REYDER, Carina Angélica Brito. A proteção do patrimônio público estrangeiro pela lei anticorrupção e a legística. *In*: DIAS, Maria Tereza Fonseca *et al.* (Coord.). *Estado e propriedade*: estudos em homenagem à professora Maria Coeli Simões Pires. Belo Horizonte: Fórum, 2015. p. 201-216.

REFLEXÕES SOBRE A UTILIZAÇÃO DE BENS PÚBLICOS PELOS PARTICULARES: UMA RELEITURA DOS CONCEITOS DA DOUTRINA

CRISTIANA FORTINI

MARIA FERNANDA PIRES

1 Introdução

Os bens públicos foram classificados pelo art. 98 do Código Civil de 2002[1] a partir do critério da titularidade. Trata-se de critério formal que ignora a vocação e a utilização efetiva do bem em prol de atividades públicas, limitando-se a reconhecer como públicos os bens expressamente pertencentes às pessoas jurídicas de direito público interno.

O art. 99 do Código Civil,[2] por sua vez, promoveu a divisão entre os bens públicos, catalogando-os a partir da baliza da destinação, a influir no menor ou maior acesso incondicionado e indistinto pela população, em bens de uso comum do povo, bens de uso especial e bens dominicais.[3]

Assim, bens de uso comum são aqueles voltados ao uso geral, não se exigindo concordância ou autorização estatal quando o particular pretende utilizá-lo em consonância com sua destinação original.

---

[1] Art. 98. São públicos os bens do domínio nacional pertencentes às pessoas jurídicas de direito público interno; todos os outros são particulares, seja qual for a pessoa a que pertencerem. (BRASIL. Lei nº 10.406, de 10 de janeiro de 2002)

[2] Art. 99. São bens públicos:
I - os de uso comum do povo, tais como rios, mares, estradas, ruas e praças;
II - os de uso especial, tais como edifícios ou terrenos destinados a serviço ou estabelecimento da administração federal, estadual, territorial ou municipal, inclusive os de suas autarquias;
III - os dominicais, que constituem o patrimônio das pessoas jurídicas de direito público, como objeto de direito pessoal, ou real, de cada uma dessas entidades.
Parágrafo **único**. Não dispondo a lei em contrário, consideram-se dominicais os bens pertencentes às pessoas jurídicas de direito público a que se tenha dado estrutura de direito privado. (BRASIL. Lei nº 10.406, de 10 de janeiro de 2002)

[3] De modo bastante sintético, bens de uso comum do povo são aqueles de uso geral, que podem ser utilizados livremente por todos, a exemplo das praias e parques. Os bens de uso especial são aqueles que estão afetados a um serviço público, tais como os aeroportos e os hospitais públicos. E, bens dominicais são aqueles que não possuem destinação definida, como imóveis públicos que não estão sendo utilizados pelo poder público.

Percebe-se que o Código Civil não atribui ao povo, à coletividade, a titularidade dos bens públicos, nem mesmo aqueles classificados como bens de uso comum.

Tal enquadramento está em consonância com os arts. 20[4] e 26[5] da CF que igualmente estabelecem relação de domínio, indicando claramente os entes federativos como proprietários dos bens.

Do exame dos dispositivos constitucionais, verifica-se que diversos bens ali arrolados poderiam se encaixar no conceito de "bens de uso comum do povo", mas foram atribuídos à União, como é o caso dos lagos, rios e aos Estados, como as ilhas fluviais e lacustres não integrantes do patrimônio da União.

Logo, ainda que o Código Civil faça menção a "bens de uso comum do povo", a compreensão que nos parece possível, analisando o próprio Código e a relação de pertencimento que ele estabelece no art. 98, é a de que o uso mais generalizado, mais irrestrito não altera sua titularidade. Ruas, praças, avenidas, por exemplo, ainda que admitam acesso generalizado e, em princípio, irrestrito,[6] não se convertem em bens de domínio social.

Não é por outra razão que se exige dos Municípios a preservação das praças, ruas, assim como é junto à Municipalidade que se demanda autorização para eventual uso "anormal".[7] Nesse sentido Alfredo Buzaid, citado no RESP nº 11.988-0/SP, julgado pelo STJ. Diz o acórdão:

---

[4] Art. 20. São bens da União: I - os que atualmente lhe pertencem e os que lhe vierem a ser atribuídos; II - as terras devolutas indispensáveis à defesa das fronteiras, das fortificações e construções militares, das vias federais de comunicação e à preservação ambiental, definidas em lei; III - os lagos, rios e quaisquer correntes de água em terrenos de seu domínio, ou que banhem mais de um Estado, sirvam de limites com outros países, ou se estendam a território estrangeiro ou dele provenham, bem como os terrenos marginais e as praias fluviais; IV - as ilhas fluviais e lacustres nas zonas limítrofes com outros países; as praias marítimas; as ilhas oceânicas e as costeiras, excluídas, destas, as áreas referidas no art. 26, II; IV as ilhas fluviais e lacustres nas zonas limítrofes com outros países; as praias marítimas; as ilhas oceânicas e as costeiras, excluídas, destas, as que contenham a sede de Municípios, exceto aquelas áreas afetadas ao serviço público e a unidade ambiental federal, e as referidas no art. 26, II; V - os recursos naturais da plataforma continental e da zona econômica exclusiva; VI - o mar territorial; VII - os terrenos de marinha e seus acrescidos; VIII - os potenciais de energia hidráulica; IX - os recursos minerais, inclusive os do subsolo; X - as cavidades naturais subterrâneas e os sítios arqueológicos e pré-históricos; XI - as terras tradicionalmente ocupadas pelos índios. (BRASIL. *Constituição da República Federativa*, 1988).

[5] Art. 26. Incluem-se entre os bens dos Estados: I - as águas superficiais ou subterrâneas, fluentes, emergentes e em depósito, ressalvadas, neste caso, na forma da lei, as decorrentes de obras da União; II - as áreas, nas ilhas oceânicas e costeiras, que estiverem no seu domínio, excluídas aquelas sob domínio da União, Municípios ou terceiros; III - as ilhas fluviais e lacustres não pertencentes à União; IV - as terras devolutas não compreendidas entre as da União. (BRASIL. *Constituição da República Federativa*, 1988).

[6] O pedágio, entretanto, pode significar moderação na acessibilidade.

[7] A doutrina oferece outra sorte de distinções que oscilam e variam não apenas do prisma sob o qual se as realiza, bem como dos rótulos com que os autores as batizam. Para Maria Sylvia Zanella Di Pietro, a utilização que se amolda à destinação intrínseca do bem se denomina de utilização ou uso normal. Se, todavia, há a pretensão de se utilizar bem, afastando-se em alguma medida do uso que preordena sua existência, sem, contudo, pretender transmudar-lhe a categoria, falar-se-ia em uso anormal (DI PIETRO, Maria Sylvia Zanella. *Direito Administrativo*, p. 689). O uso anormal não implica alteração de sua afetação, porque se afina com fins secundários relacionados ao bem. Não há uma ilicitude no uso anormal do bem se, para além de exigências específicas que a legislação aplicável fixar, forem observadas exigências que, em princípio, seriam de se cogitar como óbvias, tais como a prévia comunicação à autoridade competente da intenção de uso não convencional seguida do necessário e prévio consentimento estatal. Importa considerar que o uso anormal de um bem de uso comum, por exemplo, poderá implicar limitações temporárias ao uso irrestrito pela população dele se priva total ou parcialmente. É o que sucede, conforme ilustração tradicionalmente oferecida pela doutrina, quando se permite a certo cidadão realizar festas juninas em determinada rua, bloqueando-se o acesso de veículos, durante o intervalo temporal de seu acontecimento.

A circunstância de um bem ser de uso comum, tal como a rua ou a praça, não significa que pertença ao povo; seu proprietário é a pessoa jurídica de direito público interno, que o entrega ao uso do povo, sem lhe transferir o domínio. *O povo não é titular do bem público de uso comum; é sim, o beneficiário.* (grifo nosso)[8]

Logo, caberá ao titular do bem traçar as diretrizes e fixar as regras sobre o uso dos bens que integram sua esfera patrimonial.

Não é por outra razão que o uso privativo de bem público por particular, vale dizer, o uso exercido por um ou por alguns particulares sobre bem público, é válido, desde que cumpridas algumas condições.[9]

A primeira delas é a aquiescência do proprietário público, uma vez que a ocupação não autorizada é descompassada do direito de propriedade assegurado constitucionalmente.

Em segundo lugar, em princípio,[10] ganha destaque a precariedade da posse privativa sobre bem público, mesmo que autorizada pelo titular. É decorrência lógica do fato de a propriedade ser titularizada por ente da Administração Pública a natureza precária da utilização privativa, porque sempre dependente da vontade pública. Desaparecido o interesse da coletividade em permitir a utilização privativa, ao particular não se assegurará a manutenção da situação jurídica. Não importa a natureza do instrumento empregado para viabilizar a outorga do uso privativo e a eventual fixação de prazo prevista no ato/contrato utilizado, se prestigia o interesse público permitindo que, a qualquer momento, o ente da Administração Pública retome a posse direta.

O particular beneficiado com a outorga do uso privativo não pode, portanto, ignorar que o bem objeto do instrumento não adentra o seu patrimônio, mantendo sua titularidade pública. Também não importa por quanto tempo o particular tenha utilizado privativamente o espaço público. O maior lapso de tempo não induz à aquisição da propriedade pública, nem lhe autoriza considerar-se titular do direito de eterna permanência em espaço que pertence a todos.

Em razão disso, a retomada do bem pela Administração Pública é possível, a qualquer momento, mesmo que exista prazo assinalado para o uso privado. Assim, sobrevindo interesse público, a Administração poderá revogar o instrumento jurídico que legitimou o uso privado do bem público. Em regra, essa revogação não dá ensejo a qualquer indenização, mas, poderá ser ela devida em alguns casos, se revogado o instrumento antes de seu termo final e, sobretudo, se assim tiver previsto o instrumento e diante de investimentos realizados pelo particular.

Ora, se assim o é, com maior razão de ser é possível a retomada da posse pela Administração Pública quando inexiste o prazo, quer porque o instrumento não o previu, quer porque esgotado o lapso temporal antes fixado.

A jurisprudência já se manifestou repetidas vezes sobre o assunto, merecendo destaque o julgamento, pelo STJ, do RMS nº 16.280,[11] relatado pelo eminente Ministro

---

[8] BUZAID, Alfredo *apud* BRASIL. Superior Tribunal de Justiça. Recurso Especial nº 11.998-0/SP, p. 4.

[9] Como se verá ao longo do texto, o titular pode se autolimitar, minimizando ou eliminando os espaços de liberdade decorrente da sua condição de proprietário.

[10] Tratamento legal ou normativo diverso pode afetar a precariedade.

[11] BRASIL. Superior Tribunal de Justiça. Recurso Ordinário em Mandado de Segurança (RMS) nº 16.280.

José Delgado, quando se afirmou a ausência de direito líquido e certo à permanência do particular no bem público cujo uso privado havia sido deferido.

Não se pode ignorar que vários outros são os eventuais interessados em usufruir das benesses de ocupar determinado espaço público, possibilidade que deve ser assegurada a todos, sobretudo diante das diretrizes constitucionais. A Constituição da República repudia privilégio se não respalda a tentativa de apropriação da posse de espaços públicos em caráter permanente por um indivíduo ou grupo de pessoas.

O poder-dever que existe para a Administração Pública está em zelar pelo interesse de toda a coletividade e não em proteger o interesse privado.

2 Utilização de bens *públicos* por particulares

A utilização privada de bens públicos pode ocorrer de várias formas. Destacam-se a autorização, a permissão e a concessão.

A primeira anotação que nos cumpre fazer relaciona-se com a ausência de regras nacionais que possam conduzir a uma avaliação única seja com relação ao conteúdo e as características de cada um desses instrumentos de outorga, inclusive com relação à própria nomenclatura utilizada.

Isso porque caberá aos entes políticos disciplinar a sua maneira, sem discrepar de imperativos constitucionais, sobretudo ou quase exclusivamente, o que toca aos princípios informadores da Administração Pública.

Recorda-se que a ausência de norma constitucional a traçar marco regulatório sobre os bens e suas características — unida ao reconhecimento de autonomia político-administrativa dos entes da federação — desautoriza conclusão no sentido de uma unidade de pensamento, rótulos e classificação sobre os instrumentos de outorga antes mencionados.

Logo, apesar do esforço doutrinário, impossível catequizar de maneira a que tenhamos uma só definição para cada um dos requisitos e menos ainda uma lista uniforme de traços orientadores que os possam definir de norte a sul. Vejamos, por exemplo, algumas contribuições doutrinárias:

Segundo José dos Santos Carvalho Filho, a distinção crucial entre os institutos da autorização e permissão estaria, no fato de que

> [...] na autorização de uso, o interesse que predomina é o privado, conquanto haja interesse público como pano de fundo. Na permissão de uso, os interesses são nivelados: a Administração tem algum interesse público na exploração do bem pelo particular, e este tem intuito lucrativo na utilização privativa do bem.[12]

Mas a doutrina não é acorde no que tange aos pontos de distinção entre os institutos. Maria Sylvia Zanella Di Pietro também salienta a precariedade tanto da autorização quanto da permissão, apenas ressalvando que a segunda gera o dever de uso para o beneficiado, enquanto a primeira gera a faculdade de uso para o destinatário,

---

[12] CARVALHO FILHO, José dos Santos. *Manual de Direito Administrativo*, p. 994-995.

afirmando também que o prazo para o uso privado na permissão é maior do que o uso na autorização.[13]

Hely Lopes Meirelles, por exemplo, ao abordar a permissão, a define como

> [...] ato negocial unilateral, discricionário e precário através do qual a Administração faculta ao particular a utilização individual de determinado bem público. Como ato negocial, pode ser com ou sem condições, gratuito ou remunerado, por tempo certo ou indeterminado, conforme estabelecido no termo próprio, mas sempre modificável e revogável unilateralmente pela Administração, quando o interesse público o exigir, dados sua natureza precária e o poder discricionário do permitente para consentir e retirar o uso especial do bem público.[14]

A concessão de uso, por derradeiro, seria o contrato administrativo por meio do qual se reconhece o direito de um particular à utilização "exclusiva" de um bem público, por certo período de tempo. O que o diferencia da autorização e da permissão de uso seria seu caráter de contrato e a relativa estabilidade da outorga do uso do bem público ao particular, nas condições convencionadas no termo ajustado entre as partes, estabilidade que se conquista também com a permissão condicionada, que é aquela na qual a Administração fixa prazo, não sendo, portanto, possível sua revogação a qualquer tempo sem a imposição de indenização.

3 Análise crítica

A precariedade da autorização e da permissão seriam, assim, segundo exemplificam os ilustres autores acima indicados, incontestes e significa dizer que os atos que viabilizaram o uso privado podem ser desfeitos a qualquer momento, unilateralmente.

Pode cair por terra tal definição se roupagem distinta for concebida por aquele que titulariza o bem. Assim, não se pode ignorar que a precariedade que, segundo se ensina, colore as permissões e autorizações de uso, pode deixar de existir se de forma distinta indicar o legislador.

Com isso está-se a dizer que a influência conceitual da doutrina necessariamente cederá espaço quando o legislador optar por instruir de forma "inovadora".[15]

Na mesma toada, importa considerar que, salvo previsão legal ou normativa aqui ou acolá, não há, segundo nosso entender, algo que possa objetivamente orientar uma obrigatoriedade de uso pelo particular num caso e não no outro, como parte da doutrina aponta. Parece-nos que tal critério não serve, salvo se retratado normativamente a despeito de ser apresentado pelos eminentes autores.

Logo, se o que se pretende é a maior rotatividade do bem público, a hipótese seria, em princípio, a de permissão e não de concessão. De todo modo, à Administração reconhece-se a discricionariedade para optar por um ou outro tipo de instrumento.

---

[13] DI PIETRO, Maria Sylvia Zanella. *Direito Administrativo*, p. 218.

[14] MEIRELLES, Hely Lopes. *Direito Administrativo Brasileiro*, p. 493.

[15] **Não** se está de antemão premiando ou condenando eventuais textos legais ou normativos. Apenas admite-se que do ponto de vista fático e jurídico, tal possibilidade não pode ser negada aos entes federados.

Por outro lado, a concessão de bem público tradicionalmente é vista como contrato celebrado por entes da administração pública, a partir de avaliações político-administrativas que conduzem à compreensão de que se trata de medida ajustada ao interesse público. Não se impõe sua celebração nem à administração pública, nem ao particular, já que se trataria de contrato.

Mas, comprovando que à lei (materialmente falando e talvez nem só a ela, mas a atos normativos também) há de se reconhecer a possibilidade de conceituar e caracterizar de forma distinta. Não podemos ignorar, por exemplo, o conteúdo que a Medida Provisória nº 2.220/2001 emprestou a certa modalidade de concessão de uso de bem público.

A aludida MP nº 2.220/2001 disciplinou o instituto da concessão de uso especial para moradia em bens públicos.[16] O parâmetro básico para incidência da norma é a posse ininterrupta e sem oposição, por cinco anos concluídos até 30.06.2001, de imóveis públicos, em área urbana, com finalidade de moradia, desde que o beneficiário não seja proprietário ou concessionário de outro imóvel, urbano ou rural.

Com tal medida provisória, o sistema jurídico pátrio institui uma espécie normativa que impõe ao Estado o dever de regularizar a posse da terra, satisfazendo as exigências do bem estar social,[17] efetivando de modo expresso o direito à moradia, em consonância aos princípios constitucionais e ao estatuído no Estatuto da Cidade, Lei nº 10.257/2001.[18]

A imposição acima mencionada deriva do fato de a Medida Provisória nº 2.220/2001 estabelecer, em seu art. 6º, *caput*, que "O título de concessão de uso especial para fins de moradia será obtido pela via administrativa perante o órgão competente da Administração Pública ou, em caso de recusa ou omissão deste, pela via judicial",[19] afirmando, logo a seguir, no art. 6º, §3º, que "Em caso de ação judicial, a concessão de uso especial para fins de moradia será declarada pelo juiz, mediante sentença".[20]

A citada concessão não apenas favorece seu destinatário, reconhecendo-lhe o direito à posse de determinado bem público, cumpridas certas condições, mas reflete não exatamente uma escolha da administração pública, senão uma medida imperativa.[21]

---

[16] Art. 1º - Aquele que, até 30 de junho de 2001, possuir como seu, por cinco anos, ininterruptamente e sem oposição, até duzentos e cinqüenta metros quadrados de imóvel público situado em **área** urbana, utilizando-o para sua moradia ou de sua família, tem o direito à concessão de uso especial para fins de moradia em relação ao bem objeto da posse, desde que não seja proprietário ou concessionário, a qualquer título, de outro imóvel urbano ou rural. (BRASIL. Medida Provisória nº 2.220, de 4 de setembro de 2001)

[17] Uma das autoras já escreveu sobre a MP, classificando-a como inconstitucional. Mas, novo olhar sobre o tema permite reconhecer que algumas das críticas naquele momento apresentadas cedem em face do apelo social que a caracteriza (Cf. LAFETA, A. S.; SILVA, Cristiana Maria Fortini Pinto e. A concessão de uso especial para fins de moradia: análise da Medida Provisória nº 2220, de 4 de setembro de 2001, p. 127-129).

[18] A discussão sobre a constitucionalidade da MP, em especial quando invade o campo decisional dos Estados e Municípios, titulares dos bens atingidos pela concessão, é sempre objeto de debates. Sustenta-se sua inconstitucional lida de com fundamento no art. 18 da CF 1988, mas o art. 21, XX e o art. 24 do Texto Constitucional poderiam dar respaldo à constitucionalidade. Quer nos parecer que a competência da União para legislar sobre normas gerais e para instituir diretrizes para o desenvolvimento urbano não dá ensejo a ofensas ao pacto federativo, pelo que não seria tolerado que a União resolvesse o destino de bens alheios.

[19] BRASIL. Medida Provisória nº 2.220, de 4 de setembro de 2001.

[20] BRASIL. Medida Provisória nº 2.220, de 4 de setembro de 2001, p. 12.

[21] É facultado ao Poder Público competente dar autorização de uso àquele que, até 30 de junho de 2001, possuiu como seu, por cinco anos, ininterruptamente e sem oposição, até duzentos e cinqüenta metros quadrados de imóvel público situado em área urbana, utilizando-o para fins comerciais.

A mesma Medida Provisória pode ser invocada ainda para ilustrar, uma vez mais, a capacidade de se definir de forma diversa o conteúdo do instrumento relativo ao uso de bens públicos por particulares.

O art. 9º MP nº 2.220/2001 prevê que é facultado ao Poder Público autorizar o uso de bem público àquele que, até 30 de junho de 2001, possuiu como seu, por cinco anos, ininterruptamente e sem oposição, até duzentos e cinquenta metros quadrados de imóvel público situado em área urbana, utilizando-o para fins comerciais.

No caso acima, não se impõe a autorização, distinguindo-a do tratamento dado à concessão. Também não se fixa prazo, pelo que se poderia depreender que ao proprietário caberá estabelecê-lo, sendo possível a revogação diante da ausência de data-limite ou mesmo que diante dessa, discutindo-se eventual indenização.

O olhar social impregnado na MP pode, contudo, levar à conclusão diversa. Se a finalidade da norma foi acautelar o desfavorecido socialmente, a fixação de prazo e a revogação distanciam-se do espírito protetivo.

Correta essa interpretação, a autorização em exame revela-se novamente invulgar.

Sob outros ângulos, reafirma-se que o espaço reservado para decisão político-administrativa não é de todo amplo.

A autorização para fins comerciais, que, a depender do regramento do seu titular, poderia ser conferida mesmo antes da edição da MP, caso nela se baseie há de ocorrer de forma gratuita, visto que assim está previsto no §1º, do art. 9º.

Veja-se que, comparando os contornos contidos na MP e, por exemplo, o tratamento da Lei Orgânica de Belo Horizonte (LOMBH), percebem-se importantes diferenças.

Segundo o art. 38 da citada Lei Orgânica,[22] são quatro os instrumentos que podem viabilizar o uso de bem municipal por terceiro. São eles:

I - concessão, mediante contrato de direito público, remunerada ou gratuita, ou a título de direito real resolúvel;

II - permissão;

III - cessão;

IV - autorização.

O §2º, do art. 38, da LOMBH, prevê distinto tratamento a depender da finalidade econômica. Ali, em se tratando de bem destinado à finalidade econômica, a remuneração se impõe, assim como a prévia licitação.

Observa-se que, de forma distinta da tratada pela MP, a remuneração há de ocorrer de forma a contraprestar o uso autorizado, razão pela qual se prevê procedimento cujo escopo é render tratamento isonômico entre interessados.

Evidentemente que, pelo contexto em que se editou a MP, quando emergia o Estatuto da Cidade,[23] não nos parece possível interpretar o art. 9º senão impregnado pelo caráter social que contamina todo o diploma legal em que ele se insere.

---

[22] BELO HORIZONTE. Lei Orgânica do Município, de 21 de março de 1990.

[23] Os artigos 15 a 20 do Estatuto da Cidade foram vetados pelo Presidente da República que, todavia, assumiu o compromisso de editar a MP. Ao fazê-lo, previu data-limite para a aquisição do direito à concessão de uso especial, assim como ressalvou da "incidência" da norma determinados imóveis, como aqueles afetados ao uso comum do povo.

Logo, compreende-se a razão para a não cobrança, porque a pretensão é salvaguardar interesses do hipossuficiente, mesmo que ali (art. 9º) não se afirme que os destinatários da autorização hão de ser assim catalogados.

Por outro lado, o exame da Lei Orgânica de Belo Horizonte comprova, uma vez mais, a tese aqui sustentada no sentido da absoluta ausência de fundamento científico que, *a priori*, possa respaldar os conceitos doutrinários clássicos.

O referido §2º do art. 38 menciona a necessidade de licitação quando presente a finalidade comercial, sem atenuar tal condição ainda que se intente realizar uma autorização.

Uma vez mais, as assertivas de que, a autorização, porque é ato, independe de licitação, aplicando-se tal procedimento apenas diante de contratos, não encontra ressonância na LOMBH.

E ao deter-se na exigência da Lei de Licitações, especialmente em seu art. 2º, ver-se-á que, por ser precária, a autorização e a permissão de uso de bem público, firmadas através de termo e não de contrato administrativo, apesar de regidas pelo direito público, não precisam ser precedidas de licitação.

Reforça-se, pois, a ideia de que os instrumentos, a despeito da doutrina clássica que os define e das normas gerais que ousam caracterizá-los, vai responder, em verdade, aos comandos da legislação específica que sobre eles dispor, a exemplo do ocorrido na norma belo-horizontina sobre a autorização de uso de bem público quando presente a finalidade comercial.

Por outro lado, o instituto da autorização também poderá assumir feição de ato praticado no exercício da competência vinculada se assim o legislador definir. É o que ocorre com a lei da Anatel.

Com efeito, a Lei Geral de Telecomunicações (Lei nº 9.472/1997) previu o instrumento da autorização de uso de bem público sem o caráter precário e discricionário com o qual sempre foi definida.

De igual modo, a Lei nº 9.427/96, que regulamentou o setor elétrico, adotou a autorização de uso para exploração de potencial hidroenergético, o que, considerados os investimentos a serem feitos pelo particular, implicaria a previsão de menor precariedade ao instrumento.

Conforme bem salientado por Floriano de Azevedo Marques Neto,[24] em parecer publicado sobre o regime jurídico dos bens públicos empregados na geração de energia, o regime de autorização de uso de potenciais hidroenergéticos para fins de geração de energia recebeu, nos marcos legais do setor elétrico, tratamento discrepante da precariedade que lhe era conferida pela doutrina.

Tudo isso confirma o fato de que, mesmo a precariedade existente na gênese de ambos os institutos pode cair por terra se assim definir o legislador, como nas hipóteses acima indicadas.

E não se pode negar que essa nova roupagem legal está atrelada, nesse caso acima mencionado, ao tamanho dos investimentos aplicados nessas atividades, o que, em face do princípio da segurança jurídica, induz, necessariamente, maiores garantias para o particular autorizado a fazer uso do bem público.

---

[24] MARQUES NETO, Floriano Azevedo. Regime jurídico dos bens públicos empregados na geração de energia. Disponível em: <http://www.migalhas.com.br/arquivo_artigo/manesco_4.htm>. Acesso em: 28 mar. 2014.

4 Conclusão

Ao contrário do que a doutrina se esforça para afirmar, não se pode falar em conceitos inequívocos, insuperáveis e de aplicação nacional.

Legislações locais podem alterar as características que tradicionalmente, e sem maior rigor científico, costuma-se emprestar aos instrumentos como a autorização, a permissão e a concessão de uso de bem público pelo particular.

Referências

BELO HORIZONTE. *Lei Orgânica do Município, de 21 de março de 1990*. Disponível em: < http://www.cmbh. mg.gov.br/leis/legislacao/lei-organica>. Acesso em: mar. 2014.

BRASIL. *Constituição da República Federativa* (1988). Disponível em: <http://www.planalto.gov.br/ccivil_03/constituicao/constituicao.htm>. Acesso em: abr. 2014.

BRASIL. *Lei nº 10.406, de 10 de janeiro de 2002*. Institui o Código Civil. Disponível em: <http://www.planalto.gov.br/ccivil_03/leis/2002/L10406compilada.htm>. Acesso em: abr. 2014.

BRASIL. *Medida Provisória nº 2.220, de 4 de setembro de 2001*. Dispõe sobre a concessão de uso especial de que trata o §1º do art. 183 da Constituição, cria o Conselho Nacional de Desenvolvimento Urbano - CNDU e dá outras providências. Disponível em: <http://www.planalto.gov.br/ccivil_03/mpv/2220.htm>. Acesso em: mar. 2014.

BRASIL. Superior Tribunal de Justiça. Recurso Especial nº 11.998-0/SP. Ação Ordinária de indenização por apossamento administrativo. Rel. Min. Américo Luz. Data do Julgamento: 24.06.1992. Disponível em: <https://ww2.stj.jus.br/processo/ita/documento/mediado/?num_registro=199100124460&dt_publicacao=07-12-1992&cod_tipo_documento=>. Acesso em: mar. 2014.

BRASIL. Superior Tribunal de Justiça. Recurso Ordinário em Mandado de Segurança (RMS) nº 16.280. Disponível em: <http://stj.jusbrasil.com.br/jurisprudencia/7376674/recurso-ordinario-em-mandado-de-seguranca-rms-16280-rj-2003-0060932-1>. Acesso em: abr. 2014.

CARVALHO FILHO, José dos Santos. *Manual de Direito Administrativo*. 17. ed. Rio de Janeiro: Lumen Juris, 2007.

DI PIETRO, Maria Sylvia Zanella. *Direito Administrativo*. 14. ed. São Paulo: Atlas, 2002.

DI PIETRO, Maria Sylvia Zanella. *Direito Administrativo*. 24. ed. São Paulo: Atlas, 2011.

LAFETA, A. S.; SILVA, Cristiana Maria Fortini Pinto e. A concessão de uso especial para fins de moradia: análise da Medida Provisória nº 2220, de 4 de setembro de 2001. *Revista do Tribunal de Justiça de Minas Gerais*, Belo Horizonte, v. 45, n. 4, p. 127-129, 2002.

MARQUES NETO, Floriano Azevedo. Regime jurídico dos bens públicos empregados na geração de energia. Disponível em: <http://www.migalhas.com.br/arquivo_artigo/manesco_4.htm>. Acesso em: 28 mar. 2014.

MEIRELLES, Hely Lopes. *Direito Administrativo brasileiro*. 27. ed. São Paulo: Malheiros, 2002.

Informação bibliográfica deste texto, conforme a NBR 6023:2002 da Associação Brasileira de Normas Técnicas (ABNT):

FORTINI, Cristiana; PIRES, Maria Fernanda. Reflexões sobre a utilização de bens públicos pelos particulares: uma releitura dos conceitos da doutrina. *In*: DIAS, Maria Tereza Fonseca *et al.* (Coord.). *Estado e propriedade*: estudos em homenagem à professora Maria Coeli Simões Pires. Belo Horizonte: Fórum, 2015. p. 217-225.

A IDENTIFICAÇÃO DOS BENS REVERSÍVEIS:
DO ATO AO PROCESSO ADMINISTRATIVO

BRUNA R. COLOMBAROLLI

FLÁVIO HENRIQUE UNES PEREIRA

MARILDA DE PAULA SILVEIRA

Minha mãe achava estudo

a coisa mais fina do mundo.

Não é.

A coisa mais fina do mundo é o sentimento.

Aquele dia de noite, o pai fazendo serão, ela falou comigo:

"Coitado, até essa hora no serviço pesado".

Arrumou pão, deixou tacho no fogão com água quente.

Não me falou em amor.

Essa palavra de luxo

(Ensinamento, Adélia Prado)[1]

1 Justificativa do tema

Durante muito tempo, a contratualidade pública, no Brasil, focou-se basicamente em contratos de provisão, isto é, arranjos contratuais utilizados pelo poder público para aquisição de bens e serviços e realização de obras públicas. Contudo, o cenário atual

---

[1] *Coeli* também é poetisa e deve ter lido muito Adélia Prado. Senão, como poderia "apontar a direção" (*insignare*) com tanta generosidade? Sem sentimento não é possível e é por ele que se vê o outro, de verdade. A *Coeli* faz isso. Fez isso conosco e somos muito gratos a Ele pela oportunidade de estar com ela. Vai nossa modesta contribuição nesta linda iniciativa.

revela que a atividade contratual da Administração Pública é multifacetada, marcada por incremento qualitativo e quantitativo do emprego de vários modelos contratuais pelo Estado para a consecução dos mais diversos fins — delegação de atividades, formalização de parcerias com terceiro setor, entre outros.

Para atender às necessidades de desenvolvimento econômico-social do País, com fulcro nos arts. 22, XXVII, 37, XXI e 175, da Constituição da República de 1988, em meados da década de noventa, foi editada a Lei nº 8.987/95, que disciplina o modelo tradicional de concessões de serviços e obras públicas. Quase dez anos depois, foi publicada a Lei nº 11.079, que disciplina as concessões especiais, as chamadas Parcerias Público-Privadas.

Dentre vários outros aspectos jurídicos ligados à delegação de atividades públicas, é comum encontrar-se o instituto da reversão de bens, disciplinado pela Lei nº 8.987/95, pelo qual, ao final da delegação, os bens diretamente vinculados à continuidade do serviço devem ser transferidos para o patrimônio do poder público.

Conforme será demonstrado, o direito positivo disciplinou a reversão por meio de cláusulas gerais. No âmbito doutrinário, existem pouquíssimas contribuições sobre o tema. Além disso, a aplicação prática do instituto gera impasses sobre a identificação, em cada caso concreto, dos bens reversíveis, considerados como essenciais para manutenção e prestação regular do serviço.

Desse modo, este estudo pretende refletir sobre a importância do devido processo administrativo como *locus* de delimitação do bem reversível, especialmente considerando que os contratos de delegação de serviços públicos têm vigência longa e, portanto, estão submetidos às transformações inerentes ao curso da vida.

2 A reversão

No direito brasileiro, a extinção do contrato de concessão de serviços públicos tem como consequência a reversão dos bens indispensáveis para a regularidade e continuidade do serviço ao patrimônio do poder público. Em outras palavras, se não houvesse óbice à livre alienação dos bens afetos ao serviço público, correr-se-ia o risco de interrupção da atividade, razão pela qual se justifica a transferência de patrimônio, do privado para o público, ao final do contrato.

Ocorre que não se pode atribuir à reversão a natureza de prerrogativa unilateral da Administração, mediante a qual ela poderia definir, com exclusividade, o conjunto de bens indispensáveis à prestação regular do serviço público, independentemente da consideração das peculiaridades do caso concreto e das repercussões pecuniárias para o particular. Tampouco, conforme adverte Floriano de Azevedo Marques Neto, a reversão pode ser concebida como uma penalidade imposta ao particular e muito menos como um mecanismo de enriquecimento do poder público.[2]

Assim, partindo-se do pressuposto de que no Estado Democrático de Direito, interesse público e privado não podem ser concebidos como instâncias opostas e antagônicas, verifica-se que a Administração apenas consegue realizar o interesse público quando parte "da construção discursiva em relação ao caso concreto, ou ele

---

[2] MARQUES NETO, Floriano de Azevedo. *Bens públicos*. Função Social e exploração econômica. O regime das utilidades públicas. Belo Horizonte: Fórum, 2009. p. 170.

sempre correrá o severo risco de ser uma ficção perigosa da criação de gestores públicos que o alegam em defesa de escusos interesses".[3]

A reversão, portanto, deve ser concebida como decorrência da extinção dos contratos de delegação de serviços públicos, contratualmente prevista, que deve ser implementada à luz das especificidades das situações concretas e em respeito aos direitos fundamentais dos particulares contratados, especialmente o direito de propriedade e da garantia do devido processo administrativo.

Relevante destacar que, além de estar diretamente relacionada ao princípio da continuidade dos serviços públicos, a reversão também tem implicações diretas na composição do equilíbrio econômico-financeiro dos contratos de concessão de serviços públicos. Os custos suportados pelo particular na aquisição e na manutenção dos bens essenciais à prestação do serviço, que futuramente serão transferidos para o poder público, deverão ser amortizados ao longo da execução do contrato, e, se não forem, deverão ser pagos pela Administração Pública a título de indenização, com fulcro no art. 37, §6º, da CR/88.

A reversão, quando analisada sob esse último prisma, revela-se instituto essencial para a tutela do direito de propriedade do particular que se relaciona com a Administração por meio de contrato de concessão. Desse modo, deve ser interpretada à luz da norma inscrita no art. 37, XXI, da CR/88, que consagra a manutenção do equilíbrio econômico-financeiro como direito subjetivo do particular. Além disso, a reversão gera impactos diretos no custo do contrato, que, muitas vezes, é repassado, via tarifa, aos cidadãos.

E essa questão deve ser mesmo analisada sob várias perspectivas. Imagine se o concessionário, à luz do reequilíbrio econômico financeiro, considerasse a reversão de todos os seus bens — os dispensáveis e indispensáveis ao serviço público — em sua proposta ou quando da revisão ou reajuste tarifário? Seguramente as tarifas seriam muito maiores do que são atualmente, recaindo o prejuízo na conta dos consumidores.

Igualmente despropositada seria a qualificação de bens que não mais sejam indispensáveis ao serviço público como reversíveis, especialmente aqueles que revelem alto custo, vez que a manutenção desse bem possibilitaria a apuração da indenização a ser paga pelo poder concedente, quando da extinção do contrato.

O devido processo administrativo revela-se, nesse cenário, o meio pelo qual deve ser demonstrado, faticamente, que determinado bem é essencial para a regularidade do serviço público delegado, afastando, de um lado, indenizações indevidas e, de outro, o desequilíbrio econômico do contrato.

3 Bens reversíveis: natureza, titularidade e regime jurídico

Os bens reversíveis, como regra, são de titularidade dos particulares contratados pelo poder público, mas sujeitos simultaneamente aos ditames de direito privado e a algumas vinculações de direito público, como a impenhorabilidade.

---

[3] PIRES, Maria Coeli Simões. A revisão paradigmática do Estado e do Direito: um exercício em prol da demo-cratização do Direito Administrativo. *In*: LIMA, Sérgio Mourão Corrêa (Coord.). *Temas de Direito Administrativo*. Estudos em homenagem ao Professor Paulo Neves de Carvalho. Rio de Janeiro: Forense, 2006. p. 195.

Floriano de Azevedo Marques Neto identifica que, quanto à titularidade, existem três categorias de bens que ao final do contrato de delegação serão vertidos para o patrimônio público: (a) bens originalmente públicos que, durante a validade do contrato, são utilizados pelo delegatário (rodovias objeto de concessão); (b) bens de titularidade do delegatário (ônibus em concessão de serviço de transporte coletivo); (c) direitos pessoais ou reais de terceiros, que representam respectivamente bens móveis e imóveis, por força dos arts. 80 e 83 do Código Civil Brasileiro, que se encontram afetados à prestação do serviço (servidões de passagem nas concessões de serviço de telecomunicações).[4]

A segunda hipótese é tratada neste estudo. Acerca dela, deve-se esclarecer que nem todos os bens de titularidade do particular serão considerados como reversíveis, mas apenas aqueles indispensáveis à prestação do serviço delegado. Trata-se, portanto, de condição fática do bem. É impossível assegurar que um bem seja reversível de modo permanente. Isto é, um bem em dado momento pode ser qualificado como reversível e, em momento seguinte, deixar de ser. Logo, a natureza reversível do bem é contingencial e se revela a partir do caso concreto.

Diante de tais premissas é possível chegar a duas conclusões parciais: (a) a condição de reversível depende da demonstração *in concreto* da indispensabilidade do bem para prestação do serviço público; (b) o bem que primitivamente foi considerado reversível, mas deixou de ser utilizado na prestação do serviço ou fora substituído por outro, perde sobredita condição. A propósito, manifestou-se o STJ: "2. A tese de que o bem alienado continua como bem reversível, ainda que fora de uso, não se harmoniza com o conceito de bens reversíveis. O que está desativado e fora de uso não é essencial à prestação de qualquer serviço".[5]

Os bens reversíveis desafiam também a tradicional classificação dicotômica que impera no direito administrativo brasileiro, encampada pelo art. 98 do Código Civil Brasileiro. Segundo a clássica divisão, os bens públicos são titularizados por pessoas jurídicas de direito público com regime jurídico marcado pelas regras da alienabilidade condicionada, impenhoralidade, imprescritibilidade e impossibilidade de oneração. Os bens privados são de propriedade de pessoas jurídicas de privado, sujeitos à disciplina do direito privado.

Ocorre que o regime jurídico dos bens reversíveis não se amolda na classificação clássica. Sob o aspecto da titularidade, o bem reversível é bem privado, e, em relação à afetação, o bem é público, a acentuar a mescla de regime privado com o público.

Os bens reversíveis explicitam, conforme precisamente demonstrado por Marques Neto,[6] a insuficiência dos sobreditos modelos classificatórios dos bens públicos. Em verdade, o regime jurídico dos bens reversíveis coloca em xeque algo maior, isto é, faz refletir sobre a premissa que informa os pilares Direito Administrativo clássico no sentido de que o interesse público constitui categoria afeta e exclusiva às entidades públicas, subordinada ao campo do direito público, ao passo que o domínio privado seria afeto a interesses egoísticos, sujeitos unicamente aos desígnios da autonomia privada.

---

[4] MARQUES NETO, Floriano de Azevedo. *Bens públicos*. Função Social e exploração econômica. O regime das utilidades públicas. Belo Horizonte: Fórum, 2009. p. 172.

[5] AgRg no REsp nº 971851/SC, Rel. Min. Castro Meira, *DJe*, 08 set. 2008.

[6] MARQUES NETO, Floriano de Azevedo. *Bens públicos*. Função Social e exploração econômica. O regime das utilidades públicas. Belo Horizonte: Fórum, 2009.

A sujeição dos bens reversíveis às vinculações publicísticas é ditada pelo princípio da continuidade, ou seja, "decorre da circunstância fática e atual de o bem estar empenhado na prestação do serviço (afetado, pois) e de ser imprescindível à sua continuidade".[7] Contudo, não é possível afirmar que os bens reversíveis encontram-se subordinados às clássicas prerrogativas dos bens públicos.

Nesse quadro, é possível falar em alienação desses bens, desde que: (a) seja dada prévia anuência ao poder público; (b) o negócio jurídico não cause prejuízo ao desenvolvimento do serviço; e, (c) o particular substitua os bens reversíveis alienados por outros.

No que toca a penhorabilidade dos bens reversíveis, vislumbra-se a conformação de dois entendimentos. Segundo a primeira corrente, os bens reversíveis, por estarem diretamente afetados à prestação dos serviços públicos, em nome do princípio da continuidade, não podem ser objeto de penhora. De acordo com segunda visão, há possibilidade de penhora desde que a alienação dos referidos bens não ocorra.[8]

Sobre a imprescritibilidade, a simples configuração dos requisitos necessários para usucapião revela que o bem não se reveste do atributo da essencialidade para a prestação do serviço. Desse modo, haverá, em verdade, a usucapião de um bem do delegatário que não é reversível.[9] Além disso, os bens reversíveis poderão ser objeto de oneração (hipoteca, penhor) desde que não se comprometa a prestação do serviço.

Em caso de falência, ocorre a extinção da concessão e, no entendimento de Bandeira de Mello e de Marques Neto, os bens reversíveis permanecem atrelados à prestação do serviço público e não serão utilizados para saciar os direitos dos credores.[10]

Paralelamente, não se pode perder de vista que a reversão não implica restrições para o particular em relação à gestão dos bens reversíveis, que poderá administrá-los da "forma mais condizente com sua racionalidade econômica, pois se presta apenas a assegurar que o concessionário manterá disponíveis os bens a suportar a prestação do serviço".[11] Tal aspecto revela, portanto, que o regime jurídico dos bens reversíveis é visivelmente composto por normas privadas.

Nesse sentido, conclui-se que o regime jurídico dos bens reversíveis não se iguala ao regime jurídico dos bens públicos, mas, em função da afetação à prestação de serviço público, estão sujeitos a vinculações próprias do Direito Administrativo.

4 A definição dos bens reversíveis

A reversão está disciplinada nos artigos 18, 23 e 35 da Lei nº 8.987/95, porém sem maiores detalhes quanto ao modo de aferição da natureza reversível do bem ao longo do tempo: (a) o edital deve especificar os bens reversíveis e prever as características

---

[7] MARQUES NETO, Floriano de Azevedo. *Bens públicos*. Função Social e exploração econômica. O regime das utilidades públicas. Belo Horizonte: Fórum, 2009. p. 181.

[8] MARQUES NETO, Floriano de Azevedo. *Bens públicos*. Função Social e exploração econômica. O regime das utilidades públicas. Belo Horizonte: Fórum, 2009. p. 184.

[9] MARQUES NETO, Floriano de Azevedo. *Bens públicos*. Função Social e exploração econômica. O regime das utilidades públicas. Belo Horizonte: Fórum, 2009. p. 184.

[10] MARQUES NETO, Floriano de Azevedo. *Bens públicos*. Função Social e exploração econômica. O regime das utilidades públicas. Belo Horizonte: Fórum, 2009. p. 184-185.

[11] MARQUES NETO, Floriano de Azevedo. *Bens públicos*. Função Social e exploração econômica. O regime das utilidades públicas. Belo Horizonte: Fórum, 2009. p. 182.

e condições em que serão postos à disposição da Administração; (b) o contrato administrativo também deverá especificar os bens reversíveis; (c) o concessionário tem o dever manter inventário atualizado dos bens essenciais ao serviço; (d) a extinção do contrato de concessão tem como consequência a reversão; (e) ao direito de a Administração Pública receber os bens reversíveis corresponde o direito subjetivo do particular à indenização das parcelas de investimentos alusivas aos bens reversíveis ainda não amortizadas ou depreciadas.

A disciplina normativa revela-se, muitas vezes, insuficiente para oferecer respostas aos impasses práticos que advêm da aplicação do instituto da reversão e desperta questionamentos da seguinte ordem: o que são bens reversíveis? Qual é o critério que identifica a natureza reversível de um bem? De quem é a titularidade dos bens reversíveis? Os bens reversíveis enquadram-se na categoria de bens públicos? Qual é o regime jurídico aplicável? Quais são os efeitos jurídicos da reversão?

De um lado, o cenário de carência normativa provoca, *prima facie*, sensação de insegurança jurídica. Do outro, a incompletude da disciplina legal não pode ser encarada unicamente como deficiência do sistema jurídico, mas como algo positivo e proposital, que tem como escopo conferir maior plasticidade ao emprego do instituto da reversão nos mais variados contratos de concessão. Daí a razão de a reversão ter sido disciplinada por meio de cláusulas gerais. Sobre o tema, merecem destaque as lições de Judith Martins Costa:

> Dotadas que são de grade abertura semântica, não pretendem as cláusulas gerais dar, previamente, resposta a todos os problemas da realidade, uma vez que essas respostas são progressivamente construídas pela jurisprudência. Na verdade, por nada regulamentarem de modo completo e exaustivo, atuam tecnicamente como metanormas, cujo objetivo é enviar o juiz para critérios aplicativos determináveis ou em outros espaços do sistema ou através de variáveis tipologias sociais, dos usos e costumes objetivamente vigorantes em determina ambiência social. Em razão destas características esta técnica permite capturar, em uma mesma hipótese, uma ampla variedade de casos cujas características específicas serão formadas por via jurisprudencial, e não legal.[12]

Desse modo, a disciplina de índole mais genérica busca viabilizar maior integração normativa da reversão, definida pela Lei Geral de Concessões, com marcos regulatórios setoriais, voltados à disciplina específica de determinados serviços públicos. Afinal, a cláusula da reversão assumirá feições distintas a depender do objeto do contratual — telecomunicações, transporte coletivo, saneamento básico, etc.

O ordenamento jurídico, portanto, confere certa autonomia normativa ao poder público para disciplinar critérios e o modo de delimitação de bens reversíveis, à luz das especificidades do objeto de cada contrato. Nesse contexto, destaca-se a relevância do devido processo administrativo, porquanto é nele que se apresentarão as particularidades fáticas de determinado bem em determinado momento, circunstâncias que devem ser consideradas sob pena de nulidade (princípio da motivação).[13]

---

[12] MARTINS COSTA, Judith Hofmeister. O direito privado como um "sistema em construção": as cláusulas gerais no Projeto do Código Civil Brasileiro. *Revista da Faculdade de Direito UFRGS*, Porto Alegre, n. 15, p. 129-154, 1998.

[13] Sobre o juízo de aplicação normativa e o dever de motivação da decisão: PEREIRA, Flávio Henrique Unes. *Sanções disciplinares*: o alcance do controle jurisdicional. Belo Horizonte: Fórum, 2007. E, também: PEREIRA, Flávio Henrique Unes. Conceitos jurídicos indeterminados e discricionariedade administrativa à luz da Teoria da Adequabilidade Normativa. *Revista CEJ*, Brasília, n. 36, p. 30-38, jan./mar. 2007.

5 O processo administrativo na identificação dos bens reversíveis

Os contratos, assim como as leis, são prescrições normativas textuais, padecendo, portanto, de incompletude inerente ao momento de sua aplicação. Logo, ainda que o administrador estipule, à época do ajuste, quais são os bens indispensáveis à prestação do serviço e fixe as características nucleares desses bens, possivelmente, haverá algum aspecto que será objeto de dissenso na categorização de um bem como reversível.

A dificuldade de se identificar os bens reversíveis agrava-se pelo fato de as concessões serem contratos de longa duração. Isso significa que, com o passar do tempo e com os avanços tecnológicos, os bens que eram considerados essenciais ao serviço deixam de sê-lo, em razão da depreciação ou por se tornarem obsoletos. Surge, naturalmente, o desafio de se estabelecer mecanismos capazes de lidar com os impasses oriundos da aplicação concreta do instituto da reversão.

Pode haver, ainda, necessidade de constar se determinado bem móvel é inerente ou não a certo bem imóvel, pois se assim for, este estará afetado por causa daquele. Os desdobramentos são relevantes, posto que equipamentos que sejam indispensáveis à prestação do serviço público podem ser alocados em lugares diferentes, afetando o bem imóvel *enquanto* os abrigar, isto é, é plenamente possível a movimentação do bem reversível sem prejuízo da regularidade da atividade pública.

Nesse ponto, já é possível perceber que não existe classificação ontológica dos bens reversíveis, ou seja, não existem bens reversíveis em si. Um mesmo bem, a depender do momento da execução do contrato, pode ser considerado ou não reversível. Desse modo, sua qualificação dependerá da demonstração de essencialidade para prestação e manutenção do serviço delegado.

Contudo, indaga-se quem será o senhor do critério para especificar os bens objeto de reversão.

Nos termos do art. 18, X e IX e art. 23, X, ambos da Lei nº 8.987/95, compete ao poder público especificar, à época da confecção do edital, quais são os bens reversíveis. Logo, tradicionalmente, a cláusula contratual que determina os bens reversíveis é qualificada como cláusula regulamentar do contrato de concessão, na medida em que é unilateralmente imposta pelo poder público. Desse modo, o particular, antes mesmo do início do procedimento licitatório, considera o conjunto de bens indicados pelo edital como reversíveis para formulação da respectiva proposta, que o vinculará caso seja consagrado como vencedor do certame.

Todavia, é preciso ter em mente que, ao longo da execução contratual, em função de depreciação do bem ou do desenvolvimento técnico na prestação do serviço, o bem que, no início do ajuste, foi qualificado como reversível pode perder tal condição e outros bens podem revela-se indispensáveis para prestação do serviço.

Verifica-se, assim, que podem surgir impasses tanto no processo de desqualificação de um bem como reversível, como no processo de especificação dos novos bens marcados pela reversibilidade. Todavia, a redefinição dos bens reversíveis não pode advir de uma decisão unilateral e impositiva do Estado, supostamente amparada no atributo da presunção de legitimidade dos atos administrativos, sem qualquer participação do delegatário. Afinal, a presunção de veracidade dos atos administrativos é relativa e deixa de existir quando há impugnação, ainda que administrativamente, consoante lição de Lúcia Valle Figueiredo.[14]

Para além do paradigma do Estado Democrático de Direito, que convoca a adoção de procedimentos de interlocução com os administrados, a decisão unilateral quanto à delimitação do bem como reversível pode servir ao interesse público secundário e gerar: (a) imprecisão e insegurança acerca da definição dos direitos patrimoniais do concessionário, vez que poderia ter o valor dos bens reduzidos; (b) aumento dos custos do contrato em função do incremento do risco; (c) déficit de transparência, vez que o particular não teria de forma suficientemente clara os critérios definidores da natureza reversível dos bens; e, (d) sacrifício da confiança legítima do administrado na transação.

Daí o destaque para a noção de Democracia Procedimental, a refletir a indispensabilidade de mecanismos formais de diálogo como foco de estudo do Direito Administrativo. Vasco Manuel Pascoal Dias Pereira da Silva, ao defender o procedimento como alternativa ao ato administrativo, afirma que o Direito Administrativo assiste a um "divórcio entre o procedimento e o poder administrativo", o que:

> [...] implicaria passar a entender o procedimento administrativo como uma estrutura de ligação entre vários sujeitos, públicos e privados, que colaboram na realização de uma determinada função, e não como uma forma de exercício de um poder ('potestà') em desenvolvimento.[15]

O tema do devido processo administrativo surge, portanto, como *forma* inseparável de *conteúdo*, ou seja, é o meio pelo qual a discussão, as considerações das diversas pretensões a direitos perante a Administração e as ações dispostas a realizar o interesse público emergem e se resolvem.[16]

Desse modo, é possível depreender que a tarefa de identificação dos bens reversíveis, ao longo da execução do contrato, deve ser desempenhada de forma compartilhada entre as partes, a partir da redação do art. 31, X, da Lei nº 8.987/95, que estipula o dever da concessionária de manter em dia o inventário e o registro dos bens vinculados à concessão.[17]

---

[14] FIGUEIREDO Lúcia Valle. *Curso de direito administrativo*. São Paulo: Malheiros, 2001. p. 246. Celso Antônio Bandeira de Mello, por sua vez, leciona que a presunção de legitimidade envolve "presunção *juris tantum* de legitimidade" e que, "salvo expressa disposição legal, dita presunção só existe **até** serem [os atos administrativos] questionados em juízo" (BANDEIRA DE MELLO, Celso Antônio. *Curso de Direito Administrativo*. 14 ed. São Paulo: Malheiros, 2002. p. 369-370). Aragão também discorre sobre o tema: "Em nossa opinião, por força do devido processo legal e dos princípios da publicidade, da finalidade e da motivação, a administração pública tem de demonstrar os fatos que ensejaram sua atuação, com o que, portanto, não concordamos com um princípio da veracidade dos fatos alegados pela administração, salvo em casos excepcionais em que essa prova seria, para ela, de impossível realização (a chamada 'prova diabólica')" (ARAGÃO, Alexandre Santos de. Algumas notas críticas sobre o princípio da presunção de veracidade dos atos administrativos. *RDA – Revista de Direito Administrativo*, Belo Horizonte: v. 259, jan./abr. 2012. Disponível em: <http://bid.editoraforum.com.br/bid/PDI0006.aspx?pdiCntd=80405>. Acesso em: 27 dez. 2013).

[15] SILVA, Vasco Manuel Pascoal Dias Pereira da. *Em busca do acto administrativo perdido*. Coimbra: Almedina, 2003. p. 303-304.

[16] PEREIRA, Flávio Henrique Unes. *Regulação, fiscalização e sanção*: fundamentos e requisitos da delegação do exercício do poder de polícia administrativa a particulares. Belo Horizonte: Fórum, 2013. p. 42.

[17] Registre-se que a Resolução nº 447, de 19.10.2006 (ANATEL), nos artigos 4º e 5º, reconhece a avaliação feita pela concessionária, pois atribui a ela o dever de realizar tal inventário e mantê-lo atualizado.

Tal solução compatibiliza-se com as premissas da moderna teoria geral dos contratos e com a tendência de consensualizar e procedimentalizar a atividade administrativa.

Hodiernamente, a teoria geral dos contratos reconhece os efeitos das avenças de longa duração. As obrigações contratuais defluem do compromisso firmado entre as partes e das convenções estabelecidas pelo sistema jurídico, mas podem sofrer mudanças em função de alterações conjunturais. Os deveres e as obrigações das partes não ficam congelados no momento inicial do ajuste.

A partir de tais considerações, a moderna teoria geral dos contratos fixa as seguintes premissas: (a) todo contrato é marcado pela incompletude; (b) as relações continuadas encerram grande potencial mutabilidade; (c) os direitos e os deveres das partes não estão sempre lastreados em cláusulas contratuais específicas e alteram-se de acordo com a mudança das circunstâncias; (d) existe uma cláusula geral tácita de que o comportamento das partes seguirá os padrões da boa fé; (e) os sucessivos ajustes serão realizados à luz da mudança das circunstâncias, o que demanda um cenário de permanente dialogicidade entre as partes, orientado pela boa fé, lealdade, dever de cooperação e razoabilidade.[18]

Essa nova gramática contratual traduz, em verdade, ideias nucleares da teoria geral do direito e, por isso, encontra plena incidência nas relações contratuais firmadas pelo poder público. Contudo, todo esse arcabouço normativo, baseado nas noções de boa fé, confiança, lealdade e dever de cooperação entre as partes, somente encontra aderência na contratualidade pública em uma ambiência de atuação da Administração Pública pautada no consenso e na processualidade.

Nesse contexto, o processo administrativo torna-se o *locus* juridicamente adequado para que a Administração Pública e o particular conjuntamente redefinam os bens marcados pela reversibilidade em face das contingências fáticas. Trata-se, portanto, de espaço institucionalizado pelo ordenamento jurídico, no qual as partes contratuais exercem seus direitos de participação e lutam pela defesa de seus direitos.

Possibilita-se, assim, que o particular proteja seu direito de propriedade e participe do processo de tomada de decisão que fixará os bens qualificados como reversíveis, apresentando seus argumentos e contribuindo com sua experiência. Em outras palavras, por meio do processo administrativo, permite-se a integração das manifestações das autoridades administrativas e dos cidadãos, agregando-se legitimidade à decisão. Na lição de Maria Coeli Simões Pires, o conteúdo da ação estatal decorrerá — se se pretender legítimo — das "disputas" argumentativas instauradas e experimentadas no campo público.[19]

Ao final do processo, ainda que caiba à Administração a decisão, o particular poderá provocar o Judiciário para que exerça o devido controle sobre a motivação do ato administrativo.

---

[18] MACAULAY, Stewart. *Freedom From Contract:* Solutions in Search of a Problem?. Disponível em: <http://www.law.wisc.edu/facstaff/macaulay/papers.html>. Acesso em: 8 mar. 2014.

[19] PIRES, Maria Coeli Simões. A revisão paradigmática do Estado e do Direito: um exercício em prol da democratização do Direito Administrativo. *In*: LIMA, Sérgio Mourão Corrêa (Coord.). *Temas de Direito Administrativo.* Estudos em homenagem ao Professor Paulo Neves de Carvalho. Rio de Janeiro: Forense, 2006. p. 153.

Na jurisprudência pátria, há importantes avanços quanto à devida participação no curso de processos administrativos, impactando o controle sobre a motivação da decisão administrativa.

Em julgado do Superior Tribunal de Justiça, percebe-se como o procedimento, na perspectiva exclusivamente formal, precária de conteúdo e comunicação, revela a face autoritária da Administração, incompatível com o Estado Democrático de Direito. O relator do caso, ministro Felix Fischer, ressaltou o descabimento de decisão do Órgão Especial do Conselho Superior do Ministério Público do Estado de São Paulo que, ao indeferir o vitaliciamento de membro do Ministério Público, limitou sua motivação em "fundadas dúvidas" que "beneficiariam a Administração Superior do Ministério Público", sem refutar qualquer dos argumentos apresentados pelo servidor e sem considerar os diversos fundamentos do voto proferido no âmbito administrativo por conselheiro que acabou vencido. Segundo o magistrado, é indispensável a indicação de provas consistentes e a devida consideração dos argumentos aduzidos nos autos. E consignou: "*De fato, o ato atacado neste mandamus viola o princípio da motivação dos atos administrativos, elementar em qualquer Estado que se intitule Democrático de Direito*" (grifo nosso).[20]

O controle jurisdicional sobre a motivação do ato administrativo torna-se, portanto, garantia de que o devido processo administrativo seja obedecido para, ao final, chegar-se à identificação da natureza reversível ou não de determinado bem, no âmbito dos contratos de concessão.

6 Conclusão

Em síntese, afirma-se que a Administração Pública, no curso do contrato de concessão de serviço público, não está autorizada a impor ao particular listagem de bens que, segundo a sua exclusiva visão, são essenciais à prestação do serviço. Ou seja, a imposição unilateral acerca dos bens reversíveis ao longo da execução do contrato é abusiva e ilegal, ferindo o direito subjetivo do delegatário de participar do processo de identificação dos bens essenciais à prestação contínua e regular do serviço.

Indispensável, portanto, a instauração de processo administrativo visando apontar os bens reversíveis, ao cabo do qual deve ser proferida decisão motivada passível de amplo controle jurisdicional.

Referências

ARAGÃO, Alexandre Santos de. Algumas notas críticas sobre o princípio da presunção de veracidade dos atos administrativos. *RDA – Revista de Direito Administrativo*, Belo Horizonte, v. 259, jan./abr. 2012 Disponível em: <http://bid.editoraforum.com.br/bid/PDI0006.aspx?pdiCntd=80405>. Acesso em: 27 dez. 2013.

BANDEIRA DE MELLO, Celso Antônio. *Curso de Direito Administrativo*. 14. ed. São Paulo: Malheiros, 2002.

---

[20] BRASIL. Superior Tribunal de Justiça. *Mandado de Segurança nº 12.927/DF*. Impte: Maria Nunes de Oliveira Maciel. Impdo: Ministro de Estado da Previdência Social. Rel. Min. Felix Fischer. J. 12.12.2007. *DJ*, 12 fev. 2008. Disponível em: <https://ww2.stj.jus.br/revistaeletronica/Abre_Documento.asp?sSeq=746705&sReg=200701488568&sData=20080212&formato=PDF>. Acesso em: 15 mar. 2014.

BRASIL. Superior Tribunal de Justiça. *Mandado de Segurança nº 12.927/DF*. Impte: Maria Nunes de Oliveira Maciel. Impdo: Ministro de Estado da Previdência Social. Rel. Min. Felix Fischer. J. 12.12.2007. *DJ*, 12 fev. 2008. Disponível em: <https://ww2.stj.jus.br/revistaeletronica/Abre_Documento.asp?sSeq=746705&sReg=20 0701488568&sData=20080212&formato=PDF>. Acesso em: 15 ago. 2011.

COSTA, Judith Hofmeister Martins. O direito privado como um "sistema em construção": as cláusulas gerais no Projeto do Código Civil Brasileiro. *Revista da Faculdade de Direito UFRGS*, Porto Alegre, n. 15, p. 129-154, 1998.

FIGUEIREDO Lúcia Valle. *Curso de direito administrativo*. São Paulo: Malheiros, 2001.

MACAULAY, Stewart. *Freedom From Contract*: Solutions in Search of a Problem?. Disponível em: <http://www.law.wisc.edu/facstaff/macaulay/papers.html>. Acesso em: 8 mar. 2014.

MARQUES NETO, Floriano de Azevedo. *Bens públicos*. Função Social e exploração econômica. O regime das utilidades públicas. Belo Horizonte: Fórum, 2009.

PEREIRA, Flávio Henrique Unes. Conceitos jurídicos indeterminados e discricionariedade administrativa à luz da Teoria da Adequabilidade Normativa. *Revista CEJ*, Brasília, n. 36, p. 30-38. jan./mar. 2007.

PEREIRA, Flávio Henrique Unes. *Regulação, fiscalização e sanção*: fundamentos e requisitos da delegação do exercício do poder de polícia administrativa a particulares. Belo Horizonte: Fórum, 2013.

PEREIRA, Flávio Henrique Unes. *Sanções disciplinares*: o alcance do controle jurisdicional. Belo Horizonte: Fórum, 2007.

PIRES, Maria Coeli Simões. A revisão paradigmática do Estado e do Direito: um exercício em prol da democratização do Direito Administrativo. *In*: LIMA, Sérgio Mourão Corrêa (Coord.). *Temas de Direito Administrativo*. Estudos em homenagem ao Professor Paulo Neves de Carvalho. Rio de Janeiro: Forense, 2006.

SILVA, Vasco Manuel Pascoal Dias Pereira da. *Em busca do acto administrativo perdido*. Coimbra: Almedina, 2003.

Informação bibliográfica deste texto, conforme a NBR 6023:2002 da Associação Brasileira de Normas Técnicas (ABNT):

COLOMBAROLLI, Bruna R.; PEREIRA, Flávio Henrique Unes; SILVEIRA, Marilda de Paula. A identificação dos bens reversíveis: do ato ao processo administrativo. *In*: DIAS, Maria Tereza Fonseca *et al.* (Coord.). *Estado e propriedade*: estudos em homenagem à professora Maria Coeli Simões Pires. Belo Horizonte: Fórum, 2015. p. 227-237.

REGIME JURÍDICO APLICÁVEL AOS CONDOMÍNIOS DE QUE O ESTADO É PARTE

DANIEL CABALEIRO SALDANHA

DANILO ANTONIO DE SOUZA CASTRO

1 Introdução

Não deveria causar espanto, tampouco ser motivo de *frisson*, a afirmação de que o direito público, em especial o Direito Administrativo, vem, gradativamente, aproximando-se do regime de direito privado.[1] Aliás, a distinção, comum na enciclopédia jurídica, entre direito público e direito privado, reconhecem os autores, é tanto mais didática e pedagógica que propriamente ontológica.[2] Ainda que a lapidar sentença de Otto Mayer, de 1923 — "O Direito Constitucional passa, o Direito Administrativo fica",[3] tenha reverberado pela doutrina e pela *inteligentsia* jurídicas ocidentais, já não mais se pode desconsiderar a recíproca imbricação entre pauta jurídica que rege as relações de cariz estatal e aquela que disciplina as relações em que o Estado é plena e totalmente alheio a seus pressupostos e consequências.

É despiciendo observar que a complexidade dos tempos contemporâneos, ou como querem alguns, da pós-modernidade, tem levado a alterações estruturais nas feições e, sobretudo, nos procedimentos das atividades estatais. De um Estado-Provedor,

---

[1] Ao menos de 1964, Michel Vasseur expõe o movimento fundamental de desenvolvimento do Direito dos povos civilizados, ao menos daqueles que se inserem no contexto romano-germânico, que é aquele caracterizado pela substituição do unilateral imposto (estatuto) pelo bilateral negociado (contrato). *Cf.* VASSEUR, Michel. Un nouvel essor du concept contractuel: Les aspects juridiques de l'économie concertée et contractuelle. *Revue Trimestrielle de Droit Civil*, t. 62, p. 5 *usque* 48, 1964. Entre nós, João Baptista Villela já lecionava, na década de 1970, a ingente necessidade de reinterpretar a teoria geral dos contratos que constituiria, em essência, uma espécie de teoria geral do direito. *Cf.* VILLELA, João Baptista. Por uma nova teoria dos contratos. *Revista Forense*, Rio de Janeiro, v. 74, n. 261, p. 27-35, jan.-mar. 1978.

[2] *Cf., v. g.,* GARCIA MAYNEZ, Eduardo. *Introducción al Estudio del Derecho.* 5. ed. 53. reimp. México: Porrua, 2002. p. 135 *et seq.* Ainda, RECASÉNS SICHES, Luis. *Introducción al Estudio del Derecho.* 12. ed. México: Porrua, 1997. p. 179; MATA MACHADO, Edgar de Godói. *Elementos de Teoria Geral do Direito.* Belo Horizonte: Ed. UFMG, 1995. *passim.*

[3] ACHTERBERG, Norbert. *Allgemeines Verwaltungsrecht.* Heidelberg: C. F. Müller, 1982. p. 63.

a um Estado plural, o Estado passa a aproximar-se de atores privados, seja para regular-lhes as atividades, seja para com eles colaborar ou, nos extremos, verdadeiramente mimetizá-los.[4]

Embora óbvio, parece causar desconforto aos juristas a constatação de que a propriedade pública não é exclusiva por sua própria natureza. Com efeito, pode, e circunstâncias há em que deve, conviver com a propriedade privada, em regime de condomínio. Aliás, a convivência, em regime de coordenação, do Estado com entes privados é tônica que vem se robustecendo com o devir da história, mercê, em especial, da transformação do Estado-Provedor em Estado-Distribuidor.[5]

Este ensaio busca analisar a (in)viabilidade da atração dos princípios de direito público, em especial as normas de direito financeiro e aquelas concernentes a contratações e compras públicas, para os condomínios de que o Estado seja parte, quer na qualidade de simples condômino, quer na qualidade de condômino majoritário.

Os tratadistas nacionais não se pronunciam sobre o tema,[6] em função, quiçá, de sua pequena incidência na vida cotidiana. Tampouco se colhem arestos judiciais sobre a matéria específica. Bem por isso, o ineditismo do tema requer uma análise à luz das tendências jurisprudências e doutrinárias acerca da incidência do regime de direito privado nos atos da Administração Pública.

2 O regime jurídico de direito privado e os atos da administração: caso especial dos condomínios

Incomum não será, pois, que a Administração seja senhora e proprietária de bens, especialmente imóveis, em regime de condomínio com outros entes privados. Dentro desse contexto, passando a contar o imóvel com partes que são propriedade exclusiva e partes que são propriedade comum, estabelece-se um condomínio forçado (decorrente de lei) ou voluntário, em relação ao solo e às partes que se destinam à utilização comum, a caracterizar, no mais das vezes, um condomínio edilício, nos termos dos arts. 1.331 e seguintes do Código Civil e da Lei Federal nº 4.591/64.

Logo, tratando-se de condomínio diferenciam-se os direitos e deveres dos condôminos sobre sua cota-parte e sobre a coisa comum, já que a sua caracterização

---

[4] CASSESE, Sabino. *Le droit tout puissant et unique de la société*. Paradossi del diritto amministrativo. *Rivista Trimestrale di Diritto Pubblico*, n. 4, 2009, passim; BATTISTI, Stefano *e. al. Il diritto amministrativo oltre i confini*. Omaggio degli allievi a Sabino Cassese. Milano: Giuffrè, 2008. p. 50 *et seq.*; WOLLF; BACHOF; STOBER. *Direito Administrativo*. Lisboa: Fundação Calouste Gulbenkian, 2006. v. I, *passim*; GONÇALVES, Pedro. *Entidades privadas com poderes públicos*. Coimbra: Almedina, 2005. *passim*.

[5] *Cf.* BATISTA JUNIOR, Onofre Alves. Por que a guerra fiscal? Os desafios do Estado na modernidade líquida. *Revista Brasileira de Estudos Políticos*, Belo Horizonte, n. 102, p. 305 *usque* 341, jan.-jun. 2011.

[6] *Cf.* BANDEIRA DE MELLO, Celso Antônio. *Curso de direito administrativo*. 34. ed. São Paulo: Malheiros, 2014; ARAÚJO, Edmir Netto de. *Curso de direito administrativo*. 4. ed. São Paulo: Saraiva, 2009; CARVALHO FILHO, José dos Santos. *Manual de direito administrativo*. 22. ed. Rio de Janeiro: Lumen Juris, 2009; GASPARINI, Diogenes. *Direito administrativo*. 12. ed. São Paulo: Saraiva, 2007; MEIRELLES, Hely Lopes. *Direito administrativo brasileiro*. 35. ed. (atual. Eurico Azevedo *et al.*) São Paulo: Malheiros, 2009; MOREIRA NETO, Diogo de Figueiredo. *Curso de direito administrativo*. 14. ed. Rio de Janeiro: Forense, 2006; CRETELLA JÚNIOR, José. *Curso de direito administrativo*. 18. ed. Rio de Janeiro: Forense, 2006; DI PIETRO, Maria Sylvia Zanella. *Direito administrativo*. 21. ed. São Paulo: Atlas, 2008; JUSTEN FILHO, Marçal. *Curso de Direito Administrativo*. 4. ed. São Paulo: Saraiva, 2009; MEDAUAR, Odete (Org.). *Direito administrativo moderno*. 11. ed. São Paulo: RT, 2009; ROCHA, Cármen Lúcia Antunes. *Princípios constitucionais da administração pública*. Belo Horizonte: Del Rey, 1994.

reside precisamente na distinção entre o que é privativo e o que é comum. Nesse sentido, ensina Orlando Gomes,[7] sobre sua cota-parte "pode o condômino comportar-se como proprietários exclusivo, independentemente, por conseguinte, do consentimento dos outros proprietários". Todavia, sobre a coisa comum, "pode praticar atos que dependem, em sua maioria, do consentimento dos outros, ou de deliberação da maioria".

Em consequência dessa situação, como enfatizado por Orlando Gomes,[8] o direito exclusivo do proprietário "está subordinado à interdependência de várias partes do edifício e à necessidade de coexistir com direitos iguais dos outros donos, sofrendo limitações especiais que lhe emprestam inconfundíveis traços fisionômicos".

Não constitui demasia destacar, nessa linha, a precisa observação desse ilustre civilista acerca de proibições (obrigações negativas) aos condôminos "inferidas da própria situação jurídica do condomínio, sujeita como é à regra geral de que a conduta de cada qual não deve ferir o interesse da coletividade, nem chocar-se com igual direito dos outros condôminos".[9]

Nesse sentido, a própria legislação determina que a administração do condomínio seja atribuída a síndico, escolhida em assembleia de condôminos (art. 1.347 do Código Civil) ou outra pessoa com poderes de representação. E estabelece ainda que cabe ao administrador do condomínio: convocar a assembleia dos condôminos; representar, ativa e passivamente, o condomínio, praticando, em juízo ou fora dele, os atos necessários à defesa dos interesses comuns; dar imediato conhecimento à assembleia da existência de procedimento judicial ou administrativo, de interesse do condomínio; cumprir e fazer cumprir a convenção, o regimento interno e as determinações da assembleia; diligenciar a conservação e a guarda das partes comuns e zelar pela prestação dos serviços que interessem aos possuidores; elaborar o orçamento da receita e da despesa relativa a cada ano; cobrar dos condôminos as suas contribuições, bem como impor e cobrar as multas devidas; prestar contas à assembleia, anualmente e quando exigidas; realizar o seguro da edificação (art. 1.348).

Em outros termos, constitui essência do condomínio o exercício do direito dominial por mais de um dono, simultaneamente; e todos os condôminos têm direitos qualitativamente iguais sobre a totalidade bem — ainda que limitados na proporção quantitativa com que cada um concorre com os demais sobre o conjunto. Assim, a legislação impõe que o edifício condominial tenha uma administração própria, confiando-a a um síndico que o representa. Calha ressaltar, com apoio em douta lição expendida por Caio Mário da Silva Pereira,[10] que os poderes do síndico são "definidos e conferidos por Lei e pela Convenção num exemplo típico de representação mista: *legal* quanto aos poderes e *convencional* quanto à designação".

Ora, em face das peculiaridades do regime condominial dos edifícios de apartamentos e similares, com vistas a coibir os abusos, a Lei não somente impõe a existência de um administrador para o condomínio, como também lhe atribui a prática de determinados atos executivos legalmente especificados. Aos condôminos cabe exercer o seu direito por meio de deliberação da assembleia de condôminos, que tem a função

---

[7] GOMES, Orlando. *Direitos reais*. Rio de Janeiro: Forense, 2002. p. 214.

[8] GOMES, Orlando. *Direitos reais*. Rio de Janeiro: Forense, 2002. p. 228-230.

[9] GOMES, Orlando. *Direitos reais*. Rio de Janeiro: Forense, 2002. p. 228-230.

[10] PEREIRA, Caio Mário da Silva. *Instituições de direito civil*. Rio de Janeiro: Forense, 2002. p. 127.

de órgão deliberativo superior do condomínio, mediante votos proporcionais às frações ideais no solo e nas outras partes comuns pertencentes a cada condômino.

Destarte, a partir da análise da questão posta em exame à luz do Direito Civil depreende-se que em condomínios edilícios, compete a um síndico a administração das partes que são propriedade comum dos condôminos.

No entanto, importa perquirir acerca de eventual interferência do regime jurídico administrativo nas relações condominiais em tela, tendo em vista ser o Estado (ou entidade estatal) um dos condôminos ou, eventualmente, seu administrador-síndico.

Cumpre rememorar, bem por isso, na linha do que vem de ser afirmado, que, não raro, a Administração pratica atos regidos pelo Direito Privado, como alerta Celso Antônio Bandeira de Mello:

> A Administração pratica inúmeros atos que não interessa considerar como atos administrativos, tais:
>
> a) *Atos regidos pelo Direito Privado*, como, por exemplo, a simples locação de uma casa para nela instalar-se uma repartição pública. O Direito Administrativo só lhes regula as condições de emanação, mas não lhe disciplina o conteúdo e correspondentes efeitos. Uma vez que seu conteúdo não é regido pelo Direito Administrativo e que não é acompanhado pela força jurídica inerente aos atos administrativos, reputamos mais adequado excluí-los de tal categoria.[11]

Ressai, assim, que o Estado, quando condômino, atua no mesmo plano jurídico que os demais condôminos; e as suas relações recíprocas são regidas pelo Direito Privado e pelas normas convencionais negociadas entre as partes. Nesse sentido, tenha-se a precisa lição ministrada por José dos Santos Carvalho Filho:

> O Estado, entretanto, atua no mesmo plano jurídico dos particulares quando se volta para a gestão da coisa pública (*ius gestionis*). Nessa hipótese, pratica **atos de gestão**, intervindo frequentemente a vontade de particulares. Exemplo: os negócios contratuais (aquisição ou alienação de bens). Não tendo a coercibilidade dos atos de império, os atos de gestão reclamam na maioria das vezes soluções negociadas, não dispondo o Estado da garantia da unilateralidade que caracteriza sua atuação.[12]

Nesse contexto, os atos do síndico ou administrador do condomínio, quando atinentes à gestão ordinária condomínio, serão regidos pelo Direito Privado. Destaca-se, a adoção do procedimento licitatório do Poder Público seria incompatível com a normalidade de sua atuação. A dilação que lhe é própria inibiria seu desempenho expedito, a obstar seus rotineiros procedimentos para operar o cumprimento das atividades de gestão do condomínio. É a conclusão que se tem de adotar por inarredável imposição lógica, em decorrência do próprio Direito Positivo brasileiro. Não se pode admitir que a circunstância de que o Estado seja partícipe de um condomínio possa impor qualquer ônus, de caráter procedimental-formal, à entidade despersonalizada.

---

[11] BANDEIRA DE MELLO, Celso Antônio. *Curso de direito administrativo*. 34. ed. São Paulo: Malheiros, 2014. p. 357.

[12] CARVALHO FILHO, José dos Santos. *Manual de direito administrativo*. 22. ed. Rio de Janeiro: Lumen Juris, 2009. p. 105.

Logo, os condomínios, sobretudo os edilícios, que mereceram normatização específica (Código Civil e Lei Federal nº 4.591/64), são entes despersonalizados regidos pelo Direito Privado. E não é a presença de entes ou entidades públicos capaz de subverter essa regência específica que esse fenômeno recebeu do ordenamento jurídico, sob pena de comprometer a natureza do instituto. Revela-se o despropósito de entendimento diverso a partir da simples conjectura da situação hipotética em que o condomínio passa a ter obrigação de licitar pelo simples fato de o Poder Público adquirir uma sala, conjunto de salas, ou mesmo um andar em um condomínio edilício, para instalar uma repartição; ou, pior, pela simples adjudicação de um apartamento, por exemplo, em execução de crédito tributário. Oportuno registrar, ainda, a existência de inúmeros imóveis funcionais de propriedade do Poder Público, cujos condomínios são administrados regularmente, segundo as normas de Direito Privado.

Há considerar, igualmente, que, neste caso, os objetivos estatais são absolutamente idênticos aos escopos privados, já que ambos almejam a melhor e mais eficiente administração das partes comuns do condomínio. Não há contraposição de interesses, o que afasta o comprometimento das funções estatais e indica a lisura no manejo de recursos, hauridos igualmente nos cofres públicos e particulares.

Aliás, não se apresenta qualquer disposição de cunho original a reger os condomínios edilícios de que seja parte o Estado, em relação à generalidade dos condomínios edilícios, pelo que não se constituem aqueles em realidade jurídica distinta destes. Estão, desse modo, todos subsumidos na conceituação própria dos condomínios edilícios, isto é, a participação do Estado enquanto condômino não apresenta qualquer repercussão na esfera do Direito.

Na linha desse mesmo entendimento, não se pode olvidar que os condomínios edilícios não figuram dentre os vários destinatários da obrigação de licitar, já que o art. 37, XXI da CF/88 menciona os Poderes da União, dos Estados, do Distrito Federal e dos Municípios. Também o regulamento desse dispositivo, Lei Federal nº 8.666/93, dirige-se às pessoas integrantes da Federação (União, Estado, Distrito Federal e Municípios), que formam a Administração direta, incluindo os órgãos administrativos dos Poderes Legislativo, Judiciário, dos Tribunais de Contas e do Ministério Público; às entidades da Administração indireta; aos fundos especiais, que não passam de órgãos públicos; e às entidades sob controle direto ou indireto das pessoas federativas que são aquelas de natureza paraestatal que, gerindo dinheiro público, e normalmente instituídas por lei, são obrigadas a prestar contas ao Tribunal de contas.

Com efeito, essa asserção torna certa a inaplicabilidade da licitação às contratações do condomínio, como nas hipóteses em tela, para manutenção das áreas comuns, ainda mais se se tiver presente a natureza jurídica típica de Direito Privado do condomínio.

Ademais, à toda evidência, as participações de Estado e suas entidades é meramente ocasional, isto é, interessa a cada um a gestão com exclusividade de suas áreas sob propriedade privativa; não se trata de uma conjugação de esforços entre entes públicos e privados. Em outros termos, não há uma associação, há apenas copropriedade. Assim, o condomínio não se assemelha a qualquer entidade administrativa, ou consórcio público, ou parceria, ou entidade controlada. Além disso, o condomínio não é propriamente destinatário de recursos públicos, já que as suas verbas são recebidas à título de ressarcimento de despesas; não visam à prestações ou satisfações de necessidades coletivas, nem ao desempenho de funções de natureza pública. A relação entre condôminos e condomínio é meramente patrimonial.

Tenha-se, a respeito, a precisa lição ministrada por Sergio de Andréa Ferreira, em tudo aplicável à hipótese ora em análise:

> Essas fundações civis com participação estatal não integram a administração pública, mesmo a indireta, estando situadas no conjunto dos administrados, e, portanto, no setor privado, submetidas, como qualquer daqueles, ao poder ordinário de polícia administrativa; e, enquanto fundações, ao regime civil, de Direito Comum (Civil e Processual Civil), inclusive à provedoria, ao velamento, do Ministério Público.[13]

O mesmo autor confere particular ênfase ao fato de que a participação fundacional de pessoa federativa ou da administração indireta não desnatura essas fundações; identificam-se não apenas como de direito privado, mas de Direito Civil, conforme disciplinam o Código Civil e de Processo Civil, como fundações particulares. É hipótese semelhante às denominadas participações financeiras ou acionárias do Estado em sociedades particulares, que preservam essa condição, não obstante dita participação:

> É que a participação pública na entidade particular — seja ela fundacional ou corporativa, inclusive empresarial — não é, por si mesma, fator juridicamente suficiente para uma discriminação — legal ou administrativa — com referência às demais do setor privado. A participação não é fator discriminatório, juridicamente hábil, como elemento de desigualação.[14]

No mesmo sentido, Maria Sylvia Zanella Di Pietro pontifica quanto às empresas não estatais de cujo capital a entidade estatal participe, sem preponderância nas deliberações sociais e sem poder eleger a maioria dos administradores e às entidades não estatais de direito privado, sem fins lucrativos, com as quais as entidades estatais mantenham vínculo mediante o contrato público de colaboração:

> Tais empresas e entidades submetem-se ao regime jurídico que lhes é próprio, não lhes sendo aplicáveis as normas pertinentes à Administração indireta, na qual não se enquadram, bem como as normas referentes aos controles a que se submetem as entidades estatais.[15]

Carlos Ari Sundfeld[16] também propõe, como forma de se reconhecer se uma entidade concreta é de direito privado ou público, a identificação de sua função. Assim, a entidade será de direito público se as competências a ela atribuídas pela lei forem "de natureza incompatível com a personalidade de direito privado", por implicarem "poderes próprios do Estado".

---

[13] FERREIRA, Sergio Andréa. As fundações estatais e as fundações com participação estatal. *In*: MODESTO, Paulo (Coord.). *Nova organização administrativa brasileira*. 2. ed. Belo Horizonte: Fórum, 2010. p. 70.

[14] FERREIRA, Sergio Andréa. As fundações estatais e as fundações com participação estatal. *In*: MODESTO, Paulo (Coord.). *Nova organização administrativa brasileira*. 2. ed. Belo Horizonte: Fórum, 2010. p. 71.

[15] DI PIETRO, Maria Sylvia Zanella. Transformações da organização administrativa. Diretrizes, relevância e amplitude do projeto. *In*: MODESTO, Paulo. *Nova organização administrativa brasileira*. 2. ed. Belo Horizonte: Fórum, 2010. p. 28.

[16] SUNDFELD, Carlos Ari. Uma lei de normas gerais para a organização administrativa brasileira: o regime jurídico comum das entidades estatais de direito privado e as empresas estatais. *In*: MODESTO, Paulo. *Op. cit.*, p. 56-7.

Vale referir, a título de ilustração, que, mesmo havendo imposição constitucional de licitação para quaisquer entidades da Administração indireta, conforme art. 37, XXI, da CF/88, essa exigência pode ser flexibilizada para as empresas públicas e sociedades de economia mista, consoante ressalta o magistério doutrinário de Celso Antônio Bandeira de Mello:

> Entretanto, será forçoso reconhecer que em *inúmeros casos* a licitação será *incompatível* com o normal cumprimento do escopo em vista do qual foram criadas. Ora, quem quer os fins não pode negar os indispensáveis meios. Logo, *nestas hipóteses* em que o procedimento licitatório inviabilizaria o desempenho das atividades específicas para as quais foi instituída a entidade entender-se-á inexigível a licitação. Isto ocorre quando suas aquisições ou alienações digam respeito ao desempenho de atos tipicamente comerciais, correspondentes ao próprio objetivo a que a pessoa está preposta e desde que tais atos demandem a agilidade, a rapidez, o procedimento expedito da vida negocial corrente, sem o quê haveria comprometimento da boa realização de sua finalidade.[17]

Por outro lado, as restrições e controles próprios do regime de direito público, principalmente no que diz respeito aos princípios insertos no art. 37 da CF/88, aplicam-se à participação do Estado nos órgãos do condomínio, ou seja, nos votos em assembleia, na fiscalização exercida pelo conselho fiscal ou por qualquer outro meio conferido aos condôminos para participar da gestão do condomínio. Essa atuação estatal, por sua vez, estará sob vigilância dos órgãos de controle interno e externo da Administração Pública.

O Superior Tribunal de Justiça já proclamou ser aplicável o Direito Privado à hipótese de dissolução de condomínio em que uma das partes era o Poder Público, não obstante o regime especial de alienação de bens públicos, que exige, inclusive, autorização legislativa:

> Todavia, a situação em exame nos autos é peculiar. A pessoa de direito público não tem o domínio de todo o bem, mas apenas de uma fração ideal, de 1/3. Assim, o seu direito de propriedade — proveniente da transmissão da fração ideal por herança jacente — está, necessariamente, relativizado pela imperiosa necessidade de preservação do direito dos demais condôminos, especialmente o direito potestativo de extinguir o condomínio, que não pode ficar comprometido. Assim, o regime de alienação do imóvel indivisível não pode ficar submetido aos desígnios de qualquer dos condôminos em particular. Não é por outra razão que a lei prevê, para esses casos, forma especial de alienação, que se dá sob estrito controle judicial, em leilão público, precedido de avaliação. A rigor, conforme se percebe, a forma estabelecida no Código de Processo Civil para a alienação judicial está cercada de cuidados semelhantes aos estabelecidos no art. 17 da Lei nº 8.666/93, acima reproduzido. A prévia autorização legislativa, no caso, é prescindível porque implícita, já que inerente ao regime jurídico dos bens em condomínio, que encerra, como se fez ver, o direito potestativo de cada um dos condôminos de requerer sua alienação judicial. (REsp nº 655.787, rel. Min. Teori Albino Zavascki, *DJ*, 05 set. 2005)

Observe-se, ainda, o voto-vista do Min. José Delgado por ocasião do mesmo julgamento:

---

[17] BANDEIRA DE MELLO, Celso Antônio. *Curso de direito administrativo*. 34. ed. São Paulo: Malheiros, 2014. p. 505.

A fundamentação do Município recorrente está harmônica com o nosso ordenamento jurídico, quando se trata de alienação de bens que pertencem, integralmente, ao Poder Público.

No caso de cota condominial, o Poder Público há de sujeitar-se às regras de Direito Privado, isto é, do Código Civil. Nesse panorama, o imóvel é coisa indivisível, pode o condomínio ser extinto, garantindo-se, apenas, quando da alienação, o proveito da cota-ideal do Poder Público.

A administração está, portanto, submetida, nessa relação jurídica, a um regime de direito privado.

Por fim, é farta e unânime a jurisprudência do Tribunal Regional Federal da 1ª Região, concernente aos imóveis funcionais, no sentido de que a relação da União, proprietária do imóvel, e o condomínio, é puramente condominial, regida, pois, pela lei de condomínio, em detrimento de legislação federal, ainda que conflitante, que regula as relações entre o permissionário, ocupante do imóvel, e a União Federal (Lei Federal nº 8.025/90).

3 Conclusões

Como se denota do acima explicitado, a participação do Estado ou de suas entidades em condomínios é meramente circunstancial. Não se pode admitir, pois, que a presença do Estado opere à semelhança de um *toque de Midas*, transmudando tudo em que toca na própria administração.

Ressalvamos, entretanto, aqueles casos em que o Estado detenha o controle das decisões nas assembleias condominiais. Sendo o condômino proprietário e senhor de maior quinhão, a questão não se mostra tão evidente. Explica-se: nessa hipótese, é a vontade pública que determina as contratações, aquisições e demais negócios jurídicos. Uma vez que condicionada, na origem, à observância dos princípios constitucionais que regem a administração, poder-se-ia argumentar que, nesse caso, estaria o condomínio abrangido pelo regime jurídico administrativo. É certo, porém, que a minoria, representada pelos condôminos minoritários, estaria, *ipso facto*, submetida a regime jurídico que lhes é estranho.

Sabe-se o sistema jurídico é avesso à existência de condomínios. Cuida-se, com efeito, de instituto que foge à regra geral do princípio da conservação, estando, sempre, destinado à ruptura. Isso porque sabe o legislador das dificuldades inerentes à convivência forçada dos coproprietários. Não nos parece consentâneo, assim, com o sistema jurídico a imposição a todos os coproprietários dos procedimentos formais inerentes à observância dos princípios constitucionais que regem a administração pública.

Esse entendimento, porém, pode encontrar interpretação constitucional diversa, à luz do que dispõe, por exemplo, o art. 14, inciso V, da Constituição do Estado de Minas Gerais, que considera como parte integrante da Administração Pública as entidades de direito privado, sob controle direto ou indireto do Estado.

O argumento supramencionado não nos parece poder prosperar, (a) porque os condomínios não são entidades, mas sim entes despersonalizados, que detêm apenas e tão somente capacidade processual e representatividade jurídica anômala e (b) porque o Estado, conquanto detenha a maioria da participação nas Assembleias condominiais, não controla seus fins, os quais, em verdade, inexistem. É que os condomínios não apresentam fins sociais (de caráter estatutário), mas constituem, em última análise, um mecanismo procedimental de rateio de custos.

Referências

ACHTERBERG, Norbert. *Allgemeines Verwaltungsrecht*. Heidelberg: C. F. Müller, 1982.

ARAÚJO, Edmir Netto de. *Curso de direito administrativo*. 4. ed. São Paulo: Saraiva, 2009.

BANDEIRA DE MELLO, Celso Antônio. *Curso de direito administrativo*. 34. ed. São Paulo: Malheiros, 2014.

BATISTA JUNIOR, Onofre Alves. Por que a guerra fiscal? Os desafios do Estado na modernidade líquida. *Revista Brasileira de Estudos Políticos*, Belo Horizonte, n. 102, p. 305 *usque* 341, jan.-jun. 2011.

BATTISTI, Stefano *et al*. *Il diritto amministrativo oltre i confini*. Omaggio degli allievi a Sabino Cassese. Milano: Giuffrè, 2008.

CARVALHO FILHO, José dos Santos. *Manual de direito administrativo*. 22. ed. Rio de Janeiro: Lumen Juris, 2009.

CASSESE, Sabino. Le droit tout puissant et unique de la société. Paradossi del diritto amministrativo. *Rivista Trimestrale di Diritto Pubblico*, n. 4, 2009.

CRETELLA JÚNIOR, José. *Curso de direito administrativo*. 18. ed. Rio de Janeiro: Forense, 2006.

DI PIETRO, Maria Sylvia Zanella. *Direito administrativo*. 21. ed. São Paulo: Atlas, 2008.

DI PIETRO, Maria Sylvia Zanella. Transformações da organização administrativa. Diretrizes, relevância e amplitude do projeto. *In*: MODESTO, Paulo. *Nova organização administrativa brasileira*. 2. ed. Belo Horizonte: Fórum, 2010.

FERREIRA, Sergio Andréa. As fundações estatais e as fundações com participação estatal. *In*: MODESTO, Paulo (coord.). *Nova organização administrativa brasileira*. 2. ed. Belo Horizonte, Fórum, 2010.

GARCIA MAYNEZ, Eduardo. *Introducción al Estudio del Derecho*. 5. ed., 53. reimp. México: Porrua, 2002.

GASPARINI, Diogenes. *Direito administrativo*. 12. ed. São Paulo: Saraiva, 2007.

GOMES, Orlando. *Direitos reais*. Rio de Janeiro: Forense, 2002.

GONÇALVES, Pedro. *Entidades privadas com poderes públicos*. Coimbra: Almedina, 2005.

JUSTEN FILHO, Marçal. *Curso de direito administrativo*. 4. ed. São Paulo: Saraiva, 2009.

MATA MACHADO, Edgar de Godói. *Elementos de Teoria Geral do Direito*. Belo Horizonte: Ed. UFMG, 1995.

MEDAUAR, Odete (Org.). *Direito administrativo moderno*. 11. ed. São Paulo: RT, 2009.

MEIRELLES, Hely Lopes. *Direito administrativo brasileiro*. 35. ed. (atual. Eurico Azevedo et al.) São Paulo: Malheiros, 2009.

MOREIRA NETO, Diogo de Figueiredo. *Curso de direito administrativo*. 14. ed. Rio de Janeiro: Forense, 2006.

PEREIRA, Caio Mário da Silva. *Instituições de direito civil*. Rio de Janeiro: Forense, 2002.

RECASÉNS SICHES, Luis. *Introducción al estudio del derecho*. 12. ed. México: Porrua, 1997.

ROCHA, Cármen Lúcia Antunes. *Princípios constitucionais da administração pública*. Belo Horizonte: Del Rey, 1994.

SUNDFELD, Carlos Ari. Uma lei de normas gerais para a organização administrativa brasileira: o regime jurídico comum das entidades estatais de direito privado e as empresas estatais. *In*: MODESTO, Paulo. *Nova organização administrativa brasileira*. 2. ed. Belo Horizonte: Fórum, 2010.

VASSEUR, Michel. Un nouvel essor du concept contractuel: Les aspects juridiques de l'économie concertée et contractuelle. *Revue Trimestrielle de Droit Civil*, t. 62, p. 5 *usque* 48, 1964.

VILLELA, João Baptista. Por uma nova teoria dos contratos. *Revista Forense*, Rio de Janeiro, v. 74, n. 261, p. 27-35, jan.-mar. 1978.

WOLLF; BACHOF; STOBER. *Direito administrativo*. Lisboa: Fundação Calouste Gulbenkian, 2006. v. I.

Informação bibliográfica deste texto, conforme a NBR 6023:2002 da Associação Brasileira de Normas Técnicas (ABNT):

SALDANHA, Daniel Cabaleiro; CASTRO, Danilo Antonio de Souza. Regime jurídico aplicável aos condomínios de que o Estado é parte. *In*: DIAS, Maria Tereza Fonseca *et al.* (Coord.). *Estado e propriedade*: estudos em homenagem à professora Maria Coeli Simões Pires. Belo Horizonte: Fórum, 2015. 239-248p.

BENS PÚBLICOS E CONTROLE EXTERNO: A ATUAÇÃO DOS TRIBUNAIS DE CONTAS

CRISTINA ANDRADE MELO

EDGARD AUDOMAR MARX NETO

RELATÓRIO ao Governo do Estado de Alagoas

Exmo Sr. Governador:

Trago a V. Ex.a um resumo dos trabalhos realizados pela Prefeitura de Palmeira dos Índios em 1928.

Não foram muitos, que os nossos recursos são exíguos. Assim minguados, entretanto, quase insensíveis ao observador afastado, que desconheça as condições em que o Município se achava, muito me custaram.

COMEÇOS

O PRINCIPAL, o que sem demora iniciei, o de que dependiam todos os outros, segundo creio, foi estabelecer alguma ordem na administração.

Havia em Palmeira inúmeros prefeitos: os cobradores de impostos, o Comandante de Destacamento, os soldados, outros que desejassem administrar. Cada pedaço do Município tinha a sua administração particular, com Prefeitos Coronéis e Prefeitos inspetores de quarteirões. Os fiscais, esses, resolviam questões de polícia e advogavam.

Para que tal anomalia desaparecesse lutei com tenacidade e encontrei obstáculos dentro da Prefeitura e fora dela — dentro, uma resistência mole, suave, de algodão em rama; fora, uma campanha sorna, oblíqua, carregada de bílis. Pensava uns que tudo ia bem nas mãos de Nosso Senhor, que administra melhor do que todos nós; outros me davam três meses para levar um tiro.

Dos funcionários que encontrei em janeiro do ano passado restam poucos: saíram os que faziam política e os que não faziam coisa nenhuma. Os atuais não se metem onde não são necessários, cumprem as suas obrigações e, sobretudo, não se enganam em contas. Devo muito a eles.

Não sei se a administração do Município é boa ou ruim. Talvez pudesse ser pior.

RECEITA E DESPESA

A receita, orçada em 50:000$000, subiu, apesar de o ano ter sido péssimo, a 71:649$290, que não foram sempre bem aplicados por dois motivos: porque não me gabo de empregar dinheiro com inteligência e porque fiz despesas que não faria se elas não estivessem determinadas no orçamento.

[...]

CONCLUSÃO

Procurei sempre os caminhos mais curtos. Nas estradas que se abriram só há curvas onde as retas foram inteiramente impossíveis.

Evitei emaranhar-me em teias de aranha.

Certos indivíduos, não sei por que, imaginam que devem ser consultados; outros se julgam autoridade bastante para dizer aos contribuintes que não paguem impostos.

Não me entendi com esses.

Há quem ache tudo ruim, e ria constrangidamente, e escreva cartas anônimas, e adoeça, e se morda por não ver a infalível maroteirazinha, a abençoada canalhice, preciosa para quem a pratica, mais preciosa ainda para os que dela se servem como assunto invariável; há quem não compreenda que um ato administrativo seja isento de lucro pessoal; há até quem pretenda embaraçar-me em coisas tão simples como mandar quebrar as pedras dos caminhos. Fechei os ouvidos, deixei gritarem, arrecadei 1:325$500 de multas.

Não favoreci ninguém. Devo ter cometido numerosos disparates. Todos os meus erros, porém, foram da inteligência, que é fraca.

Perdi vários amigos, ou indivíduos que possam ter semelhante nome. Não me fizeram falta.

Há descontentamento. Se a minha estada na Prefeitura por estes dois anos dependesse de um plebiscito, talvez eu não obtivesse dez votos. Paz e prosperidade.

Palmeira dos Índios, 10 de janeiro de 1929.

GRACILIANO RAMOS

1 Controle externo da administração pública e o papel dos Tribunais de Contas

O relatório subscrito por Graciliano Ramos, enquanto Prefeito de Palmeira dos Índios/AL, trata de prestação contas dirigida ao Governador do Estado sobre o primeiro ano de sua gestão, em 1928.[1] Além da inteligência da escrita e da importância histórica do documento, Graciliano Ramos demonstra o zelo pela coisa pública, principalmente com os gastos públicos em um Município de recursos parcos.

Já tinha consciência o escritor que o exercício da atividade administrativa no Estado de Direito pressupõe a existência de mecanismos de controle para a efetivação de sua juridicidade. O controle corresponde, segundo Maria Coeli Simões Pires, "à verificação de adequabilidade da atuação administrativa com as matrizes estruturadas pelos próprios princípios e regras estabelecidas por um determinado sistema jurídico".[2]

Como explica Ataliba, "fiscalizar consiste em contrastar — para averiguar de sua adequação — uma atividade com as normas que a disciplinam".[3] Em sentido geral, *controle* corresponde à "faculdade de vigilância, orientação e correção que um Poder, órgão ou autoridade exerce sobre a conduta funcional de outro".[4]

A Constituição de 1988 estabelece duas modalidades de controle: um *interno*, realizado pela estrutura dos Poderes (art. 74), e outro *externo*, exercido pelo Poder Legislativo e pelos Tribunais de Contas (art. 71).

Ao controle interno (ou controle administrativo),[5] realizado por órgão da própria Administração Pública, compete avaliar o cumprimento das metas previstas no plano plurianual, a execução dos programas de governo e dos orçamentos (I); comprovar a legalidade e avaliar os resultados, quanto à eficácia e eficiência, da gestão orçamentária, financeira e patrimonial nos órgãos e entidades da administração, bem como da aplicação de recursos públicos por entidades de direito privado (II); exercer o controle das operações de crédito, avais e garantias, bem como dos direitos e haveres (III); e apoiar o controle externo no exercício de sua missão institucional (IV). Além disso, os responsáveis pelo controle interno devem comunicar qualquer irregularidade ou ilegalidade de que tenham notícia ao respectivo Tribunal de Contas, sob pena de responsabilidade (art. 74, §1º, Constituição).

Já o controle externo será exercido pelo Poder Legislativo, quando do julgamento das contas de governo, depois de emitido o parecer prévio pelo Tribunal de Contas (art. 71, I, Constituição), ou diretamente pelos Tribunais de Contas (art. 71, II a XI, Constituição).[6] Nesse sentido, decidiu o Supremo Tribunal Federal que

---

[1] Naquela época não havia sido instalada a Corte de Contas no Estado, o que só seria feito em 1960. Em Minas Gerais, a título de ilustração, o Tribunal de Contas foi instalado em 1935, enquanto o Tribunal de Contas da União remonta a 1890.

[2] PIRES, Maria Coeli Simões; NOGUEIRA, José Alessandro Serra Cyrino. Controle da Administração Pública à luz do Estado Democrático de Direito. *Revista da Faculdade de Direito da Universidade Federal de Minas Gerais*, Belo Horizonte, n. 45, p. 243-282, 2004, p. 251.

[3] ATALIBA, Geraldo. Extensão do conceito de bem público para efeito de controle financeiro interno e externo. *Revista de Informação Legislativa*, Brasília, ano 22, n. 86, p. 283-300, abr.-jun. 1985, p. 283.

[4] MEIRELLES, Hely Lopes. *Direito administrativo brasileiro*. 27. ed. São Paulo: Malheiros, 2002. p. 632.

[5] LIMA, Rubem de Oliveira. Controle externo: interação com o controle interno. *Revista de Informação Legislativa*, Brasília, ano 13, n. 51, p. 61-84, jul.-set. 1976, p. 65.

[6] STF, Pleno, RE nº 132.747, Rel. Min. Marco Aurélio, j. 17.06.1992.

os Tribunais de Contas, a partir do TCU, são órgãos de controle externo das unidades administrativas de qualquer dos três Poderes da República, e desempenham uma função que não é a jurisdicional. Atuando eles ora *autonomamente* ou sem nenhum vínculo com o Poder Legislativo, ora por modo *auxiliar* ao controle externo que também é próprio do Poder Legislativo. (grifo nosso)[7]

Assim, as atividades dos Tribunais de Contas desenvolvidas pelos Tribunais de Contas podem ser classificadas em quatro grandes eixos: (i) emissão de parecer prévio nas contas de governo[8] prestadas pelo Chefe do Poder Executivo; (ii) registro de atos (aposentadoria e pensões); (iii) fiscalização, por meio de auditorias e inspeções, hipóteses em que o Tribunal de Contas atua de ofício, ou por meio de denúncias de qualquer cidadão, partido político, associação ou sindicato sobre irregularidades ou ilegalidades; (iv) julgamento das contas propriamente dito, sejam aquelas prestadas pelo gestor ou tomadas pela Corte.

O reconhecimento de competências próprias dos Tribunais de Contas já foi reconhecido pelo Supremo Tribunal Federal, no sentido de que "os tribunais de contas dos estados, no âmbito de sua atuação, detêm competência para imposição de multa a administradores públicos".[9]

A convivência de duas esferas de controle atende ao interesse da Administração em verificar o modo pelo qual se realizam os gastos públicos, destacando-se o controle externo "em virtude da possível independência" com que realiza tal atividade.[10] Ou seja, a atividade de controle é indispensável à realização do interesse público.

Mais que elemento de preservação contábil, ao atuar sobre os próprios órgãos estatais, "o controle desempenha importante papel nas relações entre Estado e sociedade, contribuindo para a garantia do regime democrático".[11]

Como observa Maria Coeli Simões Pires,

a atividade estatal, modernamente, não encontra limites apenas no texto da lei, e nem se esgota numa artificiosa e arrogante materialização de direitos, uma vez que, para consubstanciar-se em Democrático de Direito, o Estado deve vincular seus atos, e a própria interpretação do seu ordenamento jurídico, ao conteúdo de princípios — notadamente aqueles alçados à categoria de 'direitos fundamentais' — e efetivá-los sob permanente travejamento democrático.[12]

---

[7] STF, 2ª T., HC nº 103725, Rel. Min. Ayres Britto, j. 14.12.2010.

[8] As *contas de governo* são prestadas anualmente pelo Chefe do Poder Executivo, no prazo de 90 dias após o término do exercício financeiro. São avaliados aspectos relacionados à macrogestão dos recursos públicos. Compete ao Tribunal de Contas apreciar as contas prestadas e sobre elas emitir parecer prévio (art. 71, I, Constituição). Diferenciam-se das *contas de gestão*, que são prestadas pelos administradores e demais responsáveis pela gestão de recursos públicos e avaliados aspectos mais minuciosos em relação às contas de governo. O julgamento, nesse caso, é realizado pelo próprio Tribunal de Contas, que possui competência para realizar o julgamento do gestor, podendo aplicar as sanções previstas em lei e determinar o ressarcimento do dano ao erário (art. 71, II, Constituição).

[9] STF, 1ª T., RE nº 590655-ED, Rel. Min. Dias Toffoli, j. 16.04.2013.

[10] MEDAUAR, Odete. Controle da administração pública pelo Tribunal de Contas. *Revista de Informação Legislativa*, Brasília, ano 27, n. 108, p. 101-126, out.-dez. 1990, p. 101.

[11] ROCHA, C. Alexandre Amorim. Especialização e autonomia funcional no âmbito do Tribunal de Contas da União. *Revista de Informação Legislativa*, Brasília, ano 40, n. 157, p. 223-251, jan.-mar. 2003, p. 224.

[12] PIRES, Maria Coeli Simões; NOGUEIRA, José Alessandro Serra Cyrino. Controle da Administração Pública à luz do Estado Democrático de Direito. *Revista da Faculdade de Direito da Universidade Federal de Minas Gerais*, Belo Horizonte, n. 45, p. 243-282, 2004, p. 278.

Nesse panorama, a atuação do controle externo é dirigida principalmente à fiscalização do patrimônio público como categoria abstrata, sendo necessária, sem prejuízo dessa função, a análise da atuação dos Tribunais de Contas em relação aos bens públicos individualmente considerados.

2 Controle externo e patrimônio público

A Constituição de República dispõe que a fiscalização "patrimonial" compete ao controle externo, a cargo de Congresso Nacional e auxiliado pelo Tribunal de Contas, e também ao sistema de controle interno de cada Poder (art. 70).

Uma das maneiras de se distinguir o *patrimônio* dos *bens* que o integram pode se dar a partir do ponto de vista empregado. A enumeração dos bens corresponde à visão estática, enquanto a análise do patrimônio, como regra, se dá a partir da visão dinâmica, na perspectiva de sua transmissão e gestão em definição abstrata, o patrimônio é uma universalidade constituída pelo conjunto de bens e obrigações, apreciáveis economicamente, de uma pessoa.[13]

Ademais, a noção de *patrimônio público* no ordenamento jurídico é mais ampla que a de *bens públicos*, pois aquele compreende, além dos bens móveis e imóveis, também as disponibilidades financeiras (direitos e receitas). Em síntese, Floriano de Azevedo Marques Neto conceitua patrimônio público como "conjunto de bens materiais e imateriais, inclusive direitos e receitas, de propriedade das pessoas de direito público. Trata-se, portanto, de um universo maior que o acervo dos bens detidos pela Administração Pública".[14]

O autor conclui pela existência, no âmbito do direito público, de três dimensões distintas de patrimonialidade: (i) *patrimônio nacional*: se aproxima da noção de "domínio eminente". Compreende tudo que possua valor para a coletividade no âmbito do país, independentemente de pertencer ou não ao domínio de entes públicos; (ii) *patrimônio público*: tudo o quanto economicamente valorável (bens, direitos e receitas) integrantes do domínio dos entes públicos; (iii) *bens públicos*: objetos possuidores de valor econômico (seja valor de uso, seja valor de troca) atribuíveis aos entes públicos, mas não incluídas aí as receitas públicas (não são tratadas pela ordem jurídica como sinônimo de bens).

Não é por outra razão que o controle externo se volta, majoritariamente, à tutela do erário a partir da análise dos gastos públicos, sem ter por foco a estrutura estática dos bens. As grandezas envolvidas no controle externo são arrecadação e despesas, receitas e o modo de realização das despesas. Daí o controle do cumprimento dos índices constitucionais relativos à saúde e ao ensino, bem como a análise dos orçamentos.

Por todos, vejam-se os *Relatórios do Prefeito de Palmeira dos Índios*, escritos por Graciliano Ramos. Não há neles registro de bens, mas a enumeração de fatos e atividades, somada à indicação de receitas (arrecadação) e de despesas (com limpeza pública, estradas, iluminação, cemitério, escola de música e servidores).

Como o controle externo realizado pelos Tribunais de Contas volta-se, normalmente, ao controle do *gasto público*, ocupa lugar central o controle do orçamento e das

---

[13] CORNU, Gérard. *Droit civil*: introduction, les personnes, les biens. 12. éd. Paris: Montchrestien, 2005. p. 377-380.

[14] MARQUES NETO, Floriano de Azevedo. *Bens públicos*: função social e exploração econômica; o regime jurídico das utilidades públicas. Belo Horizonte: Fórum, 2009. p. 55.

despesas realizadas pelo ente público. As balizas mais comuns de controle podem ser encontradas nas Normas Gerais de Direito Financeiro (Lei Federal nº 4.320/1964), na Lei de Responsabilidade Fiscal (Lei Complementar Federal nº 101/2000) e na Lei Geral de Licitações (Lei Federal nº 8.666/1993).

Esses mecanismos de controle servem à tutela geral do patrimônio público, do erário. Por consequência, volta-se à fiscalização da universalidade, sem destacar os bens individualizados que o compõem. Por exemplo, o controle analisa a arrecadação do ente público, e não cada tributo recebido do administrado.

A título de observação, as novas regras de contabilidade pública implementadas pela Portaria nº 184/2008, do Ministério da Fazenda, alteram os procedimentos de demonstração contábil do setor público, cuja aplicação poderá alterar a dinâmica de avaliação dos bens integrantes do patrimônio público, especialmente quanto à sua avaliação e depreciação.

No âmbito processual dos Tribunais de Contas, o patrimônio público é fiscalizado por meio dos relatórios de controle patrimonial (o "balanço patrimonial") que são enviados ao Tribunal nos processos de *prestações de contas* (conforme o inciso II do art. 71 da Constituição: "julgar as contas dos administradores e demais responsáveis por dinheiros, bens e valores públicos da administração direta e indireta, incluídas as fundações e sociedades instituídas e mantidas pelo Poder Público federal [...]". São as chamadas *contas de gestão*, que são prestadas pelos gestores públicos e julgadas diretamente pelo Tribunal de Contas.

O balanço patrimonial[15] (Anexo 14 da Lei Federal nº 4.320/1964) que integra a prestação de contas tem por objetivo apresentar

> a posição estática do patrimônio da entidade em determinada data (fotografia), comparando-o com o período anterior equivalente, destacando os principais itens que compõe o Ativo e o Passivo e a diferença entre eles, parcela denominada Patrimônio Líquido (Saldo Patrimonial).[16]

De modo complementar, a Demonstração das Variações Patrimoniais (Anexo 15 da Lei Federal nº 4.320/1964) indicará a variação do Patrimônio Líquido por fatos

---

[15] Lei Federal nº 4.320/1964: Art. 105. O Balanço Patrimonial demonstrará: I - O Ativo Financeiro; II - O Ativo Permanente; III - O Passivo Financeiro; IV - O Passivo Permanente; V - O Saldo Patrimonial; VI - As Contas de Compensação. §1º O Ativo Financeiro compreenderá os créditos e valores realizáveis independentemente de autorização orçamentária e os valores numerários. 2º O Ativo Permanente compreenderá os bens, créditos e valores, cuja mobilização ou alienação dependa de autorização legislativa. 3º O Passivo Financeiro compreenderá as dívidas fundadas e outras pagamento independa de autorização orçamentária. 4º O Passivo Permanente compreenderá as dívidas fundadas e outras que dependam de autorização legislativa para amortização ou resgate. 5º Nas contas de compensação serão registrados os bens, valores, obrigações e situações não compreendidas nos parágrafos anteriores e que, imediata ou indiretamente, possam vir a afetar o patrimônio. Art. 106. A avaliação dos elementos patrimoniais obedecerá as normas seguintes: I - os débitos e créditos, bem como os títulos de renda, pelo seu valor nominal, feita a conversão, quando em moeda estrangeira, à taxa de câmbio vigente na data do balanço; II - os bens móveis e imóveis, pelo valor de aquisição ou pelo custo de produção ou de construção; III - os bens de almoxarifado, pelo preço médio ponderado das compras. §1º Os valores em espécie, assim como os débitos e créditos, quando em moeda estrangeira, deverão figurar ao lado das correspondentes importâncias em moeda nacional. §2º As variações resultantes da conversão dos débitos, créditos e valores em espécie serão levadas à conta patrimonial. §3º Poderão ser feitas reavaliações dos bens móveis e imóveis.

[16] CASTRO, Domingos Poubel de. *Auditoria, contabilidade e controle interno no setor público*. 3. ed. São Paulo: Atlas, 2010. p. 183-184.

gerados no exercício.[17] Em ambos os casos os bens são tomados em seu conjunto, pelo valor que representam, sem a sua indicação pormenorizada.

A fiscalização patrimonial também pode ser exercida por meio das *tomadas de contas* (art. 71, inciso II, segunda parte, da Constituição: "e as contas daqueles que derem causa a perda, extravio ou outra irregularidade de que resulte prejuízo ao erário público").

A tomada de contas[18]

> tem por finalidade, num primeiro momento, verificar a regularidade na guarda e aplicação do patrimônio público, e, vias de consequência, confirmar a existência ou não de dano ao erário; a data da ocorrência; o valor; o nome dos responsáveis pelos atos considerados irregulares, e, num segundo, após observar os princípios do contraditório, da ampla defesa e do devido processo legal, constitui instrumento processual utilizado no julgamento da conduta do agente responsável.[19]

Vê-se, assim, no procedimento de tomada de contas, progressivo movimento de concretização do controle externo sobre bens específicos, em oposição ao julgamento mais abstrato das contas, sejam de governo ou de gestão.

Os registros contábeis são pressupostos para o controle dos bens públicos pelo sistema de controle externo. Todavia, além da contabilidade, o Tribunal de Contas pode e deve verificar a existência física dos bens por meio de *inspeções e auditorias in loco*, de natureza patrimonial — art. 71, IV, Constituição:

> realizar, por iniciativa própria, da Câmara dos Deputados, do Senado Federal, de Comissão técnica ou de inquérito, inspeções e auditorias de natureza contábil, financeira, orçamentária, operacional e patrimonial, nas unidades administrativas dos Poderes Legislativo, Executivo e Judiciário, e demais entidades referidas no inciso II.[20]

---

[17] Lei Federal nº 4.320/1964: Art. 104. A Demonstração das Variações Patrimoniais evidenciará as alterações verificadas no patrimônio, resultantes ou independentes da execução orçamentária, e indicará o resultado patrimonial do exercício.

[18] Prevista no art. 8º da Lei Orgânica do TCU, Lei Federal nº 8.443/1992: Art. 8º Diante da omissão no dever de prestar contas, da não comprovação da aplicação dos recursos repassados pela União, na forma prevista no inciso VII do art. 5º desta Lei, da ocorrência de desfalque ou desvio de dinheiros, bens ou valores públicos, ou, ainda, da prática de qualquer ato ilegal, ilegítimo ou antieconômico de que resulte dano ao Erário, a autoridade administrativa competente, sob pena de responsabilidade solidária, deverá imediatamente adotar providências com vistas à instauração da tomada de contas especial para apuração, dos fatos, identificação dos responsáveis e quantificação do dano. §1º Não atendido o disposto no caput deste artigo, o Tribunal determinará a instauração da tomada de contas especial, fixando prazo para cumprimento dessa decisão. 2º A tomada de contas especial prevista no caput deste artigo e em seu §1º será, desde logo, encaminhada ao Tribunal de Contas da União para julgamento, se o dano causado ao Erário for de valor igual ou superior à quantia para esse efeito fixada pelo Tribunal em cada ano civil, na forma estabelecida no seu Regimento Interno. 3º Se o dano for de valor inferior à quantia referida no parágrafo anterior, a tomada de contas especial será anexada ao processo da respectiva tomada ou prestação de contas anual do administrador ou ordenador de despesa, para julgamento em conjunto.

[19] AGUIAR, Ubiratan *et al. Convênios e tomadas de contas especiais*: manual prático. 3. ed. rev. atual. Belo Horizonte: Fórum, 2010. p. 124.

[20] A Instrução Normativa nº 01/2001, da Secretaria Federal de Controle Interno, vinculada ao Ministério da Fazenda, define as seguintes modalidades de auditoria (Capítulo IV, Seção II, item 5): *I. Auditoria de Avaliação da Gestão*: esse tipo de auditoria objetiva emitir opinião com vistas a certificar a regularidade das contas, verificar a execução de contratos, acordos, convênios ou ajustes, a probidade na aplicação dos dinheiros públicos e na guarda ou administração de valores e outros bens da União ou a ela confiados [...]; *II. Auditoria de Acompanhamento da Gestão*: realizada ao longo dos processos de gestão, com o objetivo de se atuar em tempo real sobre os atos efetivos e os efeitos potenciais positivos e negativos de uma unidade ou entidade federal, evidenciando melhorias

Nesta modalidade de atuação o sistema de controle externo procede à avaliação da gestão administrativa, tanto para verificar falhas como para fomentar melhorias.

É importante destacar que, nos últimos anos, se tem dado maior importância às auditorias operacionais no âmbito dos Tribunais de Contas, de modo a superar o modelo de fiscalização/punição por outro, de controle de efetividade de programas específicos. Como prevê a Instrução Normativa nº 01/2001, da Secretaria Federal de Controle Interno, vinculada ao Ministério da Fazenda,

> este tipo de procedimento auditorial consiste numa atividade de assessoramento ao gestor público, com vistas a aprimorar as práticas dos atos e fatos administrativos, sendo desenvolvida de forma tempestiva no contexto do setor público, atuando sobre a gestão, seus programas governamentais e sistemas informatizados.[21]

Em Minas Gerais, o Tribunal de Contas já realizou uma série de auditorias operacionais de programas de governo (por exemplo, Programa Travessia, da Secretaria de Estado de Desenvolvimento Social; Programa Saneamento Básico: Mais Saúde para Todos e Programa Farmácia de Minas, ambos da Secretaria de Estado de Saúde).

A progressiva incorporação de novos métodos e escopos de auditoria não pode se dar, contudo, por meio do abandono das auditorias de conformidade, uma vez que o controle da legalidade se impõe de modo imperativo na Administração Pública.

3 Controle externo e bens públicos

O Código Civil define que "são públicos os bens do domínio nacional pertencentes às pessoas jurídicas de direito público interno; todos os outros são particulares, seja qual for a pessoa a que pertencerem" (art. 98).[22]

A definição de quais sejam os *bens públicos* tem especial importância no estabelecimento do alcance do controle externo, uma vez que a atuação dos Tribunais de Contas está intimamente relacionada à proteção do erário. Por outro lado, o controle do patrimônio público pressupõe o controle dos bens que o compõem.

Ataliba sugere, ainda sob a égide do sistema Constitucional anterior, que o dever-poder fiscalizatório dos Tribunais de Contas deve alcançar "todos os bens que

---

e economias existentes no processo ou prevenindo gargalos ao desempenho da sua missão institucional; *III. Auditoria Contábil*: compreende o exame dos registros e documentos e na coleta de informações e confirmações, mediante procedimentos específicos, pertinentes ao controle do patrimônio de uma unidade, entidade ou projeto; *IV. Auditoria Operacional*: consiste em avaliar as ações gerenciais e os procedimentos relacionados ao processo operacional, ou parte dele, das unidades ou entidades da administração pública federal, programas de governo, projetos, atividades, ou segmentos destes, com a finalidade de emitir uma opinião sobre a gestão quanto aos aspectos da eficiência, eficácia e economicidade, procurando auxiliar a administração na gerência e nos resultados, por meio de recomendações, que visem aprimorar os procedimentos, melhorar os controles e aumentar a responsabilidade gerencial; *V. Auditoria Especial*: objetiva o exame de fatos ou situações consideradas relevantes, de natureza incomum ou extraordinária, sendo realizadas para atender determinação expressa de autoridade competente.

[21] Instrução Normativa nº 01/2001, da Secretaria Federal de Controle Interno. Ministério da Fazenda.

[22] Adota-se, aqui, a noção de bem como utilidade econômica: "objetos que, com ou sem materialidade (é dizer, mesmo sem ser propriamente coisas), são dotados de utilidades suscetíveis de valoração econômica (pelo valor de troca ou de uso)" (MARQUES NETO, Floriano de Azevedo. *Bens públicos*: função social e exploração econômica; o regime jurídico das utilidades públicas. Belo Horizonte: Fórum, 2009. p. 51).

de qualquer modo sejam relacionados com o interesse público, independentemente do regime a que a lei os submeta" ou seja, o controle externo não deveria ficar limitado aos bens submetidos ao regime jurídico de direito público. "Em conseqüência, devem entender-se por bens [públicos], para o efeito do irresistível controle externo, todas e quaisquer coisas materiais ou imateriais, dotadas de valor econômico atual ou potencial, afetas de algum modo à atividade administrativa".[23]

Segundo Mémeteau, "o domínio público compreende os bens móveis e imóveis afetados a um interesse geral, a uma atividade de interesse geral [...], sobre os quais as pessoas públicas têm o direito particular de propriedade".[24] Todavia, adverte o autor, o regime dos bens públicos não se limita à titularidade (são bens públicos porque titularizados por uma pessoa jurídica de direito público), mas à definição de um regime protetor decorrente do conceito de afetação a uma utilidade pública. Desse modo, o regime jurídico dos bens públicos decorre do reconhecimento da preponderância da função sobre a identificação da irregularidade.[25]

Como observa Maria Elisa Braz Barbosa, "os bens devem ser classificados como públicos não apenas em razão da titularidade, tampouco apenas pela afetação, mas sim 'pela conjugação desses fatores, ou pelo menos um deles suficientemente forte para determinar o tratamento publicístico do bem'".[26]

Já para Floriano de Azevedo Marques Neto, a solução seria opor *bens públicos em sentido próprio*, sob o prisma da titularidade, a *bens públicos em sentido impróprio*, na concepção da funcionalidade,[27] de modo a explicitar o critério de submissão ao regime jurídico administrativo.

A efetivação dos mecanismos de controle externo dos bens públicos, por consequência, determinará as feições da Administração em relação aos bens, conforme proposto por Bacellar Filho:

> O regime jurídico administrativo justifica a atuação do Estado em relação a seus próprios bens e, em relação aos bens particulares, retratando-se, quanto a estes últimos, nas limitações administrativas, no tombamento, nas servidões administrativas, nas requisições, na ocupação temporária e na desapropriação, entre outros".[28]

Somente com a definição precisa de quais sejam os bens públicos será possível se definir o regime de regência e ampliar as formas de controle externo.

Além da prestação e tomada de contas e auditorias/inspeções aplicadas ao controle patrimonial, as *denúncias* direcionadas aos Tribunais de Contas (art. 74, §2º, Constituição da República: "Qualquer cidadão, partido político, associação ou sindicato é parte legítima para, na forma da lei, denunciar irregularidades ou ilegalidades perante

---

[23] ATALIBA, Geraldo. Extensão do conceito de bem público para efeito de controle financeiro interno e externo. *Revista de Informação Legislativa*. Brasília, ano 22, n. 86, p. 283-300, abr.-jun. 1985, p. 300.

[24] MÉMETEAU, Gérard. *Droit des biens*. 4. éd. Orléans: Paradigme, 2009. p. 45.

[25] MÉMETEAU, Gérard. *Droit des biens*. 4. éd. Orléans: Paradigme, 2009. p. 46.

[26] BARBOSA, Maria Elisa Braz. Os bens públicos e os direitos fundamentais: um diálogo necessário. *Interesse Público – IP*. Belo Horizonte, ano 14, n. 75, p. 103-118, set.-out. 2012, p. 110.

[27] MARQUES NETO, Floriano de Azevedo. *Bens públicos*: função social e exploração econômica; o regime jurídico das utilidades públicas. Belo Horizonte: Fórum, 2009. p. 232.

[28] BACELLAR FILHO, Romeu Felipe. *Direito Administrativo e o novo Código Civil*. Belo Horizonte: Fórum, 2007. p. 140.

o Tribunal de Contas da União"), por geralmente possuírem um caráter mais pontual e individualizado sobre determinado bem público, configuram-se mecanismo importante para o controle dos bens públicos.

A possibilidade de apresentação de denúncias ao Tribunal de Contas sobre irregularidades ou ilegalidades envolvendo bens públicos confere efetividade à participação dos cidadãos na atividade de controle externo. Maria Sylvia Zanella Di Pietro analisa a participação popular no Estado Liberal, Social e Democrático de Direito, afirmando que neste último ela ocorre por meio da atuação dos cidadãos diretamente na gestão e também no *controle* da Administração Pública. Por isso, a autora defende que "[...] a participação popular é uma característica essencial no Estado Democrático, porque ela aproxima mais o particular da Administração, diminuindo ainda mais as barreiras entre o Estado e a sociedade".[29]

4 Conclusão

A análise das formas pelas quais se exercita o controle externo evidencia a preponderância do controle financeiro na atividade dos Tribunais de Contas. Uma vez que o controle patrimonial deve englobar seus bens constitutivos — os bens públicos — faz-se imperativa a ampliação das formas de atuação do controle externo, de modo a efetivar a competência deferida constitucionalmente e diminuir a abstração do controle patrimonial.

No âmbito das políticas legislativas, seria relevante a adoção de medidas de transparência também em relação aos bens, e não só às atividades da Administração.

Por fim, a título de síntese, devem ser enumerados os mecanismos já reconhecidos de controle de bens públicos pelos Tribunais de Contas.

A primeira, em nível abstrato, por meio do controle patrimonial nas prestações de contas anuais dos gestores de recursos públicos.

A segunda, de modo mais concreto, por meio das tomadas de contas que apreciem danos a bens determinados, incluindo seu perecimento.

A terceira, por meio da realização de auditorias nos bens públicos pertencentes aos entes jurisdicionados, seja de conformidade ou operacional.

Por fim, como cláusula aberta, a possibilidade de recebimento de denúncia acerca da malversação de bens públicos e de ilegalidades em sua gestão ou alienação.

Referências

AGUIAR, Ubiratan *et al. Convênios e tomadas de contas especiais*: manual prático. 3. ed. rev. atual. Belo Horizonte: Fórum, 2010.

ATALIBA, Geraldo. Extensão do conceito de bem público para efeito de controle financeiro interno e externo. *Revista de Informação Legislativa*, Brasília, ano 22, n. 86, p. 283-300, abr.-jun. 1985.

BACELLAR FILHO, Romeu Felipe. *Direito Administrativo e o novo Código Civil*. Belo Horizonte: Fórum, 2007.

---

[29] DI PIETRO, Maria Sylvia Zanella. Participação popular na Administração Pública. *Revista de Direito Administrativo*, Rio de Janeiro, v. 191, p. 26-39, jan./mar. 1993, p. 32.

BARBOSA, Maria Elisa Braz. Os bens públicos e os direitos fundamentais: um diálogo necessário. *Interesse Público – IP*, Belo Horizonte, ano 14, n. 75, p. 103-118, set.-out. 2012.

CARVALHO, Orlando de. *Direito das coisas*. Coimbra: Coimbra Ed., 2012.

CASTRO, Domingos Poubel de. *Auditoria, contabilidade e controle interno no setor público*. 3. ed. São Paulo: Atlas, 2010.

CORNU, Gérard. *Droit civil*: introduction, les personnes, les biens. 12. éd. Paris: Montchrestien, 2005.

DI PIETRO, Maria Sylvia Zanella. Participação popular na Administração Pública. *Revista de Direito Administrativo*, Rio de Janeiro, v. 191, p. 26-39, jan./mar. 1993.

JACOBY FERNANDES, Jorge Ulisses. Ministério Público junto aos Tribunais de Contas. *Revista de Informação Legislativa*, Brasília, ano 30, n. 119, p. 233-244, jul.-set. 1993.

LIMA, Rubem de Oliveira. Controle externo: interação com o controle interno. *Revista de Informação Legislativa*, Brasília, ano 13, n. 51, p. 61-84, jul.-set. 1976.

MARQUES NETO, Floriano de Azevedo. *Bens públicos*: função social e exploração econômica; o regime jurídico das utilidades públicas. Belo Horizonte: Fórum, 2009.

MEDAUAR, Odete. Controle da administração pública pelo Tribunal de Contas. *Revista de Informação Legislativa*, Brasília, ano 27, n. 108, p. 101-126, out.-dez. 1990.

MEIRELLES, Hely Lopes. *Direito administrativo brasileiro*. 27. ed. São Paulo: Malheiros, 2002.

MÉMETEAU, Gérard. *Droit des biens*. 4. éd. Orléans: Paradigme, 2009.

PIRES, Maria Coeli Simões; NOGUEIRA, José Alessandro Serra Cyrino. Controle da Administração Pública à luz do Estado Democrático de Direito. *Revista da Faculdade de Direito da Universidade Federal de Minas Gerais*, Belo Horizonte, n. 45, p. 243-282, 2004.

RAMOS, Graciliano. *Viventes das Alagoas*. Rio de Janeiro: Record, 1962.

ROCHA, C. Alexandre Amorim. Especialização e autonomia funcional no âmbito do Tribunal de Contas da União. *Revista de Informação Legislativa*, Brasília, ano 40, n. 157, p. 223-251, jan.-mar. 2003.

SCLIAR, Wremyr. Controle externo brasileiro Poder Legislativo e Tribunal de Contas. *Revista de Informação Legislativa*, Brasília, ano 46, n. 181, p. 249-275, jan.-mar. 2009.

Informação bibliográfica deste texto, conforme a NBR 6023:2002 da Associação Brasileira de Normas Técnicas (ABNT):

MELO, Cristina Andrade; MARX NETO, Edgard Audomar. Bens públicos e controle externo: a atuação dos Tribunais de Contas. *In*: DIAS, Maria Tereza Fonseca *et al.* (Coord.). *Estado e propriedade*: estudos em homenagem à professora Maria Coeli Simões Pires. Belo Horizonte: Fórum, 2015. 249-259p.

LICITAÇÕES E CONTRATOS DECORRENTES DA TRANSIÇÃO PATRIMONIAL E GERENCIAL DA REDE DE ILUMINAÇÃO PÚBLICA DETERMINADA PELA ANEEL: BREVE ESTUDO SOBRE A NECESSIDADE DE ORIENTAÇÃO PEDAGÓGICA AOS MUNICÍPIOS PELOS TRIBUNAIS DE CONTAS[1]

ÉLIDA GRAZIANE PINTO

1 Introdução[2]

O presente texto tem por finalidade explorar as nuances de estudo de caso relativo à transição patrimonial e gerencial da infraestrutura de iluminação pública para retomar a relevância do papel pedagógico desempenhado pelos Tribunais de Contas.[3]

Sustenta-se, de plano, a necessidade de fixação de balizas interpretativas e orientação pedagógica aos gestores municipais e distritais no esforço de bem formular e realizar as licitações e contratos oriundos do processo de transição determinado pela Resolução Normativa nº 414, de 9 de setembro de 2010, da Agência Reguladora de Energia Elétrica (ANEEL).

---

[1]　É com imensa satisfação que o presente trabalho se propõe a homenagear, ainda que discreta e humildemente, a trajetória brilhante e íntegra da Profª. Maria Coeli Simões Pires, de quem tive a honra de ser aluna e orientanda de Programa de Iniciação à Docência na Faculdade de Direito da UFMG nos idos de 2000, além de haver sido avaliada por ela nas bancas de conclusão de curso de bacharelado e doutorado em Direito, em nossa Vetusta Casa de Afonso Pena. Assim como Isaac Newton, todos nós, seus eternos alunos, precisamos reconhecer haver subido nos ombros da gigantesca sabedoria da profª. Maria Coeli para enxergamos mais longe. Foi dali, do alto das aulas caudalosas e generosas de Direito Administrativo que a profª. Maria Coeli nos ministrava, que entrevi muito do que hoje acredito e busco cotidianamente na lida com a Administração Pública. Enfim, querida professora, mestra e amiga, muito obrigada!

[2]　Artigo oriundo de parecer exarado, na condição de custos legis, nos autos do processo de Exame Prévio de Edital nº 008.989.14-7 que tramitou perante a Egrégia Corte de Contas do Estado de São Paulo, na forma do art. 113 da Lei nº 8.666/1993.

[3]　Decorrente do comando do art. 70 e sistematizado sob a forma dos Tribunais de Contas que atuam segundo as competências do art. 71, ambos da CR/1988, em auxílio aos Parlamentos no desempenho da função de controle externo da Administração Pública.

A citada Resolução em seu art. 218, como se verá mais adiante, previu a migração de domínio e de responsabilidade gerencial do acervo de bens que compõem a infraestrutura relativa ao serviço de iluminação pública. Desse modo, em 31.12.2014, tais bens deixarão de integrar o ativo imobilizado do serviço (AIS) de alçada das concessionárias distribuidoras[4] e passarão a ser patrimônio exclusivamente municipal e do Distrito Federal, sendo, portanto, geridos como bens públicos municipais e não bens privados afetados ao serviço de distribuição de energia elétrica (os quais seriam, por conseguinte, reversíveis ao domínio da União).

Justifica-se a relevância do estudo, em face da complexidade da matéria, a qual envolve distintos serviços e obras de manutenção, ampliação, aprimoramento e monitoramento da infraestrutura referida ao serviço de iluminação pública (como lâmpadas, cabos condutores, suportes, chaves, luminárias, reatores, relés, materiais de fixação, conexões elétricas, sistemas de informática etc).

Diante de inúmeras possibilidades de formatação e regimes jurídicos de consecução dos aludidos serviços e obras, sustenta-se, como hipótese nuclear, a necessidade de os Tribunais de Contas — durante o aludido processo de transição e mesmo após a sua ultimação — agirem proativamente em busca da necessidade de cumprir o papel pedagógico do controle externo, ao invés de só atuarem reativamente às representações e denúncias feitas na forma do art. 74, §2º da CR/1988 e do art. 113, §1º da Lei Geral de Licitações.

Para tanto, conclui-se ser possível e necessário que as Cortes de Contas alertem — de ofício — os entes públicos sujeitos à sua competência fiscalizatória, na forma do art. 59, §1º, inciso V da Lei de Responsabilidade Fiscal, sobre eventuais irregularidades ou falhas ocorridas nas licitações e contratos decorrentes da complexa transição examinada, de modo a mitigar riscos de descontinuidade do serviço, lesão ao ordenamento de regência e até mesmo dano ao erário.

Com o apoio da ANEEL e dos Tribunais de Contas, a transição permitirá reduzir os custos tarifários do fornecimento de energia elétrica para a iluminação pública e justificar a plena cobrança pelos municípios da contribuição especial de iluminação pública prevista no art. 149-A da Constituição de 1988, sem que, com isso, a lógica de "tentativa-e-erro" acabe por legar à sociedade serviços inadequados e custos logísticos indevidos.

Em suma, eis o núcleo do debate ora proposto e sobre o qual passa-se a cuidar ao longo dos três capítulos que compõem o artigo, além desta introdução. No próximo capítulo serão tecidos breves apontamentos e analisadas as possibilidades de assunção pelos Municípios da infraestrutura de iluminação pública, nos moldes em foi proposta a transição pela citada Resolução 414 da ANEEL. No capítulo 3, tal estudo de caso será refletido à luz do instituto dos alertas automáticos da LRF, de modo a evitar que o controle seja apenas posterior ou reativo, nos moldes do art. 113, §1º da Lei de Licitações, para que se possa priorizar nos Tribunais de Contas o olhar preventivo e concomitante

---

[4] Vale lembrar, em breve parênteses, que a operação e a manutenção do serviço de iluminação pública (uti universi) não se confundem com o serviço de fornecimento de energia elétrica (uti singuli) aos consumidores e ao próprio Poder Público. Enquanto o primeiro é remunerado pelo orçamento municipal em geral e, em particular, por meio da contribuição especial prevista no art. 149-A da CR/1988, o segundo é serviço público em sentido estrito, donde é remunerado mediante tarifa atrelada ao consumo individualmente aferível.

na busca por melhor controle. Por fim, em sede de considerações conclusivas, pretende-se reforçar a relevância da natureza pedagógica do controle externo para que haja a mitigação de riscos em situações de transição como a observada.

2 Transição patrimonial e gerencial da infraestrutura de iluminação pública: breves apontamentos e possibilidades de assunção pelos municípios

O estudo de caso que encerra a razão de ser deste artigo tem por eixo central a realização de licitações e celebração de contratos para atender ao disposto no art. 218 da Resolução Normativa ANEEL nº 414, de 2010, a seguir transcrito:

> Art. 218. A distribuidora deve transferir o sistema de iluminação pública registrado como Ativo Imobilizado em Serviço – AIS à pessoa jurídica de direito público competente. (Redação dada pela REN ANEEL 479, de 03.04.2012)
>
> §1º A transferência à pessoa jurídica de direito público competente deve ser realizada sem ônus, observados os procedimentos técnicos e contábeis para a transferência estabelecidos em resolução específica. (Redação dada pela REN ANEEL 479, de 03.04.2012)
>
> §2º Até que as instalações de iluminação pública sejam transferidas, devem ser observadas as seguintes condições: (Redação dada pela REN ANEEL 479, de 03.04.2012)
>
> I - o ponto de entrega se situará no bulbo da lâmpada; (Incluído pela REN ANEEL 479, de 03.04.2012)
>
> II – a distribuidora é responsável apenas pela execução e custeio dos serviços de operação e manutenção; e (Incluído pela REN ANEEL 479, de 03.04.2012)
>
> III - a tarifa aplicável ao fornecimento de energia elétrica para iluminação pública é a tarifa B4b. (Incluído pela REN ANEEL 479, de 03.04.2012)
>
> §3º A distribuidora deve atender às solicitações da pessoa jurídica de direito público competente quanto ao estabelecimento de cronograma para transferência dos ativos, desde que *observado o prazo limite de 31 de dezembro de 2014*. (Redação dada pela REN ANEEL 587, de 10.12.2013)
>
> §4º Salvo hipótese prevista no §3º, a distribuidora deve observar os seguintes prazos máximos: (Redação dada pela REN ANEEL 479, de 03.04.2012)
>
> I – até 14 de março de 2011: elaboração de plano de repasse às pessoas jurídicas de direito público competente dos ativos referidos no caput e das minutas dos aditivos aos respectivos contratos de fornecimento de energia elétrica em vigor; (Incluído pela REN ANEEL 479, de 03.04.2012)
>
> II – até 1º de julho de 2012: encaminhamento da proposta da distribuidora à pessoa jurídica de direito público competente, com as respectivas minutas dos termos contratuais a serem firmados e com relatório detalhando o AIS, por município, e apresentando, se for o caso, o relatório que demonstre e comprove a constituição desses ativos com os Recursos Vinculados a Obrigações Vinculadas ao Serviço Público (Obrigações Especiais); (Incluído pela REN ANEEL 479, de 03.04.2012)
>
> III – até 1º de março de 2013: encaminhamento à ANEEL do relatório conclusivo do resultado das negociações, por município, e o seu cronograma de implementação; (Incluído pela REN ANEEL 479, de 03.04.2012)
>
> IV – até 1º de agosto de 2014: encaminhamento à ANEEL do relatório de acompanhamento da transferência de ativos, objeto das negociações, por município; (Redação dada pela REN ANEEL 587, de 10.12.2013)

V – 31 de dezembro de 2014: conclusão da transferência dos ativos; e. (Redação dada pela REN ANEEL 587, de 10.12.2013)

VI – até 1º de março de 2015: encaminhamento à ANEEL do relatório final de transferência dos ativos, por município. (Redação dada pela REN ANEEL 587, de 10.12.2013)

§5º A partir da transferência dos ativos ou do vencimento do prazo definido no inciso V do §4º, em cada município, aplica-se integralmente o disposto na Seção X do Capítulo II, não ensejando quaisquer pleitos compensatórios relacionados ao equilíbrio econômico-financeiro, sem prejuízo das sanções cabíveis caso a transferência não tenha se realizado por motivos de responsabilidade da distribuidora.

§6º A distribuidora deve encaminhar a ANEEL, como parte da solicitação de anuência de transferência dos ativos de iluminação pública, por município, o termo de responsabilidade em que declara que o sistema de iluminação pública está em condições de operação e em conformidade com as normas e padrões disponibilizados pela distribuidora e pelos órgãos oficiais competentes, observado também o disposto no Contrato de Fornecimento de Energia Elétrica acordado entre a distribuidora e o Poder Público Municipal, conforme Anexo VIII. (Redação dada pela REN ANEEL 587, de 10.12.2013)

§7º A distribuidora deve atender às solicitações da pessoa jurídica de direito público competente acerca da entrega dos dados sobre o sistema de iluminação pública (Incluído pela REN ANEEL 587, de 10.12.2013) (grifo nosso).[5]

A transferência do sistema de iluminação pública para o Poder Público municipal e do Distrito Federal, deixando, assim, de integrar o Ativo Imobilizado do Serviço das concessionárias distribuidoras de energia elétrica implica — em suma — a transferência não apenas do domínio, mas também da responsabilidade gerencial pelos seus adequados funcionamento, manutenção e aprimoramento.

A prestação dos serviços relativos à gestão da infraestrutura de iluminação pública precisa ser contratada junto a terceiros, caso o município não consiga, por si mesmo, executá-los. Dessa feita, a matéria tem chegado à apreciação da Corte de Contas paulista e, muito provavelmente, de todos os Tribunais de Contas do país por meio de impugnações aos editais de licitação e aos contratos, na forma do art. 113, §1º da Lei nº 8.666, de 21 de junho de 1993.

Só no Tribunal de Contas do Estado de São Paulo (TCE/SP), como Exame Prévio de Edital, consulta e análise contratual, já são mais de uma dezena de processos sobre tal transição, todos — pausterizadamente — descritos com objetos (descrição reiterada, aliás, nos exames prévios de edital acima citados) de

gestão integrada do sistema de iluminação pública do Município, consistente no gerenciamento, cadastramento georreferenciado e a respectiva informatização do parque de iluminação pública, bem como toda a eficientização em conformidade com o projeto básico.[6]

---

[5] Resolução Normativa ANEEL nº 414, de 2010.

[6] Como exames prévios, podem ser arrolados os TC-22826/026/11, TC-1993/989/13-6 (TC-2025/989/13-8, TC-2038/989/13-3 e TC-2043/989/13-6), TC-282/989/14-4 (TC-346/989/14-8), TC-2542.989.13-2, TC-0008/989/14-7, TC-00314.989.14-6, TC-00346.989.14-8, TC-00667.989.14-9 e TC-001031.989.14-8. Como consulta o TC-12215/026/12 e como exame de contrato os TC-7529/026/12 e TC-21975/026/12

Falha recorrente na maioria dos casos é a aglutinação de serviços no objeto da licitação, na medida em que inclui serviços de natureza muito diversa, como o cadastramento georreferenciado, a ampliação e melhorias (realização de obras novas), além, é claro, da própria operação e manutenção da rede municipal de iluminação pública.

A esse respeito, a síntese da assessoria de engenharia do TCE/SP nos autos do Exame Prévio de Edital de nº 008/989/14-7 foi bastante elucidativa:

> [...] há uma conjunção de difícil condução entre *contrato com características de serviços contínuos com de obras novas*. Um com *escopo de prazo e outro por objeto*. Em caso de prorrogações, normais em caso de manutenção contínua, os limites legais de aditivos também seriam afetados pela dilação do prazo, e estes sem previsão precisa de quando, onde, como e quanto custariam. (grifo nosso)[7]

Além da indevida aglutinação, os editais dos certames até agora analisados não permitiram aos licitantes conceber a magnitude e os custos das demandas embutidas na amplitude do objeto ali previsto. Ou seja, insuficiência de projetos básico e executivo, além da falta de base documental mínima sobre o parque de iluminação pública, cuja gestão será entregue aos cuidados de terceiros.

A dificuldade das Prefeituras Municipais que tiveram suas licitações impugnadas de apresentar sua pretensão em bases estritamente mensuráveis pelo tipo "menor preço global" restou devidamente esclarecida pela sugestão da área técnica desta Corte de que fosse recomendado aos Municípios promover: "novas licitações, uma para a manutenção, outra para os projetos de ampliação e, somente então, de posse do Projeto Básico como determina a Lei das licitações, se proceda a terceira licitação visando às obras de ampliação, e todas elas em modalidades distintas a do pregão".

Do excerto acima é possível depreender e extrair a grande complexidade que envolve a matéria, na medida em que se propugnou — a pretexto de recomendação — a realização de 3 *(três) distintas licitações* para atender a contento o objeto ora sob exame.

Além disso, é necessário refletir os próprios limites temporais e os custos de transação e logísticos de se repetir tal pluralidade de procedimentos no âmbito dos contratos previstos pela Lei Geral de Licitações, cuja vigência máxima chega à casa de 60 (sessenta) meses.[8]

Em raciocínio de fronteira e para lidar com a dificuldade municipal de conceber alternativas juridicamente válidas para sua demanda de contratação, cabe derivar aqui uma rota legítima que poderia levar o Poder Público local até mesmo a uma parceria público-privada (PPP), sob o modelo de *concessão administrativa*, regida pela Lei nº 11.079/2004, para fins de manutenção e ampliação da rede de iluminação pública, sem a constante necessidade de celebrar três distintos contratos de duração relativamente curta para objeto tão complexo.

A concessão administrativa permitiria a entrega ao particular da responsabilidade de gestão do sistema, bem como a transferência do dever de realizar as obras necessárias à sua expansão e aprimoramento. Vale lembrar, por oportuno, que tal espécie

---

7 Tribunal de Contas do Estado de São Paulo. Exame Prévio de Edital de nº 008/989/14-7.

8 Conforme o art. 57, II da citada Lei.

de concessão é "o contrato de prestação de serviços de que a Administração Pública seja a usuária direta ou indireta, ainda que envolva execução de obra ou fornecimento e instalação de bens", nos termos do art. 2º, §2º da Lei das PPPs.

Caso o município, por outro lado, não tenha volume de contratação suficiente para alcançar a hipótese legal da parceria público-privada nos termos do art. 2º, §4º, I da Lei nº 11.079/2004 (isto é, R$20 milhões ao longo de período de tempo superior a 5 anos), também seria viável e possível a gestão associativa do serviço de iluminação pública por meio de *consórcio intermunicipal* regido pelo art. 241 da Constituição da República de 1988 e pela Lei nº 11.107/2005.[9]

Deveras nuclear e pouco elucidada é também a autorização constante do art. 21, §1º da citada Resolução Normativa da ANEEL nº 414/2010. Segundo tal dispositivo, com a redação que lhe foi dada pela Resolução Normativa da ANEEL nº 479/2012, é possível que os Municípios deleguem a prestação dos serviços em comento para a própria distribuidora de energia elétrica:

> Art. 21 A elaboração de projeto, a implantação, expansão, operação e manutenção das *instalações de iluminação pública* são de responsabilidade do ente municipal ou de quem tenha recebido deste a delegação para prestar tais serviços. (Redação dada pela REN ANEEL 479, de 03.04.2012)

---

[9] Uma vez constituído o consórcio, os entes públicos consorciados podem delegar àquele a prestação de serviços públicos, por meio do pertinente contrato de programa previsto no art. 13 da Lei nº 11.107/2005, a seguir transcrito:

"Art. 13. Deverão ser constituídas e reguladas por contrato de programa, como condição de sua validade, as obrigações que um ente da Federação constituir para com outro ente da Federação ou para com consórcio público no âmbito de gestão associada em que haja a prestação de serviços públicos ou a transferência total ou parcial de encargos, serviços, pessoal ou de bens necessários à continuidade dos serviços transferidos.

§1º O contrato de programa deverá:

I – atender à legislação de concessões e permissões de serviços públicos e, especialmente no que se refere ao cálculo de tarifas e de outros preços públicos, à de regulação dos serviços a serem prestados; e

II – prever procedimentos que garantam a transparência da gestão econômica e financeira de cada serviço em relação a cada um de seus titulares.

§2º No caso de a gestão associada originar a transferência total ou parcial de encargos, serviços, pessoal e bens essenciais à continuidade dos serviços transferidos, o contrato de programa, sob pena de nulidade, deverá conter cláusulas que estabeleçam:

I – os encargos transferidos e a responsabilidade subsidiária da entidade que os transferiu;

II – as penalidades no caso de inadimplência em relação aos encargos transferidos;

III – o momento de transferência dos serviços e os deveres relativos a sua continuidade;

IV – a indicação de quem arcará com o ônus e os passivos do pessoal transferido;

V – a identificação dos bens que terão apenas a sua gestão e administração transferidas e o preço dos que sejam efetivamente alienados ao contratado;

VI – o procedimento para o levantamento, cadastro e avaliação dos bens reversíveis que vierem a ser amortizados mediante receitas de tarifas ou outras emergentes da prestação dos serviços.

§3º É nula a cláusula de contrato de programa que atribuir ao contratado o exercício dos poderes de planejamento, regulação e fiscalização dos serviços por ele próprio prestados.

§4º O contrato de programa continuará vigente mesmo quando extinto o consórcio público ou o convênio de cooperação que autorizou a gestão associada de serviços públicos.

§5º Mediante previsão do contrato de consórcio público, ou de convênio de cooperação, o contrato de programa poderá ser celebrado por entidades de direito público ou privado que integrem a administração indireta de qualquer dos entes da Federação consorciados ou conveniados.

§6º O contrato celebrado na forma prevista no §5º deste artigo será automaticamente extinto no caso de o contratado não mais integrar a administração indireta do ente da Federação que autorizou a gestão associada de serviços públicos por meio de consórcio público ou de convênio de cooperação.

§7º Excluem-se do previsto no caput deste artigo as obrigações cujo descumprimento não acarrete qualquer ônus, inclusive financeiro, a ente da Federação ou a consórcio público". Lei nº 11.107/2005.

§1º *A distribuidora pode prestar os serviços descritos no caput mediante celebração de contrato específico para tal fim, ficando a pessoa jurídica de direito público responsável pelas despesas decorrentes.* (Incluído pela REN ANEEL 479, de 03.04.2012)

§2º A responsabilidade de que trata o *caput* inclui todos os custos referentes à ampliação de capacidade ou reforma de subestações, alimentadores e linhas já existentes, quando necessárias ao atendimento das instalações de iluminação pública, observado o disposto nos §§ 1º a 4º do art. 43. (Incluído pela REN ANEEL 479, de 03.04.2012). (grifo nosso)

Somando a alternativa acima aventada (a qual, por si só, foi alvo da consulta ao TCE/SP constante do TC-12215/026/12, sem haver sido respondida) com as anteriormente suscitadas, já se tem aqui um elenco de opções que não admite — dados os limites temporais para a transição se consumar (*31.12.2014*) e a relevância do serviço de iluminação pública municipal — solução de continuidade, nem tampouco respostas precipitadas, precárias ou pouco refletidas.

Para que restem esclarecidas as balizas mínimas essenciais que se reputa, no presente artigo, serem devidas ao gestor em caráter pedagógico para que ele possa responder adequadamente à citada transferência de responsabilidade patrimonial e gerencial pela iluminação pública, recuperamos na tabela a seguir a moldura de hipóteses jurídicas cabíveis e seus respectivos fatores de avaliação positiva e negativa:

Transição de domínio e gestão da iluminação pública municipal
(art. 218 da Resolução Normativa ANEEL nº 414/2010)

Hipóteses legais	Contratos na Lei 8.666/1993	PPP – concessão administrativa (Lei 11.079/2004)	Delegação do serviço à concessionária distribuidora	Consórcio intermunicipal (Lei 11.107/2005)
Pontos positivos	Gestão mantida sob responsabilidade direta do Poder Público e entrega apenas da execução a terceiros	Prazo de duração até 35 anos, repartição de riscos e capacidade de gestão de todo o serviço, incluindo as obras de expansão e aprimoramento do sistema de iluminação pública municipal	Segurança jurídica e manutenção do serviço sem solução de continuidade (art. 21, §1º da Resolução Normativa ANEEL nº 414/2010)	Gestão associativa entre municípios permite ganho de escala no controle de custos e melhor compartilhamento de expertise
Pontos negativos	Diversas licitações podem ser necessárias para atender à complexidade do objeto; dificuldade de formular projetos básico e executivo e, por fim, prazo de vigência curto	Critérios legais de admissibilidade podem excluir pequenos municípios e dificuldade de elaborar projetos norteadores da PPP	Tendência à falta de autonomia técnica do Município para entender o sistema e negociar seus custos	Dificuldade de negociação político-federativa para instituir e manter adequadamente o consórcio público ao longo do tempo
Modalidade licitatória	Concorrência	Concorrência	Dispensa de licitação, a depender do modelo de delegação do serviço	Não se aplica

Fonte: Elaboração própria.

Ora, os Municípios têm tido inúmeras dificuldades em entender todas as consequências técnicas e jurídicas da migração patrimonial e gerencial em curso, afinal estão em plena transição de regime dominial e gerencial na infraestrutura de iluminação pública. Isso porque, não é demasiado repetir, o que está em pauta é a transferência do domínio e de toda a gestão do sistema de iluminação pública, até então sob responsabilidade da concessionária distribuidora de energia,[10] para os Municípios e o Distrito Federal.

No acompanhamento dos diversos processos de exame prévio de edital sobre a matéria que tramitaram no TCE/SP, depreende-se, contudo, que os municípios têm buscado assumir sua responsabilidade sem terem formulado seus respectivos planos municipais de iluminação pública e sem haverem feito adequados projetos básico e executivo, o que se pode inferir da falta de diagnóstico das demandas de manutenção, atualização, aprimoramento e expansão da rede municipal de iluminação pública. Vale lembrar que essas foram as críticas centrais à aglutinação de objeto e às falhas que levaram à invalidação das licitações anteriormente instauradas pela Prefeitura Municipal de Bertioga nos autos dos TCs-1993/989/13-6, 2025/989/13-8, 2038/989/13-3 e 2043/989/13-6 e pela Prefeitura Municipal de Mairiporã no TC-2542.989.13-2.

Essa situação de falta de planejamento e de má qualidade das licitações examinadas é, infelizmente, consequência de uma transição pautada pela lógica da "tentativa-e-erro". Houve casos em que o agir conforme "tentativa-e-erro" levou a duas impugnações em poucos meses sobre licitações sucessivas para o mesmo objeto do mesmo Município. Isso porque a concorrência anterior fora impugnada pelos licitantes e invalidada pela Corte paulista de Contas, sendo que a Prefeitura reapresentara sua pretensão licitatória com o mesmo objeto sem haver corrigido as falhas que o macularam anteriormente, mas apenas o havia reeditado sob a modalidade pregão.

Fato é que tais tensões e exames prévios de edital exigem o esforço de buscar extrair lições — de forma indutiva — de tais casos já enfrentados por Tribunal de Contas na forma do art. 113, §1º da Lei nº 8.666/1993 de editais e contratos viciados para atender a objeto tão complexo, o qual revela inegável repercussão geral para todos os municípios brasileiros.

Uma forma de mitigar as dificuldades e limitações de tal cenário de transição passa obviamente pela orientação aos Municípios para que elaborem estudos de avaliação de custos e comparação de economicidade quanto à opção de contratar os serviços de projeto, implantação, manutenção e ampliação das instalações de iluminação pública juntamente às distribuidoras de energia elétrica (como, aliás, era tradicionalmente feito) e contrastem tal opção em face da contratação dos mesmos serviços perante outras empresas especializadas nesse nicho de mercado.

Deveras importante é assinalar que as interfaces entre o serviço de fornecimento de energia para iluminação pública e os serviços de operação e manutenção das instalações

---

[10] Segundo a Resolução nº 414/2010, "Art. 47. A distribuidora é responsável pelos investimentos necessários e pela construção das redes e instalações de distribuição de energia elétrica para o atendimento das unidades consumidoras situadas em empreendimentos habitacionais para fins urbanos de interesse social e na regularização fundiária de interesse social, que estejam em conformidade com a legislação aplicável. (Redação dada pela REN ANEEL nº 479, de 03.04.2012). Resolução nº 414/2010.
[...] *§3º A responsabilidade de que trata o caput não inclui a implantação do sistema de iluminação pública ou de iluminação das vias internas, conforme o caso, observando as disposições estabelecidas pelo art. 21"* (grifo nosso).

de iluminação pública foram expressamente arroladas como cláusula obrigatória do contrato a ser celebrado entre as distribuidoras e os Municípios (ou Distrito Federal), na forma do art. 68 da Resolução Normativa da ANEEL nº 414/2010, abaixo transcrito:

> Art. 68. O contrato de fornecimento para iluminação pública deve ser celebrado com os poderes públicos municipais ou distrital e conter, além das cláusulas constantes do art. 63, quando pertinentes, e daquelas essenciais a todos os contratos, outras relacionadas a:
> I – especificação da propriedade dos ativos das instalações;
> II – *forma e condições para prestação dos serviços de operação e manutenção, conforme o caso;*
> III – procedimentos para alteração de carga e atualização do cadastro;
> IV – procedimentos para revisão do consumo de energia elétrica ativa, vinculado à utilização de equipamentos de controle automático de carga;
> V – tarifas e tributos aplicáveis;
> VI – condições de faturamento, incluindo critérios para contemplar falhas no funcionamento do sistema;
> VII – condições de faturamento das perdas referidas no art. 94;
> VIII – condições e procedimentos para o *uso de postes* e da rede de distribuição;
> IX – *condições para inclusão da cobrança de contribuição social para o custeio do serviço de iluminação pública na fatura de energia elétrica, quando cabível, em conformidade com o estabelecido por lei municipal.*
> Parágrafo Único. Uma via do contrato deve ser devolvida ao Poder Público em até 30 (trinta) dias após o seu recebimento, com as respectivas assinaturas e rubricas. (Redação dada pela REN ANEEL 418, de 23.11.2010). (grifo nosso)

Superada tal abstração, tem faltado aos licitantes qualquer cadastro detalhado do parque de iluminação, o diagnóstico do sistema atual, o dimensionamento do sistema e a definição do nível de iluminação proposto, entre outras informações e características.

Tal aspecto é determinante, porque os municípios estão recebendo o domínio e o dever de gestão da infraestrutura de iluminação pública, mas não conhecem suas fragilidades e demanda de aprimoramento e ampliação.

A própria ANEEL sabe que o cenário é complexo e estabeleceu cronograma para que tal transição (transferência patrimonial e gerencial) se efetive, sem maiores riscos ou turbulências, nos moldes do art. 218 da citada Resolução Normativa nº 414/2010, além de haver adiado o prazo fatídico de encerramento de 31.12. 2013 para 31.12.2014, por meio da Resolução Normativa ANEEL nº 587/2013.

O que, em suma, é essencial fixar no âmbito da jurisdição das Cortes de Contas brasileiras é que sejam exigidos das Prefeituras Municipais — como elementos de instrução indispensáveis na fase interna de licitação — todos os documentos exigidos pela ANEEL para tal transferência e cujo prazo já tenha expirado ou esteja na iminência de ocorrer, na forma do cronograma estabelecido pelo §4º do art. 218 da Resolução Normativa em comento.

Como se pode ler a seguir, são indispensáveis à compreensão do objeto a ser licitado *(1) o plano de repasse, (2) o relatório de detalhamento do ativo imobilizado do serviço — AIS, (3) o relatório de negociação individualizado por município e (4) o relatório de transferência de ativos:*

Art. 218. [...]

§2º Até que as instalações de iluminação pública sejam transferidas, devem ser observadas as seguintes condições: (Redação dada pela REN ANEEL 479, de 03.04.2012)

[...]

II – a distribuidora é responsável apenas pela execução e custeio dos serviços de operação e manutenção; e (Incluído pela REN ANEEL 479, de 03.04.2012)

[...]

§3º A distribuidora deve atender às solicitações da pessoa jurídica de direito público competente quanto ao estabelecimento de cronograma para transferência dos ativos, desde que observado o prazo limite de 31 de dezembro de 2014. (Redação dada pela REN ANEEL 587, de 10.12.2013)

§4º Salvo hipótese prevista no § 3o, a distribuidora deve observar os seguintes prazos máximos: (Redação dada pela REN ANEEL 479, de 03.04.2012)

I – até 14 de março de 2011: elaboração de plano de repasse às pessoas jurídicas de direito público competente dos ativos referidos no caput e das minutas dos aditivos aos respectivos contratos de fornecimento de energia elétrica em vigor; (Incluído pela REN ANEEL 479, de 03.04.2012)

II – até 1o de julho de 2012: encaminhamento da proposta da distribuidora à pessoa jurídica de direito público competente, com as respectivas minutas dos termos contratuais a serem firmados e com relatório detalhando o AIS, por município, e apresentando, se for o caso, o relatório que demonstre e comprove a constituição desses ativos com os Recursos Vinculados à Obrigações Vinculadas ao Serviço Público (Obrigações Especiais); (Incluído pela REN ANEEL 479, de 03.04.2012)

III – até 1o de março de 2013: encaminhamento à ANEEL do relatório conclusivo do resultado das negociações, por município, e o seu cronograma de implementação; (Incluído pela REN ANEEL 479, de 03.04.2012)

IV – até 1º de agosto de 2014: encaminhamento à ANEEL do relatório de acompanhamento da transferência de ativos, objeto das negociações, por município; (Redação dada pela REN ANEEL 587, de 10.12.2013)

V – 31 de dezembro de 2014: conclusão da transferência dos ativos; e. (Redação dada pela REN ANEEL 587, de 10.12.2013)

VI – até 1º de março de 2015: encaminhamento à ANEEL do relatório final de transferência dos ativos, por município. (Redação dada pela REN ANEEL 587, de 10.12.2013)

[...]

§6º *A distribuidora deve encaminhar a ANEEL, como parte da solicitação de anuência de transferência dos ativos de iluminação pública, por município, o termo de responsabilidade em que declara que o sistema de iluminação pública está em condições de operação e em conformidade com as normas e padrões disponibilizados pela distribuidora e pelos órgãos oficiais competentes, observado também o disposto no Contrato de Fornecimento de Energia Elétrica acordado entre a distribuidora e o Poder Público Municipal, conforme Anexo VIII. (Redação dada pela REN ANEEL 587, de 10.12.2013)*

§7º *A distribuidora deve atender às solicitações da pessoa jurídica de direito público competente acerca da entrega dos dados sobre o sistema de iluminação pública. (Incluído pela REN ANEEL 587, de 10.12.2013).* (grifo nosso)

Toda a documentação acima arrolada permitiria a adequada elaboração dos projetos básico e executivo do serviço e das obras que se pretende contratar. Em igual medida, a captação junto às concessionárias distribuidoras das demais informações que se fizerem pertinentes (*vide* §7º do art. 218 acima transcrito) visa fomentar a ampliação da base fático-interpretativa em que se funda a pretensão municipal para escolher, dentre as opções jurídicas existentes (destacadas na tabela anteriormente apresentada), a mais adequada à realidade municipal.

O que não se pode admitir é a persistência no erro, já que as Prefeituras Municipais já se sabem reiteradamente carentes de um diagnóstico de cobertura e de deficiências da rede de iluminação pública, mas prosseguem firmemente no intuito de *transferir*[11] a própria concepção do serviço almejado para o particular que será contratado. Ora, o risco de tal proceder é evidente e a Corte paulista de Contas tem sido firme[12] ao refutar a regularidade de aditivos contratuais oriundos de licitações mal embasadas em precários projetos básicos e executivos.

A pretensão velada de transferência do dever de bem formular os projetos básico e executivo de obras e serviços revela, na verdade, a própria incapacidade da Administração Pública de atuar na sua área-fim, na medida em que sequer é capaz de diagnosticar a real demanda do que pretende contratar.

3 Alertas automáticos da LRF: olhar preventivo e concomitante para melhor controlar a execução orçamentária

Todas as dificuldades arroladas no tópico anterior na complexa transição de domínio e responsabilidade gerencial do parque de iluminação pública municipal e distrital podem ser enfrentadas de duas formas pelos Tribunais de Contas.

---

[11] Como se estivesse diante da possibilidade de contratar o serviço de gestão de iluminação pública por meio de contratação integrada, nos moldes do art. 9 da Lei nº 12.462/2011, o que é vedado pela legislação pátria. O regime de contratação integrada assim foi definido pela citada Lei: "A contratação integrada compreende a elaboração e o desenvolvimento dos projetos básico e executivo, a execução de obras e serviços de engenharia, a montagem, a realização de testes, a pré-operação e todas as demais operações necessárias e suficientes para a entrega final do objeto". Lei nº 12.462/2011.

[12] Relembramos, a esse respeito, trecho do paradigmático voto condutor do Acórdão do TC-1028/003/06, de lavra do em. Conselheiro Dimas Eduardo Ramalho: "Dessa forma, configurado o não atendimento ao inciso IX, do artigo 6º, da Lei Federal nº 8.666/93. Acresce-se que, não obstante o artigo 65 da Lei de Licitações prever a possibilidade de alteração dos contratos, não significa em "liberdade para a Administração impor a alteração como e quando melhor lhe aprouver [...] A Administração tem de evidenciar, por isso, a superveniência de motivo justificador da alteração contratual. Deve demonstrar que a solução localizada na fase interna da licitação não se revelou, posteriormente, como a mais adequada" (Conf. Comentários à Lei de Licitações e Contratos Administrativos. Dialética. 14ª Edição. P.771 – artigo 65 da Lei Federal nº 8.666/93).
Como as mudanças ocorreram, na verdade, como consequência da má elaboração do projeto básico licitado, ausentes as circunstâncias autorizadoras de sua alteração prevista em referido dispositivo legal, ou seja, "superveniência" dos motivos, já que muitas das alterações poderiam ter sido previstas na fase interna da licitação.
Na verdade, a celebração de tais aditivos mostrou-se mais grave ao se constatar a ciência das partes sobre a possibilidade de sua realização, indicando que os mesmos deixaram de agir com o zelo necessário na elaboração dos projetos básico e executivos, para que fossem eficientes e completos [...]
Logo, como o projeto básico licitado não foi elaborado com a diligência necessária para atender a necessidade do bem público a ser alcançada, os consequentes projetos executivos precisaram sofrer inúmeras alterações e adequações. [...]
Dessa forma, diante das falhas supra verificadas, voto pela IRREGULARIDADE dos aditivos em análise, determinando o acionamento do disposto no inciso XV do artigo 2º, da Lei Complementar nº 709/93, devendo o chefe da Autarquia, no prazo máximo de 60 (sessenta) dias, informar esta Corte sobre as medidas adotadas.
Voto, ainda, pela aplicação de multa ao Sr. Paulo Eduardo M. Rodrigues da Silva, pró-reitor de Desenvolvimento Universitário, que assinou o 4º, 5º, 6º e 7º aditivos em questão, no valor correspondente a 500 (quinhentas) UFESPs, e o Sr. José Tadeu Jorge, professor Doutor que assinou o 8º Aditivo em questão, no valor correspondente a 300 (trezentas) UFESPs, nos termos do artigo 104, II da Lei Complementar nº 709/93, por violação ao artigo 2º cc. inciso I, do artigo 25, ambos da Lei Federal nº 8.666/93, fixando-lhe o prazo máximo de 30 (trinta) dias para o atendimento" (grifo nosso).

A primeira delas é a atuação reativa, como analisado há pouco, por meio das impugnações previstas no art. 113, §1º da Lei Geral de Licitações e Contratos. A segunda forma, contudo, pressupõe ação proativa e mais pedagógica do controle externo e tem fundamento, sobretudo, no regime constitucional que funda a existência dos Tribunais de Contas e também no art. 59, §1º, inciso V da Lei de Responsabilidade Fiscal (LRF). Ali está prevista a possibilidade de alerta.

Segundo o dispositivo legal que lhes dá fundamento (art. 59 da LC nº 101, de 4 de maio de 2000), os alertas visam expressamente dar ciência de situações fiscais de risco[13] para o equilíbrio nas contas públicas, bem como de falhas "que comprometam os custos ou os resultados dos programas" e, no que interessa diretamente ao escopo deste estudo, prestam-se a notificar a ocorrência de "indícios de irregularidades na gestão orçamentária".

Da leitura de tal norma, pode-se extrair que o "alerta" é todo levantamento de irregularidades feito desde as primárias fiscalizações rotineiras das Cortes de Contas brasileiras, ao longo das diversas e rotineiras[14] formas e tarefas de fiscalização, porquanto sejam atos administrativos de controle externo que operam de forma automática[15] (*ex officio*) em prol da prevenção de riscos e da correção de desvios capazes de afetar o equilíbrio nas contas públicas e prejudicar a boa gestão dos recursos públicos.

No senso comum, a noção primária de sentido que a palavra alerta implica é, como já pressuposto na introdução, a de antecipar problemas, avisando sobre o risco na manutenção de determinada conduta ou rota de ação já iniciada.

Quem alerta dá notícia de perigo iminente, em sinal de vigilância externa em favor daquele que foi alertado. Em sentido ainda mais direto e objetivo, o alerta quer

---

[13] Os riscos que ensejam alerta, na forma do §1º do citado art. 59 da Lei de Responsabilidade Fiscal, são: (1) a possibilidade de ocorrência das situações previstas no inciso II do art. 4º (vetado) e no art. 9º (risco de que a realização da receita possa não comportar o cumprimento das metas de resultado primário ou nominal estabelecidas no Anexo de Metas Fiscais, donde se impor o contingenciamento de empenhos e de movimentação financeira); (2) o montante da despesa total com pessoal ultrapassou 90% (noventa por cento) do limite; (3) os montantes das dívidas consolidada e mobiliária, das operações de crédito e da concessão de garantia se encontram acima de 90% (noventa por cento) dos respectivos limites e, por fim, (4) os gastos com inativos e pensionistas se encontram acima do limite definido em lei.

[14] Sustenta-se aqui ser alerta toda e qualquer manifestação técnica do Tribunal de Contas que promova diagnóstico de falhas e/ ou irregularidades no curso da gestão orçamentária, o que inclui, por exemplo, desde o primeiro relatório de fiscalização feito anualmente em relação às Contas de Governo e de Gestão dos Chefes de Executivo, bem como em relação às Contas de Gestão das Casas Legislativas e das entidades da Administração Indireta, passando pelo acompanhamento de licitações impugnadas na forma do art. 113 da Lei nº 8.666, de 1993, e da execução dos contratos delas decorrentes, assim como o acompanhamento dos processos de dispensa e inexigibilidade de licitação, até a decisão final emanada por conselheiro em juízo singular ou pelos órgãos colegiados da Corte de Contas.

[15] O adjetivo "automático" aqui se refere à existência de um regular fluxo de relatórios, dados e processos tendente à permanente e cíclica responsabilização de gestores, quer no momento de julgar a sua prestação de contas nos moldes do art. 71, II da CR/1988, quer na avaliação continuada de atos (como os de admissão de pessoal, aposentadoria, licitações, contratos, convênios, transferências e repasses etc., tal como propugnado nos incisos III a VI do citado art. 71).
Nesse sentido, o caráter "automático" dos alertas advém da tessitura de instrumentos dados, em especial, pela Lei de Responsabilidade Fiscal, os quais se articulam em rede para estender temporalmente a submissão ao controle. Tal rede torna a sujeição ao controle — na prática — perene e temporalmente contínua, a despeito de operar segundo o ciclo orçamentário. Dois exemplos interessantes estão contidos nos relatórios previstos nos arts. 52 e 54, a saber, o relatório resumido de execução orçamentária e o relatório de gestão fiscal que são exigidos, respectivamente, bimestral e quadrimestralmente, encurtando, sobremaneira, o tempo das prestações de contas, cujo balanço anual deve ser coerente e consistente com os dados enviados nesses dois relatórios de exigência mais próxima à gestão cotidiana.

dizer ao seu destinatário: "tome cuidado!", ou ainda "tenha cautela!" e, até mesmo, "corrija sua ação já, sob pena de erro grave ou infração punível!"

Não é sem razão, portanto, que a Lei de Responsabilidade Fiscal previu em seu art. 59, §1º,[16] como importante meio de efetivação do equilíbrio nas contas públicas, a figura dos alertas a serem regularmente emanados pelos Tribunais de Contas. Mas não apenas de equilíbrio nas contas públicas tratam os alertas. O que é importante, desde já, registrar é que o conteúdo de tais avisos não se resume aos estritos comandos e limites normativos da LRF, mas abrange todas as competências constitucionais[17] dos Tribunais de Contas, haja vista o caráter extensivo e abrangente do inciso V daquele citado dispositivo.

Nesse ponto específico, sustenta-se aqui que os alertas não sofrem limitação exaustiva de conteúdo, não requerem forma especial ou decisão[18] de Conselheiro ou Ministro de Tribunal de Contas, nem tampouco operam apenas ao final do processo de fiscalização anual, na medida em que se configuram — isso sim — como verdadeiros e abrangentes instrumentos de controle concomitante da gestão pública.

O comando normativo do art. 59, §1º, V da LRF é forte ao assinalar que, quando forem constatados "fatos que comprometam os custos ou os resultados dos programas ou indícios de irregularidades na gestão orçamentária", deve ser emanado o correspondente alerta pelo Tribunal de Contas competente.

Não se trata de faculdade ou opção franqueada à estrutura constitucional implicada, mas de dever-poder[19] inafastável, ou seja, ato vinculado que pode ser resumido aos seguintes termos: *sempre* que forem constatados fatos que comprometam os custos

---

[16] Cujo inteiro teor é o seguinte: "Art. 59. O Poder Legislativo, diretamente ou com o auxílio dos Tribunais de Contas, e o sistema de controle interno de cada Poder e do Ministério Público, *fiscalizarão o cumprimento das normas desta Lei Complementar, com ênfase no que se refere a:*
I – atingimento das metas estabelecidas na lei de diretrizes orçamentárias;
II – limites e condições para realização de operações de crédito e inscrição em Restos a Pagar;
III – medidas adotadas para o retorno da despesa total com pessoal ao respectivo limite, nos termos dos arts. 22 e 23;
IV – providências tomadas, conforme o disposto no art. 31, para recondução dos montantes das dívidas consolidada e mobiliária aos respectivos limites;
V – destinação de recursos obtidos com a alienação de ativos, tendo em vista as restrições constitucionais e as desta Lei Complementar;
VI – cumprimento do limite de gastos totais dos legislativos municipais, quando houver.
§1º Os Tribunais de Contas *alertarão* os Poderes ou órgãos referidos no art. 20 *quando constatarem:*
I – a possibilidade de ocorrência das situações previstas no inciso II do art. 4º e no art. 9º;
II – que o montante da despesa total com pessoal ultrapassou 90% (noventa por cento) do limite;
III – que os montantes das dívidas consolidada e mobiliária, das operações de crédito e da concessão de garantia se encontram acima de 90% (noventa por cento) dos respectivos limites;
IV – que os gastos com inativos e pensionistas se encontram acima do limite definido em lei;
V – *fatos que comprometam os custos ou os resultados dos programas ou indícios de irregularidades na gestão orçamentária.*
§2º Compete ainda aos Tribunais de Contas verificar os cálculos dos limites da despesa total com pessoal de cada Poder e órgão referido no art. 20.
§3º O Tribunal de Contas da União acompanhará o cumprimento do disposto nos §§2º, 3º e 4º do art. 39" (grifo nosso).

[17] Como se pode depreender da leitura do art. 71 da Constituição de 1988.

[18] Não se pretende aqui negar a óbvia análise de mérito que incumbe tão somente aos Conselheiros e Ministros de Tribunais de Contas. O que se está a defender é que a informatização e os demais meios hábeis militem em favor do sistema de controle externo, ampliando e potencializando os instrumentos de prevenção dos erros e das irregularidades, ao invés do estrito enfoque repressivo e a posteriori do controle.

[19] Trata-se, pois, da locução célebre de "dever-poder" construída por Bandeira de Mello a partir da retomada da noção de "poder-dever" de Renato Alessi. BANDEIRA DE MELLO, Celso Antônio. *Curso de direito administrativo.* 11. ed. São Paulo: Malheiros, 1999. p. 32.

ou os resultados dos programas, bem como indícios de quaisquer irregularidades na gestão orçamentária, o Tribunal de Contas *tem o dever de alertar* às autoridades, órgãos e entes por ele fiscalizados.

Em reforço a tal linha interpretativa, o art. 75[20] da Lei Federal nº 4.320,[21] de 17 de março de 1964, dispõe que o controle da execução orçamentária compreenderá a legalidade dos atos de que resultem a arrecadação da receita ou a realização da despesa, o nascimento ou a extinção de direitos e obrigações; bem como abarcará a fidelidade funcional dos agentes da administração responsáveis por bens e valores públicos. Por fim, mas não menos importante, caberá controle também sobre o cumprimento do programa de trabalho expresso em termos monetários e em termos de realização de obras e prestação de serviços.

Interessa, nesse ponto, extrair do inciso I do citado art. 75 a amplitude da aplicação dos alertas rigorosamente sobre todos os atos que envolvam o manejo da receita (incidindo especial atenção sobre o curso da arrecadação, a renúncia de receita e a gestão da dívida ativa), a realização de qualquer tipo de despesa, bem como sobre os atos que provoquem o nascimento ou a extinção de direitos e obrigações.

Machado Jr. e Reis (2000/2001) defendem que a hipótese de controle de todos os atos de geração de despesa e de obtenção de receita representa um verdadeiro princípio de "universalidade de controle". Ademais disso, os autores em questão lecionam que o controle — na forma do inciso II do art. 75 da Lei nº 4.320, de 1964, e do inciso II do art. 16[22] da LRF — buscou individualizar os agentes responsáveis pela gestão de bens e valores públicos. Trata-se de promover uma responsabilização não só institucional, mas também subjetiva. Vale retomar, nesse sentido, o próprio comando do parágrafo único do art. 70 da Constituição de 1988, segundo o qual "prestará contas qualquer pessoa física ou jurídica, pública ou privada, que utilize, arrecade, guarde, gerencie ou administre dinheiros, bens e valores públicos ou pelos quais a União responda, ou que, em nome desta, assuma obrigações de natureza pecuniária".

Ora, em se tratando de responsabilidade dos agentes públicos, é de se ressaltar que o ordenador de despesas assume a declaração de que a despesa é regular, autorizada e não lesiva ao patrimônio público em todo processo de aprimoramento, expansão ou criação de ação governamental de que resulte aumento de despesa. Tal declaração é exigida do ordenador porque é ele quem tem competência legal — na forma do que dispõe o art. 80, §1º[23] do Decreto-Lei nº 200, de 25 de fevereiro de 1967 — para emanar os principais atos de geração de despesa.

---

[20] A seguir transcrito: "Art. 75. O controle da execução orçamentária compreenderá:
I – a legalidade dos atos de que resultem a arrecadação da receita ou a realização da despesa, o nascimento ou a extinção de direitos e obrigações;
II – a fidelidade funcional dos agentes da administração, responsáveis por bens e valores públicos;
III – o cumprimento do programa de trabalho expresso em termos monetários e em termos de realização de obras e prestação de serviços."

[21] A citada Lei persiste como o verdadeiro Estatuto da Contabilidade Pública no Brasil, ao lado da LRF e não a despeito dela.

[22] Cujo inteiro teor é o seguinte: "Art. 16. A criação, expansão ou aperfeiçoamento de ação governamental que acarrete aumento da despesa será acompanhado de:
[...] II - declaração do ordenador da despesa de que o aumento tem adequação orçamentária e financeira com a lei orçamentária anual e compatibilidade com o plano plurianual e com a lei de diretrizes orçamentárias. [...]"

[23] *In verbis*, tem-se que: "Ordenador de despesa é toda e qualquer autoridade de cujos atos resultem emissão de empenho, autorização de pagamento, suprimento ou dispêndio de recursos da União ou pela qual esta responda."

Muito embora o art. 16 da LRF refira-se apenas ao ordenador de despesas, tem-se, em conformidade com o art. 70 da Constituição, que também os que recebem ou gerenciam valores públicos devem prestar contas e, assim, podem ser responsabilizados pessoalmente na esfera administrativa, civil e penal, tal como dispõe o art. 37, §4º da CR/1988.

Por outro lado, não bastassem as previsões dos incisos I e II do art. 75 da Lei nº 4.320, de 1964, a fronteira do controle sobre a execução orçamentária estendeu-se sobre o cumprimento do programa de trabalho. Ou seja, não é dado ao Poder Público deixar de executar disposições da lei orçamentária, arguindo discricionariedade alocativa, sem que haja prestação de contas sobre o que não foi feito parcial ou integralmente.

Ora, o desafio que se aventa neste tópico é exatamente o da antecipação dos riscos de descontinuidade do serviço de iluminação pública, contratação emergencial ou até dano ao erário pela falta de reflexão adequada quanto ao cumprimento da Resolução Normativa ANEEL nº 414/2010, por meio dos alertas e das orientações pedagógicas das Cortes de Contas, visando à integração dos controles interno e externo e ao estreitamento da margem de liberdade de que goza o administrador público diante do caso concreto de licitações e contratos para assumir o parque de iluminação pública municipal. Para tanto é que se propõe a própria força orientadora do alertas previstos na Lei de Responsabilidade Fiscal.

Como já dito, os alertas podem e devem cuidar da avaliação de resultados e custos, assim como devem indicar irregularidades não exaustivamente arroladas pelo permissivo legal que lhes dá fundamento. Na medida em que os alertas se tornarem uma efetiva prática cotidiana dos Tribunais de Contas brasileiros, as demais instâncias competentes de controle da Administração Pública ali encontrarão um manancial de informação disponível que pode auxiliá-las no desempenho das suas funções.

Na atual quadra do desenvolvimento constitucional brasileiro, o alerta revela-se como um dos instrumentos que podem se firmar como articuladores das diversas teias de controle, constituindo-as em uma tessitura de rede em prol da responsabilidade estendida e da máxima eficácia do arranjo de controle da Administração Pública inscrito na Carta de 1.988. Eis o horizonte em torno do qual a mirada de olhar se lança para devidamente situar a vinda desse relativamente novo instituto, de modo a fortalecê-lo e melhor entender o seu regime jurídico.

Cabe, contudo, avisar que o regime jurídico dos alertas automáticos deve ser conjugado com o *caput* do art. 113 da Lei nº 8.666, de 1993, que estipula o que a doutrina consagrou como inversão do ônus de provar a legalidade e a regularidade das despesas decorrentes da aplicação da aludida Lei. Senão veja-se.

> Art. 113. O controle das despesas decorrentes dos contratos e demais instrumentos regidos por esta Lei será feito pelo Tribunal de Contas competente, na forma da legislação pertinente, *ficando os órgãos interessados da Administração responsáveis pela demonstração da legalidade e regularidade da despesa e execução*, nos termos da Constituição e sem prejuízo do sistema de controle interno nela previsto [...]. (grifo nosso)

A Lei Geral de Licitações e Contratos inverteu o ônus da prova exatamente visando refutar a tese usualmente invocada pelos gestores públicos segundo a qual os atos administrativos gozam da presunção de legalidade e legitimidade (no que se insere a presunção de veracidade), no esforço infértil de contestar a decisão das Cortes de Contas.

A principal e mais consistente consequência prática da conjugação do regime dos alertas automáticos da LRF com o citado dispositivo da Lei nº 8.666, de 1993, é que se o gestor tiver sido alertado pelo Tribunal de Contas competente, passa a ser presumida a irregularidade da licitação e/ou contrato e das despesas deles decorrentes, descabendo a arguição genérica de defesa do gestor de que ele agiu sem consciência e vontade deliberada de praticar ato ilícito.

O entendimento de que os atos administrativos são presumidamente considerados nascidos em conformidade com as devidas normas legais, como bem pondera Carvalho Filho (2010, p. 132-133), foi construído para se garantir o seu cumprimento, evitando que, a todo momento, sofressem algum entrave oposto por pessoas de interesses contrários que pudesse retardar o atendimento do interesse público. Mas esse raciocínio somente se aplica (aliás, sob severas críticas de parte da doutrina contemporânea) na interface entre a Administração Pública e o cidadão, não sendo cabível sua alegação — como escusa universal, abstrata e apriorística — em relação aos competentes órgãos de controle de seus atos.

É pacífica, sob tal influxo interpretativo, a jurisprudência do Tribunal de Contas da União, que, em consonância com o disposto no art. 93[24] do Decreto-Lei nº 200, de 1967, considera que compete ao gestor comprovar a boa e regular aplicação dos recursos públicos, cabendo-lhe o ônus da prova (vide acórdãos TCU 11/97 Plenário; 87/97 2ª Câmara; 234/95 2ª Câmara; 291/96 2ª Câmara; 380/95 2ª Câmara). Nessa mesma linha de sentido, vale citar elucidativo trecho do voto proferido pelo Min. Adylson Motta na Decisão nº 225/2000 da 2ª Câmara do TCU:

> *A não-comprovação da lisura no trato de recursos públicos recebidos autoriza, a meu ver, a presunção de irregularidade na sua aplicação.* Ressalto que o ônus da prova da idoneidade no emprego dos recursos, no âmbito administrativo, recai sobre o gestor, obrigando-se este a comprovar que os mesmos foram regularmente aplicados quando da realização do interesse público. Aliás, a jurisprudência deste Tribunal consolidou tal entendimento no Enunciado de Decisão nº 176, verbis: "Compete ao gestor comprovar a boa e regular aplicação dos recursos públicos, cabendo-lhe o ônus da prova". (grifo nosso)

No Supremo Tribunal Federal, a matéria também já restou pacificada em favor do sistema de controle, na medida em que impõe ao gestor (sobretudo, ao ordenador de despesas) o ônus de provar que a despesa foi regular, o que se depreende do clássico precedente contido no julgamento do Mandado de Segurança **nº** 20.335/DF: "Em direito financeiro, cabe ao ordenador de despesas provar que não é responsável pelas infrações, que lhe são imputadas, das leis e regulamentos na aplicação do dinheiro público".[25]

Em face de tais pressupostos decorrentes do art. 113 da Lei de Licitações e do art. 93 do Decreto-Lei nº 200, de 1967, emergem com bastante clareza a relevância e a força dos efeitos que irradiam da emissão dos alertas automáticos pelos Tribunais de Contas, nos termos do art. 59 da LRF.

---

[24] Cujo inteiro teor é o seguinte: "Quem quer que utilize dinheiros públicos terá de justificar seu bom e regular emprego na conformidade das leis, regulamentos e normas emanadas das autoridades administrativas competentes."

[25] STF, Pleno, MS nº 20.335/DF, Rel. Min. Moreira Alves, j. 13.10.82, *DJ*, 25 fev. 1983, v.u. (grifo nosso).

Tal cenário deveria descortinar, para as demais instâncias de controle da Administração Pública, o fluxo regular de controle preventivo e concomitante a cargo do sistema de contas, quando, então, poderia passar a assumir uma feição ainda mais interessante se fosse percebida pela sociedade como uma estrutura desconcentrada de controle entre as diversas unidades de fiscalização no exercício das suas funções regulares.

Assim, somados todos os fundamentos até aqui esposados, considera-se que o controle amplo e proativo da transição de domínio e de responsabilidade gerencial da infraestrutura de iluminação pública, saindo da alçada das concessionárias distribuidoras e passando para os Municípios e o DF, pode ser adequadamente realizado por meio dos alertas automáticos emitidos ao longo de todo o fluxo contínuo de controle dos Tribunais de Contas.

Ao invés se esperar que haja impugnações aos editais e aguardar eventual denúncia de irregularidade contratual, os Tribunais de Contas podem atuar de forma pedagógica, recomendando e fixando balizas mínimas por meio dos alertas previstos na LRF.

A chave das questões suscitadas acima reside na clássica inversão do ônus da prova em favor do sistema de controle, afastando, portanto, a presunção de veracidade, legalidade e legitimidade usualmente invocada em favor do ato administrativo. Quem já tiver sido alertado e prosseguir no erro não poderá, posteriormente, alegar em juízo que não tinha consciência e vontade deliberada em assim proceder e responderá por eventual falha do serviço ou irregularidade da licitação e/ou contrato.

Tal lógica tende a ser tão mais eficaz quanto mais cedo ocorrer o alerta e por mais tempo perdurar a omissão do gestor em face do dever de justificativa e mesmo do dever de correção das despesas, renúncias de receitas e demais ações — preliminarmente — apontadas como contendo *"fatos que comprometam os custos ou os resultados dos programas ou indícios de irregularidades na gestão orçamentária"*.

Por outro lado, quando se defende a necessidade de ampliação da admissibilidade jurídica dos alertas para antecipá-los, trazendo-os já para o momento inaugural da fiscalização técnica realizada diuturnamente em todos os Tribunais de Contas do país, tem-se em mente o severo ônus temporal da prescrição nas ações judiciais que possam, porventura, decorrer daqueles indícios de irregularidades na gestão orçamentária a que se referiu o art. 59, §1º, V da LRF.

O risco de se aguardar toda a regular tramitação dos processos de prestação de contas ou aguardar que haja alguma impugnação para só, então, avaliar a ocorrência da irregularidade e, então, promover o alerta é ele deixar de ser alerta, ou seja, o aviso que previne e contém o erro, enquanto ainda era possível corrigi-lo. Com o decurso o tempo e caso persistam as falhas, a tônica do controle passará a ser repressiva e não mais preventiva, sem que s possa esquecer, além disso, do risco de perda de integração com as diversas possibilidades de responsabilização judicial, em face, sobretudo, da prescrição na esfera penal e da ação de improbidade.

Por fim, cita-se o alvissareiro exemplo do Recurso Especial Eleitoral nº 8502,[26] julgado pelo Tribunal Superior Eleitoral, que assegurou a plena força da Lei da Ficha

---

[26] A seguir, podemos ler o trecho mais significativo da sua fundamentação: "[...] As irregularidades foram consideradas insanáveis pela própria Câmara (fls. 1422) e o dolo fica evidenciado pelo desrespeito não apenas às leis e princípios administrativos, como também pela *inobservância à alerta do próprio Tribunal de Contas* (fls. 1580). Concluiu-se, ante as circunstâncias do caso, incidir o disposto no artigo 1º, inciso I, alínea "g" da Lei Complementar nº 64/1990, observada a existência de ato doloso de improbidade administrativa relativamente aos atos cometidos nos exercícios de 2007 e 2008. [...]" (grifo nosso).

Limpa ao manter como inelegível prefeito alertado previamente pelo TCE/SP sobre irregularidades, as quais, mais tarde, ensejaram a reprovação das contas municipais pela respectiva Câmara de Vereadores e, por fim, permitiram ao Judiciário considerá-las como atos de improbidade na via eleitoral competente.

4 À guisa de conclusão: natureza pedagógica do controle e mitigação de riscos na transição

A melhor imagem que se invoca aqui a pretexto de conclusão é a de rede.

Falar em controle preventivo e concomitante, explorando pontos de convergência capazes de induzir a expansão do diálogo entre o controle externo e o controle interno das Prefeituras Municipais que passam pela transição dominial determinada pela ANEEL, faz lembrar rede de controle.

A imagem literalmente é de rede, porque sua trama é elaborada por vezes em malha fina, vezes outras em malhas espessas, mas sempre é bem presa em amarras de integração e ajuste, a despeito de formar vários níveis de bordados.

Tal tecido assim entrelaçado dá a dimensão material da pluralidade de instâncias de controle que a Constituição de 1988 formulou para a Administração Pública brasileira. São muitos os fios igualmente aptos, mas a força da construção está em sua trama interligada de amarras, as quais operam como verdadeiros filtros que decantam a poeira dos desvios e desmandos no trato da coisa pública e na proteção aos direitos fundamentais.

Enfim, para além da alegoria e da costura institucional, **é** preciso reconhecer que, somente unidas e integradas, as instâncias e instituições se fortalecem em capacidade de compreensão dos fatos que desafiam toda a tessitura do nosso sistema constitucional de controle. Antes de esperar escoar o prazo da transição determinada pela Resolução Normativa 414/2010 e de deixar ocorrerem editais enviesados, para só — então — orientar e alertar, é preciso apoiar o controle interno, nos mesmos moldes em que esse precisa atuar de forma integrada com o controle externo, à luz do art. 74, IV da Constituição de 1988.

A integração — verdadeiro entrelaçamento de fios apenas aparentemente distantes — passa pelo estreitamento do fluxo de informações, para que a aprendizagem dos Municípios quanto à gestão do seu respectivo parque de iluminação pública não seja oriunda apenas da caótica lógica de "tentativa-e-erro".

A integração em rede para melhor exercer o controle exige diálogo aberto e tempestivo, de modo que o fluxo de informações não seja obstado pelos nós da rede, nem para que a rede se revele esburacada por tão pouco articulada entre seus fios.

Eis o desafio: as Cortes de Contas recomendarem e alertarem — de ofício — os entes públicos sujeitos à sua competência fiscalizatória, na forma do art. 59, §1º, inciso V da Lei de Responsabilidade Fiscal, sobre eventuais irregularidades ou falhas ocorridas nas licitações e contratos decorrentes da complexa transição examinada, de modo a mitigar riscos de descontinuidade do serviço, lesão ao ordenamento de regência e até mesmo dano ao erário.

Reconhece-se e reafirma-se, pois, a necessidade de os Tribunais de Contas – durante o aludido processo de transição e mesmo após a sua ultimação — agirem proativamente em busca da necessidade de cumprir o papel pedagógico do controle externo, ao invés de só atuarem reativamente às representações e denúncias feitas na forma do art. 74, §2º da CR/1988 e do art. 113, § da Lei Geral de Licitações.

Como já dito, espera-se que, com o apoio da ANEEL e dos Tribunais de Contas, que a transição imposta pela Resolução Normativa nº 414/2010 daquela agência, não legue à sociedade, por acabar refém da lógica de "tentativa-e-erro", serviços inadequados, custos logísticos indevidos e até mesmo situações de dano ao erário, além de irregularidades licitatórias e contratuais puníveis criminalmente.

Referências

BANDEIRA DE MELLO, Celso Antônio. *Curso de direito administrativo*. 11. ed. São Paulo: Malheiros, 1999.

BANDEIRA DE MELLO, Celso Antônio. *Discricionariedade e controle jurisdicional*. 2. ed. São Paulo: Malheiros, 2000.

BUCCI, Maria Paula Dallari. *Direito administrativo e políticas públicas*. São Paulo: Saraiva, 2002.

CALANDRIM, Luiz Antonio. *Do controle externo exercido pelo Legislativo municipal sobre as contas do chefe do Executivo*: uma análise sobre a eficiência do modelo pátrio. 2012. 73f. Trabalho de Conclusão de Curso (Especialização em Gestão de Políticas Públicas) – Universidade de São Paulo, São Paulo, 2012.

CARVALHO FILHO, José dos Santos. *Manual de Direito Administrativo*. 23. ed. Rio de Janeiro: Lumen Juris, 2010.

JACOBY FERNANDES, Jorge Ulisses. *Tribunais de Contas do Brasil*. Jurisdição e competência. Belo Horizonte: Fórum, 2005.

MACHADO JR., José Teixeira; REIS, Heraldo da Costa. *A Lei 4.320 comentada*: com a introdução de comentários à lei de responsabilidade fiscal. 30. ed. Rio de Janeiro: IBAM, 2000-2001.

STARK, David; BRUSZT, Laszlo. '*Enabling constraints*': fontes institucionais de coerência nas políticas públicas no pós-socialismo. *Revista Brasileira de Ciências Sociais*, São Paulo, v. 13, n. 36, fev. 1998.

TRIBUNAL de Contas do Estado de São Paulo. *O Alerta dos Tribunais de Contas*. São Paulo: TCE/SP, 2013. Disponível em: <http://www4.tce.sp.gov.br/sites/default/files/o-alerta-dos-tcs.pdf>. Acesso em: 16 abr. 2013.

Informação bibliográfica deste texto, conforme a NBR 6023:2002 da Associação Brasileira de Normas Técnicas (ABNT):

PINTO, Élida Graziane. Licitações e contratos decorrentes da transição patrimonial e gerencial da rede de iluminação pública determinada pela ANEEL: breve estudo sobre a necessidade de orientação pedagógica aos municípios pelos Tribunais de Contas. *In*: DIAS, Maria Tereza Fonseca *et al.* (Coord.). *Estado e propriedade*: estudos em homenagem à professora Maria Coeli Simões Pires. Belo Horizonte: Fórum, 2015. 261-279p.

PARTE 3

DOMÍNIO E INSTRUMENTOS DE INTERFERÊNCIA DO ESTADO NA PROPRIEDADE PRIVADA

A intervenção do Estado sobre a propriedade manifesta-se por meio das chamadas limitações administrativas, que se comportam no contorno do próprio direito de propriedade. Tais intervenções de caráter genérico são efetivadas pelo poder de polícia administrativa, atividade limitadora do domínio privado; mas o Estado intervém por meio das servidões administrativas e das desapropriações, entre outras formas, pelas quais ele exerce um direito subjetivo, com fundamento no qual afeta os atributos de exclusividade e perpetuidade relativamente aos elementos do domínio, em razão principalmente, da função social da propriedade. Embora a atuação do Estado com base no poder de polícia seja importante, não é suficiente para a garantia da função social da propriedade.

(Maria Coeli Simões Pires)

DOMÍNIO PÚBLICO EMINENTE E DOMÍNIO PÚBLICO PATRIMONIAL: COMPREENDENDO O DIREITO DE PROPRIEDADE DO ESTADO

MÔNICA ARAGÃO MARTINIANO FERREIRA E COSTA

ANA CAROLINA WANDERLEY TEIXEIRA

1 O Estado: aspectos gerais

Como fato social, o Estado é entendido como a sociedade humana fixada em uma base territorial com organização própria que objetiva realizar os seus fins coletivos.

No estudo do conceito de Estado destacam-se três elementos constitutivos indissociáveis: o humano (a população/povo), o geográfico (o território) e o formal (o poder, a organização político-jurídica).

Na evolução conceitual, a soberania deixa de ser apontada como elemento de constituição do Estado e passa a ser entendida como um atributo, uma qualidade, do poder estatal, significando a supremacia do Estado que, no plano interno, tem superioridade sobre as demais organizações, e no plano externo, sob o aspecto jurídico, tem independência em relação aos demais Estados, assinala na sociedade internacional a coexistência de Estados soberanos.

Diogo de Figueiredo Moreira Neto, em busca de um conceito contemporâneo para soberania, que ofereça características didáticas flexíveis para absorver as mudanças no curso do tempo, empregou os elementos indicativos de conteúdo (qualidade do poder), potencial (força política latente) e referência histórica (poder juspolítico em alguma época) para defini-la "como a qualidade de um poder político que caracteriza uma ordem jurídica insubmetida a qualquer outra".[1]

Aqui se coloca em destaque o território, espaço em que o Estado exerce o seu poder, ou seja, pratica os seus atos de soberania. O território se caracteriza por ser

---

[1] MOREIRA NETO, Diogo de Figueiredo. *Curso de Direito Administrativo*. 15. ed. Rio de Janeiro: Forense, 2009. p. 35.

delimitado, "no sentido de que existem limites ao poder territorial do Estado";[2] e por ser estável, significa dizer que "a sua população é sedentária e os seus limites não se alteram com frequência".[3]

Com essas ideias iniciais, na compreensão do domínio estatal, coloca-se em destaque a questão complexa de se fixar a posição jurídica entre o Estado e o elemento constitutivo geográfico, a base física, o seu território.

Paulo Bonavides sintetiza as principais teorias que procuram explicar a natureza jurídica do território, que são as seguintes:[4]

a) A teoria do território-patrimônio:

Essa teoria firmada na Idade Média, quando não se distinguia o direito público do direito privado, chegou até os tempos modernos ignorando o *imperium* e o *dominium* como conceitos desconformes e concebendo o poder do Estado sobre o território da mesma natureza do direito do proprietário sobre o imóvel.[5]

b) A teoria do território-objeto:

Nessa teoria os juristas vislumbram no território o objeto de um direito real de caráter público. Nessa corrente a relação do Estado com seu território é meramente de domínio, o poder sobre coisas. Professada, sobretudo, por Laband, essa doutrina empresta caráter de direito das coisas às relações do Estado com seu território.[6]

c) A teoria do território-espaço

Segundo essa teoria, o território do Estado significa a "expressão espacial da soberania do Estado". A relação entre o Estado e o território é de direito pessoal, jamais de direito real. O poder que o Estado exerce sobre o território se refere a pessoas ou se aplica por intermédio de pessoas como *imperium*, nunca como *dominium*.[7]

Nessa concepção está a doutrina de Jellinek, segundo a qual o direito do Estado sobre o seu território é um direito reflexo, ou seja, é por meio das pessoas que o Estado exerce o poder sobre o território:

> Il territorio come base spaziale alla esplicazione della signoria dello Stato rispetto all"esterno e all"interno. – Questa signoria non è 'dominium', ma 'imperium'. – Impossiblità di uma proprietà pubblica. – La signoria statale sul território ha carattere non di diritto reale, bensì personale. – Il diritto statale sul territorio è simplicemente um diritto riflesso.[8]

Prossegue Bonavides:

d) A teoria do território-competência

Obra dos juristas da denominada Escola de Viena, que passaram a considerar o território um "elemento determinante da validez da norma". Essa teoria patrocinada,

---

[2] MELLO, Celso D. de Albuquerque. *Curso de Direito Internacional Público*. 14. ed. Rio de Janeiro: Renovar, 2002. II v., p. 1071.

[3] MELLO, Celso D. de Albuquerque. *Curso de Direito Internacional Público*. 14 ed. Rio de Janeiro: Renovar, 2002. II v., p. 1071.

[4] BONAVIDES, Paulo. *Ciência política*. 10. ed. São Paulo: Malheiros, 2001. p. 99-105.

[5] BONAVIDES, Paulo. *Ciência política*. 10. ed. São Paulo: Malheiros, 2001. p. 99.

[6] BONAVIDES, Paulo. *Ciência política*. 10. ed. São Paulo: Malheiros, 2001. p. 100.

[7] BONAVIDES, Paulo. *Ciência política*. 10. ed. São Paulo: Malheiros, 2001. p. 102-103.

[8] JELLINEK, Giorgio. *La dottrina generale del diritto dello stato*. Traduzione italiana sulla terza edizione tedesca Del Dott. Modestino Petrozziello; Milano: Dott. A. Giuffrè Editore, 1949. p. 14.

em especial por Kelsen, considera o território o âmbito de validade da ordem estatal, como limite espacial de validez das normas jurídicas.[9]

Procurando sintetizar os aspectos fundamentais dessas principais teorias, Dalmo de Abreu Dallari estabeleceu as seguintes conclusões:

1) Não existe Estado sem território. A perda temporária do território não desnatura o Estado, que continua a existir enquanto não se tornar definitiva a impossibilidade de se reintegrar o território com os outros elementos.

2) Nos limites territoriais a ordem jurídica do Estado é soberana, dependendo dela admitir a aplicação, dentro do âmbito territorial, de normas jurídicas do exterior. Em caráter excepcional, certas normas jurídicas atuam além dos limites territoriais, visando diretamente à situação pessoal dos indivíduos, contudo, sem poder concretizar providência externa sem a permissão de outra soberania.

3) Por ser o limite de atuação soberana do Estado, o território é objeto de direitos. Assim, havendo interesse do povo, o Estado pode alienar uma parte do território, bem como, em situações especiais, usar o território sem qualquer limitação.[10]

Com efeito, o Estado exerce soberania em relação ao seu território compreendendo o poder de império, autoridade sobre as pessoas que nele se encontram, e o poder de domínio, direito de reger o território e dele dispor segundo as necessidades legítimas de sua população.

2 Domínio público eminente

O poder de domínio, ligado ao exercício da soberania, designa-se domínio público eminente que se projeta sobre todos os bens em seu território, ou que estejam sujeitos à sua ordem jurídica.

Na lição de Hely Lopes Meirelles, o domínio público eminente é poder político que o Estado exerce sobre todos os bens no âmbito de seu território. Não se trata de direito de propriedade, mas de manifestação da supremacia interna, condicionada pelo ordenamento jurídico constitucional do próprio Estado.[11]

Esse poder de domínio ou de regulamentação do Estado incide sobre os bens do patrimônio público (domínio público patrimonial), os bens do patrimônio privado (domínio privado) e as coisas inapropriáveis (*res nullius*).

Diogo de Figueiredo Moreira Neto esclarece que o domínio eminente se manifesta de modo diferente para cada uma das categorias de bens: público, privado e coisas de ninguém.

Para os bens públicos, o poder de domínio estabelece um "regime público dominial especial, de competência de cada entidade política".[12] Para os bens privados, em nome do interesse público, propõe regras de Polícia e do Ordenamento Econômico, que, respectivamente, "limitam o exercício de direitos inerentes à propriedade privada e

---

9 BONAVIDES, Paulo. *Ciência política*. 10. ed. São Paulo: Malheiros, 2001. p. 104.
10 DALLARI, Dalmo de Abreu. *Elementos de Teoria Geral*. 29. ed. São Paulo: Saraiva, 2010. p. 89-90.
11 MEIRELLES, Hely Lopes. *Direito Administrativo brasileiro*. 23. ed. São Paulo: Malheiros, 1998. p. 411.
12 MOREIRA NETO, Diogo de Figueiredo. *Curso de Direito Administrativo*. 15. ed. Rio de Janeiro: Forense, 2009. p. 381-382.

alteram a disposição e a destinação utilitária desses bens".[13] Para os bens inapropriáveis, o domínio eminente impõe "regimes especiais, que disciplinam ou a sua apropriação ou a sua utilização".[14]

O domínio público eminente, que designa a soberania do Estado, não se confunde com o domínio público patrimonial, que expressa uma relação especial do Estado sobre os bens públicos, tanto imóveis como móveis.

3 Domínio público patrimonial

O domínio público patrimonial do Estado é direito de propriedade de natureza pública, sob regime de direito administrativo especial. Esse direito de propriedade não se caracteriza pela disponibilidade do Direito Privado, ao contrário, é regido pelo princípio da indisponibilidade dos bens públicos, posto que adstritos a cumprir finalidades públicas atribuídas às administrações federal, estadual, distrital e municipal.[15]

No Direito brasileiro, os bens públicos se caracterizam pela inalienabilidade, a imprescritibilidade e a impenhorabilidade. Assim, ressalvadas as exceções de natureza pública admitidas na lei, os bens públicos não podem ser vendidos ou doados, usucapidos, praceados ou gravados com direitos reais de garantia.[16]

Em relação à destinação ou utilização, o Código Civil, no art. 99, mantém a tríplice divisão: bens de uso comum, bens de uso especial e bens domicais ou dominiais.

A utilização desses bens, como indica Celso Antônio Bandeira de Mello, é a seguinte: a) uso comum: são destinados ao público em geral (mares, praias, ruas); b) uso especial: são "afetados a um serviço ou estabelecimento público"[17] (repartições públicas, universidades, museus); c) dominiais: "são os próprios do Estado como objeto de direito real, não destinados ao uso comum, nem ao uso especial".[18]

Para Diogo de Figueiredo Moreira Neto, da destinação ou utilização decorre o conceito jurídico de afetação e desafetação dos bens públicos. A afetação é a "destinação fática ou jurídica de um bem, a uma determinada modalidade de utilização de interesse público",[19] a caracterizá-lo como bem público de uso comum ou de uso especial. A desafetação, ao contrário, implica "redução ou extinção, fática ou jurídica, da utilização de interesse público de um determinado bem".[20]

Ensina o mesmo autor que tanto a afetação como a desafetação ocorre em dois graus. Na afetação, em primeiro grau, o bem dominial é elevado à categoria de uso

---

[13] MOREIRA NETO, Diogo de Figueiredo. *Curso de Direito Administrativo*. 15. ed. Rio de Janeiro: Forense, 2009. p. 381-382.

[14] MOREIRA NETO, Diogo de Figueiredo. *Curso de Direito Administrativo*. 15. ed. Rio de Janeiro: Forense, 2009. p. 381-382.

[15] MOREIRA NETO, Diogo de Figueiredo. *Curso de Direito Administrativo*. 15. ed. Rio de Janeiro: Forense, 2009. p. 382.

[16] MOREIRA NETO, Diogo de Figueiredo. *Curso de Direito Administrativo*. 15. ed. Rio de Janeiro: Forense, 2009. p. 383.

[17] BANDEIRA DE MELLO, Celso Antônio. *Curso de Direito Administrativo*. 16. ed. São Paulo: Malheiros, 2003. p. 780.

[18] BANDEIRA DE MELLO, Celso Antônio. *Curso de Direito Administrativo*. 16. ed. São Paulo: Malheiros, 2003. p. 780.

[19] MOREIRA NETO, Diogo de Figueiredo. *Curso de Direito Administrativo*. 15. ed. Rio de Janeiro: Forense, 2009. p. 386.

[20] MOREIRA NETO, Diogo de Figueiredo. *Curso de Direito Administrativo*. 15. ed. Rio de Janeiro: Forense, 2009. p. 386.

especial e, em segundo grau, o bem de uso especial sobe à de bem de uso comum. Na desafetação, o bem de uso comum se reduz a bem de uso especial e, deste, a de bem dominial.[21]

4 Sínteses conclusivas

O direito de propriedade do Estado é tema de interesse no estudo do Direito Administrativo e remete às raízes do Estado como organização jurídico-política dominante, voltada a atingir determinados fins coletivos sociais para o progresso de todos.

Assim, o Estado, como meio para se alcançar o bem comum, é instituído tendo como um de seus elementos essenciais o território.

O elemento geográfico é a base física territorial; é o âmbito de validade da ordem jurídica estatal suprema; nos seus limites o Estado pratica os seus atos de supremacia e dispõe sobre todos os bens nele existentes.

O domínio público eminente, aspecto do poder político soberano do Estado, é exercido sobre todos os bens sejam privados, públicos ou de ninguém. Com fundamento neste domínio político, a propriedade privada é regulamentada e tem o seu exercício limitado e condicionado pela ordem jurídica estatal.

Por fim, esse poder de domínio não se confunde com o domínio público patrimonial que especifica uma relação especial do Estado com uma categoria de bens destinados a atender finalidades públicas. Os denominados bens públicos estão sob a égide do regime jurídico de direito público, por meio de normas constitucionais e administrativas, servindo-se da normatividade do direito privado de modo complementar no que couber e for compatível.

Referências

BANDEIRA DE MELLO, Celso Antônio. *Curso de Direito Administrativo*. 16. ed. São Paulo: Malheiros, 2003.

BONAVIDES, Paulo. *Ciência Política*. 10. ed. São Paulo: Malheiros, 2001.

DALLARI, Dalmo de Abreu. *Elementos de Teoria Geral*. 29. ed. São Paulo: Saraiva, 2010.

FIUZA, Ricardo Arnaldo Malheiros; ARAGÃO, Mônica Martiniano Ferreira e Costa. *Aulas de Teoria do Estado*. 3. ed. Belo Horizonte: Del Rey, 2010.

JELLINEK, Giorgio. *La dottrina generale del diritto dello stato*. Traduzione italiana sulla terza edizione tedesca Del Dott. Modestino Petrozziello. Milano: Dott. A. Giuffrè Editore, 1949.

MEIRELLES, Hely Lopes. *Direito Administrativo brasileiro*. 23. ed. São Paulo: Malheiros, 1998.

MELLO, Celso D. de Albuquerque. *Curso de Direito Internacional Público*. 14. ed. Rio de Janeiro: Renovar, 2002. II v.

MOREIRA NETO, Diogo de Figueiredo. *Curso de Direito Administrativo*. 15. ed. Rio de Janeiro: Forense, 2009.

---

[21] MOREIRA NETO, Diogo de Figueiredo. *Curso de Direito Administrativo*. 15. ed. Rio de Janeiro: Forense, 2009. p. 387.

Informação bibliográfica deste texto, conforme a NBR 6023:2002 da Associação Brasileira de Normas Técnicas (ABNT):

COSTA, Mônica Aragão Martiniano Ferreira e; TEIXEIRA, Ana Carolina Wanderley. Domínio público eminente e domínio público patrimonial: compreendendo o direito de propriedade do Estado. *In*: DIAS, Maria Tereza Fonseca *et al.* (Coord.). *Estado e propriedade*: estudos em homenagem à professora Maria Coeli Simões Pires. Belo Horizonte: Fórum, 2015. 283-288p.

A FUNÇÃO SOCIAL, ECONÔMICA E DE EQUILÍBRIO ECOLÓGICO DA PROPRIEDADE E O INSTITUTO DA DESAPROPRIAÇÃO[1]

JUAREZ FREITAS

1 Introdução

Uma abordagem consistente sobre a funcionalidade dos bens é aquela que nasce de compreensão sistêmica e multidimensional. Com efeito, quem pensa a função da propriedade estritamente em termos unilaterais, não a vendo como teia complexa de interesses,[2] desatende, de maneira frontal, a teleologia da Carta e das leis que a densificam.

Como proclama o Código Civil, a propriedade tem de cumprir, articulada e reciprocamente, funções econômicas, sociais e de equilíbrio ecológico.[3] Nesse contexto, a desapropriação aparece como singular imposição de sacrifício total dos direitos patrimoniais, que apenas se justifica se comprovar reais benefícios líquidos, no cotejo com os custos diretos e indiretos, sob o escrutínio da sustentabilidade.[4]

Precisamente por isso, impõe-se rever o instituto da desapropriação, que se traduz como causa pública de perda da propriedade, cujo traço de originariedade é reconhecidamente amplo,[5] mas cuja largueza não pode levar ao ponto de admitir uma discricionariedade despida de suficiente motivação multifuncional.

---

[1] Este artigo é homenagem à excelente professora Maria Coeli Simões Pires, por suas relevantes contribuições à doutrina e ao ensino de nosso Direito Administrativo.

[2] *Vide* ANTHONY, Craig. The Reconstitution of Property: Property as a web of interests. *Harvard Environmental Law Review*, v. 26, n. 2, p. 281, 2002.

[3] *Vide* CCv, art. 1228, §1º: O direito de propriedade deve ser exercido em consonância com as suas finalidades econômicas e sociais e de modo que sejam preservados, de conformidade com o estabelecido em lei especial, a flora, a fauna, as belezas naturais, o equilíbrio ecológico e o patrimônio histórico e artístico, bem como evitada a poluição do ar e das águas. [...].

[4] *Vide* FREITAS, Juarez. *Sustentabilidade*: direito ao futuro. 2. ed. Belo Horizonte: Fórum, 2012.

[5] Até um bem tido como impenhorável, por ser de família, nos termos da Lei nº 8.009/90, pode ser desapropriado, naturalmente com respeito ao devido processo e com as cautelas redobradas para que se evite qualquer desvio de finalidade.

Exceção feita aos direitos personalíssimos (*ius extra commercium*),[6] tudo aquilo que o sistema admitir como objeto de patrimônio, incluindo a posse, os bens inalienáveis e não sub-rogáveis, é passível de despojamento coativo. Ruy Barbosa[7] já percebera que o objeto assume essa forma dilatada. É tal amplitude que se constata no art. 2º, do Decreto-Lei nº 3.365/41. Não por acaso, mostra-se viável até a desapropriação de bens públicos, pressupondo autorização legislativa específica, hierarquia de interesses[8] e a preponderância dos benefícios. Como sempre, a desapropriação só pode ocorrer para melhor fazer cumprir as exigências multifuncionais da propriedade (pública ou privada).

O que importa sublinhar, portanto, é que os bens desapropriados (destinados ao Poder Público ou, no plano mediato, aos particulares) têm de observar, qualitativa e quantitativamente, as funções sociais, econômicas e de equilíbrio ecológico de modo mais apropriado e produtivo do que se fossem mantidos no *status quo* anterior. Em outras palavras, a desapropriação, para ser considerada plenamente hígida, tem de observar a sustentabilidade *lato sensu*, numa intelecção combinada dos arts. 5º, XXIV, 170, VI e 225, da CF.

Eis a ideia-chave do presente artigo.

2 Reconceituando a desapropriação

2.1 O despojamento coativo da propriedade, no Estado Democrático, exige justa indenização, diferentemente das limitações administrativas[9] e do confisco, que a dispensam, sem que se deva considerar exceção o art. 243, *caput* da Constituição, pois se afigura nítido o equívoco do constituinte — simples confusão de *nomen juris* —, uma vez que a hipótese ali contida é a de confisco de terras onde estiverem localizadas culturas ilegais de plantas psicotrópicas. Logo, indubitável que se trata de confisco indevidamente denominado de expropriação[10] (a calhar, convém reter que a ação "expropriatória" das áreas nas quais se localizam culturas ilegais de plantas psicotrópicas, regulada pela Lei nº 8.257/91, tem conduzido à imposição de perda total da área).[11] [12]

Dito de outro modo, a *just compensation* para evocar a Constituição americana, é traço essencial da desapropriação, inclusive em sua versão sancionatória. Assim, a ressignificação multifuncionalista do instituto haverá de ser compatibilizada com a íntegra das garantias e obrigações decorrentes da Lei Maior. Aliás, razão assistia a

---

[6] Além, é claro, em casos de incompatibilidade lógica (como a moeda corrente) ou teleológica (bens que não precisam ser despojados, pois disponíveis de modo menos drástico).

[7] BARBOSA, Ruy. *Comentários à Constituição Federal Brasileira*. São Paulo: Saraiva, 1934. v. V, p. 404-409.

[8] Cite-se, em sede jurisprudencial, entre outros, o seguinte julgado: "É vedado ao Estado-membro desapropriar bem pertencente a sociedade de economia mista da União" (BRASIL. Supremo Tribunal Federal. Agravo de Instrumento nº 153.192. Relator: Ministro Nelson Hungria. Data do Julgamento: 02 de junho de 1952. Publicado no *Diário da Justiça*, 10 maio 1954).

[9] Vide o Resp nº 89.779-PR. Relator Ministro Francisco Peçanha Martins. 2ª Turma. Data do julgamento: 21 de março de 2000. Publicado no *Diário da Justiça*, 05 jun. 2000.

[10] *Vide*, na mesma linha, JUSTEN FILHO, Marçal. *Curso de Direito Administrativo*. 9. ed. São Paulo: Revista dos Tribunais, 2013.

[11] *Vide*, no Recurso Extraordinário nº 543974-MG. Relator Ministro Eros Grau. Tribunal Pleno. Data do julgamento: 26 de março de 2009. Publicado no *Diário da Justiça eletrônico*, 29 maio 2009.

[12] Com relação às distinções entre desapropriação e confisco, *vide* FORSTHOFF, Ernst. *Lehrbuch des Verwaltungsrechts*. München: C. H. Beck'sche Verlag, 1973. p. 336-346.

Maurice Hauriou quando considerava que a evolução do direito de desapropriar deveria levar, antes de mais, à ideia de garantia do direito de indivíduos em face do aparato administrativo. Todavia, essas garantias intocáveis devem ser temperadas pelas novas obrigações dos proprietários (privados e públicos), que não mais podem ignorar, por exemplo, os ditames do art. 225 da Carta.

Em resumo, eis os elementos nucleares da desapropriação, com a nota de multifuncionalidade constitucional da propriedade:

a) trata-se de instituto de Direito Administrativo (causa não civilista de perda da propriedade, que se traduz em despojamento compulsório, apenas justificável se se tratar de legítimo exercício do poder-dever do Estado Democrático, voltado a promover, de maneira explícita e congruente, o desenvolvimento sustentável;

b) cuida-se de aquisição originária da propriedade pelo Poder Público ou de quem delegadamente faça as suas vezes (ex.: concessionários de serviços públicos, nos termos do art. 31, VI, da Lei nº 8.987/95): resulta em abstração plena de qualquer título antecedente; desaparecem os ônus incidentes sobre o bem desapropriado — credores ficam sub-rogados (*vide* art. 31 do Decreto-Lei nº 3.365/41); na mesma linha, a indenização errônea a quem não é legítimo proprietário não invalida o procedimento e os bens incorporados à "Fazenda Pública" *são insuscetíveis de reivindicação*, resolvendo-se qualquer ação em perdas e danos (em termos, pois não se mostra razoável efetuar exegese demasiado restritiva do art. 35 do Decreto-Lei nº 3.365/41 e do art. 21 da Lei Complementar nº 76/93);

c) implica o sacrifício total de direitos patrimoniais (à diferença do que sucede, por exemplo, nas servidões públicas, eventualmente indenizáveis, dado que estas configuram imposição de ônus real de uso pelo Poder Público; diversamente, para figurar outro contraste, do exercício regular da polícia administrativa que, por definição, caracteriza-se pela gratuidade; diferencia-se da requisição administrativa (prevista na CF, art. 5º, XXV), que não despoja a propriedade e assegura ao proprietário indenização ulterior se houver dano; tampouco se confunde, embora haja certa afinidade entre os institutos, com a encampação ou resgate da concessão de serviços públicos (a teor do art. 37 da Lei nº 8.987/95, encampação é a retomada do serviço pelo poder concedente durante o prazo da concessão, por motivo de interesse público, mediante lei autorizativa específica e prévio pagamento da indenização);

d) é procedimento que inicia por uma (d-1) declaração privativa do Poder Público (lei de efeitos concretos ou decreto) de utilidade ou necessidade pública ou interesse social e prossegue na fase (d-2) propriamente de efetivação;

e) há de resultar, em sentido forte, de decisão lícita (a despeito de desapropriações indiretas ou apossamentos administrativos antijurídicos);

f) exceção feita aos direitos personalíssimos, tudo que o sistema admitir como objeto patrimonial é passível de desapropriação (a propósito, o art. 2º do Decreto-Lei nº 3.365/41, refere "todos os bens"), sendo viável a desapropriação de bens públicos — não apenas os dominicais — respeitada a hierarquia de interesses (o nacional sobre o estadual e deste sobre o local, não o inverso), incorrendo qualquer preponderância da União sobre Estados e destes sobre Municípios;

g) os bens desapropriados podem ser destinados ao Poder Público ou, no plano mediato, aos particulares. Mencione-se, de passagem, que, nos termos do art. 189 da CF, os beneficiários da distribuição de imóveis rurais pela reforma agrária receberão títulos de domínio ou de concessão de uso, inegociáveis pelo prazo de dez anos;

h) deve ser escrutinada, em todas as suas fases, à luz da totalidade dos princípios constitucionais, notadamente o da sustentabilidade social, econômica e ambiental;

i) nos Estados Democráticos, supõe justa indenização (nesse passo, urge reler o art. 243 da Constituição, reconhecendo que se trata, para além dos nominalismos, de caso excepcional de confisco admitido pelo constituinte originário);

j) as exigências constitucionais para a desapropriação são, especialmente, a configuração da necessidade ou utilidade pública ou de interesse social, bem como pagamento de justa e prévia indenização em dinheiro ou em títulos, na desapropriação-sanção (*vide* CF, art. 5º, XXIV, 182, par. 4º, III, e 184).

Expostos os elementos nucleares da desapropriação, frise-se que o instituto se agrupa entre os chamados poderes-deveres do Estado, sem que se deva falar propriamente em direito da "soberania".[13] Tomados em consideração esses traços, reformula-se o conceito de desapropriação, nesses termos: poder-dever do Estado Democrático que se traduz em procedimento regido pelo Direito Constitucional-Administrativo, que culmina na imposição do sacrifício total de direito patrimonial, particular ou público — respeitada a hierarquia de interesses —, tendo como finalidade a aquisição originária pelo Poder Público ou de quem, delegadamente, cumpra o seu papel,[14] nas hipóteses de necessidade ou utilidade pública, ou interesse social, em harmonia com o imperativo da sustentabilidade e com indenização que haverá de ser prévia e justa, efetuado o pagamento em dinheiro, com as ressalvas constitucionais expressas de pagamento em títulos.

2.2 À vista disso, interessante revisitar os principais diplomas de regência da desapropriação. Na Constituição, por força do art. 5º, XXII e XXIII, combinado com os arts. 170, III e VI, e 225, a função social da propriedade assume três facetas: a social propriamente dita, a ambiental e a econômica. Descumprida essa funcionalidade poliédrica, admite-se, entre outros mecanismos, a desapropriação-sanção, seja da propriedade urbana (CF, art. 182, par. 2º), seja da propriedade rural (CF, art. 186). Entretanto, ainda que inocorra tal descumprimento, mostra-se plausível desapropriar para obter o melhor atendimento multifuncional do bem. Nessa hipótese, não há o que sancionar, razão pela qual o despojamento compulsório reclama indenização prévia e justa em dinheiro (CF, art. 5º, XXIV).

Para consolidar: no plano infraconstitucional, os diplomas mais significativos são: a Lei Complementar nº 76/93 (que disciplina o processo judicial da desapropriação para fins de reforma agrária); a Lei nº 8.629/93 (que regulamenta dispositivos constitucionais relativos à reforma agrária, conceituando a propriedade produtiva e estabelecendo os requisitos para que a propriedade rural cumpra a função social, no aludido sentido

---

[13] Sobre o conceito de soberania e a sua necessária crítica, *vide* KELSEN, Hans. *Teoria Pura do Direito*. São Paulo: Livraria Martins Fontes, 1987. p. 335-360.

[14] A declaração expropriatória, no entanto, é privativa do Poder Público, ou seja, indelegável. O tema será retomado.

amplo (art. 9º); o Decreto-Lei nº 3.365/41 (a chamada Lei Geral das Desapropriações); a Lei nº 4.132/62 (que define casos de desapropriação social e dispõe sobre a sua aplicação, convindo notar que, no art. 5º, determina que, nos casos de omissão, devem ser aplicadas as normas que regulam a desapropriação por utilidade pública).

Pois bem: a Carta (art. 5º, XXIV), no seu dispositivo medular sobre o instituto em comento, determina que a lei estabeleça o procedimento para a desapropriação por necessidade ou utilidade pública, ou por interesse social, mediante justa e prévia indenização em dinheiro, ressalvados os casos nela previstos. Na esfera rural, explicita o constituinte (art. 186) que a função social[15] será cumprida quando a propriedade rural atender, concomitantemente, aos aludidos graus de exigência, além dos seguintes aspectos: aproveitamento racional e adequado (função econômica); utilização devida dos recursos naturais disponíveis e preservação do meio ambiente (função de equilíbrio ecológico) e exploração que favoreça o bem-estar (função social).

Ainda no que concerne a diplomas de regência, é de recordar a Lei Complementar nº 76/93, que caracteriza o procedimento judicial para fins de reforma agrária.[16] Reitera esse diploma que a ação será precedida do decreto declaratório (com prazo de caducidade de dois anos) de interesse social para fins de reforma agrária. Esse decreto deve ser esquadrinhado para checar se existem, de maneira inequívoca, os elementos comprobatórios de benefícios líquidos, diretos e indiretos, do procedimento. Quanto aos limites da contestação, cabe destacar que o legislador insiste equivocadamente em excluir a matéria relativa ao interesse social declarado, porém não prejudica os ataques oblíquos.

Atente-se, por oportuno, para as sutis diferenças entre desapropriação por utilidade pública e por interesse social. Em síntese, tais diversidades decorrem da previsão em molduras normativas distintas e, via de consequência, com prazos próprios, sobremodo de caducidade do ato declaratório. Destacam-se as hipóteses para desapropriar, por utilidade pública, em extenso rol constante no Decreto-Lei nº 3.365/41, art. 5º. De sua vez, figuram entre as hipóteses de desapropriação por interesse social as arroladas, notadamente, na Lei nº 4.132/62, art. 2º (por exemplo, a proteção do solo). Como quer que seja, acima dessas diferenças, a expropriação, seja por utilidade pública, seja por interesse social, tem que servir, na prática, ao verdadeiro aprimoramento funcional da propriedade.

A seu turno, o Decreto-Lei nº 3.365/41, por sua feição de "lei geral," merece ter pinçados os pontos que favorecem uma visão sistêmica da multifuncionalidade: (a) todos os bens podem ser desapropriados (art. 2º); (b) a desapropriação pode abranger a área contígua necessária ao desenvolvimento da obra a que se destina e as zonas que se valorizarem extraordinariamente em face da realização do serviço (ou seja, a desapropriação extensiva ou por zona, não excludente nem incompatível com a contribuição de melhoria, colima obter o benefício que a obra pública acarreta, revendendo as sobras de terrenos e de imóveis valorizados extraordinariamente por força da intervenção estatal);[17] (c) admite-se a declaração expropriatória, feita por decreto

---

[15] *Vide* BANDEIRA DE MELLO, Celso Antônio. Novos aspectos da função social da propriedade no Direito Público. *Revista de Direito Público*, n. 84, p. 39.

[16] *Vide* Lei Complementar nº 76/93, art. 9º.

[17] Conforme art. 4º do Decreto-Lei nº 3.365/41. A situação remete ao estudo paralelo das contribuições de melhoria, cuja implementação tem sido claudicante.

(art. 6º) ou por lei de efeitos concretos (art. 8º); (d) em claro resquício de autoritarismo, veda-se ao Poder Judiciário, no processo de desapropriação, decidir se se verificam, ou não, os casos de utilidade pública. Nada obstante, o juiz precisa atuar como "administrador negativo," escoimando os vícios claros de disfuncionalidade, nem sempre tendo de esperar ação própria; (e) o prazo de caducidade da declaração expropriatória por utilidade ou necessidade pública é de cinco anos para que se efetive mediante acordo ou que se intente judicialmente (em contraste com os dois anos, nas hipóteses de desapropriação por interesse social); (f) para que seja concedida judicialmente a imissão provisória na posse, o expropriante deve alegar urgência (normalmente o faz no próprio ato declaratório), depositar a quantia arbitrada como justa (registre-se o dominante entendimento no sentido de que apenas a perda definitiva da propriedade é que estaria associada à garantia propriamente de justa indenização); (g) os juros moratórios colimam recompor a perda decorrente do atraso no efetivo pagamento da indenização fixada na decisão final de mérito, mas somente devidos, em duvidosa constitucionalidade, a partir de 1º de janeiro do exercício seguinte àquele em que o pagamento deveria ser efetuado (art. 15-B); apenas se houver divergência entre o preço ofertado em juízo e o valor do bem, incidirão juros compensatórios, cumulados com os de mora;[18] (h) em dispositivo que deve ser lido e sopesado com prudência, a contestação só poderá versar sobre vício do processo judicial ou impugnação do preço; qualquer outra questão, tendo em vista a suposta celeridade, deveria ser decidida por ação direta; todavia, casos há em que a disfuncionalidade vicia substancialmente o próprio processo expropriatório, donde segue a necessidade instrumental de, no curso da ação desapropriatória, decretar a nulidade em sentido amplo (art. 20), sem aguardar a "ação direta" (qualquer ação cabível que não seja a expropriatória); (i) no valor da indenização contemporâneo ao da avaliação, não se incluirão direitos de terceiros contra o expropriado; (j) efetuado o pagamento do depósito provisório, expedir-se-á, em favor do expropriante, mandado de imissão de posse, valendo a sentença como título hábil para transcrição no registro (art. 29); (k) ficam sub-rogados no preço quaisquer ônus ou direitos que recaiam sobre o bem expropriado, uma vez que, em face da originariedade de aquisição, o bem, ao ser incorporado ao domínio público, assume as características gerais de bens públicos; (l) por ora, os bens, uma vez incorporados à "Fazenda Pública", não podem ser objeto de reivindicação, devendo qualquer ação procedente ser resolvida em perdas e danos (art. 35).

2.3 Um momento crítico para a sindicabilidade do acerto, ou não, da motivação multifuncional da desapropriação reside no ato declaratório, privativo do Poder Público, indelegável e condição da desapropriação lícita. A declaração vincula-se aos motivos dados e[19] pode ser praticada pelo Poder Executivo ou, concorrentemente, pelo

---

[18] A incidência dos juros moratórios sobre os compensatórios, nas ações expropriatórias, não constitui anatocismo vedado em lei (Súmula nº 102 do Superior Tribunal de Justiça).

[19] Sobre discricionariedade, *vide* FREITAS, Juarez. *Direito fundamental à boa administração pública*. 3. ed. São Paulo: Malheiros, 2014. A discricionariedade, a cada passo, precisa ser compreendida como liberdade vinculada ao sistema jurídico; ademais, em face do dever de motivar, jungido está o administrador aos motivos dados, sendo esta uma das decisivas razões para se considerar indispensável o aludido ato. Para meditar sobre os limites do poder discricionário e desvio de poder, convém retomar Víctor Nunes Leal, em *Problemas de Direito Público*, quando, em que pese a considerar que o poder discricionário não estaria sujeito à revisão jurisdicional, ponderou: "Casos há, todavia, em que fica patenteada a ausência da conveniência pública, pela manifesta preponderância do favoritismo, da perseguição, ou do puro proveito pessoal do agente. Em tais casos, a prova é sempre difícil,

Poder Legislativo (art. 8º do Decreto-Lei nº 3.365/41), respectivamente por decreto ou lei assimilada a ato administrativo, em que se descreve o bem ou direito patrimonial, bem como o suporte fático e jurídico (explicitando os fundamentos de necessidade ou utilidade pública e os dados que evidenciem os benefícios líquidos do despojamento).

Quer dizer, uma boa motivação declaratória, nessa fase vestibular, existe justamente para facilitar a sindicabilidade impeditiva do rol de desapropriações incongruentes, lesivas ao erário e contrárias à melhor e mais sinérgica *perfomance* das múltiplas funções da propriedade.

Trata-se — a declaração expropriatória — de ato administrativo que antecede a efetivação regular da transferência do bem para o domínio do expropriante, ausente na espúria desapropriação indireta. A declaração não afasta os direitos de propriedade, nem os encargos correspondentes, inclusive tributários.[20] Tampouco inviabiliza o desfrute do bem,[21] algo que efetivamente sucede apenas a partir da imissão provisória na posse. Entretanto, desde a edição desse ato declaratório, as autoridades se encontram legalmente autorizadas a penetrar nos prédios compreendidos na declaração, podendo, em casos de resistência, recorrer ao auxílio de força policial.[22] Sublinhe-se que o direito de adentrar não configura imissão na posse, a qual pressupõe ordem judicial, posterior ao pagamento do depósito provisório adequado. A estes efeitos é de agregar, na esteira de Seabra Fagundes, a correlata desobrigação do expropriante do pagamento das benfeitorias voluptuárias.[23]

Conveniente ressaltar que o ato caracterizador da promoção tempestiva da ação de desapropriação é o de sua propositura.[24] Em outras palavras, não se consuma a caducidade se a Administração provar que não foi desidiosa, logrando intentar a ação até o último dia hábil. Ao contrário, ocorrendo a caducidade, somente poderá ser renovada a declaração após um ano.

Saliente-se, uma vez mais, que essa declaração expropriatória cumpre o papel de antídoto contra as disfuncionalidades e deve ser considerada pressuposto inarredável. A sua ausência, na chamada desapropriação indireta ou de fato, revela-se um dos motivos para se lastimar esse fenômeno recorrente. De outra parte, a declaração, embora gozando da presunção de legitimidade, pode-deve ser impugnada por qualquer desvio. Mais: o Poder Judiciário deve reputar improcedente uma ação expropriatória à vista da ausência do aludido ato declaratório ou se contaminado por grave vício de motivação. Parece, pois, imprescindível ampliar a severidade, nesse ponto nevrálgico.

---

freqüentemente impossível, o que reduz as conseqüências práticas do princípio. Algumas vezes, porém, ela ressalta ostensivamente, do conjunto das circunstâncias e até de evidências documentais. Em situações dessa natureza, pode o Judiciário proclamar que a autoridade exorbitou, abusando do seu poder discricionário, agiu, portanto, arbitrariamente" (LEAL, Víctor Nunes. *Problemas de Direito Público*. Rio de Janeiro: Forense, 1960. p. 192).

[20] *Vide*, no BRASIL. Superior Tribunal de Justiça. Recurso Especial nº 239.687-SP. Relator Ministro Garcia Vieira. 1ª Turma. Data do julgamento: 17 de fevereiro de 2000. Publicado no *Diário da Justiça*, 20 mar. 2000.

[21] Nada impede, mesmo após a declaração, que o proprietário nele construa ou goze do bem.

[22] Conforme art. 7º, do Decreto-Lei nº 3.365/41.

[23] *Op. cit.*, p. 67. Oportuno citar, também: "Exclui-se da indenização o valor de benfeitoria construída após a declaração de utilidade pública do imóvel" (Supremo Tribunal Federal. Recurso Extraordinário nº 107.876. Relator Ministro Néri da Silveira. 1ª Turma. Data do julgamento: 12 de agosto de 1988).

[24] V. art. 219, §1,º do CPC.

2.4 No sistema constitucional brasileiro, a indenização há de ser justa e prévia. Neste passo, rigorosamente atual a observação de Whitaker,[25] na senda de que o montante indenizatório não consiste na exibição do preço da coisa, senão que também no valor integral dos prejuízos sofridos. Por isso, numa consolidada criação pretoriana, os juros compensatórios[26] passam a ser impostos ao expropriante para ressarcir o expropriado pelos lucros cessantes em razão da perda, não da propriedade, mas da posse. Tal perda se dá no momento da imissão provisória ou no da ocupação irregular e fática do bem (esbulho, para ser exato), quando se tratar de desapropriação indireta (coisa que não ocorre por invasão alheia ao ente estatal).[27]

Consigne-se que, integrando o principal da indenização, os juros compensatórios não se fariam necessários se a indenização fosse feita de acordo com o ditame constitucional brasileiro do caráter prévio e justo. Vale dizer, não será de pequena monta a economia para o erário proporcionada pela simples e imediata obediência ao mandamento expresso da Lei Maior. Além disso, por justiça, a compensação deveria incorporar uma métrica relativa ao cumprimento, ou não, da multifuncionalidade da propriedade. Hoje, o critério linear é inteiramente cego a tais nuances e considerações, algo que costuma gerar indenizações injustas, para mais ou para menos.

Os juros moratórios são aqueles sobejamente conhecidos, que se destinam a cobrir a renda da verba indenizatória não paga tempestivamente. Correm a partir do momento em que se cristaliza o tardar no pagamento. Aspecto útil é o de que a incidência dos juros moratórios sobre os compensatórios não caracteriza anatocismo, não cabendo, nesse quadro, a aplicação da Súmula nº 121 do STF. É que os juros compensatórios integram a própria indenização. Aqui, não há muito a dizer, exceto quanto ao modo de calcular, que parece atípico em excesso.

No tocante aos honorários advocatícios, suficiente recordar que são calculados sobre a diferença entre o valor ofertado e aquele apurado, a final, como justo (Súmulas nºs 131 e 141 do STJ). Foi considerado inconstitucional não poderem ultrapassar determinada quantia.[28] Importa, de passagem, registrar que tais honorários[29] "pertencem ao advogado, podendo ser levantados como direito autônomo do profissional destinatário".[30]

No atinente às benfeitorias, é de observar a mantença da regra encapsulada no §1º do art. 26 do Decreto-Lei nº 3.365/41, que determina o ressarcimento das benfeitorias necessárias feitas após a desapropriação e das úteis quando realizadas com autorização do expropriante, excluídas, de conseguinte, as voluptuárias. É oportuno esclarecer que, enquanto não iniciada a desapropriação propriamente — não bastando o mero ato declaratório, para tal efeito —, o proprietário pode fazer as benfeitorias úteis e necessárias que quiser, devendo ser ressarcido na íntegra, independentemente de autorização, em ambos os casos.

---

[25] WHITAKER, Firmino. *Desapropriação*. São Paulo: Atlas, 1946. p. 30.

[26] *Vide* Súmula nº 408, do Superior Tribunal de Justiça.

[27] *Vide* o Agravo Regimental no Recurso Especial nº 1367002/MG. Relator Ministro Mauro Campbell Marques. Data do julgamento: 20 de junho de 2013. Publicado no *Diário da Justiça eletrônico*, 28 jun. 2013.

[28] *Vide*, no Supremo Tribunal Federal, a Adin nº 2.332-DF.

[29] *Vide* Súmula nº 141,do Superior Tribunal de Justiça: Os honorários de advogado em desapropriação direta são calculados sobre a diferença entre a indenização e a oferta, corrigidas monetariamente.

[30] *Vide*, no Superior Tribunal de Justiça: RESP nº 114.468-SP. Relator Ministro Milton Luiz Pereira. 1ª Turma. Data do julgamento: 13 de outubro de 1998. Publicado no *Diário da Justiça*, 1º fev. 1999.

Outro ponto digno de nota é o de que, na desapropriação por interesse social para fins de reforma agrária, para que se dê a imissão na posse de imóvel rural desapropriado, o Poder Público deve depositar, em títulos, a justa indenização. Sucedendo, como infelizmente sói ocorrer, de a sentença ter que declarar insuficiente a oferta, então os títulos entregues para o efeito de complementação do preço forçosamente deverão ter como marco de partida a data do depósito que permitiu a imissão de posse, sob pena de burla ao prazo máximo para efetuar o pagamento. Ou seja, é o depósito que autoriza a imissão de posse que se deve reputar ponto inicial do prazo dos aludidos títulos.

Reitere-se: a par de justa, a indenização há de ser prévia. Sem sofismas, este caráter prévio resulta, como assinalado, benéfico também para o Estado. Nessa medida, o expropriante tem de depositar o prévio e justo preço, sob pena de não se imitir na posse do bem. Contudo, na vida real, contrariando os bons preceitos, os depósitos provisórios têm restado extremamente aquém do justo — mesmo nas expropriações sem caráter punitivo.

Em regra, a indenização deve ser em dinheiro ou em moeda corrente (CF, art. 5º, XXIV), embora, por expressa exceção constitucional (casos de desapropriação-sanção), possa ser paga em títulos especiais da dívida pública ou da dívida agrária, admitindo-se, mediante acordo, que seja realizada consoante qualquer meio válido de pagamento. Ainda: quando constata defasagem do laudo oficial, o juiz pode acolher nova avaliação. Destaque-se que a sucumbência, na ação em tela, não está no ser vencido, senão que na amplitude do valor a ser indenizado.

Por derradeiro, no tópico, cabem ressaltar dois aspectos: (a) a indenização justa tem de começar a levar em conta o grau de funcionalidade, em sentido amplo, da propriedade e (b) o mais significativo avanço é realizar o depósito prévio e justo, nociva a condescendência na matéria, pois não é certo ler o caráter prévio como se fosse o mais cedo possível.

2.5 O desvio de finalidade ou a disfuncionalidade acontece quando o bem expropriado recebe utilização voltada para função ou finalidade que não se encaixa na necessidade ou utilidade pública, ou no interesse social, sob o prisma da sustentabilidade econômica, social e ambiental, isto é, quando os custos diretos e indiretos do despojamento sobrepujam os seus benefícios. O que se afigura inaceitável, por exemplo, para repetir lição de Seabra Fagundes,[31] é expropriar para a consumação de obra pública e, em lugar de realizá-la, vender o terreno para especuladores, numa manobra incompatível com a natureza publicística do instituto da expropriação. Nos dias atuais, também não faz sentido desapropriar área que cumpre função econômica para deixá-la ociosa e entregue à degradação ambiental.

Se anulada por desvio, o bem pode ser devolvido, numa retrocessão voluntária, mas não obrigatoriamente (segundo entendimento dominante), como seria razoável. Se a Administração quiser, tem-se admitido, por ora, a singela resolução em perdas e danos resultantes do ato maculado pela ilicitude da "tredestinação" ou o direito de preferência, de que fala o Código Civil, nos arts. 519 e 520.[32]

---

[31] *Vide* Seabra Fagundes, *op. cit.*, p. 104.

[32] *Vide* CCv, art. 519. Se a coisa expropriada para fins de necessidade ou utilidade pública, ou por interesse social, não tiver o destino para que se desapropriou, ou não for utilizada em obras ou serviços públicos, caberá ao expropriado direito de preferência, pelo preço atual da coisa. Art. 520. O direito de preferência não se pode ceder nem passa aos herdeiros.

Apesar dessa pré-compreensão de que o Judiciário não deve perturbar ou paralisar a ação do desapropriante,[33] é de se comungar com a posição daqueles que percebem que o juiz pode, no curso da própria ação de desapropriação (sem transferir o exame para a ação direta), reconhecer a sua manifesta antijuridicidade finalística, anulando o procedimento, ao menos em situações teratológicas. Apesar disso, infelizmente, o habitual é que, nesta ação, o controle jurisdicional se limite às questões relativas a preço, nulidades processuais e, enfim, a aspectos ditos formais,[34] numa leitura demasiado estrita da legislação de regência.

Na linha multifuncionalista esposada, defende-se postura judicial menos passiva em face de clamoroso desvio de finalidade ou da disfuncionalidade objetiva, a qual nunca se pode confundir com o exercício legítimo da discricionariedade. Dito de outra maneira, o julgamento de multifuncionalidade não há de resultar atribuição exclusiva da autoridade expropriante ou do controle externo, como se o Judiciário não pudesse, de maneira fundamentada, avaliar o acerto teleológico da decisão expropriatória.[35]

2.6 Em face do conceito proposto de desapropriação e dos seus elementos nucleares, resta induvidoso que se considera dele destoante a chamada desapropriação indireta ou de fato, ainda que comum e não privativa de nossa sistemática. Para evitar malefícios, tem a jurisprudência tolerado, com algumas distinções,[36] essa modalidade indireta de desapropriação, verdadeiro esbulho promovido pela Administração Pública.

Realmente, por razões de natureza pragmática e quiçá para não prejudicar a vítima do ato esbulhativo, tem sido aceita essa expropriação irregular, cujo reconhecimento judicial permite que se opere a transferência do domínio para o patrimônio público, por interesse social ou utilidade pública. A despeito disso, o instituto em comento precisa ser seriamente inibido, por atentatório contra os mais basilares fundamentos de Direito. Mister controlar e debelar especialmente o apossamento deliberadamente irregular, cogitando de medidas sancionadoras protetivas da lisura dos procedimentos desapropriatórios. Bem de ver que atos — como o decreto expropriatório — devem ser cobrados em sua imprescindibilidade, não por apego ao formalismo — mas porque se mostram cruciais para a redução do espaço sombrio da arbitrariedade.

---

[33] *Vide* WHITAKER, Firmino. *Desapropriação*. São Paulo: Atlas, 1946. p. 32.

[34] A propósito, cite-se: "I - Conquanto ao Judiciário seja defeso incursionar sobre a oportunidade e conveniência de desapropriação, pode e deve ele escandir os elementos que indicam a legitimidade do ato, bem como a finalidade, pois aí reside o freio à discricionariedade, por isso que a declaração de utilidade pública terá de indicar, precisamente, o fim a que se destina a expropriação. II - Tendo em conta o interesse público, é vedado à Administração desapropriar para construção de imóveis sem especificar a perseguição do interesse público, é dizer, a finalidade. III - Se a finalidade referida no decreto expropriatório é fraudada, desmerece-se, por si própria, a desapropriação" (Superior Tribunal de Justiça. Recurso Especial nº 1.225. Relator Ministro Geraldo Sobral. 1ª Turma. Data do julgamento: 14 de março de 1990. Publicado no *Diário de Justiça*, 21 maio 1990).

[35] A propósito, no julgamento do Recurso Extraordinário nº 97693-1, o STF entendeu que a construção de acesso ligando parque industrial de empresa particular a estrada de ferro não configura utilidade pública, mas privada. Relator Ministro Néri da Silveira. 2ª Turma. Data do julgamento: 13 de fevereiro de 1996. Publicado no *Diário da Justiça*, 08 nov. 1996.

[36] A prescrição da ação indenizatória é distinta (não é quinquenal), devendo observar o prazo da usucapião (CCv, art. 1.238 combinado com o art. 2.028).

3 Conclusões

Em suma, a título de fixação dos pontos-chave, afirma-se que:

a) A desapropriação é, a um só tempo, aquisição originária da propriedade e transferência coativa, com todas as consequências daí dimantes, sem se confundir com a quase-expropriação, muito menos com o confisco. Somente se justifica se produzir benefícios líquidos, ou seja, superiores aos seus custos diretos e indiretos. De fato, o escrutínio da desapropriação tem de checar, como em todos os atos e procedimentos administrativos, o *trade-off* dos valores em jogo e a equação de custos diretos e indiretos (externalidades negativas) e benefícios diretos e indiretos (externalidades positivas), com o desiderato de assegurar a preponderância destes sobre aqueles.

b) Os controles devem ser rigorosos para evitar que a declaração expropriatória careça da plausível justificação multifuncional, cobrando demonstração categórica de que o procedimento conduz à primazia das vantagens sociais, econômicas e de equilíbrio ecológico, sem a vazia invocação de interesse social ou utilidade pública. Daí o caráter decisivo do controle de motivação das desapropriações.

c) A expropriação é procedimento que deve ter duas fases, quais sejam, a declaratória de necessidade ou utilidade pública, ou interesse social, e a fase de efetivação propriamente dita, dotada de eficácia preponderantemente constitutiva a sentença expropriatória.

d) Todo e qualquer direito ou bem de cunho patrimonial é desapropriável, ressalvando-se, por isso, os direitos personalíssimos e os lógica e teleologicamente incompatíveis; viável a desapropriação de bens públicos, respeitando-se a hierarquia de interesses e, sobretudo, a primazia das vantagens multifuncionais.

e) Os bens desapropriados destinados ao próprio Poder Público ou a particulares, se incorporados à Fazenda Pública, não são mais objeto de reivindicação, ainda que fundada em nulidade do processo, embora deva haver alteração sobretudo no tratamento da retrocessão.

f) As exigências constitucionais para a desapropriação são, a par da declarada necessidade ou utilidade pública, ou do interesse social, o pagamento de prévia e justa indenização, motivo pelo qual dever-se-ia adotar rigor na exigência de depósito correto para efeitos de imissão provisória, ainda quando se tratar de expropriação de feições punitivas. Sem dúvida, até para viabilizar a adoção proporcional do instituto, cumpre, com o depósito prévio e justo, reduzir reprováveis dispêndios do erário, por exemplo, com os juros compensatórios.

g) A desapropriação é um dos instrumentos voltados a conferir a multifuncionalidade adequada ao instituto da propriedade, na ciência de que as funções sociais, econômicas e ambientais obrigam.

h) A desapropriação deve ser concebida e controlada integradamente, em todas as suas fases, à luz da totalidade dos princípios fundamentais, assim como proporcionalidade e sustentabilidade. Para ser proporcional, a desapropriação, em sua faceta de vedação de excesso, não pode realizar despojamento, salvo se realmente necessário. Noutra faceta, a da vedação de omissão, impede-se o Estado de deixar de praticá-la, quando se revelar o meio preferível para que a propriedade melhor cumpra as suas funções. Já para ser sustentável, deve manter o fito de, em última instância, promover o desenvolvimento duradouro e o direito fundamental à boa administração pública.

Referências

ANTHONY, Craig. The Reconstitution of Property: Property as a web of interests. *Harvard Environmental Law Review*, v. 26, n. 2, 2002.

BANDEIRA DE MELLO, Celso Antônio. Novos aspectos da função social da propriedade no Direito Público. *Revista de Direito Público*, n. 84.

BARBOSA, Ruy. *Comentários à Constituição Federal Brasileira*. São Paulo: Saraiva, 1934. v. V.

BRASIL. Ação Direta de Inconstitucionalidade nº 2332-DF. Relator Ministro Roberto Barroso.

BRASIL. Agravo Regimental no Recurso Especial nº 1367002- MG. Relator Ministro Mauro Campbell Marques. Data do julgamento: 20 de junho de 2013. Publicado no *Diário da Justiça eletrônico*, 28 jun. 2013.

BRASIL. Recurso Especial nº 114.468-SP. Relator Ministro Milton Luiz Pereira. 1ª Turma. Data do julgamento: 13 de outubro de 1998. Publicado no *Diário da Justiça*, 1º fev. 1999.

BRASIL. Recurso Especial nº 239.687-SP. Relator Ministro Garcia Vieira. 1ª Turma. Data do julgamento: 17 de fevereiro de 2000. Publicado no *Diário da Justiça*, 20 mar. 2000.

BRASIL. Recurso Especial nº 89.779-PR. Relator Ministro Francisco Peçanha Martins. 2ª Turma. Data do julgamento: 21 de março de 2000. Publicado no *Diário da Justiça*, 05 jun. 2000.

BRASIL. Recurso Extraordinário nº 107.876. Relator Ministro Néri da Silveira. 1ª Turma. Data do julgamento: 12 de agosto de 1988.

BRASIL. Recurso Extraordinário nº 543974-MG. Relator Ministro Eros Grau. Tribunal Pleno. Data do julgamento: 26 de marco de 2009. Publicado no *Diário da Justiça eletrônico*, 29 maio 2009.

BRASIL. Recurso Extraordinário nº 97693-1-MG. Relator Ministro Néri da Silveira. 2ª Turma. Data do julgamento: 13 de fevereiro de 1996. Publicado no *Diário da Justiça*, 08 nov. 1996.

BRASIL. Superior Tribunal de Justiça Recurso Especial nº 1.225-ES. Relator Ministro Geraldo Sobral. 1ª Turma. Data do julgamento: 14 de março de 1990. Publicado no *Diário de Justiça*, 21 maio 1990.

BRASIL. Supremo Tribunal Federal. Agravo de Instrumento nº 153.192. Relator Ministro Nelson Hungria. Data do Julgamento: 02 de junho de 1952. Publicado no *Diário da Justiça*, 10 maio 1954.

FORSTHOFF, Ernst. *Lehrbuch des Verwaltungsrechts*. München: C. H. Beck'sche Verlag, 1973.

FREITAS, Juarez. *Direito fundamental à boa administração pública*. 3. ed. São Paulo: Malheiros, 2014.

FREITAS, Juarez. *Sustentabilidade*: direito ao futuro. 2. ed. Belo Horizonte: Fórum, 2012.

JUSTEN FILHO, Marçal. *Curso de Direito Administrativo*. 9. ed. São Paulo: Revista dos Tribunais, 2013.

KELSEN, Hans. *Teoria Pura do Direito*. São Paulo: Livraria Martins Fontes, 1987.

LEAL, Víctor Nunes. *Problemas de Direito Público*. Rio de Janeiro, Forense, 1960.

WHITAKER, Firmino. *Desapropriação*. São Paulo: Atlas, 1946.

Informação bibliográfica deste texto, conforme a NBR 6023:2002 da Associação Brasileira de Normas Técnicas (ABNT):

FREITAS, Juarez. A função social, econômica e de equilíbrio ecológico da propriedade e o instituto da desapropriação. *In*: DIAS, Maria Tereza Fonseca *et al.* (Coord.). *Estado e propriedade*: estudos em homenagem à professora Maria Coeli Simões Pires. Belo Horizonte: Fórum, 2015. 289-300p.

A LEI GERAL DE DESAPROPRIAÇÃO EM FACE DA CONSTITUIÇÃO DE 1988

FLORIVALDO DUTRA DE ARAÚJO

1 Introdução

Nos mais diferentes contextos sociais, políticos e econômicos, ao longo dos tempos o poder público tem lançado mão de formas compulsórias de retirada da propriedade particular e sua incorporação ao domínio público.

Na medida em que eram superadas as formas absolutistas de atuação estatal, em prol de garantias que se incorporaram ao Estado de Direito, o legislador estabeleceu procedimentos para atuação expropriatória do poder público, de modo a preservar a recomposição patrimonial dos afetados.

No Estado Social e no Estado Democrático de Direito, o alargamento da atuação administrativa implicou a ampliação da prerrogativa expropriatória, fator indispensável para que o poder público possa gozar das condições materiais necessárias à prestação de serviços e demais atividades por meio das quais se concretizam direitos fundamentais dos cidadãos.

Por outro lado, no entanto, cresceu significativamente a preocupação com as formas e os limites de atuação da Administração Pública, hoje inteiramente postas sob o princípio da legalidade (juridicidade) e controláveis por meio de diversos procedimentos de observância cogente, com o objetivo de preservar os direitos individuais e coletivos diante de possíveis exacerbações do Poder Público.

Trata-se de um dos muitos aspectos da permanente tensão entre direitos individuais, ou de grupos, e os interesses gerais da coletividade.

Como bem afirma Sundfeld, "Não se pode propor que a Administração seja despida de seus poderes, porque a cada dia mais precisamos dela, mais esperamos dela. E, necessariamente, temos de oferecer-lhe os meios que permitam o atendimento de nossos reclamos".[1]

---

[1] SUNDFELD, Carlos Ari. A importância do procedimento administrativo. *Revista de Direito Público*, São Paulo, n. 84, p. 64-74, out./dez. 1987.

O problema que se nos apresenta, então, é o da incessante busca de equilíbrio entre as prerrogativas públicas e os interesses dos cidadãos.

No caso das desapropriações, entendemos ainda subsistirem certos aspectos da legislação que tendem a fazer com que a balança pese excessivamente em desfavor do expropriado.

Entre outros fatores, isso ocorre porque a legislação, em grande parte expedida décadas antes da Constituição de 1988, não tem sido interpretada e aplicada de modo a compatibilizá-la com as novas balizas constitucionais.

Neste texto, o foco será o Decreto-Lei nº 3.365, de 21.06.1941, que "Dispõe sobre desapropriações por utilidade pública". É também denominado *Lei Geral das Desapropriações* (LGD), por ser igualmente aplicável nos casos de expropriação por interesse social, conforme o art. 5º da Lei nº 4.132, de 10.09.1962.

Serão examinadas algumas disposições da LGD, em confronto com a CF vigente e com desdobramentos legais desta decorrentes, a fim de se avaliar se e em que medida podem ter aplicabilidade tais normas da LGD.

2 A LGD e seu contexto jurídico-político

A LGD foi promulgada em 1941, período em que o Brasil vivia a ditadura do Estado Novo, implantada por Getúlio Vargas em 1937. Entre as medidas autoritárias desse período, contam-se a outorga da Constituição de 1937, o fechamento do Congresso Nacional, a proibição dos partidos políticos e a condução dos Estados Federados por interventores nomeados por Vargas.[2]

Nesse contexto, a LGD, como as demais normas com força de lei então expedidas, foram veiculadas por Decreto-Lei de exclusiva autoria do Chefe do Poder Executivo.

Não causa surpresa, portanto, que o texto da LGD tenha sido redigido de forma a privilegiar, em certos aspectos, excessivamente, a posição da Administração Pública face ao particular expropriado.

Cabe ainda lembrar que esse contexto de autoritarismo não representava qualquer novidade no Brasil. Anteriormente, nossa experiência política estivera marcada, por três séculos, pela monarquia absolutista portuguesa; depois, pelo despotismo imperial assentado no chamado "poder moderador" consagrado pela Constituição de 1824; e, na sequência, pelas quatro décadas de República Velha, marcada pelo arbítrio dos chefes militares e das oligarquias regionais.[3]

Esse quadro somente se altera em 1946, com a promulgação da Constituição que marcou a primeira experiência histórica de exercício da democracia política no Brasil. Infelizmente, de curta duração, uma vez que já em 1964 sobrevém o Golpe Militar que adiará a experiência democrática por mais de duas décadas.

Enfim, após o período de transição entre 1985 e 1988, a Constituição vigente inaugura o mais profícuo período de liberdade política, abrindo novas perspectivas e trazendo novas exigências também no campo do direito.

---

[2] Cf. o panorama da Era Vargas em FAUSTO, Boris. *História concisa do Brasil*. 2. ed. 2. reimp. São Paulo: Edusp, 2009, p. 184-217, com remissões bibliográficas que permitem ampliar o conhecimento desse período.

[3] Visão geral desses períodos também pode ser lida em FAUSTO, Boris. *História concisa do Brasil*. 2. ed. 2. reimp. São Paulo: Edusp, 2009. p. 16-31, 77-85 e 139-155.

Por outro lado, do ponto de vista teórico-jurídico, a doutrina do Direito Administrativo, nas primeiras décadas subsequentes à edição da LGD, não contemplava a preocupação, hoje corrente, em balancear as prerrogativas do poder público e os direitos dos cidadãos. A concepção então reinante, sem prejuízo da afirmação do princípio da legalidade, prestigiava bem mais os chamados "poderes" da Administração Pública, em detrimento das garantias dos particulares.[4]

Nesse contexto, não poderia causar estranheza o viés autoritário tanto de algumas normas da LGD quanto de interpretações doutrinárias e pretorianas que lhes acompanhou.

Atualmente, porém, consolidada a democracia política no Brasil e renovada amplamente a teoria do Direito Público, cabe indagar se ainda têm lugar certas perspectivas hermenêuticas com as quais a LGD continua a ser interpretada e aplicada.

3 O direito de propriedade e o poder expropriatório no Direito Constitucional Brasileiro

3.1 Panorama das Constituições pretéritas

Todas as Constituições Brasileiras deram relevância ao direito de propriedade, mas também todas previram a prerrogativa expropriatória em favor do Estado.[5]

As Constituições de 1824 (art. 179, XXII) e de 1889 (art. 72, §17), acentuadamente liberais do ponto de vista econômico, asseguraram o direito de propriedade "em toda a sua plenitude". Ressalvaram, porém, a possibilidade de desapropriação. Segundo a Carta Imperial, "Se o bem publico legalmente verificado exigir o uso, e emprego da propriedade do cidadão, será elle préviamente indemnisado do valor dela".[6] Já o texto de 1889 estabelecia a "desapropriação por necessidade, ou utilidade pública, mediante indemnização prévia"; portanto, com as expressões que se incorporariam ao direito pátrio até os dias atuais.

A Constituição de 1934 marca, pela primeira vez, a inclinação de um texto constitucional brasileiro em favor do Estado Social de Direito,[7] o que transparece, dentre outros aspectos, na regulação da propriedade e da desapropriação, conforme o art. 113, inc. 17: "É garantido o direito de propriedade, que não poderá ser exercido contra o interesse social ou coletivo, na forma que a lei determinar. A desapropriação por necessidade ou utilidade pública far-se-á nos termos da lei, mediante prévia e justa indenização".

---

[4] Em face de tal tendência do Direito Administrativo, adverte Celso Antônio Bandeira de Mello: "Existe uma impressão, quando menos difusa, fluida, mas nem por isto menos efetiva, de que o Direito Administrativo é um Direito concebido em favor do Poder, a fim de que ele possa vergar os administrados. Conquanto profundamente equivocada e antitética à razão de existir do Direito Administrativo, esta é a suposição que de algum modo repousa na mente das pessoas" (BANDEIRA DE MELLO, Celso Antônio. *Curso de Direito Administrativo*. 31. ed. São Paulo: Malheiros, 2014. p. 43).

[5] Sobre o tema, cf. a síntese de PIRES, Maria Coeli Simões. *Da proteção ao patrimônio cultural*: o tombamento como principal instituto. Belo Horizonte: Del Rey, 1994. p. 237-248.

[6] Art. 179, inc. XXII.

[7] Expressivo, nesse sentido, é o art. 115 da Carta de 1934, que dispunha: "A ordem econômica deve ser organizada conforme os princípios da Justiça e as necessidades da vida nacional, de modo que possibilite a todos existência digna. Dentro desses limites, é garantida a liberdade econômica".

A Carta outorgada de 1937 também assegurou "o direito de propriedade, salvo a desapropriação por necessidade ou utilidade pública, mediante indenização prévia".[8]

A Constituição de 1946 retoma a senda do Estado Social de Direito, já agora de modo mais incisivo em relação ao texto de 1934. No tocante à propriedade, o art. 141, §16, dispunha: "É garantido o direito de propriedade, salvo o caso de desapropriação por necessidade ou utilidade pública, ou por interesse social, mediante prévia e justa indenização em dinheiro". Mas o art. 147 acrescentava: "O uso da propriedade será condicionado ao bem-estar social. A lei poderá, com observância do disposto no art. 141, §16, promover a justa distribuição da propriedade, com igual oportunidade para todos".

A Constituição de 1967 e a chamada "Emenda Constitucional nº 1/69" não trouxeram inovações substanciais em face do texto de 1946, mas foram os primeiros textos constitucionais a prever, expressamente, a *função social da propriedade* como fundamento da ordem econômica (art. 157, inc. III, e art. 160, inc. III, respectivamente).

3.2 A temática na Constituição de 1988

A Constituição de 1988 garante o direito de propriedade (art. 5º, inc. XXII e art. 170, inc. II), que deverá atender a sua função social (art. 5º, inc. XXIII e art. 170, inc. III).

O art. 5º, inc. XXIV, determina que "a lei estabelecerá o procedimento para desapropriação por necessidade ou utilidade pública, ou por interesse social, mediante justa e prévia indenização em dinheiro, ressalvados os casos previstos nesta Constituição".

Em comparação com os textos constitucionais pretéritos, a CF/88 traz algumas importantes peculiaridades em relação ao direito de propriedade e à desapropriação.

Por um lado, busca-se determinar de modo mais objetivo a chamada *função social da propriedade*. Para a área urbana, o art. 182, §2º, prevê que "A propriedade urbana cumpre sua função social quando atende às exigências fundamentais de ordenação da cidade expressas no plano diretor". Para a propriedade rural, o art. 186 prescreve os requisitos cujo atendimento caracteriza o cumprimento da função social.[9]

De outro lado, as políticas públicas nas áreas fiscal, urbana e agrária ganham novos instrumentos para induzir os proprietários a observarem a função social no tocante aos seus bens imóveis (cf. art. 153, §4º, inc. I; art. 182, §4º, inc. III e art. 184).

E, ainda, institui-se a sanção expropriatória, sem indenização, para glebas utilizadas no cultivo de plantas psicotrópicas (art. 243).

Cabe destacar, outrossim, direitos fundamentais, previstos no art. 5º, que se acham diretamente relacionados aos procedimentos que implicam na perda da propriedade. O inc. LIV prevê que "ninguém será privado da liberdade ou de seus bens sem o devido processo legal"; e o inc. LV prescreve que "aos litigantes, em processo judicial ou administrativo, e aos acusados em geral são assegurados o contraditório e a ampla defesa, com os meios e recursos a ela inerentes".

---

[8]   Art. 122, inc. XIV.

[9]   "Art. 186. A função social é cumprida quando a propriedade rural atende, simultaneamente, segundo critérios e graus de exigência estabelecidos em lei, aos seguintes requisitos: I - aproveitamento racional e adequado; II - utilização adequada dos recursos naturais disponíveis e preservação do meio ambiente; III - observância das disposições que regulam as relações de trabalho; IV - exploração que favoreça o bem-estar dos proprietários e dos trabalhadores".

O inc. LIV constitui inovação em face das constituições anteriores. Quanto ao inc. LV, a prescrição contida na sua segunda parte já se registrava, em termos semelhantes, nas Constituições republicanas, com exceção da Carta de 1937. A parte inicial, porém, é inovação do texto de 1988. Assim, embora na vigência de Constituições anteriores já se pudesse interpretar que o contraditório e a ampla defesa fossem amplamente aplicáveis, a literalidade dos textos revogados inclinava-se pela remissão ao processo penal ou, quando muito, aos processos judiciais. Com a Carta vigente, já não mais se pode pôr em dúvida a amplitude da norma: a *todos* os litigantes, em processo judicial ou administrativo, estão assegurados o contraditório e a ampla defesa, elementos essenciais ao devido processo legal.

4 A LGD em face da Constituição de 1988

4.1 Desapropriação em âmbito administrativo

A doutrina registra que a desapropriação desenvolve-se em duas fases: a *declaratória* e a *executória*.

A primeira consubstancia-se no que a LGD denomina "declaração de utilidade pública", da competência do chefe do Poder Executivo e também do Poder Legislativo de qualquer dos entes políticos da Federação (arts. 6° e 8°).[10]

A fase executória consiste nos procedimentos por meio dos quais se dará a aquisição da propriedade pelo Poder Público. Poderá restringir-se ao âmbito administrativo, apenas, ou estender-se à esfera judicial.

Administrativamente, a desapropriação poderá ocorrer mediante o *acordo* a que ser refere o art. 10 da LGD.

A LGD não estabelece normas sobre como deve proceder a Administração Pública para buscar esse acordo. A matéria tem ficado, então, relegada à informalidade. Normalmente, o proprietário é simplesmente chamado e cientificado sobre o preço que o Poder Público pretende pagar pelo bem. Caso não aceite, o poder expropriante propõe a ação judicial.

A inexistência de regulação desse procedimento administrativo reflete o desprezo que, em geral, foi dado ao tema do processo administrativo no mundo ocidental, até meados do século XX, e no Brasil, até o final desse século.

As normas jurídicas, a doutrina e jurisprudência somente viam relevância no *iter* que conduzia à decisão judicial e naquele do qual resultava a lei. Ou seja, os procedimentos (ou processos) judicial e legislativo eram considerados relevantes para o resultado a que visavam. Já o caminho percorrido para a produção dos atos administrativos era considerado, em quase todos os casos, irrelevante para o direito, constituindo mera ritualidade interna. O importante era apenas a decisão que gerasse, diretamente, efeitos na esfera jurídica dos seus destinatários.[11]

---

[10] Conforme o art. 8° da LGD, o poder legislativo pode apenas "tomar a iniciativa da desapropriação", ou seja, realizar a declaração de utilidade pública, "cumprindo, neste caso, ao Executivo, praticar os atos necessários à sua efetivação".

[11] Como observa Sundfeld, "Esconde-se nessa tendência de considerar pouco ou nada relevante a atividade administrativa que não se enquadre no conceito restrito de ato (ou enquanto não se reduza a ele) uma visão autoritária que impede a constatação de que qualquer função pública para ser desenvolvida depende de um

Essa visão autoritária olvidava-se de que o ato administrativo, tanto quanto a decisão judicial, consubstancia aplicação da lei, embora com características peculiares a cada uma das duas funções estatais de execução do direito (a função jurisdicional e a administrativa).[12]

A CF/88 trouxe marcante reação a esse viés autoritário, por meio da referida norma insculpida no art. 5º, inc. LIV. O *due process of law* passa a ser fundamental também na função administrativa.

Como desdobramento, uma década depois de promulgada a CF, surgiram as leis que regulam, em termos gerais, os procedimentos administrativos nas diversas esferas políticas da Federação. Supera-se, assim, o panorama em que somente para alguns procedimentos específicos havia regulação legal do *iter* a ser percorrido pela Administração Pública até a tomada de suas decisões.

Nesse novo contexto, foi promulgada a Lei nº 9.784, de 29.01.1999, que regula o processo administrativo no âmbito federal.

Trata-se da Lei Geral de Processo Administrativo (LGPA), pois obrigatória para todos os procedimentos da Administração Pública, ressalvados os processos administrativos específicos que tenham lei de regência própria, casos em que a Lei nº 9.784/99 será apenas subsidiariamente aplicável.[13]

Considerando que a fase executória administrativa da desapropriação é um processo administrativo e por não haver previsão legal de procedimento específico, não há como negar a aplicabilidade da Lei nº 9.784/99 nessa fase. A LGPA cumpre, nesse caso, a função de dar curso ao princípio do devido processo legal.[14]

Por certo que, sendo uma lei geral, nem todos os seus dispositivos terão aplicabilidade a todas as espécies de procedimento administrativo. Cabe, pois, investigar quais normas da LGPA devem ser observadas na desapropriação. As considerações seguintes, nesse sentido, serão feitas de modo panorâmico e não têm a pretensão de enclausurar todos os dispositivos aplicáveis, uma vez que a riqueza de peculiaridades dos casos concretos pode atrair a aplicabilidade de normas que, em abstrato, não se pôde vislumbrar de antemão.

O art. 5º da LGPA prevê que "O processo administrativo pode iniciar-se de ofício ou a pedido de interessado". No caso de desapropriação, a instauração do processo ocorre *ex officio*, por meio do ato administrativo consistente na *declaração de utilidade pública*, a que se refere o art. 6º da LGD, a ser feita sob forma de decreto, pelo

---

procedimento juridicamente regulado e relevante" (SUNDFELD, Carlos Ari. A importância do procedimento administrativo. *Revista de Direito Público*, São Paulo, n. 84, p. 64-74, out./dez. 1987).

[12] Sobre os aspectos comuns e distintivos das três grandes funções estatais, cf. FAGUNDES, Miguel Seabra. *O controle dos atos administrativos pelo Poder Judiciário*. 6. ed. São Paulo: Saraiva, 1984. p. 1-20; BANDEIRA DE MELLO, Celso Antônio. *Curso de Direito Administrativo*. 31. ed. São Paulo: Malheiros, 2014. p. 29-36.

[13] Cabe também observar que, em diferentes ocasiões, o Superior Tribunal de Justiça teve a oportunidade de assentar que, na ausência de lei própria de processo administrativo nos demais âmbitos da Federação, aplica-se analogicamente a Lei nº 9.784/99. A título de exemplo, cf.: "[...] Ausente lei local específica, a Lei 9.784/99 pode ser aplicada de forma subsidiária no âmbito dos demais Estados-Membros, tendo em vista que se trata de norma que deve nortear toda a Administração Pública, servindo de diretriz aos seus demais órgãos" (REsp nº 852.493 – DF, Rel. Ministro Arnaldo Esteves Lima, Quinta Turma, julgado em 29.05.2008, *DJe*, 25 ago. 2008).

[14] Sobre a relação entre o devido processo legal e o procedimento expropriatório, cf. MOREIRA, João Batista Gomes. *Due Process of Law* e desapropriação indireta. *Revista Interesse Público*, São Paulo, ano 1, n. 4, p. 54-79, out./dez. 1999.

chefe do Poder Executivo, ou, conforme art. 8º, por lei (no sentido apenas formal, mas materialmente ato administrativo) emanada do poder legislativo.

Em princípio, como decorrência do princípio do *due process of law*, os atos administrativos que atinjam a esfera jurídica de outrem devem ser precedidos do processo administrativo, por meio do qual se dá aos interessados a possibilidade de manifestação e defesa de seus interesses. Porém, em muitos casos, justifica-se que atos com tal perfil sejam praticados sem prévia ciência do atingido. É o caso da declaração que sujeita o bem à desapropriação. Se o poder público tivesse de conduzir um processo administrativo contraditório antes dessa declaração, a sua previsibilidade poderia ensejar diversas especulações relativas ao bem visado, o que poderia levar à criação de dificuldades ou até mesmo ao fracasso de objetivos de interesse público que justificam a desapropriação.

Assim, é razoável e necessário atribuir ao Poder Público a prerrogativa de já iniciar o processo expropriatório com a declaração de utilidade pública, que tem os efeitos tradicionalmente apontados pela doutrina: "a) submeter o bem à força expropriatória do Estado; b) fixar o estado do bem, isto é, de suas condições, melhoramentos, benfeitorias existentes; c) conferir ao Poder Público o direito de penetrar no bem a fim de fazer verificações e medições, desde que as autoridades administrativas atuem com moderação e sem excesso de poder; d) dar início ao prazo de caducidade da declaração".[15]

Porém, uma vez deflagrado o processo expropriatório pela declaração do Poder Público, este deverá dar ensejo a que os interessados, na via administrativa, possam discutir todos os aspectos que possam afetar a sua esfera jurídica em relação ao bem visado.

Para tanto, já a declaração de utilidade pública deve ter o conteúdo mínimo apontado pela doutrina, ou seja, a identificação do bem objeto da desapropriação, os fundamentos legais desta e a destinação específica a ser conferida ao bem.[16] A declaração deverá explicitar a finalidade de utilidade ou necessidade pública, dentre uma das previstas na legislação aplicável. Trata-se de aspecto essencial da *motivação* do referido ato administrativo. Assim, têm aplicabilidade as normas da LGPA que cuidam do dever de motivação na atividade administrativa.

Após explicitar o princípio da motivação no *caput*, o art. 2º da LGPA, em seu parágrafo único, ao arrolar os *critérios* a serem observados nos processos administrativos, inclui a "indicação dos pressupostos de fato e de direito que determinarem a decisão" (inc. VII). Mais adiante, no art. 50, a LGPA traz regras relativas ao dever de motivação. O §1º determina que "A motivação deve ser explícita, clara e congruente, podendo consistir em declaração de concordância com fundamentos de anteriores pareceres, informações, decisões ou propostas, que, neste caso, serão parte integrante do ato".

Assim, não bastará a simples menção a uma das hipóteses legais autorizativas da desapropriação para que se possa considerar satisfeita a motivação. É necessário especificar, *em cada caso*, a *concreta* utilidade ou necessidade pública em mira e indicar como o bem a ser expropriado será utilizado para satisfazer a essa demanda.

---

[15] BANDEIRA DE MELLO, Celso Antônio. *Curso de Direito Administrativo*. 31. ed. São Paulo: Malheiros, 2014. p. 897.

[16] BANDEIRA DE MELLO, Celso Antônio. *Curso de Direito Administrativo*. 31. ed. São Paulo: Malheiros, 2014. p. 897.

Isso é especialmente importante naqueles casos em que a utilidade pública é expressa por meio dos chamados *conceitos jurídicos indeterminados*, a exemplo de "segurança nacional", "defesa do Estado", "socorro público em caso de calamidade" e "salubridade pública" (LGD, art. 5º).[17]

Se o estado simplesmente registrasse tais expressões no decreto expropriatório, sem explicitar, de modo claro e congruente, em que consiste uma dessas situações *no caso concreto*, estariam ofendidas todas as normas da LGPA relativas à motivação e, consequentemente, restaria desobedecido o *devido processo legal*.[18]

A fundamentação circunstanciada do decreto expropriatório se faz relevante não apenas para explicitar a legitimidade da escolha do bem a ser desapropriado, mas também para demonstrar que a expropriação se faz com observância do critério procedimental de "adequação entre meios e fins, vedada a imposição de obrigações, restrições e sanções em medida superior àquelas estritamente necessárias ao atendimento do interesse público".[19]

Ora, por certo que a determinação de um bem a ser desapropriado não pode resultar de escolha aleatória. O poder público deve estudar os diversos aspectos que envolvem a consecução da utilidade pública em mira e eleger o bem que melhor responda às necessidades a serem satisfeitas, de tal modo a observar os princípios de eficiência e economicidade (CF, art. 37, *caput*, e art. 70). Além de resguardar o patrimônio público e as demandas da coletividade, esse comportamento garante que a desapropriação não seja procedida como instrumento de perseguições ou favorecimentos pessoais, ou seja, sem desvio de finalidade.[20]

Observe-se que a motivação pode ser feita de modo sucinto no decreto expropriatório, para fins de publicação oficial, uma vez que razões jurídicas e técnicas, em forma mais complexa, podem estar registradas em instrumentos diversos, que também compõem o procedimento administrativo. Trata-se da possibilidade de remissão a "pareceres, informações, decisões ou propostas"[21] que não acompanham

---

[17] Sobre os conceitos jurídicos indeterminados, cf. ARAÚJO, Florivaldo Dutra de. Discricionariedade e motivação do ato administrativo. *In*: LIMA, Sérgio Mourão Correa (Coord.). *Temas de Direito Administrativo*: estudos em homenagem ao Professor Paulo Neves de Carvalho. Rio de Janeiro: Forense, 2006. p. 99-125.

[18] Nesse sentido, a seguinte decisão do STJ: "ADMINISTRATIVO. DESAPROPRIAÇÃO, FINALIDADE SOCIAL. INOCORRENCIA. I - Conquanto ao Judiciário seja defeso incursionar sobre a oportunidade e conveniência de desapropriação, pode e deve ele escandir os elementos que indicam a legitimidade do ato bem como a finalidade pois, aí, reside o freio a discricionariedade por isso que a declaração de utilidade pública terá de indicar, precisamente, o fim a que se destina a expropriação. II - Tendo em conta o interesse público, é vedado à Administração desapropriar para construção de imóveis sem especificar a perseguição do interesse público, é dizer, a finalidade. III - Se a finalidade referida no decreto expropriatório é fraudada, desmerece-se, por si própria, a desapropriação. IV- Recurso provido e remessa dos autos ao pretório excelso" (REsp nº 1.225/ES, Rel. Ministro Geraldo Sobral, Rel. p/ Acórdão Ministro Carlos Thibau, Primeira Turma, julgado em 14.03.1990, *DJ*, 21 maio 1990, p. 4426).

[19] LGPA, art. 2º, parágrafo único, inc. VI. NOBRE JÚNIOR, Edílson Pereira. Princípios retores da desapropriação. *Revista de Informação Legislativa*, ano 34, n. 135, p. 203-217, jul./set. 1997.

[20] A propósito do problema do desvio de finalidade em desapropriações, especialmente na fase executória administrativa, cf. ROCHA, Cármen Lúcia Antunes. Observações sobre a desapropriação no direito brasileiro. *Revista de Direito Administrativo*, Rio de Janeiro, v. 204, p. 33-52, abr./jun. 1996. Cf. também TOURINHO, Rita. O desvio de finalidade na ação expropriatória: interpretação sistemática do Decreto-Lei nº 3.365/41. *Revista de Direito Administrativo*, Rio de Janeiro, v. 238, p. 363-374, out./dez. 2004; NOBRE JÚNIOR, Edílson Pereira. Princípios retores da desapropriação. *Revista de Informação Legislativa*, ano 34, n. 135, p. 203-217, jul./set. 1997.

[21] LGPA, art. 50, §1º.

o decreto declaratório da desapropriação, mas devem constar dos autos do processo administrativo. É o que a doutrina chama de motivação *aliunde*.[22]

Além disso, outros requisitos específicos, previstos na legislação, devem constar dos autos do respectivo processo administrativo expropriatório. Importante, nesse sentido, chamar a atenção para a exigência do §4º, inc. II, do art. 16 da Lei Complementar nº 101, de 04.05.2000 (Lei de Responsabilidade Fiscal – LRF). Segundo essa norma, a desapropriação de imóveis urbanos a que se refere o §3º do art. 182 da CF,[23] tal como outras ações governamentais que acarretem aumento da despesa pública, tem como condição prévia a elaboração da "estimativa do impacto orçamentário-financeiro no exercício em que deva entrar em vigor e nos dois subseqüentes" e a "declaração do ordenador da despesa de que o aumento tem adequação orçamentária e financeira com a lei orçamentária anual e compatibilidade com o plano plurianual e com a lei de diretrizes orçamentárias".[24]

Conforme o art. 15 da LRF, o descumprimento do disposto no art. 16 torna as respectivas despesas públicas "não autorizadas, irregulares e lesivas ao patrimônio público".

O detalhamento da fundamentação e demais elementos legais necessários ao processo expropriatório devem, então, estar acessíveis a todos os interessados.

A LGPA também esclarece quem deve ser tido por *interessado* nos processos administrativos em regras que se aplicam perfeitamente à desapropriação. Com efeito, o art. 9º da LGPA leva-nos a concluir que serão interessados no processo administrativo expropriatório não apenas o proprietário, mas também os terceiros eventualmente atingidos e a coletividade em nome e em benefício da qual se faz a desapropriação. Essa última poderá ter seus interesses defendidos quer por associações representativas ou pelos cidadãos que a compõem. E em caso de afetação de direitos ou interesses de grupos, estarão legitimadas processualmente as organizações e associações representativas.

Em atuando no processo administrativo expropriatório, todos esses interessados poderão exercer os direitos arrolados no art. 3º da LGPA.[25]

---

[22] A respeito da motivação *aliunde*, cf. ARAÚJO, Florivaldo Dutra de. *Motivação e controle do ato administrativo.* 2. ed. Belo Horizonte: Del Rey, 2005. p. 119-120.

[23] "Art. 182. A política de desenvolvimento urbano, executada pelo Poder Público municipal, conforme diretrizes gerais fixadas em lei, tem por objetivo ordenar o pleno desenvolvimento das funções sociais da cidade e garantir o bem-estar de seus habitantes. [...] §3º. As desapropriações de imóveis urbanos serão feitas com prévia e justa indenização em dinheiro".

[24] Conforme os parágrafos 1º e 2º do mesmo art. 16: "Para os fins desta Lei Complementar, considera-se: I - adequada com a lei orçamentária anual, a despesa objeto de dotação específica e suficiente, ou que esteja abrangida por crédito genérico, de forma que somadas todas as despesas da mesma espécie, realizadas e a realizar, previstas no programa de trabalho, não sejam ultrapassados os limites estabelecidos para o exercício; II - compatível com o plano plurianual e a lei de diretrizes orçamentárias, a despesa que se conforme com as diretrizes, objetivos, prioridades e metas previstos nesses instrumentos e não infrinja qualquer de suas disposições. §2º. A estimativa de que trata o inciso I do caput será acompanhada das premissas e metodologia de cálculo utilizadas".

[25] "Art. 3º. O administrado tem os seguintes direitos perante a Administração, sem prejuízo de outros que lhe sejam assegurados: I - ser tratado com respeito pelas autoridades e servidores, que deverão facilitar o exercício de seus direitos e o cumprimento de suas obrigações; II - ter ciência da tramitação dos processos administrativos em que tenha a condição de interessado, ter vista dos autos, obter cópias de documentos neles contidos e conhecer as decisões proferidas; III - formular alegações e apresentar documentos antes da decisão, os quais serão objeto de consideração pelo órgão competente; IV - fazer-se assistir, facultativamente, por advogado, salvo quando obrigatória a representação, por força de lei".

Ao participarem no processo administrativo, o proprietário e demais interessados terão direito ao contraditório e à ampla defesa, com a "garantia dos direitos à comunicação, à apresentação de alegações finais, à produção de provas e à interposição de recursos".[26]

Conforme o art. 29 da LGPA, "As atividades de instrução destinadas a averiguar e comprovar os dados necessários à tomada de decisão realizam-se de ofício ou mediante impulsão do órgão responsável pelo processo, sem prejuízo do direito dos interessados de propor atuações probatórias".

Os interessados poderão, na fase instrutória, "juntar documentos e pareceres, requerer diligências e perícias, bem como aduzir alegações referentes à matéria objeto do processo". Tais elementos deverão ser considerados na motivação das decisões. Por certo, provas ilícitas, impertinentes, desnecessárias ou protelatórias devem ser fundamentadamente recusadas.[27]

Como a finalidade da desapropriação sempre envolve interesse geral da coletividade, o órgão público que a conduz poderá realizar consulta pública para manifestação de terceiros, e também audiência pública para debate das questões pertinentes (LGPA, arts. 31 e 32).

Após o encerramento da instrução, os interessados terão o direito de manifestar-se no prazo máximo de dez dias, conforme art. 44 da LGPA.

No curso do processo expropriatório, também tem aplicabilidade o art. 53 da LGPA, ou seja: "A Administração deve anular seus próprios atos, quando eivados de vício de legalidade, e pode revogá-los por motivo de conveniência ou oportunidade, respeitados os direitos adquiridos".

Outro dispositivo relevante é o art. 56 da LGPA, que permite aos interessados a interposição de recursos das decisões administrativas, por razões de legalidade e de mérito. Salienta-se aqui essa importante distinção: enquanto no processo judicial o controle do ato administrativo somente poderá ser feito em face da legalidade (CF, art. 5º, XXXV), no processo administrativo podem-se arguir razões de conveniência e oportunidade para a revisão do ato. Ou seja, o interessado pode intentar convencer a autoridade administrativa, ou seu superior hierárquico, de que uma decisão deve ser revista, não por ser contrária ao direito, mas porque outra providência, mais conveniente ou oportuna, se apresenta. Contudo, em se tratando de discricionariedade, o juízo final de conveniência ou oportunidade permanece dependente da subjetividade das autoridades competentes para a matéria.

Por fim, cabe salientar que, em toda a fase administrativa da desapropriação, um dos mais relevantes critérios de atuação, conforme o art. 2º, parágrafo único, é a "atuação segundo padrões éticos de probidade, decoro e boa-fé" (inc. IV).

Conforme já consignado, uma das consequências da declaração de utilidade pública é a prerrogativa, gerada em favor do poder público, de "penetrar nos prédios compreendidos na declaração, podendo recorrer, em caso de oposição, ao auxílio de força policial".[28]

---

[26] LGPA, art. 2º, *caput*, e parágrafo único, inc. X.

[27] LGPA, art. 38.

[28] LGD, art. 7º.

Essa regra, contudo, no tocante aos imóveis utilizados como residência, deve ser interpretada à luz do art. 5º, inc. XI, CF, segundo o qual: "a casa é asilo inviolável do indivíduo, ninguém nela podendo penetrar sem consentimento do morador, salvo em caso de flagrante delito ou desastre, ou para prestar socorro, ou, durante o dia, por determinação judicial".

Cabe observar que, no tocante à proteção do domicílio, ao ser expedida a LGD, vigorava o art. 122, inc. 6º, da Constituição de 1937, que previa a "inviolabilidade do domicílio e de correspondência, salvas as exceções expressas em lei". Ou seja, a proteção constitucional do texto de 1937, além de mais genérica, era muito menos incisiva do que a conferida pela atual Constituição, uma vez que permitia ao legislador ordinário estabelecer exceções à inviolabilidade constitucional.[29]

Já a CF/88 não confere qualquer prerrogativa semelhante ao legislador infraconstitucional, sendo exaustiva ao estabelecer as hipóteses em que o poder público poderá penetrar na casa dos cidadãos:

1. somente em caso de flagrante delito ou desastre, ou para prestar socorro, alguém (particular ou agente público) poderá penetrar na casa sem o consentimento do morador;
2. excluídos esses casos, o ingresso na casa somente poderá ocorrer mediante determinação *judicial* e, ainda assim, deverá ocorrer durante o dia.

A declaração de utilidade pública, portanto, não está contemplada na CF vigente como fundamento para que autoridades administrativas penetrem em imóveis utilizados como domicílio. Por essa razão, em se tratando de *casa*,[30] a autoridade administrativa não pode se valer do art. 7º da LGD. Caso queira, então, ingressar no domicílio de alguém cujo imóvel foi declarado como sujeito à expropriação, deverá ingressar com ação em juízo para solicitar a autorização judicial a que se refere o art. 5º, inc. XI, CF. O pedido deverá ser acompanhado de fundamentação que demonstre a necessidade de ingresso no domicílio antes mesmo de concluída a desapropriação.[31]

Em relação a diversos dos aspectos aqui tratados, atinentes à via administrativa, as considerações registradas pressupõem, por certo, que a desapropriação não envolva urgência que possa indicar a necessidade de mais rápido desfecho.[32] Mas

---

[29] Essa garantia constitucional e várias outras foram, contudo, suspensas pelo Decreto nº 10.358, de 31.08.1942, que declarou o estado de guerra em todo o território nacional. Embora essa declaração se voltasse, oficialmente, contra a Alemanha nazista e seus aliados, a suspensão de garantias constitucionais serviu ao recrudescimento do regime ditatorial em âmbito interno. Também é relevante observar que as Constituições de 1946, 1967 e 1969 (EC nº 01/69) mantiveram a possibilidade de o legislador ordinário estabelecer exceções à inviolabilidade do domicílio, conforme previsto, respectivamente, no art. 141, §15; art. 150, §10 e art. 153, §10.

[30] Acerca do significado de "casa" no contexto do art. 5º, inc. XI, CF, cf. a seguinte decisão do STF: "Para os fins da proteção jurídica a que se refere o art. 5º, XI, da CF, o conceito normativo de 'casa' revela-se abrangente e, por estender-se a qualquer aposento de habitação coletiva, desde que ocupado (CP, art. 150, §4º, II), compreende, observada essa específica limitação espacial, os quartos de hotel. Doutrina. Precedentes. Sem que ocorra qualquer das situações excepcionais taxativamente previstas no texto constitucional (art. 5º, XI), nenhum agente público poderá, contra a vontade de quem de direito (invito domino), ingressar, durante o dia, sem mandado judicial, em aposento ocupado de habitação coletiva, sob pena de a prova resultante dessa diligência de busca e apreensão reputar-se inadmissível, porque impregnada de ilicitude originária. Doutrina. Precedentes (STF)" (RHC nº 90.376, Rel. Min. Celso de Mello, julgamento em 03.04.2007, Segunda Turma, DJ, 18 maio 2007).

[31] ALEGRE, José Sérgio Monte. Desapropriação: o art. 7º do Dec-Lei nº 3.365/41 e a inviolabilidade do domicílio. *Revista de Direito Administrativo*, v. 203, p. 71-74, jan./mar. 1996.

[32] Cabe lembrar que, entre a data da declaração de utilidade pública e o desfecho do processo administrativo que visa ao acordo com o proprietário, pode decorrer o período de até cinco anos, prazo fixado pelo art. 10 da LGD para a sua conclusão com sucesso ou, em caso contrário, para a propositura da ação judicial expropriatória.

se ocorrer a urgência, a legislação, em permanente interpretação harmônica com o texto constitucional, confere ao Poder Público os instrumentos adequados para, sem menosprezar os direitos dos interessados, superar a fase administrativa e obter judicialmente a posse e a propriedade do bem almejado. A opção pela via judicial também restará aberta se, ao final do processo administrativo, não se lograr o acordo com o proprietário.

4.2 Desapropriação em âmbito judicial

Malogrado o acordo na instância administrativa, deverá a Administração Pública propor a ação judicial de desapropriação.

Também nesse aspecto é relevante indagar a compatibilidade de certos dispositivos da LGD com a CF em vigor. Abordaremos, neste texto, as questões suscitadas pelos arts. 9º, 20 e 35 da LGD.

O art. 9º da LGD prescreve: "Ao Poder Judiciário é vedado, no processo de desapropriação, decidir se se verificam ou não os casos de utilidade pública".

A posição ainda dominante na doutrina e na jurisprudência sustenta a constitucionalidade e aplicação plena desse dispositivo.[33]

Não obstante, mesmo na corrente majoritária surgem algumas inflexões que abrem caminhos capazes de atenuar o autoritarismo do referido preceito legal. Entendemos, contudo, que tais aberturas são ainda insuficientes, se bem que apresentem, pelo menos, o benefício de apontar para possível superação do viés autoritário do preceito.

Com efeito, o exame do ordenamento constitucional vigente, como registrado, levam à necessária conclusão da inconstitucionalidade da restrição contida no referido art. 9º.

Além dos dispositivos já indicados, o art. 5º, inc. XXXV, da Constituição de 1988, determina que "a lei não excluirá da apreciação do Poder Judiciário lesão ou ameaça a direito". Esse direito fundamental encontra-se configurado em termos cuja amplitude não tem precedentes no constitucionalismo brasileiro.

No tocante às cartas vigentes desde a expedição da LGD, no texto outorgado em 1937 não se encontrava garantia semelhante à do atual art. 5º, inc. XXXV.[34]

Em relação às Constituições de 1946 e 1967 (e EC nº 1/69), a CF/88 não apenas reafirmou o princípio do acesso ao judiciário, mas também alargou a previsão desse direito fundamental: primeiro, ao prever não apenas a proteção contra lesão, como o

---

[33] A título ilustrativo, confira-se a lição de Hely Meirelles: "No processo de desapropriação, o Poder Judiciário limitar-se-á ao exame extrínseco e formal do ato expropriatório, e, se conforme a lei, dará prosseguimento à ação para admitir o depósito provisório dentro dos critérios legais, conceder a imissão na posse quando for caso, e, a final, fixar a justa indenização e adjudicar o bem ao expropriante. Neste processo é vedado ao Juiz entrar em indagações sobre a utilidade, necessidade ou interesse social, declarado como fundamento da expropriação (art. 9º), ou decidir questões de domínio ou posse". Ressalva Meirelles que aquele "exame extrínseco" do ato expropriatório refere-se a questões de "competência, forma, caducidade, etc.", podendo, ainda, o judiciário decidir sobre nulidades processuais (MEIRELLES, Hely Lopes. *Direito Administrativo Brasileiro*. 25. ed. São Paulo: Malheiros, 2000. p. 562). Para uma visão panorâmica da discussão doutrinária sobre esse tema, cf. SALLES, José Carlos de Moraes. *A desapropriação à luz da doutrina e da jurisprudência*. 5. ed. São Paulo: Revista dos Tribunais, 2006. p. 256-266.

[34] Pontes de Miranda observa, que "ela mesma (Constituição de 1937) deixava sem amparo judicial direitos individuais e permitia que a lei os deixasse sem remédios processuais" (PONTES DE MIRANDA. *Comentários à Constituição de 1967, com a Emenda nº 1 de 1969*. 3. ed. Rio de Janeiro: Forense, 1987. t. V, p. 104-105).

fizeram as Cartas anteriores, mas também contra *ameaça* a direito; segundo, ao não mais fazer referência a "direito individual", mas apenas a "direito", com o que incluiu a garantia de tutela dos direitos coletivos e difusos.

O posicionamento tradicional sobre a matéria alega que o art. 20 da LGD, ao prever "ação direta" a ser proposta pelo expropriado, para discutir questões não abrangidas na ação de desapropriação, concederia ao lesado meio apto a fazer valer em juízo seus direitos.

O problema é que, como na ação direta poderão ser discutidas questões que demandem dilação probatória (inexistência do motivo de utilidade pública alegado, desvio de finalidade etc.), no mais das vezes haverá o risco de que, por ser muito mais limitado o leque de questões a serem debatidas na ação expropriatória, esta chegue ao seu desfecho mais rapidamente, com a incorporação do bem ao patrimônio estatal, mesmo sem se considerar a possibilidade de alegação de urgência, que leva à aquisição imediata da posse pelo poder público.

Observe-se que esse panorama é vislumbrado mesmo por quem advoga pela constitucionalidade do art. 9º da LGD, como o demonstra a seguinte passagem de Carvalho Filho:

> Embora o dispositivo não tenha uma redação muito precisa, a interpretação dele emana é a de que o processo de desapropriação, por ser necessária a celeridade para a transferência do bem, não rende ensejo à discussão sobre se o administrador tinha realmente, ou não, motivos para a desapropriação. Em outras palavras, não se pode no processo discutir sobre eventual desvio de finalidade do administrador ou sobre a existência de motivos que o administrador considerou como de utilidade pública ou de interesse social. Essa matéria propicia discussão demorada e obviamente retardaria o desfecho da ação expropriatória.[35]

O primeiro aspecto que chama atenção nessa argumentação é a pressuposição de sempre "ser necessária a celeridade para a transferência do bem". No entanto, essa circunstância pode ou não ocorrer. Tanto que a própria LGD estabelece o prazo de cinco anos para que a Administração Pública tome providências para efetivar a desapropriação, em via administrativa ou judicial (art. 10). E caso exista a urgência, a solução específica é dada pela LGD, conforme adiante será visto, mas sem a necessidade de coartar o direito de defesa do expropriado.

Outra questão problemática exsurge do confronto do posicionamento tradicional com a norma do art. 35 da LGD, que estabelece: "Os bens expropriados, uma vez incorporados à Fazenda Pública, não podem ser objeto de reivindicação, ainda que fundada em nulidade do processo de desapropriação. Qualquer ação, julgada procedente, resolver-se-á em perdas e danos".

Assim, ainda que na ação direta ficasse comprovado não ocorrer a alegada utilidade pública, ou existir desvio de finalidade ou irregularidades outras, o desfecho seria a mera resolução, em perdas e danos, do direito de propriedade lesado.

Por isso, entendemos que razão assiste à corrente que preconiza a possibilidade de ampla defesa do proprietário na ação de desapropriação mesma, a exemplo do que leciona Celso Antônio Bandeira de Mello:

---

[35] CARVALHO FILHO, José dos Santos. *Manual de Direito Administrativo*. 25. ed. São Paulo: Atlas, 2012. p. 832.

A discricionariedade, dentro das hipóteses legais de desapropriação, não é, evidentemente, possibilidade aberta ao Poder Público de servir-se formalmente das expressões legais para atribuir-lhe a força de instrumento de satisfação de propósitos alheios aos que a lei protege, deseja e expressa. Ato de tal natureza configura desvio de poder e deve ser coartado pelo Judiciário através de meio eficaz, isto é, na própria ação de desapropriação, sob pena de não resultar na proteção pleiteada ao valor jurídico resguardável.[36]

Neste ponto, é necessário introduzir outro aspecto em relação ao qual se faz necessário progredir no sentido da proteção dos direitos dos cidadãos.

Diferentemente do que afirma Bandeira de Mello no trecho reproduzido, as hipóteses legalmente previstas como justificadoras da desapropriação não devem ser entendidas como ensejadoras de discricionariedade, ainda que expressas por conceitos fluidos, como "segurança nacional", "defesa do Estado", "socorro público em caso de calamidade" e "salubridade pública".

Como já afirmamos alhures, a discricionariedade somente caracterizará um aspecto do ato administrativo se a norma de direito positivo regulá-lo de modo a indicar que, na apreciação do direito e das circunstâncias em que este se faz aplicável, está o administrador diante de número determinado ou indeterminado de opções que se caracterizam como *indiferentes jurídicos*, ou seja, ao direito é irrelevante que o administrador adote esta ou aquela alternativa.

Por isso, não se pode caracterizar como hipótese de discricionariedade a aplicação dos chamados *conceitos jurídicos indeterminados*, que são expressões presentes em qualquer área do Direito — e não peculiaridade do Direito Administrativo — e demandantes de *interpretação*, processo pelo qual se deve atribuir à norma o sentido mais adequado para regular uma situação.[37]

Assim, para que a desapropriação seja válida, na motivação do ato declaratório, a Administração Pública deve demonstrar que efetivamente ocorre a situação de utilidade ou necessidade pública e que o bem a ser expropriado serve a fazer frente à finalidade de interesse social legalmente acolhida. Não se pode, no atual panorama do Estado de Direito, admitir que a Administração Pública possa ter palavra exclusiva acerca da ocorrência dos motivos ensejadores da desapropriação.

Retornando à alegação de que a discussão de outras questões — que não o preço e aspectos formais da declaração de utilidade pública — poderia gerar delongas prejudiciais ao interesse público, a solução para esse eventual problema reside na faculdade conferida ao administrador público pelo art. 15 da LGD: "Se o expropriante alegar urgência e depositar quantia arbitrada de conformidade com o art. 685 do Código de Processo Civil, o juiz mandará imiti-lo provisoriamente na posse dos bens".

---

[36] BANDEIRA DE MELLO, Celso Antônio. *Curso de Direito Administrativo*. 31. ed. São Paulo: Malheiros, 2014. p. 910.

[37] Os limites do presente texto não nos permitem desenvolver pormenores acerca da distinção entre discricionariedade e conceitos indeterminados, razão pela qual remetemos o leitor a outros textos nos quais desenvolvemos a questão: ARAÚJO, Florivaldo Dutra de. Discricionariedade e motivação do ato administrativo. *In*: LIMA, Sérgio Mourão Correa (Coord.). *Temas de Direito Administrativo*: estudos em Homenagem ao Professor Paulo Neves de Carvalho. Rio de Janeiro: Forense, 2006. p. 99-125; ARAÚJO, Florivaldo Dutra de. *Motivação e controle do ato administrativo*. 2. ed. Belo Horizonte: Del Rey, 2005. p. 58-86.

Ou seja, sempre haverá a possibilidade de obter do juiz imissão de posse imediata, desde que satisfeitos os requisitos legais, entre eles, o da alegação da urgência.[38]

Porém, o que acima se disse acerca das hipóteses de utilidade ou necessidade pública deve ser igualmente aplicado nos casos em que o poder público, alegando urgência, pretende ser imitido provisoriamente na posse do bem sob processo desapropriatório.

Embora ainda subsista o entendimento de que a Administração Pública não necessita explicar as razões da urgência e de que ao juiz não cabe negar a imissão provisória, uma vez alegado o motivo de urgência,[39] também nesse aspecto urge a releitura da LGD, para tornar sua aplicação consoante às normas constitucionais do Estado Democrático de Direito. Nesse sentido, novamente a lição de Bandeira de Mello, contrapondo-se à vetusta tese da incontrolabilidade da declaração de urgência:

> Tal entendimento implica paralisar a interpretação do Direito perante certas palavras a que se atribui um cunho mágico: o som "urgência", grafado num papel, converteria a realidade, o mundo, e transformaria (como se isso fora possível) em urgente aquilo que jamais o foi, o que, se em alguns momentos o foi, deixou de sê-lo. Interpretar o Direito deste modo, ignorando, portanto, a finalidade da regra que prevê a imissão provisória de posse nas desapropriações, tal como se faz em relação a inúmeros outros institutos do Direito Administrativo, implica assumir uma atitude primitiva, rústica. Implica supor que os poderes instituídos por uma regra têm a consistência que tenham as palavras que os instauraram, ao invés de presumir, como seria lógico, que sua consistência está atrelada à finalidade em vista da qual foram concebidos e concedidos, isto é, subordinados à real subsistência do interesse que os justifica de direito.[40]

Assim, o controle jurisdicional na ação de desapropriação deve ser amplo, incluindo a fixação do justo preço e as nulidades processuais, mas abrangendo também a verificação de existirem ou não as circunstâncias legais invocadas para sua validade e os atos decorrentes, aí incluída a imissão provisória na posse.

Diante desses dados, no curso do processo expropriatório ou em ação direta, ao contestar a existência de motivo idôneo a embasar a desapropriação, trará o interessado a juízo elementos probatórios capazes de elidir os argumentos contidos na motivação dos atos do Poder Público. Desse procedimento contraditório extrairá o julgador os subsídios

---

[38] Nesse mesmo sentido, a lição de Egon Bockmann Moreira e Bernardo Strobel Guimarães: "O argumento de que tais restrições visam assegurar a celeridade do processo não se sustenta à luz de uma análise sistemática do instituto. Tal conclusão decorre do fato de o procedimento de desapropriação já conhecer mecanismos que garantem o acesso do Poder Público ao bem antes de definida a perda da propriedade, instituindo regras que disciplinam a imissão provisória na posse" (MOREIRA, Egon Bockmann; GUIMARÃES, Bernardo Strobel (Coord.). A Desapropriação no Estado Democrático de Direito. *In*: ARAGÃO, Alexandre Santos de; MARQUES NETO, Floriano de Azevedo (Coord.). *Direito Administrativo e seus novos paradigmas*. Belo Horizonte: Fórum, 2008. p. 610).

[39] Confira-se, a respeito, a seguinte passagem de CARVALHO FILHO: "Não concordamos, *data venia*, com LÚCIA VALLE FIGUEIREDO, para quem o expropriante deve explicar na declaração o motivo da urgência [...]. Entendemos, que o que é diferente, que o expropriante deve declarar formalmente (com certeza, no processo administrativo) que tem urgência na imissão, mas não é necessário que, no ato declaratório de utilidade pública, venha a detalhar o que já está nos assentamentos administrativo. Aliás, a lei nada exige a respeito e, na prática, o Poder Público apenas declara que tem urgência" (CARVALHO FILHO, José dos Santos. *Manual de Direito Administrativo*. 25. ed. São Paulo: Atlas, 2012. p. 837).

[40] BANDEIRA DE MELLO, Celso Antônio (Coord.). Princípios Fundamentais de Direito Administrativo. *In*: *Curso de Direito Administrativo*. São Paulo: Revista dos Tribunais, 1986. p. 19-20.

suficientes para a decisão que determinará a validade, ou não, do ato desapropriatório, bem como da real necessidade de imissão provisória na posse do bem.

É interessante observar que há casos em que os tribunais brasileiros admitem a discussão de outras questões na ação expropriatória, para além do preço e dos aspectos formais do procedimento. Infelizmente, essa abertura tem ocorrido mais no sentido de favorecer o Poder Público, quando questões de seu interesse surgem no processo judicial de desapropriação. A título ilustrativo, podem ser mencionadas decisões do STJ, segundo as quais dúvidas referentes ao domínio da União sobre terras a serem desapropriadas poderiam ser discutidas na própria ação expropriatória.[41]

Entendemos correto o alargamento do controle judicial na ação expropriatória. Porém, essa perspectiva deve ocorrer também nas questões de interesse do atingido pela pretensão expropriatória, pois o devido processo legal deve servir igualmente a ambos — ao Poder Público e ao cidadão.

Também, mesmo na doutrina que preconiza pela constitucionalidade da dicção do art. 20 da LGD, encontram-se posicionamentos que indicam a necessidade de flexibilizar, ainda que minimamente, a interpretação dessa norma. Nesse sentido, assim se expressa Carvalho Filho:

> Não obstante, distinguimos duas hipóteses. Se a discussão versar sobre o próprio conteúdo da vontade administrativa, isto é, se ocorrer dúvida sobre a conduta do administrador quanto à desapropriação, a matéria não pode ser dirimida na ação de desapropriação, mas em ação autônoma. Contudo, se o objetivo da declaração for atividade que não se encontre contemplada em lei, a discussão não será quanto ao conteúdo da vontade do administrador, mas sim quanto à inexistência de pressuposto considerado pela lei como

---

[41] Confira-se, ilustrativamente, o seguinte aresto do STJ: "ADMINISTRATIVO. AÇÃO DE DESAPROPRIAÇÃO. TERRAS DE FRONTEIRA. DEBATE ACERCA DA PROPRIEDADE PÚBLICA DOS IMÓVEIS. POSSIBILIDADE. CONDIÇÃO DA AÇÃO: POSSIBILIDADE JURÍDICA DO PEDIDO. ARTS. 20 E 34 DO DL 3.365/1941. INAPLICABILIDADE. 1. O art. 20 do DL 3.365/1941 impede, em regra, a discussão sobre o domínio nas Ações de Desapropriação. De modo coerente, o art. 34, parágrafo único, veda o levantamento da indenização no caso de incerteza quanto ao domínio (o que pressupõe o depósito pelo expropriante). 2. Ocorre que esses dispositivos legais (arts. 20 e 34 do DL 3.365/1941) referem-se à questão dominial entre particulares e são inaplicáveis se a indecisão recair sobre a possibilidade de desapropriação, no caso de o imóvel pertencer ao expropriante. 3. A dúvida relativa ao proprietário privado do imóvel (não é o caso dos autos) é irrelevante para o andamento da desapropriatória, pois, de qualquer forma, a indenização terá de ser depositada pelo Poder Público. 4. A discussão quanto ao proprietário privado é indispensável somente para definir quem levantará o depósito, e não para fixar o dever de depositar ou apurar o seu quantum. Por essa razão, o art. 20 do DL 3.365/1941 refere-se à contestação da desapropriação, que é apresentada, evidentemente, pelo expropriado. 5. O art. 20 do DL 3.365/1941 é dispositivo inscrito em favor do Poder Público, que prestigia a celeridade processual e o interesse social. Seria paradoxal interpretá-lo de modo a compelir a União a pagar por imóvel que lhe pertence. 6. In casu, a dúvida refere-se ao domínio da União sobre as terras a serem desapropriadas. É evidente que seus imóveis não podem ser objeto de Ação de Desapropriação, muito menos quando por ela intentada. 7. O debate sobre a propriedade, nessa hipótese excepcional, prejudica a existência da ação expropriatória. Trata-se de óbice ao desenvolvimento válido do processo, cujo enfrentamento é insuscetível de ser evitado ou adiado pelo Judiciário, sob pena de condenar absurdamente a União a pagar por imóvel que lhe pertence e que foi, a seguir, retitulado em favor dos particulares. 8. Entendimento firmado pela Primeira Seção do STJ no julgamento dos EREsp 783.840/PR, julgado em 12 de agosto de 2009. 9. Recurso Especial não provido (REsp nº 795.589/PR, Rel. Ministro Herman Benjamin, Segunda Turma, julgado em 22.09.2009, *DJe* 30.09.2009). Nesse mesmo sentido: REsp nº 1217059/PR, Rel. Min. Eliana Calmon, Segunda Turma, julgado em 04.04.2013, *DJe* 10.04.2013; EREsp nº 954.020/PR, Rel. Min. Hamilton Carvalhido, Primeira Seção, julgado em 28.04.2010, *DJe* 12.05.2010; EREsp nº 954.285/RS, Rel. Min. Eliana Calmon, Primeira Seção, julgado em 09.09.2009, *DJe* 18.09.2009; REsp nº 942.171/PR, Rel. Min. Denise Arruda, Primeira Turma, julgado em 20.11.2008, *DJe* 09.02.2009; AR nº 1.192/PR, Rel. Min. Humberto Martins, Primeira Seção, julgado em 11.06.2008, *DJe* 17.11.2008.

passível de gerar a desapropriação. Nessa hipótese, entendemos que o juiz pode (e deve) ex officio apreciar a questão e até mesmo extinguir o processo expropriatório em julgamento do mérito por falta de condição da ação.[42]

O problema de semelhante posicionamento é o de que ele exige uma declaração formal de "confissão" de ilegalidade por parte do agente público, o que torna de pouca aplicabilidade, na prática, a tese suscitada.

Também a comparação entre a LGD e a legislação mais recente sobre desapropriação indica que a regra do referido art. 20 não se justifica.

Para atender às finalidades da reforma agrária, vigora a Lei Complementar nº 76, de 06.07.1993, que estabelece procedimento judicial especial para o processo de desapropriação de imóvel rural, por interesse social. O art. 9º dessa Lei prescreve: "A contestação deve ser oferecida no prazo de quinze dias e versar *matéria de interesse da defesa*, excluída a apreciação quanto ao interesse social declarado". Veja-se que, mesmo considerada a exclusão do final do dispositivo, amplia-se consideravelmente o objeto da ação expropriatória, em comparação ao previsto na LGD.

Entendemos que o tratamento desigual entre o proprietário em geral e aquele atingido pela desapropriação de imóvel rural, no tocante à limitação do direito de defesa, ofende o princípio da isonomia (CF, art. 5º, *caput*), uma vez que não há razões consistentes, de ordem jurídica, que possam justificar a disparidade legal.[43]

Assim, as aberturas aqui indicadas, jurisprudencial, doutrinária e legislativa, demonstram que a aplicação literal do art. 20 da LGD não é mais cabível e que o caminho da compatibilização da LGD com a Constituição vigente é o do alargamento do objeto da ação expropriatória, sem prejuízo de que, em situações de comprovada urgência, o poder judiciário resguarde o interesse social, por meio da imissão provisória na posse.

5 Conclusão

A problemática que envolve a aplicação de normas infraconstitucionais em face de nova Constituição implica constante verificação da compatibilidade entre esses dois planos normativos, podendo levar à conclusão de que os textos pretéritos não foram recepcionados pela nova ordem constitucional.

---

[42] Em seguida, o autor ilustra sua posição: "Exemplificamos para deixar mais claro nosso pensamento. Se o Poder Público declara a utilidade pública de um bem para o fim de ser construído um prédio público, não cabe discutir no processo de desapropriação se o administrador queria, na verdade, vingar-se do proprietário do bem, em conduta indicativa de desvio de finalidade. Essa questão há de ser apreciada em ação direta. Mas, se a declaração, por exemplo, indica que o objetivo do administrador é o de fazer doação do bem a um de seus auxiliares, o juiz pode conhecer dessa questão e não julgar o mérito, porque esse objetivo — doação a particular — expresso na declaração não tem previsão em qualquer dispositivo legal como passível de admitir a desapropriação" (CARVALHO FILHO, José dos Santos. *Manual de Direito Administrativo*. 25. ed. São Paulo: Atlas, 2012. p. 833).

[43] Sobre a ínsita relação que se deve observar entre o exercício do poder expropriatório e a isonomia, cf. a lição de Clóvis Beznos: "[...] o princípio da igualdade que se colhe do artigo 5º do Texto Constitucional constitui-se, a nosso ver, em um dos princípios que sobrepairam os demais, condicionando a existência dos demais direitos e deveres que o ordenamento prescreve". Disso, conclui Beznos: "Assim, não se pode conceber, diante desse princípio, que os encargos sociais decorrentes dos benefícios ou melhorias, construídos em prol da coletividade, recaiam especialmente sobre alguém, exigindo que sejam eles distribuídos por toda a sociedade" (BEZNOS, Clóvis. *Aspectos jurídicos da indenização na desapropriação*. Belo Horizonte: Fórum, 2006. p. 21).

Nessa perspectiva, tanto se pode concluir pela exclusão da norma infraconstitucional do ordenamento jurídico quanto se pode afastar apenas certas interpretações não mais consentâneas com uma nova Constituição. Assim, preserva-se a regra legal, mas em decorrência de renovada delimitação de seu alcance.

Tanto o advento da CF/88 quanto a consequente renovação do ordenamento infraconstitucional, por meio da edição de novas leis, como a LGPA, estão a exigir do intérprete e do aplicador da LGPA uma nova visão hermenêutica, que torne esse texto legal compatível com os avanços verificados na proteção dos direitos fundamentais no quadro do Estado Democrático de Direito.

Referências

ALEGRE, José Sérgio Monte. Desapropriação: o art. 7º do Dec-Lei nº 3.365/41 e a inviolabilidade do domicílio. *Revista de Direito Administrativo*, Rio de Janeiro, v. 203, p. 71-74, jan./mar. 1996.

ARAÚJO, Florivaldo Dutra de. Discricionariedade e motivação do ato administrativo. *In*: LIMA, Sérgio Mourão Correa (Coord.). *Temas de Direito Administrativo*: estudos em Homenagem ao Professor Paulo Neves de Carvalho. Rio de Janeiro: Forense, 2006. p. 99-125.

ARAÚJO, Florivaldo Dutra de. *Motivação e controle do ato administrativo*. 2. ed. Belo Horizonte: Del Rey, 2005.

BANDEIRA DE MELLO, Celso Antônio (Coord.). Princípios fundamentais de Direito Administrativo. *In*: *Curso de Direito Administrativo*. São Paulo: Revista dos Tribunais, 1986. p. 10-30.

BANDEIRA DE MELLO, Celso Antônio. *Curso de Direito Administrativo*. 31. ed. São Paulo: Malheiros, 2014.

BEZNOS, Clóvis. *Aspectos jurídicos da indenização na desapropriação*. Belo Horizonte: Fórum, 2006.

CARVALHO FILHO, José dos Santos. *Manual de Direito Administrativo*. 25. ed. São Paulo: Atlas, 2012.

FAGUNDES, Miguel Seabra. *O controle dos atos administrativos pelo Poder Judiciário*. 6. ed. São Paulo: Saraiva, 1984.

FAUSTO, Boris. *História Concisa do Brasil*. 2. ed. 2. reimp. São Paulo: Edusp, 2009.

MEIRELLES, Hely Lopes. *Direito Administrativo Brasileiro*. 25. ed. São Paulo: Malheiros, 2000.

MOREIRA, Egon Bockmann; GUIMARÃES, Bernardo Strobel (Coord.). A desapropriação no Estado Democrático de Direito. *In*: ARAGÃO, Alexandre Santos de; MARQUES NETO, Floriano de Azevedo (Coord.). *Direito Administrativo e seus novos paradigmas*. Belo Horizonte: Fórum, 2008. p. 593-618.

MOREIRA, João Batista Gomes. *Due Process of Law* e desapropriação indireta. *Interesse Público*, São Paulo, ano 1, n. 4, p 54-79, out./dez. 1999.

NOBRE JÚNIOR, Edílson Pereira. Princípios retores da desapropriação. *Revista de Informação Legislativa*, Brasília, ano 34, n. 135, p. 203-217, jul./set. 1997.

PIRES, Maria Coeli Simões. *Da proteção ao patrimônio cultural*: o tombamento como principal instituto. Belo Horizonte: Del Rey, 1994.

PONTES DE MIRANDA. *Comentários à Constituição de 1967, com a Emenda nº 1 de 1969*. 3. ed. Rio de Janeiro: Forense, 1987. t. V.

ROCHA, Cármen Lúcia Antunes. Observações sobre a desapropriação no Direito brasileiro. *Revista de Direito Administrativo*, Rio de Janeiro, v. 204, p. 33-52, abr./jun. 1996.

SALLES, José Carlos de Moraes. *A desapropriação à luz da doutrina e da jurisprudência*. 5. ed. São Paulo: Revista dos Tribunais, 2006.

SUNDFELD, Carlos Ari. A importância do procedimento administrativo. *Revista de Direito Público*, São Paulo, n. 84, p. 64-74, out./dez. 1987.

TOURINHO, Rita. O desvio de finalidade na ação expropriatória: interpretação sistemática do Decreto-Lei nº 3.365/41. *Revista de Direito Administrativo*, Rio de Janeiro, v. 238, p. 363-374, out./dez. 2004.

Informação bibliográfica deste texto, conforme a NBR 6023:2002 da Associação Brasileira de Normas Técnicas (ABNT):

ARAÚJO, Florivaldo Dutra de. A lei geral de desapropriação em face da Constituição de 1988. *In*: DIAS, Maria Tereza Fonseca *et al.* (Coord.). *Estado e propriedade*: estudos em homenagem à professora Maria Coeli Simões Pires. Belo Horizonte: Fórum, 2015. 301-319p.

DECLARAÇÃO DE INTERESSE PÚBLICO INSTITUÍDA PELO ESTATUTO DOS MUSEUS: NOVA MODALIDADE DE INTERVENÇÃO DO ESTADO NA PROPRIEDADE OU *BIS IN IDEM*?[1]

JÚLIO CÉSAR DOS SANTOS ESTEVES

JEAN ALESSANDRO SERRA CYRINO NOGUEIRA

CAIO BARROS CORDEIRO

De asas abertas

Como as aves incertas

Escreve no céu ou no ar

Os sonhos de voar.[2]

(PIRES, Maria Coeli Simões)

---

[1] Em diferentes épocas e circunstâncias, os autores deste artigo receberam da vida uma dádiva muito singular: a de cruzar o caminho da Professora Maria Coeli Simões Pires. Fomos, assim, contemplados com a bênção de sua amizade, carinho e permanente proteção. Força é admitir que tal não se deu propriamente por algum mérito ou especial merecimento de cada um de nós. É que Maria Coeli é mesmo assim: seu coração pulsa sob o compasso da generosidade, seus gestos resultam de uma intrínseca propensão para orientar, ajudar. É de seu natural acolher, mostrar caminhos, descobrir dons, revelar potencialidades, fomentar vocações. Sempre sem qualquer alarde; ao revés, com discrição que beira ao anonimato. Venturosos, pois, os que, como nós, se veem guiados por sua mão inspiradora, dos que podem se abeberar na fonte dos seus muitos saberes. Saberes que vão das coisas da terra, das prendas de casa aos mistérios da alma e da mente; dos segredos da linguagem à abstração das leis; dos caprichos da natureza à complexidade dos compêndios e às mais altas questões do Estado. Saberes tão profundos e múltiplos a abranger muitas artes, diversas ciências — e por que não dizer alguma magia. Tudo sempre batizado e matizado por inabalável elegância e suave lirismo. Cremos, assim, entre vaidosos e ingênuos, que fomos, cada um de nós, eleitos como seu discípulo. Vaidosos pela razão mesma de merecer a escolha, ingênuos, por, no fundo, sabermos que apenas integramos uma multidão de gente a experimentar, cada qual, a mesma sensação. Pouco importa. Um dos talentos da Coeli é precisamente esse de fazer com que cada um se sinta único. Trata-se, muito provavelmente, de uma predestinação, de um desses poderes ou engenhos próprios dos iluminados, dos que carregam algo de sobrenatural. Não terá sido por outra razão que o Sr. Pedrinho Simões e a Dona Bembém, guiados por intuição e tino, deram à menina nascida "em Serro" o nome de Maria do Céu.

[2] PIRES, Maria Coeli Simões. *Despejo*. Belo Horizonte: Mazza Edições, 1999. p. 61.

1 Introdução

Como asseverou o Professor Jayme de Altavila "os direitos sempre foram espelhos das épocas".[3] Traduzindo como poucos o evoluir ou, quando menos, a transformação da sociedade ao longo da história, o direito de propriedade sempre se modificou sob o efeito das ideologias dominantes.

Do individualismo predominante na era romana, e revivido no período pós-revolução francesa, até a atual prevalência de sua função social, o direito de propriedade experimentou profundas modificações sem todavia perder sua aura de sacralidade, atributo, aliás, emblematicamente registrado na Declaração dos Direitos do Homem e do Cidadão.[4]

Nesse contexto, embora já assimilado pela Ciência do Direito e pelos sistemas políticos, o poder de intervenção do Estado na propriedade convive com a acepção individual desse direito em permanente ambiente de tensão. O exercício do poder interventivo para a defesa, proteção e conservação do patrimônio cultural parece despertar ainda mais resistência.

É, todavia, inegável que o patrimônio cultural como elemento principal da identidade de um povo constitui propriedade de todos, atraindo a atuação do Estado e demandando políticas públicas de proteção e, não raro, a postura interventiva do Estado na propriedade.

Um exemplo desse ambiente de tensão entre o exercício do dever do Estado de proteção do patrimônio cultural — notadamente mediante restrições ao seu uso e fruição — e o exercício do direito de propriedade surge com a reação de determinados seguimentos da sociedade à edição das Leis nº 11.904, de 14 de janeiro de 2009, conhecida como Estatuto dos Museus, e nº 11.906, de 20 de janeiro de 2009, que criou o Instituto Brasileiro de Museus (IBRAM) e sua regulamentação.

Ditas inovações estão a demandar a atenção não só de setores da cultura, mas também da comunidade jurídica, razão pela qual o presente estudo propõe-se a fazer uma análise crítica e pontual da referida legislação.

2 O regime constitucional de proteção do patrimônio cultural

Nenhum outro diploma constitucional brasileiro dispensou tamanha importância ao tema do patrimônio cultural como a Constituição da República de 1988. Nessa linha, não há exagero em se reconhecer a existência de um regime constitucional do patrimônio cultural.

Integram esse regime ou sistema, em um primeiro plano, a definição constitucional de patrimônio cultural, claramente tributária da tendência mundial — especialmente robustecida no Século XX — de preservação do referido patrimônio e de reconhecimento da cultura como o mais destacado e vigoroso elemento de identidade de uma sociedade.

---

[3] ALTAVILA, Jayme. *Origem dos direitos dos povos*. 5. ed. São Paulo: Icone, 1989. p. 9.

[4] XVII - A propriedade sendo um direito inviolável e sagrado, ninguém dela pode ser privado se não for por necessidade pública, legalmente constatada, sob a condição de uma justa e prévia indenização (Declaração dos Direitos do Homem e do Cidadão).

Assim, estabeleceu o art. 216 da Lei Fundamental brasileira que o patrimônio cultural é formado pelos bens materiais e imateriais portadores de referência à identidade, à ação e à memória dos diferentes grupos formadores da sociedade brasileira.

Naturalmente múltiplo e diversificado, o referido conjunto de bens é posto sob a proteção do Estado por força do que dispõe o art. 215, abrangendo, ainda na dicção do mencionado art. 216, "os modos de criar, fazer e viver, as criações científicas, as obras, objetos, documentos, edificações e demais espaços destinados às manifestações artísticas e culturais", como também "os conjuntos urbanos e sítios de valor histórico, paisagístico, artístico, arqueológico, paleontológico, ecológico e científico".

O tratamento constitucional do tema encerra ainda a previsão de amplo espectro de competência dos entes federados. Assim, a proteção dos documentos, obras e outros bens de valor histórico artístico e cultural, dos monumentos, paisagens naturais notáveis e sítios de valor arqueológico constitui incumbência comum da União, dos Estados, do Distrito Federal e dos Municípios, consoante o comando do art. 23, inc. III.

De sua feita, a União, os Estados e o Distrito Federal recebem do art. 24, inc. IX, do Diploma Constitucional, a competência de legislar sobre cultura, o que, a princípio, não excluiria igual atribuição dos Municípios, a teor da previsão do art. 30, inc. I, que comete ao ente municipal a ampla capacidade de legislar sobre assuntos de interesse local. A conclusão é reforçada pelos §§3º e 4º do citado art. 216, segundo os quais, a par da competência da União para disciplinar em lei, o Sistema Nacional de Cultura, os Estados, o Distrito Federal e, nomeadamente, os Municípios devem organizar seus respectivos sistemas de cultura em leis próprias.

Ainda com enfoque no regime constitucional sobre o patrimônio cultural, importa notar que a Constituição assegura a todos o direito de participar da vida cultural, de ter acesso aos bens culturais e às fontes de cultura e de verem respeitadas e valorizadas a identidade e a diversidade cultural (art. 215, *caput*).

Não será demais lembrar que a Constituição atribui ao Poder Público e, de forma inédita, à comunidade, o dever de proteger o patrimônio cultural. Nesse sentido, a Emenda Constitucional nº 71, de 29 de novembro de 2012, acrescentou o art. 216-A à Carta Magna, criando o Sistema Nacional de Cultura, "organizado em regime de colaboração, de forma descentralizada e participativa", instituindo um processo de gestão e promoção conjunta de políticas públicas de cultura "democráticas e permanentes, pactuadas entre os entes da Federação e a sociedade, tendo por objetivo promover o desenvolvimento humano, social e econômico com pleno exercício dos direitos culturais". Quer, coerentemente, a Constituição que a responsabilidade pela gestão da cultura seja compartilhada entre o Poder Público e a sociedade.

Não obstante o reconhecimento, a valorização e a prometida proteção constitucional ao patrimônio cultural, ainda se observa na prática "a fragilidade generalizada das instituições públicas carentes de recursos e sobretudo de políticas e modelos de gestão eficientes [...]" no preciso diagnóstico de Ana Letícia Fialho.[5]

A dificuldade do Estado em formular e executar políticas de regulação, proteção e fomento da cultura, especialmente em face da diversidade cultural, faz com que os

---

[5] FIALHO, Ana Letícia. O IBRAM, o mercado de arte, os desacertos das políticas e a salvaguarda do patrimônio cultural nacional. *Fórum permanente*. Disponível em: <http://www.forumpermanente.org>. Acesso em: 20 fev. 2014.

bens culturais se mantenham como artigo de luxo. Se é certo que o País enfrenta muitas carências e intolerável desigualdade social, não é menos correto que as dificuldades vivenciadas no campo da cultura resultam não apenas da falta de recursos, mas sobretudo da falta de vontade política. O poder público, no Brasil, não tem se empenhado na promoção da cultura, senão mediante acanhado apoio de natureza assistencialista. A não ser pela prática de isenções fiscais, o Estado brasileiro omite-se na elaboração de políticas e na criação de estrutura que viabilize a produção cultural.

Nesse quadro, assume elevado valor simbólico a perda de obras de arte para outros países, a evidenciar o cenário não apenas de descaso com a cultura, mas da própria incapacidade de instituições brasileiras promoverem a conservação, circulação e divulgação de acervos nacionais, bem assim um certo complexo de inferioridade da sociedade e do poder público em matéria cultural.

Não foi outro o sentimento inspirado pela venda do acervo de arte construtivista de Adolpho Leirner ao *Museum of Fine Arts of Houston* em 2007. Trata-se da mais importante coleção de arte construtivista — com obras de Lygia Clark, Hélio Oiticica, Milton Dacosta e Mira Schendel, entre outros — pertencente ao conhecido colecionador brasileiro e após várias tentativas frustradas de venda para o Museu de Arte de São Paulo Assis Chateaubriand (MASP), o Museu de Arte Moderna e a Pinacoteca do Estado de São Paulo. Sintetizando a opinião do segmento das artes, a historiadora Aracy Amaral assim se manifestou sobre o episódio em reportagem assinada por Fábio Cypriano:

> Falta espírito público por parte das instituições brasileiras, em nível federal, estadual e municipal, da elite financeira e do próprio colecionador [...] ninguém aqui se preocupa com o patrimônio cultural, há uma falta de comprometimento.[6]

Parece ter ferido ainda mais o orgulho nacional a venda, em 1995, da pintura símbolo nacional do modernismo brasileiro, o Abapuru, de Tarsila do Amaral, para o colecionador argentino Eduardo Constantini. A tela constitui hoje a principal atração do *Museo de Arte Latinoamericano de Buenos Aires* (MALBA).

Apresentando esses e outros episódios da mesma raiz, a *Revista Istoé* publicou matéria intitulada "Para todo Mundo ver", que tinha como *lead*:

> Vendidos para instituições internacionais ou emprestados para museus brasileiros, acervos ganham visibilidade e chances de sobrevivência, diante da isenção do Estado em formar coleções.[7]

A menção a esse arcabouço constitucional e fático relativo ao patrimônio cultural resulta da inquestionável relação de causa e efeitos que apresenta entre a edição do Estatuto dos Museus e a criação do IBRAM, sobretudo diante da regulamentação dada à matéria pelo Decreto nº 8.124, de 17 de outubro de 2013.

---

[6] CYPRIANO, Fábio. Venda da Coleção Leirner gera protesto. *Folha de S.Paulo* [on line]. Disponível em: <http://www1.folha.uol.com.br/fsp/ilustrad/fq2103200707.htm>. Acesso em: 25 fev. 2014.

[7] ALZUGARAY, Paula. Para Todo Mundo ver. *Revista Istoé independente* [on line]. Disponível em: <http://www.terra.com.br/istoe-temp/edicoes/2090/artigo157148-2.htm>. Acesso em: 1º mar. 2014.

3 O Estatuto dos Museus (Lei Federal nº 11.904/09), o IBRAM e a regulamentação pelo Decreto Federal nº 8.124/13

Conforme anteriormente exposto, em 2009 a edição de duas normas marcaram o setor museológico brasileiro, com significativo impacto para o tratamento legislativo dispensado ao patrimônio cultural: a Lei nº 11.904/09, também conhecida como Estatuto dos Museus, e a Lei nº 11.906/09, que criou o Instituto Brasileiro de Museus (IBRAM).

Embora ambos os diplomas tenham entrado em vigor ainda em 2009, os debates técnicos e jurídicos a respeito da matéria intensificaram-se somente no ano de 2013. Isso porque, apenas naquele ano, é que o Poder Executivo Federal regulamentou a matéria, mediante edição do Decreto nº 8.124, de 17 de outubro de 2013, alvo de reiteradas críticas por parte de colecionadores e outros atores do segmento das artes.

Erigindo-se em ponto nodal do presente estudo, os diplomas citados e suas peculiaridades serão doravante analisadas.

3.1 O Estatuto dos Museus

A Lei nº 11.904/09, além de trazer uma definição legal de museus,[8] elencou os seus princípios fundamentais[9] e estabeleceu, entre outros pontos, o regime aplicável aos museus brasileiros.

As disposições da referida norma, de abrangência nacional, recaem tanto sobre os museus públicos — que nos termos do art. 13 do referido Estatuto serão "as instituições museológicas vinculadas ao poder público, situadas no território nacional" — quanto sobre os museus privados.

Também receberam especial atenção do legislador os acervos e sua respectiva preservação, conservação, restauração e segurança, bem como o estudo, a pesquisa, o acesso, as difusões educativas e culturais dos bens depositados nos museus brasileiros.

Duas importantes inovações dignas de nota já existentes no âmbito da União e que foram estendidas para os Estados, Distrito Federal e Municípios dizem respeito (i) ao dever aplicável aos museus, públicos ou privados, de elaborarem e implementarem seus planos museológicos e (ii) da ampliação da incidência e atribuições do Sistema de Museus.

Nos termos do art. 45 da Lei nº 11.904/09, o Plano museológico possui sentido global e integrador e atua na identificação da vocação da instituição museológica, voltando-se para a definição, o ordenamento e a priorização dos objetivos e das ações de cada uma de suas áreas de funcionamento.

---

[8] Art. 1º Consideram-se museus, para os efeitos desta Lei, as instituições sem fins lucrativos que conservam, investigam, comunicam, interpretam e expõem, para fins de preservação, estudo, pesquisa, educação, contemplação e turismo, conjuntos e coleções de valor histórico, artístico, científico, técnico ou de qualquer outra natureza cultural, abertas ao público, a serviço da sociedade e de seu desenvolvimento.

[9] Art. 2º São princípios fundamentais dos museus:
I - a valorização da dignidade humana;
II - a promoção da cidadania;
III - o cumprimento da função social;
IV - a valorização e preservação do patrimônio cultural e ambiental;
V - a universalidade do acesso, o respeito e a valorização à diversidade cultural;
VI - o intercâmbio institucional.

O Plano museológico, ferramenta já adotada em outros países e que havia sido criado para os museus públicos da União por intermédio da Portaria Normativa nº 01, de 05 de julho de 2006, do Instituto do Patrimônio Histórico e Artístico Nacional (IPHAN), passa, desta forma, a ser obrigatório também para os demais museus públicos e privados existentes no Brasil, constituindo-se, em síntese, como ferramenta básica de planejamento estratégico estruturada na lógica de programas, projetos e ações.[10]

O Sistema de Museus, que anteriormente restringia-se ao nível federal, sob a denominação dada pelo Decreto nº 5.264, de 05 de novembro de 2004, como Sistema Brasileiro de Museus, também ganhou caráter legal e recebeu significativa ampliação de suas atribuições, na medida em que passa a ser concebido como uma "rede organizada de instituições museológicas, baseado na adesão voluntária, configurado de forma progressiva e que visa à coordenação, articulação, à mediação, à qualificação e à cooperação entre os museus".

Dessa forma, mantém-se no âmbito da União o Sistema Brasileiro de Museus, cabendo aos demais entes federados estabelecerem em lei as normas específicas de organização, articulação e atribuições das instituições museológicas em sistemas de museus próprios, de acordo com os princípios dispostos no Estatuto.

Outra inovação da Lei nº 11.904/09 refere-se à possibilidade de aplicação de sanções por força do não cumprimento das medidas necessárias à preservação do patrimônio cultural ou correção dos inconvenientes e danos causados pela degradação, inutilização e destruição dos bens depositados nos museus, nos termos do art. 66.

As penas previstas podem variar desde multa simples ou diária, perda ou restrição de incentivos ou benefícios fiscais, passando pela suspensão da participação em linhas de financiamento e chegando até mesmo à possibilidade de impedimento de contratar com o Poder Público ou suspensão parcial da atividade.

Por fim, ainda que todas essas inovações ora citadas tenham sido debatidas pelos estudiosos da matéria, nenhuma delas foi objeto de tanta discussão como os arts. 5º e 63 do Estatuto dos Museus, que tratam, respectivamente, da declaração de interesse público e do direito de preferência.

Prevê o art. 5º:

> Art. 5º Os bens culturais dos museus, em suas diversas manifestações, podem ser declarados como de interesse público, no todo ou em parte.
>
> §1º Consideram-se bens culturais passíveis de musealização os bens móveis e imóveis de interesse público, de natureza material ou imaterial, tomados individualmente ou em conjunto, portadores de referência ao ambiente natural, à identidade, à cultura e à memória dos diferentes grupos formadores da sociedade brasileira.
>
> §2º Será declarado como de interesse público o acervo dos museus cuja proteção e valorização, pesquisa e acesso à sociedade representar um valor cultural de destacada importância para a Nação, respeitada a diversidade cultural, regional, étnica e lingüística do País.

---

[10] TRINDADE, Silvana Cançado. *Plano museológico*: Caderno 02. Belo Horizonte: Secretaria de Estado de Cultura/ Superintendência de Museus de Minas Gerais, 2010. Disponível em: <http://www.cultura.mg.gov.br/files/ museus/2miolo_planejamento_museologico.pdf>. Acesso em: 10 mar. 2014.

Portanto, a partir da Lei nº 11.904/09, os bens culturais dos museus ou aqueles passíveis de musealização estão sujeitos à incidência do instituto da declaração de interesse público, excluindo-se, por força do art. 6º da referida Lei, as bibliotecas, os arquivos, os centros de documentação e as coleções visitáveis.

Contudo, o Estatuto dos Museus não detalhou o novo instrumento: a Lei, de forma inusitada, não faz qualquer alusão ao seu procedimento ou aos seus efeitos, reduzindo o tratamento legislativo dado à matéria aos arts. 5º e 6º.

A página eletrônica oficial do IBRAM (www.museus.gov.br) noticia a declaração de interesse público como sendo uma ferramenta de

> acautelamento e proteção, que concomitantemente aos já elencados na Constituição Federal, em seu artigo 216, terá a função de preservar, valorizar e tornar acessíveis à sociedade bens culturais musealizados e passíveis de musealização que representam um valor cultural de destacada importância para o país, respeitada a diversidade cultural, regional, étnica e linguística.

Na prática, conforme exposto mais a frente, criou-se uma nova modalidade de intervenção do Estado na propriedade para além daquelas já existentes no Direito brasileiro, dando azo a relevantes ilações jurídicas acerca do tratamento dispensado ao patrimônio cultural, sem dizer da arrebatada reação de galeristas, artistas, *marchands* e proprietários em geral.

Já pela dicção do art. 63 da Lei nº 11.904/09, permitiu-se que os museus integrados ao Sistema Brasileiro de Museus gozem do direito de preferência em caso de venda judicial ou leilão de bens culturais, respeitada a legislação em vigor.

Esse direito de preferência apenas poderá ser exercido se o bem cultural se integrar na política de aquisições dos museus, sob pena de nulidade do ato, devendo ser exercido no prazo de quinze dias. Caso haja concorrência entre os museus integrantes do Sistema, caberá ao Comitê Gestor determinar a que museu se dará primazia.

3.2 O Instituto Brasileiro de Museus (IBRAM)

A Lei nº 11.906/2004, que criou IBRAM com natureza jurídica de autarquia federal vinculada ao Ministério da Cultura, por sua vez, definiu no art. 3º as finalidades da nova entidade, sobrelevando a de promover e assegurar a implementação de políticas públicas para o setor museológico, estimulando a participação de instituições afins nas políticas públicas para o setor e apoiando seu fortalecimento por intermédio de estudos, da preservação e da valorização do patrimônio cultural.

Para tanto, compete ao IBRAM regular, fomentar e fiscalizar o setor museológico, coordenando a elaboração do Plano Nacional Setorial de Museus (PNSM) e do Sistema Brasileiro de Museus, além de regular e coordenar o Registro de Museus, o Cadastro Nacional de Museus, o Inventário Nacional dos Bens Culturais Musealizados e o Cadastro Nacional de Bens Culturais Musealizados Desaparecidos.

As principais críticas atinentes à criação do IBRAM referiam-se, em um primeiro momento, conforme aponta Carlos Ari Sundfeld,[11] a um possível excesso de

---

[11] SUNDFELD, Carlos Ari. *É de regulação e punição que os museus brasileiros precisam?*. Disponível em: <http://www.brasilpost.com.br/carlos-ari-sundfeld/regulacao-museus_b_4874992.html>. Acesso em: 1º mar. 2014.

regulamentação do setor e, ainda, ao questionamento sobre a real necessidade de se estruturar uma nova autarquia federal, na medida em que suas atividades fins poderiam, ao menos em tese, terem sido absorvidas pelo IPHAN, evitando-se, assim, a criação de mais 425 cargos efetivos do Plano Especial de Cargos da Cultura, 86 cargos em comissão DAS e 59 funções gratificadas.[12]

No que se refere à regulamentação do setor, convém registrar a opinião no sentido de que se esperava, com a iniciativa de criação do IBRAM, o fortalecimento da esfera institucional "para a construção de um sistema das artes mais equilibrado".[13]

Menciona-se, por derradeiro, que o IBRAM sucedeu o IPHAN nos direitos, deveres e obrigações decorrentes dos 28 museus federais, assumiu o desafio de estimular a prática de ações integradas entre os museus brasileiros, bem como de fomentar as políticas de aquisição e de preservação de acervos.[14]

3.3 A regulamentação pelo Decreto nº 8.124/13

Como apontado, as discussões acerca da temática intensificaram-se com a edição, em 17 de outubro de 2013, do Decreto Federal nº 8.124, que regulamentou o Estatuto dos Museus e a criação do IBRAM.

O referido Decreto fixou as competências do nova autarquia federal[15] e dos museus públicos e privados,[16] além de sistematizar os instrumentos da Política Nacional

---

[12] Arts 17 a 20 da Lei Federal nº 11.906/09.

[13] FIALHO, Ana Letícia. O IBRAM, o mercado de arte, os desacertos das políticas e a salvaguarda do patrimônio cultural nacional. *Fórum Permanente*. Disponível em: <http://www.forumpermanente.org>. Acesso em: 20 fev. 2014.

[14] Para mais informações, acessar a página eletrônica da Associação Cultural Fórum Permanente: <http://www.forumpermanente.org>.

[15] Art. 3º Compete ao IBRAM:
I - regular, fomentar e fiscalizar o setor museológico;
II - coordenar e monitorar a elaboração e implementação do Plano Nacional Setorial de Museus – PNSM;
III - coordenar o Sistema Brasileiro de Museus – SBM;
IV - regular, coordenar e manter atualizado para consulta:
a) o Registro de Museus;
b) o Cadastro Nacional de Museus – CNM;
c) o Inventário Nacional dos Bens Culturais Musealizados; e
d) o Cadastro Nacional de Bens Culturais Musealizados Desaparecidos;
V - elaborar, divulgar e manter atualizado material com recomendações técnicas relacionadas a:
a) preservação, conservação, documentação, restauração e segurança dos bens culturais musealizados e declarados de interesse público;
b) estudos de público, diagnóstico de participação e avaliações periódicas a serem realizados pelos museus, para melhorar progressivamente a qualidade do funcionamento e o atendimento às necessidades de vistantes e usuários;
c) condições de segurança das instalações dos museus;
d) restrições à entrada de objetos e de pessoas, que deverão ser justificadas e expostas em local de fácil visualização para visitantes e usuários;
e) formas de colaboração com entidades de segurança pública no combate aos crimes contra a propriedade e tráfico de bens culturais;
f) acessibilidade nos museus; e
g) elaboração do plano museológico.
Parágrafo único. O IBRAM desenvolverá estudos e pesquisas relativas aos museus para fins de formulação, implementação e monitoramento de políticas públicas.

[16] Art. 4º Compete aos museus, públicos e privados:
I - registrar os atos de criação, fusão, incorporação, cisão ou extinção dos museus no órgão municipal, estadual, distrital, ou, na sua ausência, no IBRAM;

de Museus, com destaque para (i) o Plano Nacional Setorial de Museus (PNSM), concebido como "instrumento de planejamento estratégico de longo prazo do setor museológico brasileiro";[17] (ii) o Cadastro Nacional de Museus (CNM), ferramenta "para produção de conhecimentos e informações sistematizadas sobre o setor museológico brasileiro";[18] (iii) o Inventário Nacional dos Bens Culturais Musealizados, para "proteção e preservação do patrimônio museológico";[19] (iv) o Cadastro Nacional de Bens Culturais Desaparecidos, com a finalidade de "consolidar e divulgar informações que favoreçam a localização e recuperação de bens musealizados e os declarados de interesse público desaparecidos";[20] e (v) o Programa de Fomento aos Museus e à Memória Brasileira, para "garantir a democratização do acesso aos meios de financiamento público federal, visando à preservação, difusão e valorização do patrimônio museológico e da memória do povo brasileiro".[21]

No que se refere à regulamentação da gestão e organização dos museus, o Decreto Federal tratou da necessidade de cada instituição, pública ou privada, elaborar seus respectivos regimentos internos e planos museológicos, bem como determinar a sua política para tratamento do patrimônio museológico.

O Decreto nº 8.124/13 ainda dispôs sobre as penalidades previstas no Estatuto dos Museus e sua aplicação, determinando, para tanto, as normas para a ação fiscalizadora do IBRAM e do processo administrativo sancionador.

Para Ana Letícia Fialho, o primeiro ponto de reflexão sobre o Decreto seria os já referidos questionamentos a respeito do excesso de regulamentação e da possível sobreposição do IBRAM em relação à competência, aos instrumentos e cadastros já existentes no âmbito do IPHAN, o que poderia comprometer a principal finalidade da nova autarquia, qual seja, a de promover políticas que fortaleçam a atuação dos museus. A crítica fica bem delineada no seguinte trecho:

> o excesso de normativas e a existência de diferentes instâncias com funções semelhantes burocratiza e dificulta a execução de suas finalidades. Nesse sentido, seria oportuna a revisão do Decreto à luz das normativas já existentes e promover ações coordenadas com o IPHAN, com base em estudos aprofundados do setor, planejamento e avaliação

---

II - inserir e manter atualizados informações:
a) no Cadastro Nacional de Museus, quando cadastrados;
b) no Cadastro Nacional de Bens Culturais Musealizados Desaparecidos;
c) no Inventário Nacional dos Bens Culturais Musealizados;
III - manter atualizada documentação sobre os bens culturais que integram seus acervos, na forma de registros e inventários em consonância com o Inventário Nacional dos Bens Culturais Musealizados;
IV - garantir a conservação e segurança do seu acervo;
V - garantir a acessibilidade universal;
VI - formular, aprovar ou, quando for o caso, propor para aprovação da entidade a que se vincule, sua política de aquisições e descartes de bens culturais que integrem os seus acervos;
VII - disponibilizar livro de sugestões e reclamações em local visível e de fácil acesso a visitantes, sem prejuízo de outros instrumentos a serem disponibilizados com a mesma finalidade, inclusive por meio eletrônico; e
VIII - enviar ao IBRAM dados e informações relativas às visitações anuais, de acordo com ato normativo do Instituto.

[17] Cf. art. 6º do Decreto nº 8.124/13.
[18] Cf. art. 10 do Decreto nº 8.124/13.
[19] Cf. art. 11 do Decreto nº 8.124/13.
[20] Cf. art. 13 do Decreto nº 8.124/13.
[21] Cf. art. 21 do Decreto nº 8.124/13.

de seu impacto, e discussão de seu conteúdo com as diversas instâncias afetadas, direta e indiretamente, pelas novas normativas.[22]

Certo é que os questionamentos e críticas suscitados com a edição do Estatuto dos Museus ganharam redobrada força com a regulamentação dos instrumentos da Declaração de Interesse Público e do Direito de Preferência.

Isso porque teria se facultado ao IBRAM a possibilidade de ingerência na administração e comercialização de obras artísticas declaradas de interesse público. Além do mais, como a Declaração de Interesse Público também poderá incidir sobre obras privadas, revelando-se como autêntico instrumento de intervenção na propriedade, o delineamento de seus contornos, abrangência e incidência deveriam ter sidos dispostos em lei, em razão do princípio da reserva legal previsto no art. 5º, inc. II, da Constituição Federal.

Contudo, antes de nos atermos às especificidades atinentes aos dois instrumentos jurídicos mais polêmicos regulamentados pelo referido Decreto, quais sejam, a declaração de interesse público e o direito de preferência, fazem-se oportunas algumas considerações acerca do regramento geral e das principais modalidades de intervenção do Estado na propriedade existentes no Direito brasileiro.

4 Intervenção do Estado na propriedade: contornos teóricos e limites

Arrimada no princípio da supremacia do interesse público, a intervenção estatal na esfera privada, desprovida de expressão no paradigma de Estado de Direito, estruturado ao influxo das revoluções burguesas do final do século XVIII, ganha gradativa relevância na transição para o modelo de Estado Social, gravitando, atualmente, sob a égide do Estado democrático de direito entre dois quadrantes axiológicos básicos: o da garantia do direito de propriedade e, de outro extremo, o da função social da propriedade.

Nesses moldes, cuidou o constituinte originário de inserir no art. 5º, inc. XXII, da Constituição da República de 1988, sob a rubrica de norma intangível, a garantia do direito fundamental à propriedade, condicionando-o, logo no inciso subsequente, ao atendimento da respectiva função social.

Consoante o teor do art. 182, §2º, da Constituição de 1988, "a propriedade urbana cumpre sua função social quando atende às exigências fundamentais de ordenação da cidade expressas no plano diretor". No que tange à propriedade rural, consigna o art. 186 que a função social será cumprida quando atendidos os seguintes requisitos: "aproveitamento racional e adequado; utilização adequada dos recursos naturais disponíveis e preservação do meio ambiente; observância das disposições que regulam as relações de trabalho; e exploração que favoreça o bem-estar dos proprietários e dos trabalhadores".

Para parte da doutrina, as restrições impostas pela Administração Pública ao exercício do direito de propriedade encontram fundamento jurídico na manifestação do poder de polícia, conceituado por Celso Antônio Bandeira de Mello como sendo

---

[22] FIALHO, Ana Letícia. O IBRAM, o mercado de arte, os desacertos das políticas e a salvaguarda do patrimônio cultural nacional. *Fórum Permanente*. Disponível em: <http://www.forumpermanente.org>. Acesso em: 20 fev. 2014.

a atividade da Administração Pública, expressa em atos normativos ou concretos de condicionar, com fundamento em sua supremacia geral e na forma da lei, a liberdade e a propriedade dos indivíduos, mediante ação ora fiscalizadora, ora preventiva, ora repressiva, impondo coercitivamente aos particulares um dever de abstenção "non facere" a fim de conformar-lhes os comportamentos aos interesses sociais consagrados no sistema normativo.[23]

Apresentando-se como inequívoca a subsunção desse conceito aos instrumentos interventivos que materializam para o particular a obediência a um comando de não fazer, ou mesmo de suportar, evidencia-se a impropriedade do conceito para fundamentar os atos em que o proprietário de um bem afetado é constrangido por uma obrigação positiva, nos moldes do que ocorre com a aplicação dos institutos do parcelamento ou edificação compulsórios, estatuídos no art. 182, §4º, inc. I, da Constituição da República de 1988. Para legitimação de tais hipóteses à luz do Direito, Maria Sylvia Zanella Di Pietro entende plausível a ressemantização do conceito clássico de poder de polícia, acrescentando-lhe como faceta a prerrogativa estatal de impor, coercitivamente, a atuação positiva do particular em prol do interesse coletivo.

Nestes termos, assevera a autora que

pela concepção restritiva de poder de polícia, apenas as limitações administrativas à propriedade seriam manifestações dessa atividade estatal. Ficariam fora a ocupação temporária, a requisição, a servidão administrativa, o tombamento, a desapropriação e o dever de utilização do imóvel.[24]

Pela nova concepção, teria havido uma ampliação do poder de polícia, de modo a abranger as formas de intervenção que impõem obrigações de deixar fazer e de fazer.

Para outro segmento da doutrina, capitaneado por autores como Carlos Ari Sundfeld, a intervenção estatal na propriedade privada, ao se materializar em uma obrigação positiva para o particular, encontraria assento não no poder de polícia, mas no próprio princípio da função social da propriedade, positivado já em nível constitucional. Nesse passo, a função social da propriedade seria um "novo instrumento, que, conjugado aos normalmente admitidos (as limitações, as desapropriações, as servidões, etc.), possibilitam a obtenção de uma ordem econômica e social que realize o desenvolvimento com justiça social".[25]

Em um outro posicionamento, sobreleva a noção de que se trata de um poder do Estado que contrasta as liberdades fundamentais, especialmente a propriedade. Razão pela qual deve ser exercido com vinculação à lei e à parcimônia ditada pela estrita necessidade.

Entre os principais instrumentos de intervenção do Estado na propriedade privada, figuram as limitações administrativas, a servidão administrativa, a requisição administrativa, a ocupação temporária, o tombamento e a desapropriação.

---

[23] BANDEIRA DE MELLO, Celso Antônio. *Curso de Direito Administrativo*. 21. ed. São Paulo: Malheiros, 2006. p 795.

[24] DI PIETRO, Maria Sylvia Zanella. *Direito Administrativo*. 25. ed. São Paulo: Atlas, 2012. p. 133.

[25] DI PIETRO, Maria Sylvia Zanella. *Direito Administrativo*. 25. ed. São Paulo: Atlas, 2012. p. 133.

Na rubrica das limitações administrativas incluem-se as imposições realizadas pelo Poder Público em face do particular com vistas ao atendimento de interesses coletivos abstratamente considerados, ligados à segurança, à salubridade, à estética ou a qualquer outro fim em que o interesse da coletividade se sobreponha ao interesse privado. Cite-se o exemplo das limitações que impõem a adoção de medidas técnicas para construção de imóveis, visando a sua segurança e mesmo a salubridade pública.

A servidão administrativa, embora conserve elementos em comum com o instituto haurido no Direito Privado,[26] ganha contornos próprios sob regência do Direito Administrativo, orientando-se pela afetação do bem serviente a fins de utilidade pública. Tome-se o exemplo da afetação de terrenos públicos ou privados pela oposição de torres de geração de energia elétrica.

Pode ocorrer em virtude de lei, por acordo precedido de declaração de utilidade pública, ou mediante sentença judicial, perdurando por prazo indeterminado, enquanto subsistir o interesse da Administração.

A requisição administrativa, inicialmente prevista no ordenamento jurídico brasileiro apenas em tempo de guerra ou comoção intestina grave, passa a ser permitida em tempo de paz, inclusive para fins de intervenção do Estado no domínio econômico, consoante se infere da Lei Delegada nº 4, de 26 de setembro de 1962, bem como do Decreto-Lei nº 2, de 14 de janeiro de 1966, a permitirem a requisição de bens e serviços essenciais ao abastecimento da população. Trata-se de intervenção com sede constitucional, prevista que foi no art. 5º, inc. XVI.

A ocupação temporária, em sua modalidade mais conhecida, encontra regência no Decreto Lei nº 3.365, de 21 de junho de 1941, cujo art. 36 estabelece sua aplicação em "terrenos não edificados, vizinhos a obras e necessários à sua realização", cabendo ao particular o direito a indenização, afinal, por ação própria. Outras hipóteses, orientadas pelo princípio da continuidade do serviço público, são contempladas na Lei nº 8.666, de 21 de junho de 1993, que regula as licitações e contratos administrativos, e na Lei nº 8.987, de 13 de fevereiro de 1995, que estabelece o regime de concessão e permissão de serviços públicos.

A Constituição Federal de 1988 faz referência ao instituto em sede do art. 136, §1º, inc. II, a prever como medida passível de adoção em casos de estado de defesa a "ocupação e uso temporário de bens e serviços públicos, na hipótese de calamidade pública, respondendo a União pelos danos e custos decorrentes". Não deve passar sem registro que, face ao elemento de urgência e risco para a segurança pública sugerido pela redação do dispositivo em comento, parte da doutrina prefere tomá-lo sob a rubrica de requisição administrativa, a despeito da terminologia empregada pelo constituinte.

O tombamento, instituto elucidado com argúcia na doutrina da Professora Maria Coeli Simões Pires, corresponde ao

> ato final resultante e procedimento administrativo mediante o qual o Poder Público, intervindo na propriedade privada ou Pública, integra-se na gestão do bem móvel ou imóvel de caráter histórico, artístico, arqueológico, documental ou natural, sujeitando-o a

---

[26] Art. 1.378 do Código Civil de 2002: "A servidão proporciona utilidade para o prédio dominante, e agrava o prédio serviente que pertence a diverso dono, e constitui-se mediante declaração expressa dos proprietários, ou por testamento, e subseqüente registro no cartório de registro de imóveis".

regime jurídico especial e tutela pública, tendo em vista a realização de interesse coletivo de preservação do patrimônio.[27]

Nos termos do referido art. 216, §1º, da Constituição Federal de 1988, "o Poder Público, com a colaboração da comunidade, promoverá e protegerá o patrimônio cultural brasileiro, por meio de inventários, registros, vigilância, tombamento e desapropriação, e de outras formas de acautelamento e preservação".

O tombamento constitui procedimento administrativo passível de ser instaurado em face de bens móveis ou imóveis, materiais ou imateriais, públicos ou privados, encontrando disciplina em sede do Decreto-Lei nº 25, de 30 de novembro de 1937.

A desapropriação, por derradeiro, apresenta-se como mais gravosa modalidade de intervenção do Estado na esfera privada, resultando na supressão do direito real de propriedade, com transferência do bem afetado para o patrimônio público. Encontra regência em sede constitucional, especialmente, no art. 5º, inc. XXIV, a prever que "a lei estabelecerá o procedimento para desapropriação por necessidade ou utilidade pública, ou por interesse social, mediante justa e prévia indenização em dinheiro"; no art. 182, §4º, inc. III, a erigi-lo como instrumento de regulação urbana; no art. 184, a empregá-lo como instrumento de efetivação da política agrícola e fundiária; e no art. 216, §1º, tomado como relevante instrumento de proteção ao patrimônio cultural brasileiro.

Celso Antônio Bandeira de Mello define o instrumento

> como o procedimento através do qual o Poder Público, fundado em necessidade pública, utilidade pública ou interesse social, compulsoriamente despoja alguém de um bem certo, normalmente adquirindo-o para si, em caráter originário, mediante indenização prévia, justa e pagável em dinheiro, salvo no caso de certos imóveis urbanos ou rurais, em que, por estar em desacordo com a função social legalmente caracterizada para eles, a indenização far-se-á em títulos da dívida pública, resgatáveis em parcelas anuais e sucessivas, preservado seu valor real.[28]

A competência para legislar sobre o tema é privativa da União, nos termos do art. 22, inc. II, da Constituição Federal, que recepcionou o Decreto-Lei nº 3.365, de 21 de junho de 1941.

Quer nos parecer inequívoco que se somam os instrumentos interventivos acima elencados aqueles trazidos à lume pelas disposições contidas na Lei nº 11.904/09, foco do presente trabalho. Nesse contexto, insta registrar que a prerrogativa de intervenção da Administração Pública na propriedade privada não pode se materializar, de forma simplista, como parcela de poder discricionário exercida ao talante do administrador, encontrando, antes, regramento nos princípios da reserva legal e da razoabilidade, a lhe conferirem inolvidável natureza vinculada.

Sob a égide do modelo de Estado Democrático de Direito, nem mesmo os chamados "conceitos jurídicos indeterminados", amplamente empregados pelo constituinte originário nas normas de regência dos instrumentos interventivos vigentes — a exemplo

---

[27] PIRES, Maria Coeli Simões. *Da proteção ao patrimônio cultural*. Belo Horizonte: Del Rey, 1994. p. 78.

[28] BANDEIRA DE MELLO, Celso Antônio. *Curso de Direito Administrativo*. 13. ed. São Paulo: Malheiros Editores, 2001. p. 711.

das expressões "necessidade pública", utilidade pública", "interesse social", "urgência" e "valor artístico" — se prestam a dilargar o elastério de uma suposta discricionariedade conferida à Administração Pública no processo de concretização de ações interventivas na esfera privada.

Com efeito, medidas de tal jaez não se escoimam da tendência de ressemantização do conceito de discricionariedade, tampouco do consequente aumento da ingerência do Poder Judiciário sobre determinados aspectos da atuação administrativa que, até recentemente, eram afastados do controle jurisdicional, em nome de uma suposta intangibilidade meritória. Tal tendência afirma-se no tratamento que se vem dando aos atos efetivados com supedâneo naquilo que alguns autores denominam de discricionariedade objetiva, traduzida em *standards*, padrões jurídicos e princípios normatizados, que, por sua vez, materializam-se sob a forma de substantivos, adjetivos e advérbios, largamente empregados na Constituição da República, e também na Lei nº 11.904/09. Nesse ponto, a atuação administrativa perde, sucessivamente, caráter volitivo, para enquadrar-se no campo desafiado pela intelecção, nas circunstâncias de aplicação ao caso concreto. Tal inteligência surge com base na teoria dos conceitos jurídicos indeterminados, já consolidada em diversos países europeus e cuja criação e desenvolvimento atribuem-se à contemporânea doutrina alemã.

Nesse passo, em conceitos como "valor cultural de destacada importância", "necessidade pública", "utilidade pública" e até "interesse público", a discricionariedade está excluída, considerando que, ao revés de remeterem a uma decisão livre, delimitam uma única solução justa, cuja determinação deve ser feita pela Administração Pública e cujo controle último, por ser um controle de legalidade, compete ao juiz.[29]

Essa redução da discricionariedade encontra o necessário contraponto na vinculação da lei, o que significa que, tanto quanto possível, os institutos de intervenção devem merecer exaustivamente previsão legal no que se refere à delineação dos instrumentos e procedimentos pelos quais se efetivam, além de seus efeitos.

Não é outra a linha adotada no ordenamento jurídico brasileiro em que, como visto, os instrumentos de intervenções do Estado na propriedade possuem previsão constitucional ou legal, ainda que se tratem de leis recepcionadas pela Constituição da República de 1988.

5 Direito de preferência e declaração de interesse público: nova modalidade de intervenção do estado na propriedade ou *bis in idem*?

Somando-se ao espectro dos instrumentos de intervenção supracitados, já sedimentados em âmbito doutrinário e jurisprudencial, o instituto da "declaração de interesse público", instrumento da Política Nacional de Museus inserido no ordenamento jurídico brasileiro pela Lei nº 11.904, merece aqui uma análise mais apurada.

Como mencionado, dispõe o art. 5º do diploma legal em comento que instituiu a chamada declaração de interesse público de bens culturais dos museus. Tal dispositivo foi regulamentado pelo Decreto nº 8.124/13, que, ampliando o escopo da norma

---

[29] NOGUEIRA, Jean Alessandro Serra Cyrino; PIRES, Maria Coeli Simões. *Controle da Administração Pública e tendências à luz do Estado Democrático de Direito*. Revista do Tribunal de Contas, ano XXII, n. 2, 2004.

supratranscrita, estendeu sua abrangência não apenas aos bens culturais protegidos por museus, mas também aos passíveis de "musealização", definidos no art. 2º, inc. III, como "bens móveis e imóveis, de interesse público, de natureza material ou imaterial, considerados individualmente ou em conjunto, portadores de referência ao ambiente natural, à identidade, à cultura e à memória dos diferentes grupos formadores da sociedade brasileira. Atingiu-se, assim, pela via do decreto, as obras integrantes de acervos privados, inseridos no patrimônio de pessoas físicas e jurídicas não integrantes do Sistema Brasileiro de Museus.

Para além de possível inconstitucionalidade materializada na vulneração do princípio da reserva legal, a celeuma gerada em meio a grandes colecionadores e expoentes do mercado brasileiro de arte face à edição do referido ato normativo afigura-se desproporcional a seu verdadeiro potencial de inovação no ordenamento jurídico vigente. O que se infere do teor do Decreto nº 8.124/13 é que o instituto da declaração de interesse público guarda desconcertante similaridade com o instituto do tombamento de bens móveis de excepcional valor artístico, introduzido na primeira metade do século passado, em sede do Decreto Lei nº 25, de 30 de novembro de 1937, motivo pelo qual há de ser tomado com reserva seu pretenso caráter inovador.

Nos moldes do tombamento, a declaração de interesse público far-se-á antecedida pelo devido procedimento administrativo, orientado pelos princípios da ampla defesa, instaurado, porém, não em face do IPHAN, mas em sede da Presidência do IBRAM, autarquia criada pela Lei nº 11.906, de 20 de janeiro de 2009. Em arremedo à figura do tombamento provisório, insculpida no art. 10 do Decreto Lei nº 25/37, inseriu-se no comando do art. 35, §2º, do Decreto nº 8.124/13, o permissivo de concessão cautelar da declaração de interesse público pelo Ministro de Estado da Cultura, ficando a concessão definitiva condicionada ao processo administrativo no âmbito do IBRAM.

No mesmo sentido, as restrições impostas ao exercício do direito de propriedade são muito semelhantes em ambos os institutos, especialmente no que tange às medidas de proteção e conservação do bem afetado. As dificuldades de ordem econômica ou material para preservação deverão ser comunicadas pelo proprietário ao Poder Público, assim como as intervenções, inclusive para fins de restauração, competindo ao IBRAM deliberar sobre o assunto nas hipóteses de bens declarados de interesse público, e ao IPHAN, em se tratando de bens tombados em âmbito federal.

Problematizando o novo instrumento, Ana Letícia Fialho elucida que

> o problema não reside na vontade legítima do Estado em preservar o patrimônio cultural nacional — missão para a qual, aliás, já possuímos alguns instrumentos desde a criação do IPHAN na década de 1930 — e sim da indeterminação do tipo de bem que pode ser considerado de interesse público e na ausência de critérios claros para orientar o processo que atestaria tal interesse, deixando margem a uma discricionariedade ao Estado inadmissível num regime democrático.[30]

---

[30] FIALHO, Ana Letícia. O IBRAM, o mercado de arte, os desacertos das políticas e a salvaguarda do patrimônio cultural nacional. *Fórum Permanente*. Disponível em: <http://www.forumpermanente.org>. Acesso em: 20 fev. 2014.

O direito de preferência do IBRAM, no caso de alienação onerosa do bem declarado de interesse público, estabelecido no art. 63 da Lei nº 11.904/09, e reprisado no art. 40, inv. V, do Decreto nº 8.124/13, embora questionado por integrantes do segmento das artes como indevida ampliação do poder interventivo do Estado na órbita privada, replica uma prerrogativa há muito passível de ser exercida pelo Poder Público em face de proprietários de bens tombados por excepcional valor artístico, supeditada no art. 22 do Decreto Lei nº 25/37, vazado nos seguintes moldes:

> Art. 22. Em face da alienação onerosa de bens tombados, pertencentes a pessôas naturais ou a pessôas jurídicas de direito privado, a União, os Estados e os municípios terão, nesta ordem, o direito de preferência.
> §1º Tal alienação não será permitida, sem que prèviamente sejam os bens oferecidos, pelo mesmo preço, à União, bem como ao Estado e ao município em que se encontrarem. O proprietário deverá notificar os titulares do direito de preferência a usá-lo, dentro de trinta dias, sob pena de perdê-lo. [...]
> §6º O direito de remissão por parte da União, bem como do Estado e do município em que os bens se encontrarem, poderá ser exercido, dentro de cinco dias a partir da assinatura do auto do arrematação ou da sentença de adjudicação, não se podendo extraír a carta, enquanto não se esgotar êste prazo, salvo se o arrematante ou o adjudicante for qualquer dos titulares do direito de preferência.

Analisando esses aspectos, Ana Letícia Fialho entende que seria mais eficiente se

> consolidassem em um único instrumento as prerrogativas do IPHAN e do IBRAM; os critérios para definição de bens passíveis de tombamento e de declaração de interesse público; os processos que devem ser observados para a declaração da natureza de tais bens; a composição dos comitês de avaliação, incluindo especialistas de áreas afins; a definição das responsabilidades dos proprietários dos bens; os procedimentos a serem observados para circulação, exportação e comercialização de tais bens; as condições e prazos para o exercício do direito de preferência do Estado para aquisição; assim como mecanismos que de fato incentivem a entrada de bens tombados ou de interesse público em coleções públicas, tais como incentivo fiscal para doações de obras e recursos a instituições públicas.[31]

Outro objeto de descontentamento por parte de comerciantes e colecionadores de obras de arte, o dever de informar anualmente ao IBRAM sobre o estado de conservação do bem protegido, assim como de comunicar imediatamente os casos de danos, furto, extravio ou outras ocorrências que ameacem a sua integridade, não se erige como grande inovação jurídica, já por espelhar comando semelhante, encartado nos arts. 16 e 26 do Decreto-Lei nº 25/37, *in verbis*:

> Art. 16. No caso de extravio ou furto de qualquer objéto tombado, o respectivo proprietário deverá dar conhecimento do fáto ao Serviço do Patrimônio Histórico e Artístico Nacional, dentro do prazo de cinco dias, sob pena de multa de dez por cento sôbre o valor da coisa. [...]

---

[31] FIALHO, Ana Letícia. O IBRAM, o mercado de arte, os desacertos das políticas e a salvaguarda do patrimônio cultural nacional. *Fórum Permanente*. Disponível em: <http://www.forumpermanente.org>. Acesso em: 20 fev. 2014.

Art. 26. Os negociantes de antiguidades, de obras de arte de qualquer natureza, de manuscritos e livros antigos ou raros são obrigados a um registro especial no Serviço do Patrimônio Histórico e Artístico Nacional, cumprindo-lhes outrossim apresentar semestralmente ao mesmo relações completas das coisas históricas e artísticas que possuírem.

Por derradeiro, no que tange às restrições de saída do bem afetado do País, estabelecidas no art. 40, inc. VI, do Decreto nº 8.124/13, transparece o mesmo raciocínio, eis que já se faziam presentes em relação aos bens tombados, nos termos do que dispõem os arts. 14 e 15 do Decreto nº 25/37.

A sistemática repetição dos efeitos do tombamento na declaração de interesse público justifica, por outro lado, a perplexidade não só dos segmentos ligados às artes, mas também dos juristas que se debruçam sobre o tema.[32]

Isso porque, o que estamos aqui a reconhecer como verdadeiro *bis in idem* demonstra o simplismo e a atecnia no tratamento normativo do tema. Com efeito, não há justificativa plausível para a ampliação dada em decreto para a órbita de incidência do instrumento, a caracterizar explícito malferimento do princípio da reserva legal. Nem há como explicar o defeito representado pela introdução no ordenamento jurídico de um instrumento que funciona como um "tombamento pelas metades" ou que simplesmente replica o chamado tombamento provisório, já que em nada difere desse instituto ou dessa etapa do procedimento do tombamento.

O legislador atual e, de modo ainda mais grave, o Poder Executivo Federal, em seu papel regulamentador, revelam patente atraso se comparados ao legislador de 1925.

Destaca-se, ainda, que a existência de um instrumento de intervenção do Estado na propriedade denominado "declaração de interesse público" já começa a pecar pelo próprio nome, que na tradição do Direito brasileiro se identifica como uma fase dos procedimentos interventivos, tal como ocorre na desapropriação e na servidão administrativa.

A inconsistência normativa do instrumento resulta na insegurança claramente verificada nas manifestações contrárias ao referido instituto, na contramão das tendências garantistas e procedimentalistas do Estado Democrático de Direito.

6 Conclusão

À luz de todo o exposto, o que se evidencia no presente estudo, como observado em diversas outras temáticas, não é apenas a fragilidade do delineamento jurídico no que tange à criação de novo instrumento de intervenção, mas também a aplicação deficiente das normas de regência da espécie e dos instrumentos postos pelo legislador e pelo próprio Poder Constituinte com vistas ao acautelamento do patrimônio artístico e cultural brasileiro. A razão para tal fato, ao que tudo indica, deriva, em parte, da ausência de conscientização e amadurecimento da sociedade brasileira acerca da real importância do direito à fruição do patrimônio artístico e cultural. Sobre esse aspecto,

---

[32] Notícias veiculadas pela mídia informam que a Ordem dos Advogados do Brasil — Seção São Paulo — encaminhou ao Conselho Federal da OAB pedido de instauração de Ação Direta de Inconstitucionalidade (Adin) contra o Decreto nº 8.124/13. Para mais informações, verificar notícia veiculada no *Estadão* em 13 de dezembro de 2013, versão *online*. Disponível em: <http://www.estadao.com.br/noticias/arteelazer,oab-sp-questiona-decreto-do-ibram,1108331,0.htm>. Acesso em: 20 fev. 2014.

figurativo o posicionamento externado pela professora Maria Coeli Simões Pires em entrevista recente:

> Sinto que houve uma mudança de percepção e que, aos poucos, as pessoas vão se colocando na posição de direito à fruição do patrimônio histórico, ecológico e cultural. E, sentindo que o patrimônio é dele, tomam atitude protetora. Essa linha de conscientização é importante, pois quando as pessoas se identificam com o patrimônio, permite-se criar uma linha de ação política. Mas é questão sempre desafiadora. Toda política de preservação tem de levar em conta os diversos atores envolvidos na questão — o poder público, os proprietários, a sociedade. Cuidar do patrimônio, se queremos uma ação mais efetiva, é vigilância compartilhada. [...] O proprietário precisa saber que é guardador de um bem que, pelo que representa, é importante para os outros. Compreender isso não é uma utopia, é uma forma civilizada de entender a relação com um bem. Com essa idéia conseguiu-se recuperar muita coisa.[33]

Nesse passo, o equacionamento do problema desafia — em dimensão muito mais aquilatada do que a criação simplista de novos marcos reguladores — a superação da inabilidade do Poder Público para atuar, em conjunto com a sociedade privada, inclusive sob a lógica da responsabilidade estendida, na construção de uma política eficaz de defesa e preservação da identidade artística e cultural no Brasil.

Assim, mais adequado do que a criação de novos institutos de intervenção na propriedade privada — sem mencionar a fragilidade e os defeitos que possam ostentar — e outros mecanismos semelhantes, seria buscar, por meio de ações efetivas de conscientização, o apoio social necessário para se exaurir as potencialidades de aplicação dos mecanismos já existentes, a exemplo do tombamento de bens móveis de excepcional valor artístico e, em último recurso, a própria desapropriação, institutos condenados ao ostracismo antes que a eficácia lhes tenha sido testada mediante concreta e rotineira aplicação pelos órgãos e agentes competentes.

Referências

ALTAVILA, Jayme. *Origem dos direitos dos povos*. 5. ed. São Paulo: Icone, 1989.

ALZUGARAY, Paula. Para Todo Mundo ver. *Revista Istoé independente* [*on line*]. Disponível em: <http://www.terra.com.br/istoe-temp/edicoes/2090/artigo157148-2.htm>. Acesso em: 1º mar. 2014.

BANDEIRA DE MELLO, Celso Antônio. *Curso de Direito Administrativo*. 13. edição. São Paulo: Malheiros, 2001.

BRASIL. *Constituição da República Federativa do Brasil*. Disponível em: <http://www.presidencia.gov.br>. Acesso em: 20 fev. 2014.

BRASIL. *Lei Federal nº 11.904*, de 14 de janeiro de 2009. Disponível em: <http://www.presidencia.gov.br>. Acesso em: 20 fev. 2014.

BRASIL. *Lei Federal nº 11.906*, de 20 de janeiro de 2009. Disponível em: <http://www.presidencia.gov.br>. Acesso em: 20 fev. 2014.

BRASIL. *Decreto nº 8.124*, de 17 de outubro de 2013. Disponível em: <http://www.presidencia.gov.br>. Acesso em: 20 fev. 2014.

---

[33] PIRES, Maria Coeli Simões. *Identidade põe a mesa*. Disponível em: <http://divirta-se.uai.com.br/app/noticia/pensar/2013/08/17/noticia_pensar,145372/identidade-poe-a-mesa.shtml>. Acesso em: 20 fev. 2014.

CAETANO, Marcelo. *Manual de Direito Administrativo*. Rio de Janeiro: Forense, 1977. t. II.

CYPRIANO, Fábio. Venda da Coleção Leirner gera protesto. *Folha de S.Paulo* [*on line*]. Disponível em: <http://www1.folha.uol.com.br/fsp/ilustrad/fq2103200707.htm>. Acesso em: 25 fev. 2014.

DI PIETRO, Maria Sylvia Zanella. *Direito Administrativo*. 25. ed. São Paulo: Atlas, 2012.

ESTADÃO. *OAB-SP questiona decreto do IBRAM*. Versão *on line*. Disponível em: <http://www.estadao.com.br/noticias/arteelazer,oab-sp-questiona-decreto-do-ibram,1108331,0.htm>. Acesso em: 20 fev. 2014.

FIALHO, Ana Letícia. O IBRAM, o mercado de arte, os desacertos das políticas e a salvaguarda do patrimônio cultural nacional. *Fórum Permanente*. Disponível em: <http://www.forumpermanente.org>. Acesso em: 20 fev. 2014.

NOGUEIRA, Jean Alessandro Serra Cyrino; PIRES, Maria Coeli Simões. Controle da Administração Pública e tendências à luz do Estado Democrático de Direito. *Revista do Tribunal de Contas*, ano XXII, n. 2, 2004.

PIRES, Maria Coeli Simões. *Da proteção ao patrimônio cultural*. Belo Horizonte: Del Rey, 1994.

PIRES, Maria Coeli Simões. *Identidade põe a mesa*. Disponível em: <http://divirta-se.uai.com.br/app/noticia/pensar/2013/08/17/noticia_pensar,145372/identidade-poe-a-mesa.shtml>. Acesso em: 20 fev. 2014.

SUNDFELD, Carlos Ari. *É de regulação e punição que os museus brasileiros precisam?*. Disponível em: <http://www.brasilpost.com.br/carlos-ari-sundfeld/regulacao-museus_b_4874992.html>. Acesso em: 1º mar. 2014.

Informação bibliográfica deste texto, conforme a NBR 6023:2002 da Associação Brasileira de Normas Técnicas (ABNT):

ESTEVES, Júlio César dos Santos; NOGUEIRA, Jean Alessandro Serra Cyrino; CORDEIRO, Caio Barros. Declaração de interesse público instituída pelo Estatuto dos Museus: nova modalidade de intervenção do Estado na propriedade ou *bis in idem?*. *In*: DIAS, Maria Tereza Fonseca *et al*. (Coord.). *Estado e propriedade*: estudos em homenagem à professora Maria Coeli Simões Pires. Belo Horizonte: Fórum, 2015. 321-339p.

PARTE 4

REGIME JURÍDICO DA PROPRIEDADE URBANA E RURAL

A cidade e seus habitantes estabelecem, igualmente, entre si relações de recíproca pertinência. "A cidade me pertence e eu pertenço à cidade" são fragmentos do discurso do cidadão. É, também, no universo da cidade que se estabelece a luta silenciosa, outras vezes ruidosa, pelo solo urbano — a principal referência das relações de pertencimento. O homem lança-se numa disputa quase natural por seu lugar, tal como as abelhas no ensaio da colmeia.

(Maria Coeli Simões Pires)

ESTATUTO DA CIDADE MAIS DE 10 ANOS DEPOIS: RAZÃO DE DESCRENÇA OU RAZÃO DE OTIMISMO?[1]

EDÉSIO FERNANDES

1 Introdução

A Lei Federal de Política Urbana — o Estatuto da Cidade — foi aprovada em 2001 depois de doze anos de intensas discussões e negociações no Congresso Nacional. Desde então, a lei tem sido aclamada internacionalmente, a ponto de o Brasil ter sido inscrito no Rol de Honra da ONU (UN-HABITAT), em 2006, tão somente por tê-la aprovado. Abertamente invejado por formuladores de políticas públicas e gestores urbanos de diversos países, o Estatuto da Cidade tem sido repetidamente promovido pela importante iniciativa internacional "Aliança das Cidades"/"Cities Alliance" como sendo o marco regulatório mais adequado para oferecer bases jurídicas sólidas para as estratégias governamentais e sociopolíticas comprometidas com a promoção da reforma urbana.

No entanto, nos últimos anos, tem crescido, entre diversos setores no Brasil, o sentimento de descrença nessa lei-marco — que, na melhor das hipóteses, não "teria pegado", ou que, na pior das hipóteses, teria contribuído para agravar ainda mais o processo histórico de segregação socioespacial das cidades brasileiras. Este artigo pretende examinar a validade dessa crítica ao Estatuto da Cidade e, para tanto, me proponho a discutir como os princípios e as possibilidades da nova ordem jurídico-urbanística, consolidados pela lei federal, têm sido efetivamente compreendidos e assimilados por juristas, urbanistas, gestores públicos e pela sociedade brasileira, especialmente, no contexto dos novos Planos Diretores Municipais (PDMs) aprovados desde 2001.

A aprovação da lei federal em 2001 foi, em grande medida, resultado de um amplo processo nacional de mobilização sociopolítica clamando pela promoção de reforma urbana no Brasil. O Estatuto da Cidade regulamentou o capítulo original sobre política

---

[1] Texto dedicado à Professora Maria Coeli Simões Pires, com admiração e respeito sempre renovados, e meus agradecimentos por seu enorme esforço no sentido da consolidação do Direito Urbanístico no Brasil.

urbana que tinha sido aprovado pela Constituição Federal de 1988, capítulo esse que, também, tinha sido precedido por uma mobilização sociopolítica sem precedentes, e que se manifestou, especialmente, por meio da Emenda Popular pela Reforma Urbana.

Já discuti o capítulo constitucional e o Estatuto da Cidade, em detalhe, em outros trabalhos;[2] para os fins deste artigo, basta destacar que a lei federal:

- firmemente substituiu a noção — dominante na ordem jurídica — de propriedade privada individual, sem maiores qualificações, pela noção das "funções sociais da propriedade e da cidade", de forma a dar suporte às políticas públicas de inclusão socioespacial e às estratégias de democratização do acesso ao solo urbano e à moradia nas cidades;
- criou diversos processos sociopolíticos, mecanismos jurídico-institucionais, instrumentos jurídicos e urbanísticos e recursos financeiros destinados a viabilizar a implementação de uma gestão urbana justa e eficiente, tendo colocado ênfase na necessidade de captura pela comunidade de, pelo menos, parte da enorme valorização imobiliária que tem sido gerada pela comunidade e pela ação estatal, mas que tem sido, tradicionalmente, apropriada quase que exclusivamente pelos proprietários de terras e imóveis;
- propôs um sistema de governança urbana amplamente descentralizado e democratizado, no qual diversas dinâmicas de articulação intergovernamental e parcerias do setor estatal com os setores privado, comunitário e voluntário foram concebidas juntamente com diversas formas de participação popular nos processos decisórios e de elaboração legislativa; e
- reconheceu os direitos coletivos dos residentes em assentamentos informais, consolidando a segurança jurídica da posse, bem como a regularização sustentável de seus assentamentos.

Juntas, essas dimensões, certamente, constituíram um novo *marco de governança da terra urbana* no Brasil.

Dada a natureza altamente descentralizada do federalismo brasileiro — considerado, para muitos analistas, como sendo o sistema mais descentralizado no mundo hoje —, a materialização efetiva desse novo marco jurídico inovador foi colocada, em grande medida, nas mãos das administrações municipais, especialmente, através da formulação de Planos Diretores Municipais. Anteriormente à aprovação da lei federal, a enorme maioria dos municípios não tinha um marco jurídico minimamente adequado para a disciplina dos processos de uso, ocupação, parcelamento, desenvolvimento, preservação, conservação, construção e regularização do solo urbano. A maioria dos municípios não tinha sequer dados e informações básicas, mapas, fotos aéreas e outros materiais relevantes sobre seus próprios territórios e processos socioespaciais. Dos cerca de 1.700 municípios que passaram a ter a obrigação legal de aprovar PDMs de forma a materializar o Estatuto da Cidade, cerca de 1.450 já o fizeram de alguma forma — fato que, em si mesmo, é, sem dúvida, admirável.

---

[2]   *Vide*, dentre outros: FERNANDES, Edésio. *Law and Urban Change in Brazil*. Aldershot: Avebury, 1995; FERNANDES, Edésio. Constructing the 'Right to the City' in Brazil. *Social & Legal Studies*, 16, 2007; FERNANDES, Edésio. Implementing the urban reform agenda in Brazil: possibilities, challenges, and lessons. *Urban Forum*, 22, 2011; FERNANDES, Edésio; ROLNIK, Raquel. Law and Urban Change in Brazil. *In*: FERNANDES, Edésio; VARLEY, Ann (Ed.). *Illegal Cities* – Law and Urban Change in Developing Countries. London; New York: Zed Books, 1998.

Contudo, desde a aprovação do Estatuto da Cidade, ao longo da primeira década do novo século, as cidades e as realidades urbanas brasileiras têm passado por mudanças profundas. As taxas de crescimento urbano no país, certamente, caíram, mas ainda são relativamente altas, agora especialmente nas cidades pequenas e de médio porte, levando à formação de um novo sistema de regiões metropolitanas com 30 delas já reconhecidas oficialmente. O crescimento econômico do país e a formação de uma "nova classe média"/"classe trabalhadora precária" têm agravado problemas urbanos há muito existentes de transporte público e mobilidade, impacto ambiental e violência urbana. Diversos problemas de infraestrutura urbana e a crise energética nas cidades também têm se manifestado e se agravado de diversas formas. A crise fiscal das administrações públicas, especialmente, no nível municipal, é generalizada.

A profunda crise fundiária e habitacional no Brasil — constituída ao longo de séculos — tem ganhado novos contornos. O déficit habitacional continua enorme (calculado entre 6 e 7 milhões de unidades) e, apesar dos números impressionantes de unidades já construídas e/ou contratadas no contexto do Programa Nacional de Habitação "Minha Casa, Minha Vida" (PMCMV), esse esforço do governo federal ainda não chegou plenamente aos setores mais pobres, sendo que o programa tem sido criticado, dentre outras razões, por ter reforçado processos históricos de segregação socioespacial e especulação imobiliária. Os níveis de valorização de terras, construções e aluguéis nas áreas urbanas têm batido recordes históricos, agora no contexto de um mercado imobiliário cada vez mais globalizado. Há nas cidades brasileiras um enorme estoque de terras urbanas providas com serviços públicos, mas mantidas vazias por seus proprietários (correspondendo, em alguns casos, a 20% da malha urbana do município/ região metropolitana), bem como de construções vazias, abandonadas e/ou subutilizadas (que chega a 5,5 milhões de unidades de acordo com certos cálculos). Há, também, um enorme estoque, ainda não devidamente calculado, de bens de propriedade pública da administração direta e indireta, em todos os níveis governamentais, que não têm claramente cumprido uma função social.

As taxas de crescimento urbano informal seguem altas, agora com a maior densificação/verticalização de assentamentos antigos; formação de novos assentamentos (favelas e loteamentos irregulares), usualmente em áreas periféricas e, cada vez mais, em cidades pequenas e de médio porte; bem como o surgimento/renovação de outras práticas informais, como casas de frente e fundo, aluguel informal, cortiços etc. O desenvolvimento urbano nas novas fronteiras econômicas, especialmente na Amazônia Legal, tem se dado amplamente por meio de processos informais. Há um número crescente de disputas fundiárias e conflitos socioambientais por todo o país.

Também entre os grupos sociais mais privilegiados têm sido muitas as práticas que envolvem alguma forma de violação das leis fundiárias, urbanísticas, ambientais e edilícias. A proliferação de condomínios urbanísticos — prática que não tem base jurídica sólida no país — e de loteamentos fechados — prática manifestamente ilegal — que tem ocorrido nas áreas periféricas dos grandes municípios, ou mesmo em outros municípios metropolitanos, tem feito com que, pela primeira vez, ricos e pobres estejam disputando o mesmo espaço nas cidades.

Por um lado, ao longo das duas últimas décadas, um volume gigantesco de recursos públicos — imóveis, isenções tributárias, créditos de todo tipo, subsídios financeiros, incentivos fiscais, direitos de uso e construção — tem sido cada vez mais transferido pelas administrações públicas em todos os níveis governamentais para o setor privado, promotores urbanos, construtores e agentes imobiliários. Esse deslocamento crescente de recursos públicos tem se dado, geralmente, no contexto de programas de "renovação urbana", "revitalização de áreas centrais", "requalificação de centros históricos", "grandes projetos urbanos", "modernização de infraestrutura urbana/ portos/aeroportos", bem como de grandes eventos esportivos como a Copa do Mundo e os Jogos Olímpicos. Por outro lado, além dos dados sobre os processos de especulação imobiliária e gentrificação de áreas, o número de despejos e remoções forçadas de comunidades que vivem em assentamentos informais consolidados — há muitas décadas, em muitos casos — é cada vez mais assustador, não apenas no Rio de Janeiro e em São Paulo, mas, também, em outros municípios anteriormente comprometidos com a promoção de reforma urbana, como Belo Horizonte e Porto Alegre. O processo de reforma urbana que tinha sido tão eloquente nas décadas de 1980 e 1990 — e que foi fundamental para aprovação do Estatuto da Cidade — parece ter perdido fôlego e a questão fundamental que tem repetidamente sido colocada por diversos setores sociais tem sido: de quem e para quem são as cidades, e quem tem sido, efetivamente, beneficiado pelas enormes transferências de recursos públicos?

Nesse contexto, o que aconteceu então com o Estatuto da Cidade e sua agenda de reforma urbana? A lei federal teria fracassado, como um grupo crescente de céticos parece acreditar? Ao invés de contribuir para a promoção de inclusão socioespacial, a lei teria, perversamente, contribuído para o processo crescente de mercantilização das cidades brasileiras — e para a maior periferização dos pobres —, como muitos têm argumentado?

Passados mais de dez anos da aprovação da lei federal, uma avaliação ampla e crítica do já não tão novo marco jurídico de governança da terra urbana por ela consolidado — e, especialmente, das iniciativas municipais encarregadas de implementá-lo — se faz urgentemente necessária. Trata-se de um momento de reflexão que requer organizar as principais ideias, debates e experiências que estão por trás da aprovação do Estatuto da Cidade, assim como recuperar seus princípios e objetivos históricos. Fazer a crítica da ação dos principais atores envolvidos é fundamental para corrigir erros, mudar rumos e fazer avançar a reforma urbana no país. Uma tal avaliação é necessária sobretudo para determinar *se* e *como* os PDMs têm efetivamente traduzido os princípios gerais do Estatuto da Cidade em regras e ações, identificar e discutir quais têm sido os principais obstáculos jurídicos e sociais à implementação plena da lei federal, bem como para discutir *se* e *como* a sociedade brasileira tem feito uso efetivo das diversas possibilidades jurídicas e sociopolíticas criadas pelo Estatuto da Cidade para reconhecimento de uma série de direitos coletivos e sociais criados pela nova ordem jurídico-urbanística.

Meus comentários a seguir são baseados em minha experiência pessoal lidando diretamente com o tema, bem como em uma série de estudos de casos, levantamentos e estudos comparativos que já se encontram disponíveis.[3]

---

[3] *Vide* especialmente SANTOS JÚNIOR, Orlando Alves; MONTANDON, Daniel Todtmann (Ed.). *Os Planos Diretores Municipais Pós-Estatuto da Cidade*: balanço crítico e perspectivas. Rio de Janeiro: Observatório das Metrópoles/Letra Capital, 2011; SCHULT, Sandra I. Momm; SIEBERT, Claudia. Freitas; SOUZA, Luiz Alberto (Org.). *Experiências em planejamento e gestão urbana*: planos diretores participativos e regularização fundiária.

2 A descrença no Estatuto da Cidade

Antes de se fazer qualquer avaliação sobre a lei federal, é preciso destacar que o Estatuto da Cidade — Lei Federal nº 10.257/2001 — se insere em amplo processo de reforma jurídica que tem sido promovido no Brasil há pelos menos três décadas, tendo como principais antecedentes diretos as Leis Federais nº 6.766/1979 (Parcelamento do Solo Urbano); nº 7.347/1985 (Ação Civil Pública); a Constituição Federal de 1988 (especialmente os arts. 182 e 183, que dispõem sobre a Política Urbana); nº 9.790/1999 (OSCIPs); e a Emenda Constitucional nº 26/2000 (que incluiu o direito de moradia no rol dos direitos sociais).

Desde sua aprovação, a lei federal tem sido complementada por uma longa série de outras Leis Federais: Medida Provisória nº 2.220/2001 (Concessão de uso especial para fins de moradia); nº 11.079/2004 (Parcerias Público-Privadas); nº 10.931/2004 (Crédito e Registro Imobiliário); nº 11.107/2005 (Consórcios Públicos); nº 11.124/2005 (lei de iniciativa popular que criou o Fundo Nacional de Habitação de Interesse Social – FNHIS); nº 11.445/2007 (Política de Saneamento); nº 11.481/2007 (Terras da União); nº 11.888/2008 (Assistência técnica para comunidades); nº 11.977/2009 (que criou o Programa "Minha Casa, Minha Vida" – PMCMV e dispôs sobre regularização fundiária); nº 11.952/2009 (Amazônia Legal); nº 12.305/2010 (Política de Resíduos Sólidos), a mais recente sendo a Lei Federal nº 12.608/2012 (Política Nacional de Defesa e Proteção Civil).

Todas essas são direta ou indiretamente leis urbanísticas aprovadas na esfera federal, sem falar das diversas convenções e tratados internacionais que o Brasil tem assinado e ratificado (especialmente sobre direitos de moradia); nas incontáveis leis ambientais e sobre patrimônio cultural, desapropriação e registro imobiliário aprovadas também na esfera federal; nos projetos de leis em discussão (especialmente PL nº 3.057/2000, que trata do parcelamento do solo urbano e dos condomínios urbanísticos e o chamado Estatuto da Metrópole); nos anteprojetos (especialmente o que dispõe sobre resolução de conflitos fundiários); bem como nos igualmente incontáveis Decretos, Resoluções do Conselho Nacional das Cidades, Resoluções do CONAMA e Instruções Normativas da Caixa Econômica Federal.

A mera listagem dessas leis e outras normas federais em vigor deixa claro que uma nova ordem jurídico-urbanística, articulada e compreensiva, sofisticada mesmo, se constituiu no Brasil nas ultimas três décadas, inclusive com o reconhecimento constitucional do Direito Urbanístico como ramo autônomo de Direito Público que tem como princípios paradigmáticos próprios as "funções socioambientais da propriedade e da cidade" e a "gestão democrática da cidade". Diretamente comprometida com a agenda sociopolítica da reforma urbana — e etapa crucial na construção nacional e internacional do tão clamado Direito à Cidade —, a ordem jurídica brasileira já mudou significativa e estruturalmente.

Além disso, essa ordem jurídico-urbanística federal tem sido ainda mais ampliada desde 2001 com a aprovação de centenas de leis urbanísticas em todas as esferas governamentais, e especialmente com a aprovação dos mais de 1.400 Planos Diretores Municipais.

Blumenau: Edifurb, 2010; CYMBALISTA, Renato; SANTORO, Paula Freire (Org.). *Planos Diretores* – Processos e aprendizados. São Paulo: Instituto Polis, 2009. *Vide*, também, o "Banco de Experiências" regularmente mantido e atualizado pela Secretaria de Programas Urbanos do Ministério das Cidades (http://www.cidades.gov.br/index. php/planejamento-urbano/392-banco-de-experiencias).

Ao mesmo tempo, também uma nova ordem institucional de natureza urbanística se constituiu na esfera federal com a criação em 2003 do Ministério das Cidades; a convocação de Conferências Nacionais/Estaduais/Municipais das Cidades bienalmente desde então; a instalação e ação do Conselho Nacional das Cidades; a ação da Caixa Econômica Federal — considerada como o maior banco público em ação no mundo; bem como os diversos planos e programas federais sobre temas urbanos, especialmente o Plano de Aceleração do Crescimento (PAC) e o mencionado PMCMV, que, considerados juntos, constituem o maior investimento jamais feito na história das políticas públicas da América Latina.

A constituição tanto dessa nova ordem jurídico-urbanística, quanto dessa nova ordem institucional sobre política urbana, é fundamentalmente uma conquista social, resultado de um processo histórico de mobilização social renovada envolvendo milhares de atores: associações comunitárias, movimentos sociais de todo tipo, ONGs, Igreja, sindicatos, municípios, partidos políticos, e mesmo setores do capital imobiliário. Em especial, desde a década de 1980 — inicialmente com a mobilização pela aprovação da Emenda Popular pela Reforma Urbana — o Fórum Nacional de Reforma Urbana (FNRU) tem lutado pelo reconhecimento constitucional pleno, ainda que tardio, da questão urbana e habitacional; pela descentralização, democratização e participação popular dos/nos processos decisórios; pela completa regulamentação do capítulo constitucional sobre política urbana; e pela criação de um aparato institucional sólido na esfera federal sobre a chamada questão urbana.

Contudo, nos últimos anos o FNRU, dentre outros importantes atores sociopolíticos, tem fortemente denunciado:

- o crescimento absurdo da especulação imobiliária no país, com frequência como resultado da utilização elitista dos novos recursos gerados (venda em leilões de Certificados de Potencial Adicional de Construção – CEPACs e outros) como resultado das novas estratégias de gestão territorial e urbana;
- a suposta "liberação dos valores imobiliários" por grandes eventos e projetos, levando à renovação dos processos de segregação socioespacial;
- o abuso dos argumentos jurídicos de "interesse público" e de "urgência", que tem justificado toda uma série de desrespeitos sistemáticos da ordem jurídico-administrativa pelas administrações públicas;
- o enorme impacto socioespacial e socioambiental dos programas federais e outros;
- o aumento alarmante dos conflitos fundiários, dos preços de aluguéis, da informalidade urbana, dos despejos e remoções; e
- o agravamento dos problemas urbano-ambientais tradicionais, como as crises do sistema de transporte público e mobilidade, e do sistema de saneamento básico.

Acima de tudo, por toda parte muitos setores sociais têm criticado a mercantilização crescente e abusiva das cidades brasileiras, que, para além de serem o *lugar* da produção capitalista pós-industrial, são também cada vez mais o *objeto* mesmo dessa produção capitalista na escala global. Esse processo de mercantilização das cidades tem demandado o reforço da cultura jurídica individualista e patrimonialista tradicional, vigente e dominante pré-Estatuto da Cidade, com a propriedade imobiliária concebida quase que exclusivamente como mercadoria, seu valor de troca prevalecendo sobre qualquer valor de uso, e a possibilidade de usar/gozar/dispor do bem imóvel sendo também interpretada como a possibilidade livre de não usar/gozar/dispor do bem — em outras palavras, de especular.

O que aconteceu, então, com a reforma urbana? Como explicar a enorme defasagem entre essa ordem jurídica ampla e sofisticada; essa ordem institucional compreensiva e mais do que nunca dotada de enormes recursos financeiros; e as alarmantes realidades urbanas e socioambientais do país?

Por um lado, a nova ordem jurídico-urbanística é em grande parte ainda desconhecida por juristas e pela sociedade, sendo também em grande parte objeto de disputas jurídicas e disputas sociopolíticas — que colocam enormes desafios a sua eficácia jurídica e social. Por outro lado, o Ministério das Cidades tem sido, com frequência, esvaziado e/ou atropelado, financeira e politicamente, pela Presidência da República e/ou por outros Ministérios; o Conselho das Cidades tem sido sistematicamente esvaziado e/ou atropelado pelo Ministério das Cidades e por outros Ministérios, tendo tido dificuldades de renovação da mobilização dos atores sociopolíticos envolvidos. Quando não faltam projetos, há duplicidade, ineficiência, desperdício, falta de continuidade — e muita corrupção — na gestão urbana fragmentada em todas as esferas governamentais.

É nesse contexto que têm crescido as reações de descrença em relação ao Estatuto da Cidade por parte de urbanistas, gestores públicos e setores da sociedade. A lei federal tem sido mesmo abertamente demonizada por muitos, declarada culpada pelos processos recentes de segregação socioespacial e pela apropriação dos instrumentos de gestão territorial urbana — como os CEPACs — por setores conservadores, que estariam assim gerando novas formas de velhos processos de "socialização dos custos e privatização dos ganhos" e de e-concentração de serviços e equipamentos públicos.

3 A crítica é legítima?

Mas o problema é mesmo da lei federal? Pessoalmente, acredito que esta é a hora de se perguntar: houve mesmo uma compreensão adequada por urbanistas, gestores e juristas — e pela sociedade — acerca da natureza e implicações da nova ordem jurídico-urbanística? Os novos espaços jurídicos e sociopolíticos criados têm sido ocupados? Seus princípios estão sendo traduzidos em políticas urbanas? Seus direitos coletivos e sociais estão sendo demandados pela população? Seus princípios paradigmáticos estão sendo defendidos pelos tribunais?

Na base da descrença acerca do Estatuto da Cidade, há diversos fatores culturais e sociopolíticos de fundo que devem ser considerados com o devido fôlego, mas que para fins deste artigo serão apenas brevemente mencionados:

- a percepção ainda dominante no Brasil acerca do Direito e da lei, dada a forte tradição cultural e sociopolítica de "legalismo messiânico", com o Direito geralmente considerado como sistema objetivo, fechado em si mesmo, neutro e a-histórico, levando assim a uma visão meramente instrumental (para resolver) — e não processual — da lei; são poucos os que compreendem que, muito mais do que mero instrumento técnico, o Direito é campo aberto de disputas, (mais) uma arena sociopolítica para manifestação, confrontação e, em alguns casos, resolução de conflitos;

- o imediatismo das demandas sociais — que é certamente compreensível, se considerados o volume dos problemas urbanos e socioambientais acumulados e a urgência de seu enfrentamento, mas que ignora a história secular de abandono da questão urbana e a necessidade de mais tempo e especialmente de continuidade de ações para seu efetivo enfrentamento e superação;

- a percepção ainda dominante do Estado e do aparato estatal, ainda essencialmente assistencialista e clientelista, consequência da tradição de positivismo e formalismo jurídicos que ainda reduz o "público" ao "estatal"; e

- a percepção ainda dominante do planejamento territorial urbano como sendo a narrativa espacial exclusiva, dotada de racionalidade técnica e expressando valores ideais, e como tal totalmente desvinculada das dinâmicas dos mercados imobiliários.

Sobretudo, uma avaliação justa do Estatuto da Cidade requer a devida compreensão de como seus principais conteúdos têm sido materializados pelas leis urbanísticas — especialmente na esfera municipal — e pelas políticas urbanas em todas as esferas, quais sejam: as funções socioambientais da propriedade e da cidade; os princípios de política urbana excludente; os instrumentos, mecanismos, processos e recursos de gestão urbana justa e eficiente; a incorporação da participação popular; e a regularização de assentamentos informais.

Em termos conceituais, o Estatuto da Cidade consolidou um novo paradigma jurídico sobre a questão da propriedade imobiliária, concebida não mais apenas em função do reconhecimento dos direitos individuais, mas também e sobretudo em função do reconhecimento das responsabilidades e obrigações sociais que resultam da condição de ser proprietário de um bem imóvel, bem como dos direitos coletivos e sociais sobre o solo urbano e seus recursos. A função social — que na nova ordem jurídico-urbanística é a condição mesma de reconhecimento do direito privado de propriedade — deve ser determinada por planos diretores e leis urbanísticas e ambientais, especialmente na esfera municipal. Além de consagrar a separação entre direito de construir e direito de propriedade, e promovendo uma plena ruptura com a tradição de civilismo jurídico e mesmo com o avanço do Direito Administrativo, o Estatuto da Cidade consolidou a interpretação de que, muito mais do que mera "limitação administrativa", a função social acarreta o poder de obrigar o proprietário a certos comportamentos. Trata-se assim menos do reconhecimento de um "direito de propriedade", e mais de "direito à propriedade": um direito sem conteúdo predeterminado, e cujo valores sociais de uso coexistem — e em muitos casos superam — o seu valor econômico de troca.

O Estatuto da Cidade bebeu assim na fonte do Direito Público contemporâneo, expressando uma ordem pública maior do que ordem estatal — tudo o que é estatal é público, mas nem tudo o que é público é estatal —, e como tal reconheceu um conjunto de direitos coletivos: o ordenamento territorial; a preservação ambiental; a regularização fundiária dos assentamentos informais consolidados; a participação em processos descentralizados e democratizados, bem como o direito social de moradia. A possibilidade de defesa coletiva em juízo desses direitos coletivos e interesses difusos em matérias de "ordem urbanística" — mesmo contra o Estado — foi reconhecida e aberta para indivíduos, grupos, NGOS e para o Ministério Público. Ainda está para ser devidamente enfrentada a discussão acerca do significado e das implicações jurídicas da noção das "funções sociais da cidade", bem como sobre a necessidade de reconhecimento da "responsabilidade territorial do poder público" para além das já reconhecidas formas de responsabilidade política, administrativa e fiscal da administração pública.

A ordem jurídica consolidada pelo Estatuto da Cidade requer uma mudança significativa também quanto à compreensão da natureza jurídica do planejamento territorial: trata-se de obrigação do poder público, direito coletivo da sociedade, e como tal não é apenas uma política discricionária — a falta de seu cumprimento gerando improbidade administrativa, sendo que Prefeitos já perderam seus mandatos como consequência. Além de regular os processos de uso/ocupação/parcelamento do solo urbano, cabe ao poder público induzir diretamente os movimentos do mercado imobiliário, atuando assim sobre os terrenos vazios e propriedades abandonadas e/ou subutilizadas. Além de reconhecer e promover a valorização da posse, cabe também ao planejamento territorial determinar as condições de cumprimento da função social da propriedade pública.

Uma questão fundamental de política urbana, mas que sempre foi negligenciada na tradição do urbanismo brasileiro, foi, finalmente, enfrentada pelo Estatuto da Cidade: quem paga, e como, a conta do financiamento do desenvolvimento urbano. Afirmando o princípio da justa distribuição dos ônus e benefícios da urbanização, o Estatuto da Cidade estipulou a outorga onerosa de direitos de construção e uso; a existência de diferentes categorias de indenização, com a desapropriação sendo exceção no regime da função social da propriedade; a captura de mais-valias e a gestão social da valorização imobiliária; bem como a noção de que mera expectativa de direito não é direito, sendo que não há direitos adquiridos em matéria urbanística.

A natureza da gestão urbana também foi profundamente alterada: em especial, a participação popular foi tida como critério de validade jurídica, e não apenas de legitimidade de sociopolítica das leis e políticas públicas. Planos Diretores Municipais — inclusive o de São Paulo — já foram anulados por falta de participação adequada. A importância de se criar um projeto sociopolítico de cidade que se traduza em um pacto socioterritorial é fundamental para a materialização dessa nova ordem jurídico-urbanística, sendo que surgiu daí a Campanha pelos Planos Diretores Participativos, liderada pela Secretaria de Programas Urbanos do Ministério das Cidades.

Em suma, Direito e planejamento urbano foram colocados pela ordem jurídica no lugar onde sempre estiveram, isto é, no coração do processo sociopolítico, especialmente na esfera municipal — processo esse cuja qualidade é que vai determinar o maior ou menor alcance da noção da função social da propriedade e as condições de gestão democrática das cidades.

São certamente muitos os limites dessa nova ordem jurídico-urbanística consolidada pelo Estatuto da Cidade, muitos são os gargalos que ainda requerem um tratamento jurídico e legislativo adequado, mesmo levando em conta toda a série de leis federais aprovadas desde 2001 — natureza, dinâmicas e custos dos procedimentos judiciais; falta de função social e custos do registro imobiliário; falta de apoio dos PDMs em um sistema articulado de gestão urbana; municipalismo exagerado e mesmo artificial; falta de uma dimensão regional/metropolitana; falta de compreensão das realidades específicas dos pequenos e médios municípios, especialmente no Norte e Nordeste etc.

Contudo, *os avanços promovidos são inegáveis.*

Mas o que aconteceu de fato com a nova geração de PDMs aprovados desde então?

Os estudos e análises já existentes demonstram que houve certamente avanços importantes na promoção pelos PDMs do discurso da reforma urbana, bem como em setores específicos — especialmente nas políticas de meio ambiente e patrimônio cultural. Outro avanço de enorme importância foi a criação por toda parte de Zonas Especiais de Interesse Social (ZEIS) "cheias", isto é, correspondendo aos assentamentos informais existentes. O caráter participativo de muitos desses PDMs é inegável, ainda que a qualidade sociopolítica dos processos participativos tenha variado significativamente, expressando assim a variedade de situações existentes nos diferentes municípios brasileiros. Talvez o avanço mais importante tenha sido a produção recorde de informações sobre as cidades brasileiras.

Contudo, ainda são muitos os problemas de eficácia jurídica que afetam os PDMs. Muitos deles têm sido marcados por formalismo jurídico e burocracia excessivos, sendo que em muitos casos houve remessa de regulamentação dos PDMs para outras leis municipais posteriores (no caso de um município importante, para 16 leis posteriores!). A modificação pontual dos PDMs por leis posteriores — mas que não tem envolvido participação popular — tem com frequência comprometido seus objetivos originais. Linguagem jurídica excludente e técnica legislativa imprecisa — a maioria das leis urbanísticas não sendo escrita por juristas — somente tem ampliado o espaço das disputas jurídicas e sociopolíticas.

Além das questões jurídicas, são também muitos os problemas de eficácia social que afetam a nova geração de PDMs. Os novos planos são ainda essencialmente planos urbanísticos tradicionais, meramente técnicos e regulatórios, e de modo geral não houve uma territorialização adequada e firme de suas boas propostas e intenções. Poucos promoveram alguma intervenção significativa na estrutura fundiária e nas dinâmicas dos mercados imobiliários. Os novos instrumentos de gestão urbana foram usados sem que existissem "projetos de cidade" claramente definidos e acordados. São pouquíssimos os casos de PDMs nos quais se propôs a captura das mais-valias urbanísticas, mas, quando há tal previsão, não há uma política clara de redistribuição socioespacial desses novos e generosos recursos financeiros decorrentes do planejamento territorial.

E mais... poucos PDMs propuseram opções de moradia social nas áreas centrais; a enorme maioria não reservou terras para produção habitacional de interesse social (as ZEIS "vazias"); de modo geral não houve uma distinção clara entre "zona urbana" e "zona de expansão urbana" (especialmente no que toca à obrigação de implementação de infraestrutura); não houve determinação de função social da propriedade pública; e tampouco uma proposta socioambiental articulada. Os Grandes Projetos que têm sido aprovados em muitos municípios — dos quais tantos despejos coletivos têm decorrido — com frequência têm atropelado frontalmente os objetivos declarados dos PDMs. De modo geral, falta integração entre políticas fundiárias, urbanas, habitacionais, ambientais, fiscais e orçamentárias. A regularização fundiária continua sendo vista como política setorial isolada, e têm sido enormes as dificuldades técnicas colocadas pelos PDMs à legalização de assentamentos informais.

A gestão dos novos PDMs é fundamentalmente burocrática, sendo que a falta de capacidade de ação na esfera municipal é um problema generalizado — mesmo grandes municípios não têm tido condições adequadas de fazer uso adequado do enorme volume de recursos financeiros que o Governo Federal tem disponibilizado. Muitos PDMs são meras cópias de modelos, com frequência como resultado da verdadeira "indústria de consultores" que se constituiu. A linguagem do urbanismo tem sido tão obsoleta e excludente quanto a linguagem jurídica.

Como mencionado, na esfera federal, os problemas da gestão institucional ainda são muitos e falta integração plena das políticas setoriais, dentro e fora do Ministério das Cidades, especialmente com a política ambiental. Não há uma política nacional urbana/metropolitana e um sistema de cidades claramente definidos. Falta uma política nacional de ordenamento territorial (geral e da Amazônia Legal). Na sua enorme maioria, os Estados-membros não têm políticas urbanas. Sobretudo, em todos os níveis governamentais, falta entre os gestores públicos uma compreensão de que cidade é essencialmente economia, requerendo políticas próprias, e não apenas "políticas sociais" e/ou "políticas de infraestrutura para o crescimento econômico".

4 Conclusão

Parece então que estamos diante de mais um cenário de "plus ça change... plus c'est la même chose"... A confirmação de processos de segregação socioespacial pelo Estado em todos os níveis governamentais, mostra como os urbanistas e gestores públicos continuam — cada vez mais — reféns de mercados imobiliários excludentes que eles mesmos criaram e fomentam, bem como de políticas públicas segregadoras que eles mesmos implementam.

Romper com essa lógica perversa requer um esforço fundamental de enfrentar as disputas jurídicas e políticas renovadas acerca do solo urbano e das cidades, e em especial juristas e urbanistas têm que repensar sua atuação histórica nesse processo. Uma ampla compreensão acerca da natureza e possibilidades da nova ordem jurídico-urbanística requer de imediato um trabalho intensivo de informação e sensibilização dos operadores do Direito, juízes, promotores e registradores, bem como dos planejadores e gestores urbanos. Também é importante reconhecer que tem havido pouca demanda dos direitos coletivos e sociais pelos beneficiários da nova ordem jurídica.

O Direito brasileiro mudou significativamente. Mas será que os juristas entenderam? Será que o urbanismo brasileiro mudou? Será que os gestores públicos assimilaram as novas regras? Será que a sociedade brasileira acordou para as novas realidades jurídicas? Jogar o jogo de acordo com as novas regras é imperativo para que se possa avançar na promoção da reforma urbana de forma a construir coletivamente cidades sustentáveis para presentes e futuras gerações.

Proponho, então, um otimismo muito cauteloso... O futuro do Estatuto da Cidade requer sobretudo uma ampla renovação da mobilização sociopolítica em torno das questões fundiárias, urbanas, habitacionais e ambientais. Trata-se de tarefa de todos defender o Estatuto da Cidade das muitas propostas — essencialmente negativas — de mudanças que se encontram no Congresso Nacional; superar os obstáculos e aprimorar ordem jurídica; mas acima de tudo lutar pela implementação plena do Estatuto da Cidade.

Se "leis ruins" podem dificultar — e muito — o reconhecimento de direitos coletivos e sociais, bem como a formulação e implementação plena de políticas públicas progressistas, "boas leis" por si sós não mudam as realidades urbanas e sociais, por mais que expressem princípios de inclusão socioespacial e justiça socioambiental, ou mesmo, como no raro caso do Estatuto da Cidade, quando fazem com que os novos princípios e direitos coletivos e sociais reconhecidos sejam acompanhados por uma gama de processos, mecanismos, instrumentos e recursos necessários a sua efetiva materialização.

Se foram necessárias décadas de disputas sociopolíticas para que a reforma da ordem jurídico-urbanística tenha se dado, uma outra etapa histórica se abriu com a aprovação do Estatuto da Cidade, qual seja, a das disputas sociopolíticas em todas as esferas governamentais, dentro e fora do aparato estatal, pelo pleno cumprimento dessa lei.

A verdade é que o Brasil e os brasileiros ainda não fizeram por merecer o Estatuto da Cidade.

Referências

CYMBALISTA, Renato; SANTORO, Paula Freire (Org.) *Planos Diretores* — processos e aprendizados. São Paulo: Instituto Polis, 2009.

FERNANDES, Edésio. Constructing the 'Right to the City' in Brazil. *Social & Legal Studies*, 16, 2007.

FERNANDES, Edésio. Implementing the urban reform agenda in Brazil: possibilities, challenges, and lessons. *Urban Forum*, 22, 2011.

FERNANDES, Edésio. *Law and Urban Change in Brazil*. Aldershot: Avebury, 1995.

FERNANDES, Edésio; ROLNIK, Raquel. Law and Urban Change in Brazil. *In*: FERNANDES, Edésio; VARLEY, Ann (Ed.). *Illegal Cities* — Law and Urban Change in Developing Countries. London; New York: Zed Books, 1998.

SANTOS JÚNIOR, Orlando Alves; MONTANDON, Daniel Todtmann (Ed.). *Os Planos Diretores Municipais Pós-Estatuto da Cidade*: balanço crítico e perspectivas. Rio de Janeiro: Observatório das Metrópoles/Letra Capital, 2011.

SCHULT, Sandra I. Momm; SIEBERT, Claudia. Freitas; SOUZA, Luiz Alberto (Org.). *Experiências em planejamento e gestão urbana*: planos diretores participativos e regularização fundiária. Blumenau: Edifurb, 2010.

Informação bibliográfica deste texto, conforme a NBR 6023:2002 da Associação Brasileira de Normas Técnicas (ABNT):

FERNANDES, Edésio. Estatuto da Cidade mais de 10 anos depois: razão de descrença ou razão de otimismo?. *In*: DIAS, Maria Tereza Fonseca *et al*. (Coord.). *Estado e propriedade*: estudos em homenagem à professora Maria Coeli Simões Pires. Belo Horizonte: Fórum, 2015. 343-354p.

DIREITO FUNDAMENTAL À MORADIA E LEGITIMAÇÃO DE POSSE EM TERRENOS PÚBLICOS: IMPRESSÕES SOBRE A LEI FEDERAL Nº 11.977/09[1]

LUCIANO FERRAZ

1 Introdução

O tema escolhido, por indicação contextual dos organizadores, relaciona-se com o direito fundamental à moradia e com o irregular desenvolvimento urbano vivenciado em grande parte dos municípios brasileiros. Trata-se dos processos de regularização fundiária para fins de interesse social em terrenos públicos, disciplinados pela Lei Federal nº 11.977/09.

A ideia subjacente ao ensaio é demonstrar as situações fáticas que reclamam o uso desse instituto e sua correlação com outros institutos já tradicionais no Direito Administrativo e no Direito Urbanístico e respectivas implicações e usos.

Voilà!

2 Fundamentos

2.1 Direito fundamental à moradia e o Município

A Constituição de 1988 — a exemplo das Constituições ocidentais do último quarto do século XX — é rica na proclamação de direitos e garantias fundamentais — entre eles o direito fundamental à habitação (art. 6º, *caput*), alvo de pluralidade de políticas públicas nos últimos anos no Brasil.

---

[1] Este artigo é elaborado em homenagem à Professora Doutora Maria Coeli Simões Pires. Retribuo com este escrito as orientações que a professora — com a paciência e a proficiência que lhe são peculiares — transmitiu a mim quando ainda me preparava para o concurso de ingresso na pós-graduação da Universidade Federal de Minas Gerais, nos idos de 1995. Naquela oportunidade, a professora graciosamente me indicou a bibliografia de base para os tópicos que compuseram o edital do concurso. Gestos como este — de pessoas de bem e de boa alma — são atemporais e inesquecíveis.

Nesse contexto, revela-se a competência municipal para tratar de assuntos de interesse local (art. 30, I e II), mas encontra-se também envolvida a competência *exclusiva* da União para legislar sobre direito civil (art. 22, I) e registros públicos (art. 22, XXV), a disciplina do Estatuto da Cidade (Lei Federal nº 10.257/2001), bem como a competência de todas as entidades federativas para legislarem *concorrentemente* sobre direito urbanístico (art. 24, I c/c art. 30, II), observadas normas gerais (art. 24, §1º) e as diretrizes para o desenvolvimento urbano (art. 21, XX) ditadas pela União.

Tudo isso, é bem de ver, sem esquecer que o art. 23, IX, reconhece competência material comum à União, Estados, Distrito Federal e Municípios para "promover programas de construção de moradias e a melhoria das condições habitacionais e de saneamento básico.", assim como que o art. 23, X, de igual modo lhes toca competência para "combater as causas da pobreza e os fatores de marginalização, promovendo a integração social dos setores desfavorecidos".

De qualquer forma, sob o enfoque constitucional, a principal entidade federativa envolvida em matéria de direito fundamental à moradia é o Município. Com efeito, ele possui ampla competência para promover políticas públicas voltadas à efetivação desse direito, podendo, para tanto, realizar iniciativas variadas, tais como a doação de bens públicos de interesse social (com fundamento na Lei nº 8.666/93), a concessão de uso especial para fins de moradia (com previsão na MP nº 2.220/01), a concessão de direito real de uso (regulada nacionalmente pelo Decreto-Lei nº 271/67).

E em verdade são benfazejas as diversas leis municipais que, valendo-se destes institutos, criam programas habitacionais em geral (em especial para a população de baixa renda), como benfazeja também o é a Lei Federal nº 11.977/09, que previu hipóteses de regularização fundiária no caso de ocupações irregulares de terrenos públicos (e privados) nos municípios, com reflexos sobre o sistema dos registros públicos.

2.2 Regularização fundiária na Lei Federal nº 11.977/09

De acordo com a Cartilha de Regularização Fundiária do Ministério das Cidades,[2] a edição da Lei nº 11.977/09 abre novo e promissor momento para a regularização fundiária urbana no Brasil. Pela primeira vez, a regularização é devidamente destacada e definida numa lei federal, que estabelece procedimentos, competências e cria importantes instrumentos para a sua efetivação.

A regularização fundiária consiste no conjunto de medidas jurídicas, urbanísticas, ambientais e sociais que visam à regularização de assentamentos irregulares e à titulação de seus ocupantes, de modo a garantir o direito social à moradia, o pleno desenvolvimento das funções sociais da propriedade urbana e o direito ao meio ambiente ecologicamente equilibrado (art. 46 da Lei nº 11.977/09).

Em regra, apresentam-se dois tipos de irregularidades, que justificam procedimentos de regularização na forma da lei nova:

a) *irregularidade dominial*, quando o possuidor ocupa terra pública ou privada, sem qualquer título que lhe dê garantia jurídica sobre essa posse;

---

[2] Cf Cartilha de Regularização Fundiária Urbana. Disponível em: <http://agenda21comperj.com.br/utilidades/publicacoes/cartilha-da-regularizacao-fundiaria-urbana>. Acesso em: 10 dez. 2013.

b) *irregularidade urbanística e ambiental*, quando o parcelamento efetivado não está de acordo com a legislação urbanística e ambiental e não foi devidamente licenciado.

De se notar, pelos termos da legislação citada, a existência de irregularidades fundiárias tanto em bairros de baixa renda quanto em loteamentos abastados, porém ilegais. No caso dos assentamentos populares, os moradores foram não raro obrigados a viver de forma irregular por falta de alternativa legal de moradia, muitas vezes por falta de adequada fiscalização do Poder Municipal. Nos demais, houve opção expressa ou tática por construir casas em loteamentos e condomínios irregulares, apesar das condições financeiras do adquirente para aquisição de residências legalizadas.[3]

Considerando tais aspectos, a Lei Federal nº 11.977/2009 estabeleceu, basicamente, dois tipos de regularização fundiária:[4]

i) *regularização fundiária de interesse social (art. 47, VII)*: destinada a assentamentos irregulares[5] ocupados, predominantemente, por população de baixa renda, nos casos: a) em que a área esteja ocupada, de forma mansa e pacífica, há, pelo menos, 5 (cinco) anos; b) de imóveis situados em ZEIS;[6] c) ou de áreas da União, dos Estados, do Distrito Federal e dos Municípios declaradas de interesse para implantação de projetos de regularização fundiária de interesse social;

ii) *regularização fundiária de interesse específico (art. 47, VIII)*: regularização fundiária quando não caracterizado o interesse social conforme item precedente.

A Lei nº 11.977/2009 criou instrumentos específicos para a *regularização fundiária de interesse social*: a) demarcação urbanística; b) legitimação de posse; c) regularização fundiária em Áreas de Preservação Permanente (APPs).

A demarcação urbanística é o procedimento administrativo pelo qual o poder público, no âmbito da regularização fundiária de interesse social, demarca imóvel de domínio público ou privado, definindo seus limites, área, localização e confrontantes, com a finalidade de identificar seus ocupantes e qualificar a natureza e o tempo das respectivas posses. Este instrumento é voltado para a intervenção em áreas de ocupação já consolidadas, predominantemente por população de baixa renda, sem que haja oposição do proprietário do imóvel e somente poderá ser feita pelo Poder Público.

A legitimação de posse é um ato do poder público destinado a conferir título de reconhecimento de posse de imóvel objeto de demarcação urbanística, com a

---

[3] Cf. Cartilha de Regularização Fundiária Urbana. Disponível em: <http://agenda21comperj.com.br/utilidades/publicacoes/cartilha-da-regularizacao-fundiaria-urbana>. Acesso em: 10 dez. 2013.

[4] Dispõe o art. 49 da Lei nº 11.977/09 que o Município, observando as disposições do Estatuto da Cidade, poderá dispor sobre o procedimento de regularização fundiária em seu território, embora a ausência dessa regulamentação não obste a respectiva implantação (art. 49, parágrafo único). Os Municípios, na forma do art. 50, *caput*, podem promover a regularização fundiária, que somente se fará plena, na medida em que atender às prescrições dos arts. 51 e 52 da Lei nº 11.977/09. Com efeito, "a regularização fundiária não deve significar apenas a existência de um título registrado em cartório, que dê a devida garantia ao morador da posse de seu lote, mas deve ser compreendida como uma solução integrada para as questões de degradação ambiental e social, de situações de risco e de falta ou precariedade de infraestrutura, de sistema viário e de áreas públicas" (Http://agenda21comperj.com.br/utilidades/publicacoes/cartilha-da-regularizacao-fundiaria-urbana).

[5] Assentamentos irregulares: ocupações inseridas em parcelamentos informais ou irregulares, localizadas em áreas urbanas públicas ou privadas, utilizadas predominantemente para fins de moradia.

[6] Zona Especial de Interesse Social (ZEIS): parcela de área urbana instituída pelo Plano Diretor ou definida por outra lei municipal, destinada predominantemente à moradia de população de baixa renda e sujeita a regras específicas de parcelamento, uso e ocupação do solo.

identificação do ocupante e do tempo e natureza da posse. Por seu intermédio, registra-se situação de fato, com objetivo, entre outros, de dar publicidade às posses identificadas e qualificadas, por meio da confecção de um título pelo poder público e de seu registro no cartório de registro de imóveis. Relativamente às áreas públicas, a legitimação pode facilitar a instrução de pedidos de concessão de uso para fins de moradia ou de outros instrumentos definidos pelo titular de domínio da área.

Por fim, a lei trata da regularização fundiária em áreas de preservação permanente, assim definidas no Código Florestal, que pode ser admitida nos casos em que: a) a ocupação da APP for anterior a 31 de dezembro de 2007; b) o assentamento estiver inserido em área urbana consolidada;[7] c) estudos técnicos comprovarem que a intervenção programada implicará melhoria das condições ambientais relativamente à situação de ocupação irregular anterior.

De acordo com o Manual do Ministério das Cidades, como o título de legitimação de posse não reconhece um direito real, sua utilização em áreas públicas é interessante apenas nos casos em que o ente promotor da ação não é o proprietário do imóvel. É dizer, quando o procedimento é feito pelo próprio ente público detentor do domínio, a legitimação é passo desnecessário, porquanto existe possibilidade da transferência de direito real em nome do possuidor, por meio de instrumentos como a concessão especial de uso para fins de moradia, a concessão de direito real de uso e a doação.

Percebe-se, assim, que a demarcação urbanística precede a legitimação de posse, mas que esta somente deve ser a opção do Poder Público quando outros instrumentos jurídicos não forem capazes de transferir direitos reais em favor dos ocupantes.

Em outros termos, embora a legitimação de posse se apresente como interessante mecanismo de regularização fundiária, o Poder Público deve priorizar hipóteses em que o direito real de uso seja transferível, garantindo amiúde o direito fundamental à moradia.

Nesse passo, quando se está a cogitar de imóveis públicos, divisam-se as seguintes opções ao Município — em regime preferencial à legitimação de posse trazida pela Lei Federal nº 11.977/09:

a) *concessão especial de uso para fins de moradia*, verificando que esta somente possa ser aplicada pelo município para imóveis ocupados até 30 de junho de 1996 (art. 1º da MP nº 2.220/01);

b) *concessão de direito real de uso* (Decreto-Lei nº 271/69 – art. 7º), que poderá ser aplicada para fins de regularização fundiária, dependendo de atendimento aos requisitos específicos, incluída autorização legislativa;

c) *doação*, que continuará a ser utilizada, havendo mesmo autorização legislativa que lhe dá sustentação (art. 17 da Lei nº 8.666/93).

Na impossibilidade de transferência do domínio efetivo (doação) ou do domínio resolúvel (concessão), aí sim a legitimação de posse terá lugar, como mecanismo apto a concretizar o direito fundamental à moradia.

---

[7] Considera-se área urbana consolidada parcela da área urbana com densidade demográfica superior a 50 (cinqüenta) habitantes por hectare, malha viária implantada e que tenha, no mínimo, 2 (dois) dos seguintes equipamentos de infraestrutura urbana implantados: drenagem de águas pluviais urbanas; esgotamento sanitário; abastecimento de água potável; distribuição de energia elétrica; limpeza urbana, coleta e manejo de resíduos sólidos.

Para tanto, o art. 49 da Lei nº 11.977/2009 prevê a possibilidade de o Município, observando as disposições do Estatuto da Cidade, dispor sobre o respectivo procedimento em legislação própria (lei ou decreto). Deverá, entretanto, seguir os critérios exigidos pela Lei nº 11.977/09 para a criação e efetivação do programa de regularização fundiária.

3 Conclusão

A concreção do direito fundamental à moradia é um dos deveres que o constituinte de 1988 prescreve ao Estado brasileiro. Entre tantos institutos que possibilitam o uso de bens públicos para levar a efeito dito direito, a Lei nº 11.977/09 trouxe o procedimento de legitimação de posse, que resta a cargo dos Municípios, notadamente para áreas consideradas de interesse social.

Nesse sentido, compete a cada um dos municípios aquilatar a respectiva realidade e utilizar os mecanismos que o ordenamento jurídico coloca à sua disposição, para, valendo-se desse novo instrumento, tornar assim a vida dos seus cidadãos, em especial da população de baixa renda, mais segura, mais digna e mais feliz.

E esta é certamente a mensagem que a professora Maria Coeli Simões Pires, do ato de sua beleza interior e da altivez de sua postura, pretendeu e pretende ensinar a todos aqueles que, de uma forma ou de outra, tiveram a oportunidade de ser seus alunos.

Referência

CARTILHA de Regularização Fundiária Urbana. Disponível em: <http://agenda21comperj.com.br/utilidades/publicacoes/cartilha-da-regularizacao-fundiaria-urbana>. Acesso em: 10 dez. 2013.

Informação bibliográfica deste texto, conforme a NBR 6023:2002 da Associação Brasileira de Normas Técnicas (ABNT):

FERRAZ, Luciano. Direito fundamental à moradia e legitimação de posse em terrenos públicos: impressões sobre a Lei Federal nº 11.977/09. *In*: DIAS, Maria Tereza Fonseca *et al*. (Coord.). *Estado e propriedade*: estudos em homenagem à professora Maria Coeli Simões Pires. Belo Horizonte: Fórum, 2015. 355-359p.

OCUPAÇÕES URBANAS E DIREITO À CIDADE:[1] EXCERTOS DA CARTOGRAFIA SOCIOJURÍDICA DA COMUNIDADE DANDARA, EM BELO HORIZONTE[2]

MARIA TEREZA FONSECA DIAS

JULIANO DOS SANTOS CALIXTO

LARISSA PIRCHINER DE OLIVEIRA VIEIRA

PEDRO DE AGUIAR MARQUES

FÚLVIO ALVARENGA SAMPAIO

JULIA DINARDI ALVES PINTO

TAYS NATALIA GOMES

STÉFANE RABELO PEREIRA DA COSTA

Da minha aldeia vejo quanto da terra se pode ver do Universo...
Por isso a minha aldeia é tão grande como outra terra qualquer,
Porque eu sou do tamanho do que vejo
E não do tamanho da minha altura...

Nas cidades a vida é mais pequena
Que aqui na minha casa no cimo deste outeiro.
Na cidade as grandes casas fecham a vista à chave,
Escondem o horizonte, empurram o nosso olhar para longe de todo o céu,
Tornam-nos pequenos porque nos tiram o que os nossos olhos nos podem dar,
E tornam-nos pobres porque a nossa única riqueza é ver.[3]

---

[1] Pesquisa desenvolvida com o apoio do CNPq e PROEXT/MEC 2014.

[2] O texto foi escolhido pelo grupo de pesquisa "Pelo direito fundamental à moradia adequada: estudo do caso de ocupações urbanas em Belo Horizonte e Região Metropolitana" para homenagear a Profa. Maria Coeli Simões Pires em virtude de sua vinculação intelectual às temáticas ligadas aos temas do Direito Urbanístico e às novas metodologias de ensino e pesquisa no curso de Direito, notadamente na Faculdade de Direito da UFMG.

[3] PESSOA. O Guardador de Rebanhos. Poema VII. *In*: PESSOA. *Poemas de Alberto Caeiro*.

1 Introdução

O objetivo deste trabalho é apresentar resultados parciais do mapeamento das ocupações urbanas na Região Metropolitana de Belo Horizonte, realizada em parceria com os Programas Polos de Cidadania[4] e Cidade e Alteridade,[5] ambos da Faculdade de Direito da UFMG, com foco no relato da oficina de cartografia social desenvolvida, em 2013, na Comunidade Dandara, em Belo Horizonte.

O fenômeno urbano ganhou novos contornos e importância, em grande medida pelo fato de a maior parte da população viver em cidades que se tornaram palco dos grandes acontecimentos, manifestações sociais, embates políticos, produção e reprodução de modos de vida.

A dificuldade de encontrar lugar onde morar nas cidades gera diversas consequências no meio social. A mais conhecida talvez seja a proliferação de ocupações informais nas cidades brasileiras, sendo que, em muitos casos, tais ocupações se estabeleceram em áreas que não poderiam ser habitadas devido a riscos geológicos, impactos ambientais, domínio da propriedade etc.

No caso específico da Região Metropolitana de Belo Horizonte (RMBH) os assentamentos urbanos informais — e entre eles as ocupações urbanas — foram resultado do grande fluxo de migrações na região. A movimentação migratória dentro da área metropolitana é, primeiramente, fruto do alto custo da moradia na região central da capital. Esse fenômeno acarreta a expulsão dos imigrantes pobres e de menor qualificação profissional para áreas cada vez mais periféricas da RMBH,[6] onde ainda é possível ter acesso à terra urbana a preços mais razoáveis. Além disso, houve grande fluxo de emigrantes no âmbito intraestadual, que precedem, em sua maioria, da bacia do São Francisco, Jequitinhonha, Mucuri e Doce.[7]

A premissa de que o maior deslocamento ocorre entre regiões geograficamente mais próximas pode ser observada no contexto de Belo Horizonte, tendo em vista o fato de que são os municípios de Contagem e Ribeirão das Neves que abrigam aporte mais expressivo de imigrantes, enquanto as cidades de Betim, Santa Luzia, Ibirité e Vespasiano não possuem índice tão elevado.[8] Tanto em outras áreas periféricas quanto na área central da capital torna-se perceptível a discrepância econômica diante dos condomínios fechados, que reafirmam os processos de segregação socioespacial na Região.

---

[4] O Programa Polos de Cidadania é um projeto de extensão da Faculdade de Direito da UFMG, criado em 1995, que atua com as comunidades em risco social na Região Metropolitana de Belo Horizonte e no Vale do Jequitinhonha. Cf. <http://www.polosdecidadania.com.br/>.

[5] O Cidade e Alteridade: convivência multicultural e justiça urbana é um programa de pesquisa e extensão da Faculdade de Direito da UFMG desenvolvido em parceria com diversas instituições, tais como MEC/PROEXT; MPMG; MPT; CNPq entre outros. Cf. <http://cidadeealteridade.blogspot.com.br/>.

[6] Cf. neste sentido o estudo de MENDONÇA. Legislação urbanística e segregação socioespacial em Belo Horizonte. *In*: FERNANDES; ALFONSIN (Org.). *Direito urbanístico*: estudos brasileiros e internacionais. Belo Horizonte: Del Rey, 2006. p. 301-317.

[7] MATOS. Periferias de grandes cidades e movimentos populacionais. *Cadernos Metrópole*, p. 71-105, 1º sem. 2005.

[8] MATOS; LOBO; STEFANI. Pobreza urbana e a dimensão socioespacial nos processos de redistribuição da população em periferias de Belo Horizonte. *In*: ABEP. *Encontro Transdisciplinar Espaço e População*, p. 6.

A questão das ocupações urbanas no Brasil e na RMBH também é fruto do déficit habitacional brasileiro que, segundo o IPEA,

> [...] é aquele que informa à sociedade e aos gestores públicos sobre a necessidade de reposição do estoque de moradias existentes (que são incapazes de atender dignamente aos moradores, em razão de sua precariedade ou do desgaste trazido pelo uso ao longo do tempo), bem como sobre a necessidade de incrementar o estoque de moradias.[9]

A partir dos dados da Pesquisa Nacional por Amostra de Domicílios (PNAD), o IPEA concluiu que, no Brasil, de forma geral, o déficit habitacional reduziu entre os anos de 2007 e 2012. No entanto, conforme dados da TAB. 1, no grupo econômico em que se concentra a maior fatia do déficit — domicílios com renda de até três salários mínimos — houve aumento de 4% no mesmo período. Ressalta-se que aproximadamente 73% do déficit habitacional brasileiro concentra-se nessa faixa salarial.[10]

TABELA 1 – Composição do déficit habitacional, por faixa de renda (2007-2012)

	2007	2008	2009	2011	2012
Sem declaração de renda	1,7%	1,7%	1,9%	3,0%	2,4%
Até 3 salários-mínimos (s.m.)	70,7%	70,2%	71,2%	73,0%	73,6%
Entre 3 e 5 s.m.	13,1%	14,0%	13,5%	11,7%	11,6%
Entre 5 e 10 s.m.	10,4%	10,3%	9,6%	9,1%	9,4%
Acima de 10 s.m.	4,1%	3,9%	3,8%	3,2%	2,9%

Fonte: IBGE/PNAD 2007-2012

Além disso, o mencionado estudo relatou que o ônus desse déficit resultante de aumento do valor do aluguel teve salto considerável, passando de 1,75 milhões de domicílios para 2,293 milhões, com aumento aproximado de 30% em cinco anos. Ressalta-se também que o mercado de locação sofreu da mesma alta que foi observada no mercado de compra e venda de imóveis, o que explica o fato de maior parcela de famílias ter comprometimento percentual superior a 30% de sua renda familiar com essa despesa, aumentando ainda mais o déficit habitacional.[11]

---

[9] BRASIL. Instituto de Pesquisa Econômica Aplicada. *Estimativas do déficit habitacional brasileiro* (PNAD 2007-2012), p. 2.

[10] BRASIL. Instituto de Pesquisa Econômica Aplicada. *Estimativas do déficit habitacional brasileiro* (PNAD 2007-2012), p. 12.

[11] BRASIL. Instituto de Pesquisa Econômica Aplicada. *Estimativas do déficit habitacional brasileiro* (PNAD 2007-2012), p. 12.

Ao contrário do dado nacional, a RMBH apresentou aumento no déficit habitacional da ordem de 10,44% no período estudado. Em 2007, esse déficit absoluto era de 117.474 moradias, e em 2012 o déficit passou a ser de 129.737.[12]

Estudiosos do fenômeno urbano apontam a existência de conflitos no que se refere à democratização do uso do espaço nas cidades. Henri Lefebvre, desde o fim da década de 1960, já destacava que

> Os violentos contrastes entre a riqueza e a pobreza, os conflitos entre os poderosos e os oprimidos não impedem nem o apego à cidade, nem a contribuição ativa para a beleza da obra. No contexto urbano, as lutas de facções, de grupos, de classes, reforçam o sentimento de pertencer.[13]

Assim, esse sentimento de pertencer à cidade está ligado ao processo de urbanização brasileiro e às lutas pelo direito à cidade e à moradia. Após o processo de redemocratização do País, surgem nos maiores aglomerados urbanos brasileiros diversos coletivos formados por movimentos sociais que pautam a reforma urbana e um modelo de cidade mais justa, tais como Frente de Luta por Moradia (FLM), Movimento de Lutas nos Bairros, Vilas e Favelas (MLB), Movimento dos Trabalhadores Sem-Teto (MTST), Brigadas Populares, entre outros.

2 Ocupações urbanas

Para esboçar o conceito de ocupações urbanas de maneira a orientar e operacionalizar o desenvolvimento desta investigação, partiu-se, primeiramente, do conceito de "ocupações organizadas" do Plano Local de Habitação de Interesse Social de Belo Horizonte (PLHIS). Apesar de este estudo não apresentar o diagnóstico preciso das ocupações, tratou desse conceito como tipologia integrante dos assentamentos de interesse social. O PLHIS estabeleceu que "[...] ocupações organizadas são assentamentos originados de ocupações em terrenos ou edificações de propriedade de terceiros, públicas ou privadas, por iniciativa de movimentos organizados, anteriormente a julho de 2009".[14] Como o conceito foi definido em reunião do Grupo Executivo,[15] realizada em julho de 2010, considerou-se "ocupação organizada" o assentamento com pelo menos 1 ano de formação.

Ampliando essa perspectiva e para os fins desta pesquisa, foram desenvolvidos três critérios analíticos para identificar as ocupações urbanas e distingui-las de outros tipos de assentamentos informais, a saber: urbanístico, identitário e político.

No que tange ao parâmetro urbanístico, essas ocupações, via de regra, ocorrem de maneira planejada, a partir da posse informal e pacífica de áreas ociosas da cidade

---

[12] BRASIL. Instituto de Pesquisa Econômica Aplicada. *Estimativas do déficit habitacional brasileiro* (PNAD 2007-2012), p. 11.

[13] LEFEBVRE, Henri. *O direito à cidade*. Trad. Rubens Eduardo Frias. 5. ed. São Paulo: Centauro, 2011. p. 13.

[14] BELO HORIZONTE. Plano Local de Habitação de Interesse Social. Dez. 2010, p. 54. Disponível em: <file:///C:/Users/user/Downloads/phlis_versao_final_marco_2012_rev_dez2013.pdf>. Acesso em: 21 mar. 2014.

[15] Cf. os integrantes do "Grupo Executivo" em: BELO HORIZONTE. Plano Local de Habitação de Interesse Social. Dez. 2010, p. 3. Disponível em: <file:///C:/Users/user/Downloads/phlis_versao_final_marco_2012_rev_dez2013.pdf>. Acesso em: 21 mar. 2014.

(públicas ou privadas) para fins eminentemente de moradia urbana. Diversas ocupações estudadas — como é o caso da Comunidade Dandara — cumprem preceitos da legislação urbanística referentes ao parcelamento, uso e ocupação do solo urbano, conforme dispõe a Lei nº 6.766/79, tais como os padrões de loteamento e destinação de áreas institucionais para fins públicas.[16] Ao contrário das ocupações urbanas, geralmente as vilas e favelas são assentamentos originados pela posse, com as mesmas finalidades, realizada ao longo do tempo e de forma desordenada.

Ainda sob a perspectiva do critério urbanístico, as ocupações urbanas também se distinguem dos loteamentos irregulares. Esses são loteamentos privados originados por parcelamento de terrenos particulares, por iniciativa de seus proprietários, grileiros, imobiliárias ou cooperativas habitacionais, a partir de planta de referência, com comercialização informal das frações resultantes, geralmente ocupadas por população de baixa renda.[17]

O segundo parâmetro para caracterizar ocupação urbana, o identitário, diz respeito à autodeterminação dos grupos estudados como ocupação urbana organizada. Por meio da compreensão dos elementos pelos quais se movem e, também, dos que constituem a subjetividade e a identidade coletiva e individual dos moradores das ocupações, é possível delimitar a concepção de ocupações urbanas. A formação da identidade prática dos indivíduos das ocupações urbanas se dá a partir do exercício do direito à cidade, à moradia adequada e ao acesso a serviços públicos básicos — necessários para uma vida digna. Essa identidade é também produto da luta por reconhecimento, baseado na conflitividade social e na intersubjetividade, pontos essenciais para a compreensão e estudo dessas organizações. A formação da identidade prática dos moradores das ocupações, nesse contexto de reconhecimento, opera em três dimensões distintas, mas interligadas: a esfera emotiva, que permite ao indivíduo uma confiança em si mesmo; a esfera da estima social, em que esses projetos podem ser objeto de um respeito solidário e, também, pela esfera jurídico-moral, em que o indivíduo é reconhecido como autônomo e moralmente imputável.[18]

No que tange ao terceiro critério — o político —, as ocupações urbanas diferem dos demais assentamentos urbanos informais por retomarem o caráter organizativo e contínuo de suas ações. Bobbio, resgatando a compreensão clássica da palavra política, afirma que tal termo deriva da palavra "pólis", a qual significa "[...] tudo o que se refere à vida da cidade e, consequentemente, compreende toda a sorte de relações sociais, o que é urbano, civil e público".[19] É nesse aspecto que o exercício do direito à cidade, à moradia e à busca por condições dignas de vida nas cidades retoma a esfera pública. As ocupações urbanas, por meio da ousadia e do cultivo de novos valores comunitários, colocam em pauta, na opinião pública, a reforma urbana.

A partir dos critérios apresentados, as ocupações urbanas foram conceituadas como identidades territorializadas que exercem posse planejada, pacífica e informal em espaços urbanos não utilizados, subutilizados ou não edificados e se mantêm em

---

[16] Cf. BRASIL. Lei nº 6.766, de 19 de dezembro de 1979.

[17] Cf. BELO HORIZONTE. Plano Local de Habitação de Interesse Social. Dez. 2010, p. 54. Disponível em: <file:///C:/Users/user/Downloads/phlis_versao_final_marco_2012_rev_dez2013.pdf>. Acesso em: 21 mar. 2014.

[18] Cf. HONNETH, Axel. *Luta por reconhecimento*: a gramática moral dos conflitos sociais, p. 18.

[19] BOBBIO, N. *et al*. *Dicionário de política*. 12. ed. Brasília: UnB, 2002. p. 954-963.

mobilização continuada pelo acesso à terra urbana e ao exercício do direito à moradia e à cidade.

Outra distinção importante para a compreensão das ocupações urbanas diz respeito à diferença semântica e simbólica entre os termos *ocupação* e *invasão*[20] presente no quotidiano das comunidades.

A *invasão* refere-se ao processo hostil para exercício da posse; já a *ocupação*, além de pautar-se na posse pacífica, pretende dar utilidade a espaços urbanos não utilizados, subutilizados ou não edificados.

Verificou-se a utilização desses argumentos nas palavras de uma moradora da comunidade Dandara, caracterizada como jovem, mobilizada e moradora há mais de dois anos no local, que, entrevistada, afirmou:

> Eu não sou invasora [...] nós ocupamos um espaço que tava vazio. Invadir é [...] se eu tivesse chegado aqui e tirado a construtora modelo... tivesse tirado as pessoas que [...] ia construir prédio, apartamento aqui dentro. — [...] ó cê vai embora que eu vou entrar, tendeu? Isso aí é invadir. Agora ocupar um espaço que tem mais de 15 ou 20 anos que [...] não cumpria com nenhuma função social... isso aí num é invadir... E ocupei um espaço que tava vazio (*sic*).[21]

A conscientização dos moradores de seus direitos e deveres, combinada com a pressão política pela efetivação do direito à moradia e da função social da propriedade, além da aplicação dos instrumentos do Estatuto da Cidade (Lei nº 10.254/01) colocam em xeque as verdadeiras relações de poder referentes à produção e ocupação do solo urbano. Nesse contexto, diferentemente dos demais assentamentos de interesse social, as ocupações urbanas, desde seu início, surgem com o propósito claro de melhoria nas condições de vida das famílias carentes e, ao mesmo tempo, de crítica à insuficiência das atuais políticas públicas e sociais e à hegemonia dos atores político-sociais que comandam as intervenções urbanas, tais como grandes empreiteiras e o capital especulativo imobiliário. Assim, a luta política pelo direito à cidade significa, nos dias atuais, a busca pela precedência das relações de valor de uso sobre as relações de valor de troca que se desenvolvem sobre o território urbano.[22]

Para fins de operacionalização da pesquisa, além dos critérios que delimitam conceitualmente as ocupações urbanas, foi realizado recorte temporal das ocupações urbanas que existem há menos de cinco anos, pois são consideradas juridicamente menos consolidadas do que aquelas que existem há mais tempo. Assim, o ano de 2008 foi escolhido como divisor de águas, porque, à época, marcava o prazo de cinco anos para a aquisição de propriedade por meio da ação de usucapião especial coletiva de imóvel urbano prevista no art. 10 do Estatuto da Cidade (Lei nº 10.257/01),[23] ou seja, seriam estudadas as ocupações que surgiram após o ano de 2008, e que, portanto, não poderiam ser contempladas por esse instrumento jurídico de aquisição da propriedade.

---

20 LOURENÇO, Tiago Castelo Branco. *Cidade ocupada*. Dissertação (Mestrado em Arquitetura e Urbanismo), p. 5.

21 Dados da entrevista. Pesquisa de campo realizada na Comunidade Dandara em 14 de outubro de 2013.

22 LEFEBVRE, Henri. *O direito à cidade*. Trad. Rubens Eduardo Frias. 5. ed. São Paulo: Centauro, 2011. p. 139.

23 Art. 10. As áreas urbanas com mais de duzentos e cinqüenta metros quadrados, ocupadas por população de baixa renda para sua moradia, por cinco anos, ininterruptamente e sem oposição, onde não for possível identificar os terrenos ocupados por cada possuidor, são susceptíveis de serem usucapidas coletivamente, desde que os possuidores não sejam proprietários de outro imóvel urbano ou rural" (BRASIL. Lei nº 10.257/01).

Nesse sentido foram selecionadas as comunidades Camilo Torres (2008), Dandara (2009), Irmã Dorothy (2010), Eliana Silva (2012), Zilah Spósito (2012) e Emanuel Guarani Kaiowá (2013).

Optou-se por iniciar as imersões, entrevistas e processos de estudos pela Comunidade Dandara. Isso se deu em razão da ocupação ser a mais consolidada hoje em Belo Horizonte, não só pelo parâmetro temporal, mas principalmente pela estrutura de organização e os processos judiciais referentes à comunidade encontrarem-se em estágio avançado.

A cartografia sociojurídica da Comunidade Dandara é a cartografia de um conflito urbano. Por vezes, a ocupação de imóvel ocioso é tratada como área de invasão, para a qual a única política pública que cabe é a reintegração de posse do proprietário formal do terreno.

3 Cartografia social e cartografia sociojurídica[24]

A complexidade das relações sociais nas sociedades contemporâneas faz com que os tradicionais instrumentos de investigação dos processos sociais não consigam gerar resultados que abarquem todas as vozes envolvidas nos contextos estudados. Dessa forma, a cartografia social é nova ferramenta, baseada em proposta conceitual e metodológica, que permite a construção do conhecimento fundamentado na pesquisa-ação participativa.[25]

A pesquisa-ação, conforme Thiollent,[26] é desenvolvida a partir da inter-relação entre o pesquisador e os participantes representativos da situação-problema, de acordo com os princípios de subjetividade, cidadania e emancipação social. São pressupostos da pesquisa-ação: 1. a existência de um problema coletivo; 2. o envolvimento solidário e dialógico de todos os participantes (pesquisadores e pessoas da comunidade); 3. a participação, das pessoas da comunidade, na investigação como sujeitos e não como meros informantes.

A cartografia social, conforme descreve Juan Herrera,[27] tem como objetivo a elaboração de mapas participativos que tenham a função não só de planejamento local, mas também de transformação social.

No Brasil, a cartografia social tem sido utilizada no campo da Antropologia com os povos tradicionais em situação de risco territorial, com o escopo de auxiliá-los na demarcação de seus próprios limites de caça, pesca, extrativismo etc. Essa nova cartografia está em expansão no território nacional, tendo sido utilizada primeiramente na região Amazônica (Projeto Nova Cartografia Social da Amazônia)[28] e atualmente em

---

[24] A proposta da cartografia sociojurídica de ocupações urbanas foi apresentada e discutida no III Encontro de Pesquisa Empírica em Direito, promovido pela Faculdade de Direito de Ribeirão Preto da Universidade de São Paulo, dias 18 e 19 de setembro de 2013 (DIAS *et al. O direito à cidade na cartografia sociojurídica de ocupações urbanas em Belo Horizonte*).

[25] Cf. HERRERA, Juan. *Cartografía social*. 2008. Disponível em: <http://www.juanherrera.files.wordpress.com/2008/01/cartografia-social.pdf>. Acesso em: 21 mar. 2014.

[26] Cf. THIOLLENT, Michel. *Metodologia da pesquisa-ação*. 11 ed. São Paulo: Cortez, 2002.

[27] HERRERA, Juan. *Cartografía social*. 2008. Disponível em: <http://www.juanherrera.files.wordpress.com/2008/01/cartografia-social.pdf>. Acesso em: 21 mar. 2014.

[28] Mais informações disponíveis em: <http://novacartografiasocial.com/>.

vários outros domínios das ciências humanas.[29] No desenvolvimento da cartografia social, são construídos vários tipos de mapas: de dados (infraestrutura produtiva, reprodutiva e de serviços, elementos naturais, populacionais etc.); mapas temporais (passado, presente e futuro); mapas temáticos (econômico, ecológico, de redes sociais, administrativo, de conflitos), entre outros.

A utilização da cartografia social nas ocupações urbanas da RMBH tem por escopo construir, na comunidade, concepções do sentido da terra, posse, propriedade, moradia e cidade; as noções de pertencimento e identidade coletiva; e, por fim, as concepções de justiça e direito a partir da percepção e vivência de seus moradores. A cartografia social pretende construir essas noções conjuntamente com a população estudada para, no fim, empoderá-la desses conceitos como instrumentos de autoafirmação comunitária.

A ocupação Dandara, por estar inserida em contexto de conflito territorial, apresenta vários impactos do fenômeno jurídico que têm se revelado no próprio cotidiano dos moradores. Os processos judiciais propostos pela proprietária do imóvel ocupado, com o objetivo de ser reintegrada na posse, são instrumentalizados pela comunidade em questão, e os argumentos legais deles retirados são utilizados pelos moradores que se apropriam do discurso dos tribunais para se defenderem. É muito comum, por exemplo, que moradores de ocupações organizadas afirmem que estão cumprindo o princípio da função social da propriedade, discurso esse que é essencialmente jurídico, mas só se revela no uso da terra, pelos moradores, em seu cotidiano.

Por essa característica, a pesquisa optou pela realização da cartografia sociojurídica de ocupações urbanas da RMBH que se constitui a partir da conjugação da cartografia social da comunidade com o mapeamento dos seus conflitos urbanos judicializados. O mapeamento jurídico, como espécie de mapa temático, deve ser construído como processo de compreensão da realidade social das ocupações urbanas a partir da disputa pela posse e propriedade que nela se desenrola. Ele exige, portanto, o conhecimento e a análise de dados políticos e jurídicos dos processos que envolvem o conflito urbano em que se insere cada comunidade.

Foi usado como instrumentos de investigação para realização da cartografia, assim como descreve Juan Herrera, mapas, entrevistas, observações participativas, oficinas, jogos, reconhecimento de campo, material visual, dinâmicas, processos judiciais, entre outros, como será descrito adiante.

Dessa forma, uma perspectiva pluralista, subjetiva e minuciosa da ocupação urbana deve ser esboçada a partir da análise processual e documental, que abarque notícias de jornal, trabalhos acadêmicos, fontes de informação gerados na própria comunidade, como jornais, vídeos e fotos. Deve também estar baseada nas entrevistas dos moradores da comunidade e na própria oficina de cartografia social.

A pesquisa empírica dessa cartografia sociojurídica foi dividida em três momentos: o primeiro, denominado imersões,[30] teve por escopo iniciar os contatos com

---

[29] Em Minas Gerais, tem sido utilizada no estudo de comunidades tradicionais quilombolas. Cf. COSTA FILHO, A. Direitos de povos e comunidades tradicionais no Brasil: mapeamento e inclusão Sociopolítica. *In*: *II Seminário Internacional Cidade e Alteridade*: convivência multicultural e justiça urbana, 2013, Lisboa - Portugal. Anais do II Seminário Internacional Cidade e Alteridade: Convivência Multicultural e Justiça Urbana, 2013, p. 1-11.

[30] Para iniciar os primeiros contatos com a comunidade, os pesquisadores começaram a participar da sua dinâmica social, comparecendo aos eventos abertos como festas, mutirões e eventuais reuniões. A partir desse contato inicial, eles puderam estreitar relações pessoais com os coordenadores comunitários, facilitando o acesso dos

os moradores, conhecer a comunidade e fazer com que estes conhecessem a pesquisa, seus objetivos, impactos e metodologias, bem como seus pesquisadores. No segundo momento, foram realizadas entrevistas semiestruturadas com os moradores (conforme roteiro constante do ANEXO I), cujo objetivo era levantar dados e informações importantes para a preparação das oficinas da cartografia social. O terceiro foi o da oficina da cartografia social — facilitada pelos pesquisadores e protagonizada pelos moradores —, a partir da qual seriam realizadas dinâmicas participativas com o objetivo de montar mapas sociais da comunidade, com suas características, visões e demandas, como será relatado adiante.

A oficina ocorreu no Centro Comunitário Dandara no dia 30 de novembro de 2013, sábado, das 14h30min às 17h30min. Foram fixados em vários pontos da comunidade convites para participação, sendo que todos os entrevistados na fase anterior foram pessoalmente convidados, além de outras lideranças da comunidade. A partir dos dados coletados nas entrevistas, foram planejadas as dinâmicas para oficina que pudessem abarcar os conceitos e elementos que se pretendiam construir.

A primeira dinâmica consistiu na apresentação dos presentes: moradores da comunidade e integrantes da pesquisa. Para a dinâmica foi utilizado um mapa em tamanho A1 da comunidade. No total, quinze moradores participaram da oficina, sendo três deles crianças. Cada morador se apresentava, dizendo nome e tempo de moradia na Comunidade e se localizava no mapa geográfico da Comunidade, pregando seu nome no mapa do local correspondente à sua casa. Durante a dinâmica, pôde-se notar que cada morador se localizou cuidadosamente no mapa com muito orgulho de morar na Comunidade.

Em seguida foram apresentados os objetivos da pesquisa e os da oficina, explicando, em linhas gerais, o que seria a cartografia social. As demais dinâmicas adotadas na oficina foram a da "Linha do tempo", para identificar a história e a formação da Comunidade Dandara; "Direito à cidade", com o escopo de perceber como os moradores identificam seus direitos, notadamente em face dos processos judiciais que discutem o conflito urbano referente à posse e propriedade da área onde se encontra a comunidade; em seguida as dinâmicas denominadas "Muro das transformações" e a "Árvore dos sonhos", para discutir o futuro da Comunidade.

A conclusão da cartografia sociojurídica será feita com a confecção de cartilha sobre a temática direito à cidade, juntamente com alguns moradores participantes e com a discussão dos resultados obtidos na comunidade.

4 A Comunidade Dandara[31]

4.1 Surgimento, implantação e consolidação: linha do tempo

Na madrugada do dia 9 de abril de 2009, cerca de 150 (cento e cinquenta) famílias ocuparam um terreno de aproximadamente 40.000m² (cerca de 4,0 hectares) no Bairro

---

pesquisadores do projeto na Comunidade. As imersões mais prolongadas foram realizadas nos dias 24 e 25 de maio e 14 de julho de 2013.

[31] A proposta inicial da cartografia sociojurídica realizada na Comunidade Dandara foi apresentada no VII Congresso Brasileiro de Direito Urbanístico: "Direito Urbanístico e Justiça Urbana: cidade, democracia e inclusão social", Pontifícia Universidade Católica de São Paulo (PUC-SP) de 11 a 13 de novembro de 2013 (DIAS *et al. Cartografia sociojurídica dos conflitos urbanos:* o caso da comunidade Dandara, em Belo Horizonte).

Céu Azul, região Norte de Belo Horizonte, área com título de domínio e propriedade presumida da Construtora Modelo.[32]

A área — até então desabitada e que, segundo relato dos moradores, servia de depósito de entulhos e prática de alguns crimes — está localizada na confluência dos municípios de Contagem, Belo Horizonte e Ribeirão das Neves. A ocupação, que passou a ser denominada Comunidade Dandara, foi articulada, entre outros segmentos sociais organizados e universitários, pelas Brigadas Populares, pelo Fórum de Moradia do Barreiro e pelo Movimento dos Trabalhadores Rurais Sem-Terra (MST).

A comunidade foi batizada de Dandara em homenagem a uma das lideranças femininas negras que lutou contra o sistema escravocrata do século XVII.[33] Dandara foi guerreira do Quilombo de Palmares e ao lado de seu companheiro, Zumbi dos Palmares, dedicou-se a sustentar e planejar estratégias de defesa do quilombo em que viviam. Deu a vida a esta causa quando da destruição da Cerca Real dos Macacos, que fazia parte desse quilombo.

O perfil inicial dos ocupantes da Comunidade Dandara variava, mas o que predominava eram famílias com mais de dois filhos que viviam anteriormente em áreas de riscos, periferias ou até mesmo moravam em casa de terceiros, "de favor". Há ainda aqueles que viviam de aluguel, mas devido à elevação dos valores das locações no mercado, não tinham condições de pagá-los sem comprometer o sustento da família.

Logo após a concretização da ocupação, que originalmente foi de apenas 15% da totalidade do terreno, lideranças da ação se reuniram com equipes de profissionais das áreas da Arquitetura e Urbanismo, da Geografia, e do Direito para a elaboração de um planejamento urbanístico de ocupação do solo.[34]

O referido planejamento foi elaborado, de maneira participativa, por equipes de arquitetos e urbanistas da PUC Minas e UFMG com os moradores da ocupação e os movimentos sociais.[35] No Plano de Parcelamento do Solo houve a previsão de lotes de tamanhos iguais (128m²), ruas largas, Área de Preservação Permanente (APP) para conservação de nascentes e do córrego Olhos d'Água, que circundam o terreno, áreas para equipamentos coletivos e de infraestrutura viária. O planejamento urbanístico foi realizado em conformidade com a legislação vigente, facilitando assim a sua futura regularização fundiária, bem como a integração da ocupação nas áreas urbanas contíguas.

Dentre as propostas de ocupação discutidas, foi escolhida e implementada a que possuía as seguintes características:[36]

- 887 lotes individuais, com a mesma dimensão de 128m² cada um;
- ruas internas com 10m de largura;
- a Área de Preservação Permanente (APP) seria conservada e circundada por uma via;

---

[32] OCUPAÇÃO DANDARA. Histórico. Disponível em: <http://ocupacaodandara.blogspot.com.br/2009/04/um-mar-de-barracos-de-lona-o-que.html>. Acesso em: mar. 2014.

[33] Cf. UNEafro Brasil. Mulheres fazendo a história – Dandara.

[34] Cf. mais informações no *site*: <http://ocupacaodandara.blogspot.com.br/>.

[35] Projeto Ocupação Dandara (Departamento de Arquitetura e Urbanismo da PUC Minas e Curso de Arquitetura e Urbanismo da UFMG).

[36] Projeto Ocupação Dandara (Departamento de Arquitetura e Urbanismo da PUC Minas e Curso de Arquitetura e Urbanismo da UFMG).

- previsão para a Via 220, prevista no Plano Diretor de Belo Horizonte, que atravessaria o terreno e estaria ligada à estrutura viária local;
- apropriação das áreas remanescentes para espaços coletivos e serviços públicos ("áreas institucionais").

Tão logo finalizado o projeto e demarcada a área, as famílias que até então viviam em barracões de lona no local em pouco tempo ergueram, com recursos próprios, uma comunidade. As casas de alvenaria, em sua maioria, foram construídas em processo de mutirão. Os sistemas de luz, água e esgotamento foram improvisados. Os espaços coletivos como hortas, centro comunitário e centro ecumênico também foram construídos pelos próprios moradores, a partir da ocupação.

Além da preexistência de projeto urbanístico, Dandara tem outro diferencial em relação a outras ocupações urbanas da RMBH, que é seu o seu perfil rururbano, segundo o qual a divisão do terreno em lotes individuais, além de visar à solução do problema da moradia, permite com que as famílias utilizem uma pequena área reservada para o plantio, garantindo assim, além da subsistência, complementação de renda e alimentação mais saudável.

A evolução urbanística e o adensamento populacional da Comunidade Dandara nos anos de 2009 a 2011 foram documentados em fotos que demonstram a manutenção parcial do seu planejamento inicial.[37]

Embora a Comunidade Dandara represente avanço em termos de ocupação urbana participativa e produção coletiva e cidadã do espaço da cidade, ela ainda não é totalmente reconhecida como território da cidade pelo poder público. Recentemente a área onde vivem mais de 1.100 famílias passou a constar nos mapas oficiais como "Ocupação Dandara". Apesar disso, a Comunidade permanece mobilizada e em luta na tentativa de encontrar uma solução pacífica ao conflito, seja no âmbito público, seja no privado com a Construtora Modelo. A Comunidade também continua a lutar, em face das diversas esferas administrativas competentes, pelo acesso a serviços públicos básicos, como água, luz, saneamento básico, correios, entre outros.

Na oficina da Cartografia Social, realizada no sábado do dia 30 de novembro de 2013, das 14h40min às 17h30min, na dinâmica denominada "Linha do Tempo", os participantes buscaram, a partir da sua história de vida, reconstruir, de maneira coletiva, a história da Comunidade Dandara.

Nessa oficina, os participantes (moradores da Dandara) foram divididos em dois grupos, de modo que cada grupo fosse composto por pessoas de perfis heterogêneos por meio dos critérios de sexo, tempo de moradia, idade média, pró-atividade do participante, formando dois grupos de cerca de sete pessoas cada um.

A ideia inicial era que cada grupo pudesse reconstruir a história do Dandara, em uma cartolina A0, utilizando-se de imagens, fotos, desenhos, etc., formando uma linha do tempo. No entanto, os participantes não levaram fotos da comunidade e, dado a idade de muitos deles e a falta de estrutura para apoiar as cartolinas em mesas, eles não tiveram a oportunidade de realizar o trabalho por si próprio. A solução encontrada foi que dois integrantes da pesquisa escreveriam e representariam na forma de uma linha do tempo tudo que os participantes iam relatando, ano a ano, desde o início da ocupação.

---

[37] Evolução urbanística da Comunidade Dandara. Disponível em: <https://plus.google.com/photos/108627712 113681934037/albums/5660742398945038017/5660742401563972546?banner=pwa&pid=5660742401563972546& oid=108627712113681934037>. Acesso em: mar. 2014.

O resultado ilustrativo da dinâmica foi transcrito na FIG. 1.

FIGURA 1 – Dinâmica da linha do tempo

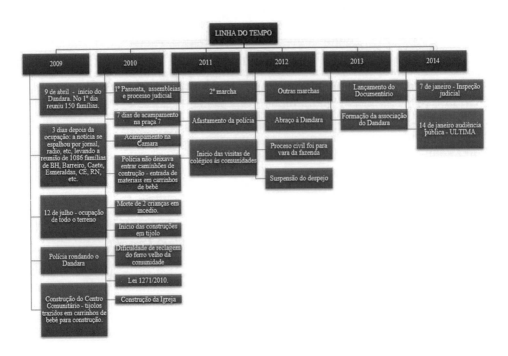

Fonte: Oficina de Cartografia Social. Pesquisa Direta. Pesquisa "Mapeamento das Ocupações Urbanas da Região Metropolitana de Belo Horizonte" (UFMG/CNPq/Polos de Cidadania/Cidade e Alteridade, 2013).

Analisando as informações que os moradores escolheram para ilustrar a sua linha do tempo, percebeu-se que a maior parte delas está relacionada a lutas e dificuldades da Comunidade, ressaltando as ações dos moradores visando à sua permanência no local. Além disso, foi possível notar na fala dos moradores, em diversos momentos, termos estritamente jurídicos, tais como a menção ao Projeto de Lei nº 1.271/10[38] (atual PL nº 65/13),[39] que declara de interesse social para fins de desapropriação a área da Comunidade Dandara; o relato do início do processo judicial de "despejo", em 2010; a

---

[38] Em que pese ter tramitado por todas as comissões da Câmara Municipal de Belo Horizonte, não tendo sido submetido a votação em plenário, foi arquivado no final da 16ª Legislatura, em 02.01.2013. Disponível em: <http://www.cmbh.mg.gov.br/leis/proposicoes>.

[39] De autoria de Adriano Ventura (PT), o PL nº 65/13 declara de interesse social para fins de desapropriação a área da ocupação Dandara, ocupada por quase 900 famílias desde abril de 2009. Segundo o vereador, a comunidade local "sofre bastante com investidas de particulares visando retirá-los do local". Colaborando para reduzir o déficit habitacional no município, a proposta busca regularizar a situação e garantir a tranquilidade das pessoas que residem na ocupação, localizada na região do Bairro Céu Azul, no limite com o município de Ribeirão das Neves. Atualmente o projeto de lei está pronto para inclusão em pauta para votação em primeiro turno. Disponível em: <http://www.cmbh.mg.gov.br/noticias/2013-04/comissao-aprova-desapropriacao-da-ocupacao-dandara-e-outros-9-pls>.

suspensão do "despejo", em 2012; a unificação de processos judiciais, em 2012; a inspeção judicial, em 2014; entre outros. Ou seja, apesar de ser composta majoritariamente por pessoas sem muita instrução formal, os moradores da Comunidade já assimilaram em seu cotidiano as noções jurídicas que permeiam as relações de posse, propriedade e moradia na Comunidade Dandara, razão pela qual não se pode tratar da sua história sem conhecer as principais questões relacionadas à judicialização do conflito vivenciado pela comunidade para o exercício do direito à cidade.

Desde as primeiras imersões da equipe de pesquisa na Comunidade Dandara, os moradores e coordenadores contactados contaram diversas histórias que descreviam a maneira como a ocupação surgiu, organizou-se e se desenvolveu, e também relatavam a forma como chegaram até lá.

Muito foi falado sobre as dificuldades iniciais em permanecer no terreno, diante da ameaça da polícia que pretendia realizar o despejo da comunidade. Foi relatado que os moradores ficavam, de um lado, espremidos nas barracas de lona recém-montadas, e o aparato policial, do outro, marchando em direção à comunidade. Tal fato os aterrorizava, ao mesmo tempo em que relataram o papel dos advogados dos movimentos sociais que apoiavam a ocupação e tentavam negociar com a polícia militar as formas de sua ação e os direitos dos moradores.

O trecho do relatório de campo das primeiras imersões, referente à visita realizada em 25 de maio de 2013, descreve os primeiros momentos da ocupação:

> Nenhuma daquelas famílias sabia o que lhes iria acontecer no dia seguinte, na hora seguinte: se iriam continuar naquela terra, se conseguiriam fazer dali sua casa, sua morada, ou se seriam arrancados do lugar em que poderiam erguer seus sonhos. Fato é que as horas naquela terra foram se prolongando, passaram-se dias e as famílias ali permaneciam, dividindo a mesma cozinha, às vezes a mesma lona, o mesmo medo dos policiais que não paravam de ameaçá-los e, sobretudo, a fé de que um dia aquela terra poderia a elas e a eles pertencer.
>
> Os dias se transformaram em meses, Dandara foi se tornando notícia em toda a cidade e também no país, negociações foram sendo tratadas entre os advogados populares, os moradores, o proprietário formal e o Estado. Ações na justiça foram sendo ajuizadas, e se tornaram capítulos do que viria a se transformar em uma "novela" jurídica [...] para centenas de famílias que encontraram naquele solo a esperança da realização do sonho de ter uma casa [...].[40]

Outro aspecto importante que foi relatado na linha do tempo diz respeito às modificações acerca da dinâmica de funcionamento interno da Comunidade. A criação de uma Associação — que seria a nova responsável por acolher as demandas dos moradores, coordenar as assembleias, tentar mediar problemas internos, mas principalmente fortalecer uma instância de decisão que é a Assembleia de Moradores — foi fato marcante destacado no ano de 2013.

A Assembleia de fundação, eleição e posse da diretoria e votação do estatuto da Associação de Moradia Dandara ocorreu dia 3 de agosto de 2013 e contou com a presença de número significativo de moradores da Comunidade. Desde então, apesar

---

[40] Dados da entrevista. Pesquisa de campo realizada na Comunidade Dandara em 25 de maio de 2013.

de ainda não registrada em cartório,[41] a Associação está convocando e realizando as Assembleias comunitárias.

Após estar legalmente constituída, a Associação poderá representar os interesses dos moradores judicialmente, intermediar a relação com o poder público e demais entidades, buscar apoios externos, firmar convênios e parcerias em prol de melhorias para a Comunidade.

4.2 Os processos judiciais e as questões jurídicas referentes à Comunidade Dandara

Após a ocupação da área da Comunidade Dandara, a Construtora Modelo ajuizou, em 14 de abril de 2009, Ação de Reintegração de Posse junto à 20ª Vara Cível da Comarca de Belo Horizonte contra o Movimento dos Sem-Terra (MST).[42]

Na petição inicial, a Construtora alegou, em síntese, que na data de 9 de abril de 2009 teria ocorrido invasão perpetrada pelo movimento em questão, e, sendo ela proprietária e possuidora dos imóveis urbanos de 195 mil m², 70 mil m² e 50 mil m², todos com matrícula no cartório de Ribeirão das Neves-MG, deveria ser reintegrada na posse. Juntou, além dos registros dos imóveis, documentos de pedido de licenciamento para construção, na área objeto do litígio, de um condomínio fechado que seria denominado "Bairro Trevo" e alegou que a morosidade e burocracia da Prefeitura de Belo Horizonte em aprovar o projeto justificariam o não exercício da posse na data da ocupação. No dia 16 de abril de2009, sob o fundamento de que os documentos juntados aos autos eram suficientes para comprovar a posse, foi deferido o pedido liminar para reintegração de posse dos imóveis.

Inconformado com a referida decisão, o Serviço de Assistência Judiciária da Pontifícia Universidade Católica de Minas Gerais (PUC Minas), que à época patrocinava a causa, interpôs Agravo de Instrumento em face dessa decisão, no intuito de suspendê-la.[43] Os argumentos utilizados nesse recurso foram basicamente a ausência de comprovação da posse efetiva por parte da construtora; o descumprimento do princípio da função social da propriedade; o direito à moradia dos ocupantes; a existência de conflito de competências, pois a escritura do terreno indicava que ele era rural; bem como a possibilidade de lesão grave e de difícil reparação às famílias que se encontravam na posse do terreno.

No dia 20 de abril de2009, o Desembargador José de Anchieta Mota e Silva, no plantão forense, houve por bem imprimir ao Agravo de Instrumento o efeito suspensivo, determinando o recolhimento do mandado de reintegração de posse já expedido.[44]

Uma vez redistribuído o Agravo de Instrumento à 9ª Câmara Cível do Tribunal de Justiça de Minas Gerais, a Construtora Modelo, autora da Ação de Reintegração de Posse,

---

[41] Conforme relatado à pesquisa, os integrantes da Associação estão organizando os documentos necessários para levar ao Cartório de Registro de Pessoas Jurídicas.

[42] MINAS GERAIS. Tribunal de Justiça. Ação de Reintegração/Manutenção de Posse nº 0024.09.545.746-1.

[43] MINAS GERAIS. Tribunal de Justiça. Agravo de Instrumento nº 1.0024.09.545746-1/001.

[44] Na decisão proferida ficou consignado: "[...] Diante disso, bem como de evidente prejuízo às agravantes e demais ocupantes do imóvel, hei por bem em deferir o efeito suspensivo postulado [...]" (MINAS GERAIS. Tribunal de Justiça. Agravo de Instrumento nº 1.0024.09.545746-1/001).

elaborou pedido de reconsideração, analisado pelo Desembargador Relator Tarcísio José Martins Costa. Este, no dia 04 de junho de2009, revogou a decisão,[45] determinando, assim, o cumprimento da liminar de reintegração de posse deferida anteriormente.

Em face de tal decisão foi impetrado, por moradores da Comunidade, no dia 15 de junho de 2009, Mandado de Segurança,[46] com pedido de medida liminar, contra ato do Desembargador Tarcísio Martins Costa, relator da decisão do citado Agravo de Instrumento. Alegou-se nesse *mandamus* que não havia novos argumentos a serem analisados e que continuavam ausentes os requisitos para o deferimento de liminar de reintegração de posse. O relator do caso, Desembargador Nepomuceno Silva, deferiu o pedido, no dia 16 de junho de2009, para manter os impetrantes na posse do imóvel em questão, o que garantiu aos moradores da Comunidade Dandara segurança jurídica da posse, ainda que precária e provisória.

A Defensoria Pública do Estado de Minas Gerais, representando os interesses difusos e coletivos dos moradores da Comunidade Dandara, também ajuizou, no dia 24 de março de 2010, Ação Civil Pública, distribuída à 6ª Vara da Fazenda Pública Estadual.[47] A ação tem como réus o Estado de Minas Gerais, o Município de Belo Horizonte e a Construtora Modelo, sendo que o objetivo da medida é resguardar o direito à moradia das famílias ocupantes do imóvel onde se localiza a Comunidade Dandara. A ação requer que o Poder Judiciário determine que o Estado de Minas Gerais e o Município de Belo Horizonte tomem medidas para o reconhecimento da situação consolidada em que se encontram as famílias; promovam a regularização fundiária do imóvel ou destinem as famílias para algum programa de moradia sustentável. Nessa Ação Civil Pública, a Defensoria Pública do Estado de Minas Gerais requer, ainda, que as famílias da comunidade Dandara sejam incluídas nas políticas urbanas de forma ampla e participativa, de maneira que permita o seu exercício do direito à cidade. Entre os argumentos apresentados afirma que a retirada das famílias da Comunidade representa perda material para pessoas que já se encontram em situação vulnerável e que os moradores da comunidade necessitam de proteção, tendo em vista a condição de insegurança em que vivem devido à iminência de despejo, à ausência de direitos básicos e à abusiva ação da polícia. Enquanto o direito à moradia não lhes for assegurado, essas famílias estariam expostas ao risco, notadamente em relação a sua integridade física e moral.[48]

Liminarmente, nessa ACP, a Defensoria Pública do Estado de Minas Gerais requereu a suspensão do andamento do projeto de parcelamento formulado pela Construtora; a inclusão da área da Comunidade Dandara, no zoneamento urbano, como Zona de Especial Interesse Social (ZEIS); a formação de uma comissão para efetivação do direito à moradia com participação da comunidade; a garantia de participação das famílias nos programas de inclusão social, bem como à saúde, educação, acesso à água e energia elétrica; o bloqueio imediato de 20% dos recursos previstos no orçamento

---

[45] Eis o conteúdo da decisão proferida no pedido de reconsideração: "Delineados, portanto, os requisitos autorizadores da concessão da liminar de reintegração de posse, impõe-se manter, por ora, a r. decisão agravada, razão pela qual, rogando vênia, revogo a decisão proferida pelo Em. Des. Plantonista, restabelecendo o status quo ante" (MINAS GERAIS. Tribunal de Justiça. Agravo de Instrumento nº 1.0024.09.545746-1/001).

[46] MINAS GERAIS. Tribunal de Justiça. Mandado de Segurança nº 1.0000.09.499331-8/000.

[47] MINAS GERAIS. Tribunal de Justiça. Ação Civil Pública nº 0356609-69.2010.8.13.0024.

[48] MINAS GERAIS. Tribunal de Justiça. Ação Civil Pública nº 0356609-69.2010.8.13.0024.

estadual de 2010 para investimentos para a área habitacional, para que sejam destinados à Comunidade Dandara.

O Juiz de Direito Titular da 6ª Vara da Fazenda Pública Estadual e Autarquias, Dr. Manoel dos Reis Morais, no dia 06 de abril de2010, deferiu parcialmente a medida liminar, tendo acatado todos os pedidos formulados pela Defensoria Pública de Minas Gerais, à exceção daquele que requeria o bloqueio de parte do orçamento estadual, com a justificativa de que as medidas determinadas, se implantadas adequadamente, tornarão inócuo o pedido.

Foi determinado assim que, no prazo de 45 dias, o Município suspendesse o andamento do projeto de parcelamento da Construtora e inscrevesse a comunidade como ZEIS; que o Estado de Minas Gerais instituísse a comissão, com participação da comunidade, para assegurar-lhes o direito à moradia; e que o Município e o Estado deveriam encetar medidas administrativas para o acesso da comunidade a serviços de saúde, educação, água e energia elétrica.

Ademais, acatou o pedido de suspensão da reintegração de posse e a conexão dos processos citados anteriormente, revogando, assim, a liminar deferida na Ação de Reintegração de Posse proposta pela Construtora Modelo, sob o fundamento de que em um conflito aparente entre o direito à propriedade e o direito à moradia deve prevalecer esse último, já que dele dependeria nosso próprio existir como seres humanos. Nesse sentido, afirmou:

> [...] se o nosso existir depende, numa certa medida, de uma determinada *ocupação espacial*, torna-se incontestável que nossa *dignidade humana* possui como correlato o *direito à moradia*. Por isso, então, que o direito à propriedade não possui peso semelhante ao do *direito à moradia* na situação ora analisada, pois a prevalência da *propriedade*, como direito da Construtora Modelo Ltda., não leva à *afetação da dignidade humana*, enquanto que o desapossamento dos membros da comunidade Dandara implica em alijá-los do *direito de existir* como *pessoas dignas*, já que lhes impede o *morar como residência*.[49]

Concluindo sua decisão, o referido magistrado argumentou que o direito à ocupação do imóvel deveria ser resguardado aos membros da comunidade Dandara, e a eles deveriam ser garantidos também todos os direitos decorrentes da dignidade humana. Nesse sentido, concluiu: "[...] Não basta [...] garantir o direito de *ocupação do imóvel*, mas proporcionar medidas que efetivem a *concretização do direito à moradia* como uma das condições de projeção dos moradores como *seres humanos*".[50]

O conteúdo da decisão proferida coaduna-se com o parecer proferido por José Luiz Quadros de Magalhães, em 15 de junho de 2009, na análise do caso da Comunidade Dandara, em que conclui que "A propriedade não é e não pode ser mais importante do que a vida digna e livre".[51]

Contra a citada decisão foram interpostos diversos recursos,[52] entre eles o Agravo de Instrumento da Construtora Modelo, distribuído na 1ª Câmara Cível do Tribunal

---

[49] MINAS GERAIS. Tribunal de Justiça. Ação Civil Pública nº 0356609-69.2010.8.13.0024. p. 4.

[50] MINAS GERAIS. Tribunal de Justiça. Ação Civil Pública nº 0356609-69.2010.8.13.0024. p. 6.

[51] MAGALHÃES, José Luiz Quadros de. Ocupação Dandara, um direito constitucional. Disponível em: <http://ocupacaodandara.blogspot.com.br/2009/06/ocupacao-dandara-um-direito.html>. Acesso em: mar.2014.

[52] O Estado de Minas Gerais e o Município de Belo Horizonte também aviaram recurso contra essa decisão.

de Justiça de Minas Gerais, que resultou na cassação da decisão anteriormente citada no âmbito da Ação Civil Pública, no dia 02 de fevereiro de2011.[53]

Após essa decisão, foi apresentado pela autora, nos autos da Ação de Reintegração de Posse, o pedido de conexão dessa ação com a Ação Civil Pública e sua remessa à 6ª Vara da Fazenda Estadual. Esse pedido foi negado, inicialmente, pelo Juiz de Direito da 20ª Vara Cível, mas, em posterior recurso, o pedido foi acolhido e as duas ações passaram a tramitar em conjunto a partir do dia 05 de dezembro de 2011.

Tão logo foi redistribuída a Ação de Reintegração de Posse à 6ª Vara da Fazenda Estadual, o juiz titular revogou, no dia 16 de dezembro de 2011, a liminar de reintegração de posse anteriormente concedida. Apesar de ter sido proposto recurso contra essa decisão — que questionou a competência do juízo fazendário em revogar decisão do juízo cível —, tal questão restou superada, tendo sido reconhecida a competência do juízo da Fazenda Pública para o julgamento do feito.

Atualmente Ação de Reintegração de Posse encontra-se em fase de instrução. Inicialmente, as partes tiveram a oportunidade de apresentar documentos. A defesa técnica da Comunidade Dandara apresentou, além das provas anteriormente já juntadas (como o projeto urbanístico, cadastramento das famílias, entre outros), novos vídeos, fotos, projetos comunitários em execução (como é o caso do Centro de Apoio à Criança Dandara — Creche Comunitária) e demais documentos que demonstram as atividades da Comunidade e a sua união em defesa do direito à moradia e à cidade.

A autora, Construtora Modelo, juntou contratos de comodato que mantinha com comodatários desde antes do ajuizamento da ação e justifica, mais uma vez, que o não exercício da posse e o suposto não cumprimento da função social da propriedade, deve-se às exigências formais do Município de Belo Horizonte em aprovar o projeto de parcelamento do solo.

No processo de instrução, foi determinada a realização de inspeção judicial,[54] ocorrida no dia 07 de janeiro de2014, oportunidade em que o Juiz de Direito da 6ª Vara de Fazenda Pública Estadual esteve presente na Comunidade para conhecer, *in loco*, a ocupação.

Posteriormente, foram realizadas duas audiências (nos dias 14 de janeiro de 2014 e 21 de março de2014), oportunidade em que foram ouvidas testemunhas da Comunidade Dandara e da Construtora: as primeiras para comprovar a situação de total abandono do imóvel antes de sua ocupação, e as segundas no intuito de tentar comprovar exercício de posse anterior.

Conforme encaminhamentos dos autos, aguarda-se, ainda, antes da sentença, que o processo seja instruído com laudo da Polícia Florestal, que dará parecer sobre a área de preservação ambiental e o cadastramento dos moradores a ser realizado pela Prefeitura de Belo Horizonte na Comunidade, no intuito de demonstrar a atual situação das famílias que vivem no imóvel objeto do litígio.

---

[53] Proferida nos termos do voto da Relatora Des. Vanessa Verdolim Hudson Andrade (MINAS GERAIS. Tribunal de Justiça. Agravo de Instrumento nº 1.0024.10.035660-9/001).

[54] Conforme determinação no despacho proferido pelo o Juiz titular: "Designo a inspeção judicial para 7 de janeiro de 2014, às 14 horas e a audiência de conciliação, instrução e julgamento para o dia 14 de janeiro de 2014 às 13h (MINAS GERAIS. Tribunal de Justiça. Ação de Reintegração/Manutenção de Posse nº 0024.09.545.746-1).

4.3 O Direito à cidade: o "Muro das transformações" e a "Árvore dos sonhos" na Comunidade Dandara

A segunda dinâmica realizada no dia das oficinas com a comunidade teve o objetivo de explorar a concepção do direito à cidade pelos dos moradores da Comunidade Dandara e durou 40 minutos. Dentro do ideal participativo proposto na cartografia sociojurídica, inicialmente perguntou-se aos participantes o que eles entendiam sobre direito à cidade e o resultado inicial foi que ninguém se aventurou a conceituar algo aparentemente tão complexo e abstrato. Então, a partir da construção de temas geradores de dialogicidade,[55] buscou-se envolver os moradores realizando perguntas mais diretas a cada um deles, como "por que você veio para esta comunidade?", "O que você encontrou quando chegou?". Assim, à medida que cada morador ia contando um pouco da sua história individual, foi-se retirando das falas e anotando em cartolina questões que eles mesmos colocavam como essenciais para a vida em comunidade, como "ter uma casa", "poder estudar", "ter acesso ao posto de saúde", entre outros. No final da dinâmica, todos os moradores haviam contribuído e formulado um conceito amplo de direito à cidade.

No início surgiram conceitos como *ter casa*, estar com a *família*, ter *acesso à saúde*, *educação para os filhos*. Direito à cidade é *morar com qualidade* e *não depender do aluguel*. Muitos ressaltaram que direito à cidade é poder *conviver bem e com todos* — o que demonstra um senso muito forte de coletividade. A mesma ideia está presente na afirmação de que direito à cidade é ter um *lugar onde caibam todos*. É ter *direito ao espaço*, é ter *direito a ocupar* e é *dar função à terra*, de tal maneira que ela possa *cumprir com as obrigações sociais*, desse modo, foi ressaltado: *dono é quem ocupa a terra*.

Com relação a essa questão de ocupar a terra, foi destacado por uma participante da oficina que *"todos nós somos ocupantes"*, independentemente da forma como passaram a morar ali. Ainda surgiram alguns conceitos como o direito de ter *dignidade, liberdade e igualdade*. O que foi mais surpreendente para o direito a cidade foi "[...] o direito de *ser diferente* e de *conviver com as diferenças"*. E, no contexto da Comunidade Dandara, não poderia ficar de fora da noção de que direito à cidade é *não ter medo*; é *lutar* pelos seus direitos, principalmente, nesse caso, pelo *direito à terra* e à *moradia digna*.

Em que pese ter sido observado que a garantia da proteção da posse, a função social da propriedade e o acesso à terra urbana terem sido temas bastante recorrentes nas falas dos moradores da Comunidade Dandara, o direito à cidade é algo bem mais amplo do que a simples noção de acesso à moradia.

Além dessa concepção ampla de direito à cidade, ficou claro para cada morador que ela foi produzida por eles mesmos, por meio da experiência de vida de cada um.

O exercício do direito à cidade e o acesso à moradia nas ocupações urbanas não se deve apenas às estratégias jurídicas presentes nas ações que tramitam perante o Poder Judiciário, mas também se revela pela qualidade da mobilização política e de organização dos seus moradores. As falas apresentadas na oficina revelaram que, concomitantemente ao andamento dos processos judiciais, a Comunidade esteve

---

[55] SILVA, Antonio Fernando Gouvêa. *A busca do tema gerador na práxis da educação popular*. Curitiba: Ed. Gráfica Popular, 2007. Disponível em: <http://radiocirandeira.files.wordpress.com/2012/01/a_busca_tema_gerador.pdf>. Acesso em: 16 fev. 2014.

permanentemente mobilizada para demandar o acesso à moradia e à negociação pacífica do conflito instaurado em face da suposta proprietária do terreno ocupado. Desde a ocupação, foram realizadas ao menos cinco marchas de 25km, em dias de audiências judiciais, além de manifestações e acampamentos na porta da Prefeitura, campanhas de solidariedade, ocupação da Prefeitura, construção de uma rede de apoiadores, entre outros.

Concluída a dinâmica sobre o direito à cidade, passaram a ser discutidos os aspectos positivos e negativos da vida comunitária em Dandara, a partir da oficina "Muro das Transformações". Apesar de ter sido destinado menos tempo do que o programado para a atividade, a oficina foi realizada em duas etapas. Cada morador recebeu dois papéis em formato de tijolos (cada um de uma cor) e pediu-se para que eles escrevessem no papel de uma cor um problema relacionado ao fato de morar na Dandara. No outro papel iriam escrever as coisas boas que há na Dandara. Coube aos integrantes da pesquisa auxiliar os moradores na escrita dos papéis e, à medida que os participantes iam escrevendo, foi-se formando dois "muros" de papéis nas paredes do Centro Comunitário: um com os pontos positivos da Comunidade Dandara e outro com os pontos negativos.

Dentre os problemas levantados, três se sobressaíram: a falta de urbanização; saneamento básico e a ausência de serviços e equipamentos públicos. Os moradores pontuaram a falta de calçamento, falta de água e luz, rede de esgoto, além de serviços e equipamentos públicos básicos como serviço postal, ausência de CEP ou coleta de lixo e a precariedade do atendimento nos postos de saúde e nas escolas da região. Outra questão levantada foi a relação sempre conflituosa com a polícia militar. Os moradores relatam medo da presença dos policiais na ocupação e a falta de confiança neles. Por fim, foi mencionado também problemas advindos do fato de morarem numa ocupação urbana, como a discriminação, inclusive nos bairros periféricos do entorno da Comunidade.

Durante o lanche, no intervalo das dinâmicas e em momento de descontração da oficina, foi realizada a dinâmica da "Árvore dos Sonhos" e nela foi pedido aos moradores que dissessem qual era o seu sonho para a Comunidade Dandara. Cada sonho foi escrito numa folha que iria compor a árvore a ser construída e apresentada no final da oficina. A ideia geral dessa oficina era fazer um apanhado das expectativas dos moradores com relação ao futuro da Comunidade.

O que se refletiu nas "folhas" da árvore foram demandas que vão desde problemas típicos de ocupações urbanas recentes, como "asfalto", "esgoto" e "luz elétrica" quanto ao anseio pela resolução de problemas típicos das comunidades periféricas e vulneráveis de Belo Horizonte, como escolas e postos de saúde próximos. Observou-se, assim, que o futuro da comunidade está em resolver os problemas apontados na oficina anterior. No que diz respeito ao sentimento de pertença dos moradores, a árvore foi reveladora ao exprimir o desejo de permanência no território e de identificação com a comunidade construída. "Ficar na Dandara", "Ganhar Dandara", "Conquistar Dandara de vez" foram frases e expressões escritas na árvore dos sonhos. Tais anseios estão intimamente conectados com os conteúdos dos processos judiciais e das questões jurídicas referentes à Comunidade Dandara relatados no tópico anterior.

Interessante notar que até pessoas que não participaram das outras dinâmicas também opinaram nesse momento, inclusive crianças. Novamente, desejos de acesso a equipamentos da cidade formal, como asfalto, foram citados dentre as expectativas.

Os moradores demonstraram anseio por integração com a cidade e de regularização fundiária da área ocupada. Vislumbrando a árvore pronta, as folhas dão conta de um desejo generalizado por melhores condições de vida e de acesso à terra urbana.

5 Conclusão

A cartografia sociojurídica da Comunidade Dandara — que se encontra em fase de consolidação de seus resultados — demonstra que os moradores compreendem de forma clara a distinção entre posse e propriedade e entendem que a sua condição naquela terra é de alguém que dá uma função social a algo que antes estava sem uso. Eles sabem distinguir ocupação de invasão e não consideram que estão transgredindo leis, mas sim fazendo valer, na prática, normas jurídicas que antes da sua atuação eram consideradas em relação àquele terreno, letra morta.

No geral, todos os moradores com quem os integrantes da equipe tiveram contato durante a pesquisa — inclusive os moradores que compuseram a amostragem dos não mobilizados, nas entrevistas — apresentaram grande orgulho de estar e morar na Comunidade.

Foi salientado, por diversos deles, que muitos dos primeiros ocupantes não permaneceram lá porque a vida na comunidade é extremamente precária, cercada de incertezas e fragilidades. No entanto, isso não deslegitima o fato de que os sujeitos que ali permaneceram — e que são muitos — diariamente lutam pelo exercício do direito à cidade.

A vida social da ocupação é dinâmica e marcada por reuniões gerais frequentes; caminhadas em manifestações até o centro da cidade; acampamentos nos órgãos públicos como meio de exercer pressão sobre os governantes, entre outras formas de mobilização comunitária. Apesar de muitos integrantes da comunidade considerarem que alguns dos moradores da Dandara teriam se "acomodado" e não estariam tão participativos como no início da ocupação, ainda hoje esses eventos mobilizam centenas de pessoas.

A própria oficina realizada pela pesquisa pode ser exemplo desse fato: quinze pessoas, sendo a maior parte de idosos, se disponibilizaram a passar a tarde de um sábado inteiro discutindo sobre o local onde moram.

É necessário também não romantizar a comunidade, abstraindo dela os problemas internos que existem e foram relatados. Ela é como qualquer outro bairro da cidade: tem brigas entre vizinhos, usuários de drogas e conflitos familiares. O que os diferenciam de outras ocupações, assentamentos informais e outras áreas da cidade é a forma como os conflitos tentam ser resolvidos: primeiro de forma interna e depois, caso não haja alguma solução, buscando recursos fora da Comunidade. O aspecto de que primeiro os conflitos tendem a ser resolvidos de modo interno pela organização central da Comunidade para depois, se necessário, serem levados às autoridades competentes, configura-se como possível resquício do contato conturbado que os moradores tiveram, desde o início da ocupação, com as instituições públicas, como Polícia Militar, além da falta de reconhecimento do poder público quanto a sua legitimidade.

A história de vida dos moradores da Comunidade Dandara, muitas vezes adormecida pelas mazelas e incertezas da dura realidade que as circundam, tem um destaque especial após a realização da etapa do trabalho. Percebeu-se que sujeitos que nunca externalizaram suas histórias pessoais — sobretudo aquelas anteriores à ida para Dandara — puderam de alguma forma ouvir e falar um pouco de sua vida, encontrando nela semelhanças e diferenças igualmente importantes para a construção de sua trajetória e a da ocupação.

Dandara é rica em história e é justamente essa riqueza que torna a ocupação um símbolo de resistência e referência importante no trajeto por reconhecimento do direito à cidade e à moradia adequada, inclusive em razão dos conteúdos das decisões judiciais proferidas ao longo da tramitação dos processos envolvendo a Comunidade.

Do ponto de vista das manifestações judiciais acerca dessa ocupação, o Caso Dandara inova em relação aos argumentos jurídicos comumente utilizados em favor dos proprietários formais dos imóveis e não da análise da sua função social, nas ações de reintegração de posse e nas ações petitórias que reivindicam o direito de propriedade. A tese de que o direito à propriedade não possui peso semelhante ao do direito à moradia, nesse caso, pois a prevalência da propriedade não leva à afetação da dignidade humana — além de ir ao encontro na noção de direito à cidade expressa pelos moradores — é tão transformadora quanto a adequada hermenêutica da moradia como direito social consignado no art. 6º e da função social da propriedade tratada no art. 5º, inc. XXIII, ambos da Constituição da República de 1988.

Diante disso, renova-se a descoberta da cartografia sociojurídica como meio capaz de partilhar saberes, vivências e processos de empoderamento social das comunidades em relação aos seus direitos. Isso se mostra ainda mais claro na ocupação Dandara, em que os moradores têm na apropriação do discurso jurídico referenciais importantes e suficientes para sua autodefesa diante do conflito urbano em que se insere. Além de aprimorar conceitos básicos como função social da propriedade, apontado por muitos moradores como fundamento suficiente para a "legalização da comunidade", a cartografia se mostra ainda mais eficaz e inteligível quando é capaz de jungir esses conceitos ao esclarecimento em relação à situação sociojurídica dessa comunidade.

A metodologia da cartografia explorada na pesquisa, ainda que careça de maior aprofundamento e de um trabalho ativo que possibilite seu aperfeiçoamento, é também meio efetivo para a tomada de consciência/ampliação da visão de mundo a partir da visão local para a comunidade em geral, pois permite aos moradores — sujeitos participantes ativos na construção do mapeamento — que se localizem dentro do espaço onde habitam, de forma a compreendê-lo para além dos limites e fronteiras meramente geográficos, mas a partir de todos os elementos/situações/complexidades que os cercam.

Referências

BELO HORIZONTE. *Plano Local de Habitação de Interesse Social*. Dez. 2010. Disponível em: <file:///C:/Users/user/Downloads/phlis_versao_final_marco_2012_rev_dez2013.pdf>. Acesso em: 21 mar. 2014.

BELO HORIZONTE. Projeto de Lei nº 65/2013. *Declara de interesse social, para fins de desapropriação, a área que menciona e dá outras providências*. Disponível em: <http://www.cmbh.mg.gov.br/noticias/2013-04/comissao-aprova-desapropriacao-da-ocupacao-dandara-e-outros-9-pls>. Acesso em: mar. 2014.

BOBBIO, N. *et al. Dicionário de política*. 12. ed. Brasília: UnB, 2002.

BRASIL. Instituto de Pesquisa Aplicada. Estimativas do Déficit Habitacional brasileiro (PNAD 2007-2012). Brasília, Nota Técnica nº 5, 2013.

BRASIL. Lei nº 10.257, de 10 de julho de 2001. *Regulamenta os arts. 182 e 183 da Constituição Federal, estabelece diretrizes gerais da política urbana e dá outras providências*. Disponível em: <http://www.planalto.gov.br/ccivil_03/Leis/LEIS_2001/L10257.htm>. Acesso em: 20 mar. 2014.

BRASIL. Lei nº 6.766, de 19 de dezembro de 1979. *Dispõe sobre o Parcelamento do Solo Urbano e dá outras providências*. Disponível em <http://www.planalto.gov.br/ccivil_03/leis/l6766.htm>. Acesso em: 20 mar. 2014.

COSTA FILHO, A. Direitos de povos e comunidades tradicionais no Brasil: mapeamento e inclusão Sociopolítica. *In*: *II Seminário Internacional Cidade e Alteridade*: convivência multicultural e justiça urbana, 2013, Lisboa-Portugal. Anais do II Seminário Internacional Cidade e Alteridade: Convivência Multicultural e Justiça Urbana, 2013. p. 1-11.

DIAS *et al*. Cartografia sociojurídica dos conflitos urbanos: o caso da comunidade Dandara, em Belo Horizonte. *In*: *VII Congresso Brasileiro de Direito Urbanístico*: "Direito Urbanístico e Justiça Urbana: cidade, democracia e inclusão social", Pontifícia Universidade Católica de São Paulo (PUC-SP) de 11 a 13 de novembro de 2013. Disponível em: <http://www.ibdu.org.br/eficiente/repositorio/VII%20CBDU/414.pdf>. Acesso em: abr. 2014.

DIAS *et al*. O direito à cidade na cartografia sociojurídica de ocupações urbanas em Belo Horizonte. *In*: *III Encontro de Pesquisa Empírica em Direito*, Faculdade de Direito de Ribeirão Preto da Universidade de São Paulo, dias 18 e 19 de setembro de 2013. Disponível em: <http://reedpesquisa.org/iii-eped-divulgacao-dos-trabalhos-aprovados-para-comunicacao-oral/>. Acesso em: abr. 2014.

ESCRITÓRIO DE INTEGRAÇÃO DO DEPARTAMENTO DE ARQUITETURA E URBANISMO PUC-MINAS. *Projeto Comunidade Dandara*. Disponível em: <https://docs.google.com/file/d/0B1k_PB7xrQxiZTlmNDM1ODEtOTYzYi00OTU5LTlmN2EtZDQyODQzMzUyOGUz/edit?hl=en_US>. Acesso em: 21 mar. 2014.

FERNANDES; ALFONSIN (Org.). *Direito urbanístico*: estudos brasileiros e internacionais. Belo Horizonte: Del Rey, 2006.

HERRERA, Juan. *Cartografía social*. 2008. Disponível em: <http://www.juanherrera.files.wordpress.com/2008/01/cartografia-social.pdf>. Acesso em: 21 mar. 2014.

HONNETH, Axel. *Luta por reconhecimento*: a gramática moral dos conflitos sociais. Trad. Luiz Repa. São Paulo: Ed. 34, 2003. [*Kampf um Anerkennung* (1992)].

LEFEBVRE, Henri. *O direito à cidade*. Trad. Rubens Eduardo Frias. 5. ed. São Paulo: Centauro, 2011.

LOURENÇO, Tiago Castelo Branco. *Cidade ocupada*. Dissertação (Mestrado em Arquitetura e Urbanismo). Faculdade de Arquitetura e Urbanismo. Universidade Federal de Minas Gerais, Belo Horizonte, 2013.

MAGALHÃES, José Luiz Quadros de. Ocupação Dandara, um direito constitucional. Disponível em: <http://ocupacaodandara.blogspot.com.br/2009/06/ocupacao-dandara-um-direito.html>. Acesso em: mar. 2014.

MATOS, R. Periferias de grandes cidades e movimentos populacionais. *Cadernos Metrópole*, São Paulo, n. 13, p. 71-105, 1º sem. 2005.

MATOS, R.; LOBO, C.; STEFANI, J. Pobreza urbana e a dimensão socioespacial nos processos de redistribuição da população em periferias de Belo Horizonte. *In*: *ABEP*. Encontro Transdisciplinar Espaço e População, 1. Campinas, Unicamp, 13-15 nov. 2003. Disponível em: <http://www.abep.nepo.unicamp.br/docs/eventos/transdisciplinar/mig_matos2.pdf>. Acesso em: 21 mar. 2014.

MINAS GERAIS. Tribunal de Justiça. Ação Civil Pública nº 0356609-69.2010.8.13.0024. Disponível em: <www.tjmg.jus.br>. Acesso em: mar. 2014.

MINAS GERAIS. Tribunal de Justiça. Agravo de Instrumento nº 1.0024.10.035660-9/001. Disponível em: <www.tjmg.jus.br>. Acesso em: mar. 2014.

MINAS GERAIS. Tribunal de Justiça. Ação de Reintegração/Manutenção de Posse nº 0024.09.545.746-1. Disponível em: <www.tjmg.jus.br>. Acesso em: mar. 2014.

MINAS GERAIS. Tribunal de Justiça. Agravo de Instrumento nº 1.0024.09.545746-1/001. Disponível em: <www.tjmg.jus.br>. Acesso em: 21 mar. 2014.

MINAS GERAIS. Tribunal de Justiça. Mandado de Segurança nº 1.0000.09.499331-8/000. Disponível em: <www.tjmg.jus.br>. Acesso em: mar. 2014.

OCUPAÇÃO DANDARA. Evolução urbanística. Disponível em: <https://plus.google.com/photos/108627712113681934037/albums/5660742398945038017/5660742401563972546?banner=pwa&pid=5660742401563972546&oid=108627712113681934037>. Acesso em: mar. 2014.

OCUPAÇÃO DANDARA. Histórico. Disponível em: <http://ocupacaodandara.blogspot.com.br/2009/04/um-mar-de-barracos-de-lona-o-que.html>. Acesso em: mar. 2014.

SILVA, Antonio Fernando Gouvêa. *A busca do tema gerador na práxis da educação popular.* Curitiba: Ed. Gráfica Popular, 2007. Disponível em: <http://radiocirandeira.files.wordpress.com/2012/01/a_busca_tema_gerador.pdf>. Acesso em: 16 fev. 2014.

THIOLLENT, Michel. *Metodologia da pesquisa-ação.* 11. ed. São Paulo: Cortez, 2002.

UNEAFRO BRASIL. Mulheres fazendo a história – Dandara. Disponível em: <http://www.uneafrobrasil.org/site/mulheres_fazendohistoria_dandara.php>. Acesso em: mar. 2014. Cf. mais informações no *site*: <http://ocupacaodandara.blogspot.com.br/>.

Informação bibliográfica deste texto, conforme a NBR 6023:2002 da Associação Brasileira de Normas Técnicas (ABNT):

DIAS, Maria Tereza Fonseca *et al.* Ocupações urbanas e direito à cidade: excertos da cartografia sociojurídica da Comunidade Dandara, em Belo Horizonte. *In*: DIAS, Maria Tereza Fonseca *et al.* (Coord.). *Estado e propriedade*: estudos em homenagem à professora Maria Coeli Simões Pires. Belo Horizonte: Fórum, 2015. 361-383p.

ANEXO A – Roteiro semiestruturado das entrevistas

O questionário é formado por perguntas amplas e *probes*. Pretende-se que, com as perguntas numeradas, que são amplas, o entrevistado toque nos pontos que estão listados abaixo de cada pergunta. Caso o entrevistado, ao responder à pergunta ampla, não tocar em tais pontos, cabe ao entrevistador formular tais tópicos em forma de pergunta.

1. História de vida: onde e como você vivia antes da ocupação?

2. Como a pessoa chegou na ocupação?
   - Memória do início da ocupação.
   - Houve algum tipo de repressão?
   - Por que foi para a Ocupação?
   - O fato de vir para a Ocupação te trouxe algum tipo de problema?

3. O que representa na sua vida morar nesta ocupação? (Diagnosticado no pré-teste)
   - Você gosta de morar aqui?
   - E como é o acesso à escola, posto de saúde, saneamento básico?

4. Existem pessoas que acham que não é certo vocês morarem aqui. Qual é a sua opinião
   - Explorar se há a existência da dicotomia: invasão × ocupação.
   - Como é a relação com os bairros ao lado?

5. Há um processo/conflito na justiça envolvendo a Ocupação. Na sua opinião, quem tem direito de ficar nesta terra e por quê?
   - Esclarecer processo/conflito na justiça caso a pessoa não saiba.

6. Qual seu maior sonho para esta comunidade?
   - O que você pensa sobre o futuro da Ocupação?

7. Qual o papel da comunidade dentro da cidade como um todo?

A TERRA E AS CONDIÇÕES DE MISERABILIDADE E DE EXCLUSÃO DAS CIDADES E NO CAMPO: A REGULARIZAÇÃO FUNDIÁRIA SERIA UMA ALTERNATIVA?

MIRACY BARBOSA DE SOUSA GUSTIN

VIVIAN BARROS MARTINS

1 Introdução

Historicamente os indicadores sociourbanos têm demonstrado melhorias estruturais e melhoria de bem-estar social. Em qual medida esses indicadores são compatíveis com a realidade brasileira? Tem ocorrido diminuição da pobreza urbana e rural? Há efetiva diminuição da desigualdade social em nosso país?

O presente trabalho, a partir da apresentação de dados e reflexões sobre as condições de acesso à terra e à moradia nas cidades e no campo, tem como finalidade realizar uma análise sobre a temática da regularização fundiária à luz das questões acima postas.

A promulgação da Constituição Federal de 1988, bem como uma série de normas federais aprovadas posteriormente, conforme será explicitado ao longo deste trabalho, representam uma mudança de paradigma em relação à garantia do direito à terra e à moradia às populações de assentamentos e ocupações informais urbanas e rurais.

Nos últimos anos, avanços foram obtidos no que se refere à aprovação de marcos jurídicos e ao direcionamento de investimentos públicos para a realização da regularização fundiária nas cidades e no campo.

Para que sejam consideradas efetivas, tais políticas de regularização fundiária devem promover a inclusão socioterritorial das famílias envolvidas, com a consequente melhoria de suas condições de vida, de forma sustentável dos pontos de vista social, econômico e ambiental.

Nesse sentido, mostra-se de fundamental importância refletir sobre as possibilidades, desafios e limitações que se apresentam na implementação da regularização fundiária como instrumento de combate à exclusão e às condições de miserabilidade.

Em face do padrão excludente e segregador que marca os processos de acesso à terra e à moradia no Brasil, a necessidade de que o direito à propriedade seja reinterpretado a partir das novas bases postas pelo princípio da função social da propriedade é ponto de grande relevância neste trabalho.

2 O acesso à terra no Brasil: situando o problema

No Brasil, seja nas cidades ou no campo, o acesso à terra possui como característica marcante a concentração. Os dados do Censo Agropecuário de 2006, só divulgados em 2009,[1] permitem fazer um retrato da vida e da produção no campo e permitem comparações sobre as diferenças entre os grandes e pequenos agricultores, entre o agronegócio e a agricultura familiar. Os dados das tabelas, que aparecem em anexo do Censo, demonstram que os pequenos agricultores têm 24% de todas as terras privatizadas do Brasil. Isto significa que, de cada 100 hectares de terras, 24 são de pequeno produtor. Os médios e grandes possuem 76% de todas as terras.

A Pesquisa Déficit Habitacional Municipal no Brasil,[2] elaborada com base nos dados do Censo Demográfico de 2010, aponta um déficit habitacional[3] de 6,490 milhões de unidades, o que correspondente a 12,1% do total de domicílios do país. No meio rural, o déficit é de 1,055 milhão de unidades, que corresponde a 13% dos domicílios rurais, e, no meio urbano, é de 5,885 milhões de habitações, correspondendo a 11,9% dos domicílios localizados em área urbana.

No caso do déficit habitacional urbano, ao realizar sua estratificação por classe de rendimento domiciliar, os dados apresentados na mencionada pesquisa revelam o padrão desigual e excludente do processo de produção do espaço urbano brasileiro, uma vez que 81% do déficit estão concentrados nos domicílios com rendimento de até 05 salários mínimos, sendo que, desse percentual, 66% se referem aos domicílios com renda até 03 salários mínimos.

O cruzamento dos dados do déficit habitacional brasileiro, acima apresentados, com os dados relativos aos domicílios vagos,[4] também contribui para revelar as distorções dos processos de acesso à terra e à moradia no Brasil, seja nas cidades ou no campo. Ainda de acordo com a Pesquisa Déficit Habitacional no Brasil,[5] o país possui estoque de 6,052 milhões de domicílios vagos, dos quais 77% — ou 4,656 milhões — estão localizados nas áreas urbanas, e 23% — ou 1,395 milhão — estão nas áreas rurais.

Ou melhor, a quantidade de domicílios vagos — 6,052 milhões de unidades — é muito próxima do déficit habitacional — 6,490 milhões de unidades —, sendo que, no

---

[1] Instituto Brasileiro de Geografia e Estatística. *Censo Agropecuário 2006*. Rio de Janeiro, 2009. Disponível em: http://biblioteca.ibge.gov.br/visualizacao/periodicos/51/agro_2006.pdf Acesso em 10 de abril de 2014.

[2] Fundação João Pinheiro. *Déficit habitacional municipal no Brasil 2010*. Belo Horizonte, 2013. Disponível em: http://www.fjp.mg.gov.br/index.php/produtos-e-servicos1/2742-deficit-habitacional-no-brasil-3 Acesso em 10 de abril de 2014.

[3] De acordo com a pesquisa Déficit habitacional municipal no Brasil 2010, o déficit habitacional é formado pelos seguintes componentes: domicílios precários, coabitação familiar, ônus excessivo com aluguel, adensamento excessivo em domicílios alugados.

[4] Unidades que se encontravam efetivamente desocupadas na data de referência do Censo 2010.

[5] Fundação João Pinheiro. *Déficit habitacional municipal no Brasil 2010*. Belo Horizonte, 2013. Disponível em: <http://www.fjp.mg.gov.br/index.php/produtos-e-servicos1/2742-deficit-habitacional-no-brasil-3>. Acesso em: 10 abr. 2014.

meio rural, o número de domicílios vagos — 1,395 milhão de unidades — chega a ser maior que o déficit habitacional — 1,055 milhão de unidades.

Apesar de não existir uma maior caracterização desses domicílios vagos — tais como suas condições de habitação, preço, localização — a fim de se identificar a qual público estão direcionados, tendo em vista a estratificação do déficit habitacional por faixa de renda, acima apresentada, é possível supor que parte significativa dessas unidades habitacionais não seria adequada para atender o perfil do consumidor que integra a maior parte do déficit habitacional, isto é, as famílias que possuem renda de até três salários mínimos mensais.

Como alternativa à exclusão das classes de menor renda dos mecanismos de acesso à terra e à moradia, a urbanização brasileira é marcada pela crescente proliferação de assentamentos irregulares, em geral, localizados nas áreas sem valor para o mercado.

Conforme destaca Ermínia Maricato, "as novas favelas e loteamentos ilegais surgem nas terras vazias desprezadas pelo mercado imobiliário privado", sendo que "não é por outro motivo que as favelas se multiplicam em áreas públicas, áreas ambientalmente frágeis sobre as quais incidem leis protecionistas, como é o caso das áreas *non aedificandi* nas beiras dos córregos".[6]

Pode-se se referir, então, a uma subcidadania urbana, ou os espaços presumidamente "fora da lei", que se dão pela ocupação de áreas privadas ou públicas, as reconhecidas áreas de favelamento, ou os loteamentos clandestinos e as ocupações de prédios em situações precárias, tradicionalmente reconhecidos como cortiços.[7]

Tais espaços de exclusão socioterritorial são ambientes de permanente anulação da cidadania de seus moradores[8] e têm como característica marcante a precariedade das condições de vida, que anula as possibilidades de efetividade do direito a cidades sustentáveis, assegurado pelo Estatuto da Cidade, em seu art. 2º, I, "[...] como o direito à terra urbana, à moradia, ao saneamento ambiental, à infra-estrutura urbana, ao transporte e aos serviços públicos, ao trabalho e ao lazer, para as presentes e futuras gerações".

Como bem conclui Maria Elisa Braz Barbosa, "cidade e cidadania são termos unidos, de modo inexorável, porquanto não há cidadania sem oportunidades iguais de acesso aos espaços públicos e sem a distribuição equânime das benesses e dos ônus da urbanização".[9]

As condições precárias de vida no meio urbano são também reveladas pela Pesquisa Déficit Habitacional no Brasil[10] ao apresentar dados sobre a inadequação de

---

[6] MARICATO, Ermínia. *Brasil, cidades*: alternativas para a crise urbana. 2 ed. Petrópolis: Vozes, 2002. p. 83.

[7] Relevante pontuar que há uma grande heterogeneidade de situações informais, sendo as mais comuns, certamente, as favelas e os loteamentos clandestinos, que estão associados, sobretudo, à população de baixa renda. Por outro lado, é importante destacar que a informalidade urbana também está associada aos grupos de maior renda da sociedade, sendo os chamados "condomínios fechados" um dos principais exemplos. É a informalidade entre os grupos mais pobres, contudo, que assume maiores proporções e grande urgência para o seu enfrentamento, dadas as precárias condições de vida e as grandes vulnerabilidades que oferece.

[8] Sobre o tema ver: GUSTIN, Miracy Barbosa de Sousa. A cidade ilegal: espaço de anulação da cidadania. *In*: BRANDÃO, Carlos Antônio Leite (Org.). *As cidades da cidade*. Belo Horizonte: Ed. UFMG, 2006.

[9] BARBOSA, Maria Elisa Braz. O nome da rosa e o nome da lei: barreiras e pontes no espaço urbano. *In*: PEREIRA, Flávio Henrique Unes; DIAS, Maria Tereza Fonseca (Org.). *Cidadania e inclusão social* – Estudos em homenagem à Professora Miracy Barbosa de Sousa Gustin. Belo Horizonte: Fórum, 2008.

[10] FUNDAÇÃO JOÃO PINHEIRO. Déficit habitacional municipal no Brasil 2010. Belo Horizonte, 2013. Disponível em: <http://www.fjp.mg.gov.br/index.php/produtos-e-servicos1/2742-deficit-habitacional-no-brasil-3>. Acesso em: 10 abr. 2014.

domicílios urbanos, considerados como aqueles que não oferecem condições satisfatórias de habitabilidade. Como demonstra a Pesquisa, a carência de infraestrutura urbana é o componente da inadequação[11] que mais afeta os domicílios urbanos, já que, no Brasil, 13 milhões de domicílios urbanos, que representam 26,4% do total, carecem de, pelo menos, um item de infraestrutura básica, quais sejam: água, energia elétrica, esgotamento sanitário ou coleta de lixo.[12] Tanto pior são as condições quando se trata de domicílios rurais.

Percebe-se que as localidades periféricas nas grandes e médias cidades são, em geral, contextos sociais com acesso precário a melhorias materiais e a recursos simbólicos. Têm posição inferior no espaço social e cultural. Há distâncias, às vezes incomensuráveis, das centralidades de produção e reprodução de bens materiais e simbólicos com maior valor para a sociedade em geral.

3 Notas sobre as políticas de regularização fundiária no Brasil

Atualmente, há, no Brasil, importantes marcos jurídicos que disciplinam a regularização fundiária nas cidades e no campo, colocando-a em posição de destaque nas políticas urbana e agrícola. Pode-se afirmar que a partir das constantes reivindicações e da organização dos movimentos sociais urbanos e rurais engajados na luta pelas reformas urbana e agrária,[13] passos importantes foram dados na consolidação de uma ordem jurídica que possa assegurar aos moradores de ocupações irregulares urbanas e rurais o direito à regularização fundiária.

O Estatuto da Cidade — Lei Federal nº 10.257, de 10 de julho de 2001 — ao regulamentar os arts. 182 e 183 da Constituição Federal de 1988, que tratam política de desenvolvimento urbano, institui como uma das diretrizes gerais dessa política a "regularização fundiária e urbanização de áreas ocupadas por população de baixa renda mediante o estabelecimento de normas especiais de urbanização, uso e ocupação do solo e edificação, consideradas a situação socioeconômica da população e as normas ambientais" (art. 2º, XIV).

A Lei nº 10.267, de 28 de agosto de 20014, por meio de alterações na Lei nº 5.868, de 12 de dezembro de 1972, criou o Cadastro Nacional de Imóveis Rurais (CNIR). Já a Lei nº 11.952, de 25 de junho de 2009, dispõe sobre a regularização fundiária das ocupações incidentes em terras urbanas e rurais situadas em áreas da União, no âmbito da Amazônia Legal, mediante alienação e concessão de direito real de uso de imóveis.

Por fim, a Lei nº 11.977, de 07 de julho de 2009, além de criar o Programa Minha Casa, Minha Vida, estabeleceu normas gerais para a regularização fundiária de assentamentos localizados em áreas urbanas. O seu art. 46 assim define regularização fundiária:

---

[11] De acordo com a pesquisa Déficit Habitacional Municipal no Brasil 2010, a inadequação de domicílios urbanos é formada pelos seguintes componentes: domicílios carentes de serviço infraestrutura, domicílios sem unidade sanitária domiciliar exclusiva e adensamento excessivo em domicílios próprios.

[12] Para essa análise, foram considerados pela pesquisa Déficit Habitacional Municipal no Brasil 2010 os domicílios particulares permanentes urbanos, excluindo-se aqueles que foram contabilizados em algum critério de déficit habitacional.

[13] Para uma análise sobre a importância dos movimentos sociais no contexto da reforma urbana: MARICATO, Ermínia. *Brasil, cidades*: alternativas para a crise urbana. Petrópolis: Vozes, 2002; BASSUL, José Roberto. *Estatuto da Cidade*: Quem ganhou? Quem perdeu? Brasília: Senado Federal, 2005.

Art. 46. A regularização fundiária consiste no conjunto de medidas jurídicas, urbanísticas, ambientais e sociais que visam à regularização de assentamentos irregulares e à titulação de seus ocupantes, de modo a garantir o direito social à moradia, o pleno desenvolvimento das funções sociais da propriedade urbana e o direito ao meio ambiente ecologicamente equilibrado.

O referido conjunto de medidas jurídicas, urbanísticas, ambientais e sociais reconhece a complexidade do fenômeno urbano e exige atuação multi ou transdisciplinar, devendo-se envolver, de forma articulada, múltiplos aspectos, tais como físico, jurídico, social, econômico e urbanístico.

Também no campo das políticas públicas voltadas à regularização fundiária, investimentos públicos em escala nacional têm sido direcionados para a execução de programas de regularização fundiária nas cidades e no campo. No Ministério das Cidades, desde 2003, ações de âmbito nacional vêm sendo desenvolvidas, merecendo destaque o Programa Apoio à Regularização Fundiária em Áreas Urbanas (Papel Passado)[14] e o Programa Urbanização Regularização e Integração de Assentamentos Precários,[15] inserido no Programa de Aceleração do Crescimento (PAC). Já o Ministério do Desenvolvimento Agrário, desde 2007, desenvolve o Programa de **Cadastro de Terras e Regularização Fundiária**[16] voltado aos pequenos posseiros e aos proprietários dos imóveis rurais objetos da ação de cadastro e regularização fundiária.

Os mencionados avanços nos campos jurídico e das políticas públicas, sem dúvida, devem ser reconhecidos. No entanto, é de fundamental importância refletir se têm sido capazes de contribuir para a diminuição das condições de miserabilidade e de exclusão nas cidades e no campo. Como destaca Rosângela Luft, "não basta regularizar, é imperioso que se crie condições para que a sociedade presente nesses locais consiga se firmar definitivamente e desenvolver suas potencialidades profissionais, culturais e comunitárias".[17]

Michel Certeau,[18] em sua obra, refere-se à ação tática desses grupos populacionais que sobrevivem nas periferias afirmando que agem a partir de lugares subordinados às centralidades urbanas e rurais como uma ação dos mais fracos. Atuam, pois, nas possibilidades que lhes são abertas pelas falhas e lacunas da estrutura social hegemônica.

Dessa forma, é sempre um equívoco naturalizar o espaço social como simples espaço físico, pois todos os grupos sociais agem a partir de um lugar cuja cultura, demandas e necessidades são próprios. Daí, serem indispensáveis políticas públicas que considerem essa característica, do contrário os impactos serão extremamente negativos.

No âmbito dos programas de urbanização e regularização fundiária, o direcionamento dos investimentos realizado pelo Poder Público e o caráter expulsor da população moradora das áreas objeto da intervenção têm tido questionamentos recorrentes. Como exemplo, tem-se o Vila Viva, um programa de urbanização e regularização

---

[14] Disponível em: <http://www.cidades.gov.br/index.php/regularizacao-fundiaria/758-manual-do-programa.html>. Acesso em: 10 abr. 2014.

[15] Disponível em: <http://www.cidades.gov.br/index.php/programas-e-acoes.html>. Acesso em: 10 abr. 2014.

[16] Disponível em: <http://portal.mda.gov.br/portal/sra/programas/regularizacao/2392026>. Acesso em: 10 abr. 2014.

[17] LUFT, Rosângela Marina. Regularização fundiária: superação de mitos e assimilação de premissas. *Revista Magister de Direito Ambiental e Urbanístico*, n. 25, p. 48-67, ago./set. 2009.

[18] CERTEAU, Michel. *A invenção do cotidiano*. Petrópolis: Vozes, 2003. 2 v.

fundiária que vem sendo implementado pelo Município de Belo Horizonte, desde 2005, em diversos assentamentos irregulares da cidade.[19] [20]

No caso do Aglomerado da Serra, maior área de favelamento de Belo Horizonte e primeira localidade a receber intervenções do Programa Vila Viva, foram realizados investimentos da ordem de R$171,2 milhões, sendo que 2.269, das cerca de 13.462 famílias, foram removidas, das quais somente 856 foram reassentadas em apartamentos construídos na própria comunidade e 1413 foram indenizadas pelo valor das benfeitorias.[21]

Em relação a tais intervenções e seus impactos, cabe refletir: as intervenções urbanas que justificaram parte considerável das remoções são de fato necessárias para atender às demandas e necessidades da população? A partir da pesquisa realizada pelo Programa Polos de Cidadania da Faculdade de Direito da UFMG sobre o Programa Vila Viva no Aglomerado da Serra esse aspecto foi analisado, chegando-se às seguintes conclusões:

> Todavia, percebe-se que a Avenida do Cardoso recebeu desproporcional prioridade de investimentos em prejuízo da urbanização de outras vias mais importantes para o Aglomerado, sendo que a mesma não está sendo tão aproveitada pelos moradores. Ainda cabe ressaltar que a Avenida do Cardoso, construída com o objetivo de integrar o Aglomerado da Serra à região circundante, não oferece transporte público satisfatório que percorra toda sua extensão, fazendo com que alguns moradores tenham que caminhar até suas extremidades para chegar às paradas de ônibus, não sendo a Avenida devidamente incorporada ao cotidiano dos mesmos. É importante observar que, segundo depoimentos dos moradores, o tráfego na Cardoso é majoritariamente constituído por veículos de não moradores do Aglomerado da Serra servindo, principalmente, como forma de acesso ou ligação entre as regionais Leste e Centro-Sul de Belo Horizonte.
>
> [...]
>
> Conclui-se, portanto, que o Vila Viva foi um Programa que priorizou determinadas intervenções urbanísticas — em especial a construção da Avenida do Cardoso — em detrimento de intervenções sociais que poderiam ser interligadas àquelas para que, assim, a comunidade usufruísse da melhor forma possível dos benefícios do programa. Tal fato torna-se perceptível a partir da própria análise das propostas presentes no documento do PGE, onde a parte socioeconômica é abordada de maneira muito ampla, com diretrizes genéricas das quais, a partir da ótica dos moradores, pode-se constatar que muitas não foram efetivadas. Já a parte que trata das intervenções urbanísticas traz propostas

---

[19] São eles: Aglomerados da Serra, Santa Lúcia e Morro das Pedras, nas vilas Califórnia, São José e Pedreira Prado Lopes, Taquaril, São Tomás, Aeroporto, Cemig e Alto das Antenas, do entorno da avenida Belém e do Córrego Santa Terezinha e do Complexo Várzea da Palma. Disponível em: <http://portalpbh.pbh.gov.br/pbh/ecp/comunidade.do?evento=portlet&pIdPlc=ecpTaxonomiaMenuPortal&app=urbel&tax=8178&lang=pt_BR&pg=5580&taxp=0&>. Acesso em: 10 abr. 2014.

[20] De acordo com informações do Município, nessas áreas vivem cerca de 193.000 famílias, sendo que a previsão é que 13.167 delas sejam removidas, das quais 6.894 poderão ser reassentadas em apartamentos construídos nas próprias comunidades. Ou seja, as demais 6.273 famílias receberão indenização. Ao todo, serão investidos R$1,15 bilhões, obtidos junto ao Plano de Aceleração do Crescimento (PAC) do Governo Federal e por meio de financiamentos do Banco Nacional de Desenvolvimento Social (BNDES) e da Caixa Econômica Federal. Disponível em: <http://portalpbh.pbh.gov.br/pbh/ecp/comunidade.do?evento=portlet&pIdPlc=ecpTaxonomiaMenuPortal&app=urbel&tax=8178&lang=pt_BR&pg=5580&taxp=0&>. Acesso em: 10 abr. 2014.

[21] Universidade Federal de Minas Gerais – Faculdade de Direito. *Programa Polos de Cidadania*. Relatório Final da Pesquisa Os efeitos do Vila Viva Serra na condição socioeconômica dos moradores afetados. Belo Horizonte, 2011.

detalhadas com um alto nível de planejamento traduzindo-se em uma maior facilidade na concretização desses projetos, que, em sua maioria, foram executados.[22]

Além do descompasso das prioridades do Poder Público em face das demandas e necessidades da população, são apontados diversos efeitos deletérios decorrentes do considerável direcionamento dos investimentos para intervenções de cunho urbanístico em detrimento de intervenções sociais:

> O surgimento de uma série de efeitos deletérios decorre da priorização das intervenções de cunho urbanístico, a saber: aumento da especulação imobiliária, elevado número de remoções relacionado principalmente à construção da Avenida do Cardoso, facilidade de acesso ao tráfico de entorpecentes, redução da participação dos moradores em associações, projetos e instituições, bem como a redução do capital social não institucional.[23]

Em relação às remoções, como demonstram os números apresentados anteriormente, a maioria das famílias removidas foi indenizada. Fundamental rememorar que a indenização é calculada somente a partir da avaliação das benfeitorias, não se reconhecendo a posse como um direito patrimonial.

Esse não reconhecimento dos direitos dos moradores sobre a posse do imóvel potencializa ainda mais os efeitos nocivos, dadas as dificuldades encontradas para a aquisição de nova moradia em condições de habitabilidade e localização, ao menos, semelhantes às da moradia anterior. A esse respeito, a pesquisa realizada pelo Programa Polos, a partir das falas dos moradores entrevistados, aponta:

> Por meio das entrevistas com as famílias deste grupo, notou-se que certa parte acabou se transferindo para novas áreas de assentamentos informais dentro de Belo Horizonte, dando assim continuidade ao ciclo de ilegalidade na habitação. Além disso, ainda neste grupo, é de fundamental importância ressaltar o alto número de moradores que acabaram por se transferir para outros municípios dentro da Região Metropolitana, notadamente pelo fato de não encontrarem, em Belo Horizonte, condições habitacionais dignas condizentes com o valor indenizatório que lhes foi destinado pelo Programa Vila Viva, tendo assim negado o seu direito à cidade.
>
> [...]
>
> Observou-se, ao longo da pesquisa, que o baixo valor das indenizações oferecidas pelo Programa Vila Viva foi determinante para que muitos moradores não pudessem permanecer no Aglomerado, uma vez que como resultado direto das obras de urbanização ocorreu um aumento vertiginoso no valor dos imóveis dentro do Aglomerado de maneira geral. Assim, a própria especulação imobiliária, como efeito colateral da política, traduziu-se em um fator a dificultar a permanência de várias famílias na comunidade de origem.[24]

---

[22] Universidade Federal de Minas Gerais – Faculdade de Direito. *Programa Polos de Cidadania*. Relatório Final da Pesquisa Os efeitos do Vila Viva Serra na condição socioeconômica dos moradores afetados. Belo Horizonte, 2011.

[23] Universidade Federal de Minas Gerais – Faculdade de Direito. *Programa Polos de Cidadania*. Relatório Final da Pesquisa Os efeitos do Vila Viva Serra na condição socioeconômica dos moradores afetados. Belo Horizonte, 2011.

[24] Universidade Federal de Minas Gerais – Faculdade de Direito. *Programa Polos de Cidadania*. Relatório Final da Pesquisa Os efeitos do Vila Viva Serra na condição socioeconômica dos moradores afetados. Belo Horizonte, 2011.

Essa forma de conduzir a política de regularização fundiária compromete a efetividade plena de seu principal objetivo, qual seja, garantir o direito social à moradia. Ademais, no ordenamento jurídico a posse é geradora de direitos e, portanto, detém conteúdo econômico, que deve ser reconhecido quando do cálculo da indenização. Sobre esse assunto Sônia Rabello explica com clareza:

> Ou será que a Constituição Federal, em seu art.5º, inciso XXII, ao dizer que a propriedade é um direito fundamental, estaria protegendo tão somente os proprietários de bens imóveis? E que todas as outras formas de "propriedade" estariam fora da proteção constitucional? Óbvio que não. Quando o Código Civil protege o direito de propriedade, ele protege todas as formas de direitos patrimoniais legítimos, nele incluídos os bens pessoais comercializáveis, dentre eles os direitos possessórios (art. 83, III).[25]

Nesse sentido, em 10 de dezembro de 2010, o Ministério das Cidades, publicou a Instrução Normativa nº 81,[26] que estabelece que o valor econômico da posse do terreno deve ser incorporado ao valor de sua indenização.

Sendo assim, além do descompasso das prioridades de investimentos eleitas pelo Poder Público em face das demandas e necessidades da população moradora dos assentamentos informais, devem ser questionados também os efeitos negativos da intervenção que comprometem a efetividade do direito à moradia e a promoção da inclusão socioespacial das famílias atingidas.

Por essas razões, poderão ou não existir estruturas de oportunidades que permitirão uma sinergia entre redes e laços comunitários entre sociedade, administração pública e mercado. Em geral, por serem excluídos das cidades e do campo, a segregação espacial é inevitável e ela se dá a partir de construções de moradias baratas e desiguais, sem qualquer conforto, pois o ônus para os excluídos de viver nas cidades é alto. Além do que esses grupos sociais excluídos são inviabilizados pela sociedade e pelas administrações públicas. Nesse sentido, é necessário obter o reconhecimento, ou seja, serem vistos e percebidos como identidades com valor social e portadores de direitos.

É importante considerar, ainda, o caráter curativo dos programas de regularização fundiária, ou seja, são políticas para corrigir distorções provocadas pelo padrão excludente do acesso à terra e à moradia no Brasil. Por isso, em paralelo a esse tipo de intervenção, é fundamental o desenvolvimento de políticas públicas preventivas, capazes de possibilitar a democratização do acesso à terra e à moradia com condições de sustentabilidade e de interromper o ciclo de produção da informalidade. No que se refere ao fenômeno urbano, Edésio Fernandes, esclarece:

> [...] a informalidade é resultado de uma somatória: a forma como organiza-se o território urbano -sem áreas para a baixa renda-, a longa ausência de políticas habitacionais federais

---

[25] RABELLO, Sônia. *Moradia*: qual a justa indenização para os pobres? Disponível em: <http://www.soniarabello.com.br/moradia-qual-a-justa-indenizacao-para-os-pobres-2/>. Acesso em: 12 abr. 2014.

[26] A Instrução Normativa regulamenta a ação orçamentária de Apoio à Melhoria das Condições de Habitabilidade de Assentamentos Precários, do Programa Urbanização Regularização e Integração de Assentamentos Precários; e a ação orçamentária de Apoio à Provisão Habitacional de Interesse Social, do Programa de Habitação de Interesse Social.

e a falta de interesse do mercado em relação aos pobres. A regularização é uma política curativa, para dar conta de situações consolidadas. Mas não pode ser política habitacional por excelência.[27]

Considerando-se essas afirmações, precisa-se reanalisar, por exemplo, questões como a distribuição de renda no campo e a fixação do pequeno agricultor, a atribuição e a facilitação do crédito e a transferência de tecnologia às propriedades de pequeno e médio porte. Ou seja, o reconhecimento dessas camadas excluídas do campo. Os direitos sociais, materializados nos direitos ao trabalho, à renda e à moradia, vêm se tornando os núcleos fixadores da condição de cidadania no país.

Enquanto trabalhadores como subcidadãos perambulam pelas ruas das cidades, os trabalhadores rurais, de forma ilusória, são incentivados pela regulamentação estatal, a exemplo da Norma Regulamentadora nº 31, de 04 de março de 2005 (NR31),[28] a vivenciar novas formas de trabalho da terra, incluindo as possibilidades de bem-estar e de acesso às novas tecnologias. Ora, em 2008, nosso país apresentava as seguintes estatísticas alarmantes: 54% dos brasileiros encontravam-se em estado de pobreza relativa, 28% na condição de pobreza absoluta e 10,5% em pobreza extrema.[29]

As situações demonstradas desconsideram por completo as indicações do Fórum Habitat da ONU, de 1976, que recomenda para os países uma justiça social que inclua o desenvolvimento urbano, a habitação decente, boas condições de saúde, condições que só podem ser conseguidas se a terra for usada segundo os interesses da sociedade como um todo. Tem-se, ainda, que a Campanha Global da ONU pela Segurança da Posse, conforme destaca Edésio Fernandes[30], definiu que a segurança da posse envolve, além da garantia jurídica contra despejos e remoções forçadas, outros objetivos básicos, quais sejam: contribuir para a formação de comunidades social e economicamente sustentáveis, melhorar o acesso aos serviços básicos, assegurar condições sociopolíticas de cidadania urbana, produzir certeza e, com ela, incentivos para investimentos e acesso a crédito e financiamento, mobilizar comunidades dispersas e empoderar as mulheres.

4 Considerações finais: elementos para reflexão

Se nos detivermos sobre os vários estudos já realizados, sabemos que quanto às terras urbanas e rurais dois elementos devem ser desejados: apoio físico e localização. Estes supõem uma localização privilegiada e acesso fácil a bens e serviços, que permitiriam, é claro, uma ocupação adequada.

---

[27] *Folha de S.Paulo*. Estado de SP tem 6 milhões de pessoas em áreas irregulares. São Paulo, 17 maio 2009. Disponível em: <http://www1.folha.uol.com.br/fsp/cotidian/ff1705200901.htm>. Acesso em: 12 abr. 2014.

[28] Em atendimento ao art. 13, da Lei nº 5.889, de 08 de junho de 1973, que Estatui normas reguladoras do trabalho rural, esta Norma Regulamentadora tem por objetivo "estabelecer os preceitos a serem observados na organização e no ambiente de trabalho, de forma a tornar compatível o planejamento e o desenvolvimento das atividades da agricultura, pecuária, silvicultura, exploração florestal e aquicultura com a segurança e saúde e meio ambiente do trabalho."

[29] *Folha de S.Paulo. Pobrezas.* São Paulo, 05 fev. 2010. Disponível em: <http://www1.folha.uol.com.br/fsp/opiniao/fz0502201008.htm>. Acesso em: 12 abr. 2014.

[30] FERNANDES, Edésio. Perspectivas para a renovação das políticas de legalização de favelas no Brasil. *In*: ROLNIK, Raquel *et al.* (Coord.). *Regularização fundiária de assentamentos informais urbanos*. Belo Horizonte: PUC Minas Virtual, 2006. p. 29-51.

Assim, a ocupação da terra com justiça pressupõe a democratização de seu acesso, ou melhor, políticas de regularização adequadas ao ambiente humano e natural, garantida a moradia sustentável e a superação da tensão legalidade/ilegalidade.

Assim, a regularização fundiária se daria por meio da efetiva integração das populações e das áreas informais à estrutura e à sociedade urbana, como também da existência de esforços preventivos: moradias de interesse social, abertura de crédito e de outorga de função social a territórios já habitados, inclusive, no caso do meio urbano, sua extensão a prédios ociosos. Teríamos, então, a regularização em sentido amplo: ao lado da regularização jurídica dos parcelamentos e titulação dos ocupantes, a regularização urbanística e ambiental e a regularização social, ou melhor, a promoção da geração de renda e o acesso às políticas sociais.

Tais esforços preventivos são essenciais para o rompimento dos ciclos de informalidade e de exclusão territorial, ao considerarmos, como exemplo, dados do Município de Belo Horizonte. Em nove anos, o número de vilas e favelas aumentou praticamente em 30%, passando de 136 em 1993 para 177 em 2004, sendo que a população moradora em vilas e favelas aumentou 7%, ao passo que o crescimento populacional de Belo Horizonte no período de 1991 a 2.000 foi de somente 1,1%.[31] Ou seja, a despeito dos esforços empreendidos na execução de programas de regularização fundiária, as áreas de ocupação informal têm aumentado.

Se pudermos conceber cidade e campo com novas formas de vivência e bem estar, poderemos primeiro vislumbrar as relações e gestão democráticas, ou seja, as pessoas de quaisquer classe ou localização espacial teriam formas de saber diferenciadas para realizarem uma gestão social igualitária. Do mesmo modo, poderíamos vislumbrar concepções modernizadas e efetivas para a sustentabilidade ambiental na cidade e no campo, e, ainda, uma justa distribuição de benefícios e ônus, em que os primeiros não se destinariam apenas para as elites e os ônus tão somente para as camadas populares. Dar-se-iam, pois, novas configurações para a produção social, com justiça e melhor convivência.

Tudo que foi dito até o momento, pode ser ilustrado por um exemplo de nossas condições no meio rural que demonstra o quanto essas afirmações ainda são um sonho para todos nós. Os pequenos produtores são mais de quatro milhões em 360.000 estabelecimentos. Os médios proprietários, acima de mil hectares, são apenas 46.000. E os grandes proprietários, acima de dois mil hectares, são apenas 15 mil e detêm 98 milhões de hectares. Bem, é preciso indagar o que produzem nessas condições apresentadas. Os pequenos produtores geram 40% da produção agropecuária do Brasil (medida pelo Valor Bruto da Produção Agropecuária Total), embora tenham apenas 24% das terras.[32]

Sabe-se, ainda, que grande parte da produção do pequeno é para autossustento, entretanto, parte razoável de sua produção é levada para as feiras, para a realização de trocas e, inclusive, vendida. As mesas das famílias brasileiras ainda persistem sendo abastecidas pela agricultura de pequeno porte e familiar, que emprega 12 milhões

---

[31] CALDAS, Maria Fernandes; MENDONÇA, Jupira Gomes; CARMO, Lélio Nogueira (Coord.). *Estudos urbanos - Belo Horizonte 2008*: transformações recentes na estrutura urbana. Belo Horizonte: Prefeitura de Belo Horizonte, 2008. p. 33 e 282.

[32] IBGE. Censo Agropecuário 2006. Rio de Janeiro, 2009. Disponível em: <http://biblioteca.ibge.gov.br/visualizacao/periodicos/51/agro_2006.pdf>. Acesso em: 10 abr. 2014.

de pessoas (74,4%dos trabalhadores rurais).[33] Ora, mas será que os benefícios seriam alocados para esse tipo de produção? Sabemos que não. Os produtores de pequeno porte têm acesso extremamente precário às condições de bem estar e às políticas sociais.

Por tudo que se disse, entende-se que é necessário reinventar os mecanismos de concessão do uso da terra com padecimentos menores, em especial, à justa regularização fundiária. Para tanto, o suposto ético seria a função social estendida tanto às terras públicas quanto às privadas.

Deverá haver um avanço paradigmático do direito à terra e à moradia com conforto e bem estar, por meio das ações coletivas que possam vislumbrar maiores facilidades para a regularização da terra em setores de exclusão com a preservação da cultura local ou regional, a partir de uma ocupação consensual e o uso de frações solidárias de terra. Os cousuários seriam autores de uma nova construção e realimentação do direito à terra e às políticas sociais.

E esta nova construção é indispensável, pois, se considerarmos apenas os dados de escolarização no campo, poderemos nos espantar com a crueza dos dados estatísticos. A grande maioria dos produtores entrevistados pelo Censo[34] eram analfabetos ou sabiam ler e escrever, mas não tinham frequentado a escola (39,1%), ou não possuíam o ensino fundamental completo (43%), totalizando mais de 80% de produtores rurais com baixa escolaridade. Apenas 8,4% tinham, à época, o fundamental completo, 7,3% obtiveram o curso superior e 2,8% cursaram o técnico agrícola. Este último dado, muito baixo, deveria ser foco de política para o campo, da mesma forma que para as cidades.

São múltiplos e complexos os fatores determinantes para que as políticas de regularização fundiária contribuam decisivamente para a diminuição das condições de miserabilidade e de exclusão nas cidades e no campo. Diante dos dados e reflexões postos ao longo deste trabalho, pode-se concluir que o não enfrentamento do padrão excludente e segregador em relação ao acesso à terra no país é fator que merece destaque. Como bem esclarece Ermínia Maricato:

> A terra é o nó. No campo ou na cidade, a propriedade da terra continua a ser o nó da sociedade brasileira.
> [...]
> No Brasil, nona economia mundial, a questão da terra continua a se situar no centro do conflito social, mas de forma renovada. Ela alimenta a profunda desigualdade — ainda que haja a recente pequena distribuição de renda — e a tradicional relação entre propriedade, poder político e poder econômico.
> [...]
> A dificuldade de acesso à terra regular para habitação é uma das maiores responsáveis pelo explosivo crescimento das favelas e loteamentos ilegais nas periferias da cidade.[35]

A função social da propriedade e o direito à moradia estão previstos na Constituição Federal de 1988 como direitos fundamentais (art. 5º, XXIII, e art. 6º). Isso representa uma mudança do paradigma de reconhecimento e interpretação do direito

---

[33] *Idem.*

[34] IBGE. Censo Agropecuário 2006. Rio de Janeiro, 2009. Disponível em: <http://biblioteca.ibge.gov.br/visualizacao/periodicos/51/agro_2006.pdf>. Acesso em: 10 abr. 2014.

[35] MARICATO, Ermínia. *O impasse da política urbana no Brasil*. Petrópolis: Vozes, 2011. p. 185-191.

de propriedade no Brasil, já que, segundo a ordem jurídica em vigor, o direito de propriedade apenas deve ser assegurado se a propriedade atender à sua função social.

Os dados apresentados e as reflexões empreendidas neste trabalho revelam, no entanto, grande distância entre o texto legal e a realidade de nossas cidades e do campo. Como bem pontuam Edésio Fernandes e Betânia Alfonsin, as dificuldades de efetivação da ordem jurídica em vigor "decorrem da força simbólica ainda em vigor no imaginário social, cultural, político e jurídico da velha ordem jurídica nucleada pelo direito à propriedade".[36]

A construção de condições para que as políticas de regularização fundiária tenham condições de avançar e de contribuir para a diminuição das condições de miserabilidade e de exclusão nas cidades e no campo deve passar, necessariamente, pela democratização do acesso à terra e à moradia. Para tanto, um dos maiores obstáculos está em romper com o modo tradicional, e ainda prevalecente, de compreender o direito à propriedade, o que significa promover a efetividade da função social da propriedade e do direito social à moradia. Está posto o desafio.

Referências

ALFONSIN, Betânia; FERNANDES, Edésio. *A construção do direito urbanístico brasileiro*: desafios, histórias, disputas e atores. Coletânea de Legislação Urbanística. Belo Horizonte: Fórum, 2010.

BARBOSA, Maria Elisa Braz. O nome da rosa e o nome da lei: barreiras e pontes no espaço urbano. *In*: PEREIRA, Flávio Henrique Unes; DIAS, Maria Tereza Fonseca (Org.). *Cidadania e inclusão social - Estudos em homenagem à Professora Miracy Barbosa de Sousa Gustin*. Belo Horizonte: Fórum, 2008.

BASSUL, José Roberto. *Estatuto da Cidade:* Quem ganhou? Quem perdeu? Brasília: Senado Federal, 2005.

CALDAS, Maria Fernandes; MENDONÇA, Jupira Gomes; CARMO, Lélio Nogueira (Coord.). *Estudos urbanos - Belo Horizonte 2008*: transformações recentes na estrutura urbana. Belo Horizonte: Prefeitura de Belo Horizonte, 2008.

CERTEAU, Michel. *A invenção do cotidiano*. Petrópolis: Vozes, 2003. 2 v.

FERNANDES, Edésio. Perspectivas para a renovação das políticas de legalização de favelas no Brasil. In: ROLNIK, Raquel *et al.* (Coord.). *Regularização fundiária de assentamentos informais urbanos*. Belo Horizonte: PUC Minas Virtual, 2006.

FOLHA DE S.PAULO. Estado de SP tem 6 milhões de pessoas em áreas irregulares. São Paulo, 17 maio 2009. Disponível em: <http://www1.folha.uol.com.br/fsp/cotidian/ff1705200901.htm>. Acesso em: 12 abr. 2014.

FOLHA DE S.PAULO. Pobrezas. São Paulo, 05 fev. 2010. Disponível em: <http://www1.folha.uol.com.br/fsp/opiniao/fz0502201008.htm>. Acesso em: 12 abr. 2014.

FUNDAÇÃO JOÃO PINHEIRO. Déficit Habitacional Municipal no Brasil 2010. Belo Horizonte, 2013. Disponível em: <http://www.fjp.mg.gov.br/index.php/produtos-e-servicos1/2742-deficit-habitacional-no-brasil-3>. Acesso em: 10 abr. 2014.

GUSTIN, Miracy Barbosa de Sousa. A cidade ilegal: espaço de anulação da cidadania. In: BRANDÃO, Carlos Antônio Leite (Org.). *As cidades da cidade*. Belo Horizonte: Ed. UFMG, 2006.

IBGE. *Censo Agropecuário 2006*. Rio de Janeiro, 2009. Disponível em: <http://biblioteca.ibge.gov.br/visualizacao/periodicos/51/agro_2006.pdf>. Acesso em: 10 abr. 2014.

LUFT, Rosângela Marina. Regularização fundiária: superação de mitos e assimilação de premissas. *Revista Magister de Direito Ambiental e Urbanístico*, n. 25, ago./set. 2009.

---

[36] ALFONSIN, Betânia; FERNANDES, Edésio. *A construção do direito urbanístico brasileiro*: desafios, histórias, disputas e atores. Coletânea de Legislação Urbanística. Belo Horizonte: Fórum, 2010.

MARICATO, Ermínia. *Brasil, cidades*: alternativas para a crise urbana. 2. ed. Petrópolis: Vozes, 2002.

MARICATO, Ermínia. *O impasse da política urbana no Brasil*. Petrópolis: Vozes, 2011.

RABELLO, Sônia. *Moradia*: qual a justa indenização para os pobres? Disponível em: <http://www.soniarabello.com.br/moradia-qual-a-justa-indenizacao-para-os-pobres-2/>. Acesso em: 12 abr. 2014.

UFMG. FACULDADE DE DIREITO. PROGRAMA POLOS DE CIDADANIA. Relatório Final da Pesquisa *Os efeitos do Vila Viva Serra na condição socioeconômica dos moradores afetados*. Belo Horizonte, 2011.

Informação bibliográfica deste texto, conforme a NBR 6023:2002 da Associação Brasileira de Normas Técnicas (ABNT):

GUSTIN, Miracy Barbosa de Sousa; MARTINS, Vivian Barros. A terra e as condições de miserabilidade e de exclusão das cidades e no campo: a regularização fundiária seria uma alternativa?. *In*: DIAS, Maria Tereza Fonseca *et al*. (Coord.). *Estado e propriedade*: estudos em homenagem à professora Maria Coeli Simões Pires. Belo Horizonte: Fórum, 2015. 385-397p.

A IDENTIFICAÇÃO DAS TERRAS DEVOLUTAS: PERSPECTIVA JURISPRUDENCIAL

JOSÉ EDGARD PENNA AMORIM PEREIRA

1 Introdução

A importância do estudo do instituto brasileiro das terras devolutas — no contexto de uma obra coletiva construída em torno do tema *Estado e Propriedade* — revela-se de certa maneira intuitiva, assim porque se trata de bens do domínio público como porque sua destinação deve constitucionalmente compatibilizar-se com a política de reforma agrária (CF, art. 188), na qual se destaca a desapropriação (idem, arts. 184 a 186), o instrumento de intervenção estatal supressivo da propriedade.[1]

Esses estudos são comumente feitos no âmbito do Direito Agrário e do Direito Administrativo, mas há espaço para sua abordagem também sob outras ópticas, como a constitucional, desde que os resultados dos processos constituintes de 1988, no nível da Federação, e de 1989, no nível dos Estados-membros, ofereceram diretivas normativas como jamais se vira nos textos constitucionais precedentes.[2]

As terras devolutas costumam constituir, igualmente, objeto de exame pelo Direito Processual Civil, quando aborda, especificamente, as *ações de usucapião* — em que podem manifestar interesse a União Federal, os Estados e os Municípios, alegando serem devolutas, de seus respectivos patrimônios, as áreas cuja prescrição aquisitiva se pretende reconhecer — e as *ações discriminatórias*, que se destinam exatamente a identificar as terras devolutas pertencentes à parte autora, estremando-as dos imóveis particulares.

---

[1] Cf. CARVALHO FILHO, José dos Santos. *Manual de Direito Administrativo*. 24. ed. rev. ampl. e atual. Rio de Janeiro: Lumen Juris, 2011. p. 749.

[2] Tivemos a oportunidade de publicar a obra *Perfis constitucionais das terras devolutas* (Belo Horizonte: Del Rey, 2003. 268 p.), uma adaptação da dissertação de mestrado em Direito Constitucional defendida na Universidade Federal de Minas Gerais em 2002, para cuja elaboração foi crucial o concurso de ideias e de estímulo da professora Maria Coeli Simões Pires, colega e amiga de tantas jornadas, ora homenageada com muita justiça por alguns de seus incontáveis admiradores.

Nesse contexto, avulta a jurisprudência dos tribunais que se tem desenvolvido ao longo do tempo, designadamente com o enfrentamento da questão atinente ao ônus da prova acerca da devolutividade da área em disputa, sobre tanto a distribuição daquele encargo entre as partes como a forma de dele desincumbir-se.

Como se verá, o Poder Judiciário — que em sede de identificação das terras devolutas se coloca em posição tão relevante quanto os Poderes Legislativo e Executivo no exercício de suas respectivas funções precípuas — ainda não logrou consolidar entendimentos que favoreçam a segurança jurídica dos diversos interessados nas questões pertinentes, déficit para cuja superação se espera contribuir com o presente estudo.

2 Noção de terras devolutas

2.1 Evolução histórica

Para compreender-se o ambiente em que se situa o debate sugerido, é preciso uma visita, posto rápida, pela evolução do instituto ao longo da história brasileira, em que as terras devolutas receberam tratamento legal diversificado.

A chegada de Cabral ao território brasileiro — que, nas relações de Direito Internacional, já pertencia a Portugal desde a assinatura do Tratado de Tordesilhas em 7 de junho de 1494 — implicou se estendesse à Colônia todo o ordenamento jurídico-normativo do Reino, com o passar do tempo tangenciado por editos especiais e contingenciais em face das peculiaridades da ocupação do território d'além-mar.

A origem das terras devolutas se encontra no instituto das sesmarias lusitanas, cujo primeiro diploma normativo foi a Lei de D. Fernando, de 26 de junho de 1375, que compelia todos os proprietários de terras que as lavrassem e, se não o fizessem, que as dessem a quem as quisesse lavrar. Seguiram-se algumas outras legislações extravagantes que, tempos depois, passaram a ser compiladas, ou consolidadas, pelas chamadas Ordenações do Reino, a primeira das quais de 1446, baixada por D. Afonso — por isso chamadas Afonsinas — as que vigoravam quando aportaram aqui os "descobridores" do Brasil.

Identificada a costa do território que diplomaticamente havia "conquistado" há mais de um lustro, cabia à Coroa Portuguesa ocupar as terras para assegurar o seu domínio. Nesse contexto,

> [...] o regime sesmarial proposto, entre outras medidas de reforma agrária, por D. Fernando, encontrado nas Ordenações Afonsinas e repetido nas Manuelinas e Filipinas, é a opção que encontra o Reino para ser aplicada no território brasileiro. Como ideia e prática, para doar terras a particulares e possibilitar, assim, o povoamento e a cultura do território, até então, obviamente, sem uso integral.[3]

A concessão de sesmarias foi delegada aos donatários das capitanias hereditárias inauguradas com a carta patente dada a Martim Afonso de Souza em 1530. A distribuição

---

[3] Cf. NASCIMENTO, Tupinambá Miguel Castro do. *Introdução ao Direito Fundiário*. Porto Alegre: Sérgio Fabris, 1985. p. 11.

de terras no regime donatorial, porém, porque viabilizou o aparecimento de grandes latifúndios, ensejou o insucesso da colonização, o que fez com que a Metrópole instituísse a Governadoria-Geral de todas as capitanias da Colônia. O seu primeiro titular foi Tomé de Souza, que passou a governar, a partir de 1548, pelo Regimento dado por D. João III em 17 de dezembro, o qual prestigiou, contudo, no Capítulo XX, mediante a concessão de terras para a construção de engenhos e outros estabelecimentos afins, o "espírito latifundiário, com que a legislação das sesmarias era aplicada entre nós".[4]

Em 1695, a Real Ordem, de 27 de dezembro, impôs aos beneficiários das sesmarias o pagamento, além do dízimo à Ordem de Cristo, de um foro, o que

> [...] inaugurava, entre nós, o regime dominialista da instituição das sesmarias, que perde, desde então, o seu caráter de restrição administrativa do domínio privado e do das entidades públicas, para assumir definitivamente a feição de concessão, segundo os preceitos ordinários, de latifúndios, talhados no domínio régio.[5]

Essa instituição do foro constituiu o marco inicial do processo de afastamento do regime sesmarial brasileiro dos textos das Ordenações do Reino para se veicular em legislação especial, dispersa por inúmeros alvarás e cartas régias, de certa maneira consolidados no Alvará de 5 de outubro de 1795. Destaca-se desse edito que a concessão das sesmarias pelos governadores e capitães-gerais dependia, para se as terem por válidas, da confirmação régia, primeiramente de competência do Conselho Ultramarino e, pelo Alvará de 22 de junho de 1808, transferida à Mesa do Desembargo do Paço, no Rio de Janeiro.

É assente a doutrina que os resultados dessa legislação extravagante das sesmarias consistem na multiplicação do número de latifúndios — especialmente em virtude das concessões de tratos de terra que superavam em muito o limite legal de três léguas — e do conjunto de lavradores sem-terra, que, "economicamente asfixiado", vai tomando posse de áreas situadas "entre os limites das grandes propriedades" ou de "paragens distantes dos núcleos de povoamento" que não compensava ao "senhor das fazendas [...] requerer de sesmaria".[6]

As circunstâncias sociopolíticas dos meses que antecederam à declaração de independência da Colônia em relação ao Reino Português concorriam para que se estabelecesse legalmente o fim do regime de sesmarias então já totalmente afastado da realidade social brasileira, tanto que uma Provisão de 14 de março de 1822 protegia os que firmavam posse contra a legislação sesmarial:

> Hei por bem ordenar-vos procedais nas respectivas medições e demarcações, sem prejudicar quaisquer possuidores, que terão effectivas culturas no terreno, porquanto devem elles ser conservados nas suas posses, bastando para título as reaes ordens, porque as mesmas posses prevaleção às sesmarias posteriormente concedidas.[7]

---

[4] Cf. LIMA, Ruy Cirne. *Pequena história territorial do Brasil*: sesmarias e terras devolutas. 2. ed. Porto Alegre: Sulina, 1954. p. 35-43.

[5] Cf. LIMA, Ruy Cirne. *Pequena história territorial do Brasil*: sesmarias e terras devolutas. 2. ed. Porto Alegre: Sulina, 1954. p. 38.

[6] Cf. LIMA, Ruy Cirne. *Pequena história territorial do Brasil*: sesmarias e terras devolutas. 2. ed. Porto Alegre: Sulina, 1954. p. 43.

[7] Cf. GARCIA, Paulo. *Terras devolutas*. Belo Horizonte: Oscar Nicolai, 1958. p. 23.

Em 17 de julho de 1822, portanto, em inequívoco ato antilusitano — que visaria, na verdade, a negar a propriedade das terras aos portugueses ausentes do Brasil, ainda que as detivessem por algum título, e somente legitimar a posse dos que aqui residiam —, a Resolução baixada por D. Pedro I punha fim ao regime das sesmarias no Brasil.

Dava-se início, assim, a uma nova fase da colonização, na qual grassou a posse, ou ocupação, como modo de aquisição do domínio, pois não necessitava de qualquer providência administrativa. O acesso à terra pelo só apossamento, no entanto, não era amplo, senão viável apenas ao pequeno agricultor, livre, na medida em que aos escravos, que representavam quatro quintos da população da época, não se reconhecia naturalmente a liberdade de se apossarem de qualquer pedaço de terra.

Havia vinte anos de vigência desse regime, para alguns "quase caótico",[8] em que prevalecia o princípio que valorizava a posse, ou ocupação, quando o Conselho de Estado passou a debater a necessidade — mercê do fim do tráfico negreiro que acenava para a rápida queda da oferta de mão de obra escrava — de criação de um grande contingente de trabalhadores livres, sobretudo imigrantes, que, por isso, não poderiam ter acesso à terra, de forma a ficarem disponíveis ao labor para os outros. Nesse sentido, toda a terra deveria ser revertida ao domínio público para, então, ser vendida pelo Governo imperial a preços de tal maneira elevados que poucos poderiam adquiri-la.

Assim é que, em 18 de setembro de 1850, D. Pedro II promulgou a Lei nº 601 — chamada de Estatuto das Terras Devolutas, posteriormente regulamentada pelo Decreto nº 1.318, de 1854 —, que, a par de, ineditamente, conceituar essa classe de terras (art. 3º), disciplinou desde a apuração das áreas objeto de posse por particulares até o sistema de alienação das terras, passando pelo processo de legitimação do domínio àqueles que cumprissem os requisitos de morada habitual e cultura efetiva. A medição e demarcação dessas terras também se tornavam ônus do beneficiário.

2.2 Titularidade

Como visto, é pública a origem de toda a propriedade no Brasil. Inicialmente, pertencia o território da Colônia ao Reino de Portugal, sucedido pela Coroa Imperial com a independência em face da Metrópole. Quando, portanto, é derrubada a monarquia e, um ano depois, eleita e instalada a assembleia constituinte, colocou-se o debate sobre a forma de Estado que a República do Brasil deveria assumir. Prevaleceu, sob os auspícios de Rui Barbosa e inspiração do modelo dos Estados Unidos da América, a forma federativa, em movimento centrífugo, mediante a outorga de autonomia político-administrativa aos Estados federados em que convoladas as Províncias do Império. No tocante aos bens do patrimônio público, a Constituição Federal promulgada em 24 de fevereiro de 1891 assim dispôs:

> Art. 64. Pertencem aos Estados as minas e terras devolutas situadas nos seus respectivos territórios, cabendo à União somente a porção do território que for indispensável para a defesa das fronteiras, fortificações, construções militares e estradas de ferro federais.

---

[8] Cf. GARCIA, Paulo. *Terras devolutas*. Belo Horizonte: Oscar Nicolai, 1958. p. 23.

Parágrafo único. Os próprios nacionais, que não forem necessários para o serviço da União, passarão ao domínio dos Estados, em cujo território estiverem situados.

Essa verticalização radical da distribuição dos bens do Poder Público, operada pela primeira Constituição republicana, foi objeto de calorosos debates tanto no seio da assembleia constituinte como na doutrina especializada. A defesa do preceptivo se assentava, entre outros, na imprescindibilidade de as entidades políticas em que se transformaram as Províncias de, nessa qualidade, gozar "das prerrogativas e direitos inerentes, entre estes o domínio territorial".[9] A seu turno, crítica foi feita ao açodamento com que se aprovou a ideia, sem aprofundamento sobre suas consequências, máxime diante do despojamento "da nação de seus haveres, patrimônio da nacionalidade, conquista de sua independência, domínio de sua soberania garantia e dos seus credores, tesouro do seu futuro, vínculo da sua união" (sic), ao lado da então incerta maturidade das novas autonomias estaduais para curar do quinhão que receberam.[10]

Ao largo dessa disceptação, a realidade é que, no constitucionalismo federativo brasileiro, a regra é de que os Estados-membros são os titulares das terras devolutas situadas em seu território, ressalvadas aquelas em que a indispensabilidade para o *interesse público nacional* (segurança de fronteiras, desenvolvimento, proteção ambiental etc.) justifique sejam reservadas ao domínio da nação, como ocorreu originariamente na Constituição de 1891 e passível de acontecer por fato ou ato declaratório emanado da União Federal, sob a égide dos textos constitucionais posteriores.[11]

Quanto aos Municípios, admite-se, residualmente, a titularidade municipal de terras devolutas, ideia que historicamente se basearia na previsão do art. 12 da Lei nº 601, de 1850, segundo a qual o "Governo reservará das terras devolutas as que julgar necessário [...] para a fundação de povoações".[12] Já do ponto de vista jurídico, a existência de terras devolutas municipais se manifesta apenas nos casos em que os Estados-membros transferiram para os Municípios porções das grandes extensões de terras situadas em seus territórios, ainda tidas por devolutas, que receberam no limiar da Federação.[13]

2.3 Conceituação

Do ponto de vista etimológico, a designação atributiva *devoluto-devoluta* "é oriunda do latim *devolutu(m)*, particípio do verbo *devolvere*, que significa *desempenhar, precipitar, rolar para cima, afastar-se de*. Daí, *devoluto* passa ao sentido de *devolvido*, 'adquirido por devolução' [...], 'vago, desocupado'".[14]

---

[9] Cf. BARBALHO, João. *Constituição Federal brasileira*: comentários. Brasília: Senado Federal, 1992 (Ed. fac-similada). p. 270.

[10] Cf. BARBOSA, Rui. *Commentarios à Constituição Federal brasileira*. São Paulo: Livraria Acadêmica e Saraiva, 1934. v. V, p. 26-27.

[11] Cf. Constituição da República Federativa do Brasil de 1988: arts. 20, inc. II e §2º; 26, inc. IV.

[12] Cf. NASCIMENTO, Tupinambá Miguel Castro do. *Introdução ao Direito Fundiário*. Porto Alegre: Sérgio Fabris, 1985. p. 37.

[13] Cf. CRETELLA JÚNIOR, José. *Comentários à Constituição Brasileira de 1988*. Rio de Janeiro: Forense Universitária, 1993. v. VIII, p. 4276.

[14] Cf. CRETELLA JÚNIOR, José. *Bens públicos*. 2. ed. aum. atual. São Paulo: Universitária de Direito, 1975. p. 292.

Houve tempo em que se costumavam dizer devolutas aquelas terras que, por força da extinção do regime de concessão de capitanias, se reintegraram, foram devolvidas ao patrimônio da Coroa Portuguesa. Contudo, essa ideia não se compadece com o fato de que nem todas as terras do Brasil-Colônia foram concedidas aos donatários das Capitanias — que eram perfeitamente delimitadas e cuja quantidade abrangeu somente uma porção restrita do território brasileiro —, ademais de haver novas terras que passaram a compor o solo nacional após o fim do regime das capitanias — a exemplo das do Acre —, as quais por isso não podiam ser devolvidas ao Reino de Portugal.[15]

Sobre o conceito do instituto,

> [...] a doutrina simplesmente dirá que são terras devolutas, pertencentes aos Estados, por força da Constituição de 1891, as terras que, situadas em seus respectivos territórios, não constituam reserva federal, próprios estaduais ou bens municipais, nem hajam vertido para o domínio particular, através de concessão revalidável, posse legitimável ou outro título hábil, em Direito, para conferir domínio, inclusive sentença judicial transitada em julgado.[16]

Ainda que assim fosse, convém colacionar algumas opiniões doutrinárias, a começar pelos jusagraristas:

> MESSIAS JUNQUEIRA: Terras devolutas são as que não estão incorporadas ao patrimônio público, como próprias, ou aplicadas ao uso público, nem constituem objeto de domínio ou pose particular, manifestada esta em cultura e morada habitual.[17]
>
> PAULO GARCIA: [...] a) as terras que não estão aplicadas a algum uso público nacional, estadual ou municipal; b) as que não estavam na posse de algum particular, com ou sem título, em 1850; c) as que não estão no domínio de um particular, em virtude de um título legítimo.[18]
>
> ALTIR DE SOUZA MAIA: Terras devolutas são aquelas que não estão aplicadas a qualquer uso público federal, estadual ou municipal, ou que não estejam incorporadas ao domínio privado.[19]
>
> FAJARDO NOGUEIRA DE SOUZA: São devolutas as terras que, com o descobrimento, de incorporaram ao patrimônio da Coroa Portuguesa e, com a independência, passaram ao domínio nacional e não se encontram no domínio particular, por título legítimo e nem constituem próprios da União ou dos Estados ou dos Municípios.[20]
>
> ANTÔNIO MARIA CLARET MAIA: Terras devolutas são aquelas que não foram desmembradas do patrimônio público por um título legítimo [assim considerado] aquele que, segundo a lei civil, seja apto para transferir o domínio, entendendo-se, também, como tais, os títulos de sesmarias, expedidos pelo Governo, desde que não incursos em comisso; sesmaria não confirmada, mas revalidada de acordo com a Lei n.º 601, de 1850; as escrituras

---

[15] Cf. GARCIA, Paulo. *Terras devolutas*. Belo Horizonte: Oscar Nicolai, 1958. p. 155.

[16] Cf. JUNQUEIRA, Messias. *As terras devolutas na reforma agrária*. São Paulo: Revista dos Tribunais, 1964. p. 93.

[17] Cf. JUNQUEIRA, Messias. Terras devolutas. Direito, [s/l], 19-, v. IX, p. 153-178. Benedito Ferreira Marques (*Direito agrário brasileiro*. 2. ed. rev. atual. Goiânia: AB, 1998, p. 89) transcreve outra conceituação de Messias Junqueira: "devolutas são aquelas terras que não verteram ao domínio privado, deste excluído, evidentemente, o que estiver aplicado a qualquer uso público" (*O instituto brasileiro das terras devolutas*. São Paulo: Lael, 1976. p. 107).

[18] Cf. GARCIA, Paulo. *Terras devolutas*. Belo Horizonte: Oscar Nicolai, 1958. p. 159.

[19] Cf. MAIA, Altir de Souza. *Discriminação de terras*. Brasília: Fundação Petrônio Portela – MJ, 1982, p. 21, *apud* MARQUES, Benedito Ferreira. *Direito agrário brasileiro*. 2. ed. rev. atual. Goiânia: AB, 1998. p. 92.

[20] Cf. SOUZA, Fajardo Nogueira de. Conceito de terras devolutas. Legitimação no Estado de Minas Gerais. *Seminário de Terras Devolutas*, 1. Belo Horizonte: RURALMINAS, 1979. p. 59.

particulares de compra e venda ou doação, desde que o pagamento do "Imposto de Siza" — Alvará de 03 de julho de 1809 — tenha sido realizado antes da publicação do Decreto n.º 1.318, de 1854; legitimação das posses, de acordo com as legislações de terras, bem como as terras inscritas no Registro Torrens e decisões judiciais sobre terras, transitadas em julgado, com efeito constitutivo de direitos.[21]

Das lições dos administrativistas calha transcrever, por todos, a seguinte:

Pode-se definir as terras devolutas como sendo as que, dada a origem pública da proprie-dade fundiária no Brasil, pertencem ao Estado — sem estarem aplicadas a qualquer uso público — porque nem foram trespassadas do Poder Público aos particulares, ou, se o foram, caíram em comisso, nem se integraram no domínio privado por algum título reconhecido como legítimo.[22]

Dúvida não há, contudo, de que essas noções têm base legal, originariamente, na aludida Lei nº 601, de 1850, de que vale conferir a redação do seguinte dispositivo:

Art. 3º São terras devolutas:

§1º As que não se acharem aplicadas a algum uso público nacional, provincial ou municipal.

§2º As que não se acharem no domínio particular por qualquer título legítimo, nem forem havidas por sesmarias e outras concessões do Governo Geral ou Provincial, não incursas em comisso por falta do cumprimento das condições de medição, confirmação e cultura.

§3º As que não se acharem dadas por sesmarias, ou outras concessões do Governo, que, apesar de incursas em comisso, forem revalidades por esta Lei.

§4º As que não se acharem ocupadas por posses, que, apesar de não se fundarem em título legal, forem legitimadas por esta Lei.

Relembre-se de que, quando da transferência da maior parte das terras devolutas do domínio nacional para o domínio dos Estados recém-criados, em 1891, esse era o *conceito legal* do instituto, isto é, as terras devolutas assim definidas é que passaram a integrar o patrimônio das entidades federadas. Bem por isso, nenhuma legislação infraconstitucional posterior estava autorizada a alterar esse conceito, sob pena de atingir um patrimônio certo — ou pelo menos identificável — sem autorização constitucional.

Nesse sentido, conquanto, dentro de sua autonomia, pudessem os Estados-membros legislar sobre as *suas* terras devolutas, não poderiam estabelecer, diferentemente da Lei nº 601, quais foram as terras devolutas que receberam. Tampouco estava apta a União Federal, após o trespasse efetivado pelo art. 64 da primeira Constituição republicana, a redefinir as terras devolutas que em grande escala já não lhe pertenciam. Neste diapasão, não tiveram os arts. 1º, alíneas "e" e "f", e 5º, alíneas de "a" a "g", do Decreto-lei nº 9.760, de 5 de setembro de 1946, o condão senão de disciplinar, no pertinente, as terras devolutas federais. Confira-se a redação:

---

[21] Cf. MAIA, Antônio Maria Claret. *O instituto das terras devolutas e a legislação fundiária do Estado de Minas Gerais.* Belo Horizonte: RURALMINAS, 1994. p. 28.

[22] Cf. MELLO, Celso Antônio Bandeira de. *Curso de Direito Administrativo.* 28. ed. rev. e atual. São Paulo: Malheiros, 2011. p. 927.

Art. 1º Incluem-se entre os bens da União: [...]

e) a porção de terras devolutas que for indispensável para a defesa da fronteira, fortificações, construções militares e estradas de ferro federais;

f) as terras devolutas situadas nos territórios federais; [...]

Art. 5º São devolutas, na faixa da fronteira, nos Territórios Federais e no Distrito Federal, as terras que, não sendo próprios nem aplicadas a algum uso público federal, estadual territorial ou municipal, não se incorporaram ao domínio privado:

a) por força da Lei nº 601, de 18 de setembro de 1850, Decreto nº 1.318, de 30 de janeiro de 1854, e outras leis e decretos gerais, federais e estaduais;

b) em virtude de alienação, concessão ou reconhecimento por parte da União ou dos Estados;

c) em virtude de lei ou concessão emanada de governo estrangeiro e ratificada ou reconhecida, expressa ou implicitamente, pelo Brasil, em tratado ou convenção de limites;

d) em virtude de sentença judicial com força de coisa julgada;

e) por se acharem em posse contínua e incontestada com justo título e boa fé, por termo superior a 20 (vinte) anos;

f) por se acharem em posse pacífica e ininterrupta, por 30 (trinta) anos, independentemente de justo título e boa fé;

g) por força de sentença declaratória proferida nos termos do art. 148 da Constituição Federal, de 10 de Novembro de 1937.

Nessa linha de raciocínio, é absolutamente lógico, também, considerar que, ao ser *constitucionalizado* o instituto das terras devolutas pelo multicitado art. 64, o conteúdo jurídico delas — aí incluída a sua definição — só pode ser o previsto no supratranscrito art. 3º da Lei nº 601, de 1850, conclusão que inviabiliza juridicamente qualquer possibilidade de dar às terras devolutas conceituação diversa da legalmente prevista.

Assentados, destarte, os contornos conceituais das terras devolutas, não se pode discordar de que "a característica mais significativa das terras devolutas reside na *indeterminação física do bem,* ou seja, tais áreas não são determinadas, mas *determináveis".*[23] Essa circunstância oportuniza o exame dos meios pertinentes para identificá-las, apartando-as das terras de domínio privado.

3 A identificação das terras devolutas

3.1 Evolução legislativa

A formação territorial do Brasil, como visto alhures, ensejou que, ao longo de sua história, venha sempre sendo um desafio conhecerem-se quais são as terras públicas e quais as particulares. O problema remonta à época posterior à independência, tanto que a Lei de Terras de 1850 já estabelecera uma obrigação governamental para tentar solucioná-lo:

Art. 10. O Governo proverá o modo prático de extremar o domínio publico do particular, segundo as regras acima estabelecidas, incumbindo a sua execução às autoridades que julgar

---

[23] Cf. CARVALHO FILHO, José dos Santos. *Manual de Direito Administrativo.* 24. ed. rev. ampl. e atual. Rio de Janeiro: Lumen Juris, 2011. p. 1107-1108.

mais convenientes, ou a comissários especiais, os quais procederão administrativamente, fazendo decidir por árbitros as questões e dúvidas de fato, e dando de suas próprias decisões recurso para o Presidente da Província, do qual o haverá também para o Governo.

Parece incontestável a assertiva de que do transcrito dispositivo legal nasceu o instituto da *discriminação de terras devolutas,* ao menos no âmbito *administrativo.*

> [...] E nasceu com justificadas razões, pois, enquanto o art. 14 da mesma lei autorizava o Governo a vender as terras como tal consideradas, em hasta pública ou fora dela, como e quando julgasse mais conveniente, desconhecia inteiramente os seus limites e confrontações.[24]

Foi somente com o Decreto-lei nº 9.760, de 5 de setembro de 1946, contudo, quase um século depois, que surgiram tanto uma disciplina mais nítida da discriminação como a previsão, inédita, também da *ação discriminatória judicial* (arts. 19 a 60), embora restrita, ainda, a competência para efetivá-la à União Federal. A extensão da legitimidade aos Estados-membros para promoverem *judicialmente* a discriminação de suas terras devolutas só se deu com a Lei nº 3.081, de 22 de novembro de 1956 — portanto 65 anos depois que a Constituição de 1891 trespassou àqueles entes federados as grandes áreas de terras devolutas.[25]

Atualmente, rege as ações discriminatórias a Lei Federal nº 6.383, de 7 de dezembro de 1976, recepcionada pela Constituição da República de 1988 como *lei nacional*, dada a competência da União Federal para legislar sobre *Direito Processual* (art. 22, inc. I). Aliás, o mesmo Texto Constitucional, pela vez primeira, refere, expressamente, as ações discriminatórias e, especificamente, a legitimação dos Estados-membros para as promoverem, no §5º do art. 225.[26]

Relembre-se que o objetivo da discriminatória é, pois, encontrar as terras públicas, defini-las em seus contornos e em seus lindes, estremá-las das terras privadas, enfim, "separar as terras públicas das particulares, mediante verificação da legitimidade dos títulos de domínio particulares, apurando, por exclusão, as terras do domínio público".[27]

3.2 O processo discriminatório administrativo

São duas as fases do processo administrativo de discriminação de terras: a do *chamamento dos interessados* e a de *demarcação*.

Na primeira, como procedimento edital que é, convocam-se todos os interessados em áreas situadas em perímetro previamente descrito para que apresentem a totalidade dos títulos de domínio, documentos, informações e até mesmo, querendo, rol de

---

[24] Cf. MARQUES, Benedito Ferreira. *Direito Agrário brasileiro.* 2. ed. rev. atual. Goiânia: AB, 1998. p. 93.

[25] Pormenores acerca das interpretações relativas à atribuição da União Federal dos Estados e dos Municípios para discriminarem administrativamente suas terras devolutas, até o advento do Estatuto da Terra (Lei nº 4.504, de 30 de novembro de 1964), podem ser consultados em MARQUES, Benedito Ferreira. *Direito Agrário brasileiro.* 2. ed. rev. atual. Goiânia: AB, 1998. p. 93-97.

[26] Confira-se a respectiva redação: §5º São indisponíveis as terras devolutas ou arrecadadas pelos Estados, por ações discriminatórias, necessárias à proteção dos ecossistemas naturais.

[27] Cf. DI PIETRO. Maria Sylvia Zanella. *Direito Administrativo.* 3. ed. São Paulo: Atlas, 1992. p. 409.

testemunhas. Encerrado o prazo, o órgão discriminador examina e emite parecer sobre tudo o que tiver sido apresentado, relacionando desde já as áreas sem qualquer título, os títulos que considera legítimos e as glebas com títulos sobre cuja legitimidade haja dúvidas. Nessa última hipótese, poderá fazer acordo com o interessado que, em troca do reconhecimento da inexistência de cadeia dominial segura, receberá um título originário se preencher os requisitos da legislação específica, ou, malogrado o acerto, o órgão competente ajuizará a medida judicial cabível.

Na sequência, inicia-se a segunda fase, consistente na demarcação das áreas, mediante tecnologia adequada, consoante tenham sido elas constatadas devolutas, legítimas ou de legitimidade duvidosa. Ao fim do procedimento, é lavrado termo de encerramento completo, com o qual se providenciará o registro, em nome da entidade federada, das terras devolutas discriminadas.

3.3 O processo discriminatório judicial

O cabimento da ação discriminatória *judicial* ocorre em três hipóteses: a) quando se presumir ineficaz a discriminatória administrativa; b) contra quem não atender ao edital de convocação; e c) quando alguém descumprir a vedação de, desde a instauração do processo discriminatório, alterarem-se quaisquer divisas na área discriminada, derrubar-se cobertura vegetal, construírem-se cercas e transferirem-se benfeitorias a qualquer título, sem assentimento do representante da entidade política discriminadora.

A competência para processar e julgar é a definida na Constituição da República (art. 109, inc. I): se se tratar da discriminação judicial das *terras devolutas da União* — ou, embora das terras devolutas dos Estados ou Municípios, nela se revela o interesse da União, de entidade autárquica ou de empresa pública integrante de sua administração indireta, na condição de assistente ou oponente — a competência será da Justiça Federal. Nos demais casos, de *terras devolutas estaduais ou municipais*, a competência jurisdicional se deslocará para a Justiça comum, de preferência vara especializada criada, por iniciativa do Tribunal de Justiça, para tratar com exclusividade das questões agrárias, nos termos do art. 126 da Constituição da República.

No processo discriminatório judicial será observado o procedimento sumaríssimo de que trata o Código de Processo Civil[28] e a petição inicial, além dos requisitos legais, será instruída com o memorial descritivo da área. Distribuída a ação, far-se-á a citação por edital, que conterá a delimitação perimétrica da área a ser discriminada com suas características e será dirigido, nominalmente, a todos os interessados, proprietários, ocupantes, confinantes certos e respectivos cônjuges, bem como aos demais interessados incertos ou desconhecidos, para que, no prazo de 60 (sessenta) dias e em local divulgado, apresentem seus títulos, documentos, informações de interesse e, se for o caso, testemunhas.

Da sentença proferida caberá apelação somente no efeito devolutivo, facultada a execução provisória da sentença consistente na demarcação da área, em que se observará, no que couber, tanto quanto na execução definitiva, o procedimento prescrito nos arts. 959 a 966 do Código de Processo Civil.

---

[28] Este trabalho foi elaborado na vigência do CPC de 1973.

É interessante notar que o processo discriminatório judicial tem *caráter preferencial e prejudicial* em relação às ações em andamento, referentes a domínio ou posse de imóveis situados, no todo ou em parte, na área discriminada (art. 23 da Lei nº 6.383/76). Essa regra permite que, quando intimada, por exemplo, para uma ação de usucapião de área em relação à qual haja indícios de se tratar de terra devoluta, a entidade federada, em vez de apenas contestar a ação, ajuíze a discriminatória e, com isso, suspenda o trâmite daquela ação, até que a sentença da discriminação deslinde finalmente se se trata de terra pública não passível de ser adquirida por usucapião.

4 Os ônus da prova em juízo

Como já advertido na introdução a este trabalho, em tema de *identificação de terras devolutas* e, especificamente, mediante o processo discriminatório judicial, a grande questão — superada a conceituação de terra devoluta, para o que determinantes os preceitos a Lei nº 601, de 1850 — diz respeito à prova judicial da devolutividade da área.

Embora rigorosamente a "identificação técnica"[29] das terras devolutas somente se possa fazer por meio da ação discriminatória, a questão da prova judicial da devolutividade de determinados tratos de terras tem sido discutida, também, no âmbito de ações de usucapião em que o Poder Público alega imprescritíveis as áreas objeto do pedido, disso resultando vasta jurisprudência a justificar a relevância de seu exame no âmbito deste trabalho, antes de percorrer a jurisprudência referente às ações discriminatórias.[30]

4.1 A aparente pacificação jurisprudencial quanto à ação de usucapião

A decisão paradigmática sobre a matéria é, sem dúvida alguma, o acórdão proferido no Recurso Extraordinário nº 86.234-MG, em 12 de novembro de 1976, pelo Supremo Tribunal Federal, que, sob a relatoria do Min. Moreira Alves, não conheceu do RE interposto de acórdão do Tribunal de Justiça de Minas Gerais reformador de sentença de improcedência de ação de usucapião. Eis a respectiva ementa:

> EMENTA – Usucapião. Alegação de Estado-membro de que cabe ao usucapiente o ônus da prova de que a gleba em causa não é devoluta, não bastando, para comprová-lo, o depoimento de testemunhas e a existência de indícios.
>
> – Inexiste em favor do Estado a presunção *juris tantum* que ele pretende extrair do artigo 3º da Lei 601, de 18 de setembro de 1850. Esse texto legal definiu, por exclusão, as terras

---

[29] O §3º do art. 18 da Constituição do Estado de Minas Gerais estabelece que os "bens do patrimônio estadual devem ser cadastrados, zelados e tecnicamente identificados, especialmente as edificações de interesse administrativo, as terras públicas e a documentação dos serviços públicos". A identificação técnica, em sede de terras públicas, nelas incluídas as devolutas, só se faz com segurança e certeza por meio da ação discriminatória, mas, ao menos em Minas Gerais, por muito tempo, foi adotado procedimento diverso, por meio do qual se apurava, administrativamente, ser o trato de terra *presumivelmente devoluto*, do domínio público, ou *presumivelmente legítimo*, isto é, de propriedade particular. Cf., a propósito, PEREIRA, José Edgard Penna Amorim. Terras devolutas mineiras: novos rumos constitucionais. *Indicador*, Belo Horizonte, Assembleia Legislativa do Estado de Minas Gerais, n.º 39, p. 2011-2015.

[30] A pesquisa jurisprudencial feita para a elaboração deste trabalho considerou os dados disponibilizados pelos tribunais até janeiro de 2014.

públicas que deveriam ser consideradas devolutas, o que é diferente de declarar que toda gleba que não seja particular é pública, havendo presunção *juris tantum* de que as terras são públicas.

– Cabia, pois, ao Estado o ônus da prova de que, no caso, se tratava de terreno devoluto.[31]

O voto condutor, além da referência ao precedente do RE nº 75.459-SP, da relatoria do Min. Djaci Falcão (RTJ 65/856), perfilhou a tese defendida por Pontes de Miranda acerca da existência de terras ou de particulares, ou do Estado, ou *de ninguém* ("nullius"), para negar, ao fim, a pretensa presunção relativa, extraída do art. 3º da Lei nº 601, de 1850, de que toda terra que não seja particular é pública. Nesse sentido — afirmou o acórdão —, a prova de que a terra era devoluta cabia a quem o alegou, isto é, ao Estado, que não se desincumbira desse ônus.

Consolidou-se, nessa linha, a jurisprudência nacional, especificamente nas *ações de usucapião*, em que o Estado comumente, quando intervém, o faz com meras alegações de ausência de registro da área, sem atentar que, como é seu o ônus de demonstrar a natureza devoluta da terra, seria imprescindível ajuizar a ação discriminatória, sabidamente o único meio de identificar as terras devolutas, com o caráter prejudicial que tem sobre todas as ações que discutem o domínio, como se extrai do aludido art. 23 da Lei nº 6.383/76. Bem o alcançou o saudoso Des. Sérgio Braga, ao relatar acórdão assim ementado:

> EMENTA: USUCAPIÃO - TERRAS DEVOLUTAS - ÔNUS DA PROVA. A inexistência de matrícula ou de registro sobre determinada área não autoriza a conclusão no sentido de que tais terras devam ser tidas como devolutas, pois não se pode admitir como verdade absoluta o que é uma presunção, a de que aquilo que não é particular é público. O ônus da prova sobre a condição de devoluta, sobre terras reivindicadas por particular, cabe ao Estado, *impondo-se ao mesmo manejar a Ação Discriminatória*. (TJMG, Apelação Cível nº 000.280.682-6/00, Oitava Câmara Cível, j. 11.11.2002, p. 04.02.2003; sem sublinhas o original)

Do exposto, consolidado restou o entendimento de que, nas ações de reconhecimento de domínio por aquisição prescritiva, cabe ao Poder Público interveniente, quando alegar o fato impeditivo do direito da parte autora, a saber, de que se trata de terra pública, nisso incluída a devoluta, provar sua alegação.

4.2 A jurisprudência vacilante quanto à ação discriminatória

No respeitante às ações discriminatórias, porém, ainda não se pacificou na jurisprudência a interpretação da legislação federal pertinente — tarefa, aliás, que cabia ao Supremo Tribunal Federal no ordenamento constitucional revogado (art. 119, inc. III, alínea "a", da EC nº 01/1969) —, hoje reservada ao Superior Tribunal de Justiça (art. 105, inc. III, alínea "a", da CF/1988).

Há, na jurisprudência do Supremo Tribunal Federal, sob a égide da Carta de 1967, um precedente específico de processo discriminatório, a saber, o Recurso Extraordinário nº 51.290-GO, Segunda Turma, da relatoria do Min. Evandro Lins e

---

[31] Cf. *Revista Trimestral de Jurisprudência*, v. 83, p. 575.

Silva, que interpretava a lei então vigente das ações discriminatórias, cuja ementa tem o seguinte teor:

> EMENTA: AÇÃO DISCRIMINATÓRIA. Deslinde de domínios da União, dos Estados e Municípios. A L. 3.881, de 22.12.56, obriga à exibição dos títulos de propriedade na primeira fase e finaliza com o julgamento do domínio e a demarcatória. Graves fraudes documentais reconhecidas pela decisão recorrida. O domínio deve ser julgado. Recurso extraordinário conhecido e provido.[32]

O acórdão acima é também muito citado pela doutrina especializada, principalmente em face do voto do Min. Aliomar Baleeiro, que compunha a Turma Julgadora, e do qual vale transcrever os seguintes trechos:

> [...] Então, os Estados, como sucessores da Nação brasileira, e a Nação brasileira, como sucessora do patrimônio pessoal do Rei de Portugal, não necessitam trazer nenhum título. O título é a posse histórica, o fato daquela conquista da terra. A terra, no Brasil originariamente era pública. O Rei desmembrou pedaços, áreas enormes, as chamadas sesmarias, e doou-as. Houve esse processo até quase a Independência. Depois da Independência, estabeleceu-se que não poderiam ser mais objeto de doações ou concessões. Deveriam ser vendidas. [...]
> O Estado de Goiás não precisa provar nada. A presunção é de que a terra é dele. O particular é que tem de provar, por uma cadeia sucessória, que as terras foram desmembradas do patrimônio público. Não há nenhuma dúvida a respeito disso.[33]

Todavia, o voto do Min. Moreira Alves, embora proferido em ação de usucapião, ganhou foros de autoridade e passou a informar as decisões judiciais também em sede de ações discriminatórias, ainda que, necessariamente, aquelas não aprofundassem o exame das disposições da indigitada Lei nº 6.383, de 1976.

No âmbito do Superior Tribunal de Justiça, inicialmente, prevaleceu o entendimento do referido paradigma do Pretório Excelso, a exemplo dos seguintes julgados:

> AÇÃO DISCRIMINATÓRIA. CARÁTER DEVOLUTO DAS TERRAS. ÔNUS DA PROVA. RECURSO ESPECIAL INTERPOSTO PELA LETRA "C" DO ADMISSOR CONSTITUCIONAL.
> – Dissídio pretoriano não aperfeiçoado, visto cingir-se o recorrente à transcrição de fundamento constante de voto e não de acórdão.
> – Questão, ademais, superada pela jurisprudência da C. Suprema Corte, que passou a atribuir ao Estado, conforme o caso, o ônus de comprovar tratar-se de terreno devoluto.
> – Recurso Especial não conhecido. (STJ, Recurso Especial nº 164.029-MG, Quarta Turma, Rel. Min. Barros Monteiro, j. 25.10.1999)
> CIVIL. AGRAVO REGIMENTAL. TERRA DEVOLUTA. BEM PÚBLICO. REQUISITO FUNDAMENTAL. INEXISTÊNCIA DE DOMÍNIO PARTICULAR. PROVA. NÃO APRESENTADA. ÔNUS DA PARTE. REEXAME DE FATOS E PROVAS. SÚMULAS N. 7 E 83/ STJ. (STJ, Recurso Especial nº 622.945-MG, Quarta Turma, Rel. Min. Aldir Passarinho Júnior, j. 15.02.2005)

---

[32] Cf. *Revista Trimestral de Jurisprudência*, v. 48, p. 49.
[33] Cf. *Revista Trimestral de Jurisprudência*, v. 48, p. 53.

Outrossim, na esteira dessa jurisprudência, Tribunais de Justiça estaduais reiteradamente adotaram a tese de ser encargo do Estado comprovar que as terras discriminadas eram devolutas, isto é, não passaram a integrar o domínio privado por título legítimo. Do Tribunal de Justiça do Estado de São Paulo colacionem-se os seguintes exemplos: Embargos Infringentes nº 959.549-1/01, Quarta Câmara do extinto Primeiro Tribunal de Alçada Cível, Rel. Designado Des. J. B. Franco de Godoi, j. em 22.08.2007; Apelação nº 1.315.325-2, 14ª Câmara de Direito Privado, Rel. Des. Thiago de Siqueira, j. em 03 09.2008; Apelação nº 7.253.745-2, 23ª Câmara de Direito Privado, Rel. Des. Rizzatto Nunes, j. 28.01.2009; e Apelação nº 991.04.007975-9, 19ª Câmara de Direito Privado, Rel. Des. Mauro Conti Machado, j. 24.11.2009.

Já no Tribunal de Justiça do Estado de Minas Gerais, é possível identificar, a partir de 2005, uma forte corrente ratificadora da tese abraçada pelo citado acórdão paradigma do Supremo Tribunal Federal, da relatoria do Min. Moreira Alves: Apelação Cível/Reexame Necessário nº 1.0778.03.002494-8/001, Sexta Câmara Cível, Rel. Des. Batista Franco, j. 02.08.2005; AC/RN nº 1.0093.02.001451-5/001, Quarta Câmara Cível, Rel. Des. Almeida Melo, j. 09.02.2006; AC/RN nº 1.0710.02.001801-0/001, Sétima Câmara Cível, Rel. Des. Edivaldo George, j. 28.03.2006; AC/RN nº 1.0470.02.006680-4/001, Quarta Câmara Cível, Rel. Des. Moreira Diniz, j. 20.04.2006; AC/RN nº 1.0710.02.001863-0/001, Quarta Câmara Cível, Rel. Des. Moreira Diniz, j. 06.07.2006; AC/RN nº 1.0710.02.002185-7/001, Primeira Câmara Cível, Rel. Des. Armando Freire, j. 11.073-06; AC/RN nº 1.0710.02.001600-6/001, Sétima Câmara Cível, Rel. Des. Wander Marotta, j. 05.09.2006; AC/RN nº 1.0352.01.002641-2/001, Segunda Câmara Cível, Rel. Des. Jarbas Ladeira, j. 24.10.2006; AC/RN nº 1.0710.02.000086-1/001, Quinta Câmara Cível, Rel. Des. Nepomuceno Silva, j. 26.10.2006; AC/RN nº 1.0710.02.001600-6/001, Sétima Câmara Cível, Rel. Des. Wander Marotta, j. 05.09.2006; AC/RN nº 1.0024.03.887827-8/002, Sétima Câmara Cível, Rel. Des. Alvim Soares, j. 27.02.2007.

No Tribunal mineiro, parece que o primeiro voto divergente daquela orientação foi o por nós proferido em 05.07.2007, no julgamento da AC/RN nº 1.0710.02.001802-8/001 pela Oitava Câmara Cível, sob a relatoria do Des. Fernando Bráulio.[34] Naquela ocasião, louvamo-nos, entre outros, em precedente da Justiça Federal, consubstanciado no acórdão assim ementado:

EMENTA: PROCESSO CIVIL – AÇÃO DISCRIMINATÓRIA – AUSÊNCIA DE COMPROVAÇÃO RELATIVA À REGULARIDADE DO REGISTRO IMOBILIÁRIO – TERRAS DEVOLUTAS – PROVIMENTO DAS APELAÇÕES.

1. A ação discriminatória tem como objetivo precípuo afastar incerteza jurídica relativa do domínio de terras. Pela sentença, fica estabelecida a delimitação da terra pública, estabelecendo o que é do Estado e o que pertence ao particular.

2. Se nos autos, o particular não faz comprovação do início e da regularidade da cadeia dominial do imóvel, não é correto julgar improcedente o pedido discriminatório com a justificativa de manutenção da segurança jurídica.

3. Inexistente prova de constituição válida da cadeia dominial, deve ser acolhido o pedido inicial para julgar procedente a ação discriminatória proposta, reconhecendo que as terras

---

[34] Quase três anos mais tarde, nosso entendimento foi renovado, em 27-05-10, perante a mesma Oitava Câmara Cível, no julgamento da Apelação Cível n.º 1.0243.06.002036-5/001, da relatoria do Des. Bitencourt Marcondes, cujo voto, acompanhado pelo Revisor, Des. Fernando Botelho, prevaleceu.

em questão são devolutas, pois conforme o disposto na Lei nº 601, de 1850, era proibida a aquisição de terras devolutas por outro título que não o de compra, título que inexiste nos autos.

4. Apelações providas. (TRF-1ª, AC 2001.01.00.031421-6/MG; Quinta Turma, Rel.ª Des.ª Fed. Selene Maria de Almeida, j. 09-12-02, publ. DJ 26-02-03.)

Já em 29.10.2009, ainda em Minas Gerais, na AC/RN nº 1.0024.02.818984-3/002, da Terceira Câmara Cível, Rel. Des. Manuel Saramago, a Des.ª Albergaria Costa, Vogal, manifestou voto divergente, que restou vencido e do qual se destaca o seguinte:

> Mas a controvérsia devolvida a esta Instância Revisora diz respeito ao ônus da prova na ação discriminatória, ou seja, a quem compete demonstrar a devolutividade das terras que se pretende demarcar. [...]
>
> Dito isso, e sem embargo dos entendimentos em sentido contrário, filio-me à corrente que prevalece dentre os Administrativistas — entre eles o já citado José dos Santos Carvalho Filho — para admitir que o ônus da prova, em ação discriminatória, compete ao particular.
>
> Afinal, historicamente, todas as terras brasileiras pertenciam à Coroa Portuguesa e, com a promulgação da Constituição de 1891, passaram ao domínio dos entes federados.
>
> Significa que o Poder Público não precisa provar a existência da terra devoluta, pois sua propriedade é originária e decorre da sua própria soberania.
>
> Assim, a prova do dominialidade apura-se por exclusão, ou seja, são de domínio público todas as terras, exceto aquelas que o particular comprovar serem providas de uma cadeia registral válida e regular. [...]
>
> Dessa forma, não tendo os apelados comprovado a existência de uma cadeia dominial regular, em que a área litigiosa tenha passado validamente do domínio público para o privado, impõe-se a reforma da sentença, a fim de que sejam discriminadas as terras reclamadas pelo Estado de Minas Gerais.
>
> Ou seja, concluído que o ônus probatório na ação discriminatória é invertido - ou seja, compete ao demandado a prova quanto à existência de fato impeditivo, modificativo ou extintivo do direito do autor (art.333, II, CPC) — e não tendo sido demonstrada a existência de uma cadeia dominial legítima, devem ser declaradas como devolutas as terras pretendidas.

Posteriormente, em 15.10.2009, a Terceira Câmara Cível do TJMG, pela primeira vez de forma colegiada, sob a condução da mesma Des.ª Albergaria Costa, decide, com a participação dos Des. Elias Camilo e Kildare Carvalho, o seguinte:

> EMENTA: APELAÇÃO CÍVEL. AÇÃO DISCRIMINATÓRIA. TERRAS DEVOLUTAS. COMPROVAÇÃO DA CADEIA DOMINIAL. ÔNUS DO PARTICULAR. O Poder Público não precisa provar a existência da terra devoluta, pois sua propriedade é historicamente originária e decorre da sua própria soberania. Assim, a prova do dominialidade na ação discriminatória apura-se por exclusão, ou seja, são de domínio público todas as terras, exceto aquelas que o particular comprovar serem providas de uma cadeia registral válida e regular. Recursos conhecidos, porém não providos. (AC nº 1.0024.03.025037-7/011)[35]

---

[35] Esse entendimento prevaleceu, embora por maioria, no mesmo órgão fracionário, em 26.08.2010, no julgamento da Apelação Cível nº 1.0512.04.020222-2/001, da relatoria do Des. Dídimo Inocêncio de Paula, que ficou vencido.

A jurisprudência da segunda instância do Poder Judiciário mineiro, entretanto, ainda não sinaliza uma guinada de direção, como se pode perceber dos julgamentos da AC/RN nº 1.0352.01.003328-5/001, pela Quinta Câmara Cível, em 08.04.2010, sob a relatoria do Des. Barros Levenhagen, e da AC/RN nº 1.0024.08.233039-0-001, pela Primeira Câmara Cível, em 13.09.2011, sob a condução da Des.ª Vanessa Verdolim Hudson Andrade, embora, nesse último caso, o Des. Alberto Vilas Boas tenha passado a integrar o rol dos que sustentam, na ação discriminatória, caber ao particular demonstrar que o imóvel que ocupa ou de que tem título dominial, registrado ou não, foi trespassado à esfera privada por uma das formas legalmente previstas.[36]

É no âmbito do Superior Tribunal de Justiça que parece estar ocorrendo o redirecionamento de sua jurisprudência sobre a matéria, com a contribuição do Tribunal de Justiça de Minas Gerais inclusive. Com efeito, do acórdão inédito que a Terceira Câmara Cível proferiu, cuja ementa foi acima transcrita, a parte ré da ação discriminatória, julgada procedente em primeiro e segundo grau, aviou Recurso Especial, que naquela Corte foi distribuído à relatoria do Min. Herman Benjamin sob o nº 1.265.676-MG. Do julgamento unânime pela Segunda Turma, presentes os Ministros Mauro Campbell Marques, Castro Meira e Humberto Martins, ocorrido em 20 de setembro de 2012, lavrou-se o acórdão cuja ementa se transcreve:

EMENTA: PROCESSUAL CIVIL E ADMINISTRATIVO. DISCRIMINATÓRIA. TERRAS DEVOLUTAS. ÔNUS PROBATÓRIO. LEI 6.383/1976. CITAÇÃO REGULAR DOS OCUPANTES. APRESENTAÇÃO DE TÍTULOS. PERÍCIA JUDICIAL. ADEQUADA VALORAÇÃO DAS PROVAS. AUSÊNCIA DE IMPUGNAÇÃO ESPECÍFICA. SÚMULA 7/STJ.

1. A ausência de transcrição do registro imobiliário é insuficiente para a presunção de devolutividade do imóvel. Por outro lado, ao Estado não se impõe a impossível prova negativa. Se particulares de uma determinada cadeia dominial possuem títulos legítimos de propriedade, mas jamais os levaram a registro ou regularizaram suas posses consoante previsão dos arts. 4º e 5º do Estatuto da Terra (Lei 601/1850), não há como o Estado saber de sua existência. Dito de outra forma, o Poder Público não tem como comprovar que inexistem, escondidos em alguma gaveta particular, títulos válidos relativos ao imóvel discriminando. Daí a necessidade do contraditório e da produção de todas as provas admissíveis em juízo.

2. Ao Estado compete, segundo o art. 4º c/c o art. 20, §2º, da Lei 6.383/1976 (aplicável às discriminatórias estaduais, conforme seu art. 27), promover a Ação Discriminatória e a citação dos ocupantes do imóvel para que tenham oportunidade de apresentar seus títulos relativos à alegada propriedade. Apresentados tais títulos pelos particulares, instaura-se o amplo contraditório. Foi exatamente o que ocorreu *in casu*.

3. Na hipótese dos autos, as instâncias de origem procederam à efetiva e ampla dilação probatória, com apresentação de títulos privados, exame pericial e apreciação fundamentada pelos magistrados, decidindo pela devolutividade de parcela da área e domínio privado sobre outra fração. Em outras palavras, não se limitaram simplesmente a ratificar a pretensão do Estado sem qualquer prova, apenas por conta de suposta inversão do ônus probatório.

---

[36] O voto escoteiro do Des. Alberto Vilas Boas não foi resgatado no julgamento, pela Primeira Câmara Cível, dos Embargos Infringentes nº 1.0024.08.233039-0-002, relatados pelo Des. Eduardo Andrade e ocorrido em 26.02.2013.

4. Considerando que as manifestações das instâncias ordinárias, no caso concreto, não se reduzem à questão do ônus probatório, é preciso reconhecer que os recorrentes não atacaram a principal motivação do acórdão recorrido, qual seja, a profunda análise das provas que resultou na devolutividade de parcela da área imobiliária. Isso, por si, atrai o disposto na Súmula 182/STJ (ausência de impugnação a fundamento essencial) e impede o conhecimento do Recurso Especial.

5. Ainda que assim não fosse, é inviável reexaminar as provas para afastar as conclusões do TJ-MG, nos termos da Súmula 7/STJ.

6. Recurso Especial não conhecido.

Dois anos antes, em 26 de agosto de 2010, a mesma Segunda Turma do Superior Tribunal de Justiça, sob a relatoria também do Ministro Herman Benjamin, acompanhado pelos Ministros Eliana Calmon, Castro Meira e Humberto Martins, havia já adotado posicionamento distinto do até então vigente naquele Sodalício. É o que se recolhe de excertos da ementa adiante colacionados:

> PROCESSUAL CIVIL. ADMINISTRATIVO. AÇÃO DISCRIMINATÓRIA. PONTAL DO PARANAPANEMA. [...] INEXISTÊNCIA DE INTERESSE DA UNIÃO. COMPETÊNCIA DA JUSTIÇA ESTADUAL. ADEQUAÇÃO DA VIA ELEITA. [...] REGISTROS PÚBLICOS. PRESUNÇÃO RELATIVA. [...].
>
> 1. [...]
>
> 2. A competência para a Ação Discriminatória é da Justiça estadual, pois a União não tem interesse na demanda, inexistindo terra devoluta de seu domínio na região.
>
> 3. A Ação Discriminatória é o procedimento judicial adequado para que o Estado comprove que as terras são devolutas, distinguindo-as das particulares. As provas a serem produzidas referem-se a eventual domínio privado na área, nos termos do art. 4º da Lei 6.383/76. [...]
>
> 8. O acórdão recorrido consignou que a natureza das terras (devolutas) foi comprovada a contento, em razão dos vícios na cadeia dominial e da inexistência de usucapião. [...]
>
> 12. O debate sobre a boa ou má-fé, nesse contexto jurídico, é irrelevante. O que importa é que *o imóvel, por ser terra pública, não podia ser objeto de usucapião, qualquer que fosse o estado de espírito do pretendente.* A boa-fé (fato jurídico de conotação individual) não tem o condão de invalidar proibição legal expressa, de ordem pública, lavrada em favor da coletividade. [...]
>
> 14. Recurso Especial de Wilson Rondó Júnior e outros não conhecido. Recurso Especial de Ponte Branca S/A e outro parcialmente conhecido e, nessa parte, não provido. Recursos Especiais de Antônio dos Santos Vardasca, Willian Branco Peres e outros conhecidos e não providos. (STJ, REsp nº 617.428-SP, Segunda Turma, Rel. Min. Herman Benjamin, j. 26.08.2010)

É inequívoca a forte sinalização dessas duas decisões colegiadas da Segunda Turma do STJ no sentido de pacificar a jurisprudência sobre a matéria no âmbito do Tribunal Superior a que cabe a interpretação última de legislação infraconstitucional federal, a qual, aliás, já encontrava eco na doutrina:

> Muita divergência marcou a questão da *prova* no que toca à discussão sobre a propriedade. Para uma corrente, todas as terras deveriam ser, por presunção, consideradas públicas, devendo o interessado comprovar que foram transferidas para o domínio privado mediante algum título hábil. Para outra, a presunção haveria de militar em favor do particular, devendo o Poder Público comprovar sua propriedade. O ponto comum nesses entendimentos reside na natureza de presunção: sempre se tratará de presunção relativa

(*juris tantum*), que, como sabido, pode ser elidida por prova contrária. O próprio STF decidiu ora de acordo com uma, ora com outra das correntes. Em nosso entender, porém, melhor é a primeira corrente. Se as terras eram originariamente públicas, passando ao domínio privado pelas antigas concessões de sesmarias e de datas, parece-nos lógico que os particulares é que precisam demonstrar, de algum modo, a transferência da propriedade.[37]

A disceptação acerca da prova da devolutividade das terras nas ações discriminatórias, como visto, remonta ao período do Decreto-Lei nº 9.670, de 1946, que pela vez primeira disciplinou o respectivo procedimento. Desde então, muito se tem discutido e argumentado. Tivemos ocasião de estrear nas lições dos doutos quando do *1º Encontro Nacional de Advogados de Órgãos Estaduais de Terra*, promovido em Curitiba, Paraná, no mês de agosto de 1986, sob os auspícios do Instituto de Terras, Cartografia e Florestas (ITCF), vinculado à Secretaria Extraordinária de Coordenação da Reforma Agrária daquele Estado. Ali, proferiu palestra magnífica e inesquecível um então Juiz Federal, que depois foi promovido ao TRF da 4ª Região, o Des. Manoel Lauro Wolkmer de Castilho, parte de cujas palavras, pela pertinência e atualidade, passadas embora quase três décadas, mister transcrever:

> O ônus da prova da legitimidade do domínio particular pertence ao particular, tanto pelo princípio geral que o impõe a quem alega, como porque a legitimidade do domínio público decorre da lei. A discussão sobre o título de terras devolutas que incendiou as repartições fundiárias que discriminavam terras devolutas recentemente ou os juízos paulistas dos idos de 40/50 parece hoje não significar maior dificuldade nos termos da lei moderna, até porque também a Administração se conscientizou de que não basta só o título legal de seu domínio para sair vasculhando os interiores do país em busca de terras devolutas as quais algumas vezes não sabia a que destinar. Em verdade, o depoimento que posso dar pessoalmente com base em alguma experiência no assunto é de que esse já não é um problema processual insuperável, sem embargo de dificílimas questões derivadas da pretensão do domínio privado com base na ocupação imemorial.[38]

E arremata o palestrista, com a clarividência que lhe é peculiar:

> A meu ver, a questão não é propriamente de ônus da prova, mas de produção dos meios de prova que nessa matéria são extremamente difíceis, na razão direta da ancianidade da posse. Daí que alegar que o ônus da prova pertence à outra parte não passa muitas vezes de uma maneira confortável de livrar-se das dificuldades de produzi-la. A presunção do registro que os titulares de domínio particular erigem como defesa intransponível deve ser encarada com temperamentos. Como vamos ver adiante, a discriminação de terras é atividade administrativa sujeita às leis administrativas e ao direito público, onde relevam os interesses públicos prevalecendo sobre os princípios de direito privado. A alegação dos proprietários deve ser levada em consideração sempre dentro desse suposto. Como a presunção do registro é uma presunção que admite prova em contrário e deve ceder sempre diante da presunção legal da titularidade pública das terras devolutas, a questão

---

[37] Cf. CARVALHO FILHO, José dos Santos. *Manual de Direito Administrativo*. 24. ed. rev. ampl. e atual. Rio de Janeiro: Lumen Juris, 2011. p.1.107.

[38] Cf. CASTILHO, Manoel Lauro Wolkmer de. Ação discriminatória judicial. *In*: ENCONTRO NACIONAL DE ADVOGADOS DE ÓRGÃOS ESTADUAIS DE TERRA, 1º, 1986, Curitiba. *Anais...* Curitiba: Instituto de Terras, Cartografia e Florestas, 1986. p. 47.

da validade do registro é questão ligada à prova, não à eficácia do registro, que ninguém discute, tanto que o registro válido de imóvel legitimamente desmembrado e o adquirido pelo particular obriga e opera em princípio contra o Estado com força constitucional.[39]

5 Conclusão

Por muito tempo a identificação das terras devolutas, pertencentes, como visto, desde a Constituição de 1891, tanto à União Federal como aos Estados e, residualmente, aos Municípios, ficou refém da falta de uma legislação que disciplinasse a ação discriminatória judicial.

O advento do Decreto-Lei nº 9.670, de 1946, sucedido pela Lei nº 3.081, de 1956 e, finalmente, pela Lei nº 6.383, de 1976, ainda em vigor, sanaram a omissão do Poder Legislativo, com o que a efetivação do deslinde das terras públicas em relação às particulares passou a depender dos Poderes Executivos, nas três esferas da Federação, por meio dos órgãos fundiários das respectivas administrações públicas com atribuição de ajuizar, quando malogrado o processo administrativo, as ações discriminatórias.

Ao Poder Judiciário, seja o da Justiça Federal, seja o da Justiça comum, em todas as instâncias, restou a incumbência de responder às questões jurídicas apresentadas no contexto dos litígios aforados. Ao desempenhar sua tarefa, nesses quase setenta anos, a jurisprudência, sobretudo dos Tribunais Superiores, ainda não logrou consolidar entendimento que propicie a sempre desejada segurança jurídica.

Contudo, identifica-se tendência da jurisprudência do Superior Tribunal de Justiça — que, na matéria, tem a exclusividade constitucional de interpretar a legislação infraconstitucional — de fixar-se na linha de que, em sede de processo discriminatório judicial, a prova da devolutividade da terra se faça por exclusão, mediante a apresentação, no respectivo procedimento edital, pelos particulares interessados, dos documentos e outras provas que demonstrem o título legítimo de domínio ou ocupação de área integrante do perímetro discriminando.

A confirmar-se essa tendência, é inequívoca a contribuição que o Poder Judiciário estará dando para a pacificação social, mediante a identificação de terras devolutas que possam ser destinadas aos fins constitucionalmente estabelecidos.

Referências

BANDEIRA DE MELLO, Celso Antônio. *Curso de Direito Administrativo*. 28. ed. rev. e atual. São Paulo: Malheiros, 2011.

BARBALHO, João. *Constituição Federal brasileira*: comentários. Brasília: Senado Federal, 1992.

BARBOSA, Rui. *Commentarios à Constituição Federal brasileira*. São Paulo: Livraria Acadêmica e Saraiva, 1934, v. V.

BRASIL. Supremo Tribunal Federal. Recurso Extraordinário nº 51.290-GO. Relator: Ministro Evandro Lins e Silva. *Revista Trimestral de Jurisprudência*, v. 83, p. 575.

---

[39] Cf. CASTILHO, Manoel Lauro Wolkmer de. Ação discriminatória judicial. *In*: ENCONTRO NACIONAL DE ADVOGADOS DE ÓRGÃOS ESTADUAIS DE TERRA, 1º, 1986, Curitiba. *Anais*. Curitiba: Instituto de Terras, Cartografia e Florestas, 1986. p. 47.

CARVALHO FILHO, José dos Santos. *Manual de Direito Administrativo*. 24. ed. rev. ampl. e atual. Rio de Janeiro: Lumen Juris, 2011.

CASTILHO, Manoel Lauro Wolkmer de. Ação discriminatória judicial. *In*: ENCONTRO NACIONAL DE ADVOGADOS DE ÓRGÃOS ESTADUAIS DE TERRA, 1., 1986, Curitiba. *Anais...* Curitiba: Instituto de Terras, Cartografia e Florestas, 1986.

CRETELLA JÚNIOR, José. *Comentários à Constituição Brasileira de 1988*. Rio de Janeiro: Forense Universitária, 1993. v. VIII.

DI PIETRO. Maria Sylvia Zanella. *Direito Administrativo*. 3. ed. São Paulo: Atlas, 1992.

GARCIA, Paulo. *Terras devolutas*. Belo Horizonte: Oscar Nicolai, 1958.

JUNQUEIRA, Messias. *As terras devolutas na reforma agrária*. São Paulo: Revista dos Tribunais, 1964.

LIMA, Ruy Cirne. *Pequena história territorial do Brasil*: sesmarias e terras devolutas. 2. ed. Porto Alegre: Sulina, 1954.

MAIA, Antônio Maria Claret. *O instituto das terras devolutas e a legislação fundiária do Estado de Minas Gerais*. Belo Horizonte: RURALMINAS, 1994.

MARQUES, Benedito Ferreira. *Direito Agrário brasileiro*. 2. ed. rev. atual. Goiânia: AB, 1998.

NASCIMENTO, Tupinambá Miguel Castro do. *Introdução ao Direito Fundiário*. Porto Alegre: Sergio Fabris, 1985.

PEREIRA, José Edgard Penna Amorim. Terras devolutas mineiras: novos rumos constitucionais. *Indicador*, Belo Horizonte, Assembleia Legislativa do Estado de Minas Gerais, n. 39, p. 2011-2015.

Informação bibliográfica deste texto, conforme a NBR 6023:2002 da Associação Brasileira de Normas Técnicas (ABNT):

PEREIRA, José Edgard Penna Amorim. A identificação das terras devolutas: perspectiva jurisprudencial. *In*: DIAS, Maria Tereza Fonseca *et al*. (Coord.). *Estado e propriedade*: estudos em homenagem à professora Maria Coeli Simões Pires. Belo Horizonte: Fórum, 2015. 399-418p.

OS TESOUROS DO IVITURUY

ADHEMAR FERREIRA MACIEL

Talvez não haja Município em Minas Gerais que tenha dado ao Brasil mais juristas, juízes, administradores, políticos e estadistas do que o tricentenário Arraial do Ribeirão das Minas de Santo Antônio do Bom Retiro do Serro do Frio.

Se o Ivituruy, na expressiva e telúrica linguagem indígena, escondeu em suas entranhas ouro e diamante durante milhões de anos, foi, em compensação, pródigo em abrir os escrínios da Serra do Espinhaço e nos revelar tesouros em homens e mulheres. Homens e mulheres que se projetaram no cenário nacional. No Serro, nasceram líderes políticos como os irmãos Ottoni — Teófilo e Cristiano — e João Pinheiro da Silva. Ali, vieram ao mundo três grandes ministros do Supremo Tribunal Federal: Sayão Lobato, Pedro Lessa e Edmundo Lins. O Serro Frio também nos deu a ministra Assusete Magalhães, do Superior Tribunal de Justiça (STJ), e a professora Maria Coeli Simões Pires, Secretária de Estado de Casa Civil e Relações Institucionais do Governo mineiro.

O primeiro contato que tive com a doutrinadora Maria Coeli Simões Pires foi quando eu era juiz do STJ: tive a proveitosa oportunidade de consultar sua obra *Da proteção ao patrimônio cultural: o tombamento como principal instituto*, editada pela Del Rey. De lá para cá, não deixei de acompanhar atentamente o desempenho intelectual da antiga aluna de mestrado e doutorado do Professor Paulo Neves de Carvalho. Também com igual proveito, li *Direito adquirido e ordem pública: segurança jurídica e transformação democrática*.

A Professora Maria Coeli sempre teve sua atenção voltada para a administração pública e para os problemas culturais de nossa gente. Quero, na oportunidade, deixar registrado, como ex-presidente da Academia Mineira de Letras Jurídicas, nosso agradecimento à eminente Professora, que não poupou esforços para que a nossa Instituição cultural tivesse, ainda que provisoriamente, uma sede. Não é uma dívida só nossa, da Academia, mas de toda comunidade jurídica mineira.

Em boa hora, pois, por intermédio de reconhecidos e dedicados admiradores, presta-se justa e oportuna homenagem à Professora Maria Coeli Simões Pires.

ARMANDO FREIRE

Está gravado no hino oficial da nossa querida e tricentenária Serro, ser aquela uma terra pródiga em valores espirituais e riquezas materiais, filhos ilustres, solo fértil, emoldurada no Espinhaço altaneiro que se confunde com um céu de um azul inigualável e se mistura às estrelas nas noites de luar, resplandecendo para o Brasil e o mundo. O nosso hino é a nossa profissão de fé e amor. Pois bem, é com essa inspiração, e só por força dela, que me sinto legitimado para um depoimento sobre a Professora Maria Coeli Simões Pires, para nós, serranos e seus contemporâneos, simplesmente a Coeli, de "Seu" Pedrinho Simões e Dona "Bembém", a menina da Fazenda "Engenho de Serra", lá pros lados do Rio do Lucas. Somos da mesma geração, crescemos ali, entre idas e vindas nas ladeiras e becos serranos. Ela, o talento precocemente revelado desde os bancos do "Grupo de Cima" e do "Grupo de Baixo", sob os olhares atentos das inesquecíveis mestras, Dona Célia Cunha e Dona Lourdes Pires. A adolescente discreta, elegante, cordial, estudiosa, que fez história na vida social da "Vila do Príncipe", fiel representante da cortejada "turma" da Santa Rita, nos *footings* na Praça João Pinheiro, nas horas-dançantes em casas de amigos, nos bailes do Ivituruy, animados pelo "Conjuntinho", nas festas beneficentes promovidas pelo Colégio Nossa Senhora da Conceição. Alçou voos mais altos, sem jamais abandonar o ninho, muito pelo contrário, fez dele o manancial de tudo quanto lhe tem sido indispensável para os embates travados vida a fora, bandeirante incansável, destemida, arrojada na defesa das causas e questões públicas, na preservação dos nossos valores culturais, da nossa história, do nosso patrimônio. Temos andado juntos, ainda hoje, por outras ladeiras e becos, é verdade, mas firmes no nosso desiderato de manter acesa a chama da nossa fé, em empreitadas que não nos arrefecem o ânimo e não nos turvam o olhar que insiste em vislumbrar um horizonte de paz e prosperidade, para além do nosso pequeno mundo "caipira". Nesse caminhar, reconforta-nos andar ao lado da menina da Fazenda "Engenho de Serra", que transpôs o Rio do Lucas e ganhou o mundo, aspergindo lições de uma cátedra reverenciada. São muitas a nossa "Coeli": professora, servidora pública, advogada, historiadora, pesquisadora, escritora e poetisa. Mãe, esposa, companheira. Muitas, numa só, e em cada porção do seu "ser", uma vida plena e vitoriosa. Temos, assim, uma identidade nas nossas origens, nas nossas fontes, na nossa crença nos valores que pautam a nossa vida profissional. Sinto-me privilegiado por isso e orgulhoso da nossa contemporaneidade. Ah, também nos identificamos no amor por uma certa camisa "vermelha e branca", com um S no lado esquerdo do peito, que nos anos de nossa juventude fez a nossa alegria em memoráveis tardes domingueiras, no campo do "Rapadouro". Somos de uma mesma geração, andamos juntos por entre ladeiras e becos. Nossos caminhos não se bifurcaram.

MARIA COELI SIMÕES PIRES, UMA MULHER DO SEU TEMPO

CARLOS MÁRIO DA SILVA VELLOSO

Conheci a professora Maria Coeli Simões Pires nos anos 1970. Ao prefaciar o seu livro *Direito adquirido e ordem pública: segurança jurídica e transformação democrática*, verdadeiro tratado sobre o instituto do direito adquirido, revelei como a conheci. Ela foi minha aluna na Faculdade de Direito da Pontifícia Universidade Católica de Minas Gerais (PUC Minas), onde se graduou. "Lembro-me da jovem acadêmica Maria Coeli", escrevi, "que chegara do Serro, de comportamento grave, quase sisuda, bem mineira, mais ouvindo do que falando, mas que sabia sorrir na hora certa, cativando os que dela se aproximavam." Acrescentei: "quantas vezes, após as aulas, caminhávamos pelo *campus* trocando ideias sobre temas de Direito Constitucional." Tal como fiz na conclusão do prefácio, quero dizer, com orgulho, que Maria Coeli, ontem minha aluna, é, hoje, minha mestra.

O tempo passou. Mas a estima, fundada na admiração, é para toda a vida. Como no verso de Drummond, "... as coisas findas, muito mais que lindas, essas ficarão".

Mestra e doutora em Direito Administrativo pela Faculdade de Direito da Universidade Federal de Minas Gerais (UFMG), procuradora, professora de Direito Administrativo da PUC Minas, tornou-se, após aprovação em concurso público, professora-adjunta da Faculdade de Direito da UFMG, depois de ter lecionado Direito Público na Faculdade de Ciências Econômicas da mesma Universidade. Advogada militante, foi convocada para o Governo de Minas, ocupando, desde 2006, depois de ter presidido o Instituto de Previdência dos Servidores do Estado, o cargo de Secretária de Estado, função que exerce com honra e lustre.

Jurista, escreveu e publicou livros e dezenas de trabalhos jurídicos. Intelectual autêntica, tem tido tempo para obras literárias e para fazer poesia.

Afinal, Maria Coeli é lídima representante da inteligência serrana, natural da Cidade do Serro, a "Atenas de Minas," segundo Paulo Pinheiro Chagas,[1] terra natal de Pedro Lessa, dos maiores, senão o maior ministro do Supremo Tribunal Federal, considerado, por Rui Barbosa, o Marshall brasileiro.

---

[1] CHAGAS, Paulo Pinheiro. *Teófilo Ottoni, Ministro do Povo*. 3. ed. Belo Horizonte: Itatiaia, 1978.

Escrevendo sobre o ministro Coqueijo Costa, quando de sua morte, no ano de 1988, anotei que o homem e a mulher de inteligência brilhante vão bem em tudo que fazem. É o caso da professora Maria Coeli, que, além de acumular, com proficiência e admiração de todos, cargos e funções as mais relevantes, de escrever livros jurídicos e literários, de exercer a docência e proferir palestras, é dedicada mãe de família. Com o marido, Carlos Alberto Rabelo Pires, criou e educou, primorosamente, seus dois filhos, Charles Alexandre Simões Pires, advogado, e Christiano Alberto Simões Rabelo Pires, médico.

Prendas do lar, muito próprias das mulheres de Minas, especialmente das mulheres do Serro, Maria Coeli as tem de sobra, comprovando o que acima foi dito a respeito do homem ou da mulher de inteligência brilhante. Em 2003, Maria Coeli lançou a obra *Memória e Arte do Queijo do Serro: o saber sobre a mesa*. Notável *chef de cuisine*, disso dou testemunho. Em 2002, quando da solenidade comemorativa dos 300 anos da Cidade do Serro, ali proferi, a convite das autoridades e da comunidade serrana, palestra sobre "Pedro Lessa e a doutrina brasileira do habeas corpus." Foi na residência de Maria Coeli que degustamos, José Paulo Sepúlveda Pertence e eu, o bacalhau mais saboroso do mundo, que ela preparou com engenho e arte. E que vinho maravilhoso ela nos serviu. Foi uma noite inesquecível.

É assim Maria Coeli, mulher de inteligência brilhante, mestre e doutora em Direito, advogada, professora, autora, conferencista, administradora, foi presidente do IPSEMG e é Secretária de Estado. Mãe de família dedicada, *chef de cuisine*, cidadã exemplar, amiga dos amigos, é uma mulher do seu tempo.

JUSTA HOMENAGEM A UMA GRANDE MULHER

FERNANDO ARMANDO RIBEIRO

No final da década de 1990, quando cursava o Mestrado na Faculdade de Direito da UFMG, tive a honra e alegria de ser colega de turma, em duas disciplinas, de Maria Coeli Simões Pires. Apesar de muito jovem, a professora, que então cursava o seu Doutorado, já era um nome consagrado nas letras jurídicas, com obras e inúmeros trabalhos de relevo. Contudo, chamavam-me particular atenção sua modéstia, seriedade e abertura ao diálogo, que marcavam suas lúcidas e enriquecedoras contribuições aos seminários desenvolvidos durante as aulas. Ali, passei a admirar ainda mais a festejada mestra e escritora, ficando para sempre em mim registradas as notáveis qualidades humanas, profissionais e intelectuais que hoje dela fazem uma das mais eminentes figuras do cenário jurídico nacional.

A rica bagagem científica e cultural advinda de sua grande dedicação à vida acadêmica, aliada a uma vasta experiência profissional como parecerista e procuradora da Assembleia Legislativa de Minas Gerais, alçaram-na às mais relevantes funções junto ao Governo de Minas. Secretária de Estado Adjunta da Secretaria de Desenvolvimento Social e Esportes (2007), Secretária de Estado Adjunta de Desenvolvimento Regional e Urbano (2008 a 2011), veio a assumir, em 2011 a titularidade da Secretaria de Estado da Casa Civil e de Relações Institucionais. No exercício de todas as funções, tem ela deixado sua marca de empenho e descortino no aprimoramento constante das políticas públicas, sendo uma das grandes responsáveis por muitas das conquistas sociais e institucionais que o Estado de Minas Gerais tem alcançado nos últimos anos.

Sua rica experiência profissional, sempre aliada à sofisticação teórica e à fina sensibilidade social, faz de Maria Coeli um caso performático da tão almejada síntese entre teoria e prática, apanágio do conhecimento científico em nosso tempo, e que, em ramos como o Direito — Ciência social aplicada que é —, revela-se fundamental e imprescindível. Todas as homenagens são devidas a alguém que, como ela, representa mesmo um símbolo vivo do papel da mulher no século XXI. Aquela que, numa conjugação direta entre razão e sensibilidade, faz da abertura ao diálogo e a alteridade não apenas conceitos abstratos, mas diretrizes concretas que alicerçam suas ações, com inestimável ganho social e efetivo enriquecimento democrático.

MARIA COELI:
UMA VIDA DEDICADA À CAUSA PÚBLICA

JAQUELINE GROSSI

Um sentimento profundo e sincero de carinho, respeito e amizade, esta, quase platônica, me liga à extraordinária figura humana que é Maria Coeli Simões Pires.

Raras vezes, tenho a felicidade de encontrá-la pessoalmente; sobretudo nos últimos anos, mas tenho a certeza de que ela continua compartilhando seu saber, simpatia e disposição a todos aqueles que se dedicam a defender a coisa pública.

Difícil dizer em qual área profissional ela mais se destaca, pois suas múltiplas facetas a tornam uma personalidade singular. Reúne, com maestria, razão e emoção, o que a coloca no mundo da ciência e das artes, com a mesma desenvoltura, a mesma leveza, o mesmo senso de responsabilidade, atributos que a mim se revelam na sua imagem ao mesmo tempo frágil e forte, pequena e grande.

Profissionalmente, ela contribui com sua profunda dedicação à governança pública, ao estudo permanente do Direito Administrativo, associada a sua larga experiência nos Poderes Legislativo e Executivo Estadual e no magistério, este último, que a coloca, particularmente, em contato com os anseios da juventude, indicando-lhe os rumos em direção à construção de um futuro próspero.

Na Assembleia Legislativa, exerceu, por muitos anos, a função de Secretária-Geral da Mesa, quando, então, tive a felicidade de conhecê-la por intermédio de caros amigos em comum. Causou-me, na época, no idos dos 80, quando, então, terminava meu curso de Direto, grande admiração, vê-la ocupando um cargo até então raramente exercido por mulheres, e por meio do qual angariava o respeito de todo o Parlamento.

Na Faculdade de Direito, tive a grata oportunidade de estar com a Professora Maria Coeli no curso de pós-graduação, quando ela já caminhava rumo ao doutorado, sob a orientação do inesquecível professor Paulo Neves de Carvalho, que construiu, junto aos seus alunos, uma sólida escola do Direito Administrativo em Minas Gerais, reconhecida em todo o Brasil.

Depois, descobri-la escritora e poeta, trouxe-me encantamento, identificando-me com ela também no campo da literatura, tão feminina, carregada de mineiridade, e instigante.

Agora, ela coloca todo o seu senso prático, seu conhecimento, sua bagagem profissional, sua capacidade de relacionar-se com o outro, com firmeza e diplomacia, a serviço do Governo do Estado, junto ao Poder Executivo.

Vê-la perfilhando esses caminhos muito me honra, estando eu no exercício da atividade de controle externo, nos serviços auxiliares do Tribunal de Contas do Estado de Minas Gerais, há tantos anos, pois, platonicamente, guardada por uma admiração recôndita, ora revelada, orgulha-me saber, que ela está lá, trazendo rigor e civismo para o melhor da gestão pública para nossa Minas Gerais.

MARIA COELI SIMÕES PIRES

JOSÉ ANCHIETA DA SILVA

Ela vem do 'Serro frio', a antiga 'Vila do Príncipe', a 'terra dos Otoni', a 'pátria mineira dos magistrados', já que ali nasceram dentre tantos integrantes da magistratura brasileira, Sayão Lobato, Pedro Lessa e Edmundo Lins, todos com assento na suprema corte. O que nos pedem é um depoimento ligeiro sobre a homenageada, cujo nome já traz em si uma evocação mariana (de Maria) e celeste (Coeli). Faço-o dividindo-o em dois breves parágrafos: A Maria Coeli como agente acreditada do governo mineiro e a Maria Coeli das relações institucionais, que integra o centenário Instituto dos Advogados de Minas Gerais, a jurista.

A homenageada ocupa, neste momento, a Secretaria de Casa Civil e de Relações Institucionais do Estado de Minas Gerais, emprestando o brilho de sua inteligência ao Poder Executivo estadual. A última proclamação de Tancredo Neves, quando já Presidente eleito, falava na construção de uma 'nova república', semente, reconheçamos, que ainda não germinou. A presença da professora Maria Coeli Simões Pires em postos em chefe do governo mineiro e brasileiro representará sempre a renovação dessa esperança: de um novo Estado e de um novo tempo.

A homenageada é associada do centenário Instituto dos Advogados de Minas Gerais, onde ocupa a diretoria adjunta do Departamento de Direito Administrativo e Agrário. A homenagem que se lhe presta, editando-se obra lítero-jurídica compreendendo o tema "Estado e Propriedade", propicia trazer a texto a sua figura de professora e publicista. Como jurista, dedicada ao Direito Administrativo e Municipal, procuradora da Assembleia Legislativa do Estado de Minas Gerais, exercendo o magistério jurídico na Universidade Federal de Minas Gerais, seu trabalho mais reluzente tem por título: *Da proteção ao patrimônio cultural: o tombamento como principal instituto.* Trata-se de uma das mais abrangentes obras do gênero, de indispensável leitura, que abrange desde os precedentes históricos, passando pelo tratamento constitucional desse instituto; do tombamento como ato constitutivo e como servidão administrativa; seu controle e institutos afins. É trabalho jurídico de fôlego, a orientar legisladores, julgadores, advogados e proprietários de imóveis alcançados pelo tombamento, essa necessária ação do Estado na proteção da história.

Dentre as qualidades da distinta professora Coeli está a sua formação e a sua cultura de humanista, seu jeito mineiro e serrano de ser. Fala com os ouvidos de ouvir antes de fazer uso da palavra. Maria Coeli Simões Pires não é só uma pessoa, é uma instituição.

A HUMANIDADE DE MARIA COELI

JOSÉ FERNANDES FILHO

De quem já caminhou muito — sandálias rotas, cabelos brancos — a ousadia de ainda sonhar merece tolerância. Dos leitores, qualificados, tomados de natural curiosidade à contribuição inovadora da Escola Mineira de Direito Administrativo. Da homenageada, maturidade das Gerais, a transpirar modéstia.

Fugindo de tema jurídico, elimino o risco de tisnar a qualidade dos textos oferecidos pela nascente geração de administrativistas. Escrevendo sobre a figura humana de Maria Coeli, rendo-me ao sentimento e me liberto de doutrinas, escolas e sistemas, que enfeitiçam os acadêmicos.

Conheci-a aluna de Paulo Neves de Carvalho. Àquela época, já senhora de respeitável cultura jurídica. Interessada, anotava, perguntava, inquiria, noviça não rebelde. Parecia não se querer diferenciada — respeito aos colegas iniciantes e aversão ao estrelismo. Ao doutoramento com louvor, casulo aberto, revelou-se inteira. Já era grande; ficou maior. Descoberta, imediatamente convocada, entregou-se, sem reservas, ao serviço público, fazendo o bem sem saber a quem.

Pós-graduada na escola da vida, de alegrias e tristezas, não se deixou abater pelo sofrimento. Não atropelou a ciência, nem perdeu a fé. Confiou, esperou, acreditou. Venceu.

Na pirâmide de luzes em que a vejo, fez-se única, singular, infungível.

Semente fecunda, de sua passagem entre nós ficará o exemplo da dignidade e, ao mesmo tempo, da simplicidade, atributos da mulher mineira.

De três faces, figura geométrica que aquece e ilumina, faça chuva ou sopre o vento: cultura sólida, fortaleza à adversidade, compromisso com o serviço público.

JOSÉ TARCIZIO DE ALMEIDA MELO

Tenho entusiasmo justificado em positivar meu testemunho de confiança e apreço ao trabalho jurídico, docente e gerencial público da Professora Maria Coeli Simões Pires.

A grandeza de sua vocação marca-se pela capacidade multiforme de cultivar a tradição e os vultos históricos, como parâmetros para continuar o que é bom.

Também é senhora de grande vocação para o inédito. Não se limita aos comentários e às verificações dos frutos alheios. Planta, irriga, colhe.

A Doutora Coeli traz consigo, impregnadas, na alma e nos movimentos, a vontade de servir, a capacidade de não interromper, de vencer limites, ultrapassar obstáculos e galgar espaços novos que servem de base para inovações, êxitos e recordes.

Destaco a intensidade de seu trabalho. As horas que aplica e subtrai do sossego, com produção consistente e abundante. Principalmente, a escolha de assuntos sedutores, formatos de alicerces que o longo prazo da administração pública terá para adotar e desenvolver.

Dotada de exemplar qualidade para a composição de conflitos, com observações ou ponderações sempre racionais, nem por isso se furta à luta, ao debate e à insistência pelas posições em que acredita.

Integrada ao federalismo cooperativo, às organizações sociais, aos contratos de gestão, à reforma do Estado para que tenha administração gerencial e por resultados, burocratas responsáveis e controles pelos usuários dos serviços.

Lembro-me da polêmica que criou com o tema de sua tese de doutorado, com o qual avançou bravamente sobre os conservadores, em notável construção do direito adquirido combinado com segurança jurídica em suas tensões com a ordem pública e a transformação democrática. A defesa da tese mereceu a convergência dos examinadores para lhe atribuírem a pontuação máxima com fartos louvores.

O Brasil e Minas Gerais têm motivo de orgulho por esta mestra e administradora pública criteriosa, bem organizada, fidelíssima a suas convicções, com afinidade para a liderança de grupos e de incontáveis admiradores.

MÁRCIO IDALMO SANTOS MIRANDA

Fui tomado de surpresa ao receber o convite para participar, com um depoimento pessoal sobre a Professora Maria Coeli Simões Pires, de obra realizada em reconhecimento de sua trajetória acadêmica e profissional.

Essa reação inicial foi logo seguida de sentimentos contraditórios. O primeiro — confesso — foi de orgulho: pelo privilégio de ser escolhido, na imensa legião de admiradores da ilustre homenageada, para ter lugar nesse tão importante projeto; por ser lembrado em razão dos laços com ela estabelecidos, institucionais e, especialmente, de amizade. O segundo foi de temor e perplexidade, com efeito de quase recusa. Como dizer, em uma lauda, de uma pessoa cuja vida merece um livro? O que destacar nessa mulher de mil e uma habilidades? Como saber em qual das inúmeras atividades a que já se dedicou — e dedica — mais brilham as suas luzes?

Para me desincumbir desse mister, pensei em dizer da servidora concursada da Assembleia Legislativa Mineira, que alcançou, por mérito indiscutível, o topo da carreira, no cargo de Secretária-Geral da Mesa, em que se manteve por diversas legislaturas. Cogitei falar da Secretária de Estado, cuja competência a qualificou a servir em vários governos de Minas Gerais. Considerei ressaltar a grande advogada, especializada em direito público. Não, mais justo seria, nesse campo — imaginei —, realçar a jurista, doutora em direito, doutrinadora respeitada e expoente da Escola Mineira de Direito Administrativo. Avaliei reverenciá-la por sua dedicação ao resgate e defesa do patrimônio histórico, artístico e cultural de nossa terra. Melhor ainda — ocorreu-me — seria festejar a literata, que não sei se melhor romancista ou poetiza (na dúvida, prefiro as duas!).

Perdido entre tantos caminhos que se abriam, lembrei-me de já ter lido em algum lugar que a marca de uma relação, gravada em nossa mente, muitas vezes decorre de experiência tão individual e singular que se torna difícil encontrar forma de expressão eficaz para compartilhá-la.

Minha opção de testemunho, então, é sobre a Maria Coeli professora. Não a da Faculdade de Direito da Universidade Federal de Minas Gerais (UFMG), que a provável maioria dos leitores deste livro conhece. Falo de tempos mais remotos. Revolvendo o baú da memória, lembro-me, como fosse hoje, de uma nova professora, de nome complicado e então recém-formada, que iniciava sua carreira de magistério no Grupo Escolar "João Nepomuceno Kubitscheck", onde eu estudava, no Serro. Já em final do curso primário, lamentei, em coro com meus coleguinhas, não poder receber as lições daquela moça que muito chamava a atenção: bonita, doce, carismática.

Essa frustração se desfez logo no ano seguinte, quando a tive como primeira professora de língua inglesa, no Ginásio "Ministro Edmundo Lins".

Revelava, desde cedo, seus dons de educadora. Com didática envolvente, mostrava impressionante habilidade em despertar o interesse daquelas crianças interioranas para aprenderem o esquisito — assim considerávamos — idioma estrangeiro. Tratava os alunos de modo a cada um sentir-se aquinhoado por uma atenção especial e, assim, compromissado a se empenhar nos estudos.

A experiência, porém, foi breve. Apenas um semestre, salvo engano. Já era tempo daquela jovem promissora buscar voos mais elevados, que permitissem o proveito de seu notável talento.

Saiu do Serro, mas nunca deixou que ele saísse dela. A memória e os valores da terra natal sempre nortearam a sua trajetória e inspiraram a sua obra, literária e jurídica.

Guardo, para sempre, as lembranças dessa mestra, que ensina, sobretudo, com a pedagogia de seu exemplo.

Autêntica e verdadeira, mas habilidosa e diplomática. Forte e combativa, porém delicada e elegante. Determinada e perseverante, atingiu o cume de sua própria montanha, feita de sonhos.

Em momentos de desafio, daqueles em que precisamos buscar forças em nossas origens, valho-me de seu ensinamento, expresso em poesia — e aqui a parafraseado — de que a vida, como as ladeiras do Serro, muitas vezes nos impõe escaladas penosas e extenuantes, mas que, invariavelmente, nos conduzem a deslumbramento.

PATRIMÔNIO IMPONDERÁVEL

CHARLES ALEXANDRE SIMÕES RABELO PIRES
CHRISTIANO ALBERTO SIMÕES RABELO PIRES
CARLOS ALBERTO RABELO PIRES

Para homenagear não só a professora, mas a mãe, a esposa e a amiga, é necessário transcrever um conto antigo, guardado nos refolhos da sabedoria do Mundo, contado por velho amigo e professor, que respondeu, generosamente, ao seguinte questionamento de seu discípulo:

– Mestre, qual é o maior servidor do Mundo?

– Grande multidão se congregava em comunidade, quando ali estacionou famoso general carregado de armas e condecorações, que passou a dar lições de tática militar, concitando os circunstantes ao aprendizado da defesa. O povo começou a fazer exercícios, entre golpes, agressividade e perigosas realizações, sem proveito real; todavia, a malta continuou como dantes, sem rumo, perdendo muitos jovens nas atividades preparatórias da guerra provável. Logo depois, apareceu na região um político, com pesada bagagem de códigos, e estimulou a massa a dividir-se em vários partidos, declarando-se os moços contra os velhos, os lares pobres contra os lares ricos, os servos contra os encarregados, e, não obstante os patrimônios materiais, introduzidos na comunidade pela competição dos grupos entre si, o político seguiu adiante, deixando escuros espinheiros de ressentimento e discórdia entre os seus colaboradores. Depois dele, surgiu um filósofo, sobraçando volumosos alfarrábios e dividiu o povo em variadas escolas, desdobradas em correntes intermináveis de crença que, em breve, propagavam infrutíferas discussões; a multidão duvidava de tudo, até mesmo da existência de si própria. A filosofia apresentava singulares vantagens, destacando-se a do estímulo ao pensamento, mas as perturbações de que se fazia acompanhar eram das mais lastimáveis, legando o filósofo muitas indagações inúteis aos cérebros menos aptos. Em seguida, compareceu um sacerdote, munido de rituais e símbolos, que transmitiu ao povo muitas regras de adoração ao Pai e o consolo da fé. O povo aprendeu a dobrar os joelhos, a lavar-se e a suplicar a proteção divina, em horas certas. Entretanto, todos os problemas fundamentais da comunidade permaneceram sem alteração. Naquele extenso território não havia diretrizes ao trabalho, nem ânimo consciente.

Certo dia, porém, apareceu ali uma pessoa simples. Não trazia armas, nem escrituras, nem discussões, nem rituais, mas, *pelo sorriso espontâneo, revelava um coração cheio de boa-vontade, guiando as mãos operosas.* Esclarecia com franqueza. Não pregava doutrinas espetacularmente; *todavia, nos gestos de serviço puro e constante, rendia culto sincero ao bem de todos. Começou a evidenciar-se, lavrando uma nesga de campo e adornando-a de flores e frutos preciosos. Conversava com os seus companheiros de luta, aproveitando as horas no ensino edificante* e transmitia a todos os que se propusessem ouvi-lo. *Aperfeiçou a madeira, plantou árvores benfeitoras, construiu casas e instalou escola modesta, auxiliou a cada circundante a descobrir suas habilidades.* Em breve, ao redor do homem de boa vontade, viçavam a saúde e a paz, a união fraterna e as bênçãos do serviço, a prosperidade e o contentamento de viver. *Com o espírito de trabalho e educação que ele difundia, a defesa era boa, a política ajudava, a filosofia era preciosa e o sacerdócio era útil, porque todos naquela comunidade permaneciam, agora, presididos pelo imperativo da execução do dever pessoal no bem de todos.* (grifos nossos)

Muitos são aqueles que, em algum momento da vida, encontraram em seus caminhos homens como o da historieta. Esses corações de boa-vontade, condutores de "mãos operosas" que se desdobraram "na execução do dever pessoal no bem de todos", influenciaram tantos outros, para que descobrissem seus potenciais e, a seu tempo, pudessem oferecer sua contribuição na construção das grandes repúblicas humanas.

Pessoas que deixaram rastros de lucidez e de esperança, pelas estradas tortuosas que a história percorreu até o momento presente, são exemplos de que "se um único homem é capaz de amar verdadeiramente, pode neutralizar a ignorância de milhões".

Entretanto, o que seria do Mundo sem os pais, as Marias, os Pedros, as Mimiras, as Idês, os avós ou sem aqueles que, pelo exemplo, ensinam às crianças o senso de responsabilidade e o "imperativo da execução do dever pessoal no bem de todos"?

Deveria haver um ramo da Ciência Jurídica que estudasse, a fundo, os pais lúcidos e os educadores comprometidos, a fim de aliviar o pesado fardo depositado sobre os ombros da Lei, de forma que fossem, no dizer de Pitágoras, educadas as crianças para que os adultos não necessitassem da corrigenda.

O campo de pesquisa seria, inicialmente, as pequeninas cidades do interior. As senhoras de cabelo encanecido, pele enrugada, que educaram famílias numerosas, dentro e fora das escolas, seriam, pacientemente, escutadas pelos bacharelandos. Levantar-se-iam dados junto aos homens simples de chapéu na cabeça que suportaram o peso do trabalho para abastecerem, por anos, a toda a nação.

Haveria um semestre de estudo a respeito de Sofronisco, o escultor, e de Fenareti, a parteira grega. O objetivo seria entender como os pais auxiliaram Sócrates a trazer ao Mundo a cura para os delírios filosóficos estéreis, com seus ensinamentos sobre a necessidade de o filósofo reconhecer que não sabe e de aprender a compartilhar.

A prova final seria a seguinte questão: por que os mais generosos professores do Mundo, que empunharam a bandeira da lucidez e trouxeram consigo o testemunho de uma vida dedicada, invariavelmente, ao esclarecimento da criatura humana, receberam, em determinado momento da vida, na bandeja de prata, a taça amarga da cicuta? O título seria: É possível socorrer o ignorante sem entrar em contato com a sua realidade?

Os professores intitulariam um capítulo de destaque, na grade curricular alternativa, que traria, ao final do semestre, um estudo de caso sobre a frase "é necessário ser fiel no pouco, para ser fiel no muito".

Fiéis no pouco e com pouco, essas mestras compreenderam que, para fazerem a diferença, "não é necessário realizar grandes coisas, mas pequenas coisas com muito amor". Professoras-mães, divididas entre as múltiplas tarefas, puderam aprender com mães-professoras a lição simples da culinária: "pouco fermento leveda a massa toda".

A historieta ilustra a importância, em maior ou menor escala, dos muitos que fizeram a diferença pela boa vontade de conversar com seus convivas, de aproveitar as horas no ensino fraterno, de plantar sementes construtivas, de instalar escolas, de auxiliar, cada circundante, a descobrir as suas habilidades e a oferecê-las, pelo exemplo.

Depois de receber a cota de fermento da Bembém, do Pidrin, das mestras do Colégio, iniciado o trabalho valioso na função de regente das turmas mais escondidas da zona rural do Município de Serro, levantando-se às quatro da manhã para estar em sala antes dos alunos, ei-la em sua comunidade familiar, fazendo o incansável papel de mãe e professora, no culto sagrado do dever pessoal em favor de todos.

Como empenhada e afetuosa servidora dos que estão ao entorno, Maria Coeli sempre esteve às voltas com uma ideia construtiva, em busca de trazer uma angulação nova a respeito desta ou daquela questão, de quebrar algum paradigma que impedisse a visão mais ampla a respeito dos desafios. Junto à ideia, a iniciativa, a diligência, o expediente — um tesouro raro.

Em casa, Coeli é assim. São esses os servidores, "patrimônios imponderáveis", que fazem a diferença por irradiarem seus influxos construtivos aos grupos maiores, que se estendem como famílias pelos laços do trabalho no bem de todos, encontrando outros corações afins a realimentarem a corrente de renovação lenta e constante da Humanidade, a fim de que, um dia, seja compreendida a verdadeira função do patrimônio como fonte de integração cultural, social, histórica e espiritual do homem.

Elos grandes, como as célebres mentes, ou pequenos, como Maria Coeli, o que seria de nós sem eles, sem esses servidores que dão o exemplo do cumprimento do seu dever pessoal no bem de todos? Violência, divisão, delírio, esterilidade.

É por isso que registramos, aqui, a gratidão pelo amor materno; pela infância regada a pastel de queijo do Serro e limonada; pelo acompanhamento na correção do "dever de casa", mesmo chegando cansada, à noite, do serviço estafante; pela maternidade diligente; pela educação cuidadosa; pelos muitos testemunhos de mãe e de esposa, que nunca mediu esforços em favor da felicidade de todos, dentro e fora da família; mas também pelo amor de professora, de amiga e de servidora, com um *muito obrigado* extensivo ao amigo Emílio Galo, ao inesquecível professor Paulo Neves de Carvalho e aos colegas que viabilizaram a edição desta obra.

Charles, Christiano e Beto

COELI

JÚLIO CÉSAR DOS SANTOS ESTEVES

Que estranha essa mulher que se delineia em aparentes opostos, para, negando suavemente os extremos, encontrar sua síntese.

Que estranha essa mulher, capaz de desvendar teoremas ou *códigos, sem perder a dimensão poética.*

Que estranha essa mulher, cujos voos líricos não reduzem a visão clara da realidade crua.

Que estranha essa mulher que atualiza o passado, recuperando e enaltecendo a memória dos dias, e que salta no tempo, entrevendo o novo, desconcertando a trivialidade do presente.

Que estranha essa mulher que esconde, em corpo frágil e na delicadeza dos gestos, energia e força insuspeitas.

Que estranha essa mulher que, com o dom absoluto de ensinar, mantém-se aberta ao descobrir e ao aprender.

Que estranha essa mulher, desenvolta em palácios, sem se desligar da província, sem perder o gosto e o sentido das coisas da terra.

Que estranha essa mulher avezada ao comando firme e, a um só tempo, doce.

Que estranha essa mulher que guarda, na penumbra da modéstia, os seus talentos muitos, enquanto desvela, com desmedida generosidade, os atributos alheios.

Que estranha essa mulher, dona de poderes mágicos que multiplicam o tempo, para tornar possível inesgotável e paciente disponibilidade.

Que estranha essa mulher que, sem qualquer alarde, marca a história dos que recebem do destino o prêmio de seu convívio.

Que estranha essa mulher que, nos opostos, faz-se única, deixando, em cada um de nós, a vaga – mas inesquecível – sensação de que se pode ser melhor.

Que especial essa Mulher... Maria Coeli Simões Pires.

(Dos amigos da Procuradoria-Geral da Assembleia Legislativa de Minas Gerais)

Belo Horizonte, abril de 1998.

MARIA COELI SIMÕES PIRES

BIOGRAFIA

Maria Coeli Simões Pires nasceu na Fazenda Engenho de Serra, no município de Serro, sendo seus pais Pedro Simões Neves e Maria dos Anjos Brandão Simões. Casada com Carlos Alberto Rabelo Pires, é mãe de Charles Alexandre Simões Rabelo Pires, Bacharel em Direito, e Christiano Alberto Simões Rabelo Pires, Graduado em Medicina.

Em sua terra natal, realizou seus primeiros estudos, no Grupo Escolar João Nepomuceno Kubitschek, no Grupo Escolar João Pinheiro e no Colégio Nossa Senhora da Conceição, tendo iniciado suas atividades profissionais no Magistério.

Graduou-se em Direito pela Pontifícia Universidade Católica de Minas Gerais – PUC Minas (1978). Concluiu o Mestrado, em Direito Administrativo, na Faculdade de Direito da Universidade Federal de Minas Gerais (UFMG), tendo obtido o título em 1993, e, posteriormente, o Doutorado, na mesma instituição, em 2002.

Servidora de carreira da Assembleia Legislativa do Estado de Minas Gerais (ALMG), ocupou diversos cargos técnicos e de alta direção, como Consultora-Geral, Procuradora, Secretária-Geral da Mesa da ALMG e Assessora-Chefe da Assessoria Técnico-Consultiva. Como Secretária-Geral daquela Casa Legislativa, foi responsável pela coordenação técnica do processo constituinte mineiro, em 1989. Aposentou-se, como Procuradora da ALMG, em 1998.

Exerceu a advocacia, nas áreas de Direito Constitucional, Administrativo, Parlamentar, Municipal, Urbanístico e Eleitoral. É membro do Instituto dos Advogados de Minas Gerais (IAMG), do Instituto Mineiro de Direito Administrativo (IMDA) e de outras instituições de relevo. Integrou diferentes conselhos, entre os quais o da Ordem dos Advogados do Brasil, Seccional Minas Gerais (OAB/MG), participando de comissões setoriais e atuando como parecerista na área de Direito Público.

Tem diversas iniciativas de organização institucional e de produção intelectual no campo da cultura, da memória e da promoção social, com ênfase no patrimônio cultural, sendo sua dissertação de mestrado dedicada ao instituto do tombamento (patrimônio material), e sua recente publicação — *Saber sobre a mesa: memória e arte sobre o queijo do Serro* — ao patrimônio cultural imaterial mineiro representado pela tradição queijeira artesanal.

Jurista com ampla contribuição à literatura nacional, organizou diversas publicações institucionais e acadêmicas, singulares e coletivas. É autora de livros, de diversos capítulos de obras coletivas, de prefácios, entrevistas e artigos de revistas especializadas de Direito Administrativo, Administração Pública, Direito Municipal, Direito Urbanístico, destacando-se as seguintes publicações:

PIRES, Maria Coeli Simões; BARBOSA, Maria Elisa Braz (Org.). *Consórcios* públicos: instrumento do federalismo cooperativo. Belo Horizonte: Fórum, 2008. 500 p.

PIRES, Maria Coeli Simões. *Direito adquirido e ordem pública* – Segurança jurídica e transformação democrática. Belo Horizonte: Del Rey, 2005. v. 1. 1016 p.

PIRES, Maria Coeli Simões. *Da proteção ao patrimônio cultural*: o tombamento como principal instituto. Belo Horizonte: Del Rey, 1994. v. 1.

Em 1990, iniciou seu percurso no campo da literatura, publicando os livros: *Serro Serro* (1990), *Balaio de taquara* (1990), *Despejo* (2000) — poesias —, *Inquilinos do tempo* (2000) – romance —, entre outros. Em 2013, lançou a obra *saber sobre a mesa: memória e arte sobre o queijo do Serro*, verdadeiro contributo à literatura especializada e ao registro do patrimônio cultural imaterial mineiro.

Foi Professora de Direito Administrativo da PUC Minas, e de Direito Público da Faculdade de Ciências Econômicas da UFMG. Tornou-se, mediante concurso público, Professora Adjunta do Departamento de Direito Público da Faculdade de Direito da UFMG, atuando, também, como conferencista, palestrante e debatedora em eventos técnicos, institucionais, científicos e culturais; como examinadora em bancas de concursos públicos, de mestrado e de doutorado; como pesquisadora em projetos, financiados por diversas instituições de fomento; como orientadora de alunos de graduação e de pós-graduação na UFMG e em outras instituições de ensino, bem assim de grupos especiais de estudos; e, ainda, como professora convidada em cursos de pós-graduação e consultora de Políticas Públicas, Administração Pública, Direito Público, Processo Legislativo, Legística, Patrimônio Cultural, entre outras temáticas.

Desenvolve pesquisas sobre o Serro, sendo a autora do 1º Dossiê que acompanhou o pedido do então Secretário de Estado de Cultura Ângelo Oswaldo de Araújo Santos para abertura do Processo de registro da tradição do Queijo do Serro pelo Instituto do Patrimônio Histórico e Artístico Nacional (IPHAN). Foi a primeira sócia fundadora da Associação de Amigos do Serro (AASER); participou da constituição do patrimônio inicial da Fundação Criança e Adolescente de Serro (CRIASER) e de sua instituição e, ainda, integra outras organizações não governamentais na área de cultura e de apoio ao desenvolvimento social. Foi membro do Conselho Deliberativo do Patrimônio Cultural do Município de Belo Horizonte.

Atuando sempre nos bastidores das composições técnico-jurídicas e institucionais, colaborou em diversas missões, participou de processos de reforma da Administração Pública, integrou mesas e fóruns especializados em agendas nacionais e internacionais relacionadas com gestão, governança e políticas públicas, compartilhando a experiência mineira em iniciativas de intercâmbio.

Na seara do Direito Urbanístico, realizou estudos técnicos, oficinas voltadas para a construção de metodologia de gestão metropolitana; organizou conferências e outras atividades correlatas; foi gerente do "Projeto Estruturador da Região Metropolitana de Belo Horizonte", abrangente de ações estratégicas.

Iniciou sua atuação na Administração direta e indireta do Estado de Minas Gerais na Secretaria de Estado Adjunta de Assuntos Municipais – SEAM/MG (1991-1994); foi Presidente da Autarquia "Instituto de Previdência dos Servidores do Estado de Minas Gerais" – IPSEMG (2003), oportunidade em que desenvolveu intenso trabalho de reordenação institucional e de apoio à implantação do Choque de Gestão; Secretária de Estado de Desenvolvimento Social e Esportes – SEDESE (2006); Secretária de Estado Adjunta de Desenvolvimento Social (2007); Secretária de Estado Adjunta de Desenvolvimento Regional e Política Urbana (2007-2010); Secretária de Estado Extraordinária de Relações Institucionais (2010); e, de janeiro de 2011 a dezembro de 2014, atuou como Secretária de Estado de Casa Civil e de Relações Institucionais (SECCRI).

Em diversas oportunidades, atuou no saneamento de órgãos e entidades, tendo coordenado a construção do 1º Pacto do Governo do Estado com o Ministério de Desenvolvimento Social e Combate à Fome, para aprimoramento da gestão do Sistema Único de Assistência Social, entre outras iniciativas. Atuou como representante do Estado de Minas Gerais no Comitê Federativo do Programa de Aceleração do Crescimento (PAC), no âmbito do Ministério das Cidades; no Comitê Executivo dos Territórios de Cidadania, no âmbito do Ministério da Agricultura e Reforma Agrária; no Comitê de articulação de ações relativas aos empreendimentos de impacto no Estado de Minas Gerais. Representou o Estado de Minas Gerais na Comissão de Juristas do Ministério do Planejamento, para elaboração de anteprojeto de Lei Orgânica da Administração Pública Federal, entre outras missões.

Foi agraciada com diversas honrarias, pelo destaque funcional, profissional, cívico e institucional, como diplomas, insígnias, medalhas e colares. Registram-se algumas: Diplomas de Mérito Constituinte – IV Assembleia Constituinte do Estado de Minas Gerais (1989), em reconhecimento à colaboração no processo de elaboração da Constituição do Estado, promulgada em 21.09.1989; Diploma Mérito Judiciário (2007); Medalha da Ordem do Mérito Legislativo – Assembleia Legislativa do Estado de Minas Gerais, grau "Mérito Especial" (1994); Diploma Ordem do Mérito Funcional, grau "Especial" (1998); Colar do Mérito do Tribunal de Contas José Maria de Alkmim (2001); Medalha Joaquina de Pompéu (2006); Medalha Apoio aos Esportes (2006); Troféu JK (2006); Destaque Serrano (2006); Medalha Teófilo Otoni (2007); Medalha Santos Dumont – Governo do Estado de Minas Gerais, no grau "Prata" (2012); Medalhas da Inconfidência – Governo do Estado, nos graus "Insígnia" e "Honra" (2010 e 2012); Homenagem especial Palma de Ouro, XXII Prêmio MG Turismo (2012); Medalha Comemorativa "Comenda Desembargador Guido de Andrade", Associação dos Magistrados de Minas Gerais (2012); Diploma pela Participação no processo de valorização e preservação do Queijo do Serro, "Patrimônio Cultural de Minas Gerais e do Brasil" (2012); Medalha Mérito Jurídico – Ordem dos Advogados do Brasil/MG (2003); 1º Encontro Jurídico de Serro/MG (2002); Medalha Gratidão Especial do Instituto dos Advogados de Minas Gerais (2013); Medalha Mérito Municipalista Celso Mello de Azevedo, Associação Mineira de Municípios – AMM (2013); Medalha do Mérito da Defensoria Pública do Estado de Minas Gerais (2014); Medalha do Mérito do Ministério Público do Estado de Minas Gerais Promotor de Justiça Francisco José Lins do Rego Santos (2014); Grande Medalha Presidente Juscelino Kubitschek (2014); Medalha Coronel PM Saul Alves Martins (2014); entre outras honrarias.

Atualmente, é Professora Adjunta do Departamento de Direito Público da Faculdade de Direito da UFMG, membro do Instituto dos Advogados de Minas Gerais (IAMG) e do Instituto Mineiro de Direito Administrativo (IMDA). Sua atuação acadêmica e profissional concentra-se na área de Direito, com ênfase em Direito Administrativo e Direito Urbanístico, possuindo linhas de pesquisa nos seguintes temas: democracia, função social, direito administrativo, cidades e urbanicidade.

SOBRE OS AUTORES

Adhemar Ferreira Maciel
Ministro Aposentado do Superior Tribunal de Justiça (STJ). Ex-Professor da Faculdade de Direito Milton Campos e da Universidade de Brasília (UnB). Ex-Presidente da Academia Mineira de Letras Jurídicas.

Ana Carolina Wanderley Teixeira
Mestre em Direito Administrativo pela Universidade Federal de Minas Gerais (UFMG). Mestre em Administração e Políticas Públicas e doutoranda em Direito Público pela Université Panthéon-Assas Paris 2. Professora da Faculdade de Direito Milton Campos. Advogada.

Antonio Augusto Junho Anastasia
Nasceu em Belo Horizonte. Foi Governador de Minas Gerais entre 2010 e 2014 e Vice-governador do Estado entre 2006 e 2010. Com 49 anos de idade, Antonio Anastasia dedica-se, há 26 anos, à Administração Pública e participa, há 20 anos, da vida política de Minas e do Brasil. É um profundo conhecedor dos problemas e demandas dos municípios. Atuou em importantes momentos da história do Estado, como a Constituinte Mineira, entre 1988 e 1989. Professor da Faculdade de Direito da Universidade Federal de Minas Gerais (UFMG), desde 1993 e Mestre em Direito Administrativo, Antonio Anastasia graduou-se em Direito pela mesma Universidade, em 1983, tendo sido laureado com o prêmio Barão do Rio Branco, como o melhor aluno de sua turma. No Governo Federal, exerceu o cargo de Secretário-Executivo do Ministério do Trabalho, entre 1995 e 1999, quando iniciou a modernização da legislação trabalhista para fortalecer a negociação coletiva. Em 1999, tornou-se Secretário-Executivo do Ministério da Justiça, atuando, diretamente, nas políticas de combate às drogas e à criminalidade organizada.

Armando Freire
Graduado em Direito pela Universidade Federal de Minas Gerais. Foi advogado militante, ingressando na magistratura mineira em 1981, tendo exercido a judicatura, como titular, nas comarcas de Conceição do Rio Verde, Conceição do Mato Dentro, Diamantina e Belo Horizonte. Integrou o extinto Tribunal de Alçada de Minas Gerais. Promovido a Desembargador em 2004, compondo, hoje, a 1ª Câmara Cível do TJMG.

Bruna Rodrigues Colombarolli
Mestre e doutoranda em Direito Administrativo na Universidade Federal de Minas Gerais (UFMG). Professora da Universidade FUMEC. Advogada.

Caio Barros Cordeiro
Mestrando em Direito pela Universidade Federal de Minas Gerais (UFMG). Pós-graduado em Teoria Geral do Direito pela Academia Brasileira de Direito Constitucional (ABDCONST). Advogado.

Carina Angélica Brito Reyder
Mestranda em Direito pela Faculdade de Direito da Universidade Federal de Minas Gerais (UFMG). Especialista em Políticas Públicas e Gestão Governamental. Consultora Técnico-Legislativa do Governo do Estado de Minas Gerais.

Carlos Ari Sundfeld
Professor do mestrado acadêmico e da graduação da Escola de Direito da Fundação Getúlio Vargas (FGV-SP). Presidente da Sociedade Brasileira de Direito Público (SBDP). Doutor e Mestre em Direito pela Pontifícia Universidade Católica de São Paulo (PUC-SP).

Carlos Mário da Silva Velloso
Ministro aposentado. Ex-presidente do Supremo Tribunal Federal e do Tribunal Superior Eleitoral. Professor emérito da Universidade de Brasília (UnB) e da PUC Minas, em cujas Faculdades de Direito foi professor titular de Direito Constitucional e Teoria Geral do Direito Público. Advogado.

Charles Alexandre Simões Rabelo Pires
Especialista em Direito Civil e em Direito Público pelo Instituto de Educação Continuada da Pontifícia Universidade Católica de Minas Gerais (PUC Minas). Bacharel em Direito pela PUC Minas.

Cristiana Fortini
Doutora em Direito Administrativo pela Universidade Federal de Minas Gerais (UFMG). Professora do Departamento de Direito Público da UFMG. Controladora-Geral do Município de Belo Horizonte.

Cristina Andrade Melo
Procuradora do Ministério Público de Contas do Estado de Minas Gerais. Mestre em Direito pela Universidade Federal de Minas Gerais (UFMG).

Daniel Cabaleiro Saldanha
Bacharel em Direito pela Universidade Federal de Minas Gerais (UFMG), havendo sido laureado com o Prêmio Barão do Rio Branco. Mestre em Direito Romano e Doutorando em Filosofia do Estado pela mesma instituição. Procurador do Estado de Minas Gerais. Subsecretário de Relações Institucionais da Secretaria de Estado de Casa Civil do Estado de Minas Gerais.

Daniela Mello Coelho Haikal
Doutora e mestra em Direito Administrativo pela Universidade Federal de Minas Gerais (UFMG). Servidora de carreira do Tribunal de Contas do Estado de Minas Gerais. Professora Adjunta da Faculdade de Direito da UFMG.

Danilo Antonio de Souza Castro
Secretário de Estado Adjunto da Secretaria de Estado de Casa Civil e de Relações Institucionais. Advogado. Graduado pela Universidade Federal de Minas Gerais (UFMG). Especialista em Direito Público pela Pontifícia Universidade Católica de Minas Gerais (PUC Minas). Foi professor das Faculdades de Direito da UFMG, PUC Minas e Conselheiro Lafaiete. Procurador do Estado, exerceu cargos de Procurador-Chefe de Autarquias e Fundações do Estado, e de Assessor Jurídico-Chefe de Secretarias de Estado. Atuou, também, na Consultoria Jurídica da Advocacia-Geral do Estado.

Edésio Fernandes
Bacharel em Direito pela Faculdade de Direito da Universidade Federal de Minas Gerais (UFMG). Especialista em Urbanismo pela Faculdade de Arquitetura e Urbanismo da UFMG. Mestre e Doutor em Direito pela Universidade de Warwick, Inglaterra. Jurista e urbanista. Professor e consultor internacional.

Edgard Audomar Marx Neto
Professor na Faculdade de Direito da Universidade Federal de Minas Gerais (UFMG). Mestre e Doutor em Direito pela UFMG. Analista de Controle Externo no Tribunal de Contas do Estado de Minas Gerais.

Edimur Ferreira de Faria
Mestre e Doutor em Direito Administrativo pela Universidade Federal de Minas Gerais (UFMG). Professor do curso de graduação e do Programa de Pós-graduação em Direito da Pontifícia Universidade Católica de Minas Gerais (PUC Minas). Presidente do Instituto Mineiro de Direito Administrativo (IMDA). Ex-Diretor da Faculdade Mineira de Direito.

Élida Graziane Pinto
Procuradora do Ministério Público de Contas do Estado de São Paulo. Pós-Doutora em Administração pela Escola Brasileira de Administração Pública e de Empresas da Fundação Getúlio Vargas (FGV/RJ). Doutora em Direito Administrativo pela Universidade Federal de Minas Gerais (UFMG).

Fabiana de Menezes Soares
Pós-Doutora pela Universidade de Genebra. Doutora em Filosofia do Direito pela Universidade Federal de Minas Gerais (UFMG). Mestre em Direito Administrativo pela mesma Universidade. Professora Associada da Faculdade de Direito da UFMG.

Fernando Armando Ribeiro
Juiz Corregedor do Tribunal de Justiça Militar de Minas Gerais (TJMMG). Doutor em Direito pela Universidade Federal de Minas Gerais (UFMG). Professor Adjunto da Pontifícia Universidade Católica de Minas Gerais (PUC Minas).

Flávio Henrique Unes Pereira
Doutor e Mestre em Direito Administrativo pela Universidade Federal de Minas Gerais (UFMG). Coordenador do curso de pós-graduação em Direito Administrativo do Instituto de Direito Público (IDP/Brasília). Professor de Direito Eleitoral do IDP. Presidente do Instituto de Direito Administrativo do Distrito Federal. Ex-assessor de Ministros do Superior Tribunal de Justiça (STJ) e Tribunal Superior Eleitoral (TSE). Ex-assessor especial da Presidência do Supremo Tribunal Federal (STF). Ex-Secretário de Estado Adjunto de Casa Civil e Relações Institucionais do Governo de Minas. Advogado.

Florivaldo Dutra de Araújo
Mestre e Doutor em Direito. Professor Associado de Direito Administrativo da Universidade Federal de Minas Gerais (UFMG). Procurador da Assembleia Legislativa de Minas Gerais.

Fúlvio Alvarenga Sampaio
Bacharelando em Direito pela Universidade Federal de Minas Gerais (UFMG).

Gustavo Gomes Machado
Graduado em Administração Pública pela Fundação João Pinheiro e em Direito pela Universidade Federal de Minas Gerais (UFMG). Mestre em Ciências Sociais pela Pontifícia Universidade Católica de Minas Gerais (PUC Minas). Consultor da Assembleia Legislativa de Minas Gerais. Professor do Curso de Direito da Faculdade Pitágoras, de Belo Horizonte. Integra, ainda, o Observatório das Metrópoles e o Instituto Brasileiro de Direito Urbanístico.

Heloisa Helena Nascimento Rocha
Doutora e mestre em Direito Constitucional pela Universidade Federal de Minas Gerais (UFMG). Servidora de carreira do Tribunal de Contas do Estado de Minas Gerais. Docente colaboradora da Fundação João Pinheiro (FJP).

Jaqueline Grossi
Especialista em Direito Administrativo pela Universidade Federal de Minas Gerais (UFMG) e em Controle Externo pela Pontifícia Universidade Católica de Minas Gerais (PUC Minas). Analista de Controle Externo do Tribunal de Contas de Minas Gerais desde 1986. Exerceu, no Tribunal de Contas, cargos de assessoramento e direção.

Jean Alessandro Serra Cyrino Nogueira
Professor de Direito Administrativo da Faculdade de Políticas Públicas Tancredo Neves da Universidade do Estado de Minas Gerais (FaPP/UEMG). Assessor Jurídico Chefe do Escritório de Prioridades Estratégicas do Estado de Minas Gerais.

José Anchieta da Silva
Advogado. Ex-presidente do Instituto dos advogados de Minas Gerais e membro nato de seu Conselho Superior. Membro do Instituto Histórico e Geográfico de Minas Gerais e da Academia Mineira de Letras Jurídicas.

José Edgard Penna Amorim Pereira
Desembargador do Tribunal de Justiça de Minas Gerais. Mestre em Direito Constitucional pela Universidade Federal de Minas Gerais (UFMG).

José Fernandes Filho
Ex-Presidente do Tribunal de Justiça do Estado de Minas Gerais.

José Tarcizio de Almeida Melo
Professor Titular de Direito Constitucional da Pontifícia Universidade Católica de Minas Gerais (PUC Minas). Doutor em Direito Constitucional pela Universidade Federal de Minas Gerais (UFMG). Desembargador aposentado do Tribunal de Justiça de Minas Gerais.

Juarez Freitas
Professor Titular do Mestrado e Doutorado em Direito da Pontifícia Universidade Católica do Rio Grande do Sul (PUC/RS). Professor Associado na Universidade Federal do Rio Grande do Sul (UFRGS). Presidente do Instituto Brasileiro de Altos Estudos de Direito Público. Advogado. Parecerista.

Julia Dinardi Alves Pinto
Bacharelanda em Direito pela Universidade Federal de Minas Gerais (UFMG).

Juliano dos Santos Calixto
Mestre e doutorando em Direito pela Universidade Federal de Minas Gerais (UFMG).

Júlio César dos Santos Esteves
Procurador de carreira e ex-Procurador-Geral da ALMG. Professor da Pontifícia Universidade Católica de Minas Gerais (PUC Minas) e da Universidade FUMEC. Mestre em Direito Administrativo pela Universidade Federal de Minas Gerais (UFMG). Ex-Presidente do Instituto Mineiro de Direito Administrativo (IMDA). Atual Controlador-Geral do Estado de Minas Gerais.

Larissa Pirchiner de Oliveira Vieira
Graduada em Direito. Mestranda em Arquitetura e Urbanismo pela Universidade Federal de Minas Gerais (UFMG).

Liana Portilho Mattos
Advogada formada pela Faculdade de Direito da Universidade Federal de Minas Gerais. Especialista em Análise Urbana pela Escola de Arquitetura da Universidade Federal de Minas Gerais. Mestre em Direito da Cidade pela Faculdade de Direito da Universidade do Estado do Rio de Janeiro. Doutoranda em Direito pela Universidade Federal de Minas Gerais. Procuradora do Estado de Minas Gerais. Foi Presidente do Instituto Estadual do Patrimônio Histórico e Artístico de Minas Gerais (IEPHA/MG) no período 2007-2008.

Luciana Moraes Raso Sardinha Pinto
Doutora e mestre em Direito Administrativo pela Universidade Federal de Minas Gerais (UFMG). Servidora de carreira do Tribunal de Contas do Estado de Minas Gerais. Diretora-Geral da Escola de Governo Professor Paulo Neves de Carvalho.

Luciano Ferraz
Professor Associado em Direito Administrativo da Universidade Federal de Minas Gerais (UFMG).

Márcio Idalmo Santos Miranda
Desembargador do Tribunal de Justiça de Minas Gerais.

Maria Elisa Braz Barbosa
Mestre e doutora em Direito pela Universidade Federal de Minas Gerais (UFMG). Professora de Direito Administrativo da Faculdade Milton Campos. Ouvidora Especializada na Ouvidoria Geral do Estado de Minas Gerais.

Maria Fernanda Pires de Carvalho Pereira
Mestre em Direito Administrativo pela Universidade Federal de Minas Gerais (UFMG). Sócia da Carvalho Pereira, Pires Advogados Associados. Professora dos cursos de Pós-graduação da Faculdade Milton Campos.

Maria Tereza Fonseca Dias
Mestre e doutora em Direito pela Universidade Federal de Minas Gerais (UFMG). Professora do Departamento de Direito Público da UFMG e da Universidade FUMEC. Pesquisadora do Conselho Nacional de Desenvolvimento Científico e Tecnológico (CNPq). Consultora. Advogada.

Marilda de Paula Silveira
Graduada, mestre e doutora pela Universidade Federal de Minas Gerais (UFMG). Coordenadora Acadêmica do Instituto Brasiliense de Direito Público (IDP Online) e professora dos cursos de Pós-Graduação em Direito Administrativo e Direito Eleitoral. Foi assessora jurídica de Ministros e da Presidência do Tribunal Superior Eleitoral (TSE) e professora de Direito Administrativo da Fundação João Pinheiro e das Faculdades Milton Campos. Advogada.

Menelick de Carvalho Netto
Doutor em Direito Constitucional pela Universidade Federal de Minas Gerais (UFMG). Professor Associado da Universidade de Brasília (UnB). Foi técnico de pesquisa da Assembleia Legislativa do Estado de Minas Gerais (1982-2001).

Mila Batista Leite Corrêa da Costa
Mestre e doutoranda em Direito pela Universidade Federal de Minas Gerais (UFMG). Pós-graduada em Direito Público e Direito do Trabalho. Bacharel em Direito pela UFMG e em Relações Internacionais pela Pontifícia Universidade Católica de Minas Gerais (PUC Minas). Advogada.

Miracy Barbosa de Sousa Gustin
Graduada em Direito pela Universidade Estadual do Rio de Janeiro (UERJ). Mestre em Ciência Política e Doutora em Filosofia do Direito pela Universidade Federal de Minas Gerais (UFMG). Pós-doutora em Metodologia do Ensino e da Pesquisa pela Universidade de Barcelona. Professora associada aposentada da UFMG, do Corpo Permanente do Programa de Pós-Graduação em Direito da UFMG e da Pós-Graduação em Direito da Universidade de Itaúna. Membro da Comissão de Altos Estudos de Direitos Humanos do Ministério da Justiça.

Misabel de Abreu Machado Derzi
Professora Titular de Direito Financeiro e Tributário da Universidade Federal de Minas Gerais (UFMG). Professora Titular de Direito Tributário das Faculdades Milton Campos. Doutora em Direito Público pela UFMG.

Mônica Aragão Martiniano Ferreira e Costa
Mestre e Especialista em Direito Administrativo pela Faculdade de Direito da Universidade Federal de Minas Gerais (UFMG). Professora da Faculdade de Direito Milton Campos. Advogada.

Mônica Sette Lopes
Professora associada da Faculdade de Direito da Universidade Federal de Minas Gerais (UFMG). Desembargadora do Tribunal Regional do Trabalho da 3ª Região. Doutora em Filosofia do Direito.

Pedro de Aguiar Marques
Graduado em Direito. Mestrando em Extensão Rural pela Universidade Federal de Viçosa.

Plínio Salgado
Mestre em Direito Administrativo pela Universidade Federal de Minas Gerais (UFMG). Professor de Direito Administrativo das Faculdades Milton Campos. Advogado.

Roberto Sorbilli Filho
Mestre e doutor em Direito pela Universidade Federal de Minas Gerais (UFMG). Professor de Direito Administrativo da Pontifícia Universidade Católica de Minas Gerais (PUC Minas). Consultor Jurídico da Assembleia Legislativa de Minas Gerais.

Sergio de Andréa Ferreira
Professor Titular de Direito Administrativo. Desembargador Federal, aposentado. Ex-Membro do Ministério Público Estadual, da Academia Brasileira de Letras Jurídicas, do Instituto dos Advogados Brasileiros e da Academia Brasileira de Ciências Econômicas, Políticas e Sociais.

Stéfane Rabelo Pereira da Costa
Bacharelanda em Ciências do Estado pela Universidade Federal de Minas Gerais (UFMG).

Tays Natalia Gomes
Bacharelanda em Direito pela Universidade Federal de Minas Gerais (UFMG).

Thomas da Rosa de Bustamante
Professor Adjunto da UFMG. Doutor em Direito pela Pontifícia Universidade Católica do Rio de Janeiro (PUC-Rio). Mestre em Direito pela Universidade Estadual do Rio de Janeiro (UERJ).

Vicente de Paula Mendes
Doutor em Direito Público pela UFMG, onde lecionou Direito Administrativo entre 1972 e 2009. Foi Diretor da Faculdade de Direito Milton Campos, Diretor do Centro de Desenvolvimento em Administração da Fundação João Pinheiro, Consultor-Chefe da Assessoria Técnico-Consultiva do Governador de Minas e Conselheiro do Conselho Estadual de Educação de Minas Gerais por 12 anos.

Vivian Barros Martins
Bacharel em Direito pela Universidade Federal de Minas Gerais (UFMG). Mestre em Direito da Cidade pela Universidade Estadual do Rio de Janeiro (UERJ). Professora de Direito Urbanístico no Centro de Atualização em Direito/Universidade FUMEC. Coordenadora Técnica do Programa Polos de Cidadania da Faculdade de Direito da UFMG. Consultora Jurídica na área do Direto Urbanístico. Foi Gerente de Apoio à Ordenação Territorial da Agência de Desenvolvimento da Região Metropolitana de Belo Horizonte.

Esta obra foi composta em fonte Palatino Linotype e Frankfurt, corpo 10
e impressa em papel Offset 75g (miolo) e Supremo 250g (capa)
pela Gráfica e Editora O Lutador, em Belo Horizonte/MG.